인간관계론

임창희 · 홍용기

비앤엠북스

PREFACE

인간관계론을 내면서

어느덧 이 책의 초판이 나온 후 10여 년이 흘렀다. 아주 오래전 저자들이 경영학에 이끌렸던 이유는 경영학에 인간을 다루는 분야가 있었기 때문이다. 흔히 경영학을 전공했다고 하면 돈 계산이나 잘하며, 숫자에 꽤 밝은 사람쯤으로 보는 경향이 있다. 그 얘기도 경영학 박사학위를 가진 사람들에겐 어느 정도 맞는 말일 수도 있지만 인사와 조직을 전공하는 교수들은 숫자엔 아주 젬병이다. 경영학 전공이 우리에게 아주 멋스러울 수 있었던 것은 '인간관계론(HR)'이나 '조직행동(OB)', 그리고 '산업 및 조직 심리학(I&O Psychology)'이란 학문이 있어서였다. 경영학에서도 사람냄새 물씬 풍기는 과목을 배운다는 것 자체가 호기심을 불러일으켰고 그것이 돈이나 숫자놀이보다 더 재미있었던 것이다

교수로서 생애를 산다는 것도 참 신나는 일이다. 학점에 관해 짠돌이로 소문나기도 했으며, 엉뚱하고 파격적인 Report를 내주어 미움도 받았다. 교수사회에도 시장의 논리가 존재한다. 교수사회도 많이 변했다. 연봉제는 물론이요, 승진하기도 옛날 교수님들 시대와 많이 달라졌다. 그러다보니 강의점수 3점 슛, 연구점수 2점 슛, 봉사점수 몇 점 하는 식의 게임처럼 지금 전국의 교수님들은 농구시합 중이다. 이처럼 대학도 생산성을 생각하게 되었다. 능률적인 경영이 세상의 중심에 서게 되었다. 이럴수록 인간관계의 중요성은 더해진다. 소프트사회에서 생산성은 인간, 특히 인간관계에 의해 결정되기 때문이다. 그런데 이에 대한 대학의 강의는 10년 전이나 지금이나 변한 것이 별로 없다. 세상은 디지털 방식으로 변했는데 강의는 여전히 아날로그 방식이다.

우리는 이 책을 내면서 한 가지 분명한 목적을 가지고 있었다. '재미있게 그리고 어렵지 않게'였다. 한 장의 카툰과 글을 보며 재미있는 인간관계의 노하우를 배울 수 있도록 하자는 의도에서 본문과 그림을 다듬고 읽기를 반복하였다. 기업경영이나 가게의 운영을 위해 일반인들 모두가 인간관계학을 전공할 수는 없는 노릇이다. 실제로 성공한 경영자의 경우에 학위 없이 성공한 사람이 더 많으며, 오히려 사업에 성공한 사장님에게 인간관계 관련 박사학위를 주어도 손색이 없다. 다만 이 책에 등장하는 많은 이론과 사례에서 인간관계를 이해한다면, 어떤 조직에서 근무를 하더라도 보람 있는 직장생활을 유지할 수 있을 것이다. 저자들이 이 책에서 바라는 것은 그뿐이다. 좋은 인간관계로 개인도 행복해지고 사회도 개선된다면 우리의 직업이 교수라는 사실에 진정한 보람을 얻을 수 있기 때문이다.

2014, 서울 여름

임창희 · 홍용기 씀

CONTENTS

CONTENTS

CONTENTS

CONTENTS

CONTENTS

CONTENTS

CONTENTS

그림 목록

CONTENTS

CONTENTS

표 목록

인간이야기 목록

CONTENTS

CONTENTS

토론합시다 목록

CONTENTS

제 1 장

인간, 인간관계, 인간관계론

1장의 구성

1. 인간과 노동에 대한 본질
2. 인간과 사회에 대한 이해
3. 인간관계의 이해
4. 학문으로서의 인간관계론
5. 인간관계론의 태동과 발전과정

학습목표

1. 인류 역사와 노동의 이해
2. 인간과 사회, 경영의 이해
3. 인간관계의 중요성 이해
4. 학문으로서의 인간관계론에 대한 이해

핵심키워드

상호작용, 인간관계, 인간관계론, 분업, 인간사회, 관리, 인간관계 분석수준, 개인행동, 집단행동, 조직행동

01 인간, 인간관계, 인간관계론

들어가면서

인간관계란 두 사람 이상의 상호작용을 뜻한다. 물론 인간의 상호작용은 겉으로 보이는 부분과 안 보이는 심리적인 부분이 있는데, 두 부분은 서로 영향을 주고받는다. 여기서 우리는 인간의 상호작용과 관련해 조직 속의 인간관계에 그 관심을 집중할 것이다. 왜냐하면 대부분의 인간관계는 다양한 조직 내에서 이루어지기 때문이다. 조직과 일에 대해 세심한 관심을 가지고 조직 내에서 이루어지는 인간관계와 일 관계를 제대로 이해하여야만 조직생활을 성공적으로 해낼 수 있다. 그리고 더 나아가 인간에 대한 주관적인 이해보다는 과학적 이해를 통해 조직 속에서 성공적인 개인의 삶과 조직의 번영을 찾아볼 것이다. 이 장에서는 본격적인 인간관계론 학습에 앞서 인간과 조직, 조직 속의 노동, 분업의 개념, 관리 및 관리자 등의 개념을 이해하도록 한다.

1. 인간과 노동에 대한 본질

인간이 살고 있는 지구는 태양 주위를 돌고 있다. 그런데 태양은 은하계에 존재하는 수천억 개의 별들 중 하나에 불과하다. 이처럼 엄청난 규모를 상상해보면, 인간이라는 존재가 얼마나 미미한지 알게 된다. 지금으로부터 수백만 년 전 지구가 빙하로 뒤덮인 시기에 이미 인간과 비슷한 동물이 나타나 생활을 영위하기 시작했다. 그런데 이 시기의 환경에서 생물이 살아나간다는 것은 결코 쉽지 않은 일이었다. 힘든 환경을 견디다 못해 죽은 생물도 있었고 본래의 모습을 다른 모습으로 변화시켜 적응을 한 생물도 있었다. 인간도 그렇게 거친 자연환경과 맞서 싸우고 적응하면서 보다 더 인간다운 존재로 변해갔을 것이다. 짐작컨대 무리를 지어 생활하며 자연이 제공하는 먹이를 찾아 이리저리 떠돌아다녔을 것이다. 모간(G. Morgan)은 이 시대를 '야만시대'라고 지칭한다.

인류는 점차 진화하면서 다른 동물과 차이가 커졌다. 인간이 다른 동물과 구별되는 점은 어떤 것일까? 많은 연구자들은 두개골의 구조와 갈비뼈의 무게나 크기 등에서 그 차이점을 찾으려고도 했다. 그러나 이러한 신체적 특징만으로는 인간과 동물의 차이를 한정짓기가 곤란하다. 일반적으로 알려진 바와 같이, 인간이 동물과 구별되는 가장 근본적인 차이점은 "노동을 한다."는 사실이다. 개미와 꿀벌 등도 먹고살기 위해 노동을 하지만 인간의 노동과 엄연한 차이가 있다. 인간은 노동을 하되 '도구'를 이용한다. 도구라는 것은 손을 통해 사용되기 마련이고 더욱이 손이 자유롭지 않으면 안 된다. 도구를 사용하는 횟수가 많아질수록 손의 숙련도는 커지고 더 많은 노동력을 축적할 수 있었으며, 보다 많은 도구를 사용할수록 두뇌는 더욱 발달하고 사고의 폭은 더 넓어졌을 것이다.

인간이 최초에 사용했던 도구는 나무 막대기와 돌 정도였을 것이다. 인간은 이것들을 더욱더 진화된 도구로 만들어냈다. 나무에서 과일이나 따던 그 손과 그 손에 쥐어진 도구로부터 로댕의 '생각하는 사람'이나 화성으로 가는 우주선이 생겨난 것이다. 그러나 최초의 인간은 도구를 자연에서 구한 원시적 상태 그대로 사용했다. 자기에게 덤벼든 멧돼지를 향해, 아니면 도망가는 산토끼를 잡기 위해 사용했을 것이다. 그리고 사용한 도구는 그대로 아무 데나 버렸을 수도 있다. 인간이 그러한 도구를 다음 번 사용을 위해 보존해야겠다고 생각하기까

/인/간/이/야/기/1-1/

인간과 손

아프리카 사바나 초원에서 최초의 삶을 시작한 인류의 조상은 두 발을 땅에 딛고 허리를 펴는 돌연변이로 인하여 다른 종보다 유리한 위치에서 발전할 수 있었다. 다른 동물과 달리 허리를 편다면 더 멀리 볼 수 있어서 먹잇감과 적을 빨리 발견하고 내리쬐는 태양에 노출된 피부의 표면적이 좁아져서 더 건강할 수 있다. 그러나 무엇보다도 자유로워진 양손으로 도구를 사용하여 먹을거리를 채집 사냥하고 그것을 움터로 쉽고 빠르게 가져올 수 있다는 것이 가장 유리한 조건이 되었을 것이다. 250만 년 전 인류는 조악하지만 도구를 사용하기 시작했고, 그 후 200만 년간 발전이 미약했다. 하지만 50만~100만 년 전 주먹도끼와 돌도끼 등을 사용함으로써 큰 짐승 사냥이 가능해졌으며 동시에 머리를 쓰니까 뇌의 크기가 급속도로 커졌는데, 이렇듯 인류의 진화는 그 속도가 항상 일정한 것이 아니라 갑자기 빨라진 시기가 있었다. 이와 유사한 과정으로 17만 년 전에서 3만 년 전에 이르기까지 존속했던 네안데르탈인이 갑자기 멸종하고 현생인류가 출현한다. 현생인류의 특징은 단연 손을 가장 많이 사용했다는 사실이다. 즉 손이야말로 인류발전의 원동력이었던 것이다.

손(hand)의 라틴어 어원은 마누스(manus)이다. 마누스로부터 어떤 일이 손으로 이루어지는 것을 의미하는 매너(manner), 매뉴얼(manual)도 나왔고, 말을 다루는 마술인 손기술이 바로 매니지(manage) 즉 경영이란 말이 되었다. 이처럼 손으로부터 파생된 말들이 많다. 매니큐어(manicure)란 말도 손가락을 보살핀다는 의미로 만들어졌다. Hand에는 '도움'이란 뜻도 있다. 미국식 표현 "give him a big hand"에서 'big hand'는 박수를 의미한다. 시계 용어로는 시침(the second hand), 분침(minute hand), 초침(four hand)으로 쓰인다. 미남(handsome) 역시 "손으로 다루기 쉽다."에서 생긴 말이다. 우리말로는 '손떠퀴'와 '손 없는 날'을 들 수 있다. 손떠퀴는 무슨 일에 손을 대면 따르는 길흉화복을 이르는 말이다. 우리 조상들은 악귀가 없는 길일(吉日)을 '손 없는 날'이라고 하였다. 여기서 '손'은 '손님'을 줄인 말로, 날수에 따라 동서남북 4방위로 다니면서 사람의 활동을 방해하고 사람에게 해코지한다는 악귀 또는 악신을 뜻한다. 그렇다면 우리 가게에 들른 저분은 악귀처럼 종잡기 어려워 손님이라고 하지 않았을까?

/인/간/이/야/기/1-2/

인간은 협동적 동물인가

인류는 매우 협동적인 동물이었기 때문에 오늘날과 같이 현저한 발전을 이룰 수 있었다. 그런데 인류의 역사를 사랑보다 투쟁으로 특징짓는 이유는 무엇일까? 아마도 그것은 수렵채집에서 농경사회로 변화되면서 생겨난 자연스런 현상이었는지 모른다. 수렵과 채집은 자연의 질서를 따르지만 농경생활은 그 질서를 왜곡한다. 즉, 농경사회에서는 재산축적이 가능해져, 소유와 잉여를 지킬 필요성이 대두되고 필연적으로 투쟁하게 되었다. 그러므로 조직의 관리와 경영 역시 사랑의 관점보다 경쟁과 투쟁의 관점으로 들여다보는 것이 이해가 빠르다. 그러므로 역설적으로 사랑과 협동이 강조될 수밖에 없다.

지에는 수만 년의 세월이 더 걸렸을 것이다. 도구가 닳아 없어질 때까지 반복해서 사용한다는 생각은 오늘날 우리들에게는 너무나 당연한 것이지만, 수십만 년 전에는 매우 새로운 생각이었고, 이러한 생각이 인간의 생활을 뿌리까지 변화시켰다.

마침내 인류에게 '소유'라는 개념이 생겨났다. 그러나 그것은 개인의 소유가 아닌 무리의 소유 즉 '조직'의 소유이다. 나무 막대기나 돌을 주워 풀숲을 뒤적이거나 동물에게 던질 때 여럿이 함께하게 되었는데, 이것이 인간이 동물로부터 구별되는 두 번째 차이점이다. 즉 노동을 하되 "함께 모여서 조직적으로 한다."는 점이다. 사냥을 하든지 농경 일을 보든지 함께 모여서 조직적으로 함으로써 일의 능률[1]이 올라간다는 것을 경험하게 된 것이다. 이런 관점에서 볼 때 경영은 '조직 속에서 사람들이 도구를 사용하여 노동을 잘하도록 만드는 것'이라고 말할 수 있다.

생산도구를 통해 소유 즉 재산이 생겨나고 이렇게 식량을 비축할 수 있게 되자 위험을 무릅쓸 필요가 적어져서 인간은 조금이나마 더 오래 살게 되었다. 그러다보니 공동생활을 할 수 있는 사람의 수가 증대되어 대가족이나 혈연집단(primary group)의 형성도 가능하게 되었다. 인간은 돌로 다른 돌을 깨서 좋은 돌을 골라 사용하기도 했으며, 그 돌을 갈아서 사용하기도 했다. 이전에 없었던 새로운 도구가 추가되고 인간생활은 더욱 개선되었다. 인간의 자각은 높아지고

1) 경영에서는 능률이라는 결과에 관심을 갖는데, 이와 유사한 말로 생산성, 성과, 유효성, 효과, 합리성, 경제성이 사용된다.

/ 인 / 간 / 이 / 야 / 기 / 1－3 /

원시인의 경영

인류가 다른 영장류와 다를 수 있었던 세 가지로, 언어와 수레바퀴, 불을 꼽는다. 언어는 사람과 사람의 상호작용을 위해 절대적으로 필요하였으며, 동그란 바퀴는 운반수단이나 사람들의 편의성을 높이기 위한 각종 기계를 만들어낼 수 있는 원천이 되었다. 불은 인간의 근육보다 더한 인류 최초의 힘의 근원이었다. 그렇다면 불은 어떻게 해서 만들어졌을까? 교과서에서는 원시인이 돌과 돌을 부딪쳐서, 나무와 나무를 비벼서 불을 만들어냈을 것이라고 쓰고 있다. 하지만 최초의 불씨는 화산폭발이나 숲에서 일어난 자연적 발화 혹은 마른하늘에서 떨어진 날벼락으로 인해 목격되었을 것이다. 즉 만들어낸 것이 아니라, 발견을 통해 불의 가치를 알게 되었고, 교과서대로 만들기 시작한 것은 상당한 시간이 흐른 뒤였을 것이다.

화산이나 자연발화로 생겨난 불이 숲을 훑고 지나간 자리에서 불에 탄 짐승의 구워진 고기가 생고기보다 부드럽고 맛있다는 것도 알았을 것이다. 그 불은 추위도 이기게 해주었으며 불이 피워져 있는 곳은 밝고 분위기도 좋았으며 왠지 모르게 사람 사는 맛이 느껴졌는지도 모른다. 불에 대한 더 많은 지식이 쌓인 뒤에 인간은 불을 소유하고 싶어 했을 것이다. 하늘에서 불이 온다고 생각했으면 종일토록 하늘만 쳐다봤을 것이요, 숲에서 불이 생긴다고 생각했으면 숲속을 이리저리 헤매고 다녔을 수도 있다. 물론 지금까지의 이야기는 선조에 대한 막연한 추측이나 가정에 불과하다.

하지만 지금부터 이야기하려는 '원시인의 경영'은 누구도 부인할 수 없다. 불이 어떻게 만들어졌든 간에 원시인들은 불을 소유하게 되었다. 소유로부터 문제가 발생한다. 어렵게 구한 최초의 소유 즉 재산이 생겨남으로써 고민거리가 생긴 것이다. 불을 잘 관리하지 않으면 소멸된다는 것도, 한 번 꺼진 불은 다시 봐도 다시 봐도 스스로 피워 오르지 않는다는 것도 알게 되었다. 이때부터 원시인에게는 불을 관리하기 위한 경영[2]이 절실하게 필요해졌다. 소유하지 않았다면, 관리도 경영도 운영도 필요 없다. 없었던 것을 소유하거나 소유로부터 생긴 잉여, 그 잉여로부터의 분배가 있기에 경영은 시작되었다. 불 이외에도 원시인이 소유한 것들은 아주 많다. 돌도끼도 수많은 시행착오 끝에 발명된 물건이었을 것이다. 도끼에서 바늘, 칼, 톱, 무기 등으로 발전되면서 어떻게 하면 더 많은 소유와 잉여를 만들어낼 것인가를 고민하는 원시인, 그가 바로 경영자였다.

신 : "음~, 인간에게는 분업이 필요하군!"
인간 : "난 왜 하필 이런 일을 맡았지?"

자연이 주는 것만으로는 만족하지 못하게 되었다.

여러 해가 지난 뒤 사람들 사이에는 '분업(division of labor)'이라는 개념이 일반화되기 시작했다. 일종의 '전문화(specialization)'가 시작된 것이다. 완전히 새로운 방식으로 생산성은 향상되고 능률이 높아졌다. 초기 분업은 매우 원시적이고 단순한 것이었지만, 그럼에도 매우 중요한 의미가 있다. 그들은 멧돼지 사냥에 능숙한 사람들과 그렇지 못한 사람들을 나누기도 했겠지만, 남자는 수렵을 나가고 여자는 열매를 채집하거나 어린아이를 보살피는 등으로 노동을 남과 여로 역할분담하게 되었다. 빨리 달린다는 것은 동물잡기에 있어서 매우 중요하며

---

2) 경영, 관리, 행정이라는 말은 거의 동일한 것으로 생각해도 된다.

/인/간/이/야/기/1-4/ 협력으로부터 분업까지

원시인들이 노동을 함으로써 생겨난 가장 뚜렷한 변화 세 가지는 주거지의 설립, 보다 확실해진 협력, 그리고 분업[3]이었을 것이다. 이 세 가지는 긴밀하게 연결되어 보다 큰 집단이나 사회를 가능케 하는 역할을 하였을 것이다.

유럽 도처에는 100여 개 이상의 동굴에 원시인들의 그림이 있다. 원시인들은 동굴 벽, 천장, 땅바닥에 빨강, 노랑, 검정, 갈색의 천연물감을 이용하여 그림을 그렸다. 그 그림은 미술을 전공한 한 사람의 원시인에 의해 그려진 것이 아니다. 불을 밝혀주는 사람, 물감을 만들어주는 사람, 그림을 그리는 사람 등 각자의 역할을 가진 사람들로 일이 분업화되어 그려졌다. 모여서 함께 일하지만 자기가 잘할 수 있는 일을 맡아서 했던 것이다.

무엇인가 조직하여 조직력을 만들어서 능률을 높이겠다는 취지는 협력사냥의 수확물을 높이는 데에도 기여했을 것이다. 그러나 초기의 협력사냥에서는 그저 함께 모여 일하면 혼자 일할 때보다 더 많은 결과가 나온다는 생각만 했을 수도 있다. 하지만 협력보다 더 중요한 개념이 바로 분업(Division of Labor)이다. 무엇인가 조직하여 조직력을 높이는 것과 함께 자기가 맡은 일에 대하여 전문성을 가지고 일을 나누어서 하면 더 많은 생산성을 높일 수 있었던 것이다. 이러한 분업을 오늘날 기업에서는 업무분장이라고 한다.

경제학의 아버지라 불리는 아담 스미스(A. Smith)도 "조직이 분업을 적절하게 사용하여야만 한 국가의 부(The Wealth of Nations)를 증가시킬 수 있다."고 생각하여 분업을 '국부론(國富論)'의 근거로 삼았다. 옷핀 제조공장에서 10명의 작업자가 철사를 가지고 하루에 약 20개 정도의 옷핀을 만들어내고 있었다. 그러나 분업을 한 결과 하루에 만들어낸 옷핀은 무려 48,000개나 되었다. 생산성이 무려 240배 증가했던 것이다.

이런 종류의 노동에는 남자가 여자보다 더 적합했을 것이다. 간혹 며칠이 걸리는 힘든 노동도 있었을 것이고, 더 강력한 돌창과 돌도끼를 만들어야겠다는 생각도 했을 것이다.

그렇다고 하여 여자보다 남자가 더욱 중요한 지위를 차지한 것은 아니었다. 모계사회가 출현하였는데, 여자들은 열매를 얻을 수 있는 식물을 재배하고 저장함으로써 정착생활을 도모하였고, 점차 원시농경사회로 접어들면서 무리는 공동 육아와 농경을 위해 질서를 갖추게 되었다. 이리하여 사람들은 각기 단순한 분업에 따라 노동했고 그들이 일해 축적한 식량은 씨족집단 전원에게 분배되어 공동으로 소비되었던 것이다.

3) 공장 시스템은 분업의 원칙에 기반하고 있는데, 글래스고대학의 윤리학 교수인 아담 스미스는 이 문제에 관심을 가졌다. 그는 공장 시스템에서 정말 중요한 것은 하나의 시스템으로 노동을 결합시키는 것이라고 했다.

2. 인간과 사회에 대한 이해

인류는 도구를 보다 사용하기 편리하게 개량하고, 어느 곳에 가면 물고기가 많은지 어떤 식물의 뿌리는 먹지 말아야 하는지 등에 대한 경험이 많아짐에 따라 무작정 식량을 찾아 나설 필요가 없게 되었다. 기후 좋고 물 많은 곳으로 이동해 반지하 움집을 만들고 몸을 가려 스스로를 보호하기 시작하였다. '야만시대'에 비해 더 풍부하고 개선된 생활이 이루어진 것이다. 채취는 경작으로 수렵은 야생동물의 사육으로 이어지게 되었다. 땅을 개척해 토지가 확대되면 그 땅에서 살아가는 사람의 수도 증가하였다. 그리하여 '인간사회'가 성립되었다.

인간사회의 출현이 어디에서부터였든지 모든 사회는 어떤 패턴들을 공통적으로 갖고 있다. 여기서 가장 우선적이고 중요한 점은 생존투쟁의 단위가 '개인'이 아니라 '사회'라는 사실이다. 로빈슨 크루소의 경우처럼 불행한 사건을 제외하고 모든 인간은 조직된 집단의 구성원이 되어 살고 있으며, 소속된 집단의 운명에 많은 지배를 받게 되어 있다. 이러한 인간사회에서 가장 문제가 되는 것은 경제적인 것도 아니요, 승진도 아니다. 그것은 부부, 상사와 부하, 동료, 고객 등등의 관계에서 일어나는 인간관계상의 갈등문제이다. 결국 인간사회는 여러 사람들이 함께 모여 협동적으로 추구하는 목표를 성취하고자 하는 현장이며, 그 속에 끊임없이 인간관계의 문제가 발생한다.

/인/간/이/야/기/1-5/

인간사회가 겪는 갈등

대서양의 조그만 무인도에 두 사람이 살고 있었다. 한 사람은 독일 사람이고 다른 한 사람은 영국 사람이었다. 두 사람은 아주 친한 사이여서 갈등 없이 함께 고기도 잡고 밭도 갈면서 하루하루를 보내고 있었다. 어쨌든 이들은 서로에게 세상에서 단 한 사람의 말상대였으므로 아주 귀중한 존재가 아닐 수 없었다. 말다툼 한번 하는 일 없이, 세상에서 가장 화목한 부부라 할지라도 그럴 수는 없으리라 생각될 정도로 평화로운 나날을 보내고 있었다.

어느 날 종이 한 장이 해변에 흘러들어 왔다. 그것은 멀리 바다 위로 지나가던 배에서 떨어진 신문지 조각으로 독일이 영국에 선전포고를 하였다는 뉴스가 실려 있었다. 두 사람은 세계대전이 일어나 자기들의 조국이 싸움을 시작했음을 처음으로 알게 되었다.

그 이후부터 두 사람의 생활은 완전히 바뀌었다. 먼저 서로 말을 하지 않게 되었고 그러다가 논쟁을 벌이게 되어 주먹다짐까지 하게 되었고 싸움에 지치면 서로 노려보기도 했다.

인간이 생포한 동물을 기른다는 생각을 하게 된 것은 우연이었을 수도 있다. 하지만 목축을 하면서 '관리(management)'를 잘하면 동물의 수가 늘어난다는 것을 알게 되었을 것이다. 게다가 농경으로 수확이 커지면서 완전히 새로운 경험을 하게 되었다. 즉 포식을 한다하더라도 남는 양이 생긴다는 것이었다. 이제 이러한 잉여생산물을 놓고 상대방과 각축을 벌이기 시작했다.

두 집단이 같은 수렵장에서 충돌이 생긴 경우 어느 한편의 집단이 승리하면 싸움은 끝난다. 승자는 패자를 죽이고 그가 가지고 있는 것을 빼앗는다. 그렇지 않으면 포로로 만들어 일을 시켜도 손해는 없다. 전쟁에서 이기면 다다익선이기 때문에 전쟁은 이익을 가져다주는 수단이 되었고, 이제 생산활동은 약탈전으로 변했다. 그러한 전쟁을 통해 인간은 패한 집단의 불행도 알게 되었다. 인간은 마침내 전쟁에서 이기기 위해서는 무원칙, 무관리, 무경영으로 해서는 안 된다는 사실을 깨닫는다. 즉 전쟁과 약탈의 승리를 위해서 '관리'나 '경영'의 개념이 필연적으로 등장하게 되었던 것이다.

3. 인간관계의 이해

조직이나 사회에서 어떤 사람은 관리자로 어떤 사람은 작업자로, 또 어떤 사람은 주인으로 어떤 사람은 종업원으로 제각각 역할을 맡아 협동하여 일하며 목표를 성취하고자 한다. 이때 그 구성원들이 정말 추구해야 할 목표를 위해 자신의 에너지와 시간을 충분히 투자하지 못하고 서로 '갈등관계'에 빠진다면 조직의 성과나 목표달성은 이루어낼 수 없다. 그러므로 조직 안의 사람들과 조직과 관련된 사람들이 행복한 조직생활을 영위하도록, 일생의 대부분을 조직에서 보내는 인간의 삶 자체가 윤택해지도록 하기 위해서 인간은 독립적이거나 배타적일 수 없다. 서로 "관련을 맺어야 한다."는 것이다.

(1) 인간관계의 중요성

인간관계론을 배우고자 하는 사람들은 보다 좋은 인간관계를 원하기 때문에 인간관계에 대하여 어느 정도의 상식적인 수준에서 머물지 않고, 과학적이며 체계적으로 공부하기를 원한다. 자신들의 문제나 자신들의 이야기를 다루기 때문에 흥미도 있거니와 인간관계론을 배움으로써 어떤 상황에서 자신이 취해야 할 방법을 미리 터득할 수 있기에 재미가 있는 모양이다. 그런데 인간관계의 기술은 사교나 직업을 위해서뿐만 아니라 조직의 목표를 달성하는 데도 중요한 역할을 한다. 그 이유를 설명하면 다음과 같다.

조직은 주로 세 가지 조직자원들, 즉 물적 자원, 재무적 자원 그리고 인적자원으로 구성된다. 이 중에서 인적자원은 물적 · 재무적 자원들을 통제하며 일을 하는 주체이기에 매우 중요하다. 고도로 훈련되고 일에 대한 열성이 높은 종업원은 다른 두 가지 자원인 물적 자원과 재무적 자원에 비해 생산성이나 품질을 향상하는 데 있어서 매우 중요하다. 인적자원이란 사람을 생산자원의 하나로 보는 것이다. 사람의 창의적인 생각, 기술, 능력, 에너지 그리고 인간관계에서 생겨나는 협동심, 유대감, 결속력 등이 모두 인적자원에 속한다. 인간관계론은 조직을 개인 또는 비공식 집단 및 집단 상호간의 관계로 유지되는 사회체제로 인식하고, 그 구성원인 인적자원에 초점을 맞춘다.

조직 내에서 인간관계가 잘못된다면, 좋은 유대관계는 물론이요 조직생활을 제대로 해낼 수 없게 된다. 특히 조직에 들어간 지 얼마 되지 않았을 때나 중간 정도의 직장경력이 있을 때에는 더더욱 그렇다. 그러므로 대인관계 능력은 성공을 위해서도 매우 중요한 사안일 수밖에 없다.

"어차피 조직은 우리가 함께 만든 거야!"

전 세계적으로 경쟁이 치열해지고 있으며 범세계화가 가속화되고 있다. 이러한 변화의 시대에는 어느 때보다 대인관계 능력이 요구된다. 일반적으로 조직생활의 실패는 인간관계의 실패에서 기인한다. 어떤 조직에서는 개개인의 자질이 직무성공에 공헌하는 정도가 85%인 데 반해 기술적인 지식은 15%라고 밝히고 있다. 이러한 통계치는 개인이 직무를 성공적으로 수행하기 위해 가장 필요한 것은 '대인관계 능력'임을 의미한다.

/인/간/이/야/기/1-6/

좋은 인격의 회사란

기업을 만든 사람은 죽어도, 기업은 죽지 않는다는 말이 있다.[4] 기업의 목적은 곧 생존이며, 이것은 숙명이다. 하지만 생존이란 환경과 주거니 받거니(Give & Take) 하는 과정임을 부인할 수 없다. 너 살고 나 죽고도 안 될 일이거니와 너 죽고 나 살고, 너 죽고 나 죽고도 안 될 일이다. 꿀벌도 살고 양봉업자도 사는 '너 살고 나 살고'가 곧 기업의 생존 부등식이다.

기업과 환경의 관계도 결국은 인간관계이다. 기업이 고객을 무시하거나 속이면 고객은 금방 알아차리고 돌아선다. 반대로 고객을 진정으로 사랑하면 고객도 그 기업을 칭찬하면서 제품을 많이 사주고 그 기업을 오래 살린다. 회사가 사원들을 위하면 사원들은 회사에 충성하고 헌신적으로 일한다. 반면에 사원을 이용하려 들면 사원들도 회사를 이용만 하다가 더 이상 이용가치가 없으면 나가버린다.

잘되는 회사에는 뭔가 다른 게 있다. 사장은 명확한 비전을 가지고 직원들을 이끌며, 차별은 없고 차이는 있다. 회의는 많이 하되 반드시 결론이 있도록 하며, 사내에 다단계 판매나 주식으로 인한 성공담이 떠돌지 않는다. 잦은 회식도 없다. 술자리의 예의만큼이나 직장예의도 반듯하며, 불평은 있으나 건전한 대안이 모색된다. 경쟁자보다 우월한 제품을 가지고 있다. 기본기가 충실하고 바른 원칙을 가진 회사는 잘되는 회사이며, 잘 안 되는 회사는 이런 것들이 없다.

직무에 대한 몰입이나 한 직업에 오래도록 종사하는 것은 대인관계 능력에 달려 있다. 직장에서 해고된 사람들 중 66%는 대인관계의 실패에 그 원인이 있었고, 단지 34%만이 일과 관련된 기술이라든가 지식 부족 때문이었다는 조사결과도 있다.

생산성을 향상시키기 위해서 기업의 관리자는 노동자와 사용자 간의 관계를 개선하는 데 노력해야 한다. 기술혁신과 생산성 향상에 있어서는 인간적인 요인이 중요한 부분을 차지하기 때문이다.

(2) 인간관계의 목표

서두에서 언급하였듯이 인간관계란 '사람들 사이의 상호작용'을 뜻한다. 우리가 학교를 졸업하고 첫 직장에 들어가면 낯선 사장님과 만나게 된다. 그러다가 같이 일할 동료, 상사, 후배를 비롯하여 다양한 사람들과 만나게 되고, 다른 부서 그리고 고객과도 만나게 된다. 자기가 수행하여야 할 일보다 대인관계의 일이 더 먼저 시작되는 것이다. 갓 입사한 신입사원은 업무를 잘 몰라서 혹은 어떤 일을 해야 할지 몰라서 힘든 것이 아니라 사람들을 몰라서 겪는 곤란함이 더 많은 것이 사실이다.

일반적으로 우리가 인간관계론을 배우고 연구하는 최종적인 목표는 조직목

4) 경영학에서는 이를 계속기업의 원칙(Going Concern)이라고 한다.

적을 잘 달성하면서도 각 개인의 욕구를 만족시키는 상황을 유도해가는 데 있다. 누구는 승자가 되고 누구는 패자가 되어서는 건전한 인간관계가 형성될 수 없기 때문에 '모두가 함께 승자가 되는 상황(win－win situation)'을 만드는 것이 중요하다. 노사관계에 있어서 사용자가 승자가 되고 노동자가 패자가 되는 상황이나, 거꾸로 되는 상황 모두 좋지 않다. 단지 노사관계에서만 그런 것은 아니다. 친구관계, 부부관계, 상사와 부하의 관계, 학생과 선생님의 관계 등 그 어떤 관계에서도 모두가 함께 승자가 되는 상황을 만들어야 한다. 따라서 '우리들과 걔네들(We－They)'이라는 갈등의 모습이 아닌 '나(Me)보다, 우리(We)'가 강조되어야 한다. 이 책에서는 이러한 인간관계의 목표를 달성할 수 있는 다양한 주제들을 논의해갈 것이다.

4. 학문으로서의 인간관계론

인간에 대한 탐구는 매우 오래전부터 진행되어왔다. 주로 철학이나 신학에서 두드러졌는데, 철학이나 신학의 관점에서 살펴본 인간관계는 실로 복잡 · 미묘하기 때문에 이를 이해하고 해석하기 어려울 뿐만 아니라, 인간이란 무엇이며 인간관계란 어떤 것인지에 관해서 한마디로 쉽게 말할 수 없다는 지적이 빈번했다.

(1) 과학적 연구방법

철학이나 신학의 관점이 아닌 과학의 관점에서 즉 과학적 방법을 통해서도 인간현상의 실체를 100% 분석할 수 있는가? 어떻게 보면 인간행동 혹은 인간관계의 특성으로 인해 인간을 과학적 방법으로 분석한다는 것은 별 의미가 없을 수 있다. 실험실에서 특정상황을 조작한다거나, 엄격한 통제조건하에서 인간을 분석하는 것 자체가 위험할 수 있기 때문이다. 갓난아기조차 자신의 독특한 경험과 다양한 본능적 잠재력을 가진 존재이기 때문에 고유한 인간행동을 무시한 채 과학적 방법만을 적용하여 해석한다면 오류를 만들 수 있다.

하지만 경영학에서 인간관계론이라는 세부 학문을 연구하고 조사함에 있어 과학적 방법을 통해 주관적인 오류를 없애고 객관성과 논리성, 수정 가능성 등

/인/간/이/야/기/1-7/

과학의 목적이란

과학(science)이라는 말은 학문이라는 말과 동의어이다. 과학이란 지식을 습득하고 탐구하는 방법이자, 해결 가능한 문제를 과학적 방법(scientific method)을 사용하여 이론을 도출하는 과정이다. 과학의 개념을 정리하면 다음과 같다.

- 이론(theory) : 현상을 파악하고 미래를 예측할 목적으로 변수 간의 관계를 기술함으로써 현상에 대한 체계적인 견해를 제시하는 것이다.
- 과학은 존재하는 이론을 연구대상으로 하며, 가치관이 포함된 당연한 것을 연구대상으로 하지 않는다.
- 과학은 논리적이고 지속적인 패턴, 즉 확률적 규칙성(발생의 개연성이 높은 규칙성)을 찾는다.
- 과학은 변수들 사이의 관계를 기술하고 설명한다.
- 과학은 이론을 바탕으로 현상을 예측한다.

그리고 다음의 절차가 진행되어야만 과학적이라고 할 수 있다.

① 현상을 관찰하여 어떤 상황인지 파악한다.
② 그러한 현상이 왜 일어났는지 원인을 파악하여 현상과의 인과관계를 파악한다.
③ 인과관계에 기초하여 앞으로 일어날 현상을 예측하고 이를 예방하거나 조장한다.

을 확보하여 새로운 이론과 경험이 실증되기 전까지 과학으로 인정하는 태도는 학문이라면 가져야 할 최소한의 조건이다.

인간에 대한 연구인 인간관계론이 직면한 어려움은 과학적 조사방법의 적용 한계에만 있는 것은 아니다. 인간을 구성하고 있는 여러 특정부분들, 예를 들어 개인이 가지고 있는 성격, 지각, 태도 등도 중요하지만 인간 전체의 조직화 · 유형화가 더욱 중요하기 때문이다. 나무도 중요하나 숲이 중요한 것처럼, 부분보다는 전체적 형상(configurations)이 더 중요할 수 있다. 그러므로 한 분야에 집중하면서 다른 분야와 연계하고 통합하는 관점이 바로 인간관계론에서 필요하다. 그만큼 인간은 복잡한 존재이며 단순한 하나의 이론과 학문으로 해석할 수 없기에 여러 학문으로부터 이론을 빌려와서 이해를 높이려는 것이다.

자연과학에서는 어떤 현상을 측정할 수 있게끔 정확하고 누구에게나 제시 가능한 단위들이 설정되어 있다. 그러나 사회과학 중에서도 인간에 대한 탐구는 그런 단위들을 명확하게 설정할 수도 없을뿐더러 증명하기는 더욱 어렵다. 많은 정신분석학적 결론들이 표면적으로 타당성을 지니고는 있지만, 대부분은 인간이 내린 주관적 판단에 기초한 것이어서 과학에서 요구하는 '증명'이 가능하지 못한 것들도 있다.

"난 인간을 구하기 위해 세상을 보고 있어!
넌 뭘 보고 있니?"
"난 인간을 구하기 위해 세균을 보고 있어!"

/인/간/이/야/기/1-8/

환원론적 학문탐구 경향

최근까지 학문탐구 경향은 "부분의 합은 전체와 같다."는 가정에서 전체를 부분으로 분석 · 설명함으로써 이해하고자 시도한 환원론적 관점이었다. 그러다보니 전체를 구성하는 부분과 부분 사이에 존재하는 상호작용을 인정하지 않았으며, 전체적인 모습을 조망해보려는 노력보다 인간의 성격, 지각, 태도 등 한 부분만을 파헤치는 경향이 많았다.

물론 인간을 한 가지 특질, 예를 들어 성격에 따라 분류할 수도 있다. 하지만 성격에 따른 인간분류는 또 다른 특질, 예를 들어 지능에 따른 인간분류와 아무런 상관이 없을 수 있다. 그러므로 환원론적 관점으로 인간을 보려는 시도는 매우 위험하다. 우리는 특히 인간관계를 공부하면서 항상 나무보다는 숲의 관점에서 관찰해야 한다.

이런 문제를 해결하는 하나의 방법으로 인접학문들의 도움을 받아야 하며, 그러한 학문들의 과학적 조사방법들을 원용한다. 즉 개인은 심리학이나 조직행동에서, 사회는 사회학에서, 문화는 문화인류학에서의 도구들을 빌려온다. 물론 각 학문을 분리해놓음으로써 얻을 수 있는 이득이 있기도 하다. 그러나 어떤 분야의 연구자라 할지라도 다른 분야들을 참조하지 않으면 곧바로 막다른 골목에 맞닥뜨리고 만다. **그림 1-1**에서와 같이 인간관계론은 심리학, 조직행동, 사회학, 인류학, 정치학, 사회심리학, 사회인류학의 발견들을 통합하는 인간행동의 과학이다.

(2) 인간관계론의 연구대상

데이비스(K. Davis)는 「Human Relations in Business」에서 인간관계론이 다음 두 가지 측면을 갖고 있는 학문임을 주장한다. 하나는 실증연구를 통하여 인간행동을 이해하고 기술하며 확인하는 측면이며, 다른 하나는 그런 지식을 실제적인 상황에 응용하는 것과 관련된 측면이다. 그는 전자를 '조직행동론(Organisation Behavior : OB)', 후자를 '인간관계론(Human Relations : HR)'이라고 명명하면서 이들이 상호보완적으로 사용되어야 함을 밝히고 있다(**그림 1-2** 참조).

그러므로 조직행동론의 내용을 인간관계에 응용하는 것을 인간관계론이라

그림 1-1 인간관계론이 영향을 받은 인접과학

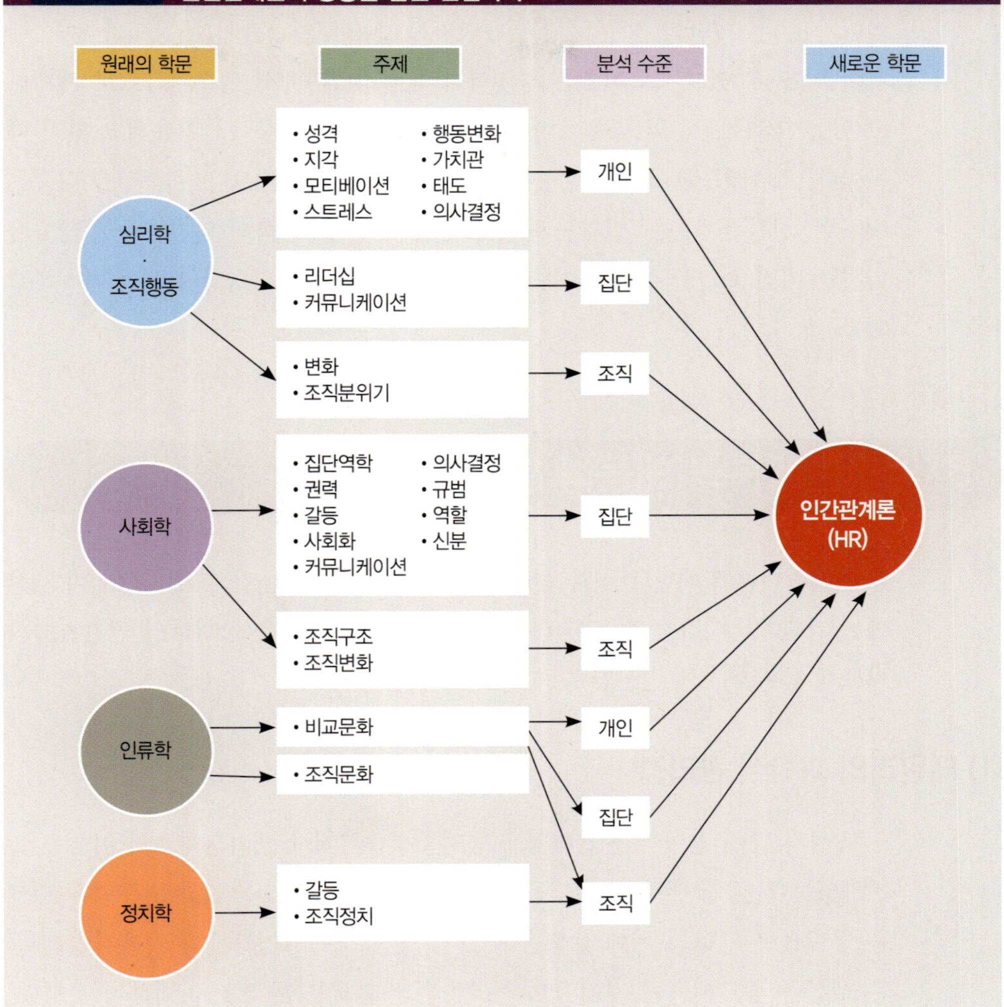

그림 1-2 인간관계론의 연구대상

	거시	미시
이론	조직이론 OT (Organization Theory)	조직행동론 OB (Organization Behavior)
응용	조직개발론 OD (Organization Development)	인사관리론/인적자원관리론/인간관계론 (Personnel Management/ Human Resources Management/ Human Relations)

고 한다면 인간관계론의 연구대상은 조직행동의 연구대상과 별 차이가 없다는 의미가 된다. 대학의 경우 독립된 개별과목으로서 '인간관계론' 강의가 없는 대학이 있을 수 있다. 그 이유는 경영학과나 행정학과에서 필수과목으로 채택하고 있는 조직행동론의 내용이 인간관계론에서 대부분 중복 · 활용되고 있기 때문이다. 조직행동론이 조직경영에 있어 개인측면과 집단 및 조직측면을 다루는 것처럼, 인간관계론은 '인간관계'에 초점을 두고 조직 속의 인간행동에 영향을 미치는 여러 요인을 이해하려는 과정에서 인간에 관한 다양한 관점을 제시하고 있다.

5. 인간관계론의 태동과 발전과정

인간관계론에 대한 관심과 연구가 하루아침에 시작된 것은 아니지만 이 세상에 인간관계론이라는 학문이 대두된 까닭과 발전과정을 살펴보면 인간관계의 이해에 훨씬 빠르게 접근할 수 있다.

(1) 테일러의 과학적 관리법

18세기 말에 일어난 산업혁명은 농업중심사회에서 공업사회로의 이행을 촉진하였는데, 공장제 수공업은 공장제 기계공업으로 전환되었고 노동력은 새로운 공장을 운영하기 위해서 고용되었다. 당시 소유경영자들의 기본적인 관심은 생산을 증가시키는 것이었으나 그들은 변화하는 환경을 이해하지 못했다. 예를 들면, 그들은 기계에 대해서나 사람을 관리하는 것에 대해서 특별한 지식이 없었다. 그 결과 어떤 경영자들은 온정주의를 사용하고 다른 경영자들은 능률과 이익이라는 이름으로 노동자들을 다스리려고 하였다. 따라서 능률증진운동(efficiency movement)과 관리운동(management movement)이 확산되기 시작하였다. 그러나 이 운동은 임금지불제도와 노무비 절감을 중심으로 이루어졌기 때문에 '조직적인 태업(systematic soldering)'을 해결할 수 없었다. 테일러는 조직적 태업이 임금지불제도의 불합리성 때문이 아니라, 이른바 '주먹구구식(rule of thumb) 관리'나 '표류관리(drifting management)'에 의한 노동의 비합리적 운용에 기인한다고 생각하였다.

/인/간/이/야/기/1-9/

인사관리의 아버지

1800년대 영국의 사회이론가이며 산업개혁가인 오웬(R. Owen : 사진)은 공장노동자의 전반적 직무 상황과 작업환경을 향상시키는 데 관심을 가진 최초의 인물이다. 그는 조직에서 인간자원의 중요성을 인식한 최초의 경영자 중 한 사람이었다. 그 전까지 공장노동자들은 기계나 설비와 같은 도구로만 취급되었다. 그는 스코틀랜드의 라나크(Lanark)라는 작은 마을에 있던 공장에서 아홉 살 나이의 유아노동, 15시간 노동, 열악한 작업환경, 부도덕과 각종 범죄 등이 아무 거리낌 없이 자행되고 있다는 것을 알게 되었다.

오웬은 혁신을 단행하여 유아들을 위한 교육은 물론, 모든 공장노동자들에게 주택과 음식, 의복 등을 제공하였다. 그는 노동자는 공장의 주인으로서 대접받아야 하며, 경영자는 노동자의 인격적 가치를 인식해야 한다고 주장하였다. 그는 보다 나은 작업환경, 최소작업연령의 제한, 종업원 복리후생 등의 정책을 새롭게 하고 작업시간도 단축하였다. 아무도 생각조차 못하고 있을 때 오웬은 이렇게 실행했던 것이다. 지금 오웬은 '인사관리의 아버지'라고 불린다.

(2) 오웬의 인간적 경영

기업조직이 형성되기 전, 대부분의 사람들은 농부였고 직업이라고 해봐야 구두수선공, 목수, 봉제사 정도가 고작이었다. 산업혁명 후 사람들은 농장에서 공장으로 대거 이동하였다. 이에 새로운 공장체제와 경영관리에 대한 필요성이 증대되었지만, 1800년대 말까지 기업조직은 출현하지 않았다. 육체적 힘이 좋은 노동자 중에서 승진노무자가 생겨났지만, 공장주들은 자기가 데리고 있는 사람들은 자식이나 마찬가지이니 마음대로 부려도 된다고 생각하는 가부장적 관리가 주를 이루었다. 당시 노동자들은 생산의 원천이자 기계의 부속품으로 착취당했다. 그들은 고용된 사람으로서가 아니라 잘못 태어난 운명을 가진 존재로서 살아가야 했다. 게다가 작업환경이 매우 열악하여 작업자들은 위험에 무방비로 노출되어 있었으나 특별한 기술이 필요없는 단순작업에 종사하였으므로 급격히 늘어난 노동력에 밀려나지 않기 위해 안간힘을 쓸 뿐이었다.

(3) 메이요의 인간관계론

종래의 전통적 관리이론들은 조직의 인간적 측면을 무시하고 기계주의적인 관리기술의 합리화를 목적으로 하였다. 하지만 기업의 경영규모가 확대됨에 따라 경영관리의 과정에 대한 분석이 중요하게 되었다. 더욱이 테일러 시스템의 과업관리나 플로우(flow) 시스템의 작업과정은 인간을 기계장치화한 나머지 종업원들의 인간적 욕구를 작업공정 및 생산양식의 객관적 기준에 의하여 무시

"비행과 비즈니스는 계획, 실행, 통제만 잘하면 돼!"
"아니야, 우리끼리 인간관계도 잘해야 돼!"

내지 억압하여 마침내 종업원들의 욕구불만에 의한 노동능률의 저하를 초래하였고, 경영자와의 마찰을 불러일으켰다. 마침내 하버드 대학 교수진을 중심으로 몰인간성에 대한 비판과 기계주의적인 관리론에 대한 반성의 소리가 높아졌고, 호손연구(Hawthorne Study)를 계기로 활발하게 전개된 이러한 비판은 결국 '인간관계론'이라는 학문을 낳게 되었다.

인간관계론의 연구는 '인간관계론의 아버지'라 불리는 메이요(E. Mayo) 교수를 비롯한 몇몇 동료교수들에 의하여 시작되었다. 초기에는 '조직에 있어서의 인간행동의 새로운 이해'라는 주제 아래 산업에서의 노동과 피로 조사가 이루어졌는데 서부전기주식회사의 호손공장(Western Electric Hawthorne Plant)에서 실시되었다. 호손공장의 실험에 대한 결론은 다음과 같다.

- 작업능률을 좌우하는 것은 임금 · 노동시간 등의 노동조건과 조명 · 환기 등의 작업환경으로서의 물적 조건만이 아니라, 오히려 종업원들의 태도라든가 감정의 측면임이 발견되었다. 이를 호손효과(Hawthorne Effect)라고 한다.
- 물적 조건도 그 개선에 의하여 능률성에 효과를 가져올 수 있으나, 오히려 종업원들의 심리적 요인(욕구)이 물적 조건보다 더 중요하다는 점이다.
- 종업원들의 태도나 감정을 좌우하는 것은 개인적 · 사회적 환경, 사내의 권력관계, 혹은 소속된 비공식 집단(informal group)의 힘 등이었다.
- 상사와 종업원의 인간관계는 종업원의 산출량의 질과 양에 중요한 영향을 미친다는 것이다. 종업원이 상사를 진정으로 존경하지 않는다면 상사의 지시와 명령에 제대로 귀 기울이지 않을 것이기 때문이다.

/인/간/이/야/기/1-10/

인간관계학파

테일러 방식에 대하여 못마땅하게 생각한 메이요(E. Mayo)와 하버드 대학 교수진은 호손(Hawthorne)이라는 공장(사진)의 프로젝트를 맡게 되었다. 그들은 공장을 경영함에 있어 테일러의 경영이 생산성 증대를 가져오는가를 검증코자 하였다. 우선 표준화된 작업조건이나 낭비적인 작업방법을 개선하였을 때 생산성이 변화되는지를 조사하였고, 휴식시간이나 보상의 방법을 바꾸었을 때 생산성이 얼마나 향상되는지를 조사하였다.

그중 하나가 공장의 조명을 더 밝게 할 경우, 제품을 조립하는 성과가 얼마나 향상되는지를 조사한 것이다. 조명도를 높였을 때 계전기판 조립의 표준성과는 당연히 증대되었다. 그러나 이상하게도 조명도를 다시 원위치로 낮추었는데도 생산성은 계속 오르는 현상을 보였다. 더 세밀한 조사가 진행되어 공장 직원들과 인터뷰가 시행되었다. "유명한 대학 교수님들이 저희 공장의 생산성에 대하여 조사한다고 하니까 자부심도 생기고 더 잘해야 되겠다고 생각했어요. 그리고 저희들의 행동을 너무 세밀하게 관찰하고 계신 것 같아서 더 열심히 일한 거죠." 즉 공장 종업원들의 생산성의 변화는 물리적 노동조건과 같은 환경의 변화보다 사람들과의 관계, 심리적 혹은 인간적인 분위기의 변화에 더 예민하게 반응하고 있었던 것이다.

메이요와 동료 교수진은 호손연구를 통해 생산성 향상을 가져오게 하는 것은 권한체계나 정해진 규칙의 준수에 의해서라기보다 동료와의 비공식적인 관계, 작업집단 내의 분위기, 조직 내 비공식집단의 존재와 그 집단 속의 규범 등과 관련된 인간관계가 더 많은 영향을 준다는 결론을 내리게 되었고, 이후 관련 연구가 계속되었으며 이를 후세에 인간관계학파라고 명명하였다.

직원에게 제공되는 당근과 채찍은 나름의 효과가 있을 것이다. 하지만 경영은 그리 단순하지 않다. 경영의 대부분은 자금이나 원재료의 경영보다 사람을 어떻게 다룰 것인가에 달려 있기 때문에 더 어렵다. 1927년에 시작되었던 호손공장의 실험이 조직 속의 공식관계보다 비공식적 인간관계가 중요하다는 사실을 1932년에야 밝혀낸 것을 보면, 인간이라는 복잡한 존재를 경영하는 것 자체가 쉽지 않음은 분명하다. 경영을 하면서 인간을 효율적이고 경제적이고 합리적인 존재로만 가정하고 거기에 적합한 방식을 찾아 관리하려는 것은 잘못될 공산이 크다. 경영자와 직원의 인간관계는 직원이 달성할 산출량의 질과 양에 중요한 영향을 미친다. 직원이 경영자를 진정으로 존경하지 않는다면 경영자의 지시와 명령에 제대로 귀 기울이지 않을 것이기 때문이다.

호손연구를 계기로 조직을 구성하고 있는 사람에 초점을 둔 관리에 대한 관심이 증폭되었으며, 주로 사회학이나 심리학과 연계하여 고전적 경영이론의 한계를 극복하려는 주장이 운동(Human Relations Movement)처럼 일어나기 시작하였다.

(4) 인간관의 변화

경영학의 주요 이론들은 각 시대별로 특정한 인간관에 기초를 두고 전개되었다. 이를테면 경제인(economic man), 사회인(social man), 자아실현인(self actualizing man) 등이 각각 시대를 대표하는 주도적 인간관이었으며, 이러한 인간관은 특정시대의 경영이론을 대변하는 역할을 하였다. 이렇듯 인간관은

그림 1-3 인간관의 변화

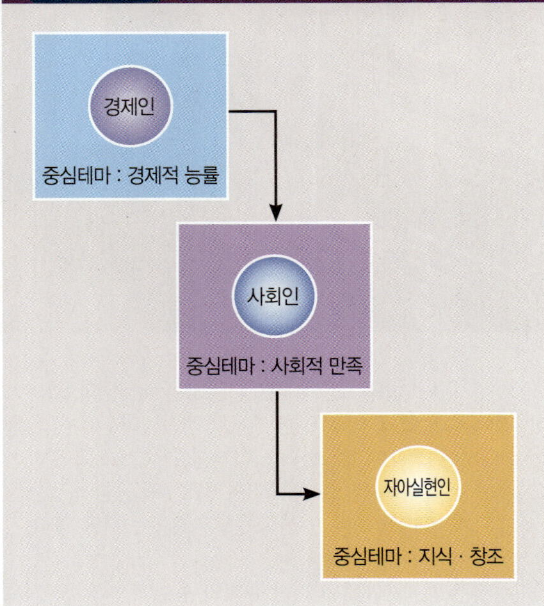

고정된 것이 아니라 그 시대 그 사회의 사람들이 지향하는 것이다. 따라서 역사성이 결여된 인간에 대한 이해는 아무 의미가 없는 것이 될 수도 있다. 그렇다면 테일러에서 매슬로우에 이르기까지 인간을 어떻게 바라보았는가? 먼저 그림으로 그려보면 **그림 1-3** 과 같다.

① 경제인으로서의 인간

테일러는 그가 제창한 과학적 관리법과 함께 20세기를 열었던 중요한 인물로 간주된다. 철강회사의 엔지니어로 근무하면서 낭비와 비효율에 대해 관심을 가졌던 테일러는 노동자들이 조직적 태업을 하는 이유가 그 당시까지 일일과업표준량이 정해져 있지 않은 채 주먹구구식인 지시와 명령이 내려지고, 그들이 매우 열심히 일한 결과가 평상시 달성해야 될 표준량이 되는 것을 두려워했기 때문이라고 결론지었다. 작업자들은 모든 작업이 완료되면 해고될지도 모른다고 생각했고 경영자들은 이러한 사실을 모르고 있었는데, 그 이유는 종업원들의 생산목표를 결정할 수 있을 만큼 직무가 상세히 분석되지 못했기 때문이다. 테일러는 노동자들이 근본적으로 어리석으며 게으르고 뻔뻔스러운 사람들이기에 물질적인 동기가 주어지지 않으면 일을 열심히 하지 않는다는 기계적 인간관을 가지고 있었다. 이러한 기계적 인간관에 근거하여 조직의 효율성, 능률의 논리, 경제성, 합리성을 향상시키기 위해서 시간과 동작연구를 토대로 과학적 노동을 발전시키는 데 공헌하였다. 분업에 의한 능률의 향상이라는 기본 틀을 가지고 있던 테일러리즘은 분업의 한계를 산업현장에서 자주 노출시키게 되었고, 기계적 인간관에 대한 도전이 끊임없이 제기되었다.

② 사회인으로서의 인간

1930년대 호손공장 실험결과에 영향을 받은 인간관계운동은 종래의 기계적 인간관을 버리고 사회적 인간관을 새로운 패러다임으로 내세웠다. 심리학적 인간관을 조직유효성에 기여하는 인간관으로 보게 된 것이다. 즉 시간연구, 동작연구를 통한 분업의 심화로 사람을 기계화한 대량생산체제 아래에서는 인간을 감정을 지닌 존재로서의 인간과 개성 그리고 감성의 논리, 사람과 사람 간의 사회성을 중시하는 인간으로 간주하지 않았던 것이다. 하지만 1940년대 이후 인간은 경제적, 기계적, 합리적 존재라기보다 제한된 합리성(bounded rationality)을 가진 존재이고, 사회적 동물로서 의미와 만족을 추구하며 스스로 동기유발에 의해 일을 하는 심리적 존재이며, 비공식 조직의 구성원으로서 비공식 리더의 리더십에 영향을 받는 사회적 존재라는 인식이 널리 확산되었다.

③ 자아실현인으로서의 인간

매슬로우의 욕구단계설에서 인간의 가장 높은 욕구가 바로 자아실현의 욕구라는 주장이 제기되면서, 인간은 직장생활을 통해 자아실현을 추구한다는 인간관이 출현하였다. 인간관계 측면에서 개인의 행동동기에 있어서 경제적 혹은 물질적 욕구충족보다 사회적 욕구와 자아실현 욕구에 대한 충족이 더욱 강조된 것이다. 자아실현인으로서의 인간은 작업집단에 대한 소속감, 조직으로부터의 인정, 그리고 자기 직무에 대한 만족감을 통해 직무의 자율성과 책임성, 성취감을 다른것보다 더 중시한다. 이 인간관은 제2차세계대전이 끝나면서 더욱 확산되었는데, 개개인의 인권이 존중되고 인간을 자유인으로 살게 하는 것이 진정한 인간관임을 확인하는 계기가 되었다.

토 론 합 시 다 1 - 1

조직의 쓴맛

조폭은 조직의 힘을 휘두른다. 개인 건달보다 조직된 폭력 무리가 더 끔찍한 이유도 그 때문이다. 조직이란 두 사람 이상이 서로 연결되어 상호작용을 하면서 공동의 목표를 달성해나가는 모임이다. 그래서 조직은 일과 사람을 담는 그릇이 된다. 인간은 효율성 때문에 함께 모여서 일을 한다. 원시인도 그랬고, 중세인 그리고 현대인도 그렇다. 베이징인, 자바인, 크로마뇽인이 남긴 각종 유적들도, 이집트의 피라미드와 고대 로마의 길드 조합도, 중국의 만리장성과 세계 최대의 할인매장 월마트나 가장 성공한 탐색엔진을 가지고 있는 Google도, 그리고 한국의 재벌그룹들도 개인이 달성한 업적이기보다 조직이 만들어낸 것들임에 틀림없다.

산부인과 조직의 힘을 빌려 태어나서 여러 조직에 몸담았다가 마침내 장의사 조직에 의해 죽음을 정리하는 인간. 그 인간을 인간답게 해주는 것도 피할 수 없는 조직이다. 146미터 높이의 피라미드에는 2톤에서 15톤 크기의 돌 약 250만~300만 개가 필요한데 연인원 20만 명의 인부가 10년 동안 꼬박 일을 해야 한 개 정도 만들 수 있다. 헐크나 킹콩 같은 힘 있는 몇몇 개인이 만든 것이 아니라 조직의 산물인 것이다.

어느 누구도 세금과 죽음 그리고 조직을 피할 수 없다. 조직은 바람직한 조직목표와 성과를 달성하기 위한 도구를 제공해주며, 효과적으로 재화와 서비스를 생산하게 해준다. 또한 혁신을 촉진하며, 환경변화에 적응할 수 있게 해준다. 현대적 생산기술과 첨단 신기술을 사용하도록 해줌으로써 소유자, 고객, 종업원을 위한 가치를 창출한다.

★ ★ ★

1. 경영과 조직, 경영자 사이의 관계를 설명하시오.
2. 조직이 중요한 이유에 대하여 설명하시오.
3. 개인의 목표보다 조직의 목표가 중요한 이유는?

토 론 합 시 다 1 - 2

과학적 관리의 아버지, 테일러

다음은 테일러(F.W. Taylor)의 일생을 정리한 것이다.

1856년 미국 필라델피아 저먼타운의 부유한 변호사 집안에서 출생

1974년 18세 하버드대학교 법학대학에 진학했다가 중퇴
1878년 미드베일 철강회사 입사
1881년 미드베일 철강회사에서 금속절삭 실험 시작
1886년 미국 기계학회 가입
1890년 펄프 제지회사인 Manufacturing Investment Company 사장 취임
1898년 몬셀 화이트와 함께 고속도강을 발명
1906년「금속절삭 기술에 관하여」출판
1906년 미국 기계학회 회장으로 당선, 펜실베이니아대학교 명예과학박사 학위 수여
1909년 하버드대학 경영대학원 학장인 에드윈 프랜시스 게이의 요청으로 하버드대학에서 강의
1910년 주간통상규제위원회에서 개최한 동부철도운송비 공청회에서 과학적 관리가 널리 전파됨
1911년「과학적 관리법」출간
1915년 폐렴으로 59세 나이로 사망함

테일러는 낭비, 게으름, 무관심, 일을 대충대충 처리하는 태도를 무척 싫어했다. 달리기를 할 때 가장 피로를 느끼지 않는 방법을 궁리하기도 하였다. 그는 강의와 자문에서 보수를 받지 않았다. 그의 무덤은 필라델피아철강회사를 내려다볼 수 있는 산비탈에 위치하고 있고, 묘비에는 '과학적 관리의 아버지'라고 새겨져 있다. 테일러는 과거의 경영법은 일종의 게으름쟁이를 장려하는 방법으로 노동자들의 근무태만을 야기할 뿐이라고 주장했다. 근무태만의 원인 세 가지는 ① 산업현장에서 개별노동자나 개별기계의 실질적인 생산량이 늘어나게 되면 결국에는 대량실직이 일어난다. ② 일반적인 경영시스템을 지닌 공장에서 고용주가 적정한 작업속도에 대해 무지하면 노동자들은 자신의 이익을 위해 근무를 게을리하게 된다. ③ 모든 산업계에서 줄곧 사용해온 단순한 경험에 기대어 일을 처리하는 비능률적인 방법은 노동자가 대부분의 노동력을 낭비하게 한다.

테일러의 핵심업적은 ① 노동시간 연구 : 무쇠 운반작업 실험은 슈미트라는 일류작업자, 스톱워치, 표준작업량과 휴식, 생산원가 절감의 기원이 됨 ② 직업훈련과 표준화 : 일류가 아닌 자는 모두 이류, 일류가 되기 위해서는 직업훈련 필요하며, 직업교사가 훈련시켜야 하고, 교육은 사람을 대상으로 하지만 표준화는 사물을 대상으로 한다고 주장하며 업무단계의 표준화, 업무동작의 표준화, 공구의 표준화, 업무장소의 표준화, 원료의 표준화를 추구하였음 ③ 차별적 성과급제도 ④ 원가회계법 : 경영수단 ⑤ 구상과 실행의 분리 원리 ⑥ 기획실 조직 ⑦ 관리자 전문화 ⑧ 적절한 조직구조 : 직능식 직장(foreman) 제도 ⑨ 효율과 인성의 통일 : 사람의 필요와 동기에서 출발해 노동자의 적극성을 자극하고자 함 ⑩ 과학으로 경험 대체하기 ⑪ 협력으로 저항 대체하기

★ ★ ★

1. 테일러리즘의 최대 약점은 무엇인가?
2. 근무태만을 줄이기 위한 테일러의 대안은 무엇인가?
3. 인간은 합리적 존재라는 사고와 테일러리즘의 차이점은?

토론합시다 1-3

경제학자 아담 스미스 탐구

아담 스미스(A. Smith)는 1723년 영국에서 출생하였다. 출생 후 몇 달 안 되어 아버지는 사망하였지만 어머니와의 관계가 각별하였다. 몸은 약했지만 독서광이었던 그는 옥스퍼드대학에서 6년간 고전과 철학을 수학한 후, 글래스고대학에서 교수로 지냈다. 어떤 일에 몰두하면 다른 일을 깡그리 잊어버리는 습관 때문에 어떤 공장을 방문해 열심히 설명하다가 바로 옆에 있는 웅덩이를 보지 못하고 빠져 낭패를 당한 일도 있었다. 그는 1790년 미혼으로 세상을 떠났다. 그때 그의 나이 67세였다.

아담 스미스가 살았던 시대는 산업혁명이 한창일 때였다. 그는 1759년 도덕문제를 다루는 「도덕감정론」을 발표하였는데, 인간은 자신의 이익을 생각하며 살아가는 이기적 존재로, 이기적 본성을 가지고 있는 인간들이 모인 사회가 어떻게 유지되는가를 연구하였다. 그를 상징하는 '보이지 않는 손'이라는 용어는 「도덕감정론」과 「국부론」에서 단 한 번씩 등장하고 있다. 하지만 두 책에서 '보이지 않는 손'의 기능과 의미는 다소 다르다. 「도덕감정론」에서는 '보이지 않는 손'이 부의 평등한 분배 혹은 최소한의 물질적 생존조건을 모든 사람에게 보장해줄 것이므로 사람들은 도덕적으로 참된 가치를 추구해야 한다고 주장한다.

1776년 인간의 본성과 사회성에 대한 연구를 통해 사회와 국가가 어떻게 행복해질 수 있고, 부유해질 수 있는가 하는 문제를 다룬 「국부론」을 발표한다. 이 책의 원제는 '국부의 성질과 원인에 관한 연구'로서 그는 이 책에서 나라가 경제를 강하게 통제하는 것을 비판하면서 새로운 방향을 제시하였다. 즉 그는 경제활동과 관련해 자유의 중요성을 무엇보다도 강조하며 사회전체의 부를 증가시키는 요인을 '자유'라고 보았다.

아담 스미스는 경제활동의 가장 중요한 요소를 분업이라고 보았다. 분업이란 하나의 일을 여러 과정으로 나누어 하는 것을 말한다. 일을 나누어 할 경우, 더 많이 생산할 수 있을 뿐 아니라 새로운 기계나 기술까지 발명하거나 발견할 수 있다는 것이다. 특정한 한 가지 일을 전문적으로 할 경우, 보다 간편하게 해낼 수 있는 방법을 생각하게 되고 새로운 경제활동을 조정하는 역할을 하는 것이 '보이지 않는 손'이고 조정수단이 시장에서 형성되는 '가격'이다. 아담 스미스는 시장에서 수요와 공급이 만나는 바로 그 지점에서 가격이 결정된다고 말했다.

인간의 행동이 자신의 의도와 달리 사회의 이익에 기여한다는 주장은 '보이지 않는 손'의 작용으로 설명된다. 사실 부자들은 가난한 사람들보다 그다지 많이 소비하지 못한다. 그들은 우선적으로 자신만의 편익을 염두에 두고 수천 명의 노동자들을 고용해 그들의 공허하고 채워지지 않는 욕망을 충족하려 하면서도, 생활수준을 향상시키기 위한 모든 산물을 가난한 사람과 나누어 가진다. 그들은 '보이지 않는 손'에 이끌려 토지가 모든 주민들에게 평등한 몫으로 분할되었을 경우에 주어졌을 것과 거의 같은 생활필수품을 사람들에게 분배한다. 그리하여 의도하거나 인식하고 있지 못하면서도 사회의 이익을 증진시키고 종족증식의 수단을 제공한다. 아담 스미스는 인간이 자신의 이익을 추구함으로써 '보이지 않는 손'에 의해 인도되어 사회의 이익을 증진하게 된다고 하였다.

"우리가 식사할 수 있는 것은 정육점 주인, 양조장 주인, 빵집 주인의 자비 때문이 아니라 정육점 주인, 양조장 주인, 빵집 주인이 가진 자신의 이익에 대한 관심 때문이다. 우리는 그들의 인간성에 호소하지 않고 그들의 이기심에 호소하며 그들에게 우리 자신의 필요를 이야기하지 않고 그들의 이익을 이야기한다."

★ ★ ★

1. 경제학자 아담 스미스의 분업이란?
2. 국가가 부자 되는 방법이란?
3. 현생인류와 아주 가까운 종인 네안데르탈인은 약 20만 년 전에 출현해 3만 년 전쯤 지구상에서 사라졌다고 한다. 그 이유 중 하나로 그들은 분업을 하지 않았던 최초의 인류라는 점을 꼽는다. 분업이 인간에 미친 영향에 대하여 토론하자.

토론합시다 1 - 4

노동에 관한 인식

"인간은 생각하는 갈대이다."라는 파스칼의 말은 인간이 끝없이 정신노동을 한다는 의미이기도 하다. 동시에 육체적 노동 역시 인간의 숙명이다. 생계유지뿐만 아니라 다른 욕구의 충족을 위해서도 인간은 무슨 일인가를 해야 한다. "일하지 않는 자는 먹지도 말라."라는 안중근 의사의 말은 게으름을 경계하라는 의미도 있지만 인간과 노동은 떼려야 뗄 수 없는 숙명적 관계에 있음을 알려준다. 일하는 자만이 비로소 인간이라고 할 수 있다. 그런데 노동에 대한 인식은 역사적 변화를 겪어왔다.

고대 그리스 시대에 인간노동은 노예가 담당해야 할 형벌로 간주되었고, 성경에서는 노동은 원죄의 대가라고 가르친다. 중세로 넘어와서 "노동은 신성하다."라는 사상이 생겨났다. 고딕성당의 건축에서 구현된 것처럼 노동은 신뢰할 수 있고 창조적인 것이며 인간에게 풍요로움을 가져다주는 것이었다. 근대사회에서는 막스(K. Marx)라는 사상가에 의해 노동가치설, 즉 노동은 가치창조의 원천이라는 주장이 제기되는가 하면 동 시대에 심리학자 프로이드는 노동은 불쾌하고 고통스러운 것으로 간주하였다. 이 시대에 노동은 빵을 얻기 위한 수단이며, 약간의 수입과 지위를 얻기 위한 수단일 뿐이었다. 현세적 향락과 행복을 노동에서 구할 수 없기 때문에 노동 이외에서 인생의 목적을 찾으려 한다는 것이다.

현대사회에는 인본주의적 노동관이 확립되었는데 매슬로우(A. Maslow)는 노동은 "자아실현의 수단이다."라고 하였고, 벨(D. Bell)은 노동은 여가생활과 연결될 때에만 의미를 가진다고 하였다. 현대는 노동이 쉬워지고 여가, 즐거움 등 다양한 욕구가 증가하여 노동의 의미가 달라지고 있다. 따라서 노동은 인생의 궁극적인 목적이 되지 못하고 다른 욕구를 충족하기 위한 수단으로 간주되기도 한다.

1. 인간의 노동은 역사적으로 어떻게 변화하였는가?
2. 노동은 인생의 목적인가, 목적을 달성하기 위한 수단인가?
3. 인간에게 있어 노동이란 어떤 의미인가?

토론합시다 1-5

"이 순간, 너희가 있어 힘이 나는데!"

반에서 46등, 47등, 48등 하는 세 녀석이 시험 당일치기를 위해 전날 밤에 모여 함께 공부할 작전을 짠다. 산만클럽 회원들인 이들은 야식으로 라면만 잔뜩 끓여 먹고서는 새벽 내내 잡담하며 놀다가 이내 졸고 만다. 그래도 이들 각자는 속으로 흐뭇해한다. 왜냐하면 다른 두 친구도 나하고 새벽까지 노느라고 시험공부를 못했으니까 46등 하던 친구가 갑자기 36등으로 급상승하는 불행한 사태는 막을 수 있기 때문이다. 이처럼 인간은 아무 문제가 없이 순탄하게 지낼 때는 개인플레이를 하지만 불안하고 걱정이 되면 함께 모여서 집단으로 지내기를 좋아한다.

만일 각자가 두 개 정도씩의 능력을 가진 세 사람이 모여 여섯 정도의 힘을 발휘한다면 무엇 하러 모여서 집단을 만들겠는가? 적어도 일곱의 힘을 발휘해야 하지 않겠는가? 사람이 집단에 들어가면 광기에 사로잡힌다는 말이 있지만 그러면서도 집단의 덕도 많이 보게 되어 있다. 결합을 통한 상승효과(synergy effect)가 있기 때문에 인간은 원시인 때부터 함께 모여 돌도끼를 들고 멧돼지를 잡으러 들로 산으로 뛰어다닌 것이 아닌가? 개인이 모여 집단(group)이 되고 집단이 모여 다시 조직(organization)이 되는 것이다.

경영학에서는 조직이라는 집단 속에서 행해지는 개인들의 행동에 대해서 개인수준, 집단수준, 조직수준의 행동으로 분류한다. 즉 개인수준이란 개인들이 펼치는 개인의 특성, 가치관, 태도, 의식, 지각, 성격 등이며, 집단수준은 집단의사결정, 집단의사소통, 리더십, 갈등 등이고, 조직수준은 조직문화, 조직의 변화, 조직의 전략과 혁신 등이다.

1. 집단의 힘은 무엇인가?
2. 시너지 효과가 개인차원을 넘어 집단 혹은 대인적 차원에서 어떤 힘을 행사하는가?
3. 성과달성에 있어 집단은 개인보다 효과적인가?

제 2 장

인간관계 균열과 개선

2장의 구성

1. 인간관계의 메커니즘
2. 인간관계의 균열
3. 인간관계의 개선

학습목표

1. 인간존재의 유형
2. 왜 인간관계에 균열이 생기는가?
3. 인간관계를 개선하기 위해서 어떻게 해야 하는가?
4. 교류분석과 해리스의 대인관계모형

핵심키워드

관계적, 주체적, 상황적, 자기지각, 자기주장, 타인지각, 타인합의, 교류분석, 자기긍정, 자기부정, 타인긍정, 타인부정

02 인간관계 균열과 개선

들어가면서

가정, 직장, 학교, 지역, 혈연 등 사람은 어디서든지 인간관계를 맺으며 살아간다. 이러한 인간관계를 자세히 파고들어보면 일대일부터 일대다까지 복잡하게 얽혀 있음을 알 수 있다. 어떻게 해야 이 복잡한 인간관계를 헤치고 갈 수 있을까? 과연 어떤 상태를 가리켜 올바른 인간관계라고 말할 수 있을까? 그것은 상대하는 사람이 각자 개인으로 독립하여 대등한 입장에서 관계를 맺고 서로가 충분히 자신을 주장한 결과로써 상호이해에 도달하는 관계일 것이다. 그러나 이러한 관계가 말처럼 쉽지 않다. 갑자기 균열이 생기기도 하며 원래 상태로 복귀하는 것이 거의 불가능할 때도 있기 때문이다. 부부 사이, 부모자식 사이, 또는 학교친구나 회사동료 사이, 경영진과 노조 사이, 국가의 수반 사이에도 인간관계의 균열이 나타날 수 있다. 이 장에서는 현대사회에서 발생하고 있는 인간관계의 균열문제에 대해 생각해보기로 하자.

1. 인간관계의 메커니즘

"사람과 사람이 관계한다."라는 것은 어떤 의미일까? 사람은 본래 자유롭고 싶어 하는 존재이다. 타인에게 구속되지 않고 자신이 느끼는 대로 또 자신의 의지대로 자신을 위해 행동하기를 원하는 것이다. 그러나 사람은 어쨌든지 조직에 속해 있기 때문에, 또 여럿이 함께하는 것이 더 효과적이기 때문에 다른 사람과 관계를 맺고 살 수밖에 없는데, 그 순간부터 개인은 완전한 자유를 포기해야 한다. 왜냐하면 대치하고 있는 두 사람의 관계에 있어서 한 사람이 완전히 자유롭기 위해서는 다른 사람이 누리는 자유의 일부를 포기하도록 되어 있기 때문이다. 예를 들어 김길순 양이 내일 아침 일찍 교보문고에 가서 책을 사오려고 마음먹었다. 그러다가 혼자 가기가 심심해서 친구에게 전화를 걸어 같이 가자고 했더니 흔쾌히 그러자고 했다. 김길순 양은 그만큼 행복해졌다. 그렇지만 친구가 오후에만 시간이 있다고 한다. 이때 김길순 양의 자유는 제약된다. 뿐만 아니라 없었던 고민거리도 생긴다. 기다렸다가 같이 갈까, 혼자 가버릴까? 아침에 가자고 어떻게 설득해야지? 이런 고민이 생기는 것이다. 마침내 설득을 해서 자신의 자유를 흠뻑 누렸다고 성공한 인생은 아니다. 누구와 관계를 맺든 항상 그런 식이라면 어느 날인가 주변 친구가 모두 떠나고 혼자라는 사실을 깨닫고 자유는커녕 홀로 '고독'이라는 감옥에서 갇히게 된다.

따라서 사람과 사람이 대등한 관계로 마주할 경우에는 상대방도 자신과 똑같이 자유롭고 싶어 한다고 생각하는 것이 옳다. 나를 상대하는 상대방도 나와 동등한 가치를 가지고 있다고 생각해야 하는 것이다.

(1) 복잡한 존재인 인간

인간이란 본래 이해하기 힘든 존재로, 사람과 사람이 갈등상황에 놓인 경우 상대와의 관계를 통해 '자기'를 명확히 인식하는 것이 말처럼 쉽지 않을 뿐만 아니라, 상대가 무엇을 바라고 있으며 나를 어떻게 상대하고 있는지 파악하는 것은 더욱더 어렵다.

왜 인간은 다른 사람을 이해하기가 쉽지 않은 것일까? 사람과 사람이 서로 상대하는 경우 한쪽의 어떤 움직임에 다른 한쪽이 어떻게 반응할 것인지는 그가 가진 과거의 경험과 관련되어 있다. 즉 경험을 바탕으로 타인에게 어떠한 행동(자극)을 보이고 또 상대 역시 그것에 대해 반응한다. 하지만 이와 같은 사람과 사람 사이의 '작용과 반작용'은 예측하기가 상당히 어렵다. 왜냐하면 사람은 확고부동한 가치관을 가진 존재가 아니기 때문이다. 말하자면 상대의 반응에 의해 자신의 가치관이 흔들리거나 상대의 가치관 또한 다른 것에 의해 변하기

/인/간/이/야/기/2-1/

공수래공수거(空手來空手去)

탄생의 순간 거의 모든 사람은 주먹을 쥐고 있지만 죽을 때에는 손을 펴고 있다. 마치 모든 것을 놓고 빈손으로 떠난다는 듯이. 이것에는 거의 예외가 없다. 가수 최희준은 '하숙생'에서 '인생은 나그네길 빈손으로 왔다가 빈손으로 가는 것'이라고 노래했다.

세계를 호령하던 알렉산더 대왕이 임종을 맞아 다음과 같은 유언을 남긴다. "무엇 하나 내가 가져갈 수 있는 것은 없다. 내가 죽거든 두 손을 관 밖으로 꺼내놓아라. 천하를 정복했던 내가 죽을 때는 빈손으로 간다는 것을 보여주어라."

고(故) 박태준 포스코 명예회장은 단 한 주의 주식, 자신 명의의 부동산, 자식에게 줄 유산 한 푼도 남기지 않았다. 그는 살아서는 부귀영화의 덧없음을 아는 듯 욕심 많은 부자이기를 거부했고, 죽어서는 존경받는 위인이 되었다. 그는 깨끗했고, 그의 손은 거룩했다.

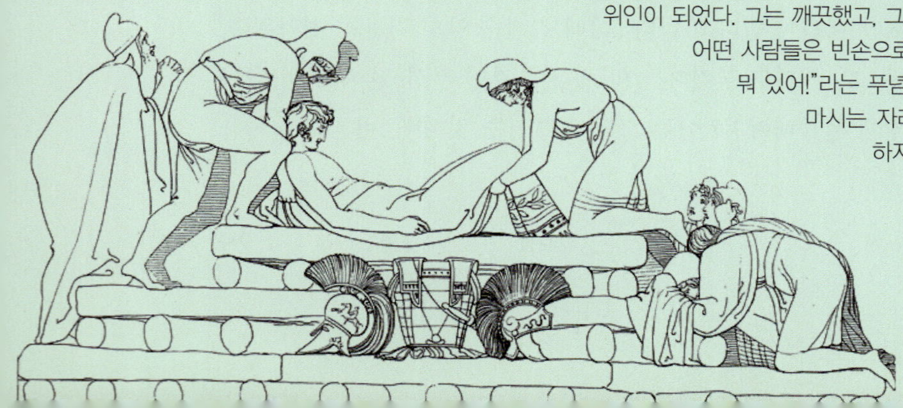

어떤 사람들은 빈손으로 떠나는 인생을 덧없다 하여 "까짓것, 인생 뭐 있어!"라는 푸념조의 말을 늘어놓는다. 그것도 대부분 술을 마시는 자리나 딴짓을 하면서 내뱉는 경우가 흔하다. 하지만 짧은 인생을 막 사는 인생이 되도록 방치해서는 안 될 일이다.

도 한다. 이렇듯 인간은 애매모호하고 복잡한 존재이다. 결국 사람과 사람은 처음과 끝이 없는 작용 · 반작용 관계의 순환적 연결 속에서 혹은 상황에 따라 그때그때 다르게 상호작용을 하는 것이다.

(2) 인간존재의 유형

인간은 대체 어떤 존재일까? 인간관계론에서는 인간을 다음과 같이 '관계적 존재', '주체적 존재', '상황적 존재'로 나누어 검토하는 것이 일반적이다. 그림 2-1은 세 가지 존재의 관련성을 보여준다.

그림 2-1 관계적 · 주체적 · 상황적 존재로서의 인간

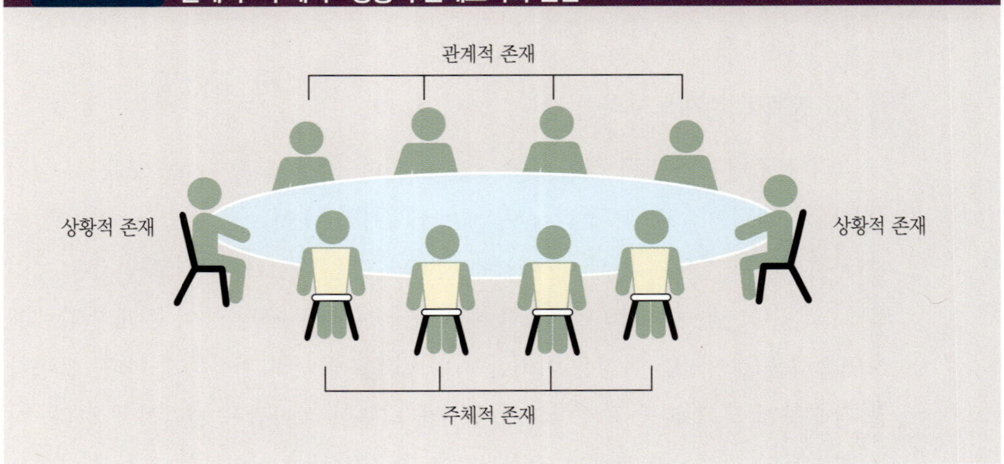

① 주체적 존재로서의 인간

인간이 살아가는 궁극적인 의미란 각자의 삶 속에서 정의될 수밖에 없다고 보는 견해이다. 나의 가치관과 상황이 다른 사람의 것과 같을 리 없다. 우연이든 신적 존재에 의해서든 인간은 이 세상에 내던져졌고 그 어떤 삶의 의미도 규정되지 않은 채이다. 즉 스스로 세상에 태어난 것은 아니고 피동적으로 태어나기는 했지만 그렇다고 해서 자유의지를 모두 박탈당한 채로 어떤 틀에 씌워 맥주공장의 맥주병처럼 태어난 것은 아니라는 것이다. 오히려 우리는 각자의 개성대로 자신의 목적과 의지대로 자신이 원하는 고유의 삶을 추구할 수 있다는 것이다. 그렇다면 우리는 어떻게 주체적 삶을 추구해나갈 수 있는 것일까? 그것은 바로

이성 때문에 가능하다.

이성은 본능을 따르는 자아, 자연상태의 자아에 대한 반항이기도 하다. 그리고 반항은 곧 주어진 세상을 나의 입장에 따라 재구성할 수 있다는 것을 의미한다. 이것은 인간이 다른 동물과 구별되는 궁극적인 차이이다. 새롭게 재구성된, 즉 내가 새롭게 부여한 가치와 의미에 따라 내 삶을 꾸려나갈 수 있다는 것은 곧 나 자신의 삶을 주체적으로 재구성할 수 있음을 의미한다. 각 개인은 개성을 가지고 있기 때문에 여러 가지 인생체험을 통해 서서히 자신의 생각이 확고해져 자신만의 고유한 가치관을 갖게 되고 그러한 가치관에 의해 행동한다. 이렇게 주체적으로 살아가는 인간존재가 바로 '주체적 존재'이다. 이러한 주체적 존재를 전제한다면 우리들 각자는 나름대로 주체적 삶을 살아갈 수 있게 되는 것이다.

② 관계적 존재로서의 인간

그러나 존재하는 모든 것이 주체적일 수 없다. 세상에 존재하는 모든 것은 시작부터 주체적이지 않다. 우리는 이미 비주체적인 '태어남'을 겪었다. 어떠한 존재라 하더라도 자의에 의해 이 세상에 태어난 것은 아니다. 그리고 인간은 이성을 갖고 있다. 즉 동물적인 행위, 육체적 욕구, 심리적 욕망 등이 본래 인간에게 자연스러운 것이지만 이성은 이러한 자연스러움에 대해 저항하게 한다. 불편함을 감수하게 하고 본능을 제어하며 동시에 더불어 살아감을 자각하게 한다. 이는 본래부터 인간이란 존재가 주체적으로 궁극적 삶의 의미를 갖고서 살아가는 존재가 아니라는 의미이다. 즉 인간은 상호관계 속에서만 존재를 확인할 수 있으며, 타인이 있음으로써 내가 존재한다는 전제에서 인간을 '관계적 존재'라고 한다.

③ 상황적 존재로서의 인간

인간은 주체적 존재이자 관계적 존재이기도 하지만 상황에 따라 그때그때 달라지는 상황적 존재이기도 하다. 이웃에게 항상 자선을 베풀면서 살던 사람도 극심한 가뭄에 추수를 못하고 자신의 어린 자식들이 굶어 죽을 판이라면 이웃을 돕지 않을 수도 있다. 이렇듯 인간은 주체적 가치관도 있고 남들과 더불어 살려고도 하지만, 주체적 존재와 관계적 존재의 형태 자체는 상황에 따라 변할 수밖에 없다. 즉 인간의 존재는 상황에 의해 조정받고 상황에 적응하며 살 수밖

/인/간/이/야/기/2-2/

폭풍성장

아기는 엄마의 배 속에서도 자라지만 태어나는 순간부터 급속도로 성장한다. 그래서 인간에게 자기성장은 숙명이 아닌 의무이다. 태아는 손과 발이 뭉툭하게 도출되어 성장하다가 그 사이사이의 세포가 죽음을 맞이함으로써 손가락과 발가락을 자유자재로 움직일 수 있게 된다. 탄생 이후에도 발달과정을 거치는데, 정상적인 경우 머리부터 시작하여 손 그리고 다리 쪽의 방향으로 성장한다. 작은 손과 발이 제대로 된 손발로 자라고, 근육은 점차로 원하는 대로 움직일 수 있게 되는 것이다.

4주 : 손은 주먹을 쥔 상태
16주 : 양손을 사용하면서 손으로 물체를 쥘 수 있는 상태
28주 : 한 손에서 다른 손으로 물건을 옮기는 상태
7개월 : 엄지손가락과 집게손가락을 사용하여 섬세한 집기가 가능한 상태
12개월 : 손으로 붙잡고 걷는 상태
15개월 : 손으로 2개 정도의 물건을 쌓아 올리는 상태
18개월 : 한 손을 잡고 계단을 오르고, 낙서가 가능한 상태
24개월 : 수평선을 그리고, 6개 정도의 물건을 쌓아 올리는 상태
36개월 : 동그라미를 그리는 상태
48개월 : 사각형을 그리고 가위질이 가능한 상태
60개월 : 삼각형을 그리고, 줄넘기를 하고, 열까지 셀 수 있는 상태

이 과정에서 엄마가 아기의 손등을 쓰다듬어주고 손가락을 돌려주면서 손마사지를 해주면 아기와의 정서적 소통이 시작된다. 그 순간 손은 부모와 자식 간에 애정을 교류하는 가장 원초적인 매체(media)가 된다. 두고두고 기념하기 위해 아가의 손과 발을 찍어 제작하는 '입체로마니'라는 것이 있다. 아이가 성장했을 때 부모로부터 받았던 손그림, 손편지, 입체로마니와 같은 손선물은 선물이 아닌 예술품으로 기억될 것이다. 어머니가 만져주던 손만 놓고 본다면 우리들 각자는 작은 태아로 세상에 태어났다가 커다란 아이로 세상을 떠나는 것인지도 모른다.

에 없는 존재라는 것이다.

그렇다고 해서 김길동은 주체적 존재이고 박길순은 관계적 존재이며 최길동은 상황적 존재라고 할 수는 없다. 지금까지 설명한 인간존재의 세 가지 유형은 서로 독립되어 있기보다 상호 관련되어 있다. 김길동 한 사람만 놓고 보아도 주체적 존재인 동시에 또 다른 곳에서는 상황적 존재로 변하기도 하며 특정상황과 특정관계에서는 관계적 존재로서 더 부각되기도 한다는 사실에 주목할 필요가 있다.

그림 2-2 상대방의 이해

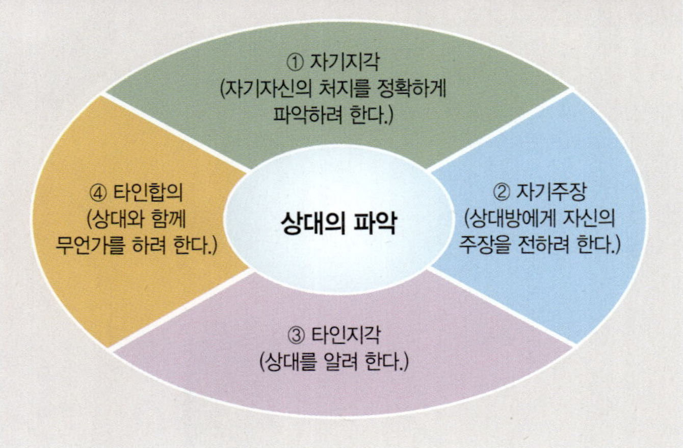

(3) 인간관계를 맺다

「손자병법」에 "적을 알고 나를 알면 백전백승이요, 적을 모르고 나를 알면 일승일패요, 적도 모르고 나도 모르면 싸울 때마다 반드시 패한다."라는 문장이 나온다. 오늘날에도 유효한 충고이다.

인간관계론에서도 자신을 파악한 다음 상대방과 상대방이 처한 상황을 파악해야 그를 이해할 수 있고 그와의 관계를 잘 맺을 수 있다고 한다. 어떻게 상대를 파악할 수 있는가에 대하여 그림 2-2처럼 네 가지 측면으로 생각해볼 수 있다. 그림에서 각 셀의 "~려 한다."라는 상태의 인간존재는 '상황적 존재'이다. 그래서 "~하고 있다." 혹은 "~했다."로 상태가 바뀌면 인간관계를 맺는 것이 되고, 이때 나와 상대를 '관계적 존재', '주체적 존재'로서 인식하는 것이 필요하다.

사람이 사람과 교제하는 것은 '자신을 알고 남을 알고 서로 타협하는 것'이다. 서로 상대를 동등한 인간으로서 대하는 것이 바로 "인간관계를 맺는다."는 의미이다. 그래서 좋은 인간관계는 서로 인간관계를 맺는 것의 의미를 인식하는 것이다. 상대방의 이해 네 가지 측면 중 하나라도 부족한 것이 있거나 어느 하나가 지나치다면 인간관계가 변질될 수 있다.

2. 인간관계의 균열

올바른 인간관계의 성립 요건을 살펴보기 위해서 그림 2-2의 네 가지 측면에서의 인간관계 균열에 대하여 각각 설명하기로 한다.

(1) 자기지각의 실패

자기지각(self-perception)이란 자신이 어떤 존재인지를 인식하는 것이라 할 수 있다. 자기자신에 대하여 정체성이며 가치관이며 성격 등 개인적 특성이 무엇인지 정확히 알고 있는 것이 자기지각이다. 심지어는 현재 기분 나쁜 감정이 아침에 집에서 나올 때 언짢은 일이 있었기 때문인지 지금 앞에 있는 부하가 일을 잘못해서인지 자기감정의 원인을 정확하게 지각하는 것까지 포함한다. 기억상실증에 걸린 영화주인공을 상상해보자. 자기자신이 누구인지 모르는 것이 얼마나 비참한 일인가? 결국 타인과의 관계에서 '관계적 존재'로서의 자신과 '주체적 존재'로서의 자신을 올바르게 인식하는 것이 자기지각이다. 그런데 자기자신을 대상화, 객관화하여 보지 않으면 자기지각에 실패할 수 있다.

① 객체와 주체로서의 자신

사람은 자신을 어떻게 인지하는 것일까? 감정을 억제하고 될 수 있는 한 객관화하여 자기자신을 파악해야 한다. 결국 자신을 객체화하여 과거 여러 가지 상황에서 어떻게 반응하였는지 이미지화함으로써 관찰해볼 수 있다. 자신을 객체화해보면 자신이 어떻게 보일까? 이를 위해서는 먼저 자기가 어떤 개성의 소유자인가 하는 점과 현재 처해 있는 상황에 어떤 적응능력을 가지고 있는가 하는 점을 파악해야 한다.

객체로서의 자신을 뛰어넘어 보다 근원적인 '주체적 존재'의 힘에 이끌려 행동을 하는 자신을 주체로서의 자신이라고 하자. 객체로서의 자신만으로 사는 것은 자신의 잠재력을 제한하는 것이므로 창조성이나 발전성이 없다. 또한 주체성이 없으므로 올바른 인간관계를 맺을 수 없다. 따라서 사람은 '주체적 존재'의 붕괴감에 고민하고 정도가 심해지면 여러 가지 부작용이 발생한다.

이와 반대로 주체로서의 자신만으로도 올바른 인간관계를 맺을 수 없다. 결국 객체로서의 자신을 의식하면서 주체성을 지닌, 주체와 객체가 조화를 이루는

/인/간/이/야/기/2-3/

인생은 항상 현재가 중요하다

"나중에 돈 많이 벌어 행복하게 살아야지!"라고 생각하는 자는 바보이다. 언젠가 돈을 많이 벌면 행복해지리라는 기대가 현재의 불행을 줄여주지 못하기 때문이다. 우리는 항상 현재에 살고 있으며, 따라서 현재 행복하면 돈을 많이 벌 기회가 많을 것이라고 긍정적으로 생각하는 편이 옳다. 세계에서 행복지수가 가장 높은 나라는 가장 못사는 스리랑카이다.

티베트의 속담에 "충분히 갖고 있다고 느끼는 사람이 부자이다."라는 말이 있다. 행복을 위한 열쇠는 현재의 모습과 다르기를 바라는 소망에만 너무 몰두하지 않고, 현재 자신이 소속되어 있는 회사에서 성공하기 위해 열심히 일하고, 가능한 것을 모두 이용하여 자신과 회사의 목표를 달성하는 것이다.

속에서 자신을 파악하고 다른 사람과 인간관계를 맺어나가는 것이 이상적이다.

② 보여지는 자신과 내가 아는 자신

사람은 제 아무리 객체화한다 해도 자신을 제대로 볼 수 없기 때문에 사회적 존재로서 다른 사람들에게 보여지는 자신의 모습이 더 객관적일 가능성이 높다. 이러한 자신을 '보여지는 자신'이라 한다. 보여지는 자신은 남들이 나의 겉으로 드러난 특징을 통해 얻게 되는 나에 대한 정보이다. 물론 이것이 항상 들어맞는 것은 아니다. 보여지는 내가 아닌, 내 자신이 보는 내가 있다. 다른 사람들이 나에 대하여 이러쿵저러쿵 말하지만 내가 보는 나와 다르다는 것이다. 이렇게 자신이 평소 생각하고 있는 자기의 모습을 '내가 아는 자신'이라 한다.

보여지는 자신과 내가 아는 자신 중 어느 쪽에 기우느냐에 따라 인간관계의 유형을 세 가지로 구분할 수 있다. 첫 번째, '보여지는 자신'만 있는 경우이다. 이러한 유형은 타인과의 대립과 주위사람으로부터의 고립을 두려워한다. 현대의 젊은이 중 피동적인 생활태도로 인해 주체성이 미처 확립되지 못한 사람들이 여기에 해당한다. 이러한 유형은 앞서 말한 객체로서의 자신에 연연하는 사람들처럼 주체성 없는 인간관계를 이루게 된다.

두 번째, '내가 아는 자신'만으로 행동하는 경우이다. 이러한 유형은 타인은 안중에도 없이 자신의 세계에서만 사는 독불장군과 같다. 현대의 젊은이 중에는 초등학교 때부터 다양한 학습이나 여러 재능을 배우느라 또래 친구들과의 교제가 적어 자신만의 세계에 갇혀 사회성이 희박한 사람이 많다는 평이다. 그래서 인간관계에서도 타인에 대한 배려심이 결여되고 독선적 행동을 하는 경우가 많다. 또한 자신보다 능력 있는 사람을 대하면 쉽게 좌절하는데, 심한 경우 우울증에 빠지기도 한다. 자신보다 우수한 타인을 만나면 열등감을 갖고 좋지 못한 인간관계로 흘러버리는 경우가 여기에 해당된다.

'독불장군의 CEO'

/인/간/이/야/기/2-4/

작지만 큰 실천

낯선 곳에 가서 이리저리 헤매고 나면 정신이 어리벙벙하다. 길을 잘 알고 있는 사람에게 물으면 되는 것을 묻는다는 걸 창피스럽게 여기기 때문에 잘 물으려 하지 않는다. 반대로 사람들이 자주 왕래하는 곳에서 장사를 하고 있는 사람들의 입장에서 보면 이 사람 저 사람이 자기 장사와 상관없는 길 안내만 바란다면 여간 귀찮은 일이 아닐 것이다. 한 노상 구두닦이 점포의 사장님은 가게 앞에 '길 안내'라고 써 붙여놓았다. 다른 가게들이 하루 200명도 더 되는 사람들이 길을 묻는 통에 '묻지 마'라고 써놓은 것과 아주 대조적이다. 그 사장님은 길 안내를 위해서 주변 건물들은 물론 버스노선까지 모두 암기하고 있다가 길 안내를 해준다. 그에겐 무언가 철학적 냄새가 난다. 그렇다, 경영자에겐 그가 가진 경영철학과 경영이념이 필요하다. 내가 아는 자신뿐만 아니라 보여지는 자신도 잘 관리하면 성공 가능성이 높아진다.

세 번째, 앞의 두 경우가 조화를 이루는 유형이다. 이 유형은 타인에게 보여지는 자신의 모습을 알고, 내가 아는 자신을 끝까지 밀고 나갈 수 있는 주체성과 창조성을 발휘한다. 그리고 간혹 이들의 행동은 '보여지는 자신'의 모습까지 변화시키기도 한다. 이러한 유형의 사람들이 맺는 인간관계는 나빠질 리 없다.

(2) 자기주장의 실패

자기주장이란 단순히 자신이 하고 싶은 것을 일방적으로 표현하는 것만은 아니다. 주장이란 상대방이 받아들여야만 성립된다. 상대가 만족감을 가지고 동의를 표해주지 않으면 자기주장은 실패로 끝난다.

① 왜 자기주장을 하는가

사람과 사람이 관계를 맺기 위해서는 서로간의 '적극적 작용'이 필요하다. 적극적인 작용이 없으면 관계를 맺기가 어렵다. 가정, 학교, 직장에서 우리는 타인과 접촉하면서 공동의 목표를 향해 무엇인가를 실현하는 다양한 관계의 매듭을 공유하고 있다. 예를 들면 가정에서는 윤택하고 안정된 삶의 실현을 원한다. 또한 부모는 아이가 건강하고 사회에 공헌하는 인물로 성장하기를 바란다. 이는 가족 중 누구 혼자의 노력으로는 절대로 실현할 수 없다. 부부 간에, 부모 자식 간에 협력하여 조화로운 관계를 맺지 않으면 원하는 것을 이룰 수 없다. 이때 서로 대치하는 사람 또는 한 사람과 여러 사람 사이에서 어느 쪽이든 관계에 대하여 적극적 작용이 필요한데 이것이 바로 자기주장이다.

이렇게 사람은 새로운 관계를 맺기 위해 자기주장을 하며 타인과의 관계 속에서 '주체적 존재'이고 싶어 한다. 자신의 의사에 의해 행동하며 살고 싶어 하며 결국은 먼저 서술했던 '보여지는 자신'이 아니라 '내가 아는 자신'으로 살고 싶어 한다. 이때 두 가지 자신 사이에 괴리감이 클 경우 자기주장에의 열망은 더욱더 커진다. 관계 속으로 들어갈 때는 '관계적 존재'로서의 자신을 의식하고 적극적인 작용으로서 자기주장이 생겨난다. 그다음에는 그 관계 속에서 자신의 주체성과 고유성을 인정받으려 하는 욕구가 커지며 또 다른 자기주장이 생긴다. 그래서 자기주장이 상대에게 통하면 인간관계가 맺어진다. 조직 속에서 주체성 및 고유성을 가진 존재로서 인정받아 타인과 관계를 맺음으로써 자기위치를 찾고 조직의 일원이 되는 것이다. 따라서 사람은 관계 속에서 자기위치를 찾기 위해 자기주장을 한다고 할 수 있다.

인간은 주체적 존재이면서 또한 관계적 존재로서 살면서 여러 사람과 여러 상황에서 관계를 맺어간다. 그러나 한 번 맺은 인간관계가 영원히 유지되기는 불가능하다. 인간관계가 나빠지기도 하고 심한 경우에는 끊어지기도 한다.

② 무엇을 주장하는가

자기주장은 인간관계에 있어서 관계에 대한 '적극적 작용'이다. '보여지는 자신'과 '객체로서의 자신'을 주장하는 것만으로 바른 인간관계가 성립할 수 없다. 진정한 자신, 즉 '주체적 존재'로서 자신에서 비롯한 생각이고 욕구의 표현이 아니면 상대방과 올바른 관계가 구축될 수 없다. 남에게서 빌린 자신을 주장한다면 인간관계는 잘못될 것이기 때문이다.

또한 사람은 '상황적 존재'라고 했다. 결혼하여 다양한 상황에서 크고 작은 실패를 경험하면서도 남편의 자리, 아내의 자리를 지키는 사람들이 많다. 그 사람들에게는 경제적 경영능력, 시부모와 남편, 자식 등과의 인간관계를 원활하게 하는 능력은 물론이고 어떤 때는 위기를 극복하는 능력도 필요했을 것이다. 여러 상황 속에서 자신의 위치를 알고 타인을 향해 무엇인가를 전하려 하는 것이 자기주장이다. 이러한 의미에서 자기주장이 되지 않은 사람은 타인과 좋은 인간관계를 맺을 수 없다.

/ 인 / 간 / 이 / 야 / 기 / 2 – 5 /

무엇을 하도록 하는 힘

경영자는 어떻게 직원들을 자극해서 최선을 다해 신바람 나게 일하도록 할 수 있는가? 어떻게 구성원들로부터 최상의 아이디어와 최대한의 노력, 긍정적인 태도를 이끌어낼 수 있는가? 어떻게 종업원들이 회사의 목표를 달성하도록 충성을 다하고 자기 일에 몰입하도록 만들 것인가? 이 물음에 답을 찾는 것은 경영자가 반드시 해내야 할 일 중 하나이다. 해도 해도 안 된다고 포기하는 순간, 더 이상 어떤 일도 할 수 없게 된다. 그렇다고 '악으로! 깡으로!'라는 구호를 목청껏 돋우며 정신을 가다듬고 이 산에서 저 산으로 뛰어다녀본들 소용없다. 일은 그렇게 악이나 깡으로 해서 해결되지 않는다. 물론 가장 좋은 방법은 자극을 주는 것이다. 일하기 싫어하는 사람에게 일하려는 욕구를 자극시켜야 한다. 만일 구성원들이 열심히 일하게 만들고 싶다면 그들에게 동기를 주어야 한다. 그 동기란 현금 자극일 수도 있고 칭찬일 수도 있다. 임금 이외의 자극을 주기 위해서는 명예와 상이란 긍정적 자극도 있다. 하지만 경우에 따라 처벌, 상대에 대한 무시, 공포와 같은 부정적 자극도 필요하다.

만일 구성원들의 욕구가 모두 만족상태라고 하자. 그러면 그들에게는 새로운 목표에 대한 어떠한 의욕도 생기지 않을 것이다. 채워진 욕구보다는 부족하고 결핍된 욕구가 큰 일을 해낸다. 상대적인 욕구결핍은 일을 하는 동력이 되기 때문이다. 상대적인 욕구결핍으로 인해 균형은 깨지고 긴장이 생겨나며, 그 긴장으로 인해 사람들은 새로운 균형을 찾으려고 노력하며, 그 과정에서 욕구를 충족하려는 행동이 생기는데 이것이 바로 동기부여(Motivation)이다. 1990년에 일어난 'LA폭동'은 백인에 대한 흑인들의 상대적 욕구결핍이 만들어낸 사건이다. 이탈리아 사람인 콜럼버스가 미국 대륙을 발견한 것은 포르투갈의 한 해안가를 거닐 때 발견한 이상한 열매 때문이었다. 자기 땅에서 나지 않는 열매에 호기심을 갖다가 바다 건너 다른 땅이 있지 않을까 생각했다는 것이다. 호기심과 열정은 바로 부족함 때문에 생기는 것이다.

하지만 동기부여가 욕구에 의해서만 생기는 것은 아니다. 그 이유는 동기의 원천이 욕구라 하더라도 그 욕구 자체를 만들어내기 힘든 부분이 있기 때문이다. 따라서 동기를 과업행동으로 유도하는 방법을 찾아내거나 동기를 일으키지 못하도록 하는 좌절이나 학습된 무기력 등을 방지하는 것도 필요하다. 동기가 행동으로 이어질 때 진정한 동기부여가 되었다고 할 수 있다. '힐러리'라는 한 청년이 세계에서 가장 높은 산인 에베레스트를 등정하려고 했으나 좌절되고 말았다. 그는 용기를 내어 이렇게 말했다. "에베레스트여, 너는 자라지 못한다. 그러나 나는 자랄 것이다. 나의 힘도 능력도 자랄 것이다. 또 내가 구비한 장비도 더 나아질 것이다. 그래서 나는 다시 돌아올 것이다. 기다려라, 나는 다시 산에 오를 것이다." 10년 뒤 그는 세계 최초로 가장 높은 산을 오른 사람으로 기록되었다. 에디슨은 147번의 실패를, 라이트 형제는 805번의 실패를 했다고 한다. 그들이 맛본 좌절로 인해 무언가 하도록 만드는 동력이 생겨난 것이다. 실패한 사람의 대부분은 진짜 실패한다기보다는 도중에 포기하고 만다.

한편 진정한 동기의 원천으로 인간존중을 꼽을 수 있다. 어느 날 하버드대학 총장에게 초라한 행색의 부부가 찾아왔다. 그 부부는 "이런 대학을 경영하려면 돈이 얼마나 드는지요?"라고 물었다. 하버드대학 총장은 "당신들처럼 가난한 사람은 상상도 못할 금액입죠!"라고 답했다. 이 부부는 자존심이 너무 상해 3,400만 달러를 갖고 서부에 가서 스탠포드대학을 설립했다. 이 부부의 이름이 스탠포드였다. 타인을 대할 때 얼굴, 옷차림, 지위 따위를 봐서는 안 되고 그 사람 목에 걸린 목걸이를 쳐다보라는 말이 있다. 그 목걸이에는 "나는 존경받고 싶다."라고 쓰여 있다는 것이다.

(3) 타인지각의 실패

사람이 자신을 제대로 안다는 것이 얼마나 어려운 일인가? 자기자신이 이렇게 막연한 존재라고 한다면 남을 정확히 안다는 것은 더 어려울 것이다. 이야기를 하는 사람보다 듣는 사람이 대화의 전체적 모습을 알아차리기 쉽다. 계속되는 대화 속에서 말하는 사람과 듣는 사람 사이에는 말하는 사람의 자기지각과 듣는 사람의 타인지각이 이루어진다.

사람은 일상적 생활에서 타인을 알고 싶어 하고 대인관계를 만들어낸다. 하지만 무관심한 타인에 대해서는 어떤 것도 알고 싶어 하지 않는다. 알려고 하는 욕구가 생겨나는 것은 타인과 새로운 관계를 갖고 싶어 하는 동기(관계희망)이고, 존재하는 관계를 유지, 발전시키고 싶어 하는 동기(관계유지)이며, 의존관계나 지배관계 등 어떠한 관계 속에 있고 싶어 하는 동기(관계지배)이며, 존재하고 있는 현상을 피하려는 동기(관계거부)이다. 이렇게 타인과의 관계 속에서 생겨나는 동기에 의해 타인이해의 욕구가 생기는 것이다. 이제 대인관계에서 사람들이 어떻게 타인을 지각하는지 살펴보자.

① 상대의 무엇을 보는가

맞선을 보는 상황이라고 하자. 처음 만났을 때 상대의 무엇을 관찰하는가? 첫째, 자신에 대한 상대의 반응이다. 대개 사람들은 상대와 인간관계에서 무엇을 얻을지를 생각한다. 둘째, 상대가 타인을 어떻게 대하는가이다. 이를 통해 신뢰할 만한 사람인지 아닌지를 알 수 있다. 셋째, 상대가 타인으로부터 어떻게 취급되는가 하는 것을 실마리로 하여 내가 상대의 모습을 제대로 파악했는지를 가늠한다. 넷째, 상대에 대한 감정적 측면을 극복하여 냉정하게 관찰할 수 있는가이다. 소위 한눈에 반하거나 하면 냉정하게 판단하지 못한다.

이렇듯 체계적이고 분석적인 타인에 대한 관찰은 의도적이라기보다 자기도 모르는 사이 저절로 이루어진다. 우리가 상대의 허상만을 보고 인간관계를 맺는다면 잘못된 인간관계를 맺을 수도 있다.

② '상대방을 안다'라는 것은 무엇인가

"상대를 알고 싶다."라는 것은 결국 상대에게 자신의 주장을 "받아들이게 하고 싶다."라는 말과 통한다. 상대를 안다는 것은 인간관계를 어느 정도 원만하게 하고 있다는 뜻이다. 사람은 여러 종류의 사람과 갖가지 상황 속에서 다양한 관계를 맺는다. 그 상황 속에서 항상 일관성을 가지고 행동한다고는 말할 수 없지만, 무의식적이라도 자신이 생각하는 방향으로 무엇이든 진행해나간다. "상대방을 안다."라고 하는 것은 이러한 방향성을 아는 것이다.

회사에서 경영에 따른 위험(risk)을 두려워하지 않고 적극적으로 일을 하는 사람과 자신의 책임을 회피하는 사람이 있듯이, 상대방의 행동에 대한 방향성의 차원에서 상대방이 어떤 종류의 패턴을 보이는가를 미리 아는 것도 아주 중요하다. 낯선 사람이 나에게 좀 만나자고 청하면 무엇 때문에 그럴까 하고 불안해진다. 그 사람과 만나서 이야기해보면 바로 상대방의 목적을 알 수 있고 어떤 목적에서 어떤 행동을 하는 인물인가를 파악하게 된다. 이렇게 상대방의 행동 배후에 있는 동기를 찾는 것으로 그 사람의 행동 의미를 파악하게 된다. 반대로 상대의 행동동기를 모르면 그 사람의 행동을 이해할 수 없다. 결국 상대의 행동을 '관계동기'의 입장에서 보면 그 인물이 자연스럽게 보인다. 우리는 이러한 여러 가지 실마리로 타인을 이해한다.

말이라고 하는 것은 하나의 신호이다. 그것이 내포하는 의미는 사람에 따라 미묘한 차이가 있다. 같은 말을 하는 한국인끼리도 배경과 개인의 지적 세계가 다르기 때문이다. 그래서 올바른 타인지각이 없이는 상대의 말을 바르게 이해할 수 없다. 이는 상대방도 마찬가지이다. 그래서 타인지각 이후에 상대가 이해할 수 있는 말을 선택해서, 즉 상대방의 언어를 사용해야만 대화가 성립된다. 반대로 자신만의 언어로 일방적으로 말한다면 상대가 이해할 수 없다. 예를 들어 어린이와 대화할 때, 자신이 어린이의 수준으로 대화의 눈높이를 맞추어야 서로를 이해할 수 있다.

/인/간/이/야/기/2-6/

상대를 알아야 재벌이 된다

홍콩 사람이 1달러를 쓰면, 그중 5센트는 리자청(李嘉誠 : 사진)의 주머니로 들어간다는 말이 있다. 홍콩 상장기업 1/4이 그의 것이고, 홍콩 주식시장 전체 중 그의 것이 26%에 달한다. 홍콩에서 TV를 시청하면 홍콩전력의 전기를 써야 하고, 핸드폰을 사용하면 홍콩텔레콤을 이용해야 하며, 10명 중 4명이 간다는 파크 숍도 그의 것이며, 컴퓨터와 전자제품을 파는 포트리스, 파나마 운하와 부산항의 컨테이너 터미널도 그의 것이다. 아시아 재벌 1위, 세계 재벌 5위인 그는 중학교 1학년 중퇴의 학력을 가지고 있다. 작은 부자는 스스로 이룰 수 있지만 큰 부자는 하늘이 낸다고 한다. 하지만 리자청의 일생은 운과 거리가 멀며 모든 것을 스스로 노력해서 쟁취하였다. 책을 손에서 놓지 않았던 그는 특히 잠자리에 들기 전에 반드시 독서를 했다고 한다. 시장을 읽기 위해 늘 자신의 의식을 일깨운 것이다. 그는 '끝없는 도전과 용기를 가진 경영자'로 기록되고 있다. 시장을 읽는다는 말은 타인에 대해 알기 위해 노력한다는 의미이기도 하다. 자수성가를 한다든지 어느 정도 기반을 잡은 사람들은 대개 내가 아는 자신에만 몰입되어 있는 경우가 많은데 리자청은 타인을 잘 파악하였던 것이다.

(4) 타인합의의 실패

자기주장을 "상대가 받아들인다."라고 하는 것은 공통적인 이해가 생겨서 함께 무엇인가를 시작한다는 의미이다. 자기주장에 대하여 어떠한 반대의견도 제시하지 않는다든지 아무 반응을 보이지 않는 것이 아니라, 진정한 공감에 기초하여 공동행동으로 표출될 때 이를 타인합의라고 한다. 이렇게 '자기주장'에 대한 반응으로서 타인합의가 있어야 자기주장의 목표가 달성되는 것이다.

그렇다면 타인합의는 어떤 목적과 동기로 이루어지는 것일까? 앞서 타인지각으로서 대인행동의 관계동기(관계희망, 관계유지, 관계지배, 관계거부)를 서술했는데, 타인합의 역시 이런 관계동기에 기초하여 생겨난다. 즉 새롭게 관계를 맺는 것, 혹은 종래의 관계를 유지하는 것이 중요하다. 그렇다면 이러한 동기에 기초하여 타인합의에 대한 어떤 조건이 충족되어야 진정한 의미의 타인합의가 되는 것인가? 그것은 마주 대한 사람이 각자 하나의 객체로 존재하고 대등한 관계를 맺어 충분한 자기지각 혹은 타인지각이 이루어짐과 동시에 명확한 자기주장이 쌍방 간에 이루어짐으로써 비로소 생겨난다.

인간관계를 맺는다는 것은 타인합의가 된다는 것이고, 반대로 인간관계 균열은 타인합의가 이루어지지 않는 데서 생겨난다. 타인합의의 실패에 대한 특수한 사례에 대해 서술하면 다음과 같다.

① 불일치 초래

우리가 인식하는 현상들은 우리와 대상물 사이에 존재하는 과거의 경험에 기초한다. 과거의 경험은 일종의 관계이다. 이러한 관계가 많을수록 현상을 깊이 이해할 수 있다. 타인합의가 되지 않는 인식의 불완전한 상태는 세 가지가 있다.

첫째, 외형적 혹은 표면적인 요소만으로 사물을 판단하는 경우이다. 둘째, 인식의 차이에서 생긴 것으로 자기지각과 타인지각이 대등하게 이루어지지 않는 경우이다. 자신의 인식을 과신하여 자기지각을 제대로 하지 못한 채 인간관계를 맺으려고 할 때 타인합의가 이루어지지 않는다. 이 경우에는 자기 입장과 타인의 입장을 바꿔 생각하는 것이 필요하다. 예를 들어 나의 '친절한' 조언이 동료에게는 '귀찮은' 잔소리로 느껴질 수 있다. 나는 내게 좋은 것이 상대방에게도 좋으리라고 생각하여 조언한 것이지만 상대방은 그렇게 생각하지 않을 수 있다. 셋째, 세계관, 인생관의 차이로 인한 경우이다. 각자의 주장이 항상 같을 수 없다. 이런 경우 각자의 선택에 자신의 최선을 다할 뿐 타인합의에 이르기에는 많은 한계가 따른다. 서로 다른 선택을 너그럽게 허용해야만, 즉 다양성을 인정해야만 인간관계가 유지될 수 있다.

② 관계지배의 합의

서로 독립된 객체로서 대등하게 타인합의를 이룰 수도 있지만 어느 한쪽이 종속되는 경우는 관계지배의 합의가 이루어진다. 이러한 관계지배의 인간관계는 어떤 상황에서 생겨나는 것일까? 사람의 관계에 있어서 쌍방이 서로를 어떻게 보는가에 따라 두 가지 경우가 있다.

하나는 한쪽만이, 다른 하나는 양쪽 모두가 관계지배를 인정하는 경우이다. 자신과 상대를 비교하여 자신이 우월하다고 생각하면 점점 지배적 태도로 바뀐다. 반대로 자신이 열세라고 생각하면 서서히 종속적 관계가 되어간다. 양쪽 모두가 관계지배를 인정하는 경우에 처음에는 어느 한쪽의 일방적인 생각이었다 하더라도 인간관계가 지속되면 될수록 종속과 지배의 관계가 형성된다. 인간은 모두 평등하므로 이러한 관계는 인정하고 싶지 않지만 현실에서 이러한 인간관계를 완전히 배제할 수는 없다. 타인합의에 있어서 양보는 불가피하다. 왜냐하면 고압적인 분위기에서는 타인합의에 도달하기 위한 진정한 대화가 이루어지지 않기 때문이다.

/인/간/이/야/기/2-7/

"나도 그만 만들 거니까 너도 만들지 마!"

사람들은 매일매일 설득하고 설득당한다. 기업이라면 설득은 고객에 대한 일종의 협상이다. 기업은 고객을 상대로 지속적으로 설득해야 하는데, 이때 외부고객에 대한 설득작업뿐 아니라 구성원들인 내부고객에 대한 설득작업도 필요하다. 그래서 경영은 일종의 설득이라고 할 수 있다. 경영자는 경영을 통해 사회 속에서 고객을 얻고, 종업원들을 구하는 것이다.

조직구성원들의 일상은 자원의 부족 등과 같은 이유로 해서 잠재적 갈등이란 문제를 만들어내며, 이는 상호협상을 통해 해결된다. 사람들은 재화와 서비스의 교환과정에서 더 많은 만족을 이끌어내기 위해 기꺼이 협상한다. 노동자와 사용자 간에도 그렇고 부모와 자식 간에도 그렇다.

흔히 협상 당사자가 취하는 행동이란 좀 더 유리한 협상안을 이끌어내기 위해 자신의 거래목표를 사전에 준비하고, 정보를 끌어 모으고, 상대와 효과적으로 의사소통하는 것이다. 그런 과정이 다 지나면 서로 승리할 수 있다는(win-win) 신뢰를 위해서 합의를 도출해야 한다. 데모나 파업도 유리한 협상을 위한 일종의 실력행사이지 파괴적인 행동이 되어서는 안 된다.

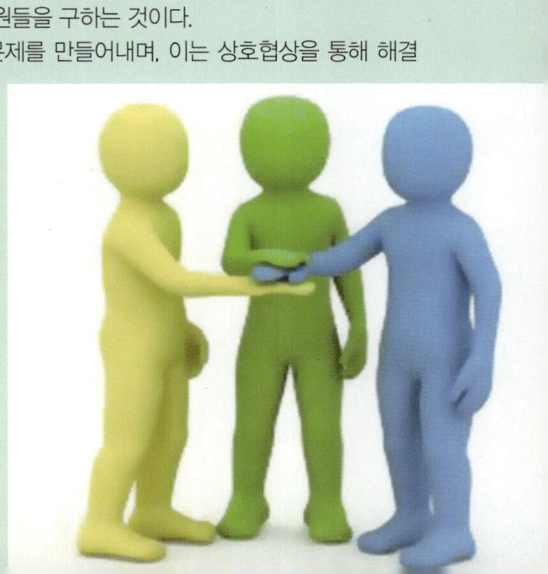

3. 인간관계의 개선

인간관계의 개선이라는 말에는 다양한 의미가 함축되어 있다. 여기서는 대인관계에 있어서 인간의 심리와 행동을 어떻게 이해하는 것이 좋은지 살펴보려 한다. 누구든 좋은 인간관계를 유지하기 위해서는 먼저 자신을 아는 것이 필요하다. 그 후에 상대방에 대하여 이해하는 것이 필요하다. 그러므로 먼저 교류분석(Transactional Analysis)에 대하여 알아본다. 최근 교류분석은 교육, 의료, 산업 등에서 인간관계의 조정, 대인관계의 스트레스 해소 등의 목적으로 행해지고 있다. 어떤 이는 교류분석을 자신이 어떠한 상태에서 인간관계를 교류하고 있는지를 분석하여 자기통제를 돕는 심리요법의 하나로 보고 있다. 피드백의 관점에서 보면, 자기자신을 이해하고 그 뒤에 타인과의 인간관계를 잘하기 위한 피드백을 하는 분석이라 할 수 있다.

교류분석은 원래 미국의 정신의학자 번(E. Berne)에 의해 제안된 것으로 프로이드의 정신분석에서 힌트를 얻어 만들어졌다. 프로이드의 정신분석이 난해한 내용임에 반해 교류분석은 일반인들도 쉽게 이해할 수 있어 널리 사용된다.

(1) 교류분석이란

교류분석에서는 인간의 성격(personality) 속에 행동을 자극하고 조정, 통제하는 세 가지 원천, 즉 원자아(id), 자아(ego), 초자아(superego)가 있다고 가정한 프로이드(S. Freud)의 이론에 기초하여 "누구나 자신 속에 '세 가지 자아'를 가지고 있다."

그림 2-3 한 사람 속의 세 가지 자아상태

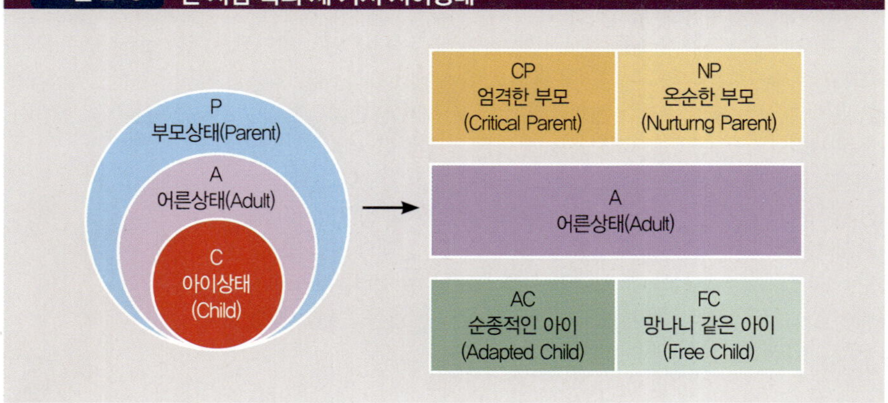

라고 가정한다. 이 세 가지 자아를 **그림 2-3** 처럼 자아상태라고 부른다. 자아상태란 '감정과 사고 위에 그것들과 관련된 일련의 행동양식을 통합한 하나의 시스템'이다. 우리는 누구나 세 가지 형태의 자아를 가지고 있으며 상대방과 관계를 가질 때에는 이 세 가지 중의 하나가 나를 대표하여 상대방을 대한다. 예를 들면 어디서 누구를 만났을 때에는 내가 그의 부모가 되고 상대는 나의 자식이 된 것처럼 대화를 하며 관계를 가지지만 다른 곳에서 또 다른 사람을 대할 때에는 내가 아이가 되고 상대를 나의 부모처럼 대한다. 그런가 하면 또 다른 장소에서 또 다른 사람을 만나서는 나는 보통의 성인이 되고 상대방도 성인이라고 간주하고 그를 대한다. 따라서 나는 하루에도 수십, 수백 명의 사람을 만나면서 상대에 따라서 어른입장이 되었다가 부모입장이 되었다가 아이입장이 되었다가 하는 등 그때그때 나를 바꾼다.

그림 2-3 에서, '부모(Parent)상태'란 부모를 비롯해 자신을 양육해준 사람들의 교육방법, 느낌, 행동 등을 무의식적으로 답습하는 것을 말한다. 어린 시절에 아버지가 언제나 옳았다는 기억 때문에 이 상태에 있는 사람은 자신이 상대방의 어버이처럼 느끼고 행동하려는 경향을 갖는다. 예를 들면 상대방을 깨우치고 가르치며 보호하고 통제하려 한다든지 상대방보다 더 많이 알고 있으며 자기 말에 상대방이 순종하고 따라주어야 된다고 생각한다.

'어른(성인 : Adult)상태'란 사물을 사실에 기초하여 냉정하게 판단하는, 즉 상식적이고 이성적으로 행동하는 보통 성인의 감각을 말한다. 앞서 말한 대로 모든 사람은 자신 속에 어른상태를 갖고 있다. 이런 상태는 논리적 사고 혹은 합리적 행동에 의해 특징지어진다. 대개의 회사생활에서 우리는 어른상태로 상대를 대할 때가 많다.

'아이(Child)상태'란 약한 어린아이와 같이 본능적, 감정적으로 행동해버리는 것을 말한다. 아무도 없을 때 길가에 오줌을 싼다든지 슬프다고 골방에서 혼자 우는 것도 어린아이와 같다. 하지만 우리는 남을 대할 때에도 가끔 아이처럼 응석을 부리기도 하고 감정적으로 신경질을 내기도 한다. 우리에게 아이상태가 존재하기 때문이다. 만약 솟아오르는 분노를 참고 상대를 설득하려 한다면 나는 '성인'으로서 상대방을 '성인' 취급을 한 것이다. 그런가 하면 화를 내면서 상대방을 꾸짖든지 타일렀다면 내가 '부모상태'가 되어 상대를 '아이' 취급한 것이다. 하여튼 보통의 어린아이가 그렇듯이 우리의 '아이상태'는 감정에 지배당하

/ 인 / 간 / 이 / 야 / 기 / 2－8 /

앙숙

어렸을 적에 무턱대고 악수하라는 아버님 말씀에 나와 동생은 앙금이 남은 채 화해한 적이 많았다. 한쪽이 이기면 다른 한쪽은 지기 마련인데(Win-Lose Orientation), 아버님은 둘 모두 이기거나 지도록 가르치셨다. 아버님의 전략이었든 아니든 동생과의 갈등은 시간이 지난 지금 두터운 정으로 바뀌었다. 상대와 갈등이 생겼을 때 갈등원인을 회피하거나 갈등 당사자에게 한발 물러서 양보하는 것도 좋다.

부서나 조직이 달라도 갈등이 유발되고, 심지어 성(gender)이 다르거나 문화가 달라도 그렇다. 그래서 개인의 문제로 보기보다 구조의 문제로 접근하는 것이 좋은 경영이 된다. 역기능을 행사하는 갈등을 최소화하기 위해 규칙과 절차를 명확하게 하고 과업의 상호의존성을 되도록 줄여나가고, 의사소통과 이해의 폭을 향상시켜나가며, 자원이 희귀해지지 않도록 하여야 한다. 개인 간, 부서 간, 조직 간 목표를 존중하여 차이점도 줄여나가야 한다. 회사 내 천적을 줄여서 물고 뜯는 경쟁을 줄이고 상호조정과 협력을 이끌어내는 것이 경영이다. 그러므로 경영은 갈등을 해결하는 솔루션이라 할 수 있다.

기 쉬운 부분을 말한다. 역시 모든 사람은 자기 속에 작은 어린이를 갖고 있다.

이상의 세 가지 자아상태는 한 사람의 마음속에 공존하는 것으로서 전체적으로 균형을 이루는 것이 좋다. 그러나 대부분의 사람들이 세 가지 자아상태의 균형을 유지하지 못하고 세 가지 중 어느 한쪽에 치우쳐 행동한다. 만약 당신이 아침 등교시간에 타고 가던 버스가 길이 막혀 전혀 움직이지 않는다고 가정하자. 첫 시간의 수업은 출석체크가 엄격해서 꼭 시간에 맞춰 가야 한다. 이런 상황에서 당신은 다음의 P, A, C의 세 가지 자아상태 중 어디에 해당하는가?

- P의 상태 : "왜 이렇게 차가 많을까? 요즘은 도로공사도 빈번하고, 도대체 교통행정이 제대로 되고 있는 거야? 시청에 민원이라도 넣어야겠다."
- A의 상태: "어디선가 교통사고가 난 것 같아. 계속 막히면 내려서 딴 길로 가든지 택시라도 타고 가야겠다."
- C의 상태: "어휴! 짜증난다. 하필이면 이럴 때 막히냐! 정말 미치겠다."

(2) 교류분석의 유형

세 가지 자아상태는 대인관계에서 상호작용 및 인간관계 분석에 응용될 수 있다. 교류분석을 위해 먼저 각자의 자아상태가 어떠한가를 분석하였다면 그다음 단계로 어떠한 교류패턴을 보이는가를 분석해야 하는데, 교류패턴은 기본적으로 **그림 2-4** 와 같이 상호교류, 교차교류, 표면교류로 나눌 수 있다.

그림 2-4 세 가지 교류패턴

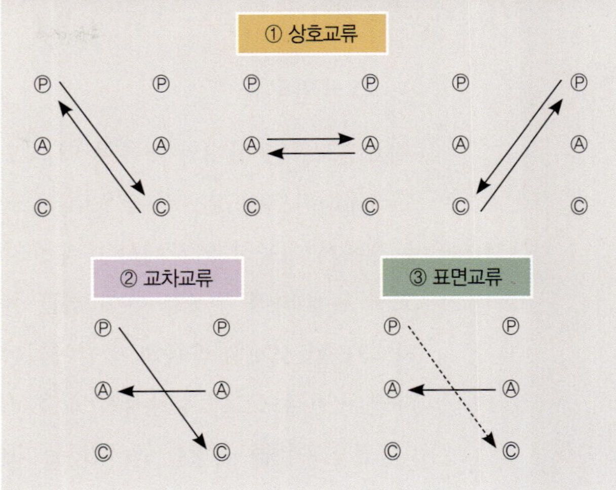

① 상호교류

상호교류는 개방적(open) 교류라고도 하며, 두 사람 간에 서로 기대했던 대로 교류가 이루어지는 평행적(상호보완적) 교류라고 할 수 있다. 관리자는 부모상태에서 부하를 대하고 부하는 아이상태에서 상사를 대할 경우 둘의 관계는 정상적인 상호교류관계인 것이다. 즉, 서로 사인(sign)이 맞아야 한다는 것이다. 다른 경우는 부하가 어른으로서 질문했을 때 관리자가 어른으로서 대답한다거나, 부하가 어린이의 자아상태를 취하고 관리자를 어버이로 상대하여 말할 때 관리자는 어버이로서 반응하는 것이다. 또한 상사와 부하가 서로 대등한 어른상태에서 교류할 수도 있는데, 예를 들면 상사가 부하에게 근무시간에 가능한 한 사적인 통화를 하지 말라고 말하고, 부하는 앞으로 조심하겠다고 답하는 것이다. 이러한 관계가 가장 바람직한 인간관계라 할 수 있다.

② 교차교류

교차교류는 비상호보완적 혹은 폐쇄적(closed) 교류라고도 한다. 관리자가 상대의 자아상태를 제대로 파악하지 못했을 때 생겨나는 교류패턴으로, 서로의 관계가 어긋나서 마음의 상처를 입을 수도 있다. 앞의 예에서 상사는 갓 입사한 신입사원이 아들처럼 보여서 그의 장래를 생각한 나머지 회사에서는 절대 금연을 하고 남들이 많이 보는 데서 사적인 통화도 하지 말라고 충고를 했다면, 상사 자신은 부모상태가 되어 부하를 어린아이 취급한 것이다. 그런데 부하가 자식처럼 고맙게 순종하고 상사를 부모처럼 여긴다면 정상적인 '상호교류' 관계이지만, 당신이 뭔데 성인인 내게 시시콜콜 잔소리냐고 생각한다면 교류관계는 교차된(어긋난) 것이며 이를 교차교류라고 한다. 상사는 부하를 아이 대하듯 하지만 부하는 상사와 동등한 성인 사이의 관계라고 여기고 있기 때문에 교류가 어긋난 것이다.

③ **표면교류**

표면교류란 상대와 교류할 때 의도한 뜻이나 메시지를 표면 아래에 숨기거나 드러내더라도 변장시킨 경우로, 비노출 교류라고도 한다. 공개적으로는 상사가 부하에게 대등한 입장에서 대우하지만, 말에 뼈가 있거나 하여 속마음을 숨기고 경우에 따라 부하를 아이 취급 할 수 있다. 상사의 충고를 부하가 겉으로는 자녀가 된 것처럼 순종하며 받아들이지만 속으로는 "자기가 뭔데?"라고 생각했다면 표면적으로는 정상적인 '상호교류'이지만 실제로는 '교차교류'가 되는 셈이다. 표면교류는 진정한 교류가 못 되며 이 때문에 인간관계에서 많은 문제가 발생한다.

(3) 교류분석을 통한 대인관계

일반적으로 인간관계는 자신과 타인의 관계를 통해 일관된 구조를 형성해나간다. 자신과 타인 사이에 어떤 감정(느낌)이 형성되어 있는 상태를 기본적 대인관계의 구조라고 한다. 대인관계가 성공하려면 항상 정상적인 상호교류관계를 맺어야 하며, 각 개인은 상대방과 교류하면서 이 관계가 상호교류관계인지를 속으로 분석해보아야 한다. 예를 들면 상사는 부하에게 충고하면서도 "나는 부모이며 부하는 아이라고 생각하고 이렇게 말하는데 과연 부하는 어떻게 생각할까? 부하도 자기가 아이이고 나를 부모라고 생각하며 내 말을 듣는 걸까?" 하고 반문하는 것이 바람직하다.

올포트(G. Allport)는 "인간의 성격은 고정적이거나 완성적이지 않다."라고 하였다. 성격은 변하지 않는다고들 하는데 사실상 연속적으로 변화하는 것이다. 따라서 자신에 대해 파악하면 할수록 자신의 결점을 고쳐나갈 수 있다. 해리스(T. Harris)는 「자기긍정-타인긍정(I'm OK-You're OK)」이라는 책에서 녹음기에 비유해서 사람의 과거경험을 논하고 있다. 인간의 두뇌는 고성능 녹음기처럼 평생 동안의 모든 경험과 관련된 여러 느낌들을 녹음한다는 것이다. 또한 그는 타인과의 관계에서 도출될 수 있는 네 가지 기본적인 대인관계 유형을 제시하였는데, 자기자신을 어떻게 보고 있는지와 자기가 타인을 어떻게 보고 있는지를

그림 2-5 기본적 대인관계의 모형

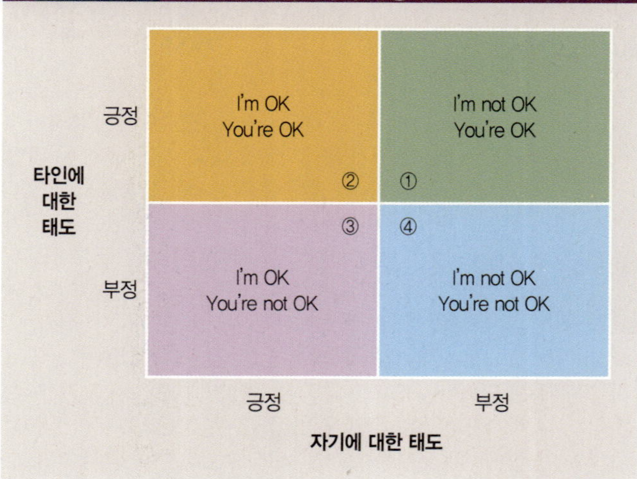

각각 긍정적 태도 혹은 부정적 태도에 따라 구분하면 다음과 같다.

① 자기부정－타인긍정

발달단계에 따르면, 자기부정－타인긍정은 초기 유아기 혹은 성숙도가 낮은 초기 아동기에 나타나는 보편적 현상이다. 타인에게 의존하는 경향이 있으며, 자기존경이 낮은 사람들의 태도가 여기에 속한다. 이 유형의 사람들은 남들보다 우울해하는 경우가 많고, 의기소침한 상태가 길게 이어지며, 무리에서 떨어져 소외되며, 자기자신은 별 능력이 없다고 자기비하하기 일쑤이다. 이 유형에 속한 사람들은 타인의 지원이 끊기면 자기부정－타인부정으로 태도를 바꾸게 된다.

② 자기긍정－타인긍정

나도 옳고, 너도 옳다는 태도는 아주 바람직하다. 다른 세 가지 유형이 감정이나 본능에 기초한 것이라면, 이 유형은 생각과 신념, 이성과 자신감에 기초한 것이다.

③ 자기긍정－타인부정

발달단계에 따르면, 아이가 부모들의 차가운 태도로 인하여 공격적으로 바뀌는 상황이다. 해리스는 이 단계를 범죄적 단계라 규정하였다. 이 유형의 사람들은 타인의 잘못된 점만을 보며, 자신이 다른 사람보다 우월하다고 믿는다. 유아가 고통을 감내해내고 어른이 되는 것이다. 이제는 의사소통을 할 때 상황을 통제하고 대화를 지배하며, 분위기를 자기중심적으로 몰아가려고 애쓴다. 그러다가 권력을 장악하려고 한다.

④ 자기부정－타인부정

발달단계상 다섯 살이 되는 아이는 걸을 때 손을 잡아주거나, 식사 때 밥을

/ 인 / 간 / 이 / 야 / 기 / 2 – 9 /
르네상스 3대 화가들의 시기와 질투

레오나르도 다빈치가 맹위를 떨치던 시절이 가고 피렌체 메디치가의 관심은 젊은 조각가 미켈란젤로에게 옮겨지고 있었다. 지는 해가 된 다빈치는 뜨는 해인 미켈란젤로와 사이가 좋을 리 없었다. 그는 미켈란젤로를 다음과 같이 비방한다. "조각가는 얼굴에 온통 회반죽과 대리석 가루를 뒤집어쓰고 땀 흘리며 작업해야 한다. 조각가의 등은 밀가루로 덮이고 그의 집은 돌조각과 먼지로 불결하다. 화가는 좋은 옷을 입고 편한 자세로 그림 앞에 앉는다. 망치소리나 소음이 없어서 즐거운 마음으로 작품을 한다." 이에 미켈란젤로는 다빈치를 다음과 같이 무시한다. "다빈치는 자기가 무슨 소릴 하는지도 모르고 아무렇게나 내뱉는단 말이야. 아무렴 어때. 그 작자가 쓴 글이라면 우리 집의 가정부보다도 못한 형편없는 글인데 누가 읽겠어. 내버려 둬." 이때 프랑스의 국왕 프랑스와 1세는 다빈치에게 프랑스로 건너오라고 유혹한다. 당시 그리고 있던 '모나리자'와 함께 다빈치는 프랑스 국왕의 별장인 루아르 강변 앙부와즈 성 근처의 저택(Clos Luce: **사진**)으로 거처를 옮겼고, 그곳에 머물며 왕와 절친하게 지낸 것은 물론 헬리콥터, 다리, 탱크, 증기선 등을 고안하였다. 다빈치는 그곳에서 생을 마감하고 그곳에 묻혀 있다. 오늘날 루브르를 찾는 연간 830만 명의 관광객 중 80%는 '모나리자'를 보러 온다고 한다. 두 사람의 갈등 덕분에 프랑스만 덕을 본 것이다. 한편 피렌체에서 미켈란젤로가 승승장구하던 시절 로마에서는 라파엘의 명성이 자자했다. 이 둘의 관계 역시 썩 좋지 않았다. 로마 교황은 라파엘에게 시스티나 성당 천장과 내부의 프레스코화를 부탁했다. 청탁을 받은 라파엘은 이를 꺼려했다. 천장에 매달려 그 큰 벽화를 그리는 막노동이 싫었던 것이다. 그래서 그는 친구에게 부탁해서 그 부담이 은근히 자신이 미워하는 미켈란젤로에게 가도록 했다. 화가라기보다는 조각가인 미켈란젤로에게는 맞지 않는 과업임을 잘 알고 있었던 라파엘이었다. 하여튼 미켈란젤로는 수년간 우여곡절 끝에 그 어려운 일을 다 마치고 나자 얼마 안 가 병들어 죽고 말았다. 결과적으로 시스티나 성당의 '천지창조'와 '최후의 심판'은 시기와 질투에 의해 탄생된 셈이다.

먹여주거나 할 필요가 없다. 그렇다고 이러한 상태에서 만일 부모가 냉정하고 쌀쌀맞게 대하면 아이는 적잖은 충격을 받게 되고 타인의 도움을 받지 못하여 생활 자체가 위축되며, 결국에는 정신적으로 극도의 자포자기 상태로 빠지게 된다. 자기부정과 타인부정이 이루어지는 이때가 가장 나쁜 상태이며, 심할 경우 심리적 문제를 보이기도 한다.

토론합시다 2-1

교류분석의 응용

해리스(T. Harris)는 타인과의 관계에서 도출될 수 있는 네 가지 기본적인 대인관계 유형을 제시했는데, 자기자신을 어떻게 보고 있는가와 타인이 자기를 어떻게 보고 있는가를 각각 긍정적 태도 혹은 부정적 태도에 따라 다음과 같이 구분하였다.

교류분석을 통한 해리스의 대인관계모형

타인에 대한 태도 \ 자기에 대한 태도	긍정	부정
긍정	I'm OK You're OK (이상적인 생활자세이며 생을 긍정적인 눈으로 보는 경향이 있다.)	I'm not OK You're OK (일반적으로 다른 사람들이 자기보다 유능하다고 느낀다. 또 항상 자신이 부족하다고 생각한다. 이들은 문제성이 적은 사람들이다.)
부정	I'm OK You're not OK (이 사람들은 다른 사람들을 엄격하게 감독하는 경향이 있다. 왜냐하면 아무도 자기만큼 잘할 수 있다고 믿지 않기 때문이다. 이런 사람들은 가끔 비판적인 부모상태에 의해 지배되고 있는 경우가 있다.)	I'm not OK You're not OK (자신을 나쁘게 생각하는 경향이 있고, 온 세상을 비참하게 본다. 다른 사람을 신뢰하지도 않고 자신에 대한 신임 즉 자신감도 없다.)
	긍정	부정

★ ★ ★

1. 다른 사람 앞에서 자신을 솔직하게 드러내는 것을 경험하면 자신과 타인을 보다 깊이 이해하고 신뢰할 수 있게 된다. 한 사람씩 여러 사람 앞에서 '5분 스피치'를 통해 자신의 장점과 약점을 발표해보자.
2. 자신의 성격을 파악하고 자신의 결점을 고치는 방법을 찾아보자.
3. 긍정의 힘이 부정의 힘보다 위력이 있음을 예를 들어서 설명해보자.

토 론 합 시 다 2 - 2

타인과 인간관계를 어떻게 해야 하는가

1. 상사 및 부하와의 인간관계는 어떠해야 하는가?
2. 사회생활에서 알게 된 사람들과 어떠한 인간관계를 가져야 하는가?
3. 위의 그림을 보고 어떠한 가르침을 얻었는지 발표해보자.

토 론 합 시 다 2 - 3

자기주장의 글을 써보자

상자 A와 상자 B를 마련하여 A에는 독창적인 사물의 이름을, B에는 독창적이지 않은 사물의 이름을 써 넣도록 한다. 예를 들어 A에는 코브라, 걱정인형, 오페라 악보, 우주식량 캡슐 등을, B에는 볼펜, 양말, 티슈 등을 써 넣는다.

★ ★ ★

1. 무엇을 썼든지 A, B 상자에 왜 그런 것을 써 넣었는지 설명해보자. 여러분이 생각한 독창적인 것과 독창적이지 않은 것에 대하여 발표해보자.
2. 한 사람의 주장에 대한 반박의 글을 쓰고 말로 반박해보자.
3. 2를 실천하고 나서 다음의 물음에 답하시오.

- 관계적 존재, 주체적 존재, 상황적 존재란?
- 감정을 얼마나 통제할 수 있는가?
- 자신을 얼마나 객관화할 수 있는가?
- 주체로서의 자신에만 이끌려 가지는 않았는가?
- 타인에게 얼마나 신뢰 있게 보이는가?
- 타인과 얼마나 조화를 이루는가?
- 상대는 내 주장을 순순히 받아들이는가?
- 나는 내 주장을 얼마나 조리 있게 전달하고 있는가?
- 상대의 주장에 진정으로 마음으로부터 공감이 형성되는가?
- 불일치(타인합의)를 어떻게 해결할 것인가?

토론합시다 2-4

인간의 의사결정

[1] 당신은 어느 가전제품회사의 사은대축제에서 1등으로 뽑혀 다음과 같은 상을 받게 되었습니다. 당신이 가장 좋아하는 연예인 한 사람(같은 대학에 다니는 이성 학우일 수도 있고, 탤런트일 수도 있고, 슈퍼모델일 수도 있음)을 지정하면 그(혹은 그녀)와 함께 하루 동안 데이트를 즐길 기회를 준다는 것이 그 상의 내용입니다. 고급 레스토랑에서의 저녁식사 비용은 물론 클럽 비용도 모두 주최 측에서 부담할 뿐 아니라 헤어질 때는 그 사람의 서명이 든 사진까지 준다고 합니다. 당신은 이 데이트 날짜를 언제로 잡으시겠습니까?

[2] 당신은 제비뽑기를 해서 다음과 같은 벌을 받게 되었습니다. 당신은 어느 날 병원으로 끌려가 몸을 결박당하고 전기자극을 받게 됩니다. 전기자극의 강도는 죽지는 않을 정도이지만 고통은 무척 심하다고 합니다. 그런데 이 일을 언제 당할지는 당신이 선택할 수 있습니다. 언제로 그 날짜를 잡으시겠습니까?

★ ★ ★

1. 오늘 당장 그 데이트를 하시겠습니까? (예, 아니오)
   만약 당신의 답이 '아니오'라면 얼마 후로 하겠습니까? (후)
2. 오늘 당장 전기자극을 받으시겠습니까? (예, 아니오)
   만약 당신의 답이 '아니오'라면 얼마 후로 날을 잡으시겠습니까? (후)
3. 위의 두 질문에 대한 개인적 결정내용과 다른 사람들의 결정내용을 취합한 후, 그 결과를 어떻게 해석해야 하는지를 토의하시오.

토론합시다 2-5

상대의 거짓말 찾기

다음의 다섯 문장을 작성하면서 한 문장만을 거짓으로 하시오.

[1] 나는 ______________________________ 였다.

[2] 나는 ______________________________ 였다.

[3] 나는 ______________________________ 였다.

[4] 나는 ______________________________ 였다.

[5] 나는 ______________________________ 였다.

★ ★ ★

1. 어느 문장이 거짓인가?
2. 거짓문장의 진실은 무엇인가?
3. 당신은 상대를 얼마나 많이 이해하고 있는가?

제 3 장

성격, 지능, 대인지각

3장의 구성

학습목표

1. 개인행동 중 성격을 이해하기
2. 인간지능과 창의성
3. 지각과 타인인식

핵심키워드

성격, 권위주의적 성격, 마키아벨리즘적 성격, A · B형 성격, 내재적 통제론자, 외재적 통제론자, 지능, 지각, 조직화 법칙, 도형과 배경 법칙, 유사성, 근접성 법칙, 완결성 법칙, 맥락효과 법칙, 대비효과, 전형, 사전기대, 현혹효과, 주관의 객관화, 지각적 방어, 첫인상 효과, 귀속화, 관대화 경향

03 성격, 지능, 대인지각

들어가면서

개인의 경험, 배경 등의 차이에 따라 지각되는 것도 매우 다양한 모습을 보인다. 사람의 눈으로 현상을 제대로 본 것 같지만 상황에 따라 그 해석은 전혀 달라질 수 있기 때문이다. 타인인식 역시 그렇다. 여기서 우리는 타인인식에 영향을 미치는 요인으로 성격과 지능에 대해 살펴볼 것이다. 평생 동안 택시 한번 타본 적이 없고 20년이나 된 치마저고리에 화장 한번 제대로 해본 적 없는 김밥장수 할머니가 거액을 사회에 기탁했다. 그러면 사람들은 그 김밥장수 할머니가 그런 용기를 낼 수 있었던 이유를 도덕적 초자아를 지닌 할머니의 성격에서 찾으려 한다. 한편 지능에 대하여 몇몇 심리학자들은 그것이 부모로부터 유전된다고 믿는다. 그러나 지능은 유전 이외에도 개인의 외부 환경요인에 의해서 단계적으로 발전하는 것으로 알려져 있다.

1. 성격이란

보통의 경우 우리는 성격대로 대인관계를 한다. 사교적인 사람은 폭넓은 대인 네트워크를 가지고 사회생활을 하며, 폐쇄적이거나 내성적인 사람의 대인관계는 친한 친구 몇 명에 한정되어 있다. 뿐만 아니라 타인을 대할 때에도 타인의 행동을 보고 그를 판단할 때에도 판단자의 성격이 어떤지에 따라서 달라진다. 그러므로 성격은 대인관계에서 매우 중요한 역할을 한다. 그뿐인가? 상대방의 성격을 먼저 알아차리고 그를 대한다면 우리는 훨씬 좋은 관계를 맺을 수 있으며 그에게 쉽게 접근할 수 있고 오해와 갈등에 덜 직면한다.

성격이란 무엇인가? "내가 다니는 학과는 내 적성에 안 맞아.", "그 사람과는 성격차이 때문에 헤어지게 됐어." 등 일상생활에서 성격과 관련된 말을 쉽게 들을 수 있다. 성격은 인성, 성질, 성품, 개성, 적성, 퍼스낼리티 등으로 불린다. 한편의 영화나 연극에는 주인공이 한두 명일지라도 여러 명의 배우들이 등장하는데, 그들은 공통점보다 극중의 역할에 맞게 나름대로의 독특한 캐릭터를 갖는다. 고대 로마극장에 출연한 희극배우들도 마찬가지였다. 극중 역할에 따라 어떤 이는 가면을 쓰고 어떤 이는 분장을 하였다. 이때 배우들이 쓴 가면 또는 분장한 얼굴을 영어로 페르조나, 프랑스어로 '뻬르조나(persona)'라고 불렀고 이것

/인/간/이/야/기/3-1/

경영과 성격

경영을 함에 있어 모든 구성원들의 특성이 모두 같다면 사람관리는 필요 없는 일이 될 것이다. 그러나 개인(person)은 10인10색이라고 하여 내재되고 잘 변화하지도 않는 그러면서 똑같지도 않은 자신만의 성격(personality)을 가지고 있다. 많은 경영자들이 경험하였듯이 성격에 알맞은 직무가 따로 있으며, 또 거기에 맞는 경영이 되어야 효율적인 결과를 얻을 수 있다.

각자가 가지고 있는 성격 혹은 특질은 업무 관련 행동, 직무스트레스 반응, 감정 등과 관련을 맺고 있다. 성격이란 개인이 가지고 있는 행동경향을 설명하는 것으로 일관적이고 안정적인 특징을 갖는다. 외향적 성격은 다른 사람들과의 상호작용을 적극적으로 할 가능성이 높은 반면, 내향적인 성격은 사려 깊고, 자신의 가치관이나 특성에 몰입된 경우가 많다. 사람들은 수백년 전부터 성격에 관심을 가져왔는데 개인의 성격에는 커다란 5가지 차원(Big Five Personality Dimensions)[1)]이 있다고 알려졌다. 5가지에 신경을 써야 한다는 뜻이기도 하다. 이러한 5가지 차원에 대해 알고 있다면 상대를 이해하기는 더 쉬워진다. 그 밖에도 자아 효능감(self efficacy), 자존심(self esteem), 권위주의, 모험선호도, 통제위치(locus of control) 등이 많고 적음에 따라 그에 맞는 직업이나 직무를 찾아서 사람을 배치하는 것이 사람을 제대로 관리하는 것이 된다.

이 오늘날 성격(퍼스낼리티 : personality)이란 말의 어원이다.

사람들은 '성격' 하면 인간의 내면세계에 잠재되어 있는 어떤 것으로 생각하지만 성격은 잠재되어 있던 성질(characteristics)이 밖으로 드러나는 것을 말한다. 그래서 사람들은 가면, 화장, 분장에 나타나 있는 성질들의 집합을 보고 그 사람의 정체를 알아차리고, 타인과 구별되는 특징을 간파할 수 있다. 성격은 타인과 구별되는 특징적인 모든 성질을 통틀어 얘기하는 것이기에 '능글맞다' 혹은 '쫀쫀하다'식으로 성질 하나하나만을 지칭해서는 안 된다. 성격은 이랬다저랬다 변동되는 것도 아니다. 여러 가지 특질들이 쉽게 변하지 않으면서도 상호 연결되어 있는 그런 것이 성격이다.

(1) 성격의 결정요인

인간의 성격은 성격특질인 '씨앗'을 선천적으로 갖고 태어나는 것인가, 아니면 백지상태로 태어나 살아가면서 타인과의 상호작용을 통해 타인의 평가나 지도를 받으며 '타인과의 관계 속에서의 나'로 발전하는 것인가? 이 물음에 대하여 나름대로 타당한 각각의 주장이 있다. 미네소타대학에서는 생후 6개월 후 떨어져 살게 된 일란성 쌍둥이 44쌍의 성격을 조사했더니 환경과 무관하게 성격이

1) 성격의 5가지 차원은 다음과 같다. 신중성 성격은 매사에 조심스럽고 의존적이며 자기규율적이다. 포용성 성격은 남에게 양보하고, 쉽게 동조하며 포용적이며 신뢰적이고 협조적이다. 안정성 성격은 스트레스나 신경질을 제어하여 침착하고 조용하다. 외향성 성격은 사교적이며 명랑하고 적극적이다. 혁신성 성격은 호기심이 많고 새로움에 대한 도전과 상상력이 풍부하다.

그림 3-1 성격에 영향을 주는 요인

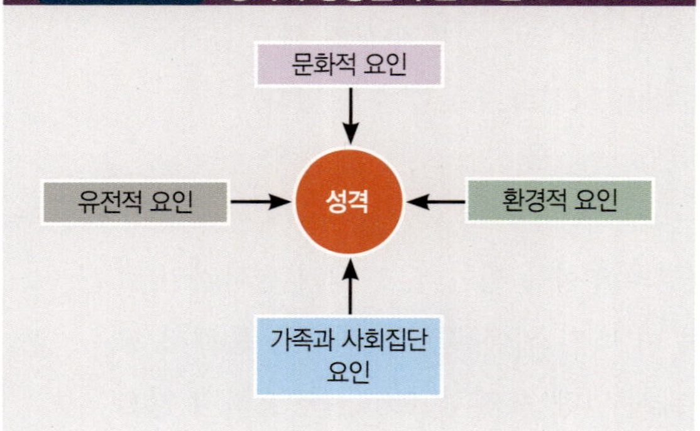

똑같았다. 따라서 성격은 '유전된다'라고 주장한다.

이와 달리, 수많은 유대인과 정치범을 죽음으로 내몬 장본인인 히틀러의 경우를 보면 그가 어렸을 때 아버지가 일찍 사망하면서 가난 속에서 부자인 유대인을 미워했던 점 등이 그의 비뚤어진 성격을 형성했다고 한다. 미술대학에 두 번 낙방하고 길거리 그림장사를 하면서 어머니를 여위고 가난 속에서 오스트리아군에 자원했지만 낙방하는 등의 과정을 거치면서 히틀러의 성격이 정상적이 될 수 없었다는 것이다. 원래 그는 어린아이와 동물을 좋아했고 미술에 조예가 깊었으며 무서운 독재자와는 거리가 먼 매우 여성적인 성격을 가지고 있었다. 그의 독하고 독재적인 성격은 결국 살아가면서 '습득(習得)'된 것일 수 있다. 물론 이러한 유전적, 환경적 요인 이외에도 문화적 요인, 가족과 사회집단 요인 등이 성격을 결정하는 요인이 된다. 하지만 여기서는 유전적, 환경적 요인만을 설명하고자 한다.

① 유전적 요인

인간은 부모로부터 유전형질을 받게 된다. 이러한 유전형질로 인해 부모와 같은 특성을 가지게 된다. 신체적 특성으로서 신장, 얼굴모습, 성별, 체질, 근육의 구성성분과 반사작용의 정도, 체력 및 생물학적 리듬 등은 부모의 생물학적 · 생리학적 특성에 의해 완전하게 결정되는 특성이다. 이렇듯 성격도 부모로부터 그 씨앗을 받는다는 뜻이 된다. 15세기나 16세기에 서구의 수많은 사상가들은 유전적 요인이 환경적 요인보다 더 중요하다는 견해를 갖고 있었다. 어떤 아이는 지도자 성향이 강하도록 태어나고, 어떤 아이는 문제아나 또는 죄인이 되도록 태어난다는 것이었다. 유전적 요인에 대한 강조는 인간행동에 대한 운명론적 관점을 제공한다.

그런데 만약 인간의 성격이 유전적이라면 개인 모두의 성격은 태어날 때부터 고정되어 아무리 노력을 하거나 교육을 받아도 변하지 않을 것이다. 부모가 자녀를 훈육할 방법을 찾을 필요도 없고 아동들을 교육할 최선의 교육방법을 찾으려는 학교의 시도도 필요가 없다. 매우 느긋하고 안이한 성품을 가지고 있는 사람은 이러한 성품이 자신의 유전인자에서 비롯된 것이므로 이를 바꾸려 해도 불가능할 것이다. 따라서 성격이 '유전된다'라는 주장은 적절하지 못할 수도 있다.

② 환경적 요인

인간의 성격은 인간이 살고 있는 환경의 영향을 받는다. 17세기 철학자인 로크(J. Locke)는 아기의 마음은 백지이며 이 백지 위에 경험과 학습을 통해서 모든 것이 쓰여질 수 있다고 주장했다. 다시 말해 유전적 요인은 중요하지 않으며, 아이는 환경이 명령하는 대로 무엇이든지 영향을 받는다는 것이다. 이러한 환경적 요인에는 가족, 문화, 교육 및 종교, 친구, 학교, 성장의 초기조건, 사회적 집단의 규범, 경험세계, 선생님, 언어, 가치관, 직장경험 등이 모두 포함된다. 개인이 접한 모든 요인이 바로 성격을 형성하는 데 매우 중요하다는 뜻이 된다.

(2) 성격의 특성

유전되든지 살면서 습득되든지 간에 성격은 좀처럼 변하기 어렵다. 왜냐하면 기술, 지식처럼 열심히 배운다거나 훈련, 복습해서 될 문제가 아니기 때문이다. 그렇다고 해서 성격이 영원히 변화하지 않는 것은 아니라서 성격형성에 여러 가지 요인들이 영향을 미친다. 옷은 성격을 반영한다. 젊은 사장은 신분에 맞춰 점잖은 옷을 입으려 하지만, 노인은 젊어지고 싶어서 젊은 색깔의 옷을 입으려 한다. "얼굴 예쁘다."라는 주변의 칭찬으로 인해 혹은 스스로 "나는 예쁘다."고 느끼는 여자는 남 앞에 나서기를 좋아하고 상대방을 대할 때 더 많은 자신감을 가지게 될 것이다. 자연적으로 그녀는 외향적이고 활달한 성격이 될 가능성이 커진다.

성격은 다음과 같은 특성을 가진다고 한다.

① 추론성

성격은 관찰되는 것보다 관찰된 행동이나 사고를 토대로 추리된다. 예를 들어 자동차 추돌 후에 벌어지는 싸움을 통해 어떤 사람의 성격을 살펴본다고 가정하자. 싸움 자체보다는 싸움을 통해서 그 사람의 내부의 성격 즉 공격성, 폭력성 등을 추론할 수 있다.

② 일관성

성격은 항상 일관성을 유지한다. 어떤 사람이 상황이 바뀌면 전혀 다르게 행동하는 것은 성격이 달라져서가 아니라 상황 자체가 달라졌기 때문이다.

③ 독특성

성격은 개인마다 어느 정도의 독특성을 지니는데, 이러한 독특성으로 인해 개개인의 사고, 감정 및 행동방식은 각기 구별될 수 있어야 한다. 모든 사람이 규칙이나 규범에 따를 뿐이지 동일한 성격을 갖지는 않는다.

(3) 프로이드에 의한 성격형성이론

인간의 성격을 심리적 차원에서 수량화했던 특질이론에 반대하면서 인간행동을 지배하는 근본적 동기는 무의식적인 요소임을 밝히고자 하는 노력이 프로이드(S. Freud)에 의해 이루어졌다. 프로이드는 정신결정론과 무의식적 동기를 가정한다. 정신결정론이란 인간이 느끼고 생각하고 행동하는 모든 것에는 원인이 있으며 원인 없는 행동은 있을 수 없다고 보는 것이다. 무의식적 동기란 인간의 사고, 정서 및 행동은 의식적이기보다는 무의식적 충동에 의해 일어난다고 보는 것이다. 또한 프로이드는 성격을 그림 3-2 와 같이 세 가지 구성요소, 즉 원초아, 자아, 초자아로 구성되어 있다고 보았다.

원초아는 성격의 무의식적인 부분으로 가장 원초적인 욕구, 즉 항상 충족되기만을 추구하는 선천적이고 생물학적으로 결정되어 있는 힘들로 구성되어 있다. 이러한 원초적 욕구에는 성본능(libido)과 공격본능(thanatos)이 있다. 결국 원초아는 욕구를 충족하여 만족을 얻으려는 쾌락원리(pleasure principle)를 추구하며, 욕구충족 기제로 반사작용과 일차과정(primary process)을 사용한다. 반사작용이란 욕구가 억압된 상황에서 보이는 재채기나 눈 깜박거림 등이며, 일차과정이란 자신의 기본적 욕구를 만족시켜준 적이 있는 특정대상의 심상을

그림 3-2 성격의 3가지 구성요소

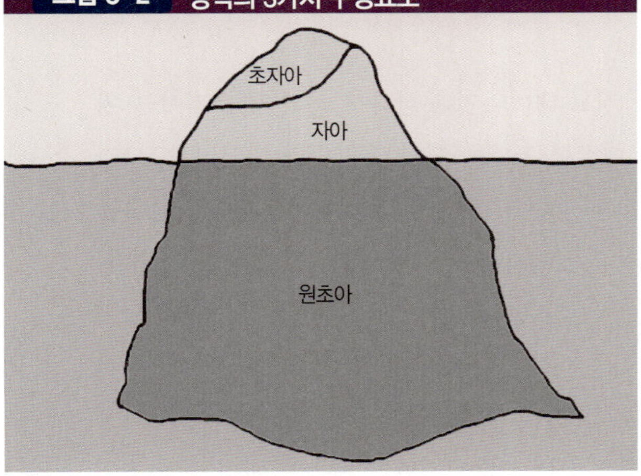

/인/간/이/야/기/3-2/

못생긴 대통령 부인

어느 가정에 별로 예쁘지 않은 딸이 태어났다. 어머니는 남동생들만 귀여워했고, 딸에게 하는 어머니의 잔소리는 그녀에게 항상 수치심과 소외감만 느끼게 했다. 그녀가 어릴 때 아버지는 집을 나갔고, 9살 때에는 어머니마저 세상을 떠났다. 그녀는 할머니 손에 맡겨졌으며 그 할머니는 그녀를 다른 애들과 어울리지 못하게 통제했다. 그녀는 항상 외로움을 느꼈으며, 자신이 할 일이라고는 산책, 독서뿐이라고 생각했다. 이것은 미국의 32대 대통령 루즈벨트(F. Roosebelt)의 부인인 엘리노어 루즈벨트 여사(사진)의 얘기다. 그녀는 가난한 자, 억압받는 자의 보호를 위해 앞장섰고 UN인권헌장을 만든 장본인이었다. 결국 미남, 미인은 사무실에 가만히 있는 것만으로도 자기역할을 다하고 있다고 생각하기에 다른 자질, 기술로 자기를 나타내려 하지 않는다. 따라서 기술, 자질을 익히려는 노력이 없다. 반대로 루즈벨트 여사는 정신적 특성을 나타내려고 부단히 노력한 것이다.

떠올림으로 해서 욕구불만에서 해방되는 것을 말한다. 예를 들면 배고플 때 음식물을 먹는 것을 상상하거나, 꿈속에서의 대리적 욕구충족행동 등이 그것이다.

자아는 원초아에 비해 이성적이다. 사람은 성장함에 따라서 의식적 마음도 발달하기 마련인데, 이때 자아는 원초아를 억누르면서 동시에 원초아의 충동을 만족시키는 행동을 선택하는 역할을 담당한다. 즉 현실에 위배되지 않으면서 동시에 원초아의 욕구를 어떻게 하면 만족시킬 수 있는가를 찾는다. 그러므로 원초아와 달리 현실원리(reality principle)에 의해 지배된다. 자아는 논리적 사고를 수행하며 우리가 현실세계에서 생활하는 것을 도와준다. 자아가 현실의 조건을 찾기 위해서는 배우고, 사고하며, 추리하는 인지적 기술을 연마해야 한다. 자아가 발달한 사람은 자신이나 타인에게 해를 끼치지 않고 본능적인 욕구를 충족시킬 수 있는 인지능력을 가진 사람이다. 따라서 욕구충족 기제는 이차과정(secondary process)이라고 한다.

프로이드는 인간은 초자아를 가지고 태어나지 못한다고 하였다. 초자아는 원초아의 욕구를 충족시킬 수 있는 현실적 조건을 자아가 찾았다 하더라도, 그것을 욕구충족의 대상으로 삼는 것이 타당한가 아니면 그렇지 않은가를 판단하는 성격의 부분이다. 초자아는 우리의 양심(conscience)으로서 옳고 그름을 가린다. 따라서 아이들은 부모, 선생님과 같은 사람들과의 상호작용을 통해 내면화되어 간다. 초자아는 도덕과 이상으로 나누어지는데 도덕(양심)은 처벌을 통해서, 이상은 칭찬을 통해서 형성된다고 한다. 결국 프로이드는 개인의 성격이란 이상의 세 가지 구성요소의 상호작용에 의하여 만들어진다는 결론을 내리고 있다.

프로이드는 원초아와 자아 간의 갈등상태를 포함하여 '불안'에 대하여 많은 관심을 가졌다. 사람들은 원초아의 욕구가 생기고, 자아가 이 욕구를 충족시킬 수 있는 현실적 조건을 제시하여, 이것이 초자아의 규범과 대치되지 않을 때 욕구를 충족한다. 하지만 항상 이렇게 되는 것은 아니며, 갈등상태에 빠지게 되는 경우가 있다. 이런 상태가 되면 초자아는 원초아의 욕구를 무의식 속에서 억압시켜버린다. 이로 인하여 불안이 유발되는 것이다. 초자아와 원초아 간의 갈등은 자아에 의해 중재된다. 만일 원초아의 욕구에 따라가면 자아는 초자아로부터 처벌의 위협을 받게 된다. 이러한 반응을 '도덕적 불안'이라고 부른다. 한편 자아가 위협받는 상황을 '현실불안'이라 한다. 불안은 긴장상태이기에 이것을 지속시키지 말아야 한다. 그렇지 않으면 자아가 스스로 붕괴되고 만다. 그러므로 이러한 불안을 감소하기 위한 기제가 작동하는데 이를 '방어기제(defense mechanism)'라고 한다. 방어기제에는 동일시, 반동형성, 승화, 억압, 주지화, 치환, 퇴행, 투사, 합리화 등이 있다.

방어기제의 행동을 지속적으로 반복하다보면 방어기제와 관련되는 성격이 형성된다. 즉 어떤 사람의 성격에 들어 있는 성격요인이 왜 생겼는지는 아래의 여러 이유 중 하나일 수 있다는 것이다.

① 동일시

이는 상대방에게 스스로 매력을 느껴 상대방이 가지고 있는 성격, 태도, 외모 등과 같아지려고 동일시(identification)하는 것이다. 영향력의 주체는 어떤 특정 개인 또는 특정집단에게 영향을 미치겠다는 아무런 의도가 없지만, 존경하는 사람이 성취한 업적이나 사고방식 및 영향력 등에 매료되어 자신의 습관이나 태도를 바꾸어 그 사람과 비슷하거나 똑같이 되려고 하는 것이다. 예를 들어 힙합가수의 옷차림새와 머리모양 등을 따라 함으로써 그들과 같아지려고 하는 것이 여기에 속한다.

② 반동형성

받아들일 수 없는 욕구와 대립되는 행동을 취해서 그런 욕구로부터 벗어나려는 시도가 반동형성(reaction formation)이다. "미운 놈 떡 하나 더 준다."라는 속담이 여기에 속한다. 프로이드는 지나치게 얌전한 사람, 온화한 사람, 예의바른 사람을 주의하라고 하였다. 그 이유는 이들의 내면에는 강한 분노, 적개심, 공격성 등이 내재되어 있기 때문이라는 것이다. 이런 부정적 감정을 그대로 외부로 표출하면 불안을 유발하기에 이와 상반되는 감정이나 행동을 표현함으로써 자신의 욕구를 회피하게 된다.

③ 승화

승화(sublimation)란 불안을 한 차원 높여 사회적으로 공인된 방식으로 해소하는 것을 말한다. 부끄러운 동기를 보다 점잖은 형태로 표현하는 것이라 할 수 있다. 보통 두 가지 특징을 가지는데, 하나는 무의식 차원에서 작용한다는 것이고, 또 하나는 충동을 왜곡시켜서 원래의 강도를 현저하게 감소시킨다는 것이다. 프로이드는 예술작품은 승화를 통해서 완성되는 경우가 많다고 믿었다. 성충동이 예술적 창조력으로 거듭난 것으로 본 것이다. 공격욕구가 많은 사람이 판 · 검사, 의사가 되어 그 욕구를 좋은 방향으로 해소하는 경우가 이에 속한다.

④ 억압

불안을 유발시키는 요인을 내면세계 아래로 밀어내는 것을 억압(repression)이라 한다. 자신이 갖고 있던 동기에 대하여 불안을 느낀 나머지 동기를 의식적 영역에서 의식할 수 없는 영역으로 추방시키려는 것이다. 프로이드는 달갑지 않은 친구와 한 약속을 잊어버리는 것도 억압의 일종이라 했다. 억압의 정도가 매우 심하다보면 기억상실증에 걸리기도 한다. 과거에 성적 욕망으로 인해서 심한 불안과 스트레스를 경험한 사람은 이 욕망을 철저히 억압해서 나중에는 성적 욕망을 전혀 느끼지 못하게 되기도 한다.

⑤ 주지화

스스로 납득할 만한 이유를 찾아냄으로써 불안에서 벗어나는 것을 말한다. 다른 말로 이해화, 납득화라고 한다. 결국 주지화(intellectualization)라는 기제는

/인/간/이/야/기/3-3/

억압의 결과

어린 시절의 극히 나쁜 기억이 떠오르면 슬퍼지기 때문에 대개의 사람들은 애써 다른 생각을 하여 그 기억을 잊으려고 노력한다. 이를 반복하다보면 그 사건만 잊는 것이 아니라 그 앞뒤의 사건마저 잊어버리면서 부분적인 기억상실증에 걸리기도 한다. 이성에 대한 욕구를 억누르다가 이성을 혐오하는 성격으로 변할 수도 있고 극단적인 여성해방론자나 이성혐오자로 돌변하기도 한다. 지나친 억압은 정신건강에 해롭다.

지능의 정도가 높은 사람이나 교육수준이 높은 사람들이 그렇지 못한 사람보다 많이 사용한다.

⑥ 치환

억압된 욕구를 제삼자에게 대리해소하는 행동이 치환(displacement)이다. 옛날 여인들이 우물가에서 시어머니를 탓하며 내리치던 빨랫방망이, 물항아리와 바가지 등이 치환대용물이다. 미국의 풍선카페에서는 상대의 얼굴을 풍선에 인쇄해놓고 화살촉으로 풍선을 터뜨리며 상대에 대한 스트레스를 풀기도 한다.

⑦ 퇴행

퇴행(regression)이란 자기에게 만족을 주었던 특정시기로 돌아감으로써 불안에서 벗어나는 것이다. 아버지에게 꾸중을 들은 딸이 잠자리에 누워 잠을 청한다든지 다 큰 아이가 갑자기 아이처럼 행동하는 것도 퇴행이다. 첫째 아이는 여동생이나 남동생을 얻게 되면 손가락을 빠는 것 같이 어린 시절의 버릇을 다시 꺼내어 반복한다. 행복했던 어린 시절로 돌아가고픈 충동이다.

⑧ 투사

투사(projection)란 자기에게 불안을 야기하는 내면의 동기나 생각들을 다른 사람들에게 떠맡기는 것을 말한다. 즉 내면에 불안을 유발시키는 요인이 있을 때, 이를 타인에게 그 책임을 전가시킴으로써 불안에서 벗어나는 방법이다. 시험에서 다른 사람들이 커닝을 했다고 떠드는 학생은 자기자신이 커닝한 사실을 감추고 있을 수 있다. 또한 많은 남편들은 아내가 낭비벽이 심하다고 불평하지만 제삼자가 공평하게 보면 돈을 낭비하는 사람은 오히려 남편일 수도 있다.

⑨ 합리화

합리화(rationalization)란 불안상태에서 남들도 믿을 만한 이유를 둘러댐으로써 그 불안상태를 벗어나려는 것이다. 이솝우화에서 여우가 포도를 따려다 못 따게 되자 "신포도인데 뭐!" 하는 경우가 일종의 합리화이다. 사람들은 좌절했을 때 아픈 마음을 달래기 위해서 그 이유를 발견함으로써 합리화에 호소하는 경우가 종종 있다. 여자에게 퇴짜 맞은 남자가 "그 여자는 내 타입이 아니야."라고 하는 경우와 같다.

(4) 인간관계에 영향을 미치는 주요 성격

① 권위주의적 성격

권위주의는 권위를 신봉하는 것이기에, 어떤 것보다 권위가 최선의 가치이며 판단기준이고 순종해야 할 대상이 되는 것이다. 따라서 권위주의적 성격이 강한 사람일수록 다음과 같은 행동을 보이는 경향이 있다.

- 상사의 지시적 리더십을 존중하며 따른다.
- 상사의 명령과 지시에 덜 반항한다.
- 강자가 약자를 이끌어야 한다는 생각에 동감한다.
- 권력에 지나친 관심을 보인다.
- 항상 약자보다 우월하다고 생각한다.
- 민주적이거나 참여적 방법을 싫어한다.
- 고도로 구조화되어 있는 업무나 규칙과 규정이 엄격하게 설정되어 있는 일을 좋아한다.

② 관료적 성격

관료적 성격이란 개인주의와 개인의 사사로운 감정을 철저히 배제하면서 합리주의를 내세우는 관념을 가진 성격을 말한다.

- 규칙, 규제, 명령을 선호한다.
- 명령, 규율에 순응한다.
- 공식적 관계를 중시한다.
- 고위직의 경우 의사결정 시 조직요구에 복종한다.
- 정형화되고 반복적 업무를 적절히 수행한다.

③ 마키아벨리즘적 성격

권위주의와 매우 유사한 성격이 마키아벨리즘적 성격이다. 이는 실용주의를 주장하며 감정적인 거리를 유지하거나 목적이 수단을 정당화할 수 있다고 믿는 사람들이 갖는 성격이다. 결국 자신의 목표를 달성하기 위해 다른 사람을 이용하거나 조작(manipulation)하려는 경향이 있다.

/인/간/이/야/기/3-4/

마키아벨리

마키아벨리(사진)가 외교 담당을 맡고 있던 피렌체 공국은 여러 강국들 사이에서 고전하는 약소국이었다. 중부 이탈리아를 제패한 로마교황의 아들 체사레 보르자, 프랑스 국왕, 그리고 신성로마제국의 황제 등에게 평화를 구걸하러 다녀야만 했다. 이런 시대적 배경에서 마키아벨리는 강대국들 틈에서 피렌체 왕이 권력을 키워 강국으로 거듭날 수 있는 방법을 적은 안내서인 「군주론(The Prince)」을 펴내고 다음과 같이 역설한다.

- 인기 없는 일은 남을 시키고 은혜를 베풀 때는 자기가 직접 하라.
- 사랑받기보다 두려운 존재가 되라.
- 겸손하지 마라. 이로울 것이 없다.
- 목적달성을 위해서는 타인을 이용하고 모든 수단을 동원하라.

그러나 로렌초 데 메디치 왕은 이를 무시했고 피렌체는 결국 쇠망의 길로 접어들었다. 이를 인간관계에 빗대어 사용하다보니 마키아벨리는 권모술수에 능한 사람으로 오해받지만 정작 그 자신은 절대 그런 삶을 산 사람은 아니며 오히려 애국을 위해 고문을 당하며 관직에서 쫓겨나기도 하고 약소국의 왕이나 약자의 생존법을 설파하며 여생을 보냈다. 여기서 연유되어 마키아벨리즘은 개인적 이득을 위해서 권모술수적으로 타인을 이용하는 인간을 지칭하게 된 것이다. 높은 마키아벨리즘적 성격 소유자는 죄의식 없이 거짓말도 잘하고 책임감이나 동정심도 없이 남에게 해가 되는 일을 서슴지 않을 것이다. 즉 후자처럼 살아야 약소국이나 약자가 살아남을 수 있다는 점을 마키아벨리가 강조한 것은 사실이며 그런 의미에서 마키아벨리 자신은 약자의 편이었다고 할 수 있다.

- 자존감 · 아부심이 강하다.
- 자신의 이익만을 위해 행동한다.
- 타인에게 냉정하고 타산적이다.
- 자신의 목표에 도움될 때는 타인과 동맹을 맺는다.
- 거짓말, 속임수, 타협, 뒷조정, 과장된 칭찬, 권모술수에 능하다.

④ A형 성격과 B형 성격

프리드만(M. Friedman)은 성격과 스트레스에 관한 연구를 통해 A형(Type A) 행동과 B형(Type B) 행동으로 행동패턴의 구분을 시도하였고, 그 이후로 많은 연구들이 이어졌다. B형 행동은 A형 행동과 정반대되는 특성을 가지며, 다음과 같은 패턴을 보인다.

- 보다 적은 시간에 많은 것을 달성하려 한다.
- 시간에 대한 압박감이 많다.
- 적대적일 정도로 경쟁에 민감하다.
- 목표를 달성하려는 데 끼어드는 장애요인이나 방해를 참지 못한다.
- 걸음걸이, 식사, 말, 움직이는 속도까지 빠르다.

⑤ 내재적 통제론자와 외재적 통제론자의 성격

로터(J.R. Rotter)는 통제의 위치(locus of control)란 개념을 통해 인생을 살아가는 한 개인의 행동에 통제의 위치가 영향을 준다고 설명한다. 어떤 사람은 부모, 교사, 친구의 충고를 듣고서야 나쁜 일을 하다가도 “내가 왜 그럴까?” 하고 나쁜 일을 통제한다. 또 다른 사람은 부모, 교사, 친구의 말보다는 자기자신의 마음에서부터 “이래서는 안 되겠구나!” 하는 생각을 갖게 되어 행동을 수정한다. 이때 전자는 외재적 통제론자이고, 후자는 내재적 통제론자이다. 즉, 개인이 자기행동의 결과를 스스로 통제할 수 있다고 믿는지의 여부가 바로 통제의 위치에 대한 개념인 것이다.

내재적 통재론자의 특성은 다음과 같다.

- 내재적 통제론자는 직장에서 많은 모티베이션을 보인다.
- 내재적 통제론자는 노력하면 업적이 오를 것이라고 확신한다.
- 내재적 통제론자는 업적에 대해 가치 있는 보상을 받으면 실적이 더 올라간다.
- 내재적 통제론자는 외재적 통제론자보다 더 적극적이다.

결국 내재적 통제론자는 통제하기보다는 자율에 맡기는 것이 더 효율적이라는 얘기다. 이런 사람들은 운명이나 상황도 자기자신이 통제할 수 있다고 믿는 경향이 있다.

이에 비해 외재적 통제론자는 다음과 같은 경향을 갖는다.

- 외재적 통제론자는 내재적 통제론자보다 직무만족에 더 열성적이다.
- 외재적 통제론자는 내재적 통제론자보다 근심 · 걱정이 더 많다.
- 외재적 통제론자는 구조적 직무환경을 더 선호한다.

⑥ 내부지향 성격과 외부지향 성격

융(C.C. Jung)은 심리유형에서 사람들이 외부에 대하여 적응하는 방식을 외부지향과 내부지향으로 분류한다. 여기서 외부지향 성격은 개인 외부로 향하여 에너지를 쏟아붓는 것이며, 내부지향 성격은 에너지가 내부에서만 흐르는 감수

/인/간/이/야/기/3-5/

내부통제론적 국민성

후버댐(사진)은 미국인들이 얼마나 내부통제형인지를 알려주는 본보기이다. 사막에 도시를 건설하고 물을 날라 풀과 나무가 자라도록 하기 위해 돌산의 계곡을 흐르는 콜로라도강을 막아 댐을 만드는 데 LA에서 플로리다까지 왕복 두 번 고속도로를 깔 수 있는 7만 톤의 시멘트 블록을 사용했다. 이 댐은 높이만 해도 220미터에 이르는데, 폭발로 부서진 바위는 900만 톤으로 만리장성을 쌓을 수 있는 양이다. 공사기간 중에는 무명 노동자 94명이 죽음을 맞았고, 하루에 50명씩 부상을 입었다. 한진해운 롱비치 지점의 현관에 서 있는 야자수 한 그루의 비용은 대단히 크다. 왜냐하면 물을 주는 파이프 연결비용이 크기 때문이다. LA 주택가에는 아름다운 정원수 하나하나마다 수도꼭지가 달려 있다. 다른 나라 같으면 그런 땅은 아예 포기해버린다.

성 많은 경우를 말한다. 일반적으로 사회성과 관련지어 외부지향 성격은 풍부한 사교성과 진취성을 가지는 반면, 내부지향 성격은 부끄러움을 잘 타고 퇴행적 특성을 가지는 것으로 통하고 있다. 내부지향 성격을 가진 사람의 특징은 다음과 같다.

- 추상적 사고, 개인감정에 민감하다.
- 개인행동을 겉으로 표현하기보다는 내부 속으로 삭인다.
- 감각적 자극을 주어도 반응하지 않으려 한다.

2. 지능이란

부유한 환경에서 태어났다면 좋은 학교, 좋은 배경 속에서 각종 학습기회를 누릴 수 있기에 지능발달에서 유리한 측면이 있다. 오늘날 일반적으로 지능은 유전과 환경요인 모두의 결과임이 입증되고 있다. 그렇다고 지능이 높은 사람이 모든 것을 잘하는 것은 아니다. 어떤 사람이 수학, 영어는 매우 잘하지만 국어, 미술 등은 아주 못하는 경우가 있다. 자동차의 엔진을 잘 다루는 IQ90 이하의 사람이 있는가 하면 IQ130 이상인데 그런 일을 못할 수도 있다. 이렇게 볼 때 인간의 지능은 부분적이거나 단편적이기보다는 복잡한 지능(multiple intelligence)임에 틀림없다. 이러한 인간의 지적 능력은 개인의 행동에 직접적인 영향을 준다.

(1) 지능의 정의

지능이란 무엇인가? "그 사람은 매우 '지적'이야.", "얼마나 '재치 있는' 아이인가!", "난 정말로 '바보 같은' 짓을 했어.", "당신은 '영리하지' 못해." 이런 말은 모두 지능을 얘기하는 것이다. 지능이란 용어를 최초로 사용한 사람은 영국의 사회학자이자 철학자인 스펜서(H. Spencer)이다. 그는 외부현상에 대하여 다양한 대상을 인지하고 그러한 현상에 대한 적응행동의 능력을 지능이라 했다. 터만과 써스톤(L.M. Terman & L.L. Thurstone)은 지능을 추상적인 사고능력이라 했다. 이들에 의하면 수학을 잘하는 사람은 머리가 좋다는 식으로 해석된다. 게이츠, 헨몬 그리고 디어본(A.I. Gates, V.A.C. Henmon, W.F. Dearbone) 등은 "지능이란 학습능력이다."라고 정의한다. 비네(A. Binet)는 지능을 '환경에의 적응력'이라고 정의하면서 지능은 방향, 이해, 발명, 비판 네 가지로 구성된다고 주장한다. 이러한 네 가지 구성요소들로 어떤 상황에 대하여 어떻게 자신을 적응시키며, 판단, 이해하며 추리하느냐의 차이로서 지능을 이해한다.

결국 지능이란 '인간이 가지고 있는 환경에의 적응능력'이라고 할 수 있다. 지능은 인간행동의 전체적 능력 중 일부이며, 학습된 능력, 언어구사력, 추리력, 상상력, 창조력 등도 모두 지능이다. 1920년대 초에 저명한 17명의 지능 연구가들을 초빙해 지능이 무엇인가를 정의하려 했지만 그 심포지엄에서 17개의 정의가 개념화되었다. 어떤 학자는 "지능이란 지능검사가 측정하는 그 이상의 것도 그 이하의 것도 아니다."라고 애매한 결론을 내리고 있다. 또한 수많은 지능검사를 만들어낸 웩슬러(D. Wechsler)는 "지능이란 이 세상을 이해할 수 있는 능력이며, 이 세상의 도전을 극복해나갈 수 있는 재주이다."라고 말한다.

(2) 지능의 측정

지능에 관한 연구는 영국의 갈톤(F. Galton)에 의해 1884년에 처음 시도되었다. 그는 부모와 자녀 사이에 지능이 유전된다고 믿었다. 또한 머리둘레와 지능이 관계가 있으며, 시각 · 청각이 예민한 사람들이 그렇지 못한 사람보다 지능이 우수할 거라고 생각했다. 그러나 이러한 생각을 실증적으로 밝혀내는 데 실패했다.

보다 현대적 의미의 지능검사가 비네에 의해 만들어졌다. 비네는 지능에 관하여 다음과 같은 전제를 두고 연구하였다. 지능은 "인간이 성숙할 때까지 연령에 따라 발달할 것이다."라는 것이다. 따라서 지능검사를 위한 두 가지 개념이 제시되었다. 첫째, 정신연령(mental age : MA)이라는 개념이고, 둘째, 지능지수(intelligence quotient : IQ)라는 개념이다. 이에 각 연령의 보통 아동들이 풀 수 있는 문장을 채택하여 검사를 구성하고, 이들이 풀 수 있는 문제를 기초로 하여 정신연령 수준을 정한다. 한 아동이 평균 7세의 아동들이면 풀 수 있는 모든 문항을 통과하고 평균 8세 아동이 풀 수 있는 문항을 모두 못 풀었다면 이 아동은 생활연령(chronogical age : CA, 즉 실제나이)과 관계없이 정신연령은 7세가 되는 것이다. 결국 지능지수란 생활연령에 대한 정신연령의 비율을 말하는 것으로, 이것을 식으로 표현하면 'IQ=MA/CA×100'이다.

(3) 창의성

창의성은 개인이 가진 능력에서 나오는 것이다. 즉 창의적 능력과 함께 창의적 노력도 필요하다. 창의성은 지능과 상당부분 관계있다. 그런데 사람들은 창의성을 지나치게 중요한 것으로 강조만 할 뿐 창의성을 위한 발상의 전환에 대해서는 별 관심이 없는 것 같다. 그 필요성만 알고 있지, 방법에 대한 고민이 없는 것이다. 따라서 다음과 같은 사고전환의 방법을 통해 창의성을 보유할 수 있다. 창의성은 용도변경, 복제, 분할, 대칭파괴, 제거 등을 통해 일정한 법칙에 따

/인/간/이/야/기/3-6/

새로움

부정확한 지도를 바로잡기 위해 김정호는 조선 팔도를 세 번이나 돌고, 백두산을 일곱 차례나 올랐다고 한다. 그렇게 수정에 수정을 가하여 조선반도의 지도(사진)를 완성했던 것이다. 그러나 그 당시 김정호는 국가기밀누설죄에 해당하는 중벌로 갖은 고생을 겪었다. 로마도 하루아침에 이루어지지 않은 것처럼, 위대한 결과물은 오랜 시간과 끊임없는 노력의 결과이다. 에디슨은 수업시간에 허황된 것처럼 보이는 질문을 수없이 던졌고 결국 학교에서 퇴학당하고 만다. 그러나 그 후에도 그는 사물에 대한 끊임없는 흥미를 놓지 않았고 위대한 발명가로 남게 되었다.

발상의 전환으로 경영에 성공한 사람으로 리바이 스트라우스를 빼놓을 수 없다. 유대계 독일인 이민자로 서부개척 시대에 그가 천막용 천으로 만든 바지는 블루진이라는 이름으로 오늘날까지 패션을 선도하고 있다. 블루진의 대명사 리바이스는 주머니 부분을 강화하기 위해서 박은 리벳(rivet)과 두 마리의 말이 그려져 있는 가죽 패치, 그리고 '501'이라는 일련의 제품분류 번호로 고유한 브랜드가 되었다. 경영에서 새로움이란 최신 대중음악에서와 마찬가지이다. 새로움이 없으면 시대에 뒤떨어진 구태의연한 조직이 되는 것이다. 새로움에 대한 욕구가 모든 것을 가능케 하는 것이며, 프로세스의 혁신도 제품의 혁신도 새로움의 힘에 의해 가능하다.

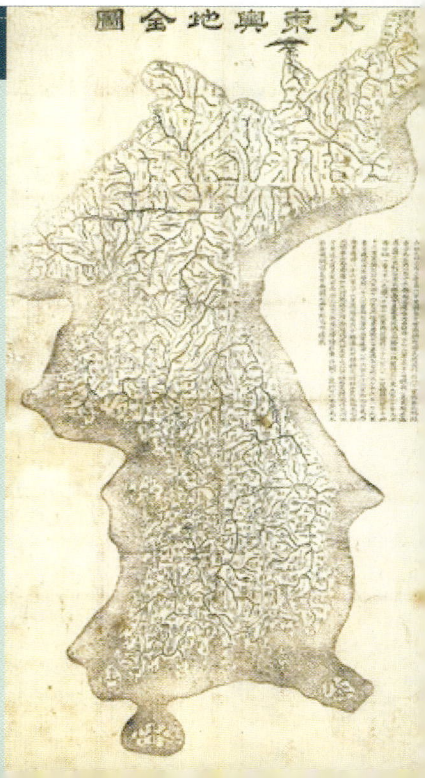

른 사고과정, 즉 아시트(Advanced Systematic Inventive Thinking : ASIT)에 그 기반을 두고 있다. 그중 용도변경과 복제에 대해서 살펴보기로 하자.

① 용도변경

이스라엘의 호로위츠(R. Horowitz) 박사는 다음과 같은 화장실 립스틱 문제로 새롭고 체계적인 사고가 창의성을 얼마나 발현하는가를 설명한다. 문제는 다음과 같다.

문제(Problem)

화장실에서 화장을 고친 한 여대생이 거울에 입술도장을 찍은 후 자신의 입술모양을 바라보았다. 이 광경을 목격한 다른 여대생들이 너도나도 거울에 입술자국을 남겼다. 청소아줌마는 화가 나서 교수님께 알렸고, 교수님은 학생들에게 주의를 주었다. 하지만 학생들이 말을 듣지 않았다.

일반 해결책(Common Solutions)

하나, 화장실에 립스틱용 거울을 별도로 설치한다.

하나, 거울 옆에 수건을 두어 입술도장을 찍은 당사자가 지우게 한다.

하나, 자동차 윈도브러시 같은 세척장치를 마련한다.

하나, CCTV를 설치한다.

창의적 해결책(Creative Solutions)

교수가 학생들을 데리고 화장실로 가서 청소아주머니의 화장실 청소 광경을 직접 보여준다. 학생들이 몰려오면 아주머니가 화장실 바닥을 닦고 있던 대걸레를 들어 거울을 북북 닦는다.

② 복제

창의성은 복제이다. 손거울이 하나밖에 없다. 그런데 뒷머리를 보고 싶다? 어떻게 창의성을 발휘해서 이 문제를 해결할 것인가? 그 답은 매우 신선한 것이었다. 복제를 통해 잔상을 볼 수 있는 거울, 즉 30초 전의 모습부터 지금까지의 움직임을 저장했다가 다시 보여주는 거울을 개발하자는 것이었다. 가치 없는 아이디어는 없다. 공간이동 마술도 복제를 이용하여 즐거움을 만들어낸다. 즉 2개의 분리된 문에서 순식간에 이동한다? 어떻게 가능할까? 분리된 문 각각에 쌍

/ 인 / 간 / 이 / 야 / 기 / 3 – 7 /

창의성 문제

네덜란드 암스테르담에 있는 스키폴 국제공항 남자화장실의 경우 역시 용도변경에 대한 우수한 사례이다. 이는 애드 키붐(Aad Kieboom)이라는 경제학자가 제안하였다. 이 남자화장실은 화장실 변기의 수챗구멍 가까이에 파리 모양의 목표물을 부착하여 청결을 유지할 수 있었다. 사물 고유의 기능성에 너무 빠져 있어 다른 생각을 하지 못하는 것을 기능적 고착(Dunker, 1945)이라 한다. 이것에 대한 실험으로 촛불문제(Candle Problem)와 마이어의 테스트(Two-String Problem : Maier, 1931)가 있다.

- 1744년 일자형 드라이버가 개발되고 200여 년이 흐른 뒤 1930년대 초에야 십자형 드라이버가 Henry F. Philips라는 라디오 수리공에 의해 개발되었다. 이유는 수량적 고정관념 때문이었다.
- 망원경은 렌즈 2개를 겹친 것으로, 렌즈 개발 후 300년이 흐른 뒤에야 만들어졌다.
- 여자화장실에서 화장실 물을 내리는 동시에 에티켓 벨이 울리도록 하였다.

둥이가 서 있으면 된다. 바로 복제의 기술을 사용하는 것이다. 그래서 이런 것도 창의성 있는 제품이 된다. 3개가 한 짝을 이루는 양말.

사람들마다 생을 살아가면서 다양한 인생길을 걷고 있다. 그런데 옳은 길은 어떤 길인가? 올바른 길을 선택하는 방법은 있는가? 이런 질문들을 스스로에게 수없이 던져보았을 수 있다. 에디슨, 스티브 잡스와 같은 창의성 있는 사람들과 비교해보면서 여러분도 창의적인 사람이 되려면 어떻게 해야 하는가에 대하여 생각해본 적이 있는가? 기본적으로 모든 사람들은 잠재된 창의성을 가지고 있어서 어떤 사람은 그것을 발견하지만 어떤 사람은 그것을 못 찾은 채로 지낼 수 있다. 종종 사람들은 자신의 잠재력을 깨닫지 못하며 또한 다양한 사람들의 독려를 받지 못하는 환경에 처해 있다.

어떤 사람이 창의적인지 아닌지를 결정짓는 간단한 방법이 있을까? 한 가지 방법은 창의적 능력이 명확하게 묘사되어 있는 갈릴레오(G. Galileo) 같은 위인

/ 인 / 간 / 이 / 야 / 기 / 3 – 8 /

다양성

다양성(diversity)은 창의성의 뿌리이다. 미국인은 한국인의 습관 중 이해하지 못하는 부분이 많을 것이다. 한국인들이 하나, 둘, 셋……과 일, 이, 삼……이라는 숫자 세는 법을 혼합하여 두시 삼십분(둘과 3) 등으로 사용하는 것을 미국인들은 이해하지 못한다.

조직에서는 성(gender)에 대한 비율이라든지, 종교, 성향, 취미 등에 대한 다양한 의견이 필요하다. 우선순위와 계획과 그리고 자신의 에너지를 집중시키는 것, 자신과 새로운 계약 맺기, 집요하게 묻고 늘어지기, 즐겁게 일하기, 지식축적, 합리적인 개인주의자가 되는 것, 아이디어를 실험해보는 것, 고객의 가치에 집중 등이 창의성과 다양성을 높이는 방법이 된다.

/인/간/이/야/기/3-9/

허들러

"현금을 못 구한다고? 그럼 우리가 찍는다." 농업 재벌인 카길이 수년 전 아프리카 짐바브웨에서 금융위기가 발생하자 썼던 처방이다. 현지에서 고용한 농부들에게 지불할 돈이 부족한데 구할 곳이 없자 카길은 결국 '자체 현금'이라는 기발한 응급카드를 꺼냈고, 이것이 대성공을 거뒀다. 액면가 1달러로 고정된 수표였지만 인플레로 공식화폐가 유야무야되어버린 그 나라에서 사실상의 법정통화가 된 것이다. 발행한 지 며칠 안 돼 전국 도소매상에서 유통됐고 농부들의 수확물에도 정당한 대가로서 거래되었다. 혁신적 사고로 역경을 정면 돌파한 카길 같은 유형을 '허들러(The Hurdler)' 즉 장애를 뛰어넘은 사람이라 부른다. 회사의 냉대 속에서도 끈질긴 연구로 스카치테이프를 개발해 3M의 전설로 불리는 리처드 드류, 과학적 훈련을 통해 장애물 경기에서 평지를 달리는 것처럼 빨리 뛰는 허들 선수 에드윈 모제스도 모두 허들러이다.

들의 삶을 살펴보는 것이다. 위인들이 살아온 행적을 통해 그들이 흥미를 가졌던 것, 그들의 공통점, 그들이 투자했던 가치들은 무엇인지에 대하여 연구하고 조사하는 것이다.

또 다른 방법은 어떤 평범한 사람들을 그 이상으로 끌어올린 원동력 혹은 동인(drives)이 무엇인지를 찾는 것이다. 그동안 연구된 바에 의하면 위인들의 창의성은 그들의 성격, 태도, 가치관 등 개인행동 요인과 그 개인이 처한 환경적 요인의 상호작용으로 보는 견해가 많다.

3. 대인지각

우리가 타인을 인식하든지 사물을 인식하든지 인식의 과정이 바로 지각이다. 모든 인간관계는 상대방을 어떻게 인식하느냐에 따라 달라지는 것이므로 지각은 인간관계의 출발점이다. 지각(perception)이란 감각기관을 통해서 이 세상의 사물이나 사건, 그리고 인간을 인식하고 판단하는 것을 말한다.

우리 인간의 행동은 지각을 토대로 펼쳐진다. 예를 들어 상사가 부하를 칭찬하는 행동을 했다고 하자. 그러한 상사의 행동이 나온 이유는 부하의 바람직한 행동(예 : 성과 향상, 좋은 매너, 헌신적 노력 등)을 눈으로 보거나 다른 사람한테 귀로 듣고 좋은 부하라고 판단(지각)했기 때문이다. 누가 상대방을 보고 도망치는 행동을 했다면 그는 상대를 강도이거나 빚 독촉자이거나 자신에게 해를 끼칠 사람이라고 지각했기 때문이다. 즉 모든 행동은 지각에서 출발한다. 이때 상대방이 강도인지 천사인지는 중요하지 않다. 내가 그를 강도로 지각하느냐 천사로 지각하느냐가 나의 행동을 결정한다. 우리의 지각구조는 카메라와 달리 강도를 천사로 혹은 천사를 강도로 지각하는 때가 많다. 이로 인하여 인간관계에서 오해가 많이 생긴다. 그러므로 좋은 인간관계를 위해 먼저 정확한 지각이 필요하다.

인지(지각)활동의 구체적인 과정을 살펴보면 환경(상대방 혹은 사물, 사건 등)으로부터 단서(자극)들을 '선택'하는 것으로 시작하여 '조직화', '해석'의 경로를 거친다. 그런데 이 과정에서 많은 오류를 범한다. 왜냐하면 환경(상대방)이 주는 자극들을 모두 받아들이는 것이 아니라 그중 일부만을 수용하기 때문이다. 이렇게 선택적으로 수용한 자극들 중에서 중요하다고 판단되는 것을 다시 선별하여 이 자극들과 자기자신이 이미 가지고 있는 지각구조에 연결시킴으로써 하나의 의미를 부여하는 과정이 바로 지각인 것이다. 그러나 이러한 선택과 연결 활동은 이성적인 계산에 의해 의도적으로 이루어지는 것이 아니라 본능과 습관에 의해 저절로, 그리고 순간적으로 이뤄진다. 그러다보니 우리의 지각활동은 항상 정확하다고 볼 수 없으며, 상대를 잘못 지각하기도 하고 상대방 역시 나를 잘못 지각하기도 하기 때문에 오해들이 발생한다.

그림 3-3 지각과정

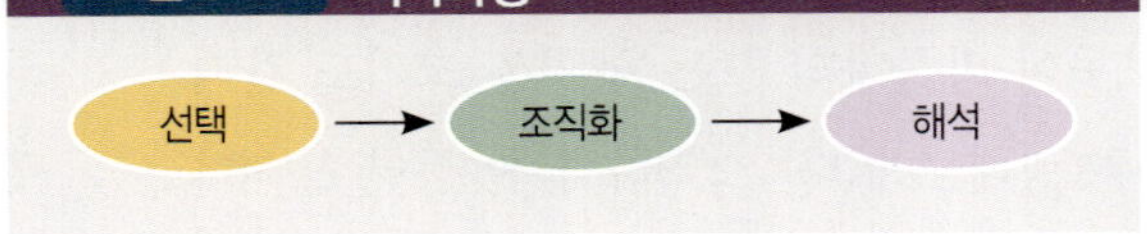

(1) 지각의 법칙

우리가 외부세계를 인식할 때 우리의 의도와 별도로 습관과 본능, 그리고 인간의 한계 안에서 자동적으로 단서들이 선택되고 조직화되고 해석되는데 이러한 일련의 과정에도 일정한 패턴이 존재한다. 여기서 일정한 패턴이 존재한다는 것은 사람마다 일정한 지각스타일이 있거나 모든 사람이 공통적으로 거치는 일정한 지각스타일이 존재한다는 의미이다. 이를 지각의 법칙이라고 하는데, 이러한 법칙은 어떤 경우에는 대상을 정확하고 빠르게 판단하도록 돕기도 하지만 다른 경우에는 대상을 잘못 지각하고 오해하게도 만든다. 좋은 것이든 나쁜 것이든 우리가 상대를 지각할 때에 공통적으로 거치는 지각의 패턴을 몇 가지 살펴보자. 왜냐하면 이를 살펴봄으로써 우리는 상대를 지각할 때 이 패턴에서 벗어나서 좀 더 정확성을 기하거나 혹은 지각오류를 조심할 수 있기 때문이다.

① 선택

무엇을 지각할 때는 대상이 갖고 있는 모든 정보(단서 혹은 자극)를 받아들여 분석하고 판단해야 정확할 수 있는데, 우리의 지각은 그렇지 못하고 대상이 가진 일부의 정보만 선택(selection)하여 그것만 가지고 지각하는 습관이 있다. 예를 들어 상대가 어쩐지 마음에 들지 않는다면 그의 행동 중에서 나쁜 점만 보이고 좋은 점은 안 보인다는 것이다. 비록 그렇지 않더라도 온종일 바쁘게 살다보면 남들의 장단점을 모두 관찰하기가 어렵다. 그래서 나의 눈에 띈 것만 토대로 하여 그를 지각한다. 그런데 우리의 시력에도 한계가 있어서 큰 것은 눈에 잘 띄고 작은 것은 잘 안 보인다. 키 큰 사장님은 어쩌다 공장에 다녀가도 공장사원들의 눈에 잘 띄어서 모두들 우리 사장님은 공장에 자주 다녀가신다고 지각한다. 그러나 사장님이 보통의 키라면 자주 다녀가신다는 평을 못 받을 수도 있다. 상대방의 수많은 정보 중에서 우리가 무슨 단서를 선택해서 분석하느냐에 따라서 상대에 대한 우리의 지각은 완전히 달라질 수 있다.

② 조직화

그림 3-4 바둑판 실험

그림 3-5 조직화

그림 3-4에서 보듯이 바둑판의 모든 구획은 크기도 간격도 같다. 또한 별다른 형태도 없다. 그러나 잠깐 동안 들여다보다가 시선을 한 위치에서 다른 위치로 옮기면 여러 가지 형태들을 지각할 수 있다. 수평의 형태, 수직의 형태, 대각의 형태 등이 지각된다. 또는 개개의 구획이 쌍이나 집단으로 모아져서 정사각형이나 직사각형으로 지각되기도 한다. 이렇게 집단화하여 지각하는 것을 조직화의 법칙이라 한다. 이러한 조직화 법칙에 의해 **그림 3-5**의 정적인 그림이 동적인 그림으로 지각된다. 사람을 지각할 때에도 마찬가지이다. 상대방에게서 몇 가지 단서들을 선택했으면 그 단서들을 따로따로 지각하는 것이 아니라 그것을 모아서 어떤 모양을 만들어(조직화 : organizing) 지각한다. 어떤 사람이 퇴근 후에 술집에 들어가는 것을 우연히 보았고 또 그가 어느 날 마트에서 술을 사는 것을

/인/간/이/야/기/3-10/

우에서 좌로

산다는 것에 대하여 의미를 두지 못하고 우울증에 사로잡혀 죽기를 결심한 한 소년이 있었다. 호시탐탐 죽을 기회만을 노리며, 혹시 마음이 변할까 봐 마음을 굳히는 의미에서 방 한구석에 '자살!'이라고 두 글자를 써놓고 자살을 되새기고 되새기다 결국 거사를 치르고야 말았다. 우에서 좌로 한 번만 읽었더라면 '살자!'를 발견했을 것이고 더 잘사는 방법에 대하여 죽기 살기로 덤볐을 텐데 안타까운 일이다. 이렇듯 지각이 잘못되면 조직 속의 개인행동과 인간관계는 잘못될 수 있다.

그러므로 경영에서는 조직 속에서 남들과 함께 일하며, 생활하기 위해서 자기자신은 물론 타인을 어떻게 바라볼 것인가에 대하여 많은 공부를 해야 한다. 올바른 지각을 해야만 좋은 관계를 만들 수 있다. 개인은 타인을 평가함에 있어 주관성을 개입시키거나 편견 혹은 고정관념을 가지고 있을 수 있으며, 자신에게 유리한 것만 선택적으로 지각하도록 되어 있다. 그러므로 구성원들이 노력하여 달성한 공헌이나 업적을 올바르게 지각하는 것이 선행되어야 한다. 공정한 지각이 이루어진 후에 진솔한 인간관계나 효율적 경영이나 올바른 관리가 가능할 수 있다.

보았다면 그 두 가지를 연결(조직화)하여 그를 알코올중독자로 지각하는 오류를 범할 수 있는 것이다.

③ 도형과 배경 법칙

지금 보고 있는 책에서도 검은색의 글자들이 흰색을 배경으로 해서 지각된다. 이렇듯 눈에 닿는 시각적 자극들은 모두 도형 혹은 배경(figure & ground)이라는 어느 한편에 소속되어 있다. **그림 3-6**에서 검은색 배경을 토대로 흰색의 도형, 즉 화분받침대가 지각된다. 혹은 흰색 배경을 토대로 검은색의 남녀 얼굴이 지각된다. 인간관계에서는 동시에 두 개의 도형이나 두 개의 배경을 지각하지 못한다. 어느 단서는 도형으로, 나머지 단서는 배경으로 지각하는 것이 우리의 지각패턴이다. 그러므로 도형으로 지각할 것이 배경이 된다든지 배경으로 지각할 것이 도형이 된다는 식으로 천사인 상대방은 강도로 지각되기도 하고 친절한 상대방이 거만한 사람으로 지각되기도 한다. 제대로 된 인간관계를 위해 단서들을 도형과 배경으로 나눌 때 정확하게 분류하여야 할 것이다. 혹은 상대방의 행동을 평가할 때 도형과 배경을 서로 바꾸어서 한번 생각해보아야 실수를 면할 수 있다.

그림 3-6 도형과 배경 법칙

그림 3-7 유사성과 근접성 법칙

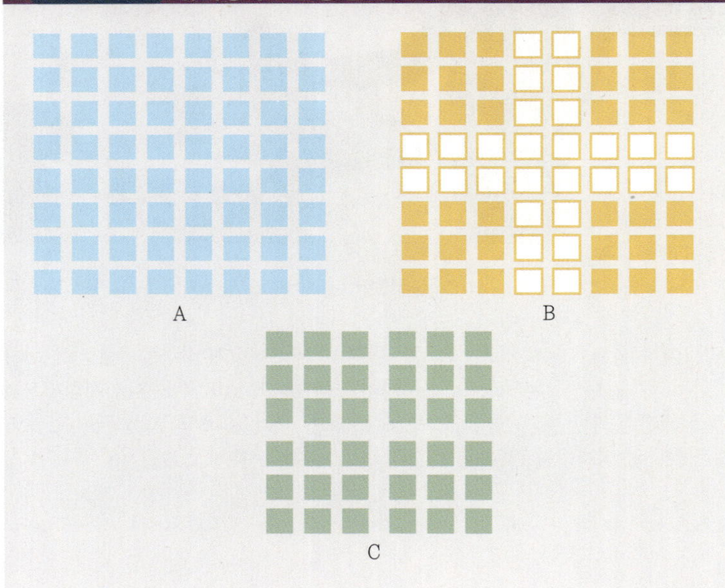

④ 유사성과 근접성 법칙

유사성과 근접성(similarity, proximity) 법칙은 표준 바둑판과 약간 변형된 바둑판을 보여주는 그림 3-7 로 설명할 수 있다. 그림의 변형된 바둑판 B에서 몇몇 칸이 흰색으로 처리되어 있는데 이 부분이 십자(+)로 보인다. 이것은 유사성의 법칙이다. 유사성이란 우리가 사람이나 사물을 지각할 때 유사한 단서(자극)들끼리 한데 묶어서 지각하는 경향이 있다는 것이다. 바둑판 B에 대하여 우리는 흰색의 칸들을 따로따로가 아닌 하나의 집합으로 지각한다. 변형된 바둑판 C는 이런 법칙에 의하여 4개의 정사각형 묶음으로 지각된다.

가까이 있는 자극들도 마찬가지이다. 서로 유사하지 않아도 가까이 있는 것끼리는 한데 뭉쳐져서 지각되는 경향이 있다. 상대가 입은 옷의 모양, 색깔, 질감, 단추 모양, 소매 모양, 깃의 색깔 등의 자극이 우리에게 따로따로 평가되는 것이 아니다. 한꺼번에 집합이 되어 '멋있다' 혹은 '구식이다' 등으로 지각되는 것이다. 상대방의 옷뿐만이 아니라 그의 온종일의 행동들에 대해서도 마찬가지이다. 예를 들면 일 년에 두 번밖에 실수를 하지 않는 부하가 일월과 팔월에 한 번씩 실수했다면 여전히 유능한 사원으로 상급자에게 지각되지만, 우연히 오월 둘째 주 월요일과 수요일에 걸쳐 연이어 실수했다면 무능한 사원으로 지각되고 만다. 두 번의 실수가 근접해 있기 때문에 함께 지각되어 실수쟁이로 못 박히는 것이다.

⑤ 완결성 법칙

이것은 공백이나 결손된 부분이 있으면 그 부분을 메워 하나의 동질적인 형태로 만들려는 경향을 말한다. 윤곽의 일부가 없으면 없는 대로 지각해야 하는

그림 3-8 완결성 법칙

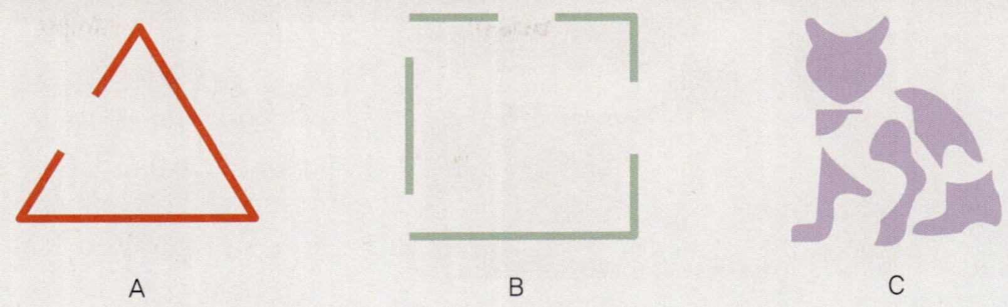

데 우리는 그 부분을 억지로라도 무엇인가를 채워서 완전체를 만들어 지각하려는 패턴을 가지고 있다. 이때 제대로 된 것을 채워 넣어 완전체를 만들면 문제가 없지만 엉뚱한 것을 채워 넣으면 완전체 역시 엉뚱한 것으로 탈바꿈될 수 있어서 전혀 다른 것으로 지각한다는 것이다. **그림 3-8**의 그림들을 보는 순간 완전하지 않은 도형을 완전한 것으로 지각하게 된다. 이때 없었던 윤곽을 그려 넣는 것을 주관적 윤곽(subjective contour)이라 한다. 이러한 주관적 윤곽은 존재하지 않는 윤곽이 지각되는 특수한 완성현상이다.

그림 3-8에서 A와 B에 대하여 우리는 각각 삼각형과 사각형으로 지각한다. 그렇게 지각하기에는 결손된 부분이 있지만 주관적 윤곽을 그려 인식하는 것이다. C에 대하여는 개나 고양이로 지각하는데, 각각의 그림 조각을 조직화하여 결손된 부분을 주관적 윤곽으로 채워 인식하는 것이다. 비슷한 예로, 영어 발음을 포함한 리딩, 히어링, 어휘력에서 낮은 점수를 받지만 독해 점수는 좋은 학생이 있다고 하자. 독해 테스트 전에 그 학생을 평가한다면 선생은 그 학생의 독해력 역시 떨어지리라고 지각할 수 있다. 독해력이라는 결손된 부분을 주관적 윤곽으로 인식해버리기 때문이다.

그림 3-9 맥락효과

⑥ 맥락효과

동일한 자극이라 하더라도 어떤 맥락에서 보느냐에 따라 지각은 달라진다. 이것이 지각의 맥락효과(context effect)이다. **그림 3-9**에서 한가운데 글자는 상황에 따라 B나 13으로 지각된다. 좌에서 우로 보면 B이나, 위에서 아래로 보면 13이다. 같은 예로 야당 국회의

/인/간/이/야/기/3-11/

공동묘지 결혼식

"공동묘지에서 결혼식을 올리는 신랑 신부가 있다."고 한다면 우리 동양의 정서로 볼 때 확실히 미친 사람들이겠거니 할 것이다. 아마 그 결혼식 사진을 보면 하얀 드레스를 입은 신랑과 신부의 뒤쪽으로 무수한 비석들이 보일 것이다. 저자가 목격한 프랑스 파리 근교의 St. Remy 마을에서 있었던 그 결혼식은 가장 아름답게 추억된다. 아주 고풍스런 마을 한가운데에 교회가 있고 교회 앞마당은 대대로 내려오는 이 마을 사람들의 가족묘지가 들어차 있다. 유럽 국가의 결혼식은 거의 교회에서 이루어지는데, 이 마을의 신랑과 신부 역시 어려서부터 부모를 따라 다녔던 그 교회, 그들의 조상들이 예식을 올렸던 바로 그 자리에서 먼저 간 영혼들의 축복까지 받으며 결혼식을 올린다는 것을 얼마나 행복해하는지 몰랐다. 이러한 앞뒤의 맥락을 모두 생략한 채로 오직 공동묘지와 결혼식만 우리 눈앞에 펼쳐놓고 본다면 그 결혼식은 미친 사람들의 예식으로만 인식될 것이다.

원의 말은 여당을 칭찬하는 것이라도 비판처럼 들린다. 여당을 칭찬한 사실은 그가 야당 의원이며 여야는 항상 대립되어 서로 비판만 한다는 맥락에 휩쓸려서 잘 안 들리기 때문이며 그가 칭찬한 내용을 비판이라는 관점에서 해석하는 것이다. 이와는 반대로 우리는 누가 어떤 말을 하더라도 거두절미하고 그 발언만을 놓고 평가해서는 안 된다. 어떤 상황에서, 즉 앞에서는 어떤 대화가 있었고 뒤에서는 어떤 대화가 있는 도중에 그런 말이 튀어나왔는지 하나의 맥락 속에서 판단해야 그 발언의 정확한 의도를 알아차릴 수 있는 것이다.

⑦ 대비효과

대비(contrast)효과에서도 맥락효과를 찾을 수 있다. **그림 3-10**에서 보면 두 그림의 한가운데 있는 두 검은 원 중 어느 것이 더 큰가? A, B의 두 검은 원은 완전 똑같은 크기인데 B의 검은 원이 더 커 보인다. 업무성과가 70점인 사원도 주변에 60점 이하의 사원들이 몰려 있으면 우수한 사원으로 지각된다. 반대로 업무성과가 80점인 사원도 주변에 90점 이상의 사원들만 있으면 무능한 사원으로 지각된다. 마찬가지로 오바마 대통령은 백인들 가운데 흑인이라서 특별히 열심히 했을 수도 있지만 오바마만 천재로 인

그림 3-10 대비효과

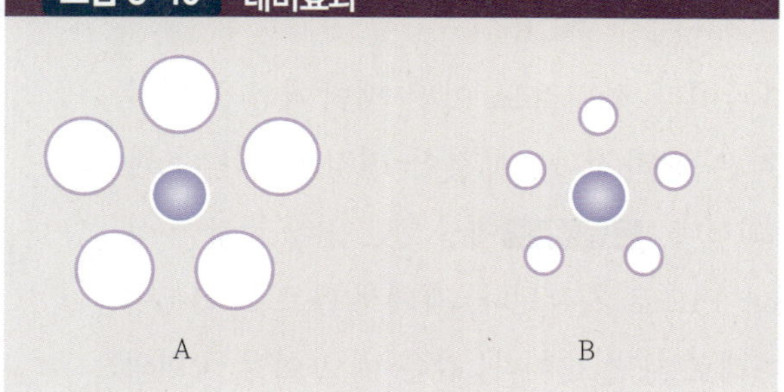

/ 인 / 간 / 이 / 야 / 기 / 3 - 1 2 /
"귀에서 손가락을 빼고 내 말을 들어라!!"

전형(典型 : Prototype)이란 사람의 감정적 요소를 포함하여 오랜 시기를 거쳐 내려온 일종의 심리적 잔재물이다. 과거의 경험으로부터 마음속에 일종의 전형을 만들어놓고 어떤 단서에 접하게 되면 그것의 진실이 무엇이든 간에 머릿속의 전형과 비교하여 상대를 지각하는 것이다.

경영에서는 부하나 상사에게 지나친 기대를 하는 것은 금물이다. 한때를 풍미했던 것이 사그라져버리는 까닭은 사람들의 기대가 자꾸만 커지기 때문이다. 사람의 마음은 소망과 결합되어 실제 모습보다 항상 더 나은 것을 상상해낸다. 아무리 탁월한 것도 부푼 상상을 만족시키기 어렵다.

식되며 열심히 한 다른 백인들은 모두 눈에 띄기 어렵다.

⑧ 전형

인간의 기억 속에는 빈번히 일어났던 자극들의 관념이 저장되어 있다. 이것이 바로 전형(prototype)이다. 미스코리아의 얼굴, 전쟁의 장면, 스님의 행동 등을 이미 머릿속에 저장하고 있다가 유사한 형태와 마주치면 자세히 보지도 않고 머릿속의 전형과 비교한 뒤 쉽게 지각해버리고 만다. 결국 보고 듣는 것을 과거에 보고 들으며 머릿속에 저장했던 전형과 빨리 연결시켜서 그 전형대로 지각하는 것이다. 그렇다면 우리는 상대방을 제대로 지각하기 위해 머릿속의 전형을 모두 지워버리고 상대를 있는 그대로 선입견 없이 받아들여야 옳은가? 그러기 위해서 우리는 상대방을 오랫동안 관찰하면서 모든 정보를 수집해야 하는데 일상생활에서는 이 또한 불가능하다. 오늘 처음 본 고객을 빨리 지각하고 그에게 알맞은 멘트를 날려서 내 물건을 사도록 설득해야 한다면 어떻게 해야 하는가? 앞에 있는 고객에게서 몇 개의 단서를 발견하여 그가 졸부인지, 깐깐한 노처녀인지, 구두쇠인지 미리 갖고 있는 전형들과 재빨리 연결하여 그 전형에 맞게 설득의 대화를 풀어야 판매에 성공할 수 있다. 이처럼 우리가 보유한 전형은 대인지각에서 때로는 편리하기도 하고 때로는 상대를 오해하게도 한다.

⑨ 사전기대

자동차를 운전할 때, 앞에 길이 있을 것이라는 기대(expect)가 있기 때문에 일일이 자동차에서 내려 앞으로 달려가 길을 확인하지는 않는다. 앞 사람도 나와 비슷한 속도로 달릴 것이라고 예측(기대)을 하기 때문에 그렇게 바짝 따라가고

그림 3-11 사전기대의 영향

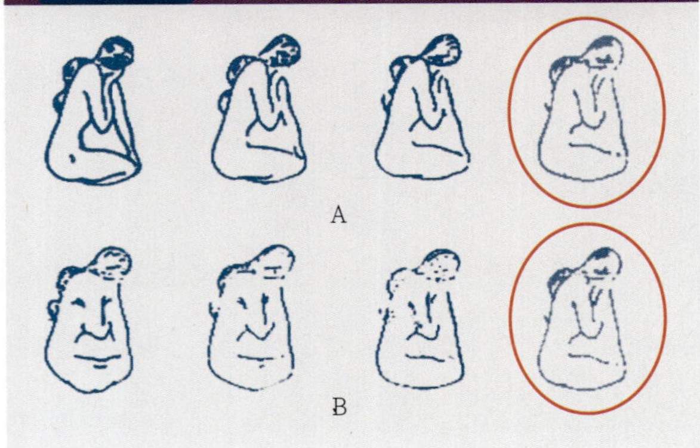

있는 것이다. 물론 기대가 깨어지면 곧 사고로 연결되기도 한다. 이렇게 보면 기대란 앞으로 벌어질 결과에 대한 예측이라 할 수 있다. 어떤 사람은 기대한 만큼 일이 이루어진다고 믿는다.

인간이 갖고 있는 기대를 조작하면 지각도 영향을 받을 수 있다. 그림 3-11에서 A, B의 원 속의 그림은 동일한데도, A그림은 사전에 왼쪽에서 오른쪽으로 여자가 흐느끼는 것 같은 기대를 주면 오른쪽 맨 끝 그림은 여자가 흐느끼는 그림으로 보이고, B그림은 사전에 웃는 남자 모습이란 기대를 주면 오른쪽 맨 끝 그림은 웃는 남자 모습으로 지각된다. 즉 사전에 상대를 좋은 사람일 것이라고 기대를 하고 대하면 상대가 하는 말과 행동이 모두 긍정적으로 보이지만, 반대로 기대하고 바라보면 상대의 일거수일투족이 마음에 들지 않는 것이다.

(2) 타인을 인식할 때 범하기 쉬운 오류

앞에서 우리는 보통사람들이 가지는 지각의 패턴에 대해 살펴보았는데 이로 인하여 상대방을 지각할 때 많은 실수를 할 수 있다는 몇 가지 예가 또 있다. 이를 지각오류라고 한다. 다음에 나오는 지각오류들은 대부분의 사람들이 쉽게 범하는 대인관계 시의 오해들이다.

① 고정관념

고정관념은 다른 말로 상동적(常同的) 태도라고도 한다. 이것은 상대방이 속해 있는 사회적 집단에 의해 상대방에 대한 지각이 영향을 받는 경향을 말한다. 사람들이 타인에 대하여 지각할 때 그 사람의 성별, 인종, 종교, 국적, 직업, 사는 동네 등과 같은 속성을 먼저 따져보고 어떠한 유형일 것이라고 미리 짐작하는 경우가 여기에 속한다. 예를 들면 게으른 독일 사람을 만나도 우리는 그가 독일인이기 때문에 근면할 것이라고 지각할 것이며 우매한 유대인을 만나도 그가 똑똑할 것이라고 지각할 것이다. 이미 우리 머릿속에 독일인과 유대인의 전형을 갖고 있어서 그것으로 그들을 판단하기 때문이다. 이와 같은 고정관념은

/인/간/이/야/기/3-13/

고정관념 깨기

안경, 가방, 의자, 시계, 핸드폰, 만년필……. 우리가 일상적으로 사용하는 용품들은 그 쓰임이 이미 고정되어 있다. 아니 그 쓰임새를 위해 고안되었다고 해야 할 것이다. 하지만 일상용품을 새로운 각도에서 바라본다면 어떨까? 쓸모가 있든 없든 간에 가방에 안경을 달아놓으면 훌륭한 소품으로 재탄생하고, 핸드폰에 만년필을 붙여본다면 스마트펜이 나올 수도 있는 일이다. 일상에 찌든 사람들에게 활력을 주고 규격화된 사고의 틀을 깨주는 물건들의 쓰임새는 제 역할을 다한다는 점에서 한번 시도해봄 직하다.

똑같은 자극을 주었을 때 왜 사람마다 다르게 이해하고 해석하는 것일까? 도요토미 히데요시는 일본에서는 영웅이겠지만 한국 입장에서 보면 원수인 사람이다. 세상에는 남과 다른 것(Variations)[2]이 너무 많다. 나이 차이, 생각 차이, 성격 차이, 얼굴 차이, 해석 차이, 지각 차이가 그것이다.

고정관념을 뜻하는 스테레오타입(Stereotype)이란 인쇄를 할 때 쓰이는 동판으로서, 그 동판을 이용하여 여러 장의 동일한 인쇄물을 찍어낼 수 있다. 어떤 대상이나 사물에 대하여 평가를 하려 할 때 사전에 가지고 있던 그 동판에 올려놓고 평가를 함으로써 오류를 범하기 쉽다. 이런 오류는 인사선발이나 승진, 직무수행평가, 보상, 성과배분 등에 있어 심각한 문제를 야기하기도 한다. 그러므로 경영은 개인의 부정적 고정관념이 발생하지 않도록 구성원들을 끊임없이 교육훈련하고 공정한 규칙을 만들어 합의를 이끌어내는 작업으로서, 객관성 있는 정보를 통한 적용 등을 통하여 오류를 줄여나가야 한다.

무수히 많을 뿐만 아니라 각 개인마다 고유한 고정관념도 많다. 누구는 신세대, 고학력자, 신흥부자 등에 대해 부정적인 고정관념을 갖고 있는가 하면 누구는 이들에 대해 매우 긍정적인 고정관념을 갖고 있다. 그러나 우리가 이러한 부류의 사람들을 자주 대하다보면 우리의 고정관념이 얼마나 잘못되었는지 한참 후에 깨닫는 경우도 많다.

② 현혹효과

현혹효과(halo effect)란 하나의 대표적인 특성을 보고 나머지 요인도 그것에 근거해서 평가하려는 오류이다. 매력적인 여비서는 보고서도 잘 작성하고 PC도 잘 다루며 매사에 좋은 습관을 가지고 있을 것이라고 지각한다면 이것이 바로 '얼굴 매력'에 의해 현혹된 것이다. 영어 실력이 특출한 사원은 일도 잘하고 근면하고 창의력도 많을 것이라고 지각한다면 영어 실력에 현혹된 평가가 된다.

③ 주관의 객관화

어떤 조건하에서 사람들은 다른 사람 역시 자신과 같은 특성을 가지고 있다고 지각하는 경향이 있다. 이처럼 자신의 감정, 성향, 동기 등을 타인에 대한 평가에 이입하려는 것이 바로 주관의 객관화이다. 이를 다른 말로 표현하면 투사

2) X의 변동(두 개의 X, 두 개의 V자, 거꾸로 된 V자, W자, 거꾸로 된 W자, M자, 마름모)

"내가 지시한 말 잘 들었죠?" "……??"

(projection)이다. 우리가 대인관계에서 실수를 하거나 오해하고 사기당하는 경우의 대부분이 남도 나와 같을 것이라고 착각하기 때문에 생기는 불상사이다. 남의 입장은 나와 다르고 그의 가치관과 과거의 경험과 살아온 배경이 나와 다를 수 있으며 지금의 감정상태도 입장을 바꾸어 생각하면 나와 전혀 다를 수 있음에도 불구하고 상대방도 나와 다를 게 없을 것이라고 착각하고 대하기 때문에 생기는 불행이다. 그러므로 정확한 대인지각을 위해서는 가능한 한 주관의 객관화를 지양해야 한다.

④ 지각적 방어

개인에게 불안 또는 위험을 안겨주는 자극이 생겼을 때나 개인의 고정관념과 불일치되는 상황이 생겼을 때 이를 회피함으로써 자신을 방어할 목적을 가지고 상대를 지각하려 한다. 다시 말해 자신의 가치관이나 신념체계를 무너뜨리지 않기 위해 지각되는 정보를 들어오지 못하게 막아버리는 것이다. 결국 인간은 대상의 자극을 선별적으로 선택하게 되어 있다. 이와 유사한 것이 바로 선택적 지각이다. 듣기 좋은 말만 듣고 자신의 단점은 남들도 모두 갖고 있다는 등의 생각을 하며 자신을 그렇게 나쁘지 않다고 지각하는 것이다.

⑤ 첫인상 효과

사람들은 다른 사람에 대한 인상을 형성하는 초기단계에서 지각된 정보가 잘못되어 있어도 그것을 계속 인정하려 든다. 이렇듯 첫 정보에 지나치게 의존하는 경향이 있는데 첫 정보가 틀렸다는 것을 인정하기 싫어서 취하는 오류라 할 수 있다. 결국 타인에 대해 갖는 첫인상이 지각자로 하여금 그 타인에 대하여 일정한 방향으로 지각하도록 만든다는 것이다.

⑥ 귀속화

귀속화(attribution)란 자신이나 상대방의 행동을 지각할 때 그 행동 그대로를 지각하는 것이 아니라 그 행동의 원인을 추측하고 그 원인에 근거하여 지각하

/인/간/이/야/기/3-14/

첫인상 오류는 유전인가

2차선 도로에서 마주 오다 지나쳐 간 빨간 스포츠카를 운전하던 여자와 마주친 시간은 0.5초도 안 되지만 우리는 그녀를 보내놓고 그녀의 모든 것, 예를 들면 직업, 경제력, 나이, 심지어는 자녀양육 능력, 결혼생활의 만족정도, 성격까지 판단하려고 든다. 불행한 일이지만 결국 우리의 모든 인간관계는 이처럼 간단히 형성된 인상에 의해 오랫동안 지배되는 것이다. 더구나 우리가 다음 번 우연한 기회에 그녀를 다시 만나게 되고 우리가 추측한 것과 다른 새로운 정보를 얻게 되더라도 그 추가되는 정보는 과소평가되기 때문에 첫인상은 좀처럼 바뀌기 어렵다. 언제부터 어떤 이유로 인간은 다른 사람을 힐끗 보고 판단하는 게으른 습관이 몸에 배었을까? 우리의 먼 조상들은 사바나 초원에서 지낼 때 낯선 사람과 부딪히면 재빠르게 다음 두 가지를 판단해야 했다. 첫째, 상대가 나보다 강한지 약한지, 둘째, 상대가 나에게 우호적인지 적대적인지 말이다. 더 자세히 알아보려고 가까이 접근해서 상대방의 근육을 훑어보거나 시간을 끌다가는 운이 없으면 상대방에게 사냥감을 모두 빼앗기든지 목숨까지 잃을 수도 있었다. 당연히 생존을 위해서 우리 조상들은 후손에게, 타인을 힐끗 보고 즉시 판단하는 신경메커니즘을 물려줄 수밖에 없었다. 이러한 능력은 무법천지에서 생존율을 높여주었고 그렇지 못한 인류의 종은 점차 아프리카 초원에서 밀려났을 것이다. 따라서 이는 '지적인 게으름'이라기보다 초원의 무법세계에서 생존을 위한 수백만년 전 조상들의 '절박한 부지런함'이 오랜 세월을 거치면서 유전된 결과이다

는 것을 말한다. "아! 그 사람이 바로 이러이러해서 그런 행동을 했구나."라고 행동을 원인에 귀속시키면서 그를 평가하는 것이다. 빵도둑의 행동을 보고 무조건 나쁜 사람으로 지각하는 것이 아니라 피치 못할 상황이나 누구의 강요에 의해서 도둑질을 했는지, 나쁜 습관 때문에 도둑질을 했는지 원인을 추측해보고 그를 착한 사람으로 혹은 나쁜 사람으로 지각하는 것이다.

그런데 우리는 남의 행동의 원인을 완전히 밝힐 수는 없고 그저 추측할 뿐이다. 우리는 남의 행동원인을 자주 잘못 추측하는 것이다. 결국 잘못된 원인 추측은 잘못된 지각으로 직결된다. 어떤 행동이나 사건이 발생하게 된 원인을 지각자가 자기 나름대로 편의에 맞추어 추측하다보니 잦은 실수를 하는 것이다.

⑦ 관대화 경향

인간은 죽음의 본능보다 삶의 본능이 강하고 따라서 쾌락의 본능에 빠져 있다. 이러한 본능으로 설명한다면 자신의 주변이 즐겁고 쾌락적이며 아름다워야 자기도 행복한 상태에 있다고 느끼게 된다. 그렇다면 실제보다 조금 좋게 보려고 하는 지각의 관대화가 따르기 마련이다. 내 부하의 고과점수가 C나 D등급이라면 부하도 무능력하지만 상사인 나도 불행해지는 것이다. 그러다보니 매우 박했던 평가나 지각이 A나 B등급으로 매우 너그러워지는 것이다. 결국 잘못된 지각을 한 것이다.

토론합시다 3-1

성격이란

1. 왼쪽 그림은 연극을 할 때 얼굴에 썼던 뻬르조나를 단순화한 것이다. 이 그림은 성격과 어떤 연관이 있는지 토론하고 결론 한 가지를 유도해보자.
2. 프로이드가 말한 원초아, 자아, 초자아에 대한 가장 적합한 예를 만들어 결론을 내리자(교류분석, 매슬로우의 욕구 5단계설 인용).
3. 성격은 변하는 것인가, 변하지 않는 것인가?

토론합시다 3-2

지각의 이해

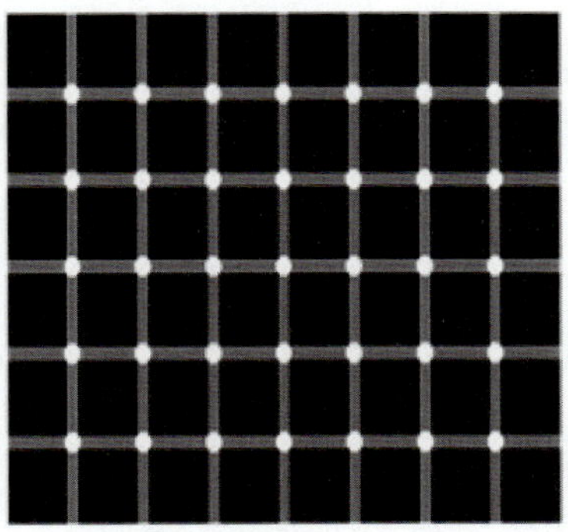

1. 위의 그림이 무엇을 설명하고 있는지 핵심을 찾아서 결론을 내리자.
2. 지각은 오류를 발생시키는데, 이를 대인지각과 연계하여 설명해보자.
3. 지각적 방어란 무엇인가?

토론합시다 3-3

기능적 고착 문제

1. 위의 그림 상황에서 건너편 줄을 어떻게 잡을 수 있는지 방법을 모색해보자.
2. 기능적 고착이란 무엇인가?
3. 기능적 고착과 창의성은 어떤 연관이 있는가?

토론합시다 3-4

이해할 수 없는 그림

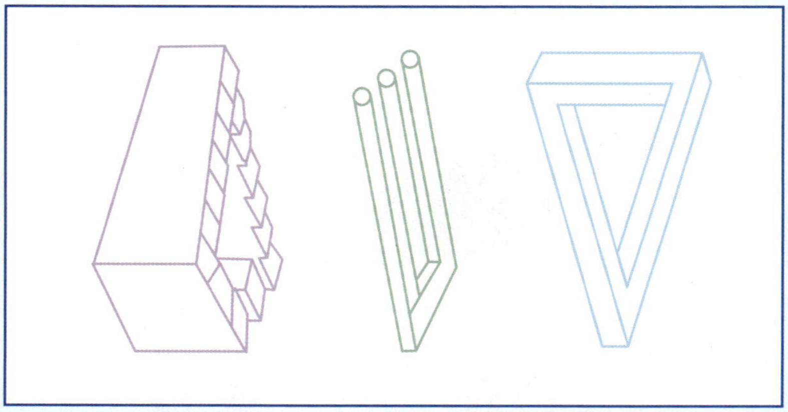

1. 위의 그림처럼 존재할 수 없는 현상이 왜 존재하는 것인가?
2. "본대로 믿는다." 혹은 "봐야 믿을 수 있다."라는 말이 있다. 지각은 항상 옳은가?
3. 착시와 지각의 차이는?

토론합시다 3-5

지각과 해석

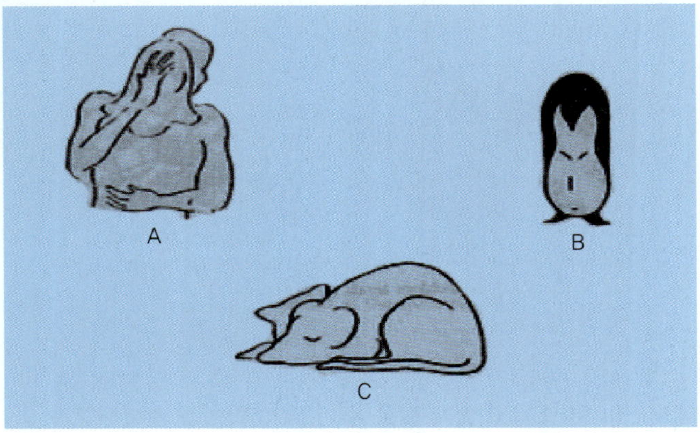

1. 그림 A는 남녀가 포옹하는 그림인가, 아니면 얼굴을 닦는 그림인가?
2. 그림 B는 펭귄 그림인가, 동양 여인 그림인가?
3. 그림 C는 잠자는 고양이 그림인가, 쥐 그림인가?

토론합시다 3-6

마녀인가, 귀부인인가

1. 위의 그림에서 무엇을 보았는가?
2. 왜 이러한 현상이 나타나는가?
3. 과거 경험이나 기대가 지각에 영향을 미치는가?

제 4 장

태도, 가치관, 자아개념의 이해

4장의 구성

학습목표

1. 태도의 구성요소 이해
2. 태도의 변화과정 이해
3. 가치관에 영향을 주는 요인
4. 가치관의 종류
5. 자아개념의 이해

핵심키워드

태도, 인지적 요인, 정서적 요인, 행동적 요인, 태도변화, 사회화, 해빙, 재동결, 가치관, 자아개념, 조해리의 창, 통찰력, 피드백

04 태도, 가치관, 자아개념의 이해

들어가면서

태도(attitude)란 행동을 하기에 앞서 마음속에 형성된 심리적인 준비상태를 말한다. 한마디로 '마음가짐'이라고 할 수 있다. 모든 인간은 타인과의 관계상황에서 일정한 마음가짐을 갖고 상대를 대하게 된다. 예를 들면 싫은 태도를 갖는다든지 좋은 느낌을 가지고 대한다든지 하는 등이다. 사람 · 사물 · 사건을 대하다보면 그것에 대한 좋은 느낌(好) 혹은 싫은 느낌(不好)이 있는데 이것이 바로 태도이다. 가치관(value)이란 어떤 구체적인 행동양식이나 존재양식이 그 반대의 행동양식이나 존재양식보다 개인적 혹은 사회적으로 더 낫다는 확신을 말한다. 그래서 이 같은 가치관의 개념은 옳은 것이 무엇이고, 좋고 바람직한 것이 무엇인가에 대한 개인의 도덕적인 생각을 나타내며 이런 점에서 태도와 구분된다. 이러한 가치관도 대인관계에 영향을 미친다. '정직함'을 최고의 가치관으로 여기고 있는 사람이 부정직한 사람을 대할 때에는 아주 싫은 태도로 대할 것이다. 또한 인간행동에 영향을 미치는 중요한 요인 가운데 하나가 바로 개인의 자아개념이다. 개인의 자아개념은 자신에 대한 견해를 말한다. 이러한 자아개념은 자신의 경험에 비추어 주변상황이나 상대방을 평가하는 판단기준이 된다.

1. 태도란

가정파괴범, 동성연애자, 벼락부자, 폭도, 독재자 등에 대해서 보통사람이라면 좋은 태도보다는 나쁜 태도를 가지며, 10대 소년소녀 가장, 금메달리스트, 신부, 논설위원, 인기가수, 교수 등에 대해서는 나쁜 태도보다는 좋은 태도를 갖는다. 그렇다고 태도는 좋다와 나쁘다 식의 구분만 있는 것은 아니다. 정치적인 사안, 사회복지에 대한 이슈, 사형제도 존폐논란 등에 대하여 어떤 사람은 강한 태도를 보이고 어떤 사람은 약한 태도를 보인다. 약한 태도의 사람은 사형제도가 있어도 좋고 없어도 좋다는 식이다. 일반적으로 날씨, 관습, 풍습 등에 대한 태도는 상대적으로 약하다. 그러므로 태도에는 강약의 구분도 있음을 알 수 있다. 태도가 이런 것이라고 해서 태도를 즉흥적인 의견으로만 생각해서는 안 된다.

그림 4-1 태도의 3가지 구성요소

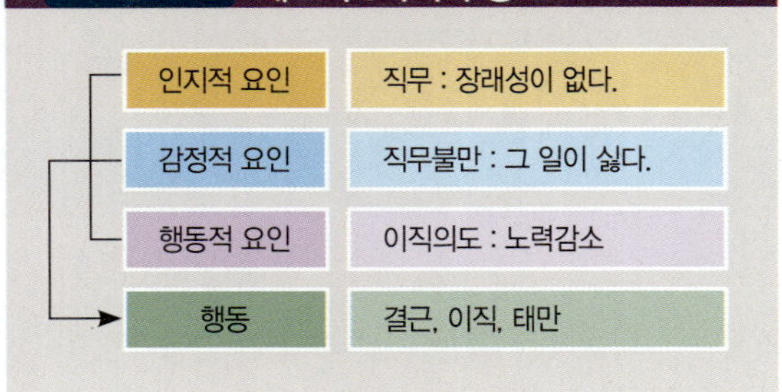

(1) 태도의 기본요인

태도형성에는 성격이 많은 영향을 미치며, 태도는 인간내면에 깊게 박혀서 행동을 이끌어가는 동력이 된다. 또한 태도를 가치관과 동일한 개념으로 보는 경우도 있는데, 태도는 가치관보다 좁은 범위로 도덕적인 판단을 포함하지 않기에 태도와 가치관은 다르다. 즉 태도는 개인이 어떤 대상에 대하여 특정방식으로 감정을 갖거나 행동하게 되는 지속적인 일련의 신념과 감정이라 할 수 있다. 이러한 정의에 의하면 태도는 세 가지 기본요인의 결합이다.

① 인지적 요인(신념)

태도는 특정사항이나 상대방에 관한 과거경험 및 여러 가지 통로를 통해 인지하고(알고) 있던 사실들과 관련이 있다. 이것은 상대의 성격, 학력, 나이, 취미, 외모, 일처리 능력 등에 대하여 이미 가지고 있는 정보를 통한 믿음을 말한다. 이것이 태도의 인지적 요인(cognitive component)이다. A가 B를 싫어하는 이유가 바로 B의 게으름 때문이라면 B가 게으름 피우는 것을 A가 이미 알고 있으며 게으른 B가 싫은 마음은 인지적 요인이다. "나는 오렌지가 시기 때문에 싫다.", "나는 네가 정직해서 좋다." 등도 모두 인지적 요인이다.

② 감정적 요인

태도의 다른 한 측면은 상대방에 대해 좋다든지 혹은 싫다든지 하는 감정적인 경향을 말한다. 그것이 인지적 태도에서 비롯되었든 어떤 이유에서든지 우리는 누구를 괜히 좋아하기도 싫어하기도 한다. 우연히 그를 만나든지 그를 떠올리기만 해도 기분이 좋아지든지 나빠지든지 한다. 이는 우리의 감정적 태도이다. 좋다－나쁘다, 좋다－싫다는 식의 감정, 이것이 바로 태도의 정서적(affective) 요인이다.

③ 행동적 요인

이는 어떤 대상에 대하여 개인이 특정방식으로 행동하려는 경향을 말한다. 정보를 통한 인지적 요인과 감정으로 인한 정서적 요인으로 인해 상대방에 대

/인/간/이/야/기/4-1/

"당신은 다 좋은데 태도가 좋지 않아!"

당신은 가수들 중 누굴 좋아하고 누굴 싫어하는가? 이처럼 어떤 사람, 대상에 대하여 긍정적 혹은 부정적 태도를 갖기 마련이다. "당신은 다 좋은데 태도가 좋지 않아!"라는 말 속에는 나에 대해 거만한 혹은 마음에 들지 않는다는 태도를 갖고 있다는 뜻이 담겨 있다. 이처럼 태도(Attitude)란 몸의 자세를 의미하는 것만이 아니라 포지티브(+) 혹은 네거티브(−)한 감정의 표현이기도 하다. 당신이 자신의 직무에 불만족스럽다면 그것이 바로 직무에 대한 태도이다.

태도가 중요한 까닭은 그것이 행동을 결정짓기 때문이다. 학생이 느끼는 학교에 대한 나쁜 태도로 인해, 지각, 조퇴, 결석, 자퇴가 이루어지는 것이다. 광고에 노출된 소비자의 태도는 적극적인 구매행동으로 연결될 수 있다. 그래서 제품을 만들면 좋은 광고를 만들기 위해 수억의 돈을 지출하는 것이다. 회사에서 자기에게 맡긴 일에 대한 포지티브한 태도가 있어야 신나는 조직생활이 가능하다. 구성원이 회사의 동료나 상사, 혹은 경영진에 대하여 부정적 태도가 있다면 무조건 긍정적 태도로 변화시켜야 한다. 이를 위해서는 설득이나 타협도 좋으며, 경우에 따라서 강압적이고 공포적인 분위기도 효과가 있다. 하지만 직원들에게 목표달성을 강요하면서 매일 호통만 치면 성과는 오를지 모르지만 직무만족이나 직무태도는 더 악화될 가능성이 있다는 점을 감안해야 한다.

해 가지고 있던 눈에 보이지 않은 것을 행동으로 가시화하려는 것이다. 아직 행동으로 옮기지 않았기 때문에 행동은 아니지만 행동을 하려는 마음가짐이기 때문에 태도라고 할 수 있다. 이것이 바로 행동적(behavioral) 요인이다. 예를 들어 종교에 대한 우호적인 태도에는 신이라는 존재에 대한 신념, 그 신념과 관련되는 경외하는 마음, 성직자에게 친절히 대하고, 비도덕적 무신론자의 행동에 대해서는 반대하는 행동경향 등이 있다. 여성운동을 반대하는 부정적 태도에는 여성은 가정을 지켜야 한다는 신념, 수동적 여성에 대한 호감, 도전적인 여성에 대한 혐오감 등이 있다. 특정제품에 대해 사겠다거나 안 사겠다는 태도 역시 태도의 행동적 요인이다.

(2) 태도의 변화

태도와 행동이 연결된다는 사실에는 의심의 여지가 없지만 그렇다고 '반드시 태도와 행동이 연결되는 것'만은 아니다. 앞에서 태도는 행동을 하기 전 단계에서의 심리적 준비상태라 했다. 태도의 인지적 요인과 정서적 요인은 행동으로 옮기는 데 중요한 영향력을 행사한다. 자동차 광고를 통해 좋은 정보를 얻은 구입자가 여러 가지를 따져보니 A자동차가 B자동차보다 좋다는 결론(인지적 요인)

을 얻었다. 그리고 A자동차를 만드는 회사의 제품에 대해서도 항시 호감(감정적 요인)이 있었다. 결국 그 구입자가 A자동차 영업소에 가서 차 구입 계약을 하려(행동적 요인) 한다면 이 세 가지 태도의 구성요소 간에 '일치'가 이루어져 곧 행동(자동차 구입)으로 옮길 가능성이 높아졌다고 할 수 있다. 다시 말해서 그 구입자는 A자동차에 대해 강한 긍정적 태도를 갖고 있는 것이다.

상대방의 태도를 변화시키는 것을 설득이라고 한다. 우리는 살면서 태도변화의 필요성을 많이 느낀다. 친구는 애인을, 판매원은 고객을, 부모는 자식을, 수사관은 용의자를, 경영진은 노조를, 대통령은 국민을, 경찰은 테러범을 설득하기 위해 노력한다.

① 사회화와 새로운 태도

태도는 일반적으로 변화를 싫어한다. 그렇다고 태도가 영구불변인 것은 아니다. 예를 들어 여당에서 야당으로 당적을 옮기는 경우도 있다. 혹은 철저한 무신론자가 교회에 나가고, 오랜 유신론자가 교회를 그만 다니기도 한다. 태도가 변하는 이유는 사회화(socialization) 과정이 일생 동안 계속되기 때문이다. 어렸을 때에는 부모가 사회화의 중심이며, 부모의 태도를 거의 수용한다. 소수집단에 대한 편견이나 지역감정조차 부모로부터 전수된다. 초등학교 학생 대다수는 부모가 지지하는 정당을 아무 의미 없이 지지한다. 그러나 나이가 들면서 다른 사회화 영향을 받게 되고 부모의 영향은 약화된다.

② 태도변화의 과정

개인의 태도가 변하는 것이라고 하여 무작정 어떤 질서 없이 이랬다저랬다로 변하는 것은 아니다. 개인의 태도는 **그림 4-2**와 같이 해빙, 변화, 재동결의 세 단계로 구성되는 순환과정을 통해 변화된다.

그림 4-2 태도변화의 순환과정

/인/간/이/야/기/4-2/

"거래가 중지됩니다. 지금은 은행합병 중!"

"은행은 절대 망하지 않는다."라는 신화는 오랜전 이야기가 되었다. 지금은 은행뿐 아니라 대학도 망하는 시대이다. 미래에는 대학도 없고 교수도 없을 것이라는 미래학자의 예견대로라면 이 책의 저자들도 살 궁리를 다시 해야 할지도 모를 일이다.

제2차세계대전 중 미국의 레빈(K. Lewin : 사진)이란 학자가 부족한 소고기 해결 프로젝트를 정부로부터 위임받아 재미있는 연구를 하였다. 미국인들이 먹지 않던 소의 내장이나 소뼈의 소비를 독려함으로써 소의 살코기 부분만 원하는 주부들의 인식을 변화시켜 소고기 부족사태를 피해보자 하던 레빈의 생각은 적중했다. 그는 우선 소 부산물(내장이나 뼈)로 만든 전국적인 요리대회를 개최하여, 요리대회가 끝난 후 시식행사까지 벌였다. 살코기만 먹던 소비자들의 부정적인 태도와 생각을 바꿔서 소의 내장이나 뼈도 맛이 괜찮고 먹을 만한 부위라고 인식하도록 만들었다. 서너 시간을 투자한 자신의 요리를 마다할 사람은 별로 없었다. 이 이야기를 듣거나 방송으로 본 미국의 주부들은 기존의 태도를 서서히 변화시켰다. 다른 주부들도 소의 내장과 뼈를 먹는 사실을 보고 들었기 때문이다. 만약 그런 정보 없이 정부의 홍보만 보고서는 태도변화가 없었을 것이지만 자기와 유사한 다른 주부들의 태도변화가 강하게 영향을 미쳤던 것이다.

이렇게 변화되기까지 우선 그는 해동(Unfreezing)이라는 단계부터 시작했다. 굳어 있던 생각을 녹신거리도록 만든 것이다. 이 단계가 지나, 변화(Changing)를 시도하고, 그 변화된 생각을 오래도록 간직하도록 다시 꽁꽁 얼려(Refreezing)놓았다.

변화는 반드시 저항을 불러오는 것도 사실이지만 변화가 전혀 불가능한 것은 아니다. 경영자는 변화를 추진하는 강한 힘과 변화에 대하여 저항하려는 강력한 힘 모두를 반드시 극복해나가야 한다.

해빙

해빙이란 한 개인이 자신의 기존 태도를 변화시켜야 할 필요가 있다는 전제하에 새로운 태도로 변하고자 하는 마음을 먹었을 때를 말한다. 마음먹었으니 받아들일 자세가 취해진 것이다. 해빙 단계에 들어가기 위한 조건은 다음과 같다.

- 자신에게 익숙한 일상 업무, 정보의 원천, 제반 사회적인 관계 등이 물리적으로 제거되는 경우
- 자신에 대한 모든 사회적 지원이 줄어들거나 현격하게 파괴되어갈 때
- 자신에 대한 이전까지의 이미지가 무가치해져 굴욕적인 피해를 당한 경험이 있을 경우
- 태도를 변화시키면 그에 따르는 보상이 주어지고, 그렇지 않으면 손해나 처벌위협이 있을 경우

변화

변화 단계에는 태도의 변화가 실제로 일어난다. 이는 다시 순응(compliance), 동일시(identification), 내면화(internalization)의 과정으로 세분된다.

■ 순응 : 이는 한 개인이 다른 개인이나 집단의 호의적인 반응을 얻기 위해서 혹은 부정적인 반응을 회피하기 위해서 그들의 영향을 받아들이는 과정이다. 즉 부정적인 반응을 피하기 위해서 다른 사람의 기대에 부응하는 방향으로 자신의 태도를 변화시키는 것이다. 따라서 상이나 벌을 주는 사람이 있을 때는 태도변화를 보이지만, 그 사람의 감시가 줄어들거나 태도를 변화시키려는 압력이 줄게 되면 예전의 태도로 돌아가기 쉽다. 그래서 순응의 단계는 변화의 단계로 보기 어렵다.

■ 동일시 : 이는 한 개인이 다른 사람이나 어떤 집단과 관계를 맺는 것이 만족스럽고, 이 관계가 자기 이미지를 좋게 한다는 믿음이 섰을 때 그들의 태도를 자기의 것으로 수용하는 과정이다. 동일화에 의해 변화된 태도는 다른 사람이나 어떤 집단과의 관계가 개인에게 이득이 될 때만 유지될 수 있다. 타인이나 집단과의 관계로부터 개인이 얻을 수 있는 보상은 지위 · 인정 · 지지 · 위험회피 등이 보장되는 것이다.

■ 내면화 : 내면화는 타인의 주장이 한 개인의 가치관에 부합되거나 합당한 것으로 받아들여질 때 일어난다. 유발된 태도나 행동의 변화가 개인에게 내면적으로 보상을 하며 또한 그의 가치관에 부합될 때 일어나는 과정이다. 따라서 내면화에 의한 태도변화가 순응이나 동일화에 의한 태도변화보다 훨씬 더 태도변화 단계에 진입한 것이라 할 수 있다.

재동결

변화하여야겠다는 마음을 가지고(해빙), 서서히 변화를 시도(순응－동일시－내면화)하다보면 새로 획득된 태도를 어느 정도 고착화해야 한다. 이것이 바로 재동결이다. 새로운 태도를 받아들였다면 새로운 대체적 태도가 나타날 때까지는 이를 유지해야 한다. 따라서 재동결 단계는 어렵게 변화된 태도가 소멸되지 않도록 효과적으로 강화시켜야 하는 단계인 것이다.

2. 상대방 설득

한번 본 TV광고에 의해서도 어떤 제품에 대한 태도가 바뀔 정도로 우리의 태도는 항상 불안정한 상태에 있고, 이것이 장점도 단점도 될 수 있다.

(1) 설득의 필요성과 가능성

① 필요성

기업이 소비자를 설득하여 자기 회사 제품을 사게 한다든가 상급자가 부하의 저항적 태도를 바꾸려 한다든가 경영진이 노동조합의 고집을 꺾으려 하는 등 우리의 일상생활에서 태도변화의 노력을 수없이 찾아볼 수 있다. 이에 대해서 인간존중의 순수자율 이념을 망각하고 타인의 태도를 인위적으로 조작하고 세뇌시키는 것이라는 비판적 견해도 있지만 사회를 비관적으로 보는 사람, 일을 싫어하는 사람, 남을 공격하려는 사람, 불로소득만 노리는 사람, 부정을 저지르려는 사람의 태도를 변화시키려는 노력을 비판할 사람은 없을 것이다.

② 가능성

태도변화는 가능한 것인가? 갖가지 경험을 통해서 얻어진 각종 태도는 개인의 내부세계에 장기적으로, 안정적으로 자리 잡게 된다. 그렇다고 사람이란 이 세상과 동떨어져서 자기의 고정된 태도 안에 웅크리고 살 수 없다. 끊임없이 환경에 부딪치고 환경의 강요 또는 간섭을 받게 된다. 외부세계에 적응해나가기 위해 태도는 변화를 수반하는데 그 사람 자신이 바로 변화의 중개자가 되는 셈이다.

태도변화와 관련된 연구는 다양하고 때로는 상호 상반되는 결론도 많은데, 이는 태도가 외부로 나타날 때는 워낙 많은 외생변수들이 작용하기 때문이다. 그중에서 시스템이론이 태도변화 현상을 이해하는 데 도움을 준다. 이 이론에 의하면, 태도의 세 요소는 각각 서로 독립된 존재가 아니라 세 요소 중 하나가 변한다는 것은 나머지 두 요소의 영향 없이는 불가능하며 한 요소의 변화는 나머지 두 요소에게 역시 영향을 미친다.

마찬가지로 한 상황에 대한 태도가 변하면 이것이 다른 상황에도 영향을 미친다. 마치 당구대 위에 있는 당구공 하나가 움직이면 그것이 다른 것을 스치며 연쇄적 반응(변화)이 일어나는 것과 같다. 만약 A과장이 과장 역할에 대한 태도를 바꾸면 이것은 동시에 그의 권위에 대한, 커뮤니케이션에 대한, 고객에 대한, 가정에 대한 그가 가진 모든 태도가 다소 바뀌게 된다. 그러면 태도가 어떻게 바뀔 수 있는가를 살펴보자.

(2) 행동주의적 접근

행동주의자들의 주장은 태도변화도 자극–반응의 원리인 학습에 의해서 가능하다는 것인데, 새로운 학습이 없는 한 개인의 태도는 불변인 채 지속될 것이지만, 일단 자극을 주면 새로운 태도(반응)를 갖게 할 수 있다고 한다. 따라서 새로운 태도를 갖게 하려면 새것이 더 낫다는, 혹은 더 이롭다는 것을 보여줘야 하며 실제로 겪어보고 자신이 받는 욕구충족이나 효과의 크기에 따라서 태도가 변한다고 한다. 일단 행동을 하면 결과가 나오고 그 결과가 자신에게 이로우면 태도도 그쪽으로 바뀐다는 것이다.

이러한 일종의 강화이론을 적용하여 실제로 태도를 변화시키는 방법이 카네기(D. Carnegie)에 의해 설명되었다. 어떤 사람의 행동을 변화시키기 위해서는 우선 그 사람으로 하여금 변화되었을 때의 새로운 행동에 대한 긍정적 태도를 갖게 만들어야 한다. 이것은 변화하려는 사람의 주도적인 노력이 필요하다는 말이다. 또 이 방법은 자신의 행동을 변화시키고 싶을 때도 똑같이 적용될 수 있다. 예를 들어 우리가 소외로 괴로워할 때는 우선 웃어야 한다. 그러면 남들이 다가와 친구가 된다. 혹은 매일 아침 만나는 사람마다 웃는 얼굴로 인사(행동)를 하면 그 사람도 나에게 친하게 대할 것이요, 그러면 나도 다음부터 그에게 친절하게 행동하게 된다. 자연스럽게 인간관계가 좋아지고, 삶에 대한 나 자신의 태도가 긍정적으로 바뀌게 된다. 그래서 카네기는 상대방을 만날 때면 언제나 상대방 목에 걸려 있는 목걸이의 펜던트를 쳐다보라고 했다. 그 펜던트에는

/인/간/이/야/기/4–3/

규장각의 문

어느 항공사에서는 기내 승무원들에게 미소훈련을 시키는데, 그 일환으로 볼펜을 옆으로 물고 오랫동안 지내도록 한다. 웃는 모습으로 손님을 대하면 손님도 그를 친절히 대할 것이다. 뿐만 아니라 웃는 모습으로 남을 보면 남들의 단점도 약하게 보이고 남에게 잘해주고 싶은 마음이 생긴다. 조선시대에 백성을 다스리는 벼슬을 하는 사람들에게 학문과 어진 행동을 익히고 훈련시켰던 장소가 창덕궁 규장각에 있다. 이들이 높은 학문을 쌓고 사또나 현감으로 지방으로 가서 백성들 앞에서 거만하게 행동하면 좋은 정치를 못한다. 그래서 훈련을 시키는 것이다. 규장각에 들어서는 문은 세 개로 되어 있는데 중앙의 큰 문은 왕 이외에는 출입을 못하고 다른 훈련생들은 좌우의 작은 문(사진)을 이용해야 했다. 그런데 좌우의 문은 보통 사람의 키보다 낮아서 들어가려면 고개를 숙여야 한다. 이러한 행동을 규장각에서 공부하는 내내 한다면 고개 숙이는 버릇이 몸에 배게 되고 백성들 앞에 가서도 고개를 숙이는 마음이 형성될 것이라는 생각에서 나왔다고 한다. 태도변화의 행동주의 이론을 간파했던 조상들의 지혜가 엿보인다.

'나는 존경받고 싶다.'라고 써 있다는 것이다.

(3) 장(場)이론

제2차세계대전이 시작된 직후 미국이 식용 고기 부족으로 곤란을 겪고 있을 때 사회심리학 연구기관의 관계자였던 레윈(K. Lewin)이란 학자가 이 문제의 해결을 맡았다. 주부들로 하여금 소의 간, 허파 같은 내장 등에 대하여 꺼리는 태도를 바꾸어 즐겁게 사서 먹게 만드는 것이었다. 그러나 아무리 설득을 해도 주부들은 그들이 속해 있는 준거집단의 규범("소의 내장 등은 쇠고기보다 나쁘고 가난한 사람들이나 먹는다.")에 물들어 있었기 때문에 좀처럼 태도를 바꾸지 않았다. 이때 레윈은 주부들끼리의 토론기회를 만들어놓고 설득하는 리더를 부인들과 같은 동료집단으로 참석시켰다. 일방적으로 강의를 듣는 것이 아니라 자신들이 토론에 참여했고 준거집단인 동료부인들이 새 의견을 제시하니까 쉽게 동조하였던 것이다.

장(場)이란 개체와 그 주변을 모두 포함하여 일컫는 말이다. 앞의 예에서 주부 한 사람의 개체를 대상으로 태도변화를 시도하는 것이 아니라, 그 주부가 속해 있는 장(준거집단) 속에 섞어놓으면 그 집단이 개인에게 마치 자기장처럼 힘

/인/간/이/야/기/4-4/

"균형으로 돌아가라!"

밀폐된 차 속에서 운전자가 크게 입을 벌려 하품을 하고 나면, 얼마 지나지 않아 앞자리, 뒷자리에 앉아 있던 사람들도 돌아가며 하품을 한다. 그래서 하품은 전염된다고들 말한다. 한 사람이 차 안의 산소를 크게 마시고 나면 다른 사람들이 마실 공기가 희박해져서 너도나도 산소를 마시려는 상태가 되고 마는 것인데, 이는 불균형상태가 균형상태(Equilibrium State)로 돌아가려는 자연적 현상이다. 비록 하품이 아니더라도 여러 사람이 모여 있으면 한 사람의 행동은 다른 사람에게 어느덧 전염된다. 한 사람이 기분이 좋으면 점차 모든 사람의 기분이 좋아지면서 서로의 기분을 상승시키고 그 반대도 마찬가지이다. 사람과 사람 사이에는 보이지 않는 영향력이라는 힘이 작용한다. 음악회에서 한 사람의 박수는 내가 박수치고 싶은 마음을 자극하고 나의 박수는 남의 박수에 힘을 더하여 점차 우레와 같은 박수소리로 변한다. 그래서 19세기 오페라극장에는 돈을 받고 박수를 치는 아르바이트가 유행하기도 했다.

을 가하여 태도를 쉽게 바꿀 수 있게 되는 것이다. 여성이 남성보다 더 장 의존적이라는데, 여성이 남성보다 유행에 더 민감한 것도 그런 까닭이다. 장이론(Field Theory)은 집단의 힘으로 개인과 조직을 변화시키는 집단역학(Group Dynamics)의 발전을 촉진시켰다.

(4) 인지부조화이론

① 인지부조화란

외제 자동차가 더 좋다고 매일 떠들다가도 형편상 국산차를 구입한 후에는 국산차도 그리 나쁘지는 않은 것 같다고 태도를 바꾸기도 한다. 그럼에도 불구하고 사람들은 태도와 태도 간에, 태도와 행동 간에 일관성을 찾고 싶어 한다. 이는 자신을 정당화하고 싶기 때문이다. 만약 불일치가 있을 경우 일치상태로 끄는 힘이 생긴다. 이 힘에 의해서 태도나 행동을 바꾸면 그 괴리가 좁아진다. 예를 들어보자. 회사원 최양순 씨는 자기 월급이 좀 적다고 생각하고 있으며 별 볼일 없는 직장이라고 느끼지만 마땅히 이직할 곳도 없어서 그냥 눌러앉아 있다. 사장이 월급을 올려주면 과연 직장에 대한 그녀의 태도가 바뀔까? 대답은 간단하지 않다. 우리는 머릿속에 수많은 인지를 갖고 있는데 그중 서로 관련 있는 인지 사이에 불일치가 있으면 소위 인지부조화(認知不調和 : cognitive dissonance) 상태로 되어 마음이 불안하게 된다. 그러다가 최양순 씨가 인사팀에 배치되어 각 대학을 돌면서 자기 회사를 선전하고 우수학생을 유치하러 다니다가 어느 날 자기 회사도 꽤 괜찮다는 태도를 가진 자신을 발견하게 된다. 왜 그렇게 되었을까?

- 회사의 장점만 소개하다보니 단점은 잊고 장점만 기억하게 되었다. 그러나 이것은 쉽지 않다.
- 할 수 없이 회사의 장점만을 말하다보면 자기행동을 정당화하고 합리화하게 된다("내가 거짓을 말하는 것이 아니라 사실은 우리 회사가 그리 나쁘지는 않기 때문에 내가 이렇게 홍보하는 것이다.").

② 인지부조화의 해결 : 태도변화와 설득

일단 발생한 인지부조화는 사람에게 긴장을 불러일으킨다. 따라서 이 부조화를 조화상태로 만들려고 은연중에 노력하게 되는데, 이때 한쪽의 인지를 바꾸어 다른 쪽과 일치시키려고 하기 때문에 자연스럽게 인지(태도)가 바뀐다는 것이 인지부조화이론이다. 예를 들어 어떤 이가 담배를 많이 피우는 행동을 하고 있고 담배가 몸에 해롭다는 태도를 가지고 있으면 그의 행동과 태도는 모두 머릿속에 인지되어 있고 그 둘은 부조화 상태이다. 인지의 부조화는 긴장을 가져오고 이 긴장에서 벗어나기 위해 그는 행동과 태도의 일관성을 찾으려고 노력한다. 즉 행동을 변화시키든지 태도를 변화시키든지, 적어도 그 괴리를 좁혀야 마음의 평정이 온다. 그가 담배를 끊는 행동의 변화가 있으면 일관성이 성립되지만, 그것이 불가능하다면 태도만이라도 바꿔야 한다. 따라서 다음과 같은 생각들을 하면서 담배에 대한 태도를 바꿀 것이다.

- 좋은 필터를 끼워 피우면 된다고 자위한다.
- 줄담배 피우시던 할아버지께서도 90세 넘게 사셨다는 생각을 해본다.
- 짧게 살아도 하고 싶은 대로 하며 사는 게 좋다고 생각한다.
- 담배가 폐에 해롭다는 사실을 근거 없다면서 부인한다.

③ 인지부조화, 발생시점과 해결시점

인지부조화는 직접적 원인이 많지만 어떤 의사결정을 했을 때, 강요 때문에 하는 수 없이 복종하거나 받아들였을 때, 남과 의견이 대립되었을 때, 노력을 조금하고 보상을 많이 받았을 때 특히 크게 일어난다. 그리고 의사결정의 경우에는 결정시점 전보다 후가 더 태도변화가 클 것이다. 예를 들면 새 차를 사기 전에는 그 차에 대한 좋고 나쁜 태도를 계속 유지하면서 둘을 계속 비교해본다. 그러나 막상 그 차를 사고 나면 이미 다른 차를 살 기회를 모두 상실했기 때문에 부조화의 양은 더 커지고 따라서 이를 조화시키려는 움직임이 더 적극적이 되어 그 차에 대한 나쁜 태도를 좋은 쪽으로 변화시킨다. 그래야 조화가 되어 마음이 편해지기 때문이다. 즉 태도변화는 구매 전보다 구매 후가 쉽다는 것이다.

비록 페스틴저(L. Festinger)는 태도가 행동에서 비롯된다고 주장했지만 최근의 연구에 의하면 항상 그렇지는 않다. 단지 기존의 태도가 얼마나 중요한지, 타인들의 압력이 어느 정도인지, 행동과의 괴리가 얼마나 큰지 등의 조절변수(moderators)에 따라서 태도를 변화시키거나 그렇지 않으면 행동을 변화시킨다.

(5) 설득을 더 잘하기 위한 여건

태도를 변화시키려면 누군가가 대상목표에 대하여 기존의 것과 다른 메시지로 설득을 해야 할 텐데 이 과정에서 모든 요소들이 태도변화의 정도에 영향을 미친다.

① 새로운 태도의 원천(설득자)

기존의 태도를 바꿀 새로운 태도(메시지)의 원천은 사람, 특정기관, 책 등일 수 있는데 무엇이 됐든 간에 다음 특성을 지닐 때 더 설득력이 있을 것이다.

- 전문성 : 담배는 생명을 단축시킨다고 선생보다는 의사가 말하거나 주간지보다는 의학잡지에 발표될 때
- 신뢰성 : 메시지를 전하는 사람이 믿음직할 때
- 호감성 : 메시지를 전하는 사람이 평소에 존경하고 좋아하는 사람일 때

② 메시지의 내용과 전달방법

메시지의 내용도 중요하고 전달방법은 더 중요하다. 그래서 맥루한(M. McLuhan)은 매체(수단 : media)가 곧 메시지라고 했다. 가정주부들을 타깃으로 하는 상품광고가 전문용어로만 되어 있다면 효과가 적을 것이다. 아리스토텔레스는 연설할 때 주제를 처음부터 꺼내놓고 말했다고 한다. 연구결과에 따르면 어렵고 생소한 주제는 연설 처음에, 낯익은 주제는 연설 끝에 넣어 설득하는 것이 효과적이라고 한다.

③ 공포 분위기

공포와 위협상황에서 사람들은 단순해지기 때문에 설득이 잘되며 아울러 지능이 낮거나 어린이일수록 공포적 분위기가 태도변화에 도움이 된다. 예를 들어 담배를 많이 피워 폐암에 걸린 환자의 수술장면이 적나라하게 담긴 동영상을 끽연자들에게 보여줄 때, 메스로 째고 파헤쳐진 허파를 보여줄 때 금연 설득이 더 잘된다.

④ 집단에의 소속감 정도

집단의 규범에 어긋나는 방향으로 태도를 변화시키려면 노력이 필요할 것이며, 반면에 그 집단에 대한 소속감이나 연결 정도가 약할수록 변화는 쉬울 것이다.

⑤ 태도변화에 대한 저항세력

물질세계나 인간세계나 모든 시스템은 균형과 안정을 유지하려는 본성이 있는데, 변화란 균형을 깨는 것이기 때문에 일종의 위협으로 비춰질 수 있으며 자연적으로 변화에 대응되는 기존의 태도로 회귀하려는 경향이 있다. 이러한 경향이 태도변화에 장애요소가 되기도 한다.

3. 가치관이란

가치관이란 특정행동양식이 다른 행동양식보다 더 낫다고 생각하는 개인적이고 근본적인 확신을 말한다. 가치관은 옳다, 그르다, 바람직하다 등과 같이 판단적이고 평가적이다.

한 개인이 어떠한 가치관에 입각하여 개인생활과 조직생활을 영위하느냐는 자신과 조직의 운명에 중대한 영향을 미치는데, 바로 여기에 가치관의 중요성이 있다. 인간의 바람직한 가치관이란 무엇 때문에, 무엇을 위해서 사느냐는 물음에 대한 답을 필요로 한다. 결국 어떠한 가치관을 가지느냐에 따라 특정행동이 나올 수 있는 것이다. 그러므로 가치관은 개인의 태도나 지각, 성격을 이해하기 위한 토대라고 할 수 있다.

/인/간/이/야/기/4-5/

여러분은 다음 사안에 대하여 어떤 판단을 내리고 있습니까

- 결혼 전에는 반드시 순결해야 한다? (Y) or (N)
- 효도는 큰아들이 많은 책임을 져야 한다? (Y) or (N)
- 남의 물건에는 절대로 손을 대면 안 된다? (Y) or (N)
- 커닝은 대학생활의 낭만 중 하나다? (Y) or (N)
- 극악한 범죄자는 사형에 처해야 한다? (Y) or (N)
- 10번 찍어 안 넘어 오는 여자는 없다? (Y) or (N)

/인/간/이/야/기/4-6/

여러 가지 사고패턴

사고(Thinking) 없이는 인간의 일상생활이 유지될 수 없으며, 경영도 할 수 없다. 경영은 일종의 사고이며, 경영자는 그 사고를 통해 경영세계의 요소들에 대하여 인지하고 파악하고 평가하고 판단하며, 의사결정을 내리면서 문제들을 해결하는 것이다. 생각하는 것, 즉 사고에도 여러 가지 유형이 있는데, 개념, 논리(추리), 판단과 결정, 문제해결, 창의성 등이다. 경영에서는 이런 모든 사고가 반드시 필요하다.

IBM의 모토는 'Think'이다. 회사 곳곳에 '생각하기'라는 표어를 붙여놓고 종업원에게 새로운 생각, 새로운 관점으로 자유롭게 유영하기를 요구하고 있다. 그렇다고 무턱대고 공상이나 하고 허무맹랑한 상상에 빠져들라는 것은 아니다. 자유롭게 생각하기 위해서 읽고(Read), 듣고(Hear), 토론하고(Discuss), 사물을 관찰하라(Observe)는 것이다. 이를 공식처럼 사용한다. '(R+H+D+O+T)×T=Creative Think', 즉 읽고 생각하고, 생각하고 읽어라. 이야기를 듣고 생각하고, 생각하고 다시 들어라. 토의하고 생각하고, 생각하고 토의하라. 사물을 관찰한 후 생각하고, 생각하고 다시 관찰하라. 생각하고, 생각하고 또 생각하라. 그러면 창조력이 생긴다. 막연하고 모호한 생각을 버리고 다각적이고 시스템적인 깊고 넓은 생각을 하라는 것이다.

또한 경영에는 흔히 모든 책임을 경영자에게 돌리려는 습성이 있다. 조직구성원 모두의 일을 조직의 수장이요, 대변인이며, 리더인 최고경영자에게만 돌리려고 한다. 그러나 우리 회사의 사장님이 잘못 생각했기 때문에라는 책임회피는 곤란하다. 사고하는 것은 경영현장의 모든 사람의 몫이기 때문이다.

(1) 가치관의 종류

가치관의 주요 부분은 선천적이고 나머지는 가정과 친구 등의 환경요인과 사회문화의 영향도 받는다. 그렇다면 가치관을 몇 가지 유형으로 분류할 수 있을까? 사람들은 각각 다른 가치관을 가지고 있기 때문에 유사한 형태로 모아 가치관 유형을 얻을 수 있다. 어떤 사람들은 목적적 가치관과 수단적 가치관으로 분류하기도 한다. 여기서는 다음과 같은 다섯 가지 가치관 유형으로 구분한다.

① 감각적 가치관

프롬(E. Fromm)은 인간의 욕구를 생존적 욕구(survival needs)와 초생존적 욕구(trans-survival needs)로 구별했다. 생존적 욕구는 인간과 동물이 공통으로 가지고 있는 욕구로서 그것이 충족되지 않으면 인간은 생물로서의 목숨을 유지할 수 없다. 이 같은 생존적 욕구에 속하는 것으로는 식욕, 수면욕, 신체적 운동의 욕구, 성욕 등을 들 수 있다. 이러한 욕구들 중에서 식욕은 가장 복잡한 형태로 발달한다. 식욕의 가장 단순한 형태는 배고픔과 목마름이다.

문명이 발달함에 따라 인간의 단순한 생리적 욕구는 다양성과 복잡성을 가지며 질적으로도 다원화된다. 그렇게 해서 인간은 복잡하게 얽힌 다양하고 다원적이고 물질적인 욕망의 세계를 갖게 된다. 물질적 욕구를 채워주는 물질을 획득하는 수단인 돈도 역시 인간의 강력한 욕구대상이 된다. 이렇게 해서 생물적 목숨의 보존과 유지를 위한 배고픔과 목마름을 충족하려는 생리적 욕구는 의식주와 관련된 다양한 다원적인 물질적 욕구로 발전된다.

따라서 생존적 욕구들과 식욕, 그리고 물질과 금전에 관한 욕구들은 모두 감각적 차원의 욕구이다. 감각적 만족을 주는 감각적 가치의 차원에 속하는 것이다. 그러므로 감각적 가치관은 인간내면에서 볼 때 가장 낮은 차원의 가치체계라 할 수 있다. 하지만 낮은 차원의 가치라고 해서 무의미한 것은 아니다. 정신적 가치와 종교적 가치가 제아무리 높은 차원이라고 해도 생명이 유지될 때에야 비로소 존재 가능한 것이지 일단 생명을 상실하고 나면 존재할 수 없다. 그러므로 감각적 욕구가 충족되지 않고는 생명이 유지될 수 없기 때문에 감각적 가치관은 낮은 차원에 속하지만 다른 모든 높은 가치관의 기초인 것이다.

② 생명적 가치관

생명적 가치관은 감각적 가치관과 밀접한 관계를 가지고 있기 때문에 두 가지 가치관을 구별하는 것은 쉽지 않다. 그러나 감각적 가치관과 생명적 가치관은 다르다. 먼저 그 위계상 생명적 가치관이 감각적 가치관보다 한 차원 위에 놓여 있다. 맛이 좋은 어떤 독버섯이 있다고 하자. 독버섯을 요리하여 먹으면 감각적 쾌감은 얻을 수 있을 것이나 그러한 쾌락을 즐긴 대가로 생명을 잃는다. 따라서 인간은 독버섯이 주는 쾌감을 포기하고 목숨을 보존하는 것을 택한다. 이렇게 쾌감을 버리고 생명의 보존을 택하는 것은 생명적 가치관이 감각적 가치관보다 우월하기 때문이다. 즉 생명적 가치관이 감각적 가치관보다 높다는 것을 의심할 수 없다.

물론 인간이 살면서 감각적 쾌락을 적절하게 누리지 못한다면 그러한 삶은 단순히 목숨을 유지하고 지속하는 데 불과한 비참한 삶이 될 것이다. 그러나 감각적 쾌락을 과도하게 추구하여 향락이 된다면 공허감과 무의미감을 초래하고 건강을 해치고 마침내 생명도 위협받을지 모른다. 그래서 동양에서는 절제를 기본적 덕목 속에 포함시켰던 것인지도 모른다.

③ 심리적 가치관

감정 혹은 만족감의 위계질서에서 심리적 가치관은 그것보다 낮은 감각적 가치관 및 생명적 가치관으로부터 구별되고 또한 그것보다 높은 정신적 가치관과 구별되는 분명한 특성을 가지고 있다. 심리적 가치관, 곧 심리적인 기쁨과 슬픔은 감각적 가치관과 구별된다. 감각적 가치관은 신체의 어떤 부위에 의해서 느끼는 것이지만 심리적인 기쁨과 슬픔 혹은 불행과 행복감은 하나의 자아로서 느끼는 감정이다. 심리적 가치관은 생명적 쾌락과도 구별된다. 생명적 가치관은 신체적 감정과 생명적 감정이라고도 하는데, 신체적 감정은 신체의 상태로서 느끼는 감정이며, 생명적 감정은 기능으로서의 감정, 곧 신체의 생명적 기능과 관련하여 느끼는 감정이다. 이러한 감정들은 분명 심리적 기쁨과 슬픔 혹은 불행과 행복감이 속하는 심리적 가치관과 구별된다. 그러므로 심리적 가치관은 어떤 특정한 심리적 욕구의 충족에 의해서 생기는 것이 아니라, 심리적 단계보다 낮고 혹은 보다 높은 욕구의 충족에 수반되는 마음의 상태로서의 가치관을 말한다.

"성스러운 가치관과 비도덕적 가치관"

④ 정신적 가치관

정신적 가치관은 초생존적 욕구인 이성적 욕구, 사랑의 욕구, 심미적 욕구, 자유의 욕구, 창조적 욕구, 종교적 욕구 중에서 이성적 욕구와 종교적 욕구를 제외한 다른 욕구의 충족과 관련된다. 사람은 진리를 추구하며 진리를 발견할 때 기쁨과 즐거움을 체험한다. 이런 기쁨과 즐거움은 감각적 쾌락, 생명적 쾌락, 심리적인 기쁨이나 즐거움과 구별되는 순수한 정신적인 기쁨과 즐거움이다. 그런데 진리에는 높고 낮은 구별이 없다. 삶과 우주의 궁극적 진리는 정신적 단계에 속하는 진리 중에서 비교적 높은 진리라고 할 수 있다. 이보다 높은 가치는 인격적 가치관이다.

⑤ 인격적 가치관

앞에서 기술한 여러가지 가치에서 최고의 단계를 차지하는 가치가 인격적 가치관이다. 이는 이념적 가치관이라고도 할 수 있다. 성스러운 최고의 가치는 본질적으로 인격적 가치관이라고 주장하는 사람도 있다. 인간이 생물로서 생명을 보존하고 유지하기 위해서는 감각적 가치관이 충족되어야 하며, 이는 생명적 욕구의 충족 여하에 따라서 선택된다. 생명적 기능의 작용에도 건강하고 즐거움이 바람직하다. 뿐만 아니라 인간은 정신적 존재이기에 정신적 가치관도 필요하다. 그러나 이러한 모든 가치관은 궁극적인 가치가 없다면 무의미해질 수 있다. 인간은 존재이유와 존재목적을 깨달아야 비로소 인격이 결정되는 것이기 때문이다.

(2) 가치관의 형성

가치체계는 어떻게 형성되는가? 가치관의 주요 부분은 선천적이고 나머지는 가정과 친구 등의 환경적 요인에 의해 영향을 받는다. 가치관 형성의 40% 정도는 타고난다는 통계도 있다. 그러나 역시 환경적 영향이 가장 크다고 볼 수 있다.

가치관은 영원한 것은 아니지만 매우 오랫동안 지속되며 천천히 변한다. 물론 어려서 부모님으로부터 물려받았던 가치관은 커가면서 변하는 것도 많지만 대부분이 변치 않고 지속되는 이유는 무엇일까? 가치관 형성요인 중 선천적인 것이 많기도 하지만 후천적인 것일지라도 지속되는 이유는 그것을 부모님이나 선생님으로부터 어렸을 때 너무 확실하게 물려받았기 때문이다. 예를 들면 "정직해야 한다. 거짓말하면 안 된다."라고 배웠지 "약간의 정직이 필요하다."라고 배운 사람은 별로 없다.

그림 4-3 가치관 형성에 영향을 주는 요인

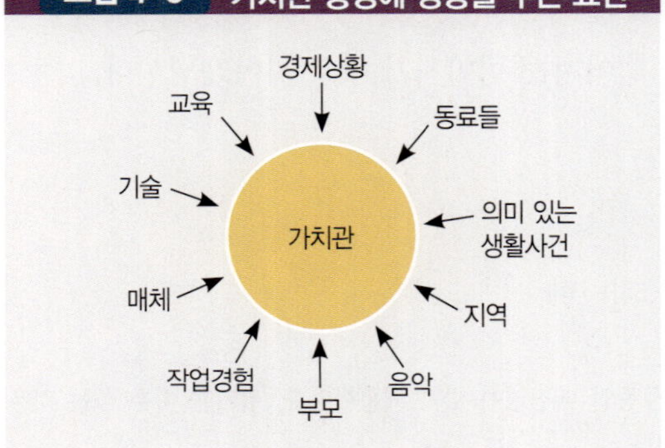

/인/간/이/야/기/4-7/

최선을 다하라

스무 살 적, 막 주변인을 벗어난 터라 확고하게 자리 잡지 못하고 공중에 떠 있는 그네처럼 살았다. 그래도 그 시절은 군입대로 그리 오래 지속되지 않았다. 제대 이후 무엇이 되어야 한다는 중압감이 더 커졌고, 그만큼 삶에 대한 호기심과 열정도 넘쳤다. 젊은이는 본래 앞으로의 살아갈 날을 고민하고, 늙은이는 지나온 날에 대한 아쉬움에 고민하는 법이다. 하지만 지금 난 학교에 다닐 수 있는 것만으로도 행복하고, 교수라는 직업을 가졌으니 또한 행복하다. 한창 자랄 때는 잠을 자면서도 성장하지만, 나이가 들면 잠자고 있을 때도 노화한다. 그래서 20대의 방황, 그 방황은 아름답다. 하지만 그것은 자기경영의 방황이어야 한다.

열 살 때는 신동, 열다섯 살 때는 재동이지만, 스무 살이 넘으면 보통사람이라는 말이 있다. 젊다고 무엇이든 다할 수 있는 것은 아니다. 뭔가를 하는 데 충분한 재능을 갖고 있지 못하다는 표현이 맞다. 경영을 잘하기 위해서는 구성원들 간의 재능의 차이가 중요한 것이 아니라 사람마다 어떤 재능이 있는가를 파악하여 더 잘 관리할 수 있는 방법을 찾아내는 것이 중요하다. 경영을 하려는 사람은 자기경영을 통해 충분한 재능을 갖추어야 한다. 직무를 잘해낼 수 있는 가능성을 능력이라고 할 때 능력은 지적 능력과 육체적 능력으로 나눌 수 있다. 그러한 능력을 골고루 갖추면서 과거나 미래에 너무 집착하지 말고, 먼저 눈앞의 일에 완벽을 기해야 한다. 한번 시작한 일은 중도에 포기하지 말고 힘닿는 데까지 지속해서 밀어붙여야 한다.[1] 자기 인생이 자기가 계획한 대로 풀릴수록 자기만족도 커진다. 경영현장에 있는 사람이라면 자기 재능을 키우는 데 아낌없이 투자해야 한다. 재능은 타고나기도 하지만 개발될 수 있는 것이요, 이는 내일을 위해 오늘을 투자함으로써 가능하다.

4. 자아개념이란

개인의 자아개념은 자신이 어떠한 인간이며 인생의 모든 상황에 대해 어떻게 행동하고 반응하는지를 나타내준다. 그것은 개인행동을 예측할 수 있도록 하는 지표가 된다. 자아개념은 지속적으로 유지된다. 그것은 인간존재의 핵심이자 중심이며 일상적 경험의 총체적 결과인 것이다. 결국 나 자신은 인간관계의 출발점인 동시에 종착점이다. 바람직한 인간관계는 나로부터 시작되는 것이며, 곧 나를 위한 것이다. 따라서 나 자신에 대한 정확한 이해가 필요하다. 나를 바로 보아야 한다. 우리 모두가 다른 사람에 대한 이미지를 가지고 있듯이 내 자신에 대하여 내가 스스로 살펴봄으로써 얻어지는 이미지가 바로 자아개념이다.

(1) 자아개념의 특성

자아개념은 다음과 같은 속성을 지닌다.

1) 어떤 할아버지가 TV에 나왔는데, 이유는 일기를 60년 동안 빠짐없이 썼기 때문이었다. 일기를 하루 쓰는 것은 쉽지만, 60년 동안 지속한다는 것은 정말 어려운 일이다.

① 획득성

인간은 자아개념을 선천적으로 지니고 태어나지 않는다. 살아가면서 나(I 혹은 Me)에 대한 지각을 점차적으로 형성하는 것이다. 그래서 자아개념은 성장하는 과정이다. 어린이는 나(me)와 내가 아닌 것(not me)에 대해 배운다. 손가락과 발가락이 나의 일부임을 느끼는 부분적인 지각으로부터 시작하여 나에 대한 인식은 점차 확대된다. 사춘기 동안 자아개념은 항상 변동상태에 있는데, 그 이유는 이 기간 동안 청소년들의 생활에 많은 변화가 있기 때문이다. 미래에 대한 불확실성으로 인하여 명백한 목표설정이 어려운 것도 하나의 이유이다. 사춘기 문제와 갈등 해결에서 성인의 자아개념이 획득되는 것이다. 청소년 말기에 자아개념의 일부인 가치관과 태도는 행동의 결정요인으로서 비교적 장기간 지속되는 경향이 있다.

② 의미 있는 타인의 영향

개인의 삶에서 자아개념은 타인들에 의해 형성되고 강한 영향을 받는다. 여기서 타인이란 모든 타인들이 아닌 '의미 있는 타인'이다. '의미 있는 타인'이란 살아가는 동안 개인에게 매우 중요하고 영향력 있는 사람들을 지칭한다. 개인은 타인들과의 관계에서 자기자신이 사랑받는지, 받아들여지고 있는지 아닌지, 성공적인지 아닌지, 존경받고 있는지 아닌지를 알게 된다. 교사나 부모, 사회사업가, 상담가, 성직자 혹은 지식인 등 그 누구든지 간에 자신에게 중요하지 않은 사람에게서는 별로 영향을 받지 않는다. 개인에게 의미 있는 사람만이 개인의 자아에 큰 영향을 미치는 것이다. 아무리 사회적으로 유명한 사람이라고 해도 내가 그에게 의미를 두지 않는다면 그는 나의 자아개념 형성에 아무런 영향을 미치지 못한다.

③ 확대성

자동차나 자전거, 오디오 세트 등의 물건을 소유하고 있는 경우를 생각해보자. 어떤 사람은 그러한 소유물을 마치 그 자신의 일부분처럼 여긴다. 이러한 경우는 그 사람의 자아가 그의 소유물로 확대되어 그 소유물이 마치 자신의 일부인 양 느끼는 것이다. 범죄조직이나 특정조직의 회원자격이 어떤 개인에게는 자아정체감을 형성시킨다. 그 사람의 자아정체감이 이러한 회원자격을 통하여 더욱 확대되는 것이다. 외부의 어떤 대상이나 집단을 자아의 일부로 받아들여 그런 대상이나 집단과 일체감을 느끼는 상황을 동일시라고 한다. 가족이나 집단 내에서 한 구성원이 고통을 경험할 때 집단 내의 다른 구성원들이 마치 자신의 고통처럼 느끼는 것이 바로 동일시의 결과이며 자아개념의 확대이다. 그러므로 어떤 이의 자아개념은 자기 가족, 자기 교회, 자기 회사로까지 확장된다. 애국지사는 국가도 자아라고 생각했기에 목숨까지 버리며 지키려 했던 것이다.

④ 확고성

개인이 자신에 대해 지니고 있는 견해는 선택적인 것이다. 다시 말하면 자신에 대해 지니고 있는 견해와 일치하지 않거나 어울리지 않는 상황은 받아들이지 않는데, 자아개념이 이러한 선택을 결정하는 판단의 기준이 된다. 자신에 대해 긍정적인 견해를 지니고 있는 사람은 성공을 가져다주는 방식으로 행동하는 경향이 있다. 이러한 행동의 결과로서 그는 보다 긍정적인 대우를 받게 되고 이로 인하여 개인적, 공적 생활에서 보다 행복해지고 효율적이게 된다. 이런 성공은 개인의 자신감을 높여준다. 반대의 경우에도 이러한 연쇄적인 효과가 나타난다. 자신에 대해 부정적 견해를 지니고 있는 개인은 그 자신이 부적절한 존재임을 확인하는 방향으로 행동한다. 긍정적으로 자신을 돌아보는 사람들은 인생에 있어서 대단히 유리한 입장을 선택함으로써 다른 사람들보다 행복하고 효과적인 삶을 이끌어갈 가능성이 높다.

(2) 조해리의 창으로 본 자아개념

개인은 상사나 부하, 학생, 아버지, 어머니, 친구, 이웃 등의 다양한 역할을 동시에 수행하면서 그 역할 뒤에 숨어 있는 진정한 성격을 알지 못한 채 조직 내에서 수년간 여러 개인들을 접해야 한다. 겉으로는 다른 사람들과 만나고 있으나 실제적으로는 고독한 채 그들을 진정으로 알지 못하고 그들에게 자신을 알리지도 못한 채 지내고 있는 것이다. 그래서 가끔은 자신을 개방하기도 하고 자아를 분명히 보여주려고 애쓴다. 이러한 자아노출(self disclosure)은 자신을 드러내어 남들이 나를 진실하게 알아볼 수 있도록 하는 행동이다. 이는 주관적인 측면을 다른 사람과 함께 나눈다는 의미이다.

그러나 대부분의 사람들은 자아노출을 두렵고 부담스러운 일이라고 생각한

그림 4-4 조해리의 창

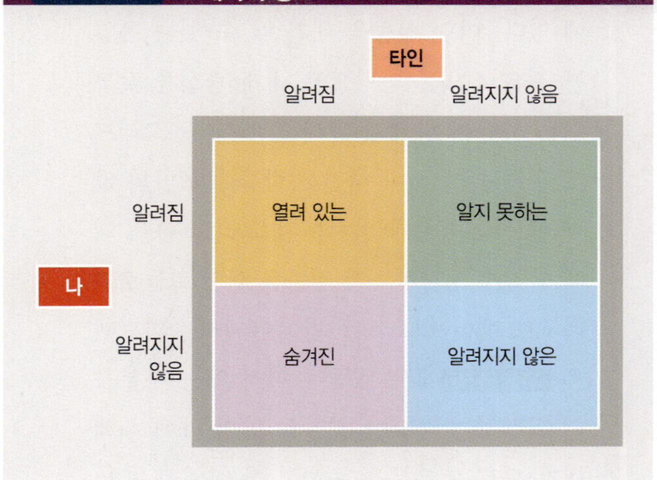

다. 조해리(Johari)의 창은 조셉 루프트(Joseph Luft)와 해리 인햄(Harry Ingham) 두 심리학자에 의해 독창적으로 개발된 개념으로, 자아노출과 피드백이 이 개념의 핵심이다. 자아노출은 정보와 감정을 다른 사람과 함께 나눌 수 있을 만큼 신뢰가 돈독할 때 가능해진다. 강한 신뢰와 호의를 느끼고 있다면 자아노출에 따르는 위험을 감수할 수 있게 된다.

한 개인이 매우 수용적이고 개방적임을 상대방이 느끼거나 이해할 때 피드백이 일어난다. 상대가 느낀 나에 대한 인상이나 내가 상대에게 미친 영향을 솔직히 얘기해주는 것이다. 이 경우에도 신뢰하는 마음이 강하면, 감정을 함께 나누고 개방에 따르는 위험을 감수할 수 있게 된다.

그림 4-4는 조해리 창의 네 개 영역을 나타낸 것이다. 알지 못하는 영역, 열려 있는 영역, 숨겨진 영역, 알려지지 않은 영역이 그것이다. 영역의 크기와 형태는 상호 신뢰와 피드백의 교환과 자아노출에 따라 결정된다.

① 알려지지 않은 영역

알려지지 않은 영역(Blind)은 나 자신은 모르지만 상대에게 알려져 있는 부분이다. 누구나 자기가 알지 못하는 각자의 습관이나 성격 등이 있다. 예를 들어 한 학기 강의가 거의 끝날 즈음, 한 학생이 뒷줄에 앉아 빙그레 웃고 있다. 그 학생에게 왜 웃느냐고 물으니, 교수님은 "알아듣겠어?"를 수도 없이 많이 쓴다는 것이다. 교수 자신도 모르는 부분을 학생들은 다 알고 있었던 것이다. 이 영역에는 사소한 습관, 자주 쓰는 단어, 태도, 비언어적인 신호와 같은 것들이 포함된다.

대인관계에서 우리는 상대에게 친절하게 행동한다고 했는데 상대가 볼 때는 덜 친절하든지 거만하게 느끼는 경우가 있다. 그 이유는 나는 모르고 상대는

그림 4-5 조해리의 창에서의 피드백

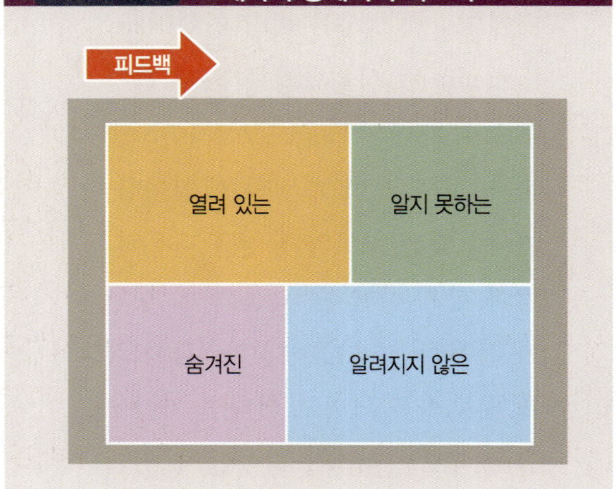

알아차린 나의 어떤 말투나 억양이나 행동에 있다. 이런 것들을 내가 알 수 있는 유일한 길은 신뢰를 바탕으로 내게 관심을 갖고 있는 사람이 나에게 말해줄 때이다. 그러므로 우리는 가끔 내 주변 사람들에게 나의 말과 행동이 어떻게 비치는지 그리고 나에 대해 어떻게 생각하는지 질문을 해서 그들로부터 피드백(feedback)을 받아야 한다. 피드백은 그림 4-5 에서 보듯이 열려 있는 부분을 더 확장하는 중요한 역할을 하며 나에 대해 내가 모르는 부분을 좁히고 아는 부분을 넓히는 수단이 된다.

② 열려 있는 영역

열려 있는 영역(Open)은 내 자신에 대해 내가 아는 동시에 타인도 알고 있는 영역이다. 이 영역에서는 개인에 관한 정보가 자신이나 타인에게 공개적으로 개방되어 있다. 내가 누군가를 처음 만났다고 하자. 내가 남자인지 나도 알고 상대방도 안다. 심지어 내 직업이 무엇이며 나이가 어느 정도인지 나도 알고 상대도 안다. 같이 앉아서 한 시간쯤 대화를 나눈다면 나에 대해 더 많이 공개하고 그와 내가 동시에 아는 부분이 넓어질 것이다. 이쯤 되면 그와 대화를 하면서 오해가 별로 없다. 왜냐하면 그도 내가 누구인지 알고, 나도 내가 누구인지 알고 대화를 나누기 때문이다.

③ 숨겨진 영역

숨겨진 영역(Hidden)이란 나 자신에 대해 나는 알고 있으나 다른 사람들은 모르는 부분이다. 나는 정보를 남에게 알리지 않고 다른 사람이 알지 못하도록 숨긴다. 이러한 비밀은 혼자 살아간다면 아무 문제가 되지 않지만 상대방과 인간관계를 가질 때에는 많은 부작용을 낳는다. 내가 교수인 것을 나만 알고 있는데 엘리베이터에서 어떤 낯모르는 학생이 아저씨라고 부르면 기분이 언짢을 것이다. 그런데 이렇게 나만 알고 있는 정보는 대수롭지 않은 것부터 보다 심층적인

그림 4-6 열린 영역의 확대

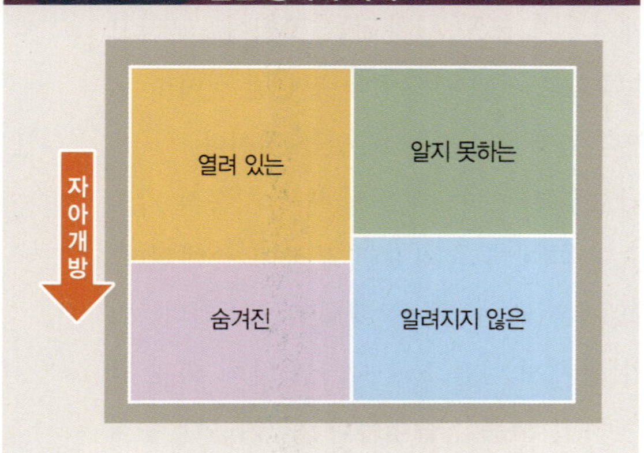

것에 이르기까지 광범위하다. 타인에게 나를 드러낼 경우 위험이 뒤따르고 상처받을 수 있다는 점 때문에 신뢰하는 관계에서만 이러한 정보를 서서히 알려주기도 한다.

인간은 기본적으로 나를 노출할 경우 상대방이 나를 싫어할 수도 있을 것이라는 두려움을 갖고 있는지도 모른다. 하지만 원만한 인간관계를 가지려면 불필요하게 비밀을 만들지 말고 정보를 계속 찾아내어 상대에게 알려줘야 할 것이다. 위의 예에서 나의 성별은 공개됐지만 나의 가치관, 성격, 과거 경력, 정치적 태도, 취미, 좋아하는 색깔 등에 대해서는 상대가 잘 모른다. 그러므로 상대방과 오해 없는 진솔한 인간관계를 갖기 위해서는 나의 많은 부분을 상대에게 공개해야 한다. 그림 4-6에서 보듯이 열려 있는 부분을 더 확장하는 행위이다. 이로써 나의 베일이 점차 벗겨져서 열려 있는 영역이 넓어지는 것이다.

④ 알려지지 않은 영역

내 자신에 대해 나도 타인도 모두 모르는 부분을 알려지지 않은(unknown) 영역이라 한다. 이 영역은 표면 아래 너무 깊숙이 숨겨져 있어서 아무도 그것을 깨달을 수 없다. 심리치료나 의료적 경험 등 일부사건에 의해, 내적 통찰에 의해 전에는 알려지지 않았던 정보가 개방적인 영역으로 노출될 수 있을 것이다. 혹은 친구와 계속 대화를 하다보면 한참 후에 친구도 나도 동시에 나에게 어떠한 잠재력이나 기술이나 창의력이 있다는 사실을 깨닫기도 한다.

⑤ 통찰력, 피드백, 자아개방과정

자아노출과 피드백과정은 알려지지 않은 정보를 열려 있는 영역으로 이동시키는 데 도움이 된다. 예전에는 그냥 지나쳤던 것들이 갑자기 새로운 의미로 관찰되고 자신도 모르던 것들에 대해 알아가게 되는 것이다. 이런 경험을 통찰력이라고 부른다. 그림 4-7에서 보듯이 나의 알려지지 않았던 부분이 모두 공개되는 유일한 길은 나의 열린 영역(Open)은 넓어지고 알려지지 않았던 영역

그림 4-7 조해리의 창에서의 통찰력

(Unknown)은 좁아지는 것이다. 이로써 숨어 있던 나의 잠재가치가 모두 개발되는 것이다. 그리고 상대와의 대화도 훨씬 부드럽게 진행될 것이며 오해 없는 인간관계를 형성할 수 있는 것이다.

내가 남으로부터 피드백을 구해서 지속적 피드백을 받으면 나에게 숨겨졌던 부분이 증대된다. 즉 그림의 가운데 수평선이 아래로 내려간다. 그리고 내가 남에게 나를 노출시키면 나에 대해 남이 알지 못하던 부분이 줄어든다. 즉 가운데 수직선이 우측으로 밀려난다. 이렇게 함으로써 열려 있는 부분은 계속 넓어지고 나와 남의 관계가 개선된다. 오해도 없어진다. 이처럼 내가 남으로부터 피드백을 구하거나 자아노출을 시도할 때 열려 있는 영역은 확장된다. 나에 대해 남들이 어떻게 생각하고 있는지를 물음으로써 나는 피드백을 받게 되고 이에 따라 보이지 않던 영역은 줄어들고 열려 있는 영역은 늘어나게 된다.

인간관계를 처음 맺을 때에는 열려 있는 영역이 상당히 좁다. 서로에 대해 알고 있는 것이 매우 적기 때문이다. 인간관계가 계속되고 신뢰수준이 높아짐에 따라 나는 타인에게 개방되기 시작하고, 주위사람들은 나에게 지속적인 피드백을 준다. 두 사람 간에 존재하는 신뢰, 개방, 수용의 정도는 자아개방과 피드백의 정도를 결정하는 데 있어서 매우 중요하다. 내가 다른 사람을 신뢰하면 신뢰할수록, 나만 알고 있는 개인적인 정보를 개방하는 데 뒤따르는 위험을 기꺼이 받아들일 수 있게 된다. 나 자신이 보다 수용적이고 개방적일수록 상대방도 나에 대한 상대의 느낀 점을 알려줄 것이고 그에게 비쳐졌던 나의 모습을 서서히 이야기해줄 것이다.

토론합시다 4-1

라피에르 교수와 조교

라피에르 교수는 미국인이 중국인에 대한 태도가 매우 부정적이었던 1930년대 당시에 중국인 학생 부부를 데리고 미국 각지를 여행했다. 그들은 66개의 호텔에 투숙하고 184개 식당에 들러 식사를 했으나 한 번도 거절당하지 않았다. 여행을 마친 후 그들이 들렀던 호텔과 식당에 설문지를 보내 만약 중국 사람이 손님으로 올 경우 어떻게 하겠는가라고 물어보았다. 그 호텔과 식당의 92%가 중국인을 손님으로 절대 받지 않겠다는 답변을 했다.

1. 미국인이 중국인에게 취하는 태도와 행동 간의 간극에 대하여 토론 후 발표하자.
2. 왜 사람들은 마음(태도)먹은 대로 행동하지 못하는가?
3. 고객의 태도를 시장조사를 통해 분석하여 이에 알맞은 신제품을 개발하여 출시했는데 더 이상 시장에서 인기가 없다면 무슨 이유에서인가?

토론합시다 4-2

태도의 중요성

'인생을 100점짜리로 만들기 위한 조건'은 무엇인가? A=1, B=2, C=3…, Y=25, Z=26 식으로 알파벳에 숫자를 정해놓고 합계를 내면 태도가 100점이 된다. 세상을 사는, 학습을 하는, 어떤 대상에 대한 좋은 태도가 중요하다는 뜻이다.

1. 세상을 사는 또 하나의 중요한 개념 한 가지를 설정하여 그것이 몇 점이 되는지 발표하자.
2. Hard work? Knowledge? Love? Leadership? Lucky? Money?
3. Attitude 이외에 Stress, Take a rest 등은 모두 100점이다 어떻게 생각하는가?

토론합시다 4 - 3

Change the world?

"When I was young and free and my imagination had no limits, I dreamed of changing the world.

As I grew older and wiser I discovered the world would not change ?

So I shortened my sights somewhat and decided to change only my country, but it too seemed immovable.

As I grew into my twilight years, in one last desperate attempt, I settled for changing only my family, those closest to me, but alas, they would have none of it.

And now I realize as I lie on my deathbed, if I had only changed myself first, then by example I might have changed my family. From their inspiration and encouragement I would then have been able to better my country,

And who knows, I might have even changed the world."

1. 위의 글은 런던 웨스트민스터 성당 지하에 있는 어느 주교의 묘비명이다. 이 글을 읽고 상대방을 설득하여 나의 뜻대로 변화시키는 일이 얼마나 어려운지 얘기해보자.
2. 상대방을 설득시키는 가장 좋은 방법에 대해 토론해보자.

제 5 장

대인매력 및 갈등의 이해

5장의 구성

1. 대인매력의 이해
2. 타인을 판단할 때 귀인이론
3. 욕구좌절과 갈등의 관계
4. 갈등의 발생과 해결
5. 갈등관리전략

학습목표

1. 대인매력의 원인
2. 자아상태 및 타인평가 이해
3. 귀인이론 및 귀인오류
4. 욕구좌절과 갈등
5. 갈등의 해결과 관리의 이해

핵심키워드

대인매력, 소시오메트리, 접촉효과, 고정관념, 득실효과, 피그말리온, 귀인, 욕구좌절, 갈등

05 대인매력 및 갈등의 이해

들어가면서

사람들은 일상생활 속에서 많은 사람들과 만난다. 그래서 어떤 사람에게는 좋은 감정을 느끼고, 또 어떤 사람에게는 좋지 않은 감정을 품는다. 이와 같은 타인에 대한 호의적, 비호의적 감정에 관련된 여러 문제를 취급하는 영역을 대인매력이라고 한다. 예를 들면 일상적인 현상으로서 대인관계 형성, 파트너 선택, 배우자 선택의 문제 등을 들 수 있다. 또한 대인관계를 맺다보면 어느 정도의 갈등은 필연적으로 발생하기 마련이다. 이러한 갈등은 잘만 관리하면 더 효과적일 수 있다.

1. 대인매력의 이해

누구나 인간관계를 잘하고 싶어 하는데, 그 기초가 되는 것이 상대방에게 매력적인 사람으로 비치는 일일 것이다. 대인매력에 관한 그간의 연구영역에서 몇몇 연구를 예로 들어 대인매력을 규정하는 요인에 대하여 살펴보고자 한다. 먼저 대인매력의 원인을 규명하고, 자아상태 및 타인평가 그리고 귀인이론에 대하여 차례로 소개한다.

(1) 대인매력은 어디서 오는가

대인매력의 여러 가지 원인은 크게 **그림 5-1**과 같이 다섯 가지로 정리할 수 있다.

① 물리적 근접성

동네 친구나 초등학교, 중학교 시절의 친구를 생각해보면, 어떤 친구를 다른 친구보다 더 친하게 대했던 까닭이 그 친구에 대해서 잘 알아서라기보다 '집이 가깝다'든가 '교실에서 자리가 가깝다'는 이유에서였던 경험이 있을 것이다. 대인매력을 규정하는 요인으로서 우선 이러한 물리적 근접성이 아주 중요하다. 먼 친척보다 가까운 이웃과 더 왕래가 많으며 좋은 인간관계를 맺으며 살아간

그림 5-1 대인매력의 원인

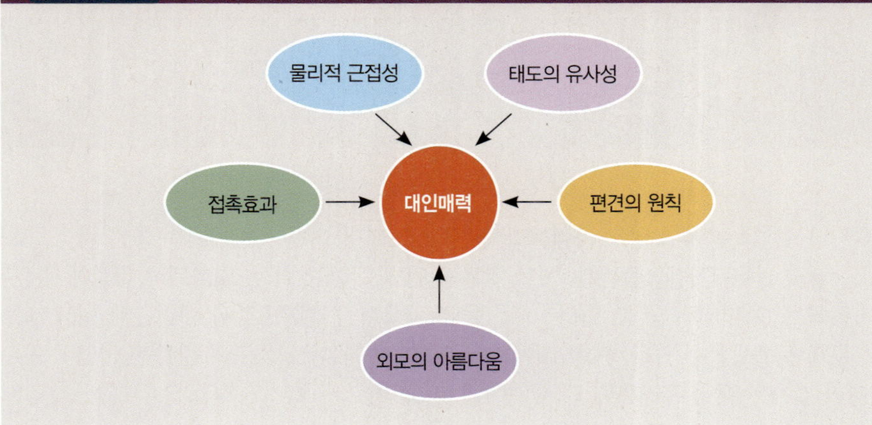

다. 또한, 타인에 대하여 매력을 느끼는 전제로서 서로에 대해 아는 것이 필요하다는 것은 말할 필요도 없는데, 서로 알게 된 사람 중에서 물리적으로 가깝게 있다는 것이 매력의 촉진요인이 된다. 친구관계의 형성은 이미 존재하는 물리적 근접성에 의한 인간관계에 크게 의존한다. 즉 같은 동네에 거주하게 되면 좋은 친구관계로 발전하기가 수월하다.

특정집단에서 어느 누구와 가장 친하게 지내고 있는지를 묻는 소시오메트리(sociometry) 검사라는 것이 있다. 소시오메트리란 하나의 집단 속에서 구성원들이 어떤 인간관계를 맺고 있는지, 구성원 모두와 구성원 간 대인관계를 그림으로 밝혀보는 것이다. 아파트 입주자들을 대상으로 이사하고 6개월 후의 대인관계를 소시오메트리 검사를 통해 보면, 가장 가까운 거리에서 친구관계로 발전하는 비율은 41%, 중간거리에서는 23%, 약간 먼 거리에서는 16%, 아주 먼 거리에서는 10%였다. 이러한 경향은 가까운 위치의 사람일수록 친해지는 확률이 매우 높다는 것을 의미한다.

② 접촉효과

물리적으로 근접해 있다는 것은 자연스럽게 접촉의 횟수가 늘어난다는 것을 의미한다. 간단한 접촉의 횟수, 그것 자체가 타인에 대한 매력을 높이게 된다. 자욘스(R.B. Zajonc)는 단순 노출실험을 실시했다. 한자에 익숙하지 않은 미국 대학생을 대상으로 의미를 알 수 없는 한자를 노출시켰다. 이때 한 집단에는 한자를 보여주는 횟수를 많이 하고, 다른 집단에는 횟수를 제한하였다. 실험결과 많이

/인/간/이/야/기/5-1/

낯을 가리는 이유

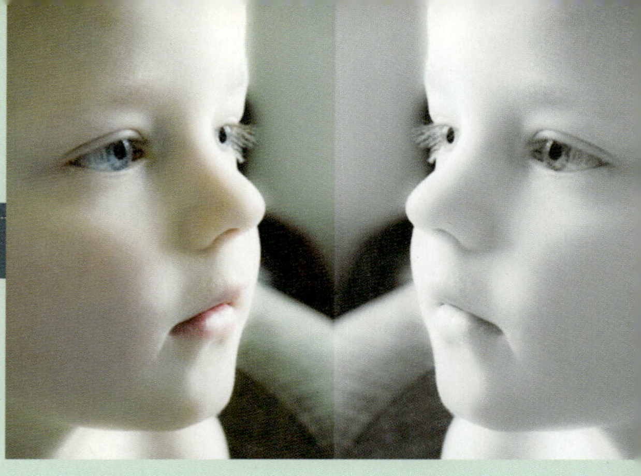

왜 갓난아이들은 낯선 사람을 보면 울까? 한 소녀를 모델로 20여 컷의 사진을 찍었다. 그러고는 거울을 보게 하고 거울에 비친 그녀의 모습을 20여 컷 찍었다. 물론 직접 찍은 사진과 거울에 비친 사진은 헤어스타일도, 액세서리도, 살짝 돌린 얼굴 각도도, 의복의 단추방향까지 모든 것이 대칭이었다. 그 후 찍은 사진 40여 컷 모두를 뒤섞어놓고 소녀에게 마음에 드는 사진 5장만 고르라고 했다. 그랬더니 그녀는 5장 모두를 거울에 비친 사진을 골랐다. 이번에는 그녀의 친구에게 고르라고 했더니 직접 찍은 사진 중에서만 골랐다. 주인공 소녀는 자신의 모습을 거울로만 보아왔으며, 친구는 거울에 비친 친구가 낯설게 보였던 것이다. 그렇다면 갓난아이나, 주인공이나, 친구가 왜 낯선 얼굴은 싫어할까? 태초의 밀림생활로 되돌아가야 의문이 풀린다. 나이키 운동화도 없이 발에 피가 나면서 온종일 밀림을 쏘다니며 처자식에게 먹일 토끼 한 마리를 잡아들고 오는 길에 처음 보는 인간과 마주쳤다. 상대와의 난투 끝에 먹이를 빼앗기고 힘없이 동굴로 돌아오는 가장(家長)을 상상해보라. 그런데 이번에는 같은 상황에서 또 다른 사람을 만났는데 그냥 지나쳤다고 생각해보자. 그다음 날 그 얼굴을 또 만나면 걱정이 덜 된다. 왜냐하면 어제 그냥 지나쳤기 때문이다. 셋째 날, 넷째 날도 같은 그 얼굴을 만난다면 두렵기는커녕 오히려 반가울 것이다. 그런데 다섯째 날, 또 다른 처음 보는 얼굴과 마주친다면 두렵고 싫다. 그가 내 사냥감을 빼앗을지 알 수 없기 때문이다. 이렇게 수십만 년 전 밀림 속에서 경험한 조상들의 습성은 산후조리원에서 나온 후 수백만 원짜리 독일제 유모차를 타고 있는 갓난아이의 몸속에 유전자로 그대로 남아 있는 것이다.

반복해서 한자를 접한 집단이 한자의 의미를 더 호의적으로 평가했다. 이와 같은 효과를 '접촉효과'라고 부른다. 다른 실험에서도 같은 사진이라도 제시횟수가 많은 경우에는 호의적으로 평가되며 사용된 사진에 관계없이 제시횟수가 증가할수록 호감도 또한 증가한다는 사실이 발견되었다. 매일 통학로에서 만나지만 한 번도 말해본 적도 없는 사람에 대해서 이상하게도 친밀감을 느끼는 경험과 같다.

③ 외모의 아름다움

가까운 타인과의 접촉기회가 많을수록 타인에 대한 평가가 호감으로 연결될 가능성은 크지만 그렇다고 만나는 모든 사람에 대해 호감을 갖는 것은 아니다. 타인으로부터 얻는 여러 가지 정보가 그 사람의 호감을 좌우하기 때문이다. 그 중에서도 시각적인 정보는 큰 영향을 미친다. 외모가 아름답다는 것만으로 타인에게 호감을 얻을 수 있는가? 월스타와 그의 동료들(E. Walster et al.)은 처음 대면하는 남녀에게 있어서 신체적 매력이 호감으로 연결되는 경향을 다음과 같은 실험으로 확인하였다. 피험자는 대학의 신입생 환영회 파티에 참가한 남녀 각 376명이었다. 이 파티의 참가자에게는 컴퓨터에 의해 '당신에게 어울리는 상대'가 제시되고, 신청할 때 컴퓨터에 입력하기 위한 질문에 대답하도록 요구되었다. 질문에는 연령, 신장, 인종, 종교 등과 스스로 자기자신을 평가하는 항목들이 있었다. 한편 피험자들의 외모를 객관적으로 평가하기 위해 참가 티켓 매장에는 주최자 몇 명이 참여하였다. 물론 피험자들은 자신의 용모가 평가당하고 있는지 전혀 눈치 채지 못했다. 파티가 열렸고 참가자들은 컴퓨터가 찾아준 짝과 어울렸다. 사실 남자가 여자보다 키가 큰 것을 제외하고는 컴퓨터가 무작위로 적당히 선택한 짝이었다. 파티가 종료되고 피험자들에게 각자의 파트너에 대한 호감도나 데이트 희망 등을 물어보았다. 그 결과 상대가 신체적으로 매력적이면 매력적일수록 상대에 대한 호감도가 높게 나타났다. 이러한 경향은 자신의 신체적 매력의 정도와 관계없이, 또 남성이 여성을 보는 경우도 여성이 남성을 보는 경우도 동일했다.

④ 편견의 원칙

일반적으로 신체적 매력이 있는 사람은 좋은 성격을 가지고 있고, 사회적으로도 성공하고 행복한 생활을 할 수 있다고 여겨진다. 그러나 이것은 확실한 편견, 즉 고정관념이다. 이러한 편견은 어떻게 형성되는 것인가? 이에 대하여 하나의 실험이 다이온(K.K. Dion)에 의해 수행되었다. 사람들은 외모가 예쁜 어린이와 예쁘지 않은 어린이에 대하여 상당히 다른 반응을 보였다. 즉, 예쁜 아이는 좋은 성격을 가지고 있을 것이라는 편견 때문에 같은 행동을 하더라도 아이가 예쁘면 귀엽게, 예쁘지 않으면 좋지 않게 평가하였다.

다른 실험에서 피험자인 대학생에게 짓궂게 장난을 치고 있는 아이의 사진을 보여주며 그 아이에 관하여 여러 가지 측면에서 평가하라고 하였다. 대학생에게 이 아이가 왜 장난을 한 것인지 등에 대하여 물어보았다. 예쁜 아이가 심하지 않은 장난을 쳤을 때, 그 원인은 일시적인 것이고 그 예쁜 아이의 기질 때문이 아닌 주위의 잘못 때문일 것이라고 반응했다. 또 예쁘지 않은 아이 쪽이 짓궂은 장난을 계속 반복할 것이라고 답하였다. 어른이 아이에 대하여 고정관념

/인/간/이/야/기/5-2/

면접 탈락자에게 보낸 소식

모기업의 인사담당자는 최종면접 탈락자들에게 다음과 같은 이메일을 보냈다.

"새로운 후배를 맞는 기쁨보다 여러분과 함께할 수 없다는 아쉬움이 더 큽니다. 제가 별것 아닌 단점을 지나치게 확대해서 면접을 본 것이 아닐까, 흙 속의 진주를 놓친 것은 아닐까 지금도 밤잠을 못 이룹니다. 더 갈고 닦아 스스로를 훌륭한 브랜드로 만드십시오. 그래서 제 마음을 더 아프시게 하시기 바랍니다."

을 갖는 것과 마찬가지로 어린이도 어른에 대하여 편견을 가지고 있다.

⑤ 태도의 유사성

인간은 상대에 대하여 일반적인 의견이나 태도를 표출함으로써 점진적으로 상대를 이해하려고 한다. 서로의 매력을 끌어내는 의견이나 태도 표출이라는 것은 어떤 것일까? 베른과 넬슨(D. Byrne & D. Nelson)은 이 점에 주목하여 사람들은 자신의 의견이나 태도가 유사한 사람에 대하여 호감을 가진다고 가정하여 다음과 같은 실험을 하였다. 심리학 수업을 수강하는 학생을 대상으로 대학 등록금이나 사회복지 관련법 등에 관한 각 개인의 태도에 대하여 설문지에 의해 측정이 이루어졌다. 설문 이후 어느 정도 정확히 대인지각을 할 수 있을까를 검토하려는 실험이라는 설명과 함께 몇 명씩 소집단이 구성되었다. 설문대상자들에게 지능, 교양, 도덕성, 적응성, 호감도와 타인과 같이 일하겠다는 수용여부를 물어보았다. 그 결과 설문에 유사하게 대답한 항목수의 비율이 커질수록 응답자에 대한 매력이 높아지는 것으로 나타났다.

(2) 자아상태 및 타인평가

① 불안할 때

타인에 대한 호의적 감정뿐 아니라 보다 넓은 의미에서의 타인에 대한 접근 경향도 생각할 수 있다. 사람은 혼자 있으면 쓸쓸해지고 서서히 불안해진다. 사회적 존재인 인간의 욕구 중 하나로 친화욕구를 들 수 있는데, 이것은 넓은 의미로 '다른 사람들과 같이 있으려는 욕구'로 정의할 수 있다. 사람이 타인과 만나는 것은 단순히 가까이 있기 때문만이 아니고, 친화욕구라는 사회적 동기에 의한다는 것이다.

샤크터(S. Schachter)는 일반적으로 사람은 혼자 있으면 불안해지며, 반대로 불안을 느끼는 상황에서 친화욕구가 높아진다는 가설을 세워 실험을 하였다. 전기쇼크장치가 놓여 있는 실험실에서 흰 가운을 입은 실험자가 피험자에게 '전기쇼크의 효과에 관한 실험'이라고 설명했다. 높은 불안조건의 피험자에 대해서는 "전기쇼크는 고통을 동반하고 불쾌한 것이다."라고 말해주었고, 또 낮은 불안조건의 피험자에게는 "전기쇼크는 매우 약한 것으로 불쾌하기보다 간지러

표 5-1 불안한 상태에서의 친화욕구 경향

실험조건		다른학생들과 같이 기다리겠다.	혼자 기다리겠다.	아무렇게 해도 좋다.
실험 I	높은 불안조건 낮은 불안조건	20 10	9 18	3 2
실험 II	동일조건 상이한 조건	6 0	4 10	0 0

운 정도일 것이다."라고 설명해주었다. 그리고 피험자에게 실험을 준비할 때까지 별실에서 기다리라고 하였다. 이때 개인별실에서 혼자 기다릴지 다른 피험자들과 같이 기다릴지를 물어보았다. 이것이 친화동기의 강도를 알 수 있는 측정도구였다. 결과는 **표 5-1**과 같이 높은 불안조건에서는 63%(20명)의 피험자가 다른 피험자들과 같이 기다리겠다고 대답한 데 비해, 낮은 불안조건에서는 33%(10명)의 피험자가 그렇게 대답했다.

샤크터는 두 번째 실험을 하였고, 이번에는 모든 피험자가 "전기쇼크는 고통을 동반한다."는 말을 들었고, 먼저의 실험과 같이 혼자서 기다릴 것인지 다른 피험자들과 함께 기다릴 것인지 질문을 받았다. 그 결과 역시 다른 피험자들과 함께 기다리려는 쪽이 더 많았다. 대학입시 등의 시험장으로 향할 때 누군가 아는 사람이 있는지를 찾아서 같이 행동하려는 것과 같은 이치이다. 그 이유는 다른 사람과 함께 있음으로써 불안과 걱정을 잠시라도 잊을 수 있기 때문이며, 타인과 이해를 함께하면서 그도 불안한지 또는 불안요인에 대한 궁금증을 해소하는 답을 얻을 수 있다고 생각하기 때문이다.

② 자존심이 저하될 때

막연한 불안이 타인으로의 접근경향을 높이는 것 같지만, 보다 구체적인 부정적인 상태에 처하는 경우는 어떨까? 예를 들어 시험성적이 나빴을 때나 학과 시합에서 졌을 때 기분이 상했다가도 격려를 받으면 기분이 조금 나아진다. 자신에 대한 평가가 저하됐을 때, 즉 자존심이 저하된 상태일 때 어떤 반응을 보일 것인가? 월스타(F. Walster)에 의하면, 자존심이 높은 사람은 자존심이 저하되면 다른 사람과 함께 지내려 한다.

③ 득실효과

타인과 상호작용이 시작되면 상대방이 자신에 대해서 어떻게 할 것인지가 큰 관심사항이 된다. 상대방의 여러 가지 행동이 내게 이득이 되거나 손실이 되거나 한다. 보다 구체적으로는 타인으로부터의 언어적인 평가가 문제가 된다. 일반적으로 타인으로부터의 높은 평가(칭찬받는 것)는 사회적인 동의를 얻었다고 하는 욕구를 충족시키기 때문에 이득이 되고, 그러한 평가를 하는 타인에 대해서는 호감을 가지게 된다. 그러나 상호작용이 일정기간 계속될 경우에는 단순히 호감을 계속해주는 것이 매력을 느끼는 데 별 도움이 되지 않는다는 것이 밝혀졌다. 아론손과 린다(E. Aronson & D. Linder)는 일관성 있게 호의적 평가를 받는 것보다도 비호의적인 것에서 호의적인 것으로 변화하는 평가를 받은 쪽이 매력을 더 느끼게 한다는 것을 알아내었다. 사람들은 낮은 평가로 시작해 나중에 높은 평가를 받게 될 때 상대방에게 가장 큰 호감을 느낀다. 처음에는 자신을 좋아하지 않던 사람이 점점 자신을 좋아하고 인정하고 있다는 인상을 받게 되기 때문이다. 이것이 '득실효과'이다.

아론손과 린다의 실험은 피험자인 여대생이 실험자와의 대화를 통하여 자신에 관한 인상을 7회에 걸쳐 듣는 것으로 설정되어 있었다. 즉 일관성 있게 긍정적 평가가 주어지는 경우와 부정적 평가에서 긍정적 평가로 변한 경우, 긍정적 평가에서 부정적 평가로 변한 경우, 일관성 있게 부정적 평가 주어지는 경우의 네 가지 조건이었다. 실험의 결과는 일관성 있게 긍정적 평가를 준 사람과 일관성 있게 부정적 평가를 준 사람에 대하여, 부정적 평가에서 긍정적 평가로 변한 사람보다 더 부정적 평가가 내려졌다. 부정적 평가에서 긍정적 평가로 변한 경우를 생각하면, 최초에 주어진 부정적 평가는 평가된 쪽에 마이너스의 감정이 생기지만, 그 후에 주어진 긍정적 평가는 그 마이

그림 5-2 득실 효과

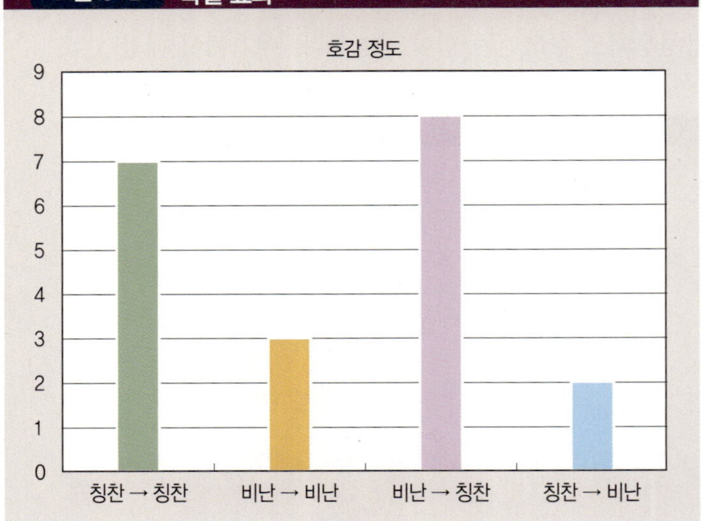

너스 감정을 보충해주는 효과와 보수로서의 플러스의 효과를 가진다고 보면 된다. 처음엔 벌을 주고 뒤에 그 벌을 부정하는 보수를 주면 그 보수의 효과가 크게 느껴지는 것이다. 또 평가자에 대한 인상의 문제도 생각해볼 수 있다.

인간은 상호작용이 몇 번 계속되면 서서히 정보가 늘고, 보다 정확하게 인지할 수 있다고 생각하기 쉽다. 따라서 일관성 있는 평가를 하는 사람은 평가가 변하는 사람에 비하여 사람을 정확히 판단하는 능력이 없다고 생각될 가능성이 있는 것이다.

④ 두 가지 이론으로부터의 예측

타인으로부터의 높은 평가가 호감으로 연결된다는 것은 두 가지의 대표적인 이론에 의해서도 설명이 가능하다. 그 하나는 앞에 서술한 사회적 교환이론이다. 높은 평가는 비용이 아닌 보수이기 때문에 보수를 주는 타인에 대하여 호의를 느낀다는 것이다. 다른 하나의 이론은 균형이론이다.

균형이론은 인지자 P, 타자 O, 제삼자(또는 대상) X 간의 삼자의 관계를, P의 O에 대한 관계, P의 X에 대한 관계 및 O의 X에 대한 관계의 P에 의한 인식이라는 3개의 관계의 균형으로 분석한다. 여기에서 말하는 관계는 호의적인 관계(+)와 비호의적인 관계(−)로 나눌 수 있다. 즉 3개의 관계의 조합에 의해 8종류의 패턴이 존재한다. 그리고 그 3개의 부호의 합이 플러스가 되는 경우를 균형상태, 합이 마이너스가 되는 경우를 불균형상태라고 한다.

그림 5-3에 의하면, 불균형상태에 있으면 3개의 부호 중에 어느 한 개의 부호를 바꾸는 것에 의해 균형상태로 향하려는 힘이 작용한다. 여기에서 대상 X

그림 5-3 균형이론

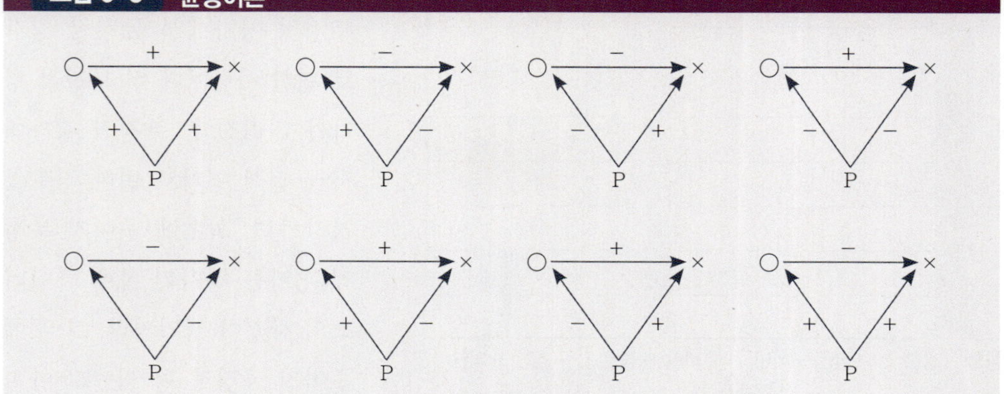

에 대해 인지자 P가 가지고 있는 어떤 특성을 생각해보자. P는 통상 자신의 특성에 대하여 플러스의 인식을 하고 있기 때문에, P와 X는 플러스의 관계가 된다. 그리고 X에 대한 타자 O의 평가와 그 평가를 한 O에 대한 P의 평가의 부호가 일치하는 균형상태로의 힘이 작용한다. 따라서 균형이론에 있어서도 자신을 칭찬해주는 사람에 대해서는 호의적 감정을, 부정적인 평가를 하는 사람에 대해서는 비호의적 감정을 가지는 것으로 예측할 수 있다.

2. 타인을 판단할 때의 귀인이론

개인행동은 타인행동에 대한 반응이므로 타인행동을 판단하는 과정은 개인생활에 막대한 영향을 미친다. 예를 들면 지하철 안에서 A라는 사람이 B의 발을 밟아서 B의 발이 매우 아팠다고 하자. B는 어떻게 반응하겠는가? B의 반응은 왜 A라는 사람이 내 발을 밟았는가의 원인을 찾는다. 우연히 모르고 발을 밟았다면 약간 화가 나겠지만, 만약 일부러 그랬다면 매우 화가 날 것이다. 즉 A의 행동이 우연이었나 고의였나를 판단하기 시작한다. 결국 모든 인간은 왜 타인이 그렇게 행동하는가를 알려고 하는 것이다. 이렇듯 귀인이론(attribution theory)은 다른 사람의 행동에 대한 원인과 결과(인과관계 : causality)를 이해하는 과정이다. 다른 사람의 행동이나 말을 보거나 듣고 그러한 것이 왜 일어났는지를 판단하려는 것이다. 이것은 지각의 문제이기에 실제로 어떠한 행동이 유발되느냐를 다루기보다는 그러한 행동이 어떻게 해서 유발되었느냐를 다루는 것이다.

어떤 사람의 행동과 상황을 보고 이를 귀인시킬 때에는 크게 두 가지 방향으로 인과관계의 추론이 일어난다. 하나는 행동을 한 당사자의 성격, 능력, 동기, 욕구에 탓을 돌리는 것으로 이를 '내부귀인'이라고 한다. 이와 달리 그 사람의 환경, 상황, 타인, 우연 등에 탓을 돌리는 경우가 '외부귀인'이다. 사람들은 일반적으로 타인이 잘못했을 때 그 원인을 내부귀인하는 반면, 자신의 실패행동의 원인은 외부로 귀인시킨다. 반대로 타인의 성공행동은 외부로 귀인하는 반면에 자신의 성공행동은 내부로 귀인하는 경향이 있다. 이때 다른 사람에 대한 귀인에 영향을 미치는 요인들을 캘리(H.H. Kelley)는 다음과 같이 세 가지 차원으로

그림 5-4 특이성, 일관성, 합의성에 따른 귀인

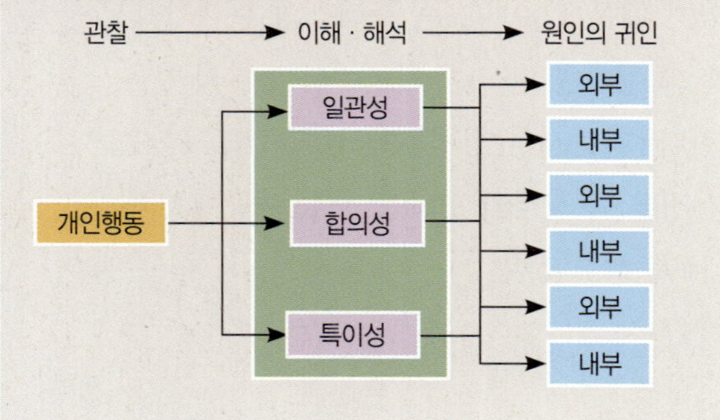

설명한다.

(1) 귀인행동의 세 가지 고려사항

사람들이 언제 내부귀인을 하고 언제 외부귀인을 하는지를 알아낼 수 있다면 타인 평가에 도움이 될 것이다. 이러한 패턴에 대한 켈리(H.H. Kelley)의 발견이 대표적인데 그가 제시한 모델은 다음과 같다.

우선 사람들은 외부 혹은 내부로 귀인하기 전에 일관성, 합의성, 특이성이라는 세 가지 기준에 맞추어보고 난 후, 타인행동의 원인이 그 사람 내부에 있는지 혹은 외부에 있는지를 판단한다. 이렇게 세 가지 차원을 검토해본 후에 귀인 결정을 내린다고 해서 켈리의 모형을 큐빅모형(cubic model)이라고도 한다. 어떤 사람의 행동이란 좋은 혹은 나쁜 행실, 높거나 혹은 낮은 업무성과, 기말고사 성적, 포상 혹은 벌을 받음, 불평불만, 타인에 대한 칭찬 혹은 비난 등 무수히 많다. 예를 들어 홍길동의 이번 학기 인간관계론 성적이 높게 나왔다면 내부 탓인가, 외부 탓인가? 이에 답하려면 다음 세 가지 사항을 우선 고려해야 한다.

- 일관성(동일성 : consistency) : 과거에도 그랬듯이 인간관계론 시험을 또 본다면 역시 학점이 좋을 것이다(일관성 높음).
- 합의성(일치성 : consensus) : 다른 학생들도 높게 나왔다(합의성 높음).
- 특이성(구별성 : distinctiveness) : 다른 수강과목은 모두 점수가 낮은데 유독 인간관계론 성적만 높다(특이성 높음).

다른 예를 들어보자. 박팀장은 팀원들에게 올해의 신입사원 교육프로그램을 짜는 팀프로젝트를 주었다. 그런데 팀원인 홍길동의 보고서에 하자가 있다고 가정해보자. 박팀장은 이것이 홍길동의 능력 때문인지를 판단하기 어려울 것이다. 그래서 그는 우선 '일관성'여부를 파악한다. 홍길동의 그동안의 팀프로젝트는 어떤지 살피는 것이다. 그런데 매우 일관성 있게 높은 업적이었다. 단지 이번에만 문제가 있는 것이다. 뭔가 다른 외부요인이 있을 거라고 생각한 팀장은 두 번째로 '특이성'을 고려할 것이다. 홍길동이 맡은 다른 업무, 즉 홍길동의 채용업무, 보상업무, 다른 팀에 있을 때의 업무실적 등이 모두 좋았다. 역시 이번 보고서만 그런 것이다. 즉 특이성이 높다. 세 번째로 '합의성'을 고려해보기 위해 다른 팀원들의 보고서를 검토해보니 다른 팀원들의 것 역시 매우 엉망이었다. 다른 팀원들과의 합의성도 높다. 결과적으로 박팀장은 홍길동의 이번 보고서 문제는 외부의 다른 이유 탓이지 홍길동 내부의 능력 탓이 아니라고 하면서 외부귀인하게 된다. 귀인작업을 올바로 하기 위해서는 합의성, 특이성, 일관성을 평가해보기 전에 정확하고 많은 정보가 필요하다. 캘리는 이 세 가지 차원 각각의 정보가 다 높을 때에는 당연하게 그 실체에 내부귀인시킬 수 있다고 하였다.

한편 어떤 사건의 원인을 이해하려고 할 때, 사람들은 시간의 변화에 따른 사건의 일관성, 사건의 특이성 및 사건에 대한 다른 사람들의 합의성을 얻지 못하는 경우도 있을 수 있다. 오히려 유일한 정보라고는 그 사건이 처음으로 발생했다는 것뿐일 수도 있다. 이러한 경우에 인과추론의 법칙에 의존해야 하는데, 이러한 인과추론의 법칙에는 절감원리(discounting principle)와 증대원리(augmenting principle)가 있다.

절감원리에 의하면, 인간은 어떤 것이 원인이 될 만하다고 생각하면 다른 잠정적인 원인은 무시한다. 예를 들어 새벽 2시에 자동차사고를 냈을 때, 하필 비도 함께 내리고 있었다면 운전자는 졸았다거나 신호를 위반했다는 사실을 인정하려 들지 않을 것이다. 그런데 만일 그 차의 브레이크가 고장이었다는 것을 알았을 때에는 비가 온 것을 그렇게 탓하지는 않을 것이다. 다시 말해 어떤 원인은 특수한 효과를 촉진시킬 수도 있고 방해할 수도 있다. 억제원인은 특정사건의 발생 가능성을 방해한다.

증대원리는 그 반대이다. 촉진원인은 주어진 사건의 발생 가능성을 높인다. 그런데 만약 억제원인과 촉진원인이 둘 다 있을 때 사건이 발생한다면, 촉진원인이 결과의 이해에 더 많은 영향을 미친다. 왜냐하면 촉진원인이 억제원인을 능가할 정도로 강력하기 때문이다. 이와 같은 원리가 바로 증대원리이다. 예를 들어 이봉주 선수가 2002년 아시안게임의 우승자라는 사실을 알았다면, 이봉주가 훌륭한 마라토너임에 틀림없다고 추론할 것이다. 그런데 이봉주의 두 발이 짝짝이(억제원인)였음을 알았다면, 아마도 그가 다른 정상적인 발을 가진 마라토너를 이길 만큼 더욱더 뛰어난 선수라고 추론할 것이다. 결국 인지자는 인과관계를 추론할 때 보통 촉진원인 혹은 억제원인과 같은 정보를 사용하여 특정원인의 영향력을 절감시키거나 증대시킨다.

그러나 모든 지각자는 사회적 상황에 귀인의 원리를 적용하려고 할 때 다음과 같은 귀인오류를 범하기 쉽다.

(2) 귀인오류

① 기본적 귀인오류

대부분의 상황에서 행동은 개인의 내부특성과 외부 상황요인이 결합되어 나타난다. 확실한 상황의 압력은 행동에 강력한 영향력을 행사한다. 천주교 결혼식은 매우 길어서 비신도에게는 지루한 예식이다. 그러나 지루한 사람이든지 즐거운 사람이든지 간에 모두 주례자의 지시대로 일어났다 앉았다를 반복한다. 이렇듯 개인적 요인과 상황적 요인 모두 행동의 원인을 구성한다. 이때 기본적 귀인오류(fundamental attribution error)가 발생하는데, 다른 사람들의 행동의 원인을 상황적 요인보다는 그 사람의 내부(기질)요인에 귀인시키는 것을 말한다. 즉 대부분은 남들이 어떤 행동을 하면 그 원인을 그 사람 내부에서 찾기 일쑤이다. 왜 그럴까? 우리에게는 그 사람의 외부원인은 안 보이고 그 사람만 보이기 때문이다.

어떤 학생이 아침 수업에 늦었다면 우리는 그 학생의 늦은 행동의 원인을 그 학생 외부로 귀인하는 것이 아니라 내부로 귀인한다. 즉 그가 늦게 일어났든지 게으르기 때문이라고 생각하기 쉽다. 왜냐하면 우리는 그 학생의 외부상황, 즉 등교하다가 지하철사고가 났는지 혹은 그 학생의 부모님이 응급상황으로 병원에 들러 오는지 알 수 없기 때문이다. 그래서 우리는 일단 기본적으로 남의 행동은 내부귀인부터 하는 것이다.

표 5-2 행위자–관찰자 효과

다음과 같은 평가척도를 사용하여 제시된 특성들에 대해서 여러분의 친구 중 한 명을 선택하여 평가해보자. 그다음에 여러분 자신에 대해 평가해보자.

① 평가척도

−2 전혀 그렇지 않다 / −1 대체로 그렇지 않다 / 0 어떤 때는 그렇고 어떤 때는 그렇지 않다 / 1 대체로 그렇다 / 2 분명히 그렇다

	친구	자기자신
공격적이다		
내성적이다		
생각이 깊다		
따뜻하다		
외향적이다		
열심히 일한다		
야심만만하다		
다정하다		
	합계	합계

② 이제 (+)와 (−) 기호를 무시하고 각 열의 점수를 합하시오.

② 행위자–관찰자 효과

자기자신과 친구를 **표 5-2**의 항목으로 평가해보자. 그런 다음 (+)와 (−)를 무시하고 자신의 점수와

친구의 점수를 각각 합해보자. 아마 대부분의 사람들이 자기의 점수보다 친구의 점수가 높을 것이다. 이는 자기의 행동은 많이 변화한다고 생각하고 다른 사람의 행동은 여러 상황에 걸쳐 안정적이라고 생각해서이다. 이것을 행위자-관찰자 효과(actor-observer effect)라고 한다.

행위자-관찰자 효과는 기본적 귀인오류와 관계 깊다. 즉 다른 사람의 행동은 비교적 지속적인 기질요인에서 기인된 것이고 자기자신의 행동은 외부요인에 귀인시켜 상황에 따라 변화가 많다고 생각하는 것이다. 다시 말해서 행위자 자신은 자신의 외부상황에 대해 상세히 알기 때문에 자기행동의 탓을 외부로 귀인할 수 있지만 그의 행동을 바라보는 관찰자들은 그의 외부상황을 알 수 없기 때문에 그의 내부 탓으로 돌리려고 한다는 것이다.

③ 합의성 정보의 과소사용 오류

캘리는 합의성 정보를 귀인의 세 가지 결정요인 중 하나로 보았다. 어떤 자극에 대한 평가가 정확한지 아닌지를 알아보기 위해서는 다른 사람의 평가와 비교해봐야 한다. 이것이 바로 합의성 정보이다. 합의성 정보는 개인이 체험한 경험이 얼마나 일반적인가에 대한 것이다. 합의성 정보가 제시되어 있다 하더라도 자신의 판단이 옳다고 느껴지면 자기의 결정을 의심하기보다는 합의성 정보를 부정하게 될 것이다. 이것이 바로 합의성 정보의 과소사용 오류이다. 어떤 개그맨이 정말 남을 웃길 줄 아는 사람이라고 생각하고 있을 때 다른 여러 사람들이 그 개그맨은 웃기지도 못하는 사람이라고 하더라도 이 평가는 무시된다.

④ 자기기반 합의성 오류

이는 자기자신의 행동을 전형적인 것으로 생각하고 특정상황에서 다른 사람들도 자기와 똑같은 방식으로 행동할 것이라고 가정하는 것이다. 남들도 나처럼 생각하고 나처럼 행동할 것이라고 여기는 것이 바로 자기기반 합의성 오류(self-based consensus error)이다. 예를 들면 한 연구에서 대학생들에게 "교직원식당에서 식사하세요."라는 말이 적혀 있는 피켓을 들고 30분 동안 교내에서 돌아다닐 수 있겠느냐고 물어보았다. 어떤 학생은 그렇다고 했고 또 어떤 학생은 못하겠다고 거절했다. 그때 학생들에게 자기와 같은 선택을 할 것 같은 학생들의 비율을 추정토록 요구했다. 그랬더니 피켓을 들고 다닐 수 있다고 했던 학생들은 다른 학생들의 62%가 승낙할 것이라고 추정한 반면, 거절했던 학생들은 동료 중

67%가 나와 같이 거절할 것이라고 추정했다. 결국 사람들은 자기와 비슷한 부류의 사람을 찾으며, 자기 자존심을 지키려는 욕구가 강하다는 것을 알 수 있다.

⑤ 방어적 귀인오류

만득이가 책상에 부딪쳐 학용품을 바닥에 쏟았다고 가정해보자. 그랬다고 만득이를 지나치게 나무랄 수는 없다. 그러나 만득이가 수천만원을 호가하는 고려청자를 깨뜨렸다고 생각해보자. 관찰자는 사소하지 않은 심각한 결과를 초래한 사건에 대해서 행위자에게 더 많은 책임을 전가시키려 한다. 이것이 방어적 귀인오류(defensive attribution error)이다. 그래야만 불유쾌한 것을 참을 수 있게 되며 자기자신도 스스로 사고를 예방할 수 있게 된다. 즉 자기에게 유리한 방향으로 원인을 찾기 위해 남의 큰 잘못은 그 사람 자신에게 귀인시켜야 나 자신이 안심이 되고 나는 잘났다고 생각된다. 이로써 자기도 잘못을 저지를 수 있다는 가능성으로부터 자신을 보호할 수 있는 것이다.

⑥ 자존적 귀인오류

교수와 조교가 테니스 경기를 해서 교수가 완패했다고 하자. 실제로 조교의 실력이 월등해서 그랬을 수도 있다. 그러나 교수는 "오늘은 운이 없었다. 해를 맞보고 시합을 해서 눈이 부셔 볼을 제대로 볼 수 없었다. 지난주에 배운 백핸드가 서서히 자리를 잡아가고 있다."고 하면서 바로 자존적 귀인오류(self-serving attribution error)에 들어간다. 이 오류는 성공은 자기에게 돌리고 실패에 대한 책임은 부정하려는 욕구를 말한다. 인간은 누구나 자기가 잘났다고 여기는 본능이 있다. 만일 항상 자기는 못난 사람이라고 생각한다면 우울하고 원시인이라면 맹수와 싸울 생각도 못하고 피하든지 재난에 대비하여 피동적으로 주저앉았을 것이다. 그러나 우리의 먼 옛날 조상들은 자신이 잘났다고 생각했기에 원시의 자연환경과 싸우며 난관을 극복했고 오늘날 그들의 후손이 번영하며 만물의 영장으로 지구를 지배하기에 이르렀다. 결과적으로 자존적 본능은 인간을 이롭게 한 것이다.

⑦ 자기중심적 오류

세 명의 공동연구자들에게 논문의 공헌도를 물어보았더니 세 명 모두가 자기가 제일 공헌한 사람이라고 이야기한다. 이렇듯 서로 협력해서 이루어진 결과

/인/간/이/야/기/5-3/

데이트 실험

1974년에 있었던 '다리 실험'이다. 캐나다 밴쿠버에 있는 캐필라노(Capilano : 사진) 계곡에는 두 개의 다리가 있다. 하나는 높이가 70m, 길이가 무려 137m나 되는 세계에서 가장 긴 휘청거리는 구름다리이고, 다른 하나는 고작 3m밖에 되지 않는 고정된 나무다리이다. 연구팀은 한 여성으로 하여금 다리를 지나는 남성들에게 접근해서 간단한 설문조사를 하게 했다. 그리고 설문이 끝날 무렵 그녀는 남자들에게 결과가 궁금하면 전화해 달라고 연락처를 건네주었다. 그 이후 구름다리에서 만난 남자들은 50%가 그 여성에게 전화를 걸어왔고, 나무다리에서 만난 남자들은 단지 12.5%만이 전화를 걸어왔다. 왜 이런 차이가 났을까? 아찔하게 높은 구름다리 위를 건너는 남성들은 공포감과 긴장감 때문에 스트레스 호르몬인 아드레날린이 분비되어 심장 박동이 빨라지고 호흡이 가빠졌다. 과도한 아드레날린이 분비되는 이러한 상황은 미녀를 만났을 때와 흡사하다. 따라서 높은 구름다리를 건너온 남성들의 뇌는 '아, 예쁜 여성을 만났기 때문에 심장이 빨리 뛰는구나!' 하고 착각하게 되어 그녀에게 전화를 걸었던 것이고, 고정된 나무다리를 건넌 남성들은 심장도 호흡도 안정적이었으므로 그녀가 매력적이라고 생각지 않았던 것이다. 구름다리를 건넌 남성들은 자신이 호흡이 빨라진 원인이 휘청거리는 구름다리에 있었다는 사실을 간과하고 그녀 때문이었다고 원인을 잘못 찾은 것이다. 이성에게 사랑을 고백받으려면 주왕산 꼭대기 구름다리라도 올라가야 하는 고생이 뒤따른다.

물에 대한 공로를 공정하게 배분하지 않고 상대방보다 더 많이 취하려는 태도를 자기중심적 오류(self-centered error)라고 한다. 자존적 귀인오류가 성공의 대가를 취하고 실패의 책임을 피하는 것임에 비해, 자기중심적 오류는 그 결과가 성공적이든지 아니든지 간에 공동의 결과물에 대한 공로를 상대방보다 더 많이 취하려는 것이다.

3. 욕구좌절과 갈등의 관계

인간의 욕구와 동기는 항상 만족되는가? 그렇지 않다. 어느 것은 만족되고 어느 것은 좌절된다. 욕구좌절(motives frustration)은 '어떤 종류의 장애물에 의해 동기의 만족이 방해받는 것'이다. 수업시간에 늦지 않으려는 동기는 교통혼잡으로 인해 방해받을 수 있다. 우리는 어려서 대통령이 되려고 하였다. 그러나 아주 소수 사람을 제외하고는 대다수가 좌절을 맛보았던 것이다. 이렇듯 일반적으로 좌절이란 용어는 동기의 만족을 방해받음으로써 생기는 불쾌한 감정의 뜻으로 쓰인다. 다음은 욕구좌절을 일으키는 것들이다.

/인/간/이/야/기/5-4/

오른손인가, 옳은 손인가

영어의 오른쪽(right)이라는 말은 오른손을 사용하는 것이 옳다(right)라는 의미로 사용되곤 한다. 이는 Right는 선이고, Left는 악이라는 가치관이 은연중에 암시되어 있다는 뜻이다. "왼손잡이가 옳다, 오른손잡이가 옳다."라는 말은 잘못되었다. 사실 왼손이나 오른손 중 한쪽 손만 능숙하게 쓰는 사람을 외손잡이라고 하며, 외손잡이 중 오른손을 사용하는 오른손잡이가 더 많을 뿐이다. 오른손이 옳은가 왼손이 옳은가보다 어떤 손이 더 능숙한가가 핵심이다.

흔히 쓰는 말 중에 좌우지간(左右之間)이란 말이 있다. 사람과 사람 사이를 뜻하는 인간(人間)이란 말처럼 글자 그대로 왼쪽과 오른쪽 사이를 말하는 것인데, 좌와 우 사이에서 중심을 잡으라는 의미를 갖는다. 우왕좌왕(右往左往)이란 말 역시 나쁘게만 받아들일 필요가 없다. 로댕의 '생각하는 사람'이라는 조각품은 오른손을 턱에 괴고 있다. 우리 주변에는 100명 중 90명은 오른손잡이이다. 그만큼 세상도 오른손 위주로 돌아간다. 그래서 매년 8월 13일을 왼손잡이의 날로 정해서 기념하는지도 모른다. 그만큼 왼손 혹은 왼손잡이는 대다수가 아닌 마이너리티를 상징하기도 한다.

김광규(1988)의 시 "왼손잡이"에는 다음과 같은 구절이 나온다. "남들은 모두 오른손으로 숟가락을 잡고 글씨 쓰고 방아쇠를 당기고 악수하는데 왜 너만 왼손잡이냐고 윽박지르지 마라 당신도 왼손에 시계를 차고 왼손에 전화 수화기를 들고 왼손에 턱을 고인 채 깊은 생각에 잠기지 않느냐 (중략) 당신에게도 왼손이 필요하고 나에게도 오른손이 필요하다 거울을 들여다봐라 당신은 지금 왼손으로 면도를 하고 있고 나는 지금 오른손으로 빗질을 하고 있다" 왼손잡이 시인인 그는 일상에서 겪는 왼손잡이들의 불편함을 묘사한다. 가위도 문고리도 오른손잡이 위주이고, 카메라, 노트북 등도 오른손잡이의 입장에서 설계되었으며, 지하철 개찰구도 오른손잡이가 이용하기 쉽게 되어 있다. 우리가 사는 사회는 알게 모르게 오른손잡이가 편한 사회였는지 모른다.

재미있는 가설도 있다. 오른손에 무기를 들고 상대를 타격할 때 상대의 심장을 최단거리에서 찌르기가 용이했다는 주장이다. 그래서 왼손에 방패를 들고 오른손에 무기를 잡게 되었다는 것이다. 생물학적으로 보면, 인간의 90%는 좌뇌가 우뇌보다 우월하다고 하는데, 좌뇌는 오른손과 연동된다. 사람들은 왼손잡이는 유전에 의한다고 오해한다. 왼손잡이는 특수한 것으로 여겨지는데, 왼손잡이가 유전에 의한 것이라면 왼손잡이의 부모들도 모두 왼손잡이여야 하는데 그렇지 않다. 왼손잡이는 악수할 때도 편하지 못하다. 악수는 오른손으로 하는 것으로 규범화되어 있기 때문이다. 왼손잡이로 태어난 자식에게 오른손을 사용하라고 강요하는 것도 현실이다. 아이가 왼손을 쓰면 부모들은 자꾸 오른손을 쓰도록 유도하거나 심지어 교정한다.

(1) 왜 욕구는 좌절되는가

① 물리적 장애

좋은 수확을 올리려는 농부의 기도를 좌절시키는 가뭄, 수업시간에 맞춰 도착하려는 일정을 방해하는 혼잡한 교통난 등이 물리적 장애이다.

② 사회적 환경

우리의 애정이 어떤 사람으로부터 거절당하는 것, 소수집단에 대한 사회적인 방해, 경제적 혼란이나 전쟁의 위협을 야기함으로써 확실성에 대한 동기를 좌절시키는 사회문제 등이 욕구좌절의 원인이 되는 사회적 환경이다.

③ 개인적 결함

음악가가 되고자 하는데 자신이 음치라는 사실을 알게 되는 것, 공군 조종사가 되고자 하는데 신체적 이상을 알게 되는 것과 같이 개인의 부족 때문에 우리들 중에 누구는 원하는 바를 이루지 못하는 경우가 흔하다.

④ 복수동기 간의 갈등

갈등에는 여러 가지 종류가 있다. 다음 항에서 갈등의 유형에 대하여 자세하게 설명할 것이다. 갈등이란 여러 가지 충돌되는 동기를 가지고 있을 때 더욱 증폭된다.

(2) 욕구좌절에 의한 갈등

이상의 욕구좌절의 네 가지 원인 중에서 가장 흔한 것은 복수동기들 간의 갈등이다. 이러한 갈등은 둘 또는 그 이상의 양립할 수 없는 동기들이 동시에 일어나기 때문에 생기는 것이다. 따라서 갈등은 불쾌한 정서를 초래한다. 동기가 갈등상태에 있는 사람은 불안과 불확실성을 경험하고 괴로워하며 고민을 하게 되므로, 갈등은 정상적인 행동에 잠재적인 위협이 된다.

내적인 준거에 따라 생활하려는 동기와 다른 동기 사이에서 한 가지 형태의 갈등이 발생한다. 예를 들면 대부분의 아동은 부모에게 복종적이고 부모를 존경하는 자신의 준거에 따라 생활하려는 욕망을 가진다. 그러나 가끔 부모에게 적개심이 일어나거나 반항하고 싶은 욕망이 일어나기도 한다. 실제로 그들이 이러한 행동을 하지 않더라도 그 욕망은 수치감이나 죄책감을 갖게 한다. 어른도 선생이나 사장에게 화를 내는 경우 가끔 자신의 자존심이나 사회적인 이미지에 대하여 비슷한 갈등을 경험한다. 어떤 사람들은 자립과 강인함을 요구하는 내적인 준거와 의존심과 애정을 보이고 싶은 동기 사이에서 갈등한다.

또 다른 형태의 갈등은 서로 다르면서 양립할 수 없는 목표의 두 가지 동기가 동시에 일어나는 경우이다. 예를 들어 성취동기와 친교동기는 반대방향의 동기이다. 그런데 시험 전날 좋은 학점을 받고자 열심히 공부하고 있는데, 친구들이 전화를 걸어 머리 좀 식히자고 제의해온다고 하자. 이때 두 가지 동기 중에서 단 한 가지밖에 만족될 수 없기에 갈등에 빠지게 되는 것이다. 게다가 어느 쪽을 택하여도 그 결정에는 불안과 대가가 따르기 마련이다. 공부 쪽을 택하면 친구 사이에 대한 걱정으로 불안해지기도 할 것이다.

① 접근–접근갈등

접근–접근갈등은 바람직한 목표로 접근하려는 두 가지 동기들 사이에서 일어난다. 그러나 두 가지 목표를 다 이룰 수 없으며, 그중 하나를 택하면 나머지 하나는 포기해야 한다. 여러 대안이 있을 경우도 마찬가지 고민을 하게 된다. 휴일에 친구가 놀이공원에 가자고 하는데 아빠는 가족끼리 동해바다에 다녀오자고 한다면 한쪽은 포기해야 한다.

② 회피–회피갈등

회피–회피갈등은 불쾌한 두 가지 이상의 대안들을 모두 피하려는 동기들이 존재할 때 일어난다. 예를 들어 당신이 내일 시험에 너무 긴장한 나머지 잠을 못 이룬다고 하자. 당신은 침대에서 뒤척이다가 수면제를 복용할 수도 있다. 그러나 수면제 복용은 내일 시험의 컨디션을 망칠 위험이 있다. 따라서 뒤척임도 피하고 수면제 복용도 피하고 싶다. 별로 친하지 않은데 결혼식 청첩장을 받았을 때 참석하자니 돈도 들고 귀찮고 모른척 하자니 욕을 먹을 것 같다면 회피–회피 갈등에 있는 것이다. 참석하기도 싫고 욕먹기도 싫은 상황에 우리는 자주 직면한다.

③ 접근–회피갈등

접근–회피갈등은 한 가지 동기를 성취하는 것이 바람직한 결과와 불쾌한 결과를 함께 초래하는 경우에 일어난다. 예를 들어 젊은 사람들이 결혼을 하려는 동기는 접근–회피갈등이다. 결혼은 여러 가지 좋은 점을 주지만, 책임감과 자유구속이라는 것도 부과되는 것이다. 자식을 낳는 것도 마찬가지이다. 자식을 낳아 기르는 즐거움과 뿌듯함은 동시에 걱정거리와 경제적 부담이 따른다.

④ 이중접근–회피갈등

이중접근–회피갈등은 갈등형태 중 가장 복잡한 형태로 바람직하고 불쾌한 결과를 동시에 가진 두 가지 목표들 사이에서 고민을 하게 될 때 일어난다. 예를 들어 소도시에 사는 한 여대생이 공인회계사가 되기를 원하고 있다. 그러나 공인회계사는 대도시에 가야 돈을 벌 수 있는데 대도시는 너무 삭막하고 비인간적인 삶이 될 우려가 있다. 그리고 그녀는 자기 아버지의 사업을 물려받아 소도시에서 살고 있는 남자와 사랑에 빠져 있다. 이럴 때 그녀는 어느 쪽을 택하여야 하는가? 이때가 가장 갈등이 심한 상태이다. 어느 것을 택해도 결과는 불쾌해지기 때문이다.

(3) 갈등의 기능과 종류

인간관계에 있어 갈등은 역기능적 차원만 있는가? 그렇지 않다. 로빈스(S.P. Robbins)는 극단적인 갈등수준은 순기능적이 될 수 없으나, 적절한 갈등수준은 조직에 좋은 영향을 줄 수도 있음을 시사했다. 결국 조직에 갈등이 전혀 없거나 아주 적다면 개혁을 추진한다거나 조직의 환경변화에 적응하기가 오히려 어려워질 가능성이 높아 조직성과가 저하될 수도 있다는 것이다. 그러므로 너무 높은 갈등수준이나 너무 낮은 갈등수준은 바람직하지 못하다. 스트레스도 마찬가지여서 어떤 일을 하면서 느끼는 어느 정도의 스트레스는 오히려 성과를 더 좋게도 한다.

집단에는 공동목표 달성을 위해 완수해야 하는 다양한 직무들이 있다. 멤버들은 이 직무들을 각자의 신분과 능력에 맞게 떠맡는다. 이것이 역할(role)이다. 조직에서 역할은 크게 둘로 나뉘는데, 하나는 조직의 목표를 수행하는 데 필요한 역할(과업역할)이며, 다른 하나는 집단 멤버들 간의 원만하고 우호적 인간관계를 갖기 위한 역할(유지역할)이다. 일단 역할이 정해지면 "그 역할은 이렇게 하는 것이다."라는 판단을 당사자 스스로도 하고 주변사람들도 한다. 당사자 스스로 "나는 이렇게 해야지."라고 인식한 역할이 역할지각(role perception)이고, 주변사람들이 "그가 이렇게 할 것이다."라고 추측(기대)하는 것이 역할기대(role expectation)이다.

직장에서 다른 사람과 업무를 수행하면서 일 때문에 혹은 사람 때문에 일으키는 갈등의 종류에 대하여 살펴보면 다음과 같다.

① 역할갈등

위에서 말한 역할지각과 역할기대가 일치하면 다행인데 그렇지 못하면 당사자와 주변인 사이에 역할갈등(role conflict)이 생긴다. 부하 쪽에서는 상사가 이렇게 하는 것이 상사의 역할이라고 생각하는데 상사는 상사역할을 다르게 인식

그림 5-5 갈등의 수준과 특성

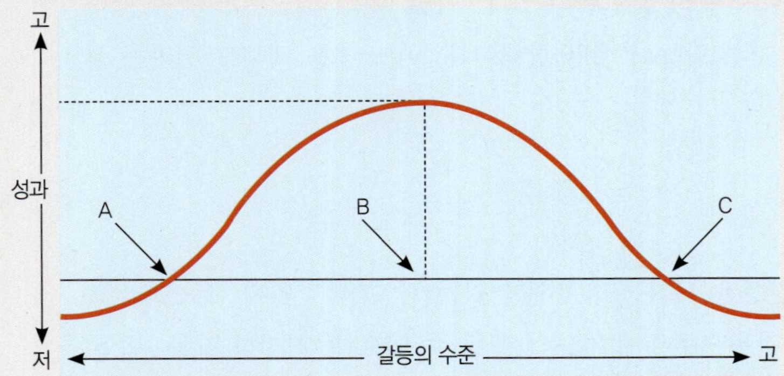

상황	갈등의 수준	갈등유형	특성	성과결과
A	저	역기능적	변화에 부적응 아이디어 부족	저
B	적정	순기능적	혁신적	고
C	고	역기능적	파괴적 혼란 이야기 불화	저

하면 여기서 역할갈등이 일어나는 것이다.

② 역할 마찰

한 사람이 사회생활을 하다보면 한 가지 역할만 하는 것이 아니라 여러 가지 역할을 수행해야 한다. 그런데 인간의 한계로 혹은 시간관계상 한 번에 한두 가지 역할만 수행한다. 이때 동시에 수행하는 역할과 수행 못하는 역할 사이에 마찰이 있게 되어 다른 당사자와 인간관계가 어긋날 수 있다. 예를 들면 한 회사의 팀장은 회사의 간부이기 때문에 노조에 가입할 수 없든지 경영자의 지시대로 움직여야 하지만 노조에 가입한 팀원들의 상사로서 부하직원을 보호해야 하는 의무도 있다. 이때 두 역할은 마찰을 일으키고 그 팀장은 매우 심각한 고민에 빠질 수 있다. 한편 직장에서의 역할과 가정에서 해야 하는 역할 사이의 마찰은 직장-가정갈등(work-family conflict)이라고 하는데 이는 종업원 스트레스의 매우 중요한 원인이 된다.

③ 역할과다

역할과다(role overload)란 역할수행자에 대한 요구가 역할수행자의 대처능력을 초과한 상태를 말한다. 즉 주어진 시간에 처리해낼 수 있는 것보다 더 많은 일을 수행하도록 지시받은 경우에 해당된다. 역할과다는 양적인 과다와 질적인 과다로 나눌 수 있는데, 역할담당자에게 너무 많은 일이 주어져 그것을 수행하는 데 시간이 부족한 경우가 양적인 과다이고, 과업이 너무 어려워 능력부족을 느끼거나 수준이하의 성과를 산출하는 경우가 질적인 과다이다.

/인/간/이/야/기/5-5/

역할 배우기

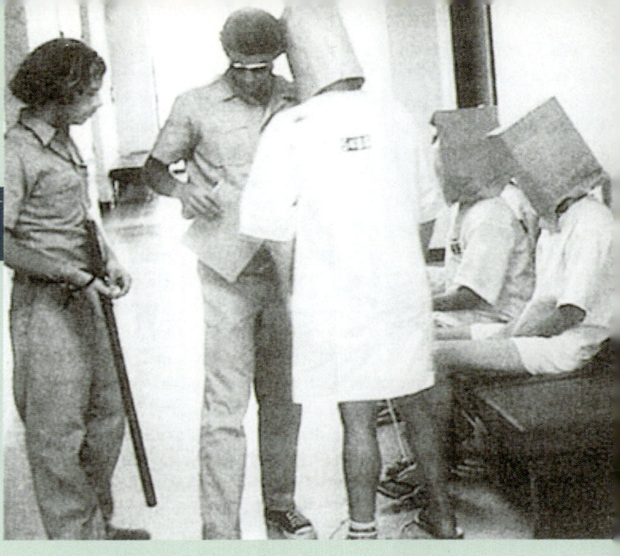

심리학자 Philip Zimbardo(미국 스탠포드대학) 교수가 1971년 대학원생을 상대로 '감옥 체험'이라는 실험을 했다. 평범한 대학원생을 모집해 죄수와 교도관의 역할을 맡기는 롤플레잉(role playing)이었다. 경찰과 교도소 및 장기수의 조언을 얻어 기숙사를 교도소와 똑같이 개조하고, 학생들을 동전 던지기로 죄수와 교도관으로 나누었다(사진). 교도관 역할을 맡은 학생들은 카키색 제복을 입고 시선을 감춰주는 짙은 선글라스를 착용하고 경찰봉을 휴대하도록 했다. 죄수 역할의 학생들은 수갑과 포승으로 체포되어 지문을 찍고 발가벗겨진 채 온몸에 소독약이 뿌려졌다. 그리고 번호가 이름 대신 사용되었다. 감옥생활의 현실감을 위해 친척과 친구의 면회도 허용됐다. 실험이 시작되고 곧 죄수들은 간수들의 권위를 인정했고, 가짜 간수들은 자신들의 역할을 금방 터득했을 뿐만 아니라 지나치게 역할수행에 충실했다. 간수들이 반발을 시도하려는 죄수들을 진압했을 때 죄수들은 점점 소극적으로 변했다. 무슨 벌을 주든지 모두 굴복했다. 맨손으로 화장실 청소까지 했다. 간수들의 지나친 탄압과 죄수들의 폭동으로 인하여 2주 예정으로 시작된 실험은 엿새 만에 중단되었다. 간수와 죄수의 경험이 전혀 없던 대학원생들이 자신들의 역할수행을 너무나 철저히 했던 것이다. 도대체 그런 역할을 어디에서 배웠을까?

④ 역할모호성

역할모호성(role ambiguity)은 역할수행자가 수행해야 할 바에 대한 불확실성이라고 단순히 정의할 수 있다. 칸(R.L. Kahn)은 주어진 직무에서 필요로 하는 유용한 지식의 결여 상태라고 정의한다. 결국 역할모호성은 조직구성원이 자신의 역할을 수행하는 데 필요하다고 느끼고 있는 정보를 보유하지 못하거나 전달받지 못한 경우에 발생한다.

4. 갈등의 발생과 해결

(1) 갈등발생의 원인

직장에서 갈등을 일으키는 요인은 너무나도 많다. 갈등원인을 개인적 요인이 아닌 조직에서 발생할 요인들로 설명하면 다음과 같다.

① 상반된 목표

개인의 목표와 집단 및 조직의 목표가 상이하다든가 복수의 지시 혹은 명령이 서로 상반될 때 갈등은 일어날 수 있다.

"넌 하필이면 우리가 낮잠 잘 때
꼭 못을 박아야 하겠냐?"
"댁들은 왜 하필 지금 낮잠을 주무세요?"

② 조직에서의 전문화

기존 조직이 새로운 변화의 움직임을 보일 때 이에 대한 불안이 조직 내에 확산된다. 특히 전문화의 강도가 높아가고, 조직의 구조가 점차 세분화될 때 갈등이 유발되기도 한다. 한 사람이 의자를 모두 만든다면 다른 사람과의 갈등의 여지가 적다. 하지만 의자 디자인하는 사람, 나무 자르는 사람, 못 박는 사람, 페인트칠하는 사람으로 전문화한다면 갈등이 시작된다. 못 박는 사람이 나무 자르는 사람에게 빨리 잘라달라고 채근해야 한다든지 디자인하는 사람이 게으름을 피우면 그다음 일을 맡은 사람들의 작업이 모두 늦어지므로 퇴근이 늦어진다든지, 심지어 서로가 상대편이 무슨 일을 하는지 알지도 못한다. 이 모두가 갈등의 원인이 된다.

③ 상호의존성

조직 내에서 혼자서 일을 한다는 것은 의미도 없을뿐더러 그런 일 자체가 거의 없다. 그러다보니 사람들은 상호의존성을 가지고 협업 · 분업을 한다. 이때 작업자 간의 상호의존성이 높으면 내 자신의 통제 가능성이 작아진다. 내가 잘해서라기보다는 남이 잘 도와줘야 일을 마칠 수 있기 때문이다. 이때 협조 · 협력이 안 되면 갈등이 생길 수 있다. 앞의 예에서 나는 의자에 못질을 잘했는데 다음 사람이 페인트칠을 잘못하면 의자가 안 팔린다.

④ 커뮤니케이션 장애

전달자와 수용자 간의 인지 및 태도의 차이가 아니더라도 조직 내의 여러 요인으로 인해 커뮤니케이션 경로에 왜곡현상이 생기기도 한다. 특히 중요한 사안에 대한 커뮤니케이션 왜곡현상은 곧 갈등으로 연결된다. 서로 다른 장소에서 다른 경험을 가지고 작업하기 때문에 상대의 입장을 이해하기 어렵고 이것이 서로의 소통을 저해한다.

⑤ 불확실성

개인은 오늘의 결정이 내일의 행복을 가져다주는 사안에 대하여 정확하고 객관적으로 평가하여 결정내리고자 한다. 미래를 명확하게 예측할 수 있다면 의사결정에 어려움이 없을 것이다. 그러나 미래에 대한 불확실성, 환경변화에 따른 불확실성 등 여러 가지로 혼란한 가운데 의사결정에 대한 어려움을 느끼게 된다. 이러한 불확실한 상황이 계속되면 개인은 만족보다는 불만족할 가능성이 높아진다.

(2) 갈등축소를 위한 몇 가지 방안들

① 갈등의 감소

공식적 커뮤니케이션을 비공식적 커뮤니케이션으로 변경한다든지, 다단계 커뮤니케이션 경로를 단축한다든지 하여 정체된 내부조직의 분위기를 쇄신하는 것이 갈등의 축소방안이 될 수 있다. 지나치게 전문화된 부서를 통폐합하든지 상호 업무를 교차시켜 상대방의 입장을 이해하도록 하는 것도 갈등축소의 한 방법이다.

/인/간/이/야/기/5-6/

소외라는 병

사람을 다루는 것이 주업인 경영자들도 자기가 거느리고 있는 부하들이 가지고 있는 갈등에 대해서 주목하지 못하는 경우가 흔하다. 방침을 정하면 밀어붙이고, 따라오지 못하는 사람들을 원망하고 차별대우한다. 적극적인 사람 가운데는 상사 말에 무조건 순종하는 '예스맨'과 상사명령을 가려서 따르는 '비판적인 부하'가 있다. 소극적인 사람 가운데서도 상사에게 복종하는 '순종자'와 별 반응을 보이지 않는 '소외자'가 있다. 자신의 말을 비판 없이 따르는 예스맨들을 중용하고, 순종자들에게 일의 대부분을 맡기는 상사가 적지 않다. 예스맨이나 순종자들에게 맡기면 일은 속도감 있게 진척된다. 지적하는 소리도 없고 분란도 적다. 비판이 없으니 단합이 잘되는 느낌마저 든다.

그러나 이런 갈등 없는 사람들이 모여 있는 조직이 잘될 리 없다. 부서장이 생각 못한 아이디어가 나올 여지가 없고, 부서장을 넘어서는 인재가 자라나지 않기 때문이다. 그래서 나머지 두 부류의 집단, 즉 비판적인 부하와 소외자를 어떻게 관리하느냐가 경영자의 핵심과제가 되는 것이다. 비판적인 부하는 부서장들이 마음만 바꾸면 흡수할 수 있다. 상사가 "듣기 싫은 소리에도 귀를 열겠다."는 자세만 갖추면 적극적이고 능동적인 이 인재들은 스스로 알아서 부서를 바꿔놓고 새로운 일을 만들어간다. 정작 관리하기 어려운 것이 바로 소외자들이다. 갈등을 드러내지 않고 비판할 것은 있지만 속을 드러내지 않는 사람, 회의 때 침묵하는 사원, 도대체 뭘 좋아하는지 알기 어려운 직원들 말이다. 이들이 그대로 고독한 채 버려진다면 조직은 고만고만한 사람들의 놀이터가 되고 만다. 고독한 사람들도 뭔가 하나는 좋아하는 게 있다. 이들을 일로 '흥분'시킬 수 있어야 한다. 이들이 소극적인 천성에서 벗어나 큰 소리 낼 수 있는, 미친 듯이 매달릴 수 있는 무엇인가를 찾아줘야 한다. '직원의 고독'도 상사의 책임이란 얘기다.

② 사전제거

역기능적 갈등은 발생하기 전에 제거해버리는 것이 조직에 도움이 된다. 그러기 위해서는 불필요한 경쟁을 피하고 상호의존성에 입각하여 조직의 구조나 구성원들을 변화시키는 방법이 좋다. 그러면서 공동의 목표를 설정하여 구성원이 맡은 바 사명을 다하도록 집단내부의 응집성을 강화시켜나간다. 예를 들어 혼란기에 독재자들이 공동의 적을 상정해놓고 국민화합을 강조하는 것과 같은 이치이다.

③ 사후관리

이미 갈등이 발생했다면 이를 해소해야 한다. 그러기 위해서는 문제를 발생시킨 원인을 찾는 것부터 시작해야 할 것이다. 그런 다음 그 문제를 해결해야 한다. 또 조직의 목표가 너무 달성하기 쉬운 것이라면 목표달성을 위해 매진할 필요가 없다. 따라서 약간은 난이도가 있는 상위목표를 설정하여 조직구성원이 그 목표의 달성에 매진할 때 자연히 갈등이 완화되기도 한다. 그러면서 갈등을 일으킬 만한 의사결정에 대하여 잠시 결정을 유보한다거나, 갈등당사자들의 접촉기회를 줄여줌으로써 갈등상황을 제거하는 것도 중요하다. 물론 회피가 불가능하다면 경우에 따라 강력한 압력을 행사하는 것도 적절한 갈등해소법이다.

5. 갈등관리전략

갈등이 조직에게 역기능은 물론 순기능으로 작용한다면 갈등을 효과적으로 관리하여 순기능을 유지하거나 극대화하면서 역기능을 줄여나가는 것이 갈등관리의 목적이 된다. 갈등을 효과적으로 관리하는 기법들이 다양하게 개발되었는데 그중 고든(J.R. Gordon)은 개인 간 갈등관리의 구체적인 해결방안을 회피, 순응, 타협, 강압, 협동, 문제해결 등 여섯 가지로 주장한다. 로빈스(S.P. Robbins)는 갈등 해소방안으로서 문제해결, 상위목표의 도입, 무마, 인사이동, 감수성 훈련, 타협, 회피, 구성원 교류, 자원의 확충 등을 들었고, 루싼스(F. Luthans)는 문제해결, 상위목표의 제시, 자원의 증대, 회피, 타협, 상사의 명령, 공동의 적 설정, 인적 변수의 변경, 조직구조의 변경 등을 갈등관리기법으로 설명하였다.

/인/간/이/야/기/5-7/

같이 보며 다르게 생각하기

「능엄경」에 "너희는 왜 우물을 판다고만 하느냐? 우물을 메운다고는 못하느냐?"라는 대목이 있다. 땅의 흙을 파 들어가는 것은 분명 우물을 파는 것이지만 이것은 흙을 기준으로 한 표현이지 공기를 기준으로 한 표현은 아니다. 공기를 기준으로 한다면 공기로 흙을 메우는 행위가 바로 우물을 만드는 작업이다. 다시 말해 우물을 판다고밖에 표현을 못하는 것이 바로 한쪽으로 집착되어 있는 시각이다. 한 삽의 흙을 떠내면 한 삽의 공기가 들어가야 한다. 공기가 들어가지 않으면 흙을 들어낼 수 없다. 세상 이치란 기실 동전의 양면인데 우리는 항시 한쪽 면만을 보고 거기에 집착하여 옳다 그르다 하니 바른 판단을 할 수 없다는 뜻이다.

인간은 아주 불완전한 존재이다. 달은 낮에도 떠 있건만 눈에 보이지 않으니 낮에는 하늘에 달이 없는 것으로 잘못 여기게 된다. 인간의 눈은 카메라의 렌즈와 확연히 다르다. 예를 들어 목격자는 범죄행위의 일부분을 목격했음에도 불구하고 생각 속 상상을 본 것인 양 이야기하며 주장을 굽히지 않는 경우가 있다. 또한 똑같은 대상이나 자극을 놓고도 개인의 조건, 경험, 학력, 나이, 성, 욕구에 따라 해석을 다르게 하기도 한다.[1] 과장이나 부장과 같은 중간관리자들은 자기자신의 업무 스타일이 명령과 지시보다는 설득이나 참여적이라고 생각하고 있지만, 부하들이 그 과장이나 부장을 평가할 때는 오히려 설득이나 참여가 부족하고 명령과 지시를 내리는 권위적인 인물로 볼 수 있는 것이다. 경영자들이 지각이론을 기업경영과 조직 내 인간관계 개선에 응용하려는 것도 이런 점에서 두드러지고 있다. 인사선발이나 업적평가 등 조직 내 일상적으로 일어나는 사람들 간의 차이를 줄여야만 갈등을 줄일 있으며, 그로 인해 효율적인 의사소통이나 의사결정을 이룰 수 있기 때문이다.

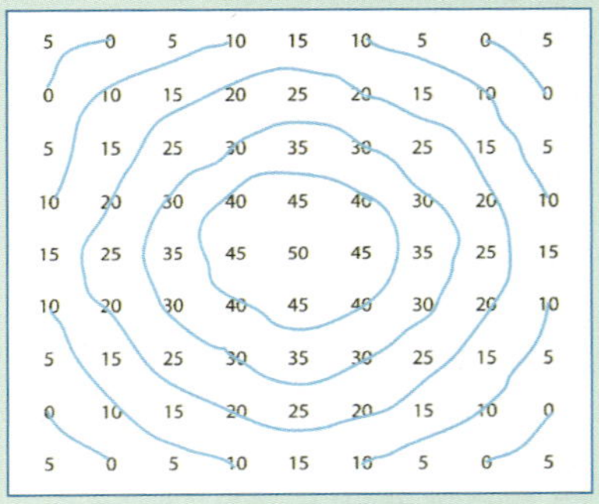

회사 내에서 동일한 문제를 놓고도 부서마다 다른 견해를 내놓기도 하고, 직급 계층 간에도 해석과 판단에 차이가 날 수 있으며, 직원들의 판단과 경영진의 판단이 전혀 다를 수도 있다. 일을 하면서 느끼는 만족감이나 상사의 인정, 칭찬, 자율권의 보장 등이 직원들에게는 아주 중요한 규범이 되겠지만 경영진이 볼 때는 별 관심 사안이 아닐 수 있는 것이다.

월튼과 메커시(R.E. Walton & R.B. McKersie)는 갈등의 해결을 의사결정과 관련시켜 다양한 협상과 교환의 과정들로 나누어서 논하였다. 이것은 조직갈등 상황에서 어떻게 의사결정이 이루어져야 하는가에 대한 일종의 전략적인 문제를 제기한다. 사이몬과 마치(H.A. Simon & J. G. March)는 갈등해결방법으로 문제해결, 설득, 협상, 정치협상이라는 네 가지 방법을 제시하고 있다. 또 그들은 당사자 간에 공동결정의 필요성이 적을수록 분석적 해결방법(문제해결, 설득, 계산, 판단)을, 공동결정의 필요성이 많을수록 비분석적 해결방법(협상, 정치, 타협, 영감)을 적용하기 마련이라고 보고 있다.

밀턴(C.R. Milton)은 제삼자의 중재, 무마, 억압, 회피, 상위목표의 도입, 자원

1) 위에 제시된 그림을 보고 연상(association)되는 것이 무엇인지 써보는 실험을 했다. 사람들의 생각은 직업에 따라 큰 차이를 보였다 : 목재상-나이테, 수사관-지문, 시계수리공-태엽, 약사-모기향, 천문학자-별자리, 지리학자-등고선, 간호사-회충, 가구상-용수철, 아이-달팽이, 허약자-현기증, 전기상-전기코일, 시인-파문.

그림 5-6 갈등해소기법

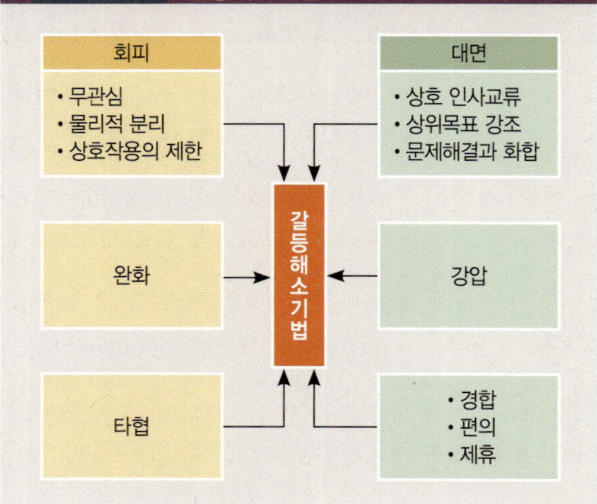

확장 등의 방법을, 마일즈(R.H. Miles)는 물리적 분리, 상위목표의 도입, 공동의 설정, 카운슬링 등의 방법을 제시하였다. 디프(S.D. Deep)는 역기능적 갈등의 해결방안으로 회피, 완화, 강압, 협상과 대결을, 블레이크(S. Blake) 등은 후퇴, 완화, 타협, 강압, 문제해결 등을 들었다. 이하에서는 이들의 주장을 종합하여 개인 간에 발생하는 갈등의 문제를 해결해나가는 방법에 대해 갈등의 관리기법으로 설명하고자 한다.

개인 간 갈등이란 개인과 개인 간의 인간관계에서 발생하는 갈등으로서, 조직구성원들 각자가 추구하는 목표, 가치관, 신념, 사고방식, 태도 등의 차이로 인하여 구성원들 간에 발생하는 갈등을 말한다. 이는 실질적 갈등과 감정적 갈등으로 분류할 수 있다. 실질적 갈등이란 정책, 실무, 계획, 활동에서의 견해차이 등으로부터 발생되는 갈등이고, 감정적 갈등이란 불안, 불신, 거부 등의 부정적 감정으로부터 발생하는 갈등이다. 감정적 갈등은 협상이나 문제해결방식 등으로는 해결되지 않지만, 실질적 갈등은 제삼자의 조정 등으로 해결이 가능하다. 따라서 구성원 개인 간에 겪는 갈등은 구성원들의 상호작용에서 매우 중요하며 개인 간 갈등에 대한 일반적 갈등해소기법에는 **그림 5-6**과 같은 것들을 고려해볼 수 있다.

(1) 회피

갈등문제로부터 물러나거나 회피함으로써 자신뿐만 아니라 상대방의 관심사마저 무시하는 방법으로서 안전욕구, 사회적 존경의 욕구, 자존심 욕구 간의 심리적 갈등으로 인해 야기되는 것이 보통이다. 이는 회피의 개념에서 무관심, 물리적 분리, 상호작용의 제한과 같은 방법이 강구될 수 있다는 의미이다. 현명한 사람은 타인과 갈등이 시작될 것 같으면 슬그머니 물러나든지 다른 곳으로 가버린다. 특히 술 마시고 싸움을 걸어올 것 같으면 일단 자리를 피하였다가 다음날 만나면 커다란 싸움을 미연에 방지할 수 있다.

"싸우지 않으려면 우리가 따로 떨어져 일을 해야 해!"
"근데 너는 우리 회사에서 무슨 일을 맡았냐?"

① 무관심

이는 관리자가 갈등으로 발생할 수 있는 상황을 무시하는 것을 의미한다. 마치 아무 일도 없는 것처럼 지내다보면 어느 사이에 일상으로 되돌아온다. 혹은 다른 방안을 모색하거나 그 같은 갈등상황이 시간이 지남에 따라서 스스로 해결되도록 우선 적극적 대책을 취하지 않고 무시해버리는 것이다.

② 물리적 분리

이는 갈등상태의 당사자들을 물리적으로 분리시켜 상호작용을 하지 않도록 함으로써 갈등을 절감시키는 것이다. 두 사람을 강제로 서로 다른 업무에 배치하여 업무상 상호의존성에서 벗어나게 만든다든지, 두 사람이 매일 싸운다면 한두 달 안 만나게 하는 것도 방법이다.

③ 상호작용의 제한

이는 갈등상태에 있는 당사자들에게 한정된 범위 내에서 최소한의 상호작용만을 허용하는 것을 의미한다. 또한 불가피한 상호작용은 명확한 조건이 있는 회합 등과 같이 공식적인 상황에서만 허용한다.

따라서 회피라는 것은 어떤 이슈가 사소하거나 중요한 이슈가 긴급한 경우, 갈등 당사자들을 진정시키고 사고력을 부여하려 할 경우 등에서 적절하게 이용될 수 있는데, 갈등의 핵심적 원천을 밝혀주지 못한다는 점 때문에 일반적으로 비효율적인 갈등관리전략이라고 할 수 있다.

(2) 완화

완화는 갈등을 통제하고 공개적인 충돌을 피하도록 갈등을 야기하는 당사자의 이견이나 상반되는 주장을 무시하고 유사성이나 공동이익을 강조함으로써 갈등을 해소시켜보려는 방법이다. 갈등 당사자들의 유사함과 공통적인 관심을 강조하면서 차이점을 줄이다보면 처음 생각한 것처럼 그들이 상반된 존재가 아님을 인식하게 된다. 이렇게 갈등 관리자가 갈등 당사자의 감정이 식을 때까지 시간을 끌 필요가 있을 때 완화를 사용하는 것이다. 사소한 것에는 동의하면서 중요한 문제에 대해서는 충분한 정보가 수집될 때까지 기다리므로 이 방법은 실질적 갈등보다 감정적 갈등의 경우에 더욱 유리하며, 잠정적으로 폭발 가능성이 있는 갈등상황을 제거할 출발점으로서 유용하다.

(3) 타협

타협은 갈등 당사자가 대립되는 주장을 부분적으로 양보하여 공동의 결정에 도달하도록 하는 기법이다. 타협에는 당사자 간의 협상과 제삼자에 의한 중재가 있다. 따라서 타협은 회피나 완화보다 적극적인 수단이 되지만 갈등 당사자 모두에게 절대적 만족을 주는 것이 아니고 다소의 양보가 이루어지는 것이 보통이므로 갈등 관리자는 갈등의 근본적인 원인보다도 노출된 문제에 대해서만 타협점을 찾기 쉬우며, 모든 사람이 인정할 수 있는 부가적인 대안을 개발하고 조사하기보다는 표출된 현상만을 인정하려 한다는 단점을 가지고 있다.

(4) 대면

대면은 갈등 당사자들이 만남을 통하여 갈등요인이 되고 있는 문제들을 분석하고, 의사소통을 통하여 협상이나 정치적 타결을 가져와 서로 양보하여 갈등을 감소시키는 방법이다. 대면방법은 상호 인사교류, 상위목표 강조, 문제해결과 대면회합으로 구분할 수 있다.

① 상호 인사교류

이는 일정기간 동안 인사교류를 함으로써 갈등을 해소하는 방법으로, 서로 상대방의 입장에서 이해할 수 있고 대화를 나누며 문제해결을 할 수 있다. 하던 일을 서로 바꿔서 하게 한다든지 상대의 진영에서 며칠을 보내도록 하는 것이 이 방식에 속한다.

② 상위목표 강조

이는 갈등 당사자들의 주의를 한곳으로 모을 수 있는 공통적이고 중요한 목표를 설정함으로써 갈등을 해소하는 전략이다. 두 당사자가 서로 다른 관심사를 주장하며 갈등상태에 있을 때 그들에게 그러한 관심사보다 더 큰 상위목표를 부여하는 것이다. 물론 이 상위목표는 두 당사자에게 모두 더 큰 보상이 되든지 더 많은 손해를 피할 수 있는 것이어야 한다. 한 나라 안에서 여야가 서로 극단적으로 대립하여 갈등이 심화되어 있을 때 외세의 침입이 시작되면 그들의 공통 관심은 국가방어라는 상위목표에 집중하게 되므로 양자의 갈등이 사라지고 공동목표를 위해 서로 협력하게 된다.

③ 문제해결과 대면회합

문제해결에 초점을 맞추고 갈등의 원인을 찾기 위해 갈등 당사자가 함께 대면하도록 하는 것이다. 이의 목표는 갈등 당사자로 하여금 각자의 견해를 밝히고 서로가 열린 커뮤니케이션을 통해서 상대의 입장을 이해하여 갈등을 줄여나가는 것이다. 처음에는 태도와 지각에 있어서 서로의 차이점으로 인한 갈등상태가 큰 것 같지만 견해를 교환하고 입장을 시인하는 과정에서 같이 일할 수 있게 되기도 한다.

/인/간/이/야/기/5-8/

리바이어던

인간의 본성이 권력을 쟁취하고 자신의 권력을 최대한 강하게 해서 타인을 지배하려는 것이라면 왜 사람들은 경찰이나 대통령에게 권력을 내주었을까? 이유는 간단하다. 토머스 홉스는 사람은 사람에게 있어 늑대이며, 결국은 만인의 만인에 대한 투쟁이라고 하였다. 인간늑대들이 모두 한 우리 안에서 모여 산다고 치자. 서로 먹을 것을 두고 다투다가 상처도 나고 죽기도 할 것이다. 먹을 것을 많이 쟁취해놓고도 밤에 편히 잠을 잘 수 없으리라. 왜냐하면 누군가가 훔쳐갈지도 모르니까. 그래서 며칠 밤을 꼬박 새우면서 깨달은 바가 경찰을 선출하자는 것이었다. 모두가 먹을 것의 일정량을 떼어서 경찰에게 주고 권한도 주고 그의 말에 복종하기로 약속하였다. 남의 것을 강제로 빼앗거나 밤에 남의 것을 훔치는 자는 경찰이 벌을 주도록 하는 데 모두가 동의한 것이다. 그 이후로 인간늑대 집단은 모두가 편히 잘 수 있었다. 경찰에게 권한을 소량을 위임하면 큰 살인범을 다스리지 못하고 패거리 싸움을 말릴 수 없다. 그래서 경찰에게 권한을 더 많이 위임할수록 더 편히 잘 수 있다는 것도 나중에서야 깨닫는다. 회사늑대들도 마찬가지이다. 서로가 늦게 출근하려 하고 어려운 일은 서로 미루려고 한다면 회사목표를 달성할 수 없고 회사원 모두가 실업자가 되고 만다. 홉스의 저서 『리바이어던』의 겉표지 그림(사진)은 커다란 괴물이 마을사람들, 집들, 교회당을 손아귀에 넣고 통제하는 모습이다. 괴물이 크고 무서울수록 개인 간, 집단 간, 교파 간의 싸움이 없어지고 마을은 평화로워진다. 그가 말한 괴물은 경찰일 수도 있으며 왕 혹은 국법(國法)일 수도 있다. 경찰을 선출하게 된 근본 취지를 잊지 않는다는 전제하에서 괴물의 크기는 클수록 평화로운 사회가 될 것이다. 이 괴물의 하수인들은 모두가 합법적 권력을 사용하여 늑대마을을 통치한다.

(5) 강압

강압적 방법으로 갈등을 해결하려는 것으로 권한과 지위가 있는 상사에게 의뢰하여 결정권을 일임한다. 그러나 강압은 조직변화를 가져오기는 하지만 장기적 결과를 고려하지 못한 편의주의에 빠질 우려가 있다. 또 이러한 독재적 억압은 직접적이지 않으나 갈등을 파국적 결과에 이르게 하며, 이 방법을 사용하게 되면 복종하게 할 수는 있으나 그 복종은 악의에 찬 복종일 뿐이므로 그 효과가 장기적으로 지속되지는 않는다.

하지만 때로는 제삼자의 강압이 갈등을 잠재우고 조직을 살리는 경우도 있다. 어린 자녀들의 싸움에 부모가 개입하여 해결하는 경우라든지 종족 간 갈등이 멈추지 않던 아프리카 부족들 사이에 강력한 통치자가 나타나면 모든 것이 안정되고 평화가 찾아오는 경우가 그렇다.

(6) 기타

그 밖에도 개인 간 갈등의 해소전략에는 다른 사람의 논쟁에 대해서 지지하고 집착하는 '경합', 다른 사람이 자신의 지위를 양보하는 '편의', 다른 사람과 자신의 모든 정보를 교환하고 그가 나와 같이하도록 고무하는 '제휴' 등이 있다.

이상의 개인 간 갈등에 대한 해결방안을 보다 구체적으로 설명하면 다음과 같다. 첫째, 양자가 모두 자기의 목표달성을 이룩하지 못해 손해를 보는 방법으로는 갈등 당사자가 상대방에 어느 정도의 대가를 치루는 방법과 타협이나 논쟁의 절충, 그리고 제삼자나 중재자를 이용하는 방법 등이 있다. 둘째, 누가 이기거나 승자를 결정하는 방법이 있다. 한 당사자는 자기의 목표나 이익달성에 있어서 승리의 결과를 낳고 그 상대방은 패배의 결과를 낳는 방법으로, 양자 간의 대결이 여기에 해당된다. 셋째, 양자가 모두 이익을 보는 방법이 있다. 갈등 해결에 있어서 가장 바람직한 방법으로, 상대방을 꺾고 승리하는 데 역점을 두는 것이 아니라 문제의 해결에 초점을 맞춘다.

토 론 합 시 다 5 - 1

상대에 대한 오해와 편견

지금까지 지내오면서 자신이 가졌던 어떤 상대에 대한 편견과 오해, 마음에 들지 않았던 점에 대해 토론해보자.

1. 그에 대해 가장 싫었던 점은 무엇인가?
2. 다른 사람에게도 그 점이 그렇게 싫게 비칠까?
3. 나 역시 그러한 행동을 하거나 그런 단점을 갖고 있지 않은가?

토 론 합 시 다 5 - 2

매력포인트

타인에게 매력을 느끼도록 하려면 어떻게 해야 할까? 책의 내용과 다른 매력요소를 50가지 나열하고, 그중 가장 중요하다고 생각하는 것 5가지를 선택한 다음, 나열한 것과 선택한 것을 모두 발표하고, 왜 선택했는지 그것이 왜 중요한 것인지를 설명하라.

1. 태어난 제반 여건에서 매력을 높이는 방법은 무언인가?
2. 두 사람이 서로 매력을 느끼면 그렇지 않은 관계보다 싸움을 덜하게 될까?

토론합시다 5 - 3

갈등해결책

시어머니와 며느리의 갈등은 예로부터 유명하다. 옛날에 시어머니와 앙숙인 한 며느리가 있었다. 며느리는 시어머니가 죽기만 기다리다가 참다못한 나머지 점쟁이를 찾아가서 묘안을 구했고, 점쟁이는 그에게 한 가지 방책을 알려주었다. 노인에게 하루에 계란 한 개씩을 기름에 부쳐주면 생명이 단축된다는 것이었다. 며느리는 그다음 날부터 즉시 실천에 옮겼다. 이렇게 며칠이 계속되자 며느리 험담만 하고 다니던 시어머니가 우리 며느리는 없는 살림에도 날마다 계란 한 개씩을 꼭 지져준다고 온 동네에 칭찬을 하였고, 며느리한테 잘해주기 시작했다. 이러한 시어머니의 태도돌변에다 자기를 칭찬하고 다닌다는 소문을 들을 며느리도 어느덧 시어머니를 좋아하게 되었다

★ ★ ★

1. 위의 글을 읽고 우리의 일상생활에서 유사한 예를 찾아보자.
2. 여러분이 점쟁이라면 어떤 방책을 알려주겠는가?

〈국가간 갈등의 원인은 개인?〉

제 6 장

모티베이션과 인간관계

6장의 구성

학습목표

1. 동기의 이해
2. 모티베이션의 활용 이해
3. 모티베이션의 내용이론 이해
4. 모티베이션 과정이론 이해

핵심키워드

동기, 욕구, 본능, 모티베이션, 목표관리, 행동수정, 직무설계, 욕구단계설, X이론, Y이론, ERG이론, 2요인이론, 기대이론, 공정성이론

06 모티베이션과 인간관계

들어가면서

모티베이션(motivation)이란 목표를 향한 자발적인 행동을 끌어내고 충동하고 계속하게 하는 과정을 총칭한다. 욕구는 모두 충족되는 것이 아니라 좌절되거나 다른 행동으로 표출될 수 있는데, 복수동기들 간의 욕구좌절로 갈등이 야기되기도 한다. 모티베이션을 이해해야만 인간관계를 제대로 파악할 수 있다.

1. 동기란 무엇인가

인간은 누구나 마음속에 여러 가지 욕구(needs), 즉 원동력인 동기(motives)를 가지고 있다. 그중에서 가장 강한 욕구에 대해서 달성할 가능성 혹은 기대가 큰 목표를 설정하며, 이것이 유인이 되어 그 욕구를 채우려고 어떤 행동을 하게 된다.

그렇다고 특정인의 어떤 행동을 보고 무슨 동기에서 그런 행동을 했는지 밝혀내는 것은 그리 쉬운 일이 아니다. 심지어 자기자신의 동기에 대하여 남에게 이야기할 때에도 확신을 가지고 말하기가 어렵다. 즉 나 자신의 행동을 놓고도 그러한 행동이 어디에서 출발했는지 원인을 찾기가 쉽지 않다. 거미가 거미줄을 치는 것이나 연어가 강을 거슬러 올라가는 것 혹은 새가 둥지를 트는 것은 본능 때문이다. 인간도 동물의 일종이기 때문에 본능에 의해 행동한다고 가정해도 좋은가? 인간은 보금자리를 마련할 때 새가 둥지를 트는 것과 달리 선천적인 본능에 따르기보다 사용에 편리하도록 혹은 상상력에 따라 융통성 있게

표 6-1 본능 17가지

모방(imitation)	경쟁(rivalry)	호전성(pugnacity)	동정심(sympathy)
탐구(hunting)	공포(fear)	탐욕(acquisitiveness)	건설(constructiveness)
유희(play)	호기심(curiosity)	사교성(sociability)	수줍음(shyness)
숨김(secretiveness)	청결(cleanliness)	질투(jealousy)	사랑(love)
모성애(mother love)			

"빨리 올라가야지!"
"빨리 올라와! 그냥 허공이야!"

설계한다. 다시 말해 인간행동을 유발시키는 어떠한 '힘'이 존재하는데 그 힘이란 충동(drives)이나 욕구와 같은 것일 수도 있고, 또는 제임스(W. James)가 주장하는 17가지 본능 중 어느 것일 수도 있다. 제임스는 인간의 강력한 본능을 **표 6-1**과 같이 17가지로 간추렸다.

그래서 동기란 개인에게 가치 있다고 생각되는 목표에 도달하고자 하는 욕망이라고 정의할 수 있다. 다양한 동기 중 여기서는 중요하다고 판단되는 여섯 가지 동기에 대해 더 생각해보도록 한다.

(1) 성취동기

성공하려는 욕망, 즉 어떤 과제나 직장에서의 업무를 잘 완수하려는 욕망이 바로 성취동기(achievement motives)이다. 왜 이런 동기가 발생하는가? 어린 자녀가 퍼즐 한 개를 맞춰 넣는다든지 유모차에 잘 올라타면 부모는 잘했다고 칭찬하고 박수를 친다. 이때부터 아이의 성취동기는 자란다. 그 아이가 퍼즐을 맞추거나 블록으로 집을 완성하는 과정에서 중도에 포기하지 않고 끝까지 계속하여 완성을 하고 박수를 치며 희열을 느끼는 것은 바로 성취동기 때문이다. 물론 성취에 뒤따르는 부모의 환호와 칭찬이 쾌감으로 이어지고 그것이 바로 성취동기를 자극하고 키워주는 셈이다.

그림 6-1 성취동기에 관한 실험

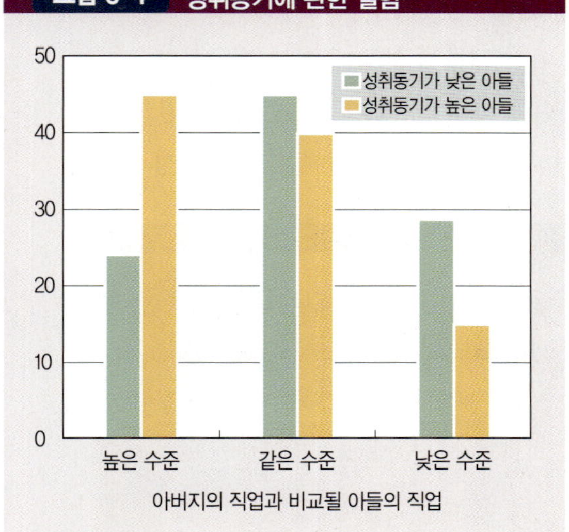

직장인이 되어서도 남보다 잘했을 때의 뿌듯함은 상사나 주변인들의 잠재적인 칭찬과 우러러봄에 기인한다. 그러므로 성취동기가 강한 사람은 매사에 열정을 가지고 일하며 재능을 최대한 발휘하려는 적극성을 보인다. 성취동기가 높은 사람들은 능력과 기회에 대하여 현실적인 대처를 함으로써 성공확률이 높고 정당한 대우가 주어지는 직업을 택하는 것이다.

/인/간/이/야/기/6-1/

동기의 힘

요즘 아이들은 옛날과 달리 부모 얘기를 잘 안 들으려 한다. 자식 이기는 부모 없다고도 하는데 자식은 부모 마음대로 되지 않는 것 같다. 자식이 잘되기를 바라지 않는 부모가 없지만 잘되라는 의미의 충고는 부모 자식 간의 싸움으로 번져 감정만 상하는 경우가 태반이다. 그래서 부모들이 생각해낸 것이 이메일이나 문자를 통한 대화고, 꽤 효과를 본다고 한다. 그로 인해 나는 자녀와의 대화채널을 어떤 식으로든 바꾸어야 한다는 것을 깨닫는다. 옛날엔 밥상머리에서 아버지에게 많은 꾸중도 듣고 가르침도 받았다. "지겨워도 참고 해라, 공부만 열심히 해라."라고 윽박지르면 잘 안 듣는다. 그래서 어떤 심리학자는 돋보기를 가지고 종이를 태우는 실험을 아이랑 같이 한다고 한다. 그 실험을 통해서, 공부에 초점을 맞추어 하며, 탈 때까지 끈기 있게 기다려야 한다는 점을 말해주면 훨씬 더 이해를 잘한다고 한다.

가정경영에 있어서도 아이들 경영하기가 그렇게 힘든데 기업은 오죽하겠는가? 하지만 기업경영에서도 가정경영의 원리가 그대로 적용될 수 있다. 동기가 주어져야지 잘하지, 하기 싫은 것을 억지로 하라고 하면 성과가 없다. 또 일이라고 생각하면 능률도 안 오른다. 비유나 실험, 놀이를 통해서 깨닫게 하는 것이 중요하다.

(2) 권력동기

남에게 명령을 내리거나 그를 지배하여 그로부터 존경과 복종을 받으려는 욕망이 권력동기(power motives)이다. 성취동기가 무엇을 하든 잘 수행하려는 데 중점을 둔 것이라면, 권력동기는 일을 잘 수행하려는 것보다 남의 우두머리가 되고자 하는 것에 관심을 두는 것이다. 대통령이나 사회적으로 높은 지위에 올랐던 사람들의 경우 권력욕구가 높았다는 사실이 입증되었다. 강한 권력동기를 소유한 학생들은 대학단체의 임원이 되거나 학생활동에 적극 참여하는 경우가 많으며, 대학 신문사나 방송국에서 일하는 경향도 있었다. 이들은 명함, 신용카드, 녹음기 등 권위와 관련되는 물건들을 좋아하는 경향이 있다. 자기보다 높은 권력에 대해 두려워하고 피하면서 권위로부터 자신의 독립성을 보존하려 애쓰는 것이다. 이들은 대형 강의실보다 소형 강의실을 선호하며, 시험보다 리포트를 더 선호한다고 한다.

(3) 친교동기

다른 사람과 함께하든지 교류하면서 친하게 지내고 싶은 욕구를 친교동기(affiliation motives)라 한다. 인간은 모두 이 동기와 함께 성장한다. 처음에는 부모에 대하여 애착을 가지고 점점 같은 또래와 친교를 맺다가 나중에는 일반적인 사람들과도 사교적으로 지낸다. 특히 자원봉사자들의 경우 남들과 협력해서 일을 하거나 남을 돕기를 원한다. 반대로 혼자서 시간을 보내기를 좋아하고 자

/인/간/이/야/기/6-2/

권력과 권한

인간은 권력을 향하여 모여들기를 좋아한다. 특히 조직생활을 하는 사람들은 더 그렇다. 권력이 마치 고깃덩어리로 보이는 모양이다. 로마의 폭군 네로는 말로는 "나는 항상 로마 시민을 사랑한다."고 하였지만 사실은 흉측한 경영자였다. 맹자는 힘으로 남을 굴복시키면 상대는 마음으로 복종하는 것이 아니라 힘이 모자라기 때문에 할 수 없이 복종하는 것이며, 덕으로 남을 굴복시키면 상대는 마음이 기뻐서 자발적으로 복종한다고 했다.

말의 입에 재갈을 물리고 고삐로 매어 강가로 끌고 갈 수는 있어도 말에게 억지로 물을 먹일 수는 없다. 권력이란 무엇인가? 말의 아가리에 물린 재갈이요, 말의 코청에 낀 고삐와 같다. 그렇다면 권한이란 무엇인가? 아가리에 물린 재갈을 제거해 주고 코청에 낀 고삐를 풀어주는 미덕이라 할 수 있다. 조직 속에서 무서울 것 없는 권력을 가졌다고 함부로 사용하는 것은 옳지 않으며 맡긴 일을 간섭할 것도 아니다. 맡아서 제대로 일할 사람을 구해 그에게 권한을 주고 그 일을 맡기면 된다. 그리고 일을 맡긴 다음에는 간섭하지 말아야 한다. 시어머니가 며느리 볶듯이 한다고 경영이 되는 것이 아니다. 권한을 가지고 스스로 일하게 하는 것과 명령과 지시로 일하게 하는 것은 전혀 다르다. 자발적으로 일하게 되면 저절로 성실해지지만, 지시를 받고 일하게 되면 꾀를 부리는 법이다. 꾀부리는 것을 막기 위해 조직 내 엄한 규칙을 만들면 그것을 어기기 위해 또 다른 속임수를 쓰게 될 뿐이다.

지식, 정보, 권력이라는 세 가지 단어를 생각해보자. 사람들은 지식이란 단어에 대해서 긍정적 반응을 보였고 정보라는 단어에는 50~60% 정도가 긍정적인 반응을 보였지만, 권력이라는 단어에 대해서 긍정적 반응을 보인 사람은 고작 10% 미만이었다. 사람들이 어떤 반응을 보였든지 간에 이 세 가지는 경영자가 가져야 할 도구들이며 그중에서 권력이란 도구의 쓰임새에 관심을 쏟아야 한다.

신의 힘만으로 일하기를 원하는 사람도 있다. 결국 친교동기가 높은 사람은 인간적 유대관계에 많은 시간을 투자한다. 그러나 낯선 사람보다는 친구들과 일하기를 더 즐겨한다. 또한 성과보다는 정서적인 융합에 더 관심을 갖는다.

(4) 공격동기

인정하고 싶지 않겠지만 인간에게는 어느 정도의 공격성이 있다. 이것이 바로 공격동기(aggressive motives)이다. 남의 불행을 보고 즐거워하기도 하며, 자신의 영역을 지키기 위해 동물처럼 으르렁거리기도 한다. 그렇다고 생물학적 특성으로만 이런 공격성을 설명하기는 어렵다. 생물학적 특성이기보다는 습득된 것으로 보는 편이 옳다. 개인의 욕망이 사회의 규범이나 다른 사람들의 욕망과 갈등을 일으키기 때문에 개인은 욕구좌절을 경험하게 되고 그래서 공격동기가 발동한다는 것이다. 자신이 원할 때마다 항상 먹을 수는 없으며, 화장실이 아닌 장소에서는 배설의 욕구를 참고 견뎌야 한다. 다른 아이가 가지고 노는 장난감을 뺏을 수 없다는 것도 배우게 된다. 그래서 공격동기가 시비, 비꼼, 싸움 등의 형태로 나타난다. 한편 다른 사람이 공격적으로 행동하는 것을 관찰함으로써 공격동기가 증가한다는 주장도 있다. 망치로 인형을 부수는 영화를 본 아동들이 그런 영화를 보지 않은 아동들보다 더 공격적이었다.

(5) 자아실현동기

과도한 자아실현

인간은 정의롭지 못한 사회에 의해 발전이 저해당하지 않는 한 가장 높고 숭고한 이상적 목표를 추구할 것이고, 그러한 동기가 바로 자아실현동기(self actualization motives)이다. 이 이론은 인본주의자들의 견해로 그중 매슬로우가 대표적이다. 그는 인간은 본래 진 · 선 · 미를 추구하며, 완전성과 창조성을 위해 자신의 능력을 발휘하는 경향이 있다고 주장한다. 인간의 최고목표는 자아실현을 통해서만이 달성된다는 것이다. 물론 자아실현동기도 이 세상에 홀로 있다면 그리 크지는 않을 것이다. 하늘을 우러러 떳떳하고 자랑스럽고 싶은 욕구는 주변에 존재하는 타인들과 비교해서 상대적으로 높은 경지에 다다르고 싶은 욕구이기 때문에 타인의 존재를 전제로 한다고 볼 수 있다.

(6) 무의식적 동기

인간행동에는 의식적인 부분과 함께 무의식적인 동기(unconscious motives)가 존재한다. 정신분석학적 성격이론에서 보면, 프로이드는 의식적 동기를 빙산의 일각으로 보며, 따라서 무의식적 세계가 인간 내부에 더 크게 잠재되어 있음을 밝히고 있다. 우리는 깨닫지 못하는 것을 원하고 있다는 사실에 대해 기를 쓰고 부인하려 하지만 그러한 소원이나 욕망에 의해 인간행동이 놀라울 정도로 많이 영향을 받는 것이다.

사람들이 어떤 행동을 했다면 두 가지 이유 중 하나에서 비롯된다. 좋아서 의식적으로 했든지 아니면 다른 이유가 있다. 사람의 행동 이면에 있는 실제적 이유를 알기 위해서는 의식적인 동기와 무의식적인 동기가 행동에 영향을 미친다는 사실을 이해하는 것이 중요하다. 사람은 때로 자신의 행동 이면에 있는 동기를 잘 인식한다. 예를 들면 빵을 사는 것은 배고픔이, 열심히 공부하는 것은 성공을 이루고자 하는 욕구가 그 행동을 동기화하는 것이다.

그런가 하면 어떤 행동의 동기는 인식하지 못하는 경우가 있다. 프로이트는 이런 행동의 동기는 그 사람이 의식하지 못하는 내면 깊숙이 숨어 있다고 지적했다. 사람들은 이러한 동기를 인식하지 못하지만 이것이 무의식적으로 그들의 행동을 불러일으킨다. 무의식적 동기는 그 생성원인이 한두 가지가 아니며 유전과 본능과 유년기 혹은 살아오면서 겪은 많은 경험들에 의해 형성된다.

2. 욕구충족을 통한 동기부여

인간행동이 여러 가지 욕구를 채우기 위해 행해지는 것이기 때문에 욕구를 충족시키면 동기가 상승한다는 가정에서 주장된 동기부여방법들이 있다. 우선 상대가 원하는 욕구가 무엇인지 밝혀내야 하는데 욕구의 종류가 다양하며 사람마다 바라는 욕구도 다르다는 점에 주의해야 한다. 따라서 욕구의 내용물도 중요하기 때문에 이들의 주장을 내용이론 혹은 욕구이론이라고 한다.

(1) 매슬로우 욕구단계설

매슬로우(A. Maslow)는 인간의 욕구는 여러 계층으로 이루어져 있으며, 고차원의 욕구는 저차원의 욕구가 충족될 때 동기부여가 된다는 욕구단계이론을 제시하였다. 그는 「인간의 모티베이션이론(A Theory of Human Motivation)」이라는 글에서 인간의 기본적 욕구의 역학구조를 가정하고 저차원 욕구로서는 생리적 욕구, 안전욕구, 애정요구, 존경욕구와 고차원 욕구로서는 자아실현욕구를 들고 있다. 그리고 인간은 저차원 욕구가 충족되면 고차원 욕구로 진행한다고 밝히고 있다. 매슬로우의 다섯 가지 욕구를 구체적으로 살펴보면 **그림 6-2**와 같다.

좋은 인간관계는 상대방의 욕구를 먼저 파악하고 그것을 충족시킴으로써 시작되지만 욕구파악을 잘못하든지 상대가 원하는 욕구를 알고도 잘못 채워준다면 그와의 관계를 매끄럽게 풀어나갈 수 없을 것이다.

그림 6-2 매슬로우의 욕구단계설

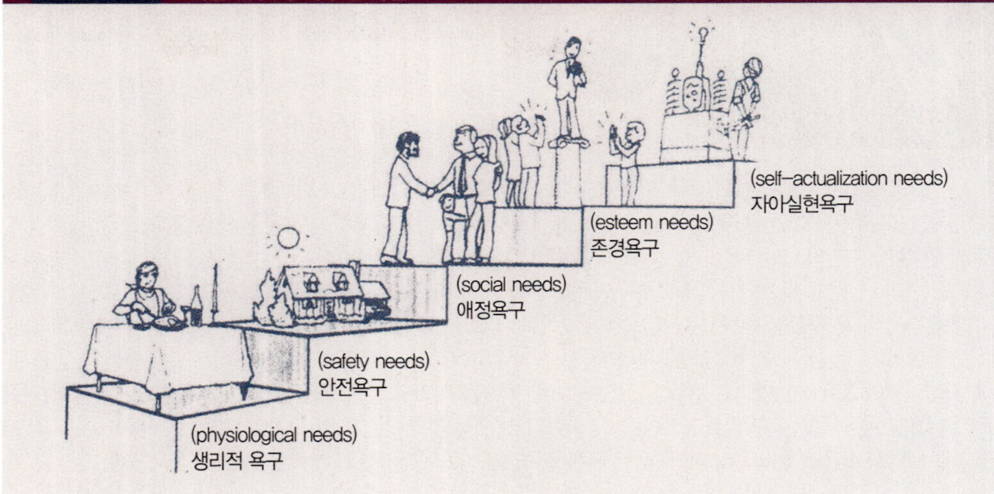

① 생리적 욕구

생리적 욕구는 다른 욕구들에 비하여 가장 우세한 것임에 틀림없다. 인생에서 모든 것을 상실한 인간의 경우에 가장 중요한 동기부여가 되는 요인이 바로 생리적 욕구(basic needs) 혹은 기본적 욕구이다. 음식, 안전, 애정, 존경이 부족한 사람은 아마 다른 어떤 것보다 음식에 대한 욕구가 가장 강할 것이다. 극도로 배고픔을 느끼는 사람은 음식 이외에는 어떤 흥미도 존재하지 않게 된다. 그 사람은 단지 음식만을 상상하거나 생각하게 되고, 음식만을 원하게 될 것이다. 자유, 애증, 공동체 의식, 존경, 철학 등은 배고픔을 채우지 못하면 유용성이 없는 그저 하찮은 것으로 밀려나게 될 것이다. 그러나 빵이 풍부하거나 지천에 널려 있을 때 사람은 또 다른 상위욕구가 생겨날 것이다.

② 안전욕구

생리적 욕구가 상대적으로 잘 충족되었다면 안전욕구(safety needs) 혹은 안정욕구(security needs)라고 하는 새로운 욕구가 생긴다. 유아기에는 위험과 두려움에 대하여 전혀 숨기지 않고 분명한 반응을 나타낸다. 반면에 성인들은 어떠한 경우에도 그런 반응을 억제하도록 은연중에 교육받았기 때문에 분명하게 드러내지 않으려 한다. 아동들은 갑작스러운 큰소리나 번쩍이는 불빛, 특이한 감각적 속삭임에 놀라서 충격을 받는다. 또 거친 행동, 어머니가 팔베개를 뺄 때 등

/ 인 / 간 / 이 / 야 / 기 / 6－3 /

워렌 버핏의 욕구

워렌 버핏(Warren Buffet : 사진)은 사원을 뽑을 때 두뇌나 에너지보다 성실성을 우선한다. 부정직한 사람을 채용하면 결국 회사를 망친다는 것을 잘 알기 때문이다. 그는 아직도 1958년 3,000만 원에 구입한 시골집에 살면서 스테이크와 햄버거를 먹고 오래된 중고차를 직접 몰고 다니며 1만2,000원짜리 이발을 한다. 그리고 자기 재산의 85%인 37조 원을 자선기금으로 내놓았다. 그는 돈보다 평판을 중시하며 큰돈은 많이 잃어도 좋지만 작은 평판이라도 잃으면 절대 안 된다고 한다. 그는 올바른 인격과 성품을 기초로 단기적으로는 손해를 감수하더라도 원칙을 고수하여 부하의 존경과 신뢰를 받는다. "신문에 톱기사로 나더라도 떳떳할 수 있게 하자."라고 직원들을 독려한다. 그리고 그는 그러한 직원들을 믿는다. 퇴직할 때까지 계속 권한을 배분하겠다고 한다. 그 결과 버크셔사에는 3만3,000명의 사원이 있지만 본사 직원은 열댓 명에 불과하다. 이러한 그의 심성은 순전히 하원의원까지 지낸 아버지의 교육 덕분이다. 물론 아버지도 워렌에게 돈을 물려주지 않고 죽기 전에 자선단체에 모두 기부했다. 그 대신 생전에 어린 워렌을 데리고 뉴욕 증권시장을 자주 방문해서 세상교육을 시켰다. 워렌 자신도 자식에게 돈은 물려주지 않겠다고 수없이 밝혔다. 60조 원이 넘는 자산도 모두 사회에 환원한다고 자식과도 오래전부터 약속했다. 주식투자로 돈을 벌려는 그의 욕구는 하위욕구인가? 그리고 자산의 사회환원욕구도 유전되는가?

의 위험에 처하면 즉각적인 반응을 나타낸다. 그러므로 실질적으로 인간은 적극적인 동기부여로서의 안전욕구를 명확하게 원한다. 안전한 직장에 대한 일반적 선호, 저축에 대한 욕구, 다양한 종류의 보험 등은 인간의 안전욕구에 대한 표현인 것이다.

③ 애정욕구

만약 생리적 욕구와 안전욕구가 적당히 충족되었다면, 인간은 사랑과 애정, 소속감에 대한 욕구(social needs)가 나타날 것이다. 과거에는 느끼지 못했던 친구, 연인, 아내, 자식의 부재를 매우 예민하게 느낄 것이다. 일반적으로 자신이 속한 집단에서 인간에 대한 애정관계의 궁핍을 느낄 것이고, 이 궁핍을 벗어나기 위한 강한 욕구를 가지게 될 것이다. 그는 보다 많은 사람들과의 관계를 원할 것이고, 배고픔을 느낄 때 사랑을 비웃던 사실을 기억하지 못할 것이다.

④ 존경욕구

병적인 사람을 제외하고 모든 사람들은 스스로에 대한 높은 평가, 자아존중, 자기존경, 타인존경에 대한 확고한 욕구(esteem needs)를 가지고 있다. 이러한 확고한 자기존경은 진정한 능력, 성취, 존중에 기초한다. 존경욕구는 다음 두 가지로 분류할 수 있다. 첫째는 세상에 대하여 강해지려는 욕구, 성취욕구, 자신감의 욕구, 독립욕구, 자유욕구 등이며, 둘째는 명성, 권위에 대한 바람이라고 부르는

"얘들아! 너희들도 나처럼 당근 하나로
끌고 들어가란 말이야."
"곰 아저씨는 당근 안 먹는데요!"

욕구, 인식, 중요성, 평가 등에 대한 욕구이다.

⑤ 자아실현욕구

비록 모든 욕구들을 만족시킬 수 없지만, 종종 사람들은 자신에게 적합한 일을 하지 못하는 경우에 새로운 불만과 불안감이 곧 나타나는 것을 느낀다. 만약 자신이 궁극적으로 행복하다면, 음악가는 음악을 만들어야 하고, 화가는 그림을 그려야 하고, 시인은 시를 써야 할 것이다. 이러한 욕구가 바로 자아실현욕구(self actualization needs)이다. 자아실현욕구는 자기충족욕구, 즉 개인이 잠재적으로 될 수 있는 것을 실현하는 경향을 의미한다. 이러한 경향은 더 많은 것을 추구하게 하고, 자기의 잠재능력을 최대한 발휘하게 한다.

/인/간/이/야/기/6-4/

욕구불충족의 힘

미녀의 상징인 비너스상은 대개가 팔이 없다. 얼굴과 몸체의 아름다움만 있다면 팔이 없는 것은 문제가 아니다. "내가 말더듬이가 아니었다면 물방앗간 인부로 일생을 살았을 것이다." 윌리암 섬머셋 모옴의 말이다. 20세기 400명의 위인들 중 85%가 문제의 가정 출신이라는 연구가 있다. 소설가의 83%, 화가의 70%, 과학자의 56%가 그랬으며 업적을 남긴 상당수 인물들은 편부모 슬하에서 자랐거나 양쪽 부모 모두를 유년기에 잃었다. 예를 들면 뉴턴, 퀴리, 다윈, 버지니아 울프는 18세 이전에 한쪽 부모를 잃고 다빈치는 생모와 떨어져 살았다. 천재 모차르트는 어려서 궁정 연주가가 되어 행복한 일생을 보낸 것으로 알지만 사실은 어려서는 아버지 손에 끌려서 강한 훈련과 연주로 가족과 떨어질 수밖에 없었고 성인이 되자마자 어머니의 사망과 아버지와의 불화, 누이와의 결별, 잘츠부르크 궁정에서의 파면, 첫 애인과 이별, 아내와 자신의 건강악화를 겪는다. 고대나 중세 때의 위인도 마찬가지이다. 그리스의 대웅변가 데모스테네스도 반(半)벙어리였다. 소크라테스, 카이사르는 누구보다도 콤플렉스가 많은 사람이었다. 사마천은 거세를 당한 성불구자로 「사기(史記)」를 썼으며, 손자는 절름발이로 병법(兵法)을 지었고, 베토벤이나 에디슨은 귀머거리로 위대한 걸작을 남겼다. 서양의 역대 천재 78명을 대상으로 조사한 독일의 한 학자는 그중 83%가 크고 작은 정신적 고난과 부족함이나 콤플렉스가 있었다고 한다. 미켈란젤로, 루터, 몰리에르, 파스칼, 뉴턴, 바그너, 잔다르크, 도스토예프스키, 니체, 릴케, 비스마르크 등이 콤플렉스가 없었다면 역사에 기록되지 못했을 인물들이다.

유럽의 양봉가 한 사람이 오스트레일리아의 어느 지방에 1년 내내 꽃이 피어 있다는 소리를 듣고 꿀통을 모두 배에 싣고 이주해 가서 꿀벌을 방사했다. 첫해에는 꿀을 좀 모았으나 이듬해부터는 벌통에 꿀이 모이지 않았다. 꿀벌들이 일을 하지 않았던 것이다. 1년 내내 꽃이 피어 있으니 열심히 꿀을 모을 필요가 없었던 것이다. 오직 욕구의 결핍만이 열심히 일할 수 있는 동기의 원천이다.

(2) 맥그리거의 X · Y이론

맥그리거(D. McGregor)는 「기업경영의 인간적 측면(The Human Side of Enterprise)」이라는 글에서 기존의 X이론에 대한 Y이론을 제시함으로써 조직에서의 개인목표와 조직목표의 통합을 통한 효율적인 인간관계관리를 주장하였다. 맥그리거는 X이론의 가정보다는 Y이론의 가정이 더 적합하다고 주장한다. 그 내용은 **표 6-2**와 같다.

- 작업에 있어 육체적 소비와 정신적 노력은 노는 것 혹은 휴식하는 것과 같이 자연스러운 것이다. 대부분의 인간들은 본질적으로 일을 싫어하지 않는다. 통제 가능한 조건여하에 따라 일은 만족의 원천(자발적으로 수행한다고 할 때) 혹은 고통의 원천(가능한 한 회피하려고 할 때)이 된다.
- 외적 통제 그리고 처벌과 위협 등이 조직목적을 향한 노력을 불러일으키는 유일한 수단은 아니다. 사람은 자기에게 맡겨진 목표를 달성하기 위해 스스로 통제하고 자기관리를 하려 한다.
- 목표에의 몰입은 목표를 달성할 때 받을 수 있는 보상의 수준과 관계가 깊다. 예를 들어 자기만족이나 자아실현욕구와 같은 보상의 대부분은 조직목표를 향한 직접적인 노력의 결과이다.
- 보통의 사람들은 양호한 조건하에서는 책임을 수락하는 것만 아니라 책임지려고까지 한다. 책임회피, 야망의 부족 그리고 안정성의 강조 등은 일반

표 6-2 X이론과 Y이론

X이론
■ 사람들은 원래 일하기를 싫어한다. ■ 사람들은 야망이 없으며, 책임 맡기를 싫어하며, 지휘받기를 좋아한다. ■ 사람들은 조직의 문제를 해결하는 데 창의력을 발휘하기를 싫어한다. ■ 동기유발은 생리적 욕구나 안전욕구의 차원에서만 가능하다. ■ 사람은 엄격히 통제하여야 하고 조직목표를 달성하기 위해서는 강제되어야 한다.
Y이론
■ 일이란 작업조건만 잘 부여해두면 놀이나 쉬는 것과 같이 극히 자연스러운 것이다. ■ 조직목표를 달성하는 데에는 자기통제가 필요하다. ■ 조직문제를 해결할 수 있는 창의력은 누구나 가지고 있다. ■ 동기유발은 생리적 욕구, 안적욕구, 애정욕구, 존경욕구, 자아실현욕구의 모든 차원에서 가능하다. ■ 사람들은 적절하게 동기유발이 되면 자율적으로 그리고 창의적으로 일을 한다.

적으로 경험에서 나타난 것들이지 근본적인 인간의 속성은 아니다.

- 대체로 많은 사람들은 조직의 문제를 해결하는 데 상당히 높은 수준의 창의성, 상상력 및 영리함을 가지고 있다. 현대 조직생활에 있어서 개인의 지적인 잠재력은 그 일부밖에 활용되지 않고 있다.

(3) 허쯔버그의 2요인이론

허쯔버그(F. Herzberg)는 「어떻게 부하들을 열심히 일하게 할 수 있을까?(One More Time : How Do You Motivate Employees?)」라는 논문에서 종업원을 상사가 원하는 대로 신바람 나게 일하게 만드는 방법에 대해 고심하였다. 또한 누군가에게 어떤 것을 하도록 시키는 데 있어서 가장 단순하고 가장 확신할 수 있는 그리고 가장 직접적인 방식은 무엇인가를 연구하였다. 허쯔버그는 모티베이션에 대하여 두 가지 요인(two dual factor), 즉 위생요인(hygiene factors)과 동기요인(motivator)으로 구분하여 설명한다. 그래서 그의 이론을 2요인이론이라 부른다. 2요인이론은 엔지니어와 회계사들의 생활 속에서 사건조사를 함으로써 이론으로 도출될 수 있었다. 폭넓고 다양한 모집단을 사용하여(공산주의 국가들을 포함한) 최소한 16개의 각기 다른 연구조사가 이루어졌고, 직무태도 분야에서 가장 빈번했던 연구들 중 시조격인 연구가 이루어졌다.

상이한 절차들을 사용한 많은 다른 연구로부터의 증거들과 함께 이러한 연구들의 발견은 직무만족(또는 모티베이션)을 만들어내는 요인들은 직무불만족을 이끄는 요인들과는 전혀 다른 것이라고 제안하였다. 직무만족이나 직무불만족에 대한 연구에 있어 고려되었던 요인들이 분리되어 있다는 주장이 논의된 이래로 2요인이론은 직무만족요인과 직무불만족요인이 서로 반대되는 것은 아니라고 말한다. 직무만족의 반대는 직무불만족이 아니며 오히려 직무만족이 없는 것이고, 유사하게 직무불만족의 반대는 직무만족이 아니며 오히려 직무불만족이 없다고 하는 편이 옳다. 지금까지 우리들은 일반적으로 만족의 반대는 불만족이라고 잘못 생각해왔다.

"그대로 가만히 있으면 그걸 줄게!"
"주인님! 가만히 있으면 아무 일도 못하잖아요?"

인간에게는 두 가지 상이한 욕구가 있다. 욕구의 한 가지는 동물적 본능으로부터 나타난 것이라 할 수 있는데, 기본적인 생리적 욕구라든가 환경으로부터 고통을 피하려는 본능적 욕구가 그것이다. 예를 들면 기본적인 생리적 욕구인 배고픔은 돈을 벌기 위해 반드시 필요한 것이고, 그러고 나서 돈은 특유한 욕구가 된다. 욕구의 다른 한 가지는 목표달성의 능력이나 심리적 성장을 경험하는 능력과 같이 독특한 인간특성과 관련된 것이다. 반대로 고통을 회피하려는 행동을 일으키는 자극은 직무환경에서 발견된다. 성장요인 혹은 동기요인은 직무에 대한 내재적인 요인들, 즉 성취, 성취를 위한 안정, 직무 자체, 책임 그리고 성장이나 안전들이다. 불만족요인 혹은 위생요인은 직무에 대한 외재적 요인들로 회사방침 및 행정, 관리감독, 대인관계, 작업조건, 봉급, 신분, 그리고 안전

그림 6-3 2요인이론

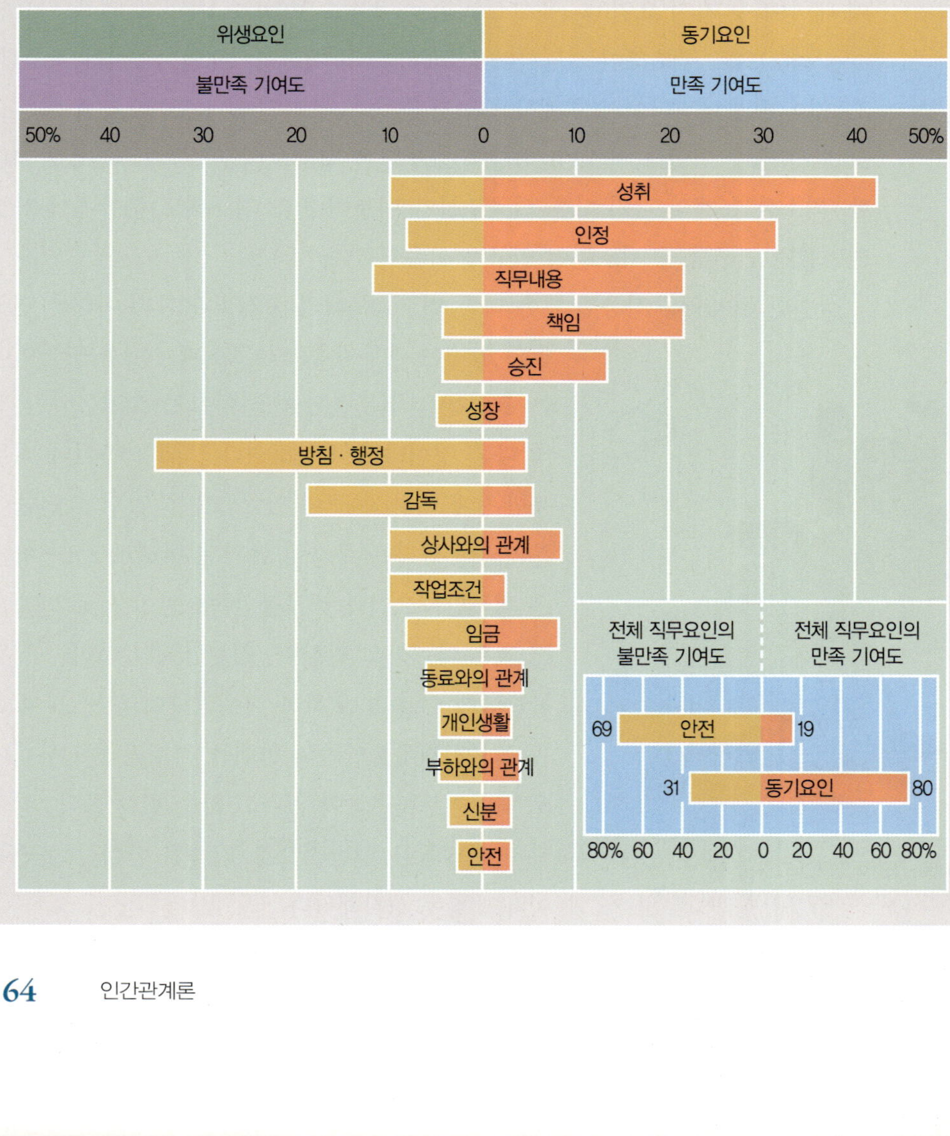

등이 포함된다. 1,685명의 샘플로부터 유추된 직무만족 · 직무불만족을 일으키는 각각의 요인들이 **그림 6-3**에 나타나 있다.

그림 6-3에서 동기요인은 만족의 기본적 원인이고, 직무와 관련된 불행의 기본적 원인이 위생요인이다. 12회에 걸친 상이한 연구에서 조사대상에는 낮은 수준 감독자, 직업여성, 농업분야 관리자, 관리직으로부터 사직한 사람들, 병원보수유지 및 인사관리 담당자, 생산 감독자, 간호사, 주방장, 공무원, 엔지니어, 과학자, 주부, 교사, 여성 컴퓨터기술자, 회계사, 공장장, 그리고 기술자들이 포함되었다. 그들은 자신이 일하는 부서에서 일과 관련하여 매우 만족 혹은 매우 불만족을 야기하는 직무사건들에 대하여 질문을 받았다. 그들의 반응은 전체적인 '부정적' 직무사건과 전체적인 '긍정적' 직무사건으로 나뉘어 나타났다. **그림 6-3**은 '위생요인'과 '동기요인' 양쪽에 100% 이상의 값을 나타내는데 이것은 단일사건에 두 요인이 함께 있을 수 있기 때문이다. 그림의 우측 하단에서와 같이 전체 직무요인의 만족 기여도는 80%로 동기요인이었고, 전체 직무요인의 불만족 기여도는 69%로 위생요인들을 담고 있다.

/인/간/이/야/기/6-5/

중용(中庸)의 경영

당파싸움이 심했던 시절 정조는 탕평책을 내걸었고, 일설에는 이때 탕평채라는 음식이 등장했다고 한다. 고기와 나물, 김과 묵이 내는 다양한 색깔을 섞음으로써 자아내는 맛이 자연스럽듯, 이렇게 다른 색깔을 섞으면 당파의 색깔을 없애는 데도 한몫을 하지 않겠느냐는 생각에서였을 것이다. 이는 비빔밥이라는 음식이 한 재료의 맛을 두드러지게 해서는 안 된다는 사실과 통한다.

비빔밥 정신이 공존에 있다면, 경영에도 공존은 반드시 필요하다. 이것이냐 저것이냐 선택하는 식의 경영은 좋은 한 가지를 놓치게 만든다. 변화냐 안정이냐, 저원가전략이냐 고품질전략이냐, 장기업적목표인가 단기업적목표인가의 문제는 옳고 그름의 선택문제가 아니다. 이 모두는 대립적이라기보다 공존의 문제이기 때문이다. 두 요소를 반반씩 섞어놓는 것이 아닌 양 극단 모두를 추구하는 것이야말로 우량기업으로 가는 조건일 것이다. 그러나 중용(中庸)을 택한다는 것이 쉽지는 않다. 자고로 중용은 100미터 전방에서 화살촉으로 말의 눈을 맞추는 것과 같다고 했다. 그만큼 조준을 잘해야 하고 어렵다는 의미이기도 하다. 이처럼 경영에서는 모순적 선택을 해야 할 때가 많다. 경영활동에서 일어날 수 있는 그런 예를 몇 가지만 나열하면 다음과 같다.

경쟁–협동 분화–통합 통제–자율 비전–현실
분권–집권 영업–기술 분석–직관 개성–팀워크
변화–안정 하향–상향 혁신–모방

3. 새로운 관점의 동기부여이론

상대가 원하는 욕구가 무엇인지를 파악했어도, 또 상대가 어떤 욕구가 매우 많다고 하더라도 그것을 충족시킨다고 해서 자동적으로 사기가 충천하는 것은 아니라는 전제에서 새로운 동기부여전략이 주창되었다. 즉 개나 침팬지의 지능이라면 그것으로도 동기부여가 가능하지만 인간은 이성적인 동물이기 때문에 그렇게 단순하지 않다고 한다. 그래서 욕구에서부터 사기충천한 행동이 일어나기까지는 다른 이성적 사고과정과 결합되어서 그 과정의 산물로 동기의 크기가 결정된다고 한다. 다음의 이론들을 공부하면서 동기부여의 과정이론(motivation process theory)에 대해 이해하기로 한다.

(1) 기대이론

① 기대란 무엇인가

감을 무척 좋아하는 사람이면 감나무에 열심히 오른다는 것이 욕구이론이다. 감에 대한 욕구(needs)의 크기가 나무에 오르려는 열정(motivation)의 크기를 결정한다. 그러나 감나무에 올라가도 감이 손에 닿지 않으면 감을 무척 좋아하는 사람이라도 나무에 오를 열정이 생기지 않는다. 그러므로 그를 동기화하려면 옆에 막대기나 사다리를 놓아줌으로써 감을 딸 수 있는 확률(기대 : expectancy)을 높여주어야 한다는 주장이 기대이론이다. 막대기가 너무 짧거나 사다리가 부러졌어도 안 된다. 즉 감을 먹고 싶은 욕구는 남보다 적더라도 기대만 높여주면 동기는 커질 수 있다는 것이다. 그러나 이론적으로는 좀 복잡하기 때문에 자세히 설명하면 다음과 같다.

② 기대, 수단, 가치

열심히 노력한다고 해서 언제나 욕구가 달성되는 것은 아니다. 능력이 부족하거나 운이 나쁘면 업적이 낮을 수도 있으며 노력 없이 충성도, 신뢰도, 인간관계 등으로 좋은 평가를 받을 수도 있다. 또한 업적이 높거나 좋은 평가를 받는다고 언제나 승진, 승급이 뒤따르는 것은 아니다. 즉 연공(年功)승진과 정실(情

實)인사는 능력승진을 가로막는다. 심지어 승진욕구가 큰 사람이 승진하려고 열심히 노력했는데 승진은 없고 월급만 인상되면 소용이 없다. 이 사람의 동기수준은 ① 노력을 하면 업적이 오를지의 확률(기대 : expectancy), ② 승진의 기반이 되는 업적을 낼 수 있는 확률(수단 : instrumentality), 그리고 ③ 승진에 대한 욕구의 크기(가치, 유의성 : valence)라는 세 가지의 결합에 의해 결정된다.

이를 위해서 회사는 다음과 같은 정책을 수립하고 실천해야 한다.

- 사원들로 하여금 무슨 행동을 해야 하는지 명확한 기준을 미리 제시해준다.
- 보상 · 승진과 관련하여 미리 했던 약속과 제도를 반드시 이행하여 사원들의 신뢰를 얻는다.
- 업적과 능력의 평가과정을 공정하게 하고 이를 공개한다.

그림 6-4 기대이론

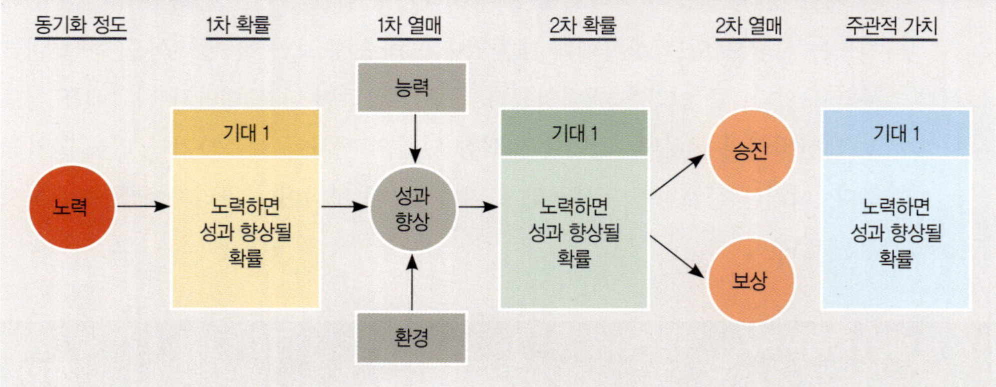

표 6-3 기대이론의 적용

상급자의 적용	조직의 적용
■ 부하가 달성해야 할 목표를 정확히 제시해줄 수 있음 ■ 보상받기 가장 적절한 행동기준을 부하에게 제시해줄 수 있음 ■ 부하에게 목표수준을 달성할 수 있도록 확신을 줄 수 있음 ■ 조직성과와 부하의 업적을 미리 연계시킬 수 있음 ■ 부하의 노력은 반드시 보상이 있다는 확신으로 모티베이트할 수 있음 ■ 보상시스템이 공정하도록 잘 관리할 수 있음	■ 정당한 보상이기에 그 내용의 공개가 가능함 ■ 도전적인 직무설계가 가능함 ■ 집단성과에 대한 보상으로 집단팀워크를 창출할 수 있음 ■ 관리자들로 하여금 보상에 대한 정확한 예측을 가능케 하여 높은 사기와 업적을 유도할 수 있음 ■ 인터뷰, 설문조사 등으로 사원들의 사기수준을 파악, 관리할 수 있음 ■ 개인 간 차이에 유연성을 발휘하여 동기상승으로 연계시킬 수 있음

기대이론의 기초는 파울로와 그의 동료들(G. Poulos et al.)에 의해 처음 만들어진 목표-수단연계(goals-means chain) 모델인데, 개인에게 동기를 부여하려면 그가 바라는 최종목표와 그 목표에 이르는 중간수단들의 '연결'의 확률이 높아야 된다는 것을 강조한다. 이 이론은 많은 옹호자들이 있는데 톨만(E.C. Tolman)을 비롯하여 빅토르 브룸(V. Vroom)과 포터 · 롤러(L.W. Porter & E.E. Lawler)에 의해서도 실험되고 적용되었다.

③ 기대이론의 한계점

하지만 기대이론도 나름대로 한계점은 있다. 인간은 누구나 합리성에 근거하여 결과와 확률을 예측한 다음에 행동한다는 기대이론 학자들의 의견은 그대로 받아들이기 어렵다. 왜냐하면 인간은 완벽하게 과학적이거나 합리적이지 못하기 때문이다. 인간은 합리적이며 동시에 비합리적이고, 이성적이며 동시에 감정적인 동물이기 때문에 이해득실을 따져본 후에 행동할 때도 있지만 그렇지 못할 때도 많다. 월급이 적다고 불만이 많다가도 일단 일에 열중하면 정신없이 해치우는 사람도 있고 상사에게 대들었다가는 손해 보는 줄 알면서도 화를 내는 부하도 있다. 즉 인간은 기대확률과 욕구를 곱하여 다른 대안과 비교해볼 정도로 계산적이지 못하다. 더구나 노력한 만큼의 성과를 예측하기는 더욱 불가능하다. 이러한 한계점에도 불구하고 기대이론이 조직이나 관리자에게 주는 시사점은 많다.

/인/간/이/야/기/6-6/

기대가 현실로

한 사형수가 있었다. 심리학자들은 그에게 사람의 몸속에서 피가 얼마큼 빠져나가면 죽게 되는지에 대한 실험에 응해줄 것을 제의했다. 사형수는 심리학자들의 제의에 동의했고 실험은 이루어졌다. 실험 당시 사형수에게는 눈가리개를 씌웠다. 그리고 심리학자들은 사형수의 동맥을 절단하는 척하고는 칼등으로 그의 손목을 그었다. 사실은 전혀 피가 흐르지 않았다. 그리고 얼마의 시간이 지난 뒤 심리학자들은 사형수를 앞에 두고 대화를 시작했다. "먼젓번 사형수는 이 정도에서 죽었는데 이 사람은 오래 버티네." "기다려 봐. 이제 얼마 남지 않았을 거야." 심리학자들이 사형수의 신체에 가한 자극은 칼날이 아닌 칼등으로 손목을 그은 것과 이런 대화를 나눈 것이 전부였다. 그러나 사형수는 곧 숨을 거두었다. 실제로 자신의 손목이 끊어졌고 피를 빼고 있다고 상상(기대)했기 때문이었다. 상상력이 어느 정도의 힘을 가지고 있는지는 확실하게 알 수 없다. 단지 큰 잠재력을 가지고 있다고만 추측할 뿐이다. 만일 이런 상상력을 보다 생산적인 방향으로 전환할 수만 있다면 회사원들의 능력 발휘와 생산성 향상은 지금보다 훨씬 클 것이다. 우리가 예측하고 있는 기대가 우리의 생각과 행동, 그리고 우리의 미래를 지배한다!

(2) 공정성이론

① 불공정성과 인지부조화

존 아담스(J.S. Adams)는 조직이 공정성을 실천함으로써 구성원들을 동기화할 수 있다고 주장했다. 그의 주장은 사회적 비교이론(social comparison theory)에 기초를 두는데, 사람들은 옆 사람과 비교해서 조직공정성 혹은 조직정의(organizational justice)가 실현되지 않았다고 판단되면 불안해지고 불만이 쌓인다는 것이다. 마찬가지로 내게 이익이 와도 공정하지 않다면 마음이 편하지 않다. 최후통첩게임(Ultimatum Game) 실험에서 도출되듯이 인간은 남과 비교해서 불공정하다고 인식되면 불쾌하게 생각한다.

공정성이론(equity theory)은 1950년대 미국의 사회심리학자인 레온 페스팅거(L. Festinger)의 인지부조화 개념에 근거하고 있다. 그의 학설에 의하면 인간은 자기가 알고 있는 바와 자신의 행동이 다를 때 부조화를 느끼고 이를 조화시키려고 노력하는 동기가 일어난다. 이때 조화를 향한 노력행동은 약간의 태도변화에서 적극적 행동변화에 이르기까지 다양하다. 예를 들면 동료보다 노력을 더했는데 회사로부터 똑같은 보상을 받았다면 다음번에는 노력을 줄이는 쪽으로 디모티베이트(demotivation)될 것이다. 심한 경우 회사의 자원을 훔치는 적극적 행동으로 동기화될 수도 있는데, 따라서 조직절도가 많은 회사는 불공정성이 만연해서 그럴 수도 있다고 보아야 한다.

아담스도 페스팅거와 비슷한 주장을 하고 있다. 각 개인은 상대방(회사 혹은 타인)으로부터 자신의 공헌에 대한 정당하고 공평한 대가를 받아야 한다고 보는데, 그 정당성 여부는 자기의 공헌 · 보상만 보고 판단하는 것이 아니라 남의 것과 비교한 후에 판단하며 덜 받은 것으로 판단되면 화를 내거나 더 받으면 죄책감을 느끼고 이 불공정감을 줄이려고 노력한다는 것이다. 특히 불공정하다고 느낀 사원은 불만표출의 한 수단으로 자신의 노력을 감소시킨다.

② 공정성의 세 측면

조직공정성은 세 측면을 가지는데 배분적(distributive), 과정적(procedural), 상호적(interactional) 공정성이 그것이다. 배분적 공정성이란 회사의 자원을 사원들 사이에 공평하게 분배했는지의 문제이며, 과정적 공정성은 사원들에게 나누어줄 분배량을 결정하는 과정이 공정했는지의 여부이다. 그리고 상호적 공정성

"자, 이걸 뛰어넘는 사람은 승진시켜 줄게요!"
"이사님! 제가 하겠습니다." "……?!"

이란 자원분배가 아닌 인간관계에서 상하 간에 혹은 회사와 사원 간에 공정한 관계를 가졌는지의 여부이다. 예를 들어 상사가 부하를 대하는데 한쪽 편만 들면 상호적 공정성이 없는 것이다. 이 모두가 사원들의 사기수준에 영향을 미친다.

그중에서도 아담스는 배분적 공정성에 초점을 맞추고 있다. 회사에서 조직정의를 실천하려면 세 가지 요소가 모두 공정해야 하는데, 우선 보상액이 남들과 공정해야 하고(배분공정성), 보상을 결정하는 과정이 공정해야 하며(절차공정성), 인간관계에서 모두가 평등한 취급을 받는다면(관계공정성) 구성원들은 조직정의를 느끼고 동기가 부여된다는 것이다.

③ 공정성이론에 기초한 동기화전략

또한 존 아담스는 개인의 행동은 타인과의 관계에서 공정(equity)을 유지하는 방향으로 모티베이션이 일어난다고 주장한다. 즉 타인의 투입과 산출의 비율을 나의 투입과 산출의 비율과 비교하여 공정 혹은 불공정을 판단한다는 것이다. 그래서 공정하면 편안함을 느낄 것이고 불공정하면 부당한 대우를 받고 있다고 느끼게 된다는 것이다. 이런 과정을 통해 불공정성을 감소시키려는 노력을 하게 되는데 다음과 같은 경우가 그것이다.

- 노력을 줄여 나의 투입을 줄이려 하는 경우
- 자신의 성과에 대한 보상을 요구하는 경우
- 본래의 비율을 합리화하는 경우
- 불공정한 상황을 포기하고 현 위치에서 이탈하려는 경우
- 준거(비교)대상을 바꾸어버리는 경우

낚시질 잘하는 씨족과 사냥 잘하는 씨족이 하나의 부족집단을 이루며 공동생활을 하는 까닭은 서로의 생산물을 교환하는 것이 서로에게 이익이 되고 만족스럽기 때문이다. 그러므로 집단에는 상호작용과 대인관계가 상존하는데 그 원리는 얻는 것(보상 : rewards)과 주는 것(비용 : costs) 차원에서 설명될 수 있다. 조지 호먼스(G.C. Homans)에 의하면 어떤 타인과의 인간관계를 가짐으로써 생기는 득과 실을 비교하여 득이 많을수록 그 사람에게 끌린다고 한다. 우정, 매력, 심지어는 사랑까지도 거래적이고 경제적인 교환의 관점에서 보면서 집단 안에는 항상 이러한 사회적 교환(social exchange)이 있다는 것이다. 이 말은 반대로 해석하면 거래에서 득이 되지 않는다면 집단이 형성되지 않으며 기존 거래관계에서도 탈퇴한다는 의미가 된다.

④ 리더의 공정성 관리

공정성이론을 감안한다면 조직의 관리자는 상대적 배분과 함께 구성원들이 올바른 지각을 할 수 있도록 커뮤니케이션 내지는 설명을 충분히 하여야 할 것이다. “월급을 그렇게 많이 주었는데 왜 더 달라고 하는지 이해할 수 없다.”고 불평하는 상급자는 지각의 오류에 대해 생각해볼 일이다. 같은 이유로 상급자들도 부하의 공정성 지각능력이 향상되기를 원한다. 부하들이 공정하다고 인식해야 리더십의 권위와 정당성을 찾을 수 있기 때문이다. 그러므로 회사의 인사고과제도나 직무분석 등이 잘되어 있으면 공정성 수준은 나아질 것이며, 평가와 보상제도를 만들 때에도 모든 구성원들의 참여와 동의를 얻는다면 보상이 이루어진 후에 그들이 느끼는 공정성 정도는 훨씬 높을 것이다. 조직이 자신들의 업적을 공정하게 평가한다는 것을 확신하는 구성원들은 직장만족도가 오르고, 이 만족은 다시 그들의 조직몰입을 강화시킨다.

⑤ 공정성이론의 한계

그러나 공정성이론도 완전무결한 것은 아니라서 비판도 많이 받는다. 우선 조직에 공헌한 것과 자신이 받은 보상의 양을 어떻게 객관적으로 측정하는지의 문제이다. 공정성 여부의 판단은 매우 주관적이라서 사람마다 다르다. 누구나 자기 잣대로만 공정성 여부를 판단한다. 또한 경영자는 비교할 준거기준을 어디에 두고 공정하게 분배할 것인지의 문제도 있고, 특히 금전적인 것이 아닌 경우, 예를 들면 노력, 휴식, 칭찬 등을 어떻게 측정할 것인지가 사실 난감한 문제이다.

/인/간/이/야/기/6-7/
진정한 공정성이란

천국은 마치 품꾼을 얻어 포도원에 들여보내려고 이른 아침에 나간 집주인과 같으니. 저희가 하루 한 데나리온씩 품꾼들과 약속하여 포도원에 들여보내고, 또 제삼시에 나가 보니 장터에 놀고 서 있는 사람들이 또 있는지라. 저희에게 이르되, 너희도 포도원에 들어가라. 내가 너희에게 상당(相當)하게 주리라. 하니. 저희가 가고 제육시와 제구시에 또 나가 그와 같이 하고 제십일시에도 나가 보니 서 있는 사람들이 또 있는지라. 가로되 너희는 어찌하여 종일토록 놀고 여기 섰느뇨. 가로되 우리를 품꾼으로 쓰는 이가 없음이니이다. 가로되 너희도 포도원에 들어가라 하니라. 저물매 포도원 주인이 청지기에게 이르되 품꾼들을 불러 나중 온 자로부터 시작하여 먼저 온 자까지 삯을 주라 하니 제십일시에 온 자들이 와서 한 데나리온씩을 받거늘 먼저 온 자들이 와서 더 받을 줄 알았더니 저희도 한 데나리온씩 받은지라. 받은 후 집주인을 원망하여 가로되, 나중 온 이 사람들은 한 시간만 일하였거늘 저희를 종일 수고와 더위를 견딘 우리와 같이 하였나이다. 주인이 그중의 한 사람에게 대답하여 가로되 친구여 내가 네게 잘못한 것이 없노라.(마태복음 20:1~15)

아침 일찍 취업되어 자랑스럽게 회사에 다니는 사람보다 온종일 취업 자리도 못 찾고 저녁때에야 겨우 일자리를 하나 얻은 취업자는 그동안 마음고생이 심했으니 월급을 세 배는 더 주어야 공정한 것이 아닐까?

그런데 최근의 한 연구에서 직장에서 공정한 대우를 받는다고 생각하는 사원과 그렇지 않은 사원의 직무에 대한 피로감을 비교해보니 별로 차이가 없었다. 이는 공정성이 중요하지 않다는 증거도 되겠지만, 다른 한편으로는 사원들 스스로가 자신들이 공정하게 대우받는지 불공정하게 대우받는지 잘 모르고 있다는 의미도 된다. 일상생활에서의 인간관계에서도 마찬가지이다. 내 친구에게 내가 더 많이 해주는지 내가 더 받는지 가늠하기는 쉽지 않다. 그리고 그것이 친구관계에서 그리 중요하지도 않다. 즉 내가 항상 더 많이 해주더라도 친구가 어쩐지 좋으면 그만이다. 인간은 계산적이기에 앞서 감정적인 동물이기 때문이다.

(3) 상호작용이론

① 외부환경과 상호작용

욕구이론이나 기대이론은 동기부여 대상을 한 명의 독립된 개인으로만 보고 모티베이션을 연구했다. 즉 몇몇 이론을 제외하고는 그 사람의 환경이나 타인과의 상호관계 측면에서 동기부여를 관찰한 적이 없었다. 그런데 몇몇 학자들에 의해서 모티베이션은 환경 혹은 타인과의 접촉이나 관계에 의해서 더 많은 영향을 받는다고 주장되었다. 우리가 다른 사람이나 환경과 접촉할 때에는 매력이나 충동에 의해 일정한 장(場)이 발생한다. 이때 개인은 자기욕구에 따라 여러 가지 안(案)에 대해 가치를 부여하게 되며, 이 가치의 크기에 따라 사기수준이 결정된다. 즉 그를 동기화하는 가치가 개인 내부의 욕구에서만 나오는 것이 아니라, 그것이 외부와의 상호작용과정에서 증폭되기도 하고 감소되기도 한다는 것이다.

왜 그럴까? 인간은 환경의 지배를 받지만 허수아비는 아니고 능동적으로 외부에 영향을 미치기도 한다. 예를 들어 어떤 사람이 술에 취해 운전하다가 길가의 나무에 부딪쳤다면 환경(술 취함, 나무)에 의해 일어난 피할 수 없는 사고였겠지만(상황결정론), 또 어떤 사람은 1차선 도로에서 마주 오던 자동차에 양보하지 않고 서로 비키라고 상향등만 켜대다가 부딪쳤다면 운전자 스스로가 제약환경(상대방 차, 1차선 도로)에 이기적이고 능동적으로 반응하다가 만든 사고이다(상호작용론). 후자의 사고원인처럼 인간의 행동은 외부원인(환경)만도 아니고 내부원인(개인)만도 아닌 양자의 상호작용 속에서 나온다는 것이다.

② 상호작용의 예

레윈(K. Lewin)에 의하면, 독재적인 체제(환경)하에서 사람들은 비협조적이고 수동적이고 반항적인 행동을 하지만, 민주적인 체제(환경)하에서는 능동적이고 창조적이며 협조적인 행동을 한다. 이것이 바로 환경과 개인의 상호작용인데, 개인은 이기적으로 자신의 욕구를 채우려고 한다. 그래서 욕구가 채워지면 그 상호작용은 균형상태가 되는데, 동기화란 이러한 만족한 상호작용상태(interaction satisfaction)로 만들려는 것이다. 그러므로 사원을 동기화하려면 민주적인 리더가 나와서 권한을 위임하고 자율성을 확대해주어야 한다. 아무리 승진욕구나 성취욕구가 크더라도 독재적인 관리자 밑에서는 자신의 행동반경을 줄이려고 하기 때문이다.

마찬가지로 한 학생이 학교 공부에 투자하려는 모티베이션 수준을 무엇이 결정하는지 다음 예를 보자. 누구나 대학에 가기 때문에 대학졸업장이 흔하게 되어서 졸업장의 가치가 떨어진 것은 한 개인에게 있어서는 사회적 상황이다. 그는 자기의 이익을 최대화하면서 이 상황에 대응하기 위해 아르바이트를 한다든지 더 놀면서 공부를 약간만 한다. 이렇게 놀면서 아르바이트하면서 따낸 졸업장이기 때문에 그 졸업장의 가치는 더욱 떨어진다. 공부에는 그 정도의 노력만 들인 것이다. 동일한 학생이 대학성적과 졸업장을 높이 평가하는 사회적 상황에서라면 그는 학교 다니는 동안 많은 시간을 학교수업에 투자하고 노력을 기울일 것이다. 그러므로 모티베이션 연구의 단위는 개인(P)도 아니고 환경(E)도 아니며 개인 · 환경(P · E)의 상호작용에 초점을 두어야 하는 것이다.

③ 환경에 능동적 · 주도적 대응

개인과 환경의 상호작용 관점에서 모티베이션전략을 생각하면 다음과 같다. 상호작용 관점에서 보면 인간은 피동적으로 환경에 복종하고 수용하는 것이 아니라 무엇인가 게임을 하고 환경을 바꾸려는 성향도 가지고 있다. 즉 세상의 관망자가 아니라 주도자로서의 역할을 하고 싶어 하는데 이렇게 환경에 적극적으로 대응하는 성향이 동기화의 원인이 된다. 직무완성이 불가능한 것처럼 예상될 때 더욱 용기가 솟고 밤을 새워 일을 해결하려 달려든다. 직장이란 바로 이들의 이런 욕구를 해소하는 장소를 마련해주는 곳이어야 한다. 동시에 인간은 자기 스스로의 발전을 원한다. 특히 직업이나 어떤 전문적인 일을 함으로써 자신을 개발해나가기를 원한다. 그러므로 이러한 자기개발과 발전이 보장되는 일터라면 사람들은 많은 노력을 기울일 것이다

(4) 목표설정이론

① 목표설정이론이란

목표설정이론(goal setting theory)의 발전에 중요한 공헌을 했던 에드윈 로크(E.A. Locke)는 인간행동이란 가장 쾌락적인 쪽으로 동기화되기 마련이라는 기대이론의 가정을 인지적 쾌락주의라고 비판하면서, 인간행동은 두 가지 인지 즉 가치와 의도(계획 혹은 목표 : intention)에 의해 결정된다고 주장하였다. 사실 '의도'가 동기화에 중요한 역할을 한다는 실증자료는 많다. 반대로 목표가 없거나 희미하면 노력동기도 약해진다. 단 그 목표는 '구체적'인 것일수록, 쉬운 것보다 약간 '어려운' 것일수록 더욱 효과적이다. 이상이 목표설정이론의 핵심이다.

그저 '열심히 해라', '최선을 다하자'보다는 목표가 구체적일수록 더욱 동기

화된다. 그래서 '인간관계론 교과서를 열심히 읽어라'보다는 '제5장은 오늘, 제7장은 모레까지'처럼 구체화할수록 효율성이 더 있다. 목표의 수준도 당사자가 수용할 수 있는 정도라면 어려울수록 동기가 더 일어난다고 한다. 이처럼 초기에는 목표 자체만을 강조하며 목표가 구체적이어야 하고 약간 어려운 것이어야 한다는 주장이 고작이었다. 그런데 그 후 상황에 따라서 목표달성 정도가 달라지는지를 연구했고, 목표 자체가 인간에게 주는 심리학적 의미와 영향을 찾아내려고 했다. 즉 목표를 설정하되 '자율적'으로 설정한다면 자신이 정한 것이기에 더욱 노력한다는 것이다. 결정에 참여한 경우에는 그 이후의 몰입이 더 커진다는 연구도 있다.

"나는 목표지점에 거의 다 왔다!"
"왜 이렇게 계단이 많은 거야?"

② 학습목표와 성과목표

한편 목표를 세분화하여 관찰하기도 했는데 예를 들면 목표의 형태를 크게 둘로 구분했다. 개인이 어떤 과업에 직면하여 목표를 정할 때는 자아성장과 발전을 위해 그 과업에 대한 지식과 기술을 익혀 통달하려는 경우가 있고, 단순히 남보다 앞서서 그리고 높게 달성함으로써 자신의 우수성을 남에게 보이기 위한 경우도 있다는 것이다. 여러 가지 명칭이 있지만 전자를 '학습목표(mastery or learning goal)', 후자를 '성과목표(performance or competitive goal)'라고 한다. 인간관계론 첫 수업을 들으면서 수강생들이 목표를 정한다면 크게 두 부류일 것이다. 한 부류는 학점보다 인간관계론 지식을 마스터해보겠다는 목표를 정할 수 있고(학습목표), 다른 부류는 인간관계론 지식에는 별로 관심 없고 남보다 높은 학점이면 그만이라는 목표를 정할 수 있다(성과목표). 어떤 목표를 가지는지에 따라 한 학기 동안 수강태도와 시험공부행동은 다를 것이다.

회사원의 목표도 인생의 목표도 이러한 관점에서 달리 관찰한다면 동기부여 전략도 다르게 접근해야 한다. 단적인 예로 성과목표를 가진 사원에게는 경쟁

/인/간/이/야/기/6-8/

몽고메리 장군의 전략

버나드 로 몽고메리(Sir Bernard Law Montgomory) 장군은 제2차세계대전 때 북아프리카와 유럽의 연합군 상륙작전에서 중요한 역할을 담당한 가장 영향력 있는 영국 육군원수로서 독일군과의 전투에서 첫 연합군 승리를 안겨준 지휘관이다. 그는 거만하고 거칠고 허영심이 많고 때로는 기상천외의 일도 저지른 인물로 평가되고 있다. 그럼에도 몽고메리는 전투에서 부하 장병들이 끊임없이 전진하여 승리를 거머쥐게 한 마력의 소유자이다. 어떻게 가능했을까? 그는 부하들에게 적군이 쳐들어온다고 거짓말하고 참호를 파도록 하여 한겨울을 지냈다. 군인은 전쟁이 없으면 지루해하고 탈영이 늘어난다. 전쟁을 해야 상관의 리더십이 산다. 그래서 로마시대에는 전쟁을 길게 끈 장군도 많았다. 기업은 계속 혁신과 변화를 외쳐야 새로운 동기가 유발된다. 매일 반복되는 단순직무를 맡은 공무원은 동기가 없어 복지부동에 빠진다.

을 시켜야 하는데, 왜냐하면 더 많은 업적으로 남들보다 앞서야 목표를 달성한 것이 되기 때문이다. 하지만 학습목표를 가진 사원은 다른 사람과 교류하고 협동할 기회를 제공해야 동기가 상승되는데, 왜냐하면 경력을 쌓고 일을 배우는 것이 목표라면 다른 사람과 어울리면서 듣고 배워야 목표달성이 가능하기 때문이다.

그런데 사람은 혼자 있을 때와 집단으로 있을 때 다르게 행동하듯이 목표를 정할 때도 다를 것이다. 혼자 공부를 한다면 배우고 익혀서 지식을 습득하는 학습목표에 공을 들이겠지만, 남들과 있을 때에는 경쟁에서 앞서려고 하는 성과목표에 중점을 둘 것이다. 이처럼 목표를 설정하는 것부터 목표달성을 위한 행동방식까지 집단과 조직을 의식하면서 목표를 정하고 수행한다. 개인이 정한 목표는 개인행동에 영향을 주는 것이 분명하지만 사실은 집단 속의 개인에게 영향을 주는 것이다. 즉 목표설정부터가 그가 속한 집단의 사람들, 그가 속한 조직과의 관계에 의해서 이루어진다.

③ 목표설정이론의 문제점

그러나 목표설정이론이 밝혀내야 할 과제는 아직도 많다.

먼저, 목표에만 치중하다보면 융통성과 적응력, 그리고 창의력까지 잊어버리는 문제점이 있다. 목표를 설정한 후에도 얼마든지 상황변화가 있을 수 있으나 처음 정한 목표에 몰입하다보면 자칫 그 목표만이 모든 것에 우선할 수 있기 때문이다. 다른 문제점으로는 모든 목표를 계량화하는 문제, 복수목표 간의

/ 인 / 간 / 이 / 야 / 기 / 6 – 9 /

첫사랑에 빠지듯

동기가 부여되면 일을 스스로 한다. 남이 시킨 일을 하는 것은 재미도 없고 흥도 안 나기 때문이다. 그러므로 일에 대한 보상보다 재미가 중요하다. 이제부터 경영은 첫사랑을 하듯 하자.[1] 외부 특강을 갔을 때의 일이다. 강당 안에는 100여 명의 사람들이 강의를 듣기 위해 모여 있었다. 나는 상대를 어떻게 대하느냐에 따라 인간의 행동이 얼마나 차이가 나는지를 사람들에게 느끼도록 하기 위해서 두 가지 서로 다른 인사방법을 청중에게 알려주었다. 옆에 있는 사람과 1분 동안만 인사를 하게 하였는데 한 가지 방법은 인사를 건네는 사람이 자신에게 전혀 중요하지 않은 사람인 것으로 가정하고 인사를 하게 했고, 다른 한 방법으로는 오랫동안 만나지 못했던 가장 절친한 친구를 만난 것처럼 인사를 하라고 주문했다. 전자의 1분은 살짝 곁눈질로 인사를 마쳤고, 장내도 고요했다. 하지만 후자의 방법으로 인사를 건네는 순간, 장내는 살아 숨 쉬듯 움직였다.

첫사랑을 하듯 경영하는 사람이 있다. 일본 대형 할인마트, 유통소매업의 대부 이토 마사토시는 세븐일레븐의 창시자이다. 세븐일레븐의 주식이 총액 7조 엔을 넘고, 일본전신전화(NTT)나 도요타와 더불어 상위에 랭크되어 있다. 그에게 성공비결을 묻자 마사토시는 “손님과 거래처를 중시한다.”, “거짓말을 절대로 하지 않는다.”, “감사하는 마음을 잊지 않는다.”라고 세 가지를 들었다. 장사의 비결이라기보다 인간으로서의 기본을 매일매일 반복해왔을 뿐이라는 것이다. 그의 경영방식을 난 ‘첫사랑 경영법’이라고 부른다. 첫사랑은 무엇으로 구성되는가? 그 구성요소들을 강조하면서 경영을 하는 회사가 있다. 바로 사우스웨스트항공사(사진)이다. “열정, 헌신, 사랑, 믿음, 존경, 당신의 일터에 에너지를 리필하십시오!” 이 회사는 2002년 미국에서 가장 존경받는 기업 2위에 이름을 올렸다.

중요성과 순서의 조정문제, 목표 간 갈등문제 등이 여전히 풀어야 할 난제로 남는다. 그리고 사람에 따라서는 자율적으로 자기통제하에 속도를 조절하며 일을 하는데, 사전에 목표를 설정해놓는 것은 오히려 방해가 되기도 한다. 실제로 정서적 안정이 약한 성격의 소유자에게 상급자가 목표를 설정해주는 것은 심한 스트레스요인이 될 수 있다. 또 다른 문제점은 목표설정이론의 조건에 따라 목표가 설정된 경우에 처음에는 성과가 높다가도 수개월 후에는 자극 정도가 무뎌져서 성과가 떨어진다는 것이다. 따라서 목표설정이 성과향상으로 이어지지 않는다는 연구도 자주 보인다. 그러므로 높은 성과수준을 계속 유지할 수 있는 방안이 모색되어야 할 것이다.

1) 3류 경영자는 자신의 능력만으로 경영하며, 2류 경영자는 남의 힘을 빌려 경영하며, 1류 경영자는 남의 능력을 경영하는 것이다. 항우는 3류 장군이고, 유방은 1류 장군이었다. 유방에게는 참모총장 격인 장량, 총무를 맡은 소하, 영업이사 격인 한신이 있었기 때문에 리더 중 리더가 된 것이다. 유비도 관우, 장비, 제갈공명이 있어서 성공한 경영자였다.

4. 조직생활과 모티베이션

조직에서 구성원들에게 동기가 유발된다면 어떻게 될까? 아마도 무엇인가 달성하고자 하는 욕구가 명확하게 생겼다면 분명히 행동으로 이어질 것이다. 그래서 조직은 조직 속에 들어온 개인에게 이런 목표를 지향토록 하여 개인이 자발적인 노력을 하도록 유도할 책임이 있다. 이런 개념이 바로 모티베이션(motivation)이라 부르는 동기부여 혹은 동기유발이다.

(1) 동기부여의 실제

실제로 경영현장에서 사원들에게 동기를 부여하려면 어떻게 해야 하는지 몇 가지 전통적인 방법을 소개하면 다음과 같다.

① 목표관리

목표란 원래 최고경영자가 일방적으로 정하는 권리였다. 그러다보니 실제로 일을 하는 측에서 보면 무리가 따르는 목표가 설정되기도 하고, 그 결과 목표달성을 못하는 개인은 불만족스러울 수밖에 없었다. 경영자와 직원이 함께 참여하여 목표를 설정하고, 직원의 목표달성 정도를 통해 성과를 평가하며, 그에 맞는 보상을 주려는 모티베이션 기법을 목표관리(Management by Objective : MBO)라고 한다. 공동으로 설정된 목표는 자발적인 참여와 보상이 주어질 것이라는 기대가 생겨 동기가 유발된다.

② 행동수정

행동수정기법(Organizational Behavior Modification : OB Mod)은 학습의 강화이론을 통한 행동변화를 그 목적으로 한다. 최종목표는 행동수정에 있기에, 행동수정을 위해서는 몇 단계를 거쳐 바람직한 행동이 나오도록 동기를 유발시키는 기법이다. 먼저 고쳐야 할 행동과 계속 이어나갈 행동을 규정짓고, 구체적인 행동변화에 대한 목표를 설정한 후, 결과에 대한 피드백을 통해 원하는 행동은 계속 이어나가고 그렇지 않은 행동은 긍정적 강화, 부정적 강화, 처벌, 소거 등의 방법을 통해 줄여나간다.

표 6-4 행동수정이론

행동수정기법들			
행동수정목표	행동수정기법	결과의 조작	행동수정
기존행동을 더욱 강화	긍정적 강화	긍정적 결과를 제공 (상을 준다) 〈+를 제공〉	공부를 더 열심히 한다.
	부정적 강화	부정적 결과를 제거 (꾸중을 그친다) 〈−를 제거〉	불량소년이 모범적으로 되어간다.
기존행동을 약화 내지 중단	처벌	부정적 결과를 제공 (벌을 준다) 〈−를 제공〉	교통위반이 줄어든다.
	소거	긍정적 결과를 제거 (특근수당을 줄여나간다) 〈+를 제거〉	결근율이 줄어든다.

③ 직무설계

과거에는 직무설계(job design)를 직무재설계(job redesign)라고 하였다. 그러나 설계라는 용어 자체에는 없었던 것을 완전한 것으로 형성시킨다는 개념이 있기에 직무재설계라고 하기보다는 직무설계라고 해야 옳다. 결국 자동차를 설계하듯이 필요한 부분과 필요 없는 부분을 골라내고 더 중요한 부분이 어디이며, 어느 곳은 어떤 색으로 이루어져야 한다는 식으로 구성원의 작업이나 일과 직무의 성과를 증진시킬 목적으로 직무들을 변경하는 것을 말한다. 이에는 직무전문화(job specialization), 직무확대(job enlargement), 직무충실화(job enrichment)가 있다.

직무전문화

직무전문화는 한 작업자가 하는 여러 종류의 일(task)을 수적인 면에서 줄이는 것이다. 옷핀 만드는 18개의 공정을 한 사람이 모두 담당하면 비전문화되어 있는 경우이며, 이를 한 사람이 1~2개 정도만 담당하게 되면 직무전문화가 된 상태라 할 수 있다. 이는 한 사람의 작업을 단순화하는 것이므로 일이 지루해지고 동기부여되기 어렵다.

직무확대화

고도로 전문화된 일을 장시간 했을 때 권태, 단조로움, 피로감 등의 문제가 생긴다. 따라서 단순한 일을 반복해서 하는 경우보다 다양한 일을 할수록 그 만족도는 증가할 것이라는 연구결과에 착안하여 전문화된 직무의 내용 및 범위를 넓히는 것이다. 즉 한 사람에게 한 가지 작업만 맡기는 것이 아니라 두 가지 이상의 작업을 맡기는 것이다. 이렇게 됨으로써 수평적인 담당과업의 수가 증가하기 때문에 이를 수평적 직무확대라고 한다.

직무충실화

직무충실화란 현재의 작업자가 수행하고 있는 직무에 의사결정의 자유재량권과 책임이 추가로 부과되는 과업이 더 할당되는 것이다. 작업자 스스로가 작업계획과 시간을 짜도록 하고 제삼자의 감독과 통제를 줄이고 자율권을 주며 업무결과에 대한 피드백도 스스로 함으로써 작업자의 동기를 유발시키는 직무설계 기법이다.

허쯔버그(F. Herzberg)는 직무충실화에 대하여 다음과 같이 주장한다. "부하들이 변화할 수 있다는 확신을 가진 직무가 되어야 한다. 직무충실화는 한 시대의 주장이 아니고 계속되어야 하는 관리기능이다." 아마도 직무는 계속적으로 충실화해야 되는 것이나 위생요인에 대한 욕구만을 들어주어서는 안 되는 것이다. 모든 직무가 충실화되는 것은 아니며, 또한 모든 직무가 충실화될 필요가 있다는 것도 아니다.

(2) 모티베이션에 관해 깊이 생각하기

조직구성원들의 동기수준이 오르면 과연 조직의 성과도 오를까? 그렇다면 개인의 동기를 높이기 위해 무조건 아무의 욕구만 충족시키면 되는가? 진정한 동기요인은 과연 무엇인가?

① 모티베이션이론의 진실

앞에서 우리는 여러 가지 동기이론들이 직무와 관련된 인간의 행동에 대하여 타당성 있는 설명을 하고 있다는 것을 살펴보았는데, 이제 이것들이 과연 조직의 관리자에게 무엇을 시사하는지 살펴보려고 한다. 관리에의 적용과 관련해서 주로 다음과 같은 의문이 생길 수 있다.

/인/간/이/야/기/6-10/

마쓰시타 고노스케의 동기는

일본의 세계적인 부호이자 사업가인 '내쇼날' 상표의 창업자 이야기이다. 마쓰시타 고노스케(사진)는 아흔넷의 나이로 운명할 때까지 산하 570개 기업에 종업원 13만 명을 거느린 대기업의 총수로 있었다. 그는 아버지의 파산으로 초등학교 4학년을 중퇴하고 자전거 점포의 점원이 되어 밤이면 어머니가 그리워 눈물을 흘리던 울보였다. 그러던 그가 85년이 지난 후 일본 굴지의 기업의 총수가 되었는데, 어느 날 한 직원이 마쓰시타 회장에게 물었다. "회장님은 어떻게 하여 이처럼 큰 성공을 하셨습니까?" 마쓰시타 회장은 자신이 하늘의 큰 은혜 세 가지를 입고 태어났다고 답했다. 그 세 가지란 첫째 가난, 둘째 허약, 셋째 무학이라고 했다. 그의 말을 듣고 깜짝 놀란 직원이 "이 세상의 불행을 모두 갖고 태어나셨는데도 오히려 하늘의 은혜라고 하시니 이해할 수 없습니다."라고 대꾸하자, 마쓰시타 회장은 이렇게 대답했다. "나는 가난 속에서 태어났기 때문에 부지런히 일하지 않고서는 잘살 수 없다는 진리를 깨달았다네. 또 약하게 태어난 덕분에 건강의 소중함도 일찍이 깨달아 몸을 아끼고 건강에 힘써 지금 아흔 살이 넘었어도 30대의 건강으로 한겨울에 냉수마찰을 한다네. 또 초등학교 4학년을 중퇴했기 때문에 이 세상 모든 사람을 나의 스승으로 받들어 배우는 데 항상 노력하여 많은 지식과 상식을 얻었다네. 불행한 환경이 나를 이만큼 성장시켜주었기에 하늘이 준 큰 은혜라 생각하여 감사하고 있다네." 내쇼날의 마쓰시타 회장은 자신에게 주어진 불행과 시련을 오히려 하늘이 준 은혜로 생각하고 열심히 자기를 훈련하고 노력하여 누구보다 값지고 훌륭한 성공을 거두었던 것이다. 상위욕구의 부족만이 동기화를 가능하게 하는 것은 아니다. 또한 욕구의 충족만이 은혜가 아니다. 마쓰시타의 세 가지 은혜는 모두 하위욕구의 결핍이었다.

- 사원이면 아무 때라도, 누가 되든지 항상 동기를 부여해야 하는가?
- 우리는 과연 아무개의 사기를 높일 수 있는가?
- 만일 그렇다면 무슨 방법이 이상적이며, 비용과 노력 측면에서는 어떠한가?
- 사기가 높은 사원이면 그의 업무성과도 반드시 높은가?

② 누구나 언제라도 사기를 북돋아야 하는가

우선 누구라도 항상 동기를 부여하여야 하는지의 질문에 대해서는 '그렇지 않다'가 옳다. 밤을 새워 공부하는 학생에게 더 열심히 노력할 수 있는 방법을 적용하는 것은 좋지 않을 것이다. 화재가 난 빌딩에서라면 누구나 살아남으려는 동기가 매우 높다. 이런 사람들에게 삶의 동기를 더욱 높여주면 불상사만 부추기는 셈이다. 회사에서도 열심히 일하고 있는 사람도 있고 그러한 부서도 있다. 이들의 욕구충족이나 목표관리를 위해 비용과 노력을 더 들일 필요는 없다. 어떤 부서에는 너무 어렵거나 조심스러운 일을 하고 있는 사원들이 있다. 이들에게 지나친 동기부여전략이 가해진다면 오히려 실수를 하거나 결과가 좋지 않을 수도 있다. 따라서 조직의 구성원은 언제, 어디서, 누구라도 항상 동기부여 대상이 된다는 말은 반드시 맞는 말은 아니다.

③ 동기부여, 가능한 일인가

우리는 과연 어떤 개인에게 진정으로 동기부여를 할 수 있는가? 욕구이론에서 보았듯이 동기의 근원은 욕구인데 우리는 욕구 자체를 만들거나 조작할 수는 없다. 다만 그 욕구에 의해서 발생된 동기를 과업행동 쪽으로 유도하는 것뿐이고, 발생된 동기가 상실되지 않도록 도와주는 것뿐이다. 애초부터 승진욕구도 없고 돈에 대한 욕구도 없는데 승진도 시키고 돈도 많이 줄 테니 열심히 일하라고 사기를 북돋우는 것은 불가능하다. 그리고 돈욕구, 승진욕구 없는 사람을 그런 욕구가 생기도록 만드는 것은 더욱 어려운 일이다. 많은 욕구들이 태어날 때부터 혹은 오랜 기간 수많은 경험으로 형성되는 것이기 때문이다. 그러므로 어떤 욕구를 채워서 사기를 올릴 계획을 가진 관리자라면 사원채용 시부터 그런 욕구를 많이 가진 자를 채용하는 것도 방법이다.

④ 사기향상을 위한 이상적인 방법은

동기를 직무행동으로 유도하는 방법에는 무엇이 있을까? 이를 위해서는 왜 사람들의 동기가 줄어드는지를 찾아내어 그것을 방지할 수 있다. 우선 기대가 동기를 조정하는 큰 변수인데 오늘날의 조직에서 기대의 크기가 줄어들고 있음을 알아야 한다. 신입사원들의 동기화 정도는 매우 높은 것이 일반적인데 이들이 기대차이(기대와 현실의 차이)를 몇 번 경험하다보면 더 이상의 동기가 일어나지 않는다. 또한 거대한 조직 속에서 자신의 역량보다 조직과 기술이 성과를 좌우하게 됨을 알게 되든지 개성의 발휘나 깊은 인간관계의 형성이 어렵다는 사실을 깨닫게 되면 기대는 점차 사라진다. 기대를 늘리는 가장 이상적인 방법은 신뢰를 쌓는 것이며, 조직이나 관리자가 약속을 지키면 구성원의 신뢰와 기대는 높아진다.

(3) 조직성과와 모티베이션

모티베이션 수준과 조직성과의 관계성을 살펴보자. 어떤 사람의 업무성과가 아주 낮다면 이는 과연 동기부여가 없었기 때문일까? 그렇지는 않다. 현대사회는 기술의 발전으로 인하여 사람의 땀과 노력보다는 기계의 상태가 성과를 결정하는 경우가 많다. 자동화된 시스템을 다루고 있는 사원의 경우는 모티베이션과 무관하게 기계가 성과를 결정한다. 이처럼 개인이나 조직의 성과는 개인의 동기 말고도 수없이 많은 요소의 영향을 받는데 다음과 같은 함수로 나타낼 수 있다.

성과 = f(능력×기술수준×동기수준×업무방법숙지도×감정상태×기타)

이 등식에서 보듯이 조직성과 향상을 위해 구성원의 모티베이션이 항상 높아야만 하는 것은 아니다. 각 요소들이 곱하기 관계인 것은 한 개 요소만 부족해도 성과에 지대한 영향을 미친다는 증거이다. 이처럼 조직의 성과가 오직 구성원의 모티베이션 수준에만 달려 있지 않음은 불행 중 다행이라고도 할 수 있다. 왜냐하면 구성원의 모티베이션 수준이 낮다고 해서 곧바로 조직성과가 떨어진다면 많은 조직들이 유지되기 어려울 것이기 때문이다. 다행히 구성원의 동기수준이 낮아도 다른 요인들만 잘되어 있다면 그 조직은 어느 정도 성과를 높일 수 있는 것이다.

(4) 진정한 동기요인은 무엇인가

많은 사람들이 단지 돈을 위해서 직장에 다니지는 않는다는 사실을 우리 주변에서 많이 본다. 그리고 많은 욕구 중에서 상위욕구에 중점을 둔 인간존중의 경영이 무엇보다도 큰 동기요인임을 배웠다. 이를 위해 다음과 같은 정책과 관리가 필요하다.

① 개인차이의 인정

현대 동기이론들의 공통적 지적은 사원들이 동질적이 아니라는 것이다. 꼭 신세대가 아니더라도 나는 그저 나이기를 원한다. 사원들은 서로 상이한 욕구를 가지고 있으며 성격과 태도, 경험과 기대가 모두 다르기 때문에 각자의 특성에 맞는 리더십과 인간관계가 필요하다. 거대한 조직에서 어떤 분위기나 조직구조에 의해 몰개성화(沒個性化)되지 않도록 세심한 배려가 필요하다.

② 상위욕구의 충족

인간은 문명이 발전할수록 하위욕구보다 상위욕구가 더욱 증대된다. 그러므로 조직은 과거에 큰 비중을 두지 않았던 친교, 소속감, 존경, 자아실현의 기회를 많이 주어 사원들이 조직생활에서 만족을 얻도록 제도적 장치가 되어 있어야 한다. 자유로운 분위기, 삶의 질 향상을 위한 여러 프로그램, 신뢰와 재미가 넘치는 직장 설계에 많은 아이디어와 비용을 투자해야 한다.

③ 자율성 부여

사원들을 억압하거나 통제하지 않으며 자율성을 부여할 때, 그들은 자아실현과 존경욕구를 채우기 위해 스스로 노력을 할 것이다. 따라서 스스로 참여한 일에 신바람이 나고 동기화될 것이므로 관리스타일과 통제규정을 개선하며 창의성을 발휘하는 직무수행방법을 도입해야 한다. 그리고 과거의 위계조직에서와 같이 상부의 지시대로 로봇처럼 움직이는 조직생활이 아니라, 권한의 위양과 자율적 의사결정의 확대로 임파워먼트된 상황에서 조직생활을 하도록 지원해야 한다.

(5) 문화차이와 모티베이션이론

많은 모티베이션이론들이 문화를 초월하여 여전히 들어맞는지 검토해볼 필요가 있다. 가장 잘 알려진 이론들만 살펴보면 다음과 같다.

① 욕구단계이론

매슬로우가 주장한 욕구단계설이 미국 밖의 회사 사원들에게도 그대로 적용될 수 있을까? 홉스테드(G. Hofstede)는 그렇지 않다고 한다. 예를 들면 그리스나 일본같이 불확실성 회피성향이 큰 나라에서는 모험지향적인 미국과 비교하여 자아실현욕구보다 안전욕구 충족에 의해 더욱 동기화된다고 한다. 즉 도전적인 직무보다 종신고용에 더 매력을 느낀다는 것이다. 또한 여성지향적인 북유럽 국가들(스웨덴, 덴마크, 노르웨이, 스칸디나비아)에서는 생산성이나 목표의 초과달성보다는 생활의 질을 더 강조하기 때문에 소속의식, 인간관계, 사회적 사교성 등에 의해 더욱 동기화된다고 한다. 반면에 파키스탄과 같은 보다 집단주의적 국가의 사원들은 개인주의적 국가와 달리 존경 및 성장욕구보다 사회적 욕구를 더 강조하는 경향이 있다고 한다. 이처럼 욕구의 순서와 크기가 문화마다 다르다는 사실을 관리자는 인지하고 있어야 한다.

오렐리와 로버트(C.A. O'Reilly & K.H. Roberts)는 다음과 같은 설명으로 욕구단계설의 보편타당성(universality)을 부정하고 있다. 그들은 욕구에 관한 많은 연구들을 통해 개인욕구의 중요도가 각자의 준거틀에 따라 결정됨을 발견했으며, 그 준거의 틀은 개인이 속한 문화에 의해 결정된다고 주장한다. 인간의 욕구가 근본적이고 보편성을 띤다고 하는 것은 옳지만 그렇다고 욕구들의 가중치 순서와 욕구의 표현방식까지 같다고는 볼 수 없다. 즉 그 순서만은 문화권에 따라 다르게 나타난다는 것이다.

② 성취욕구이론

맥클레랜드(D.C. McClelland)는 인간은 성취욕구, 권력욕구, 친교욕구에 의해 동기화된다고 설명했다. 그가 처음 강조한 것이 성취욕구인데, 인도의 기업인들을 대상으로 조사한 결과 성취욕구 충족은 문화를 초월하여 사람을 동기화시킨다는 것을 발견했다. 그러나 이에 대해서도 문제를 제기하는 사람이 있는데, 홉스테드는 성취욕구의 '성취'라는 말 자체가 문화에 따라 다르게 받아들여지고 있으며 영어권 이외의 나라에서는 정확하게 번역될 용어도 없다고 주장한다. 또한 그의 조사대로라면 구미국가가 아닌 칠레, 인도, 포르투갈 같은 나라의 국민들은 성취감에 대한 욕구 자체가 별로 없기 때문에 성취동기 자체로는 효율적인 동기요인의 역할을 못한다. 일례로 인도에서는, 물론 모두는 아니지만, 상대적으로 더 쉽고 단순한 직무에 동기화되는 사원이 더 많을 것이다.

③ 2요인이론

고도로 개인주의적이고 생산지향적인 남성형 문화권에서는 직무충실화가 동기부여의 수단이 된다고 강조했지만 여성문화권인 북유럽에서는 직장에서의 인간관계의 질이 더욱 중요한 동기요인이 될 수 있다. 뉴질랜드에서는 허쯔버그의 2요인이론의 재입증에 실패했는데, 예를 들면 감독자와의 상하관계가 위생요인이 아닌 동기요인이었다. 동기요인과 위생요인이 별도로 존재한다는 사실을 발견한 허쯔버그의 공헌은 인정해야 하지만 무엇이 동기요인이며 무엇이 위생요인인지는 나라마다 다를 수 있다는 사실을 간과해서는 안 된다.

그러므로 공헌의 대가로 지급할 여러 형태의 보상에 각자가 부여하는 상대적 가중치의 크기도 문화권에 따라 다를 것이다. 어느 나라는 금전을, 다른 나라에서는 승진을, 또 어떤 나라에서는 인정과 칭찬을 더 중요하게 쳐준다. 그러므로 관리자는 보상의 유형과 수준을 그들이 처한 문화에 따라 다르게 책정해야 할 것이다.

④ 기대이론

기대(expectancy)란 사원들이 자신들의 노력에 대한 결과 그리고 그 결과에 따른 보상을 확신하는 정도이다. 그런데 믿는 정도(신념)는 문화에 따라 다르기 때문에 이것 역시 문화종속적이라고 할 수 있다. 앞에서 말한 대로 구미 사람들은 어느 정도 환경을 통제하며 살았다. 그러나 회교나 불교 문화권에서는 환경통제(지배)적이기보다 환경순응(복종)적이었다. 따라서 "열심히 해서 내가 회사 상급자를 조정하여 내게 보상을 주도록 지배할 수 있다."는 신념이 강하지 못하면 기대의 수준은 매우 낮아지는 것이다. 즉 기대수준은 어느 정도 자신의 의지에 따라 변한다.

그런데 의지력이 강한 사람 혹은 내부통제적 성격인 국민은 어떤 일을 시작하면서 성공에 대한 확률을 높게 인식한다. 즉 기대수준이 높다. 반면에 다른 나라 국민은 회사가 확실한 약속을 해도 운명에 맡기기 때문에 기대수준을 낮게 책정하고 시작한다. 그런 나라에서는 관리자가 아무리 기대를 높이는 정책을 마련해도 그 정책이 사원들의 동기수준 향상에 미치는 영향력은 미미할 수밖에 없다.

토 론 합 시 다 6 - 1

본능연구

인간의 동기, 욕구, 본능에 대하여 30가지를 추출해보자. 이때 다른 팀과 동일한 것을 추출하면 30점에서 점수가 차감되도록 한다. 그렇다고 없는 동기, 욕구, 본능을 창작해내라는 것도 아니다. 다른 팀이 생각하지 못했지만 인간이 가지고 있는 본성에 대하여 발견하자. 꽤 많은 양이지만 팀원 모두가 머리를 맞댄다면 생각해낼 수 있다. 이를 마인드스토밍이라 한다. 나중에 직장생활을 하면서 익히겠지만 거의 모든 일이 회의나 다른 사람과의 협력으로부터 시작되며, 상대는 나에게 아이디어를 말하도록 계속 요구할 것이다. 자, 30가지를 추출해내자.

★ ★ ★

1. 다른 팀과 다르게 추출된 동기, 욕구, 본능에는 어떤 것들이 있나?
2. 추출된 것 30가지 중 동기에 해당하는 것, 욕구에 해당하는 것, 본능에 해당하는 것을 유형별로 분류해보자.
3. 가장 중요한 본능은 무엇인가?

토 론 합 시 다 6 - 2

인간은 왜 일하는가

G. 버나드 쇼는 "해야만 하는 것은 일이요, 하고 싶은 것을 하는 것은 놀이"라고 했다. 성 토마스는 "인간은 신이 준 사명을 완수하기 위해 일한다."고 했다. 에밀 졸라는 "노동은 세상의 유일한 법칙이며 일이 없다면 인생은 의미가 없다."고 했다. 톨스토이는 "인간은 기본욕구 충족을 위해 일한다."고 했다.

★ ★ ★

1. 여러분은 일에 대하여 어떠한 관점을 가지고 있는가?
2. 일을 하기 위해서는 모티베이션이 있어야 하는데, 여러분 각자에게는 월급인상인가 아니면 인정과 칭찬인가?
3. 일하지 않는다면 여러분은 어떻게 될 것 같은지 발표하자.

토론합시다 6-3

옛사람들의 모티베이션 기술

사람들의 사기를 올려 신바람 나게 일하도록 하는 여러 가지 방법들을 옛 조상들도 가지고 있었다. 오늘날까지 남아 있는 아테네의 신전을 짓는 방법에서도 그 거대한 대리석을 산꼭대기에서 밑으로 운반할 때 천천히 내려가도록 하기 위해 산 위에 줄을 걸어 다시 수십 명이 아래로 잡아당기는 일은 매우 중요하고 어려운 일이었다. 그래서 이때 옆에서 피리를 불어주면서 장단을 맞추는 악사가 반드시 필요했다. 세종대왕께서는 변방을 지키는 장수들의 사기를 올리는 방안을 적극적으로 모색했으며, 집현전 연구원들에게는 지금의 안식년 제도와 같은 방식으로 사기를 올려주곤 했다.

1. 사기를 올리는 기술에는 어떤 것들이 있는가?
2. 위인의 일화 중 아랫사람의 사기를 올려주는 사례를 찾아 발표해보자.

제 7 장

조직생활과 커뮤니케이션

7장의 구성

학습목표

1. 커뮤니케이션의 의의에 대한 이해
2. 개인차원과 집단차원, 조직차원에서의 커뮤니케이션 기능
3. 커뮤니케이션의 기본요소 및 방해요소
4. 공식적 커뮤니케이션과 비공식적 커뮤니케이션의 이해
5. 커뮤니케이션 네트워크

핵심키워드

커뮤니케이션, 부호화, 해독, 메시지, 채널, 피드백, 공식적 커뮤니케이션, 비공식적 커뮤니케이션, 그레이프바인, 커뮤니케이션 네트워크

07 조직생활과 커뮤니케이션

들어가면서

조직이란 두 사람 이상이 모여 공동의 목적을 달성하기 위해 상호작용하는 유기체라고 한다면 구성원들끼리의 상호작용은 필수적이다. 뿐만 아니라 조직 외부의 환경(이해관계자)과의 소통도 필요하다. 이는 커뮤니케이션이라는 수단을 통해서만 가능하며 이러한 커뮤니케이션 없이는 경영기능과 대인관계가 유지되기 힘들다. 또한 인간을 인간답게 하고 다른 사람과 더불어 살아가는 데 있어 필수적인 것이 바로 커뮤니케이션이다. 평범한 사람의 하루 시간 중 커뮤니케이션 활동이 차지하는 비율이 70% 정도라고 알려져 있다. 더욱이 그 사람이 리더나 관리자라면 80% 정도는 커뮤니케이션에 시간을 보내게 된다. 루싼스(F. Luthans)에 의하면 훌륭한 리더들은 조직유효성과 부하만족을 달성하기 위해 리더 자신의 하루 시간 중 44%를 일상적 커뮤니케이션으로 사용하고 있다고 한다.

1. 커뮤니케이션이란

커뮤니케이션(의사소통)이 인간생활의 대부분을 차지하고 있다고 해서 중요한 것만은 아니다. 커뮤니케이션이 중요한 이유는 개개인을 묶어 사회를 만들게 하는 접착제(cement) 역할뿐 아니라 한 사람을 다른 사람에게 연결시키는 다리 역할을 하기 때문이다. 동전의 양면과 같은 성질을 가지는 것이 커뮤니케이션이다. 따라서 잘된 의사소통은 문제를 해결해주지만 잘못된 의사소통은 더 많은 문제를 야기한다.

(1) 커뮤니케이션의 정의

커뮤니케이션은 공동의 것으로 만든다는 의미의 라틴어 'Communis'에서 유래되었다. 따라서 본래의 의미는 둘 이상의 사람들을 하나의 공동체로 만들어 내는 과정으로 볼 수 있다. 그러나 커뮤니케이션이란 용어는 현대사회에서 모든 사람이 사용하고 있으면서도 매우 복잡한 말이 되었다. 커뮤니케이션에 대한 정의는 학자마다 다르며, 한 연구에서는 커뮤니케이션 정의가 무려 126개에 이른다고 보고하고 있다.

과거에는 커뮤니케이션을 단순히 대화나 의사전달로 보았으나, 오늘날에는 조직의 모든 업무가 구성원들의 상호작용으로 이루어지기 때문에 커뮤니케이션이 조직유효성과 구성원의 조직생활에서 중요한 위치를 점하고 있다. 따라서 커뮤니케이션에 대한 해석의 범위도 넓어지고 그 중요성도 훨씬 증대되었으며 학자들의 관심도 그만큼 커졌다. 조직의 행동 중 하나인 커뮤니케이션이란 구체적으로 무엇이며 조직에서 어떤 역할을 하는지부터 알아보자.

보통사람이라면 으레 깨어 있는 시간의 70%를 커뮤니케이션으로 보낸다고 한다. 민쯔버그(H. Mintzberg)의 조사에 의하면 보통의 관리자들은 하루 시간의 69%는 회의로, 6%는 전화사용으로, 3%는 이동 · 여행으로, 22%는 사무실 책상에서 보낸다고 한다. 그렇다면 거의가 커뮤니케이션으로 시간을 보낸다는 말이다. 커뮤니케이션이란 무엇인지에 대한 답은 그렇게 간단하지가 않아서 혹자는 이와 관련하여 95개의 정의가 있다고 조사한 바 있다. 우선 커뮤니케이션을 간단히 정의한다면 두 사람 이상의 사람들 사이에 언어, 비언어 등의 수단을 통하여 자기들이 가지고 있는 '의견(opinion), 감정(sentiment), 정보(information)'를 전달하고 피드백을 받으면서 상호작용하는 과정이라고 할 수 있는데, 이러한 정의는 다음 사항을 내포하고 있다.

- 커뮤니케이션이란 타인(혹은 집단)과 서로 통하여 공동의 장(場)에 도달하게 되는 순환과정으로 볼 수 있다.
- 한쪽에서 송신을 했다고 해서 커뮤니케이션이라고 할 수 없고 상대방이 수신하는 것도 포함한다. 따라서 일방적 설명, 지시, 전달은 완전한 커뮤니케이션이 아니다.

오늘날 연구대상이 되고 있는 커뮤니케이션의 범위나 관점은 매우 다양하다. 전체 조직을 대상으로 정보의 흐름과 정보망을 연구하는 조직 커뮤니케이션(organizational communication)과 컴퓨터 네트워킹과 시스템이론 중심의 경영정보 전달체계, 정보의 이동, 그리고 불특정 다수 속의 개인들끼리의 정보소통(Social Networking Service : SNS) 등 모두가 커뮤니케이션에 포함된다고 할 수 있다. 경영학의 인간관계론에서 주로 관심을 두는 분야로는 역시 대인관계에서 개인과 개인, 집단과 집단구성원들 사이의 상호작용을 포함하는 대인 커뮤니케이션(interpersonal communication)을 꼽을 수 있으며, 이제는 점차 전자매체나 온라인을 포함하여 모든 정보소통의 개선에도 관심을 가진다. 이들에 대한 궁극적인 연구목적은 조직의 커뮤니케이션을 활성화하는 데 있다.

(2) 커뮤니케이션의 공헌

① 필수불가결한 인간행동

사람들은 항시 익숙한 것들, 예를 들어 주위의 풍부한 공기, 햇빛과 같이 인간과 밀접한 것들에 대해서는 당연하게만 생각한다. 커뮤니케이션도 이처럼 당연한 것처럼 생각하다보니 별반 주의를 기울이지 않는다. 물고기가 물을 떠나면 죽듯이, 사람이 커뮤니케이션을 하지 않는다면 소외되거나 낙오자가 되어 사회와 단절되어버릴 것이다. 그래서 다른 사람에게 무언가를 전하기 위해 구두 커뮤니케이션 속에서 말하고, 문자 커뮤니케이션 속에서 쓰고, 비언어적 커뮤니케이션 속에서 신호, 제스처, 행동 등을 사용하는 것이다. 따라서 인간은 커뮤니케이션 없이 살 수 없다. 전달자의 의도가 전달되면 행동으로 나타나고, 그런 행동이 진행되는 동안 계속적으로 생각하고 자기를 나타낸다. 결국, 인간은 하루 종일 말하고, 쓰고, 듣고, 읽고 하는 커뮤니케이션 과정을 반복한다.

커뮤니케이션은 과거로부터 미래로 계속 진행된다. 커뮤니케이션에는 분명한 시작과 끝이 없는 것이다. 그것은 삶의 한 부분이며, 사람이 변함에 따라 계속 변한다. 커뮤니케이션은 결코 고정적이지 않아서 과거의 경험과 미래에 대한 기대를 그 토대로 한다. 결국, 커뮤니케이션은 과정이다. 커뮤니케이션행동은 과거에 그 뿌리를 두고 있다.

② 정보의 교환

커뮤니케이션을 정보전달만으로 생각해서는 안 된다. 의미의 창조도 포함되어야 한다. 바른런드(D.C. Barnlund)는 "커뮤니케이션은 의미부여의 노력이다." 라고 말한다. 커뮤니케이션은 자신의 세계에서 일어나는 사건들과 다른 의미를 연관시켜 공유하려고 하는 것이다. 잠을 잘 자라는 엄마의 포옹이 부모자식관계에 얼마나 중요한지, 상쾌한 아침인사를 나누는 것이 얼마나 이웃 간의 정을 돈독히 하고 직장 분위기를 밝게 하는지를 생각해보면 커뮤니케이션은 정보의 전달이라는 차원만이 아닌 의미의 공유 즉 정보의 교환이라는 것을 알 수 있다.

/인/간/이/야/기/7-1/
잘못된 커뮤니케이션의 비극

두뇌 속에 체화되어 있어 보이지 않는 암묵지식과 세상에 드러나 있는 형식지식은 끊임없이 서로 교환된다. 지식은 사람들 간의 교환을 통해 더 잘 이해될 수 있는데, 이때 커뮤니케이션이 잘 이루어져야 업무조정도 의사결정도 지식경영도 해낼 수 있다. 역사상 최악의 재난으로 기록되고 있는 1977년 카나리 섬에서의 항공기사고를 보자. 583명의 목숨을 앗아간 이 비극적 사고는 보잉747 여객기의 독일인 기장과 스페인어를 쓰는 관제사 간의 영어로 한 대화의 잘못으로 일어났다. 조직은 생명체로서 살아 있기에 커뮤니케이션해야 하며, 그러한 커뮤니케이션에는 언어적인 것뿐 아니라 비언어적인 것도 있다. 그런데 커뮤니케이션이 잘못되면 비극을 초래한다. 개인 간에는 오해와 단절을, 조직에는 생산성저하와 사고재해를 초래하여 우리의 삶을 그만큼 후퇴시킨다.

젊은이들 사이에 한창 유행한 유머로 사오정 시리즈가 있다. 귀가 잘 안 들리는 탓에 남이 무슨 말을 하든 자기 얘기만 하는 사오정이 주인공으로 등장한다. 이를 테면 사오정 3형제가 커피숍에 갔다. 첫째가 주문했다. "나는 커피." 둘째가 "나도 홍차." 그러자 셋째 왈 "그럼 나도 주스." 주문을 받은 사오정 웨이터가 주방을 보며 소리쳤다. "3번 테이블에 녹차 3잔이요!" 회사에는 효과적 커뮤니케이션을 잘하지 못하는 무수한 사오정이 존재한다.

경영자는 효율적으로 공동목표를 달성하기 위해 구성원들 간의 원활한 커뮤니케이션이 이루어지도록 경영해야 한다. 직무를 담당한 사람들이 자신의 직무에 대하여 완벽에 가깝게 이해하고 있는 것도 자신의 업적이나 자신의 장단점을 파악하고 있는 것도 커뮤니케이션을 위해 필요한 사안들이다. 구성원들에겐 획일적이고 공식적인 의사소통 경로 이외에 다양한 경로를 개발할 책임도 주어야 하며, 보고나 제안, 설명을 함에 있어 핵심적이고 중요한 일만 선택하여 처리하도록 교육도 해야 한다. 경영자는 말과 행동에서 솔선수범하여야 하며, 쌍방향 커뮤니케이션이 이루어져 투명하고 공개적인 경영을 이루어야 한다.

2. 커뮤니케이션의 기능 및 목적

커뮤니케이션에 관한 내용을 일반화하기 전에 조직에서 커뮤니케이션이 어떤 역할과 기능을 하는지 살펴볼 필요가 있다. 커뮤니케이션은 개인 및 집단이나 조직 내에서 다음과 같은 중요한 기능을 한다.

(1) 개인차원에서의 기능

① 구성원 행동의 통제 기능

조직은 위계가 있고 종업원들에게 요구하는 공식적인 지침이 마련되어 있다. 조직은 구성원에 대한 행동을 미리 정해놓고(공식화) 통제하려 한다. 이러한 공식화는 조직설계와 관계가 깊은데 기계적 구조하에서는 공식화의 정도가 높고, 유기적 구조하에서는 공식화 정도가 낮다. 그렇다면 조직설계와 커뮤니케이션의 관계는 어떤가? 역시 관계가 깊다. 기계적 구조하에서는 명령, 지시, 보고 등의 커뮤니케이션이 빈번한 반면, 유기적 구조하에서는 토의, 회의 등의 커뮤니케이션 활동이 더 잦다.

한편, 동태적 환경에서 조직은 토론이나 상호작용으로 종업원 간의 갈등을 해결하며, 따라서 종업원 간의 커뮤니케이션이 빈번하다. 이와 반대로 안정적 환경에서 조직은 의사결정이 소수의 관리자에 의해 이루어지므로 정보흐름에 제약이 따르고 커뮤니케이션 활동도 적다. 이렇듯 커뮤니케이션과 조직설계는 밀접한 관계가 있으며, 실제로 조직은 공식적 커뮤니케이션 채널을 이용하여 개인들의 활동을 통제하려 한다.

② 모티베이션 기능

모티베이션을 욕구(내용)로 설명하든지 이외의 어떤 것(과정)으로 설명하든지 모티베이션은 상대와의 비교를 통한 욕구의 결핍이 문제가 된다. 망가진 장난감을 잘 가지고 놀던 아이가 옆방에서 온전한 장난감을 가지고 노는 애들을 보고 나면 의기소침해지거나 심지어는 반항하거나 자포자기까지 하게 된다. 이렇듯 조직 내의 개인들은 자기의 공헌에 대한 적절한 보상이나 취미활동, 여가생활, 복리후생을 남과 비교하여 결핍되면 조직을 위해 더 이상의 노력을 하지 않으려 한다. 이처럼 모티베이션은 매우 중요하다. 커뮤니케이션의 주요 기능 중 하나가 바로 개인을 모티베이트하고 지휘하고, 통제하고 조정하는 기능이다.

커뮤니케이션은 무엇을 해야 할 것인지, 얼마나 잘할 수 있을 것인지, 성과를 높이기 위해 무엇을 할 수 있는지를 분명하게 해준다. 예를 들면 칭찬을 한다든지 보수를 조금 높게 준다든지 중요한 부서로 옮겨주는 등의 회사의 모든 조치가 커뮤니케이션이 되기 때문에 가능하다. 일정한 목표의 설정과 목표를 위한 피드백, 그리고 바람직한 행동의 강화 역시 모티베이션을 높인다. 그래서 커뮤니케이션이 조직에서 장벽 없이 왕성하게 일어날 때 조직의 개인들은 스스로 할 일을 찾아다닌다. 이러한 모티베이션이 주어지면 대인관계가 적대감정에서 호감정으로 바뀌고 집단의 결속이 강화되며 조직의 건강을 위해 개인들이 용기를 갖고 일하게 된다.

/ 인 / 간 / 이 / 야 / 기 / 7 – 2 /

협상이라는 커뮤니케이션

1. 협상이란 일종의 커뮤니케이션이다

협상이란 (목적)지향적 커뮤니케이션 활동이다. 서로 기대하는 바가 다를 때 어떻게 절충하여 서로에게 보다 바람직한 해결책을 찾을 것인가의 문제이다. "먼저 총을 쏴라, 질문은 나중에 하라(Shoot first, ask questions later)"는 '카우보이'식 협상도 좋다. 협상은 업무와 무관한 것에 대한 접근으로 시작하여 업무와 관련된 정보를 교환하고 서로 설득하고 양보와 협정을 맺는 것이다. 하지만 협상에서 중요한 것은 '결코 포기하지 말 것'을 포기하지 않는 것이다.

2. 구매동기가 없으면 협상도 없다

거래당사자들 간에 니즈를 만족시키지 못하게 되면 더 이상 협상은 진전되지 않는다. 따라서 서로의 원천적인 니즈를 구체화하는 노력이 매우 중요하다. 사람들은 표면적인 것을 구입하는 것이 아니다. 사람들은 소유에 따른 행복이나 아름다움, 보장과 같은 것을 구입하는 것이다. 그러므로 구매자에게 제품 자체를 설명하기보다 구매자의 니즈에 대하여 대답하고 자신의 상품이 제공하는 편익(benefit)에 대하여 강조해야 한다. 상대방이 진정으로 원하는 동기는 다음과 같다.

사람들은
자신이 훌륭하다고 느끼고 싶어 한다. 자신이 불리한 입장에 처하는 것을 피하려 한다. 직업을 유지하고 승진되기를 원한다. 보다 쉽게, 그리고 보다 힘을 덜 들이고 일하는 것을 원한다. 자신이 중요한 일을 처리하고 있다고 느끼고 싶어 한다. 자신의 의견을 잘 들어주기를 기대한다. 자신이 훌륭하게 대우받기를 원한다. 좋은 설명을 원한다. 남들이 자기를 좋아하기를 원한다. 진실을 알기를 원한다. 돈, 재화 그리고 서비스를 원한다. 협상을 끝내고 또 다른 일에 착수하기를 원한다.

3. 판매자와 구매자의 관점은 서로 다르다

대체로 영업사원들이 협상에 임할 때 최소한 완수해야 할 활동들은 다음 같이 6단계로 나뉜다. 1단계 예상전망, 2단계 방문계획, 3단계 접근, 4단계 프레젠테이션, 5단계 저항에 대한 협상, 6단계 판매의 종료이다. 하지만 구매자들의 관점에서는 1단계 주의, 2단계 관심, 3단계 납득, 4단계 욕구, 5단계 행동이다. 최초로 고객과의 물리적인 접촉이 시작되는 것은 세일즈 측면에서 보면 3단계인 접근단계이다. 이때 불과 몇 초의 순간에 고객으로부터 우호적인 관심을 끌어내야만 한다.

4. 협상은 타이밍, 힘, 능력으로 결정된다

협상이 전개될 때 그릇에 해당하는 것이 계획수립(planning)이다. 그리고 이 그릇에 담아야 할 것은 힘, 능력, 타이밍이다. 힘은 당사자들이 발휘할 수 있는 영향력이나 자원들의 총량이며, 능력은 협상의 각 당사자들에 의해 발휘되는 것들로 말솜씨나 지적 · 정치적 · 사회적 · 심리적 능력이다. 타이밍은 협상의 요소들을 제때에 즉 정확한 시기와 시점에서 발휘하는 것을 말하는데, 특히 일관성과 지속성이 중요하다.

(2) 집단차원 및 조직차원에서의 기능

① 감정의 표출 기능

인간생활의 반 이상은 감정에 의한다. 특히 인간관계에서는 서로의 상호작용에서 이성적 관계만 있는 것이 아니라 감정에 의해 관계가 친밀해지기도 하고 갈등도 일어난다. 이성적으로 가깝게 다가가야 하는데 감정적으로 싫다면 그 관계는 멀어진다. 좋고 싫음의 감정표현 역시 커뮤니케이션이 된다. 어린아이가 잘못했을 때 어머니가 얼굴을 찡그리면 아이는 그런 짓이 나쁘다는 것을 깨닫는다. 뱀을 보고 엄마가 무섭다는 표정을 지으면 아이는 뱀이 무서운 동물이라고 알아차린다. 이 모든 커뮤니케이션은 감정의 표현으로 가능한 것이다.

많은 종업원들에게 그들의 작업집단 사람들은 사회적 상호작용의 기본적인 원천이 된다. 인생의 절반 이상을 일터에서 보낸다고 할 수 있다. 거의 모든 시간이 커뮤니케이션으로 소모된다고 할 때 집단 내의 커뮤니케이션은 그만큼 중요하다. 여행을 떠나 낯선 나라에서 골방에만 처박혀 있다 돌아오면 그 나라에 대해 배운 것이 하나도 없을 것이다. 사람은 역시 사회적 동물이어서 사람과 사람의 상호작용이 사람으로서 존재하기 위한 필요조건이 되는 것이다. 또한 인간의 삶 자체가 문제해결의 연속이어서 문제해결을 하지 않고는 살아갈 수 없다. 살면서 좌절하고 승리를 맛보고, 어려움에 직면하여 고민하고, 상대방에게 묻고 도움을 청하는 것이다. 이처럼 조직은 구성원의 좌절과 만족감을 표현할 수 있는 근본적인 장소가 된다. 그러므로 조직 내의 커뮤니케이션은 사회적 욕구충족이나 감정의 정서적 표현을 완화시킨다. 감정차원의 조절은 사람과 사람을 이어줌으로써 인간의 사회적 욕구를 충족시킨다.

② 의사결정의 기능

인간은 끊임없이 의사결정 상황에 부딪친다. '점심에 칼국수를 먹을까, 된장찌개를 먹을까?', '집에 갈 때 지하철을 탈까, 버스를 탈까?', '상사에게 보고해야 할까, 모른 체할까?' 등 수없는 결정사항들이 인간 앞에 놓여 있다. 가장 유리한 결정을 하려면 정보를 수집해서 분석을 거쳐야지 아무런 정보 없이 무조건 버스를 탄다든지 무조건 상사에게 보고했다가는 자신이 불리해지고 만다. 이때 남들과 정보를 주고받는 것 자체가 커뮤니케이션이다. 중요한 결정을 위해 서로의 정보와 견해를 밝히고 토론하는 회의는 전부가 커뮤니케이션이다. 따라서 커뮤니케이션은 감정전달이나 모티베이션 기능 이외에 의사결정을 위한 절대 필요한 정보전달 기능을 갖는다. 이처럼 커뮤니케이션 채널이 개인, 집단, 조직의 의사결정을 제대로 할 수 있도록 촉진시키는 기능을 한다.

한편, 조직이 수행하는 과업이 다양해져 이에 대한 의사결정 사항이 많아지게 되면 커뮤니케이션 활동이 빈번해진다. 문제가 자주 발생하면 이를 해결하기 위해 필요한 정보를 공유하기 위한 여러 가지 활동이 더욱 요구되기 때문이다. 만약 매일 색다르고 예외적인 비일상적 기술을 사용하는 업무라면 커뮤니케이션이 더 많이 필요할 것이다. 그리고 상급자라고 더 많이 아는 것도 아니니까 상하 간에도 수평적이 되고 동료와 질문도 많이 주고받아야 하니까 회사 내에는 수평적 커뮤니케이션이 증대된다. 반면에, 매일 똑같이 반복되는 일상적 기술을 사용하는 업무라면 이미 오래된 선배나 상급자가 모두 알고 있기 때문에 그들의 말대로 따르면 아무 이상 없다. 그러므로 자연스레 수직적인 지시와 매뉴얼대로 움직이는 공식화와 수직적 커뮤니케이션이 왕성해질 것이다.

③ 생존과 적응 기능

커뮤니케이션은 한 세대에서 다음 세대로 조직이 존속할 수 있도록 중요한 역할을 수행할 뿐 아니라 인간이 조직생활에 적응하는 데 없어서는 안 되는 기능을 한다. 이런 차원에서 볼 때 커뮤니케이션은 사회화, 교육 및 훈련의 기능을 한다고 할 수 있다. 벌의 경우 음식물이 있을 만한 지역으로 움직일 때 다른

/인/간/이/야/기/7-3/

성공적인 목표를 위한 질문

what : 진정 원하는 것은 무엇인가?
why : 왜 원하는가?
where : 현재 내가 있는 곳은 어디인가?
when : 언제까지 목표를 달성할 것인가?
how : 목표달성을 위한 구체적인 방법은 무엇인가?
who : 누구의 도움을 받을 수 있는가?

벌에게 둥글게 추는 춤을 이용하여 그 위치를 전달해준다. 음식물이 50미터나 60미터보다 가까운 위치에 있는 경우와 10미터 정도의 가까운 위치에 있는 경우에 춤 모양이 다르다. 벌들은 서로를 보고 정보를 얻고 배운다. 마찬가지로 개인도 조직에 처음 들어가 어떻게 행동해야 할지 모를 때 다른 사람들을 보면서 그들과 커뮤니케이션하면서 처신하는 법을 배우고 터득함으로써 생존하고 적응하는데, 이 모두가 커뮤니케이션 덕이다.

(3) 커뮤니케이션의 목적

커뮤니케이션의 목적은 영향력 행사, 정보교환, 그리고 감정표현 등 세 가지 정도로 정리할 수 있다. 그러나 이 세 가지 목적은 각각 별개의 것으로 독립되어 이루어지는 것이 아니라 메시지가 전달될 때 동시에 달성된다.

① 영향력 행사

영향력 행사란 전달자가 수신자에게 행하는 것이다. 관리자의 역할 중 종업원들이 조직목표를 달성할 수 있도록 영향력을 행사하는 커뮤니케이션 역할이 있다. 미래에 무엇을, 어떻게, 왜 해야 하는가를 전달함으로써 종업원들의 행동에 영향을 미치는 것이다.

② 정보교환

정보교환은 조직 내 의사결정에 있어서 필수적인 활동이다. 관리자들은 종종 종업원들이 필요로 하는 정보를 제공하고, 종업원들도 관리자가 필요로 하는 정보를 제공한다. 종업원들은 조직정보를 더 믿으며, 더 많은 정보를 얻기 위해 노력한다. 관리자들도 교환된 정보를 얻어야 정보의 시너지 효과를 한층 더 맛볼 수 있다.

③ 감정표현

감정표현이라는 것은 인간관계에 있어 더욱 돈독한 인간관계를 얻기 위해 상대에게 나의 감정 및 정서를 표현하여 이루어지는 것이다. 관리자들은 종종 자기 자신의 감정을 언어나 비언어적 수단을 통해 표현하며, 종업원들도 커뮤니케이션 활동으로 인해 자신의 심정을 노출하여 자기를 표현하려고 한다.

/인/간/이/야/기/7-4/
오늘 이 순간의 커뮤니케이션

상담하러 온 사람들에게 가끔 자신의 묘비명이나 사망기사를 써보게 한다. 죽음에 직면하게 되면 삶의 유한성에 대한 자각이 증가하여 삶을 바라보는 시각이 완전히 달라진다. 우리들 모두는 다음 세 가지는 분명히 알고 있다. 과거(이 세상에 태어났다), 미래(언젠가는 죽는다), 현재(아직 죽지 않았다). 통계청 조사에 의하면 한국인의 평균수명은 여성의 경우 80.4세, 남성의 경우 73.4세이다. 여러분은 현재 몇 살인가? 남은 시간은 몇 년인가? 그러나 지난 과거 중 그 어느 것도 지금의 당신이 바꿀 수 있는 것은 없다. 바꿀 수 있는 것은 오직 '이 순간, 그리고 그 이후'의 일들뿐이다. 이제 확실한 목표를 정할 시간이다.

그렇다면 오늘, 지금, 혹은 좀 있다가 만날 사람을 어떻게 대하고, 어떤 대화를 나눌 것인가? 삶의 목표를 위해 어떤 이는 열심히 공부하고 어떤 이는 새벽부터 일어나 거리청소를 하지만, 우리들 대부분은 커뮤니케이션을 잘하기 위해 얼마나 많은 노력을 기울일까? 공부와 노동에 전심전력하는 것도 좋지만 커뮤니케이션에 더 많은 노력을 기울일 필요가 있다.

3. 커뮤니케이션 과정

커뮤니케이션은 과정 혹은 흐름으로 인식된다. 따라서 커뮤니케이션과 관련된 기술(skill)은 커뮤니케이션 과정의 이해로부터 시작된다. 그 과정은 세 가지 기본적 요소로 이루어진다. 즉, 전달자, 메시지 그리고 수신자이다. 이하에서는 커뮤니케이션 과정을 설명하고, 이러한 과정에서의 커뮤니케이션 문제를 일으키는 요인들에 대하여 살펴보기로 한다.

커뮤니케이션은 전달자가 전달하려는 것이 의도대로 전달되어 수신자가 이를 정확하게 이해하였을 때 효과적으로 수행되었다고 말한다. **그림 7-1**은 커뮤니케이션 과정을 보여준다.

그림 7-1 커뮤니케이션의 과정

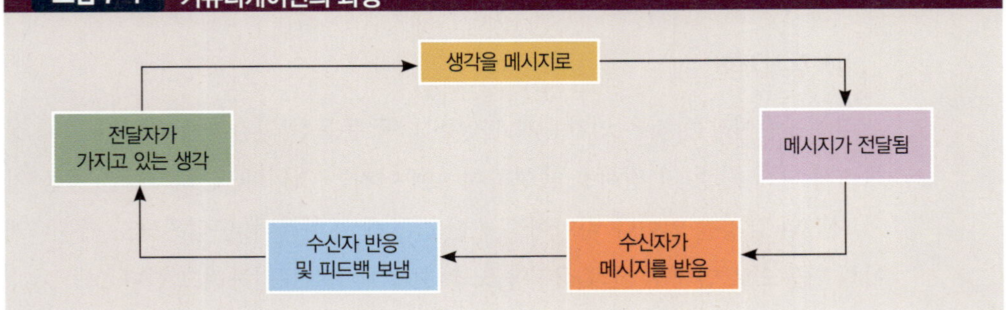

(1) 커뮤니케이션의 기본요소

① 부호화

메시지의 원천인 전달자, 예를 들어 정당후보자, 대학교수, 목사와 같은 사람이 수신자(투표권자, 대학생, 신도)에게 어떤 주장이나 생각을 전한다고 하자. 그러나 수신자는 전달자의 마음을 정확히 읽을 수 없다. 전달자는 그러한 생각을 어떤 단어로 전환시켜야 한다. 이를 부호화(encoding)라고 한다. 부호화된 메시지는 전달자가 전달하고자 하는 내용을 정확(accuracy)하게 담고 있어야 한다. 이러한 정확성은 전달자가 가지고 있는 기술 정도, 태도 그리고 사회문화체계에 의해 영향받는다.

② 메시지

메시지(message)는 전달자가 전달하려는 내용이다. 때로는 말로 표현되기도 하고 그림으로 표현될 수도 있지만 그 내용은 메시지가 된다. 어느 회사의 주가가 올랐다느니, 나는 네가 싫다느니, 내일 오전 아홉시에 회의가 있다느니 하는 것은 모두 메시지가 된다. 물론 메시지는 누가 봐도 알 수 있도록 적나라하게 표현되기도 하지만, 어떤 메시지는 당사자만 알 수 있도록 혹은 우회적으로 암시적으로 표현되기도 해서 해독하기 어려울 때도 있다. 암시적으로 표현된 메시지는 그 내용 이외에도 많은 의미를 추가적으로 포함하고 있다.

③ 채널

채널(channel)은 메시지가 전달되는 수단으로 매체(medium)라고도 한다. 말

/인/간/이/야/기/7-5/

고객과의 커뮤니케이션 과정

아이보리비누 제조사는 물에 뜨는 비누를 개발하여 고객들에게 이를 가장 효과적으로 알리기로 했다. 광고매체를 통해 "아이보리비누는 물에 뜹니다."라고 알려도 되지만 효과적으로 알리기 위해 별도의 전략을 사용했다. 수십만 개의 물에 뜨는 비누를 시중에 공급하면서 물에 가라앉는 비누 1,000개를 섞었다. 광고문구는 "물에 가라앉는 비누를 가져오시면 경품을 드립니다."였다. 이 전략으로 아이보리사는 자기네 비누가 물에 뜬다는 사실을 고객들에게 굳게 인식시켰다. 어떻게 했든지 비누가 물에 뜬다는 사실을 고객들이 모두 알게 됐기 때문에, 이 사실을 직접 말하거나 광고하지 않았어도 경품을 주겠다는 광고문구에서부터 사은잔치까지 아이보리사의 전략활동 모두가 멋진 커뮤니케이션 활동이었다. 커뮤니케이션은 주고받는 말이나 글만이 아니라 이만큼 범위가 넓은 것이다.

계층 간 커뮤니케이션이 없는 무인도

로 의사소통을 했다면 말이 채널이고, 글로 썼다면 글이 채널이고, 그리고 그림을 그렸다면 그림이, 몸짓을 한다면 팔의 움직임이나 표정 등이 채널이 된다. 채널은 의미를 전달하는 데 사용되는 상징이나 코드, 메시지 자체에 의해 영향을 받는다. 결국 메시지는 코드나 내용을 어떻게 배열하고 선택하느냐에 따라 달라지는 것이다. 채널은 전달자에 의해 선택되는데 언어적인 것뿐 아니라 비언어적인 것도 포함한다. 뿐만 아니라 전자우편(e-mail), 컴퓨터 네트워크, 휴대폰 등 전자매체(electronic media)도 포함한다. 전달자는 공식적 채널을 사용할 것인가 아니면 비공식적 채널을 사용할 것인가를 결정해야 한다.

④ 해독

전달자의 메시지는 편지 혹은 제안서와 같이 문자, 혹은 음성으로 수신자에게 전달된다. 그러고 나면 수신자는 전달자의 의도를 이해하여 메시지를 해독해야 한다. 즉, 해독(decoding)은 받아들인 메시지의 의미를 해석하는 것이다. 그런데 이러한 해독 또한 수신자의 능력이나 태도, 지식 그리고 사회문화체계에 의해 영향받는다. 따라서 전달자는 쓰기 혹은 말하기에 능숙해야 하고, 수신자는 읽기와 듣기에 능숙해야 한다.

⑤ 피드백

커뮤니케이션은 자연발생적인 것이 아니라 의도된 것이어서 전달자의 의도가 제대로 전달되었는지를 체크하는 과정이 바로 피드백 과정이다. 이를 통해 이해가 됐는지 안 됐는지를 전달자와 수신자가 서로 입장을 바꾸어 쌍방적(two way)으로 점검하는 것이다. 답을 할 때에는 이해했다, 찬성한다, 거절한다 등 많은 메시지가 수반되는데, 피드백을 보내지 않는 것도 메시지가 되어 상대에게 전달되는 셈이다. 어느 학생이 문자메시지를 받고도 소위 '씹었다면' 이미 상대방에게 피드백이 된 것이다.

(2) 커뮤니케이션의 방해요소

커뮤니케이션을 효과적으로 흘러가지 못하게 하는 요인들이 있다. 앞서 살펴본 커뮤니케이션 과정의 다섯 가지 기본적 요소 대부분은 커뮤니케이션을 왜곡시킬 가능성을 가진다.

- 전달자에 의해 부호화된 메시지에서 나타나는 왜곡이다.
- 메시지 내용 자체가 왜곡의 원인이 된다.
- 커뮤니케이션 채널의 선택을 통한 왜곡이다.
- 수신자에 의한 왜곡으로 수신자 자신의 편견, 지각적 기술(perceptual skill), 지식, 주의력 정도, 조심성 등에 따라 해독을 잘못하는 경우이다.

① 일방적 커뮤니케이션 흐름

일방적 커뮤니케이션이란 연단 위에서 청중을 상대로 강연, 연설, 강의, 설교, 발표, 보고하는 식의 일방적인 이야기 진행을 말한다. 어찌 보면 서로의 피드백 없이 준비된 것을 전달만 할 뿐인데 이것이 서로의 오해를 가져올 수 있다.

"에~ 내가 지금부터 말하려는 것을 잘 들으세요!"
"……!"

② 잡음

예컨대 통화할 때 전화기에서 나는 윙 소리와 지나가는 자동차의 경적 같은 커뮤니케이션 채널에서 야기되는 잡음이 커뮤니케이션을 방해한다. 그 밖에 메시지의 전달자나 수신자가 지니고 있는 편견이나 선입관에서 오는 심리적 요인도 잡음이 될 수 있다. 그리고 인쇄용지가 구겨져 있거나 글자가 흐릿해서 야기된 메시지의 모호성 등이 모두 잡음에 해당된다.

③ 불편한 환경

사람들은 신체적으로 편안한 상태에서 소통해야 올바르게 커뮤니케이션이 이루어진다. 만약 상대방과 함께 있는 방이 너무 덥거나 혹은 너무 춥다면 커뮤니케이션을 멈추고 창문을 열거나 닫음으로써 방 온도를 조절하거나 다른 방으로 옮긴 후 커뮤니케이션을 이어나가는 것이 좋다. 전달할 내용보다는 방 온도에 관한 얘기로 빠질지도 모르기 때문이다.

④ 무드

가끔은 무드(mood)에 신경을 써야 한다. 수신자가 왠지 음산한 분위기를 느끼면 전달자의 전달내용은 제대로 소통되지 못한다. 흔히 때를 맞춰 얘기를 잘 꺼내야 한다는 말은 무드에 맞추라는 의미이다. 우리가 커뮤니케이션에 성공하려면 무드를 잘 읽고 기회를 잘 포착해야 할 것이다.

⑤ 피로감

효과적 커뮤니케이션을 이루기 위해서는 정신적(mental) 노력이 요구된다. 사람이 몹시 피곤해 있으면 상대방의 메시지에 정확하게 반응할 수 없을 것이다. 따라서 홀가분한 상태에서 의견교환 및 의사소통이 이루어져야 집중력과 몰입도 등이 높아진다.

⑥ 커뮤니케이션 걱정

커뮤니케이트하는 데 방해가 되는 또 다른 중요한 요소는 보통 5~20%가량의 사람들이 겪고 있는 대인공포증이다. 많은 사람들이 대중 앞에서 이야기하

/인/간/이/야/기/7-6/

미소는 미소를 부른다

대개의 짐승들이 그렇지만 특히 무서운 악어는 표정이 없다. 미소는 더욱 없다. 악어가 만들어낼 수 있는 표정은 두 가지밖에 없다. 즉 입 벌리고 눈 뜨기와 입 다물고 눈 뜨기이다. 그러나 인간은 다르다. 부부싸움을 하고 출근했는지 험상궂고 시무룩한 표정으로 회의에 들어온 사장 앞에서 톡톡 튀는 아이디어를 제안할 사람은 별로 없다. 말로 천 냥 빚을 갚는다면 미소로는 천금을 얻을 수 있다. 조직 내 커뮤니케이션 중 가장 필요한 것이 바로 여유요, 미소이다.

말을 잘하는 것이 언어적 커뮤니케이션이라면 말 이외에도 상대방과 교류하는 것들이 많은데, 그것이 바로 미소와 같은 비언어적 커뮤니케이션 수단들이다. 예를 들면 문서와 같은 글, 시간과 공간의 사용, 제스처, 얼굴표정, 눈 맞추기(Eye Contact), 이미지, 스타일, 옷과 장신구 등과 같이 신경을 써야 할 것들이 헤아릴 수 없을 정도로 많다.

부하가 상사에게 보고를 하는 순간, 상사가 고개를 끄덕이는 것 하나만으로도 부하는 신이 날 수 있다. 회사에 정해진 시간보다 일찍 출근한 사원의 태도에도 메시지가 들어 있으며, 외부로부터 걸려온 전화에 대응하는 억양과 말솜씨에서도 회사사랑의 마음을 읽을 수 있다.

는 데 두려움을 가지고 있다는 보고가 있다. 커뮤니케이션에 대한 우려 혹은 걱정은 커뮤니케이션 전체에 영향을 미친다는 점에서 더욱 심각하다. 커뮤니케이션 걱정에 사로잡힌 사람들은 언어적 커뮤니케이션에서나 비언어적 커뮤니케이션에서나 마찬가지로 불필요한 긴장과 걱정을 갖는다. 예를 들어 말하는 것에 대한 두려움은 다른 사람과 마주보고 대화할 때 더욱 심한 부담으로 작용하게 되고 결국 말을 더듬거나 제대로 표현하지 못하게 만든다. 상대방의 지위가 자신보다 꽤 높을 때에는 더욱 긴장하고 메시지를 제대로 전달 못한다.

4. 커뮤니케이션 유형

커뮤니케이션 형태는 여러 가지가 있지만 여기서는 공식적 커뮤니케이션과 비공식적 커뮤니케이션에 대해 알아보자.

(1) 공식적 커뮤니케이션

조직 안에서는 과업과 무관한 사적인 농담과 가십을 주고받을 수도 있지만 주로 업무와 관련된 공식커뮤니케이션이 대부분이다. 이에는 하향식, 상향식, 수평적 혹은 대각적 커뮤니케이션이 있다.

그림 7-2 공식적 커뮤니케이션 채널

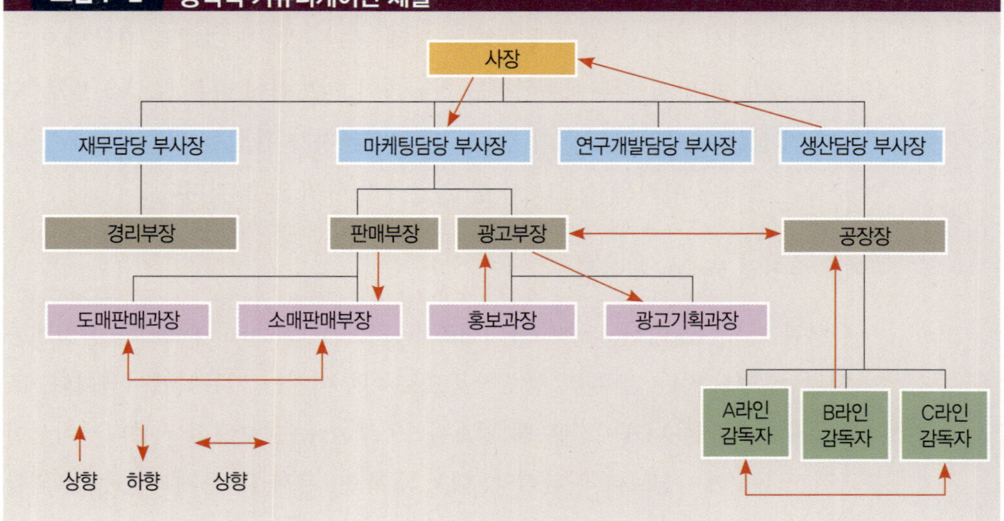

① 하향식 커뮤니케이션

하향식(top-down, downward)이란 상급자, 상급집단 및 조직으로부터 하급자에게로의 방향을 말한다. 이는 관리가 강조된 것으로 상사가 부하에게 내리는 명령, 작업지시, 정책과 절차 등을 포함한다. 이때 하향식 커뮤니케이션은 하급자가 이해할 수 있도록 명확해야 하며, 아래에서의 수용 가능성이 매우 높아야 하며, 일관성 및 적시성도 있어야 한다. 실제로 기업 내에서 하향식 커뮤니케이션으로 사용하는 수단에는 사보, 사내방송, 포스터나 게시판 등이 있다. 하향식 커뮤니케이션이 항상 구두나 직접대면할 필요가 있는 것은 아니다. 상사가 부하에게 편지를 보낸 경우도 하향식 커뮤니케이션이 이루어진 것이다. 스캔넬(E.E. Scannel)에 의하면 하향식 커뮤니케이션의 경우 여러 계층(다섯 계층)이나 사람을 거치면서 초기 정보의 80%가 손실 혹은 왜곡된다고 한다.

② 상향식 커뮤니케이션

상향식(bottom-top, upward) 커뮤니케이션은 조직 내 하위계층에 있는 사람이 상급자에게 의사를 전달하는 것을 말한다. 이는 관리보다는 인간을 강조한 것이다. 상위계층이 피드백을 받아서 하위계층의 아이디어, 제안, 불만, 불평, 보고, 의욕 및 의견조사 등을 듣고자 하는 것이다. 기업 내에는 고충처리제도(grievance), 제안제도(suggestion box), 카운슬링제도, 옴브즈맨 등이 있다. 이를 통해 관리자는 종업원의 참여를 통한 직무관여, 조직 및 직무몰입을 이끌어낼 수 있다. 하향식 커뮤니케이션과 마찬가지로 하급자로부터 상급자로 의사가 전달되는 과정에서 정보의 선택과 여과를 통해 초기 정보가 그대로 전달되지 않을 수도 있다. 따라서 상위계층에서는 하급자가 피드백에 따른 보상을 받을 수 있도록 세심한 주의를 기울여야 한다. 만약 상급자가 관심을 기울이지 않는다면 부하는 말하기 어려운 정보(의사)를 전달하려 하지 않을 것이다.

③ 수평적 커뮤니케이션

수평적 커뮤니케이션(horizontal, interactive, lateral communication)은 동일계통의 사람들 혹은 집단 간 횡적 상호작용으로 이루어지는 커뮤니케이션이다. 조직에서 수평적 커뮤니케이션은 왜 필요한가? 그 이유는 수평적 커뮤니케이션이 수직적 커뮤니케이션보다 시간절약, 협동심 촉진, 부서 내 문제해결 등의 역할을 하기 때문이다. 수평적 커뮤니케이션은 주로 부서 간의 회의, 토의, 협조 등의 형식으로 이루어진다. 다양한 정보를 상호작용하여 얻는다는 것은 구성원 개개인을 사회화(socialization)하여 욕구를 충족시킨다는 긍정적 측면이 있다. 의사소통을 전적으로 수직적 커뮤니케이션에만 의존할 경우 효율적이고 정확한 의사전달에 왜곡이나 방해가 나타날 수 있기 때문이다. 하지만 수평적 커뮤니케이션이라고 해서 관리자에게 반드시 좋은 것만은 아니며, 역기능적 소지가 있다는 견해도 있다. 즉, 수직적 커뮤니케이션이 잘 진행되고 있을 때, 부하들이 수평적 상호작용을 통해 상사의 업무능력을 능가하게 되었을 때, 상사가 부하의 관여나 참여 없이 의사결정을 내려 행동하려 할 때 등이다.

④ 대각적 커뮤니케이션

대각적(사선식 : by-pass) 커뮤니케이션이란 조직구조상 부서와 직급이 다른 사람들 간에 이루어지는 커뮤니케이션을 말하는데, 재무팀장과 영업상무 사이에 어느 한쪽이 긴밀한 협조 및 지원을 구하는 경우가 이에 속한다. 페욜은 이런 것을 '다리 놓는다(gangplank)'라고 표현하였다.

(2) 비공식적 커뮤니케이션

조직 내 상당 부분에 비공식적 커뮤니케이션이 존재한다. 이러한 사실과 관련하여 비공식적 커뮤니케이션이 여러 방향으로 한없이 뻗어나간다는 의미에서, 혹은 포도넝쿨(grapevine)처럼 얽혀 있다는 의미에서 그레이프바인이란 개념이 데이비스(K. Davis)에 의해 제시되었다.

① 비공식 커뮤니케이션의 속성

포도넝쿨의 속성은 다음과 같다.

첫째, 가지가 여러 가닥이다.

둘째, 다른 가지에 기댄다.

셋째, 빨리 뻗는다.

넷째, 얼기설기 얽혀 있다.

이런 속성으로 인해서 조직 내 비공식 커뮤니케이션 과정은 다음과 문제를 초래할 수 있다.

- 농부(관리자)가 가지치기(통제)를 자기가 원하는 대로 할 수 없다.
- 개인은 변화라든가 자신에게 중요한 영향을 미치는 사안, 불안한 내용, 애매모호한 정보에 직면할 때 다른 사람에게 기댄(의존)다. 이런 상황에 직면하면 커뮤니케이션을 통해 불일치를 줄여 욕구충족을 하려 한다.
- 가지(정보)는 놀라울 정도로 빨리 전파되며 가지가 튼튼할수록(정보가 중요할수록) 그 속도는 더 빠르다.
- 가지의 근원(정보원천)에 대하여 믿을 만하다고 여기면 어떤 경우는 애초의 것 그대로 퍼지나 어떤 경우는 왜곡, 첨가, 삭제되기도 한다. 결국, 무엇이 원인이고 무엇이 결과인지가 불명확해지기도 하는 것이다.

그렇다면 그레이프바인을 통해 전달되는 정보의 정확성은 어떤가? 연구자들은 그레이프바인에 의해 전달된 내용의 정확도가 상당히 높다는 것에 어느 정도 의견의 일치를 보인다. 혹자는 50~90%가, 혹자는 75~95%가, 대부분의 학자들은 75% 정도가 정확하다고 주장한다. 그러나 정확하지 못한 25%가 중요한 문제를 일으킬 소지가 있기 때문에 이에 대한 관리가 필요하다. 그레이프바인을 통해 전달된 내용을 그저 심심할 때 한 소리나 루머(rumors) 혹은 괜한 소리

/인/간/이/야/기/7-7/

마릴린 먼로에 관한 소문

마릴린 먼로(사진)는 세 번 결혼한 것 이외에도 케네디 대통령, 케네디의 동생과 염문이 있었고 그 죽음에 대해서는 아직도 수수께끼가 많다. "아서 밀러가 그랬다는데, 조 디마지오가 부부싸움하면서 먼로를 자주 때렸대." 사실 두 번째 남편이었던 조 디마지오는 그녀가 사망했을 때 장례를 도맡았다. 그렇게 말했다는 먼로의 세 번째 남편인 극작가 아서 밀러 역시 "그의 세 번째 아내였던 잉게 모라트와 낳은 다운증후군 아들이 있었다."는 소문이 있다. 소문은 유명인과 관련될수록 그리고 부정적일수록 더 매력적이라서 더 멀리 더 빨리 퍼진다. 가십의 배후에는 흠집 내기, 성적 욕망 등이 있다. 가십을 전하고 듣는 사람은 자신들이 감히 하지 못하는 일에 대해 판타지를 듣고 쾌락을 느끼듯이 가십을 통해 종종 유명인의 위선을 들추고 난도질한다. 그럴싸하지만 불확실하고 악의적이며 혹독할수록 매력적이다. 가십의 순기능도 있다. 이 땅에 인간의 수가 증가하면서 씨족이나 부족끼리 단결해야 할 경우가 많아졌다. 그런데 군중 속에서 자기들만의 결속을 다지는 것이 쉽지 않았다. 이때 결속의 도구로 '가십 나누기'가 사용되었다. "자네만 알고 있게." "너니까 해주는 말인데." 이러한 커뮤니케이션은 두 가지를 전달한다. 첫째는 비밀의 내용이고, 둘째는 '나는 너를 특별히 신뢰한다.'는 사실이다. 따라서 소문이 확실치 않더라도 혹은 가십의 주체가 그토록 비판할 만한 짓을 하지 않았더라도 눈앞의 상대방에게 신뢰의 감정을 전달하고 굳건한 우정을 표시하기 위해 없는 사실도 과장한다. 진화생물학에서는 상호 결속을 다지는 생존도구로 가십이 사용되어왔다고 해석한다. 이에 더하여 집단이 커질수록 물리적 접촉이 어렵고 그 틈새를 메우려는 욕구가 커지면서 유명인의 비밀을 퍼뜨리는 인터넷상의 도마질 현상은 증대될 수밖에 없다.

쯤으로 넘겨서는 안 되는 것이다.

② 비공식적 커뮤니케이션이 필요한 이유

조직에서 공식적 커뮤니케이션은 조직도에 나타난 명령, 보고체계에 한정되어 위계질서에 따라 보고와 지시가 오간다. 그러나 사실은 업무상의 정보흐름이 조직도상의 위계질서만을 따르는 것이 아니라 조직과 집단의 목표, 문제, 프로젝트의 특성에 따라서 수시로 바뀔 수 있다. 즉 실제의 네트워크는 조직에서 미리 정해서 공표한 조직도대로가 아닌 비공식적인 경우가 더 많다. 급변하는 환경에 신속한 적응이 요구되는 현대의 조직일수록 커뮤니케이션 네트워크는 공식적인 조직도와 더 멀어질 수밖에 없고, 비공식적 네트워크에 의존하는 경우는 더 많아진다. 따라서 관리자들은 비공식적 네트워크를 무시하고 멀리할 것이 아니라 오히려 활성화하는 것이 현명한 처사이다. 개인이나 부서 간의 갈등과 문제해결이 반드시 공식채널을 통해서라야 해결되는 것은 아니며 그런 때는 비공식채널이 더 큰 역량을 발휘한다. 또한 비공식채널은 조직구성원들의 사적인 비밀과 조직에 대한 불평을 털어놓을 수 있는 통로가 되기도 한다.

(3) 커뮤니케이션 네트워크

대부분의 조직은 겉으로는 조직의 여러 부분들이 크고 단단하게 연결되어 있는 것처럼 보이지만 사실은 마치 잡동사니처럼 다소 느슨하게 연결된(loosely coupled) 조그마한 부분들로 이루어져 있다. 많은 사람들이 다양한 목적을 가지고 함께 모여 있고 조직의 구분으로 인해 서로 다른 사람과 동등하게 이야기할 수 없게 보이지만 그 속에서는 개인들 간의 커뮤니케이션 네트워크가 곧 만들어진다. 따라서 조직 내에 하부시스템들이 형성되는 것은 당연하다. 수천의 개인들로 이루어진 거대한 조직 내에서는 수많은 커뮤니케이션 네트워크들이 존재하게 된다. 즉 서로 끊임없이 상호작용을 하고 있는 수많은 개인들의 관계가 존재하는 것이다.

그렇다고 해서 조직 내 모든 커뮤니케이션 네트워크가 균질하게 만들어지는 것은 아니다. 우선 커뮤니케이션이 잘되는 사람들끼리 공식적, 비공식적 커뮤니케이션 네트워크를 구축하게 된다. 따라서 조직 내에는 누가 누구와 커뮤니케이션을 할 수 있는가 하는 것이 어느 정도 미리 결정되어 있다. 로저스와 로저

그림 7-3 커뮤니케이션 네트워크

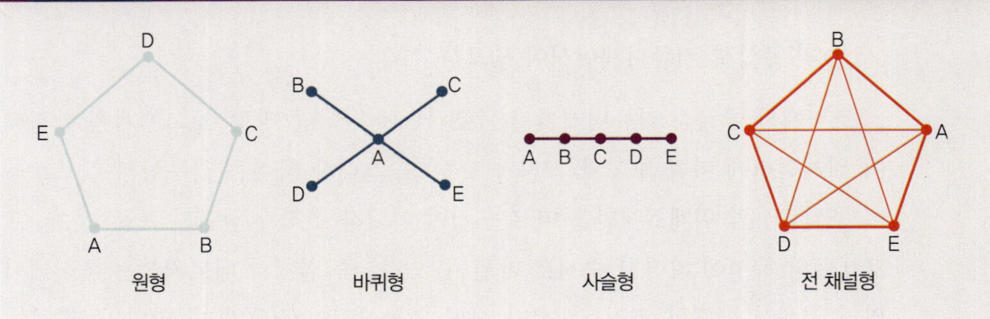

스(E.M. Rogers & R.A. Rogers)는 이러한 커뮤니케이션 네트워크를 개인과 조직 사이에서 양자를 매개하는 묶음(grouping)이라고 말한다.

그림 7-3에 의하면 네트워크 유형에는 네 가지가 있다. 이러한 네트워크는 조직구조나 구성원 자신들의 개인적 특성을 중심으로 형성되는 것으로, 각각 상황에 적합한 커뮤니케이션 패턴을 유지한다.

① 원형

집단구성원 간에 신분서열과 계층이 강조되지 않는 경우, 즉 중심역할을 하는 인물이 특정하게 정해지지 않아도 되는 경우에 적합한 네트워크 유형이다. 전달내용과 시작과 끝에 대한 규정이 없이 계속 연결되어 있는 네트워크이다.

② 바퀴형

중심인물이 뚜렷이 존재하는 집단일 경우, 나머지 사람들과 중심인물들이 개별적인 1:1 커뮤니케이션 채널을 유지하고 있는 네트워크 유형이다.

③ 사슬형

수평적 혹은 수직적 사슬모양이 이루어질 수 있는데, 수평적 사슬형은 비상연락망처럼 계속 연결되는 네트워크 유형이며, 수직적 사슬형은 엄격한 신분서열이 정해져서 상하 간으로 오르내리는 네트워크 유형이라 할 수 있다.

④ 전 채널형

집단의 전체 구성원 간에 커뮤니케이션이 활발히 이루어지는 네트워크 유형으로, 상호 정보수집과 표현이 가능한 이상적 형태라 할 수 있다.

5. 커뮤니케이션 장애요인과 개선방안

(1) 조직적 장애요인

① 위신관계

위신이란 용어는 권위라는 용어와 관계가 깊다. 위신관계는 바로 권력, 계급, 직무 등을 배경으로 한다. 예를 들어 직급승진에 따라 갑자기 달라진 사무실의 면적, 카펫이나 사무집기 등의 규모는 간혹 효율적 커뮤니케이션을 가로막는다. 어떤 사람들은 조직 내에서 직급이 올라갈수록 자기의 언행에 주의를 기울이고, 아울러 자기가 접하는 사안마다 세심한 주의를 기울이기도 한다. 체면, 가식, 잠재의식과 함께 조직 내 위신관계가 자유로운 커뮤니케이션을 가로막는 것이다. 위신이 "모든 것을 다 안다."는 식의 태도를 야기하고, 결국 커뮤니케이션에 부정적 영향을 미친다.

② 사회화와 공간적 거리

조직 내 각 집단 간의 공간적 거리가 효과적인 커뮤니케이션을 방해하는 원인이 된다. 커뮤니케이션 채널에 연결된 인원이 많을수록 즉 전달자와 수신자를 매개하는 사람의 수가 많을수록, 전달자와 수신자가 조직 내에서 멀리 떨어져 있을수록 성공적 커뮤니케이션을 기대하기는 더 어렵다. 전달자와 수신자 간의 근접성은 커뮤니케이션 효율성을 증대시키는 것이다. 또한, 빈번한 직무순환, 인사이동을 실시하면 그만큼 개인이 조직에 대해 공부할 기회가 상실된다. 즉 숲을 보지 못하고 나무만 보게 될지도 모른다. 따라서 지속적인 사회화 과정이 있는 것과 없는 것은 커뮤니케이션 효율성에 영향을 준다.

③ 정보독점 성향

일반적으로 조직 내에는 정보나 지식을 소유하고 있는 자가 권력(power)도 함께 소유한다. 그들은 정보를 자기만 가지고 있어야 자기의 지위나 권위가 돋보인다고 믿는데, 이것은 사실일 경우가 많다. 또한 잠깐 자리를 비운 사이 책상 주위에 부하들이 모여 "역시 부장님이 계셔야 돼!"라고 말하는 소리를 듣고

"내 배 좀 빨리 구출해주세요!"
"기다리세요. 꼬인 전화선부터 정리하고 구해줄게요!"

싫어 하며, 정보를 자기만 소유하려는 태도를 갖는다. 고려청자 만들기 비법이 기록되지 못한 채 한 도공의 머릿속에만 머물다가 사라진 것도 정보의 소유본능 때문이다. 따라서 조직 내 정보분포의 적절성이 효율적 커뮤니케이션에 영향을 미치는 또 하나의 요인이 된다.

(2) 개선방안

① 지시 · 명령 · 전달방법의 개선

- 맡은 직무를 충분히 이해하게끔 한다.
- 업적이나 장단점 등의 피드백을 체크한다.
- 커뮤니케이션 경로를 다양화한다.
- 복잡한 사안의 경우 수시로 전달하여 반복한다.

② 보고 · 제안 · 설명방법의 개선

- 예외적인 일, 중요한 일만 선택하여 보고한다.
- 정보의 양과 질을 낮추어 핵심만 보고한다.
- 정보의 양이 많을 때는 우선순위를 정하여 그 순서대로 한다.
- 권위주의적 분위기를 쇄신한다.

③ 수평적 커뮤니케이션 개선

- 조직구성원들은 상급자에 대하여 신뢰하여야 한다.
- 부서 간 형평성 유지에 관심을 둔다.
- 평소 정보의 자유로운 소통이 있어야 한다.

④ 커뮤니케이션 환경여건의 개선

- 조직의 사용기술여건의 개선이 우선적이다.
- 조직구성원들이 활동하는 사무실, 작업장의 배치에 신경 쓴다.
- 조직의 과거역사에 대한 홍보활동을 펼친다.
- 조직구조의 개선이 매우 중요하다.

토 론 합 시 다 7 - 1

말 한마디

"말 한마디에 천 냥 빚도 갚는다."라는 속담이 있다. 뿐만 아니라 인류학자 베트슨은 자신의 연구를 통해 부모의 자녀에 대한 구속적 의사소통 방식이 정신분열병을 일으킨다고 주장했다. 이처럼 의사소통이 그 결과로 치르는 대가가 엄청난 차이를 나타내고 있음에도 불구하고 대부분의 사람들은 자신의 의사소통 방식에 대해 생각해보거나 평가해보려는 노력을 하지 않는다. 더 나아가 의사소통이란 말에 대한 일반적인 이해가 의사소통의 실제 내용과 상당한 차이를 갖는다는 사실을 인식하고 있는 사람도 그리 많지 않다. 의사소통이 무엇인가 하고 물으면 대개는 말하는 것이라고 대답한다. 따라서 말을 잘하는 사람이 의사소통을 잘하는 사람일 것이라 생각하는 것이다. 그러나 이러한 해석은 극히 부분적인 것으로 의사소통이란 말의 의미를 총칭하지 못한다. 오히려 자신의 마음 특히 감정을 왜곡됨이 없이 상대방에게 잘 전하는 사람이 말을 조리 있게 잘하는 사람보다 의사소통을 잘하는 사람이라는 사실을 우리는 알아야 한다.

★ ★ ★

위의 글을 읽고 자유토론 후에 발표하자.

토 론 합 시 다 7 - 2

인터뷰 예문

인터뷰 예문(인생의 목표, 존경하는 인물, 하고 싶은 일, 가장 화가 났던 상황, 가장 의미 있고 좋았던 경험)을 정리한 후, 한 명씩 교단에 서서 청중으로부터 인터뷰를 받고 자신의 의견을 발표하자.

토 론 합 시 다 7 - 3

커뮤니케이션 형태의 변화와 영향

오늘날 커뮤니케이션의 형태는 매우 변화했고 지금 이 순간도 진화를 계속하고 있다. 과거에 비해 어떻게 변화했으며, 이러한 변화가 인간관계에 어떤 영향을 미치는지 토론해보자.

토론합시다 7 - 4

팔방미인

과거 경영에서는 최고경영자는 전략을 수립하고, 중간관리자는 관리를 담당하며, 일선구성원들은 실무를 운영하는 것인 줄 알았다.[1] 위에서 계획한 것을 밑에서 받아 수행하면 되었던 것이다. 그러다 보니 '컴맹'에 '디지털 치매'까지 걸린 사장의 독선적인 명령을 수행하는 간부나 사원이 신나게 일할 수 없는 것이 문제점의 하나로 지적되곤 하였다.

이제 가장 높은 자리에 앉은 사장도 중견간부의 일도 파악하고 있어야 하며, 말단사원의 스킬이나 단순업무에도 일가견이 있어야 한다. 이제 경영은 과거의 피라미드 도식[2]을 버려야 한다. 최고경영자의 일인 전략수립은 매우 중요한 책무지이지만 중관관리자가 하는 관리의 일이나 일선관리자층이 실행하는 운영에도 모두 일가견이 있어야 한다는 뜻이다. 기업을 경영하는 데 필요한 전략·관리·운영활동을 보다 효율적으로 수행하기 위해서 최고경영자는 팔방미인이 되어야 한다.

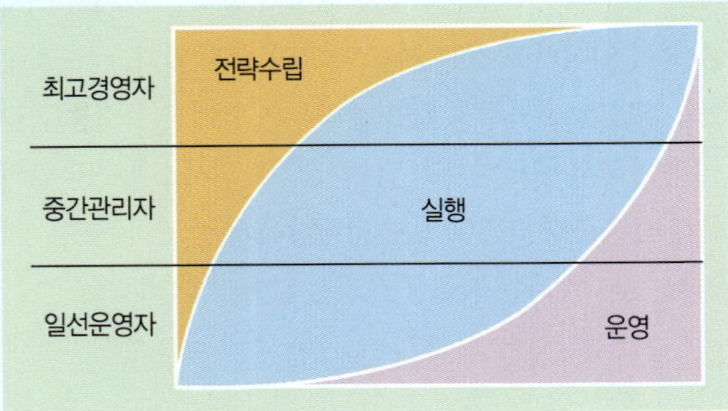

★ ★ ★

1. 최고경영자는 팔방미인이 되어야 하는가?
2. '최고경영자는 전략수립을, 중간관리자는 관리를, 하급관리자는 운영을'이라는 과거의 피라미드 도식의 좋은 점은 무엇인가?
3. 최고경영자와 중간관리자의 역할 차이는 무엇인가?

---

1) 전략은 조직의 역할에 따라 목적을 설정하고 그 목적을 달성하기 위하여 외부환경으로부터 주어지는 기회를 포착하는 의사결정활동이다. 관리란 결정된 전략을 실행하는 데 투입되는 자원을 최소화하거나 주어진 자원을 이용하여 추구하는 목표의 달성을 최대화하는 활동을 말한다. 운영이란 관리활동을 사전에 정해진 방식과 체계에 따라 수행하는 것을 말한다.

2) 과거의 피라미드 도식은 삼각형을 3등분하여 위로부터 각각 최고경영층의 전략, 중간관리층의 관리, 일선관리자층의 운영으로 구분하였으나, 미래 경영의 도식은 3등분한 네모상자 안에 풋볼이 들어간 풋볼차트가 되어야 한다. 네모상자의 가장 위 칸을 상상해보라. 최고경영층은 대부분을 전략에 쏟고 관리도 어느 정도의 알고 있으며, 아주 작지만 운영에 대한 것도 이해하고 있어야 한다는 뜻이 된다. 미래 경영의 도식을 여러분의 머릿속에 그림으로 그려보자.

제 8 장

권력관계와 정치적 행동

8장의 구성

1. 권력의 종류와 원천 그리고 속성
2. 의존관계와 권력획득전략
3. 권력위임
4. 정치적 행동의 본질

학습목표

1. 권력의 종류 이해
2. 권력의 원천 이해
3. 권력의 속성 이해
4. 권력획득전략
5. 권력위임 이해
6. 조직정치 이해

핵심키워드

권력종류, 권력원천, 권력속성, 불확실성, 권력획득전략, 권력위임, 조직정치

08 권력관계와 정치적 행동

들어가면서

권력이란 다른 사람에게 힘(force), 영향력(influence)을 행사할 수 있는 능력(ability)을 말한다. 어떤 사람들은 권력(power)을 추구하는 대신 권력을 피하려 애쓴다. 심지어 권력을 두려워하는 것처럼 보이기까지 한다. 이들은 다른 사람들에 의해 자신의 행동이 통제되기를 원하기도 하고 어떤 경우에는 통제되는 것을 피하기도 한다. 인간관계는 협조관계도 있고 갈등관계도 있으며 그 속에는 모두 권력관계가 존재한다. 심지어 부부관계에도 부자관계에도 친구관계에도 권력관계가 존재하는데, 이때 누가 누구에게 영향을 미치고 누가 누구 말에 주로 동조하느냐의 문제가 바로 권력관계이며 이는 인간관계에 많은 영향을 미친다.

1. 권력의 종류와 원천 그리고 속성

권력은 A가 B로 하여금 자기가 원하는 것을 하도록 영향을 미칠 수 있는 근거이다. 두 사람이나 두 집단 간에 상대의 행동을 마음대로 조정하고 싶어 하는 이유는 상대의 행동이 나에게 유리한 방향으로 움직였으면 하기 때문이다. 야구장으로 가려는 남자친구를 극장으로 데려가는 여자는 남자친구에게 권력을 행사한 것이다. 놀러 나가려는 아이를 방에서 공부하게 한 어머니도 마찬가지이다. 모든 인간관계는 권력관계이다.

그렇다면 권력(power)과 권한(authority)은 같은 것인가? 그렇지 않다. 권한은 권력의 한 형태로서 권력을 행사할 수 있는 능력이다. 특히 공식적 권한이 합법적 권력에 해당한다. 이를 분명히 하기 위해 권력의 종류를 살펴보기로 하자.

(1) 권력의 종류

권력은 인간관계의 질을 좌우하는 잠재적인 영향력이다. 그 구체적인 구성요소로 **그림 8-1**과 같이 일곱 가지를 들 수 있다.

그림 8-1 권력의 종류

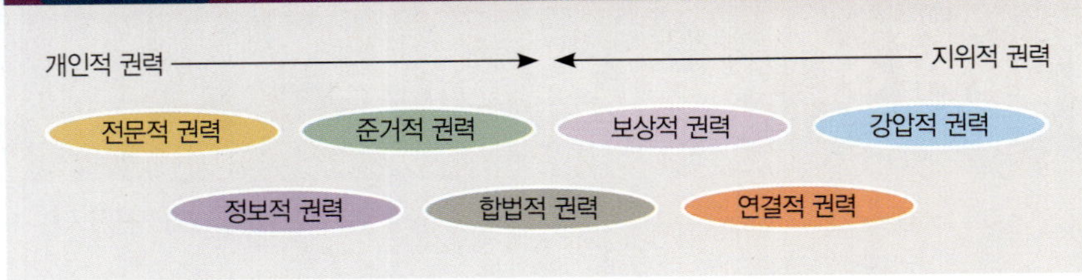

① 전문적 권력

상사가 우수한 지식과 전문적 기능을 가지고 있다고 부하가 인지한다면 그 부하는 상사의 충고와 지시와 명령에 순종할 것이다. 즉 전문적 권력(expert power)은 상사가 특정분야에 전문성을 가지고 있을 때 누리는 권력이다. 전문성이란 특별한 기술, 능력 그리고 지식이다. 환자들은 대개 의사에게 무조건 순종하며 의사의 지시에 완전하게 복종하려 한다. 그 이유는 그 병에 대해 의사가 전문지식을 갖고 있으며 순종을 해야 나의 건강을 회복한다고 알기 때문이다.

"지식은 힘이다."라는 격언처럼 특정분야나 특정상황에 대해 어떤 지식이나 해결방안을 알고 있는 사람은 그것을 모르는 다른 사람들에 대해 권력을 가진다. 경험이 많은 상급자가 하급자에 대하여 권력을 가지기도 하지만 어느 분야에 대해서는 하급자도 더 많은 지식으로 상급자를 조정하기도 한다. 지식으로 보상을 받을 수도 있고 불행을 피할 수도 있기 때문이다. 오후에 비가 온다는 사실을 알았다면 우산을 준비해서 비를 피할 수 있고, 어느 회사 주가가 오른다는 사실을 알고 있는 자는 그 지식으로 돈을 벌 수 있고, 혹은 남에게 가르쳐주고 물질적 · 정신적 보상을 얻을 수 있다. 이러한 지식을 이용하여 타인을 순응하게 만들 수 있다.

"정보가 힘이다. 힘을 키우자!!

② 정보적 권력

정보적 권력(informative power)은 다른 사람에 비해 많은 정보를 소유하고 있을 때 가지는 권력이다. 그 정보가 내게 매우 유리한 것일 때에는 그 정보를 가진 사람의 말에 따라야 한다. 그것이 내게 도움이 되기 때문이다. 사람들은 대개 정보를 누설하기보다 감추려 한다. 왜냐하면 정보가 권력을 만드는 원재료이기 때문이다. 어느 회사의 주식가치에 관해 정확한 정보를 가진 친구가 있다면 나는 그 친구의 정보로 인해 돈을 벌 수도 있다. 따라서 그 친구가 그 정보를 통해 내게 순종, 환심, 저녁대접, 심지어 금품을 요구해도 나는 기꺼이 복종할 수 있다.

③ 준거적 권력

준거적 권력(referent power)은 참조권력이라고도 한다. 부하가 상사를 이상적 인간으로 동경하여 상사같이 되고 싶다고 인식할 때 생겨나는 권력이다. 참조권력이란 집단 내에 구성원의 태도, 신념 그리고 행동을 평가할 수 있는 규범이 존재하고, 이를 구성원이 따르기 때문에 가지는 권력이라 할 수 있다. 또는 어떤 사람에게 존경하고 따르고 싶은 매력이 있다면, 우리는 무슨 일을 판단할 때 그 사람이라면 어떻게 할까 생각해보고, 그 사람에 준거(準據 : referent)하여 정한다. 그러므로 그가 내게 어떻게 하라고 지시한다면 나는 그 말에 순응할 것이다. 어쩐지 그 사람 말이면 복종해야 한다는 마음이 생기는데, 그가 가지고 있는 무언의 매력과 설득력은 법적인 권한보다 더 위력이 있을 때가 있다. 어떤 사람이 매우 인격적이고, 능력도 있고, 미남이며, 호인이라서 대부분 사람이 부러워하고 그를 따른다면 그 자체가 권력행사의 수단이 된다. 김연아가 광고하는 냉장고를 사는 이유도 그렇다. 김연아는 소비자에게 강압적 수단이나 법적 권력이나 전문지식은 전혀 사용하지 않는다. 김연아는 빙판의 질은 잘 알지만 냉장고 품질에 대한 지식은 거의 없음에도 사람들에게 매력적으로 느껴지기 때문에 소비자는 그녀가 홍보하는 제품을 사고 싶어 한다.

④ 합법적 권력

상사는 부하에게 지시할 수 있는 합법적 권력(legitimate power)을 갖고 부하는 그것에 복종할 의무를 갖는다는 부하의 인식에 기초한 권력이다. 이 권력은 서로 약속한 합법적이고 제도적인 것, 즉 규정, 법규, 제도에 의해 부여된다. 경찰관이 무단 횡단하는 보행자를 제지할 때 보행자가 경찰관의 말을 순순히 듣는 경우가 여기에 속한다.

서로의 약속에 의해 특정인에게 일정한 권력을 주도록 했을 때 그는 약속된 법과 제도에 의해 권력을 가진다. 이러한 합법적 권력을 특히 권한(authority)이라고 하며, 회사에서의 지위권한은 모두 이에 속하며 이때 사용되는 권력도구가 상사의 지시사항, 규정, 법규, 제도, 전통적 관습 등이다. 회사의 조직도상에서 상단에 위치할수록 합법적 권한이 크다. 그래서 조직도를 그릴 때 교장, 사장, 대장, 장관은 조직도의 위쪽에 위치시킨다.

⑤ 보상적 권력

이는 상사가 부하에게 보수를 준다는 의식을 부하가 기본적으로 가지고 있을 때 생겨나는 권력(reward power)이다. 보수에는 금전적인 것 외에 승진, 직무의 할당, 칭찬, 궁지에서 구제받을 수 있다는 생각 등도 포함된다. 상대방에게 경제적 · 정신적 보상을 해줄 때 생기는 권력인데, 단지 상대방이 그 보상을 원하고 있다는 전제하에서 가능하다. 상대방에게 이익이 되는 것을 주면 상대는 그 이익을 바라고 순응한다. 알렉산더 대왕은 금은과 지위를 기반으로 하여 디오게네스를 움직이려고 했지만 디오게네스에겐 아무런 욕구가 없었기 때문에 실패하고 말았다. 경제적 보상이란 임금인상, 보너스 등이며, 정신적 보상이란 비금전적이더라도 승진의 지원, 직무성과의 인정과 칭찬, 인기직무의 배정 등으로, 이들을 감소시키거나 억제하는 일도 보상적 권력을 행사하는 것이다

⑥ 연결적 권력

연결적 권력(connection power)이란 영향력 있는 사람들과 연결되어 있을 때 가지는 권력을 말한다. 회장의 비서가 권력에 근접해 있어 가지는 권력도 이에 속한다. 왜냐하면 나에게 권력은 없더라도 필요시에 그에게 부탁해서 대신 상대에게 힘을 미칠 수 있거나 상대에게 유리한 보상을 해줄 수 있기 때문이다. 그래서 사람들은 친인척, 동문, 학연, 지연 등을 들먹이면서 그들 중에 사회적으로 출세한 사람이나 힘 있는 사람과 자기의 인연을 강조하는 것이다. 그 사람들이 정말 필요할 때 나서서 도움을 줄지 안 줄지는 모르지만 상대방에게 기대를 할 수 있게 한다면 연줄이 닿는다는 것 자체만으로도 커다란 권력요인이 되는 것이다.

⑦ 강압적 권력

강압적 권력(coercive power)이란 상사가 부하에 대해 벌을 줄 수 있는 힘을 갖고 있다는 부하의 인지에 기초한 권력이다. 권력이라는 이미지에 있어서 가장 적합한 구성요소라고 말할 수 있다. 무력이나 위협, 그리고 감봉 · 해고 · 벌 같은 부정적 보상으로, 이것을 피하려는 사람들에 대하여 행사하는 권력이다. 반면에 이

/인/간/이/야/기/8-1/

개인의 권리

요즘에는 문서 한 장에도 문서를 만든 사람의 권리가 들어 있으며, 노래 한 곡 한 곡에도 다 권리가 있다. 그런데 자신이 가진 권리를 잘 알지 못하는 사람이 많다. 개인은 의외로 중요한 권리들을 많이 가지고 있다. 우선 당신은 싫으면 싫다고 말할 권리가 있다. 모르는 것을 모른다고 할 권리도 있다. 당신은 이해 못하는 것은 이해 못한다고, 관심 없는 것은 관심 없다고 할 권리가 있다. 당신은 당신이 이미 결정한 사항이 마음에 안 들어 바꾸어야 한다고 생각하면 당당하게 바꿀 권리도 가지고 있기에 걱정할 필요가 없다. 바꾸면 그만이다. 당신이 진정으로 좋아하는 것에 대하여 남에게 설명할 필요도 없으며, 당신이 일단 취한 행동을 정당화하기 위해 변명이나 이유를 댈 아무런 이유가 없다. 책임을 져야 한다면 당당하게 지면된다. 당신은 가끔 잘못된 의사결정을 할 권리가 있기 때문이다.

그런데 각종 권리를 가진 개인이 집단이나 조직에 속하게 되면 그 권리에 상당부분 변화가 생긴다. 개인의 권리가 회사의 권리에 의해 약화되기도 하고 소멸되기도 하는 것이다. 개인끼리의 관계에서는 싫으면 싫다고 말할 자유가 있으나, 조직과의 관계에서는 싫어도 싫다고 말할 수 없는 경우가 대부분이다. 관심 없는 사안도 피하기 어렵고, 집단에서 결정된 사안을 마음에 안 든다고 쉽게 버릴 수 없다. 이렇듯 대부분의 개인적 자유는 포기해야 하며 조직의 제한과 규범에 의해 지배된다. 그렇다고 개인이 권리를 빼앗기는 것이 싫다며 조직생활을 거부할 수도 없다. 이것이 바로 조직이 개인보다 큰 힘을 가지는 이유이다.

것을 달게 받겠다는 사람에게는 통하지 않는 권력이다. 최초의 원시인이 돌멩이를 들어 짐승을 때려잡는 순간부터 인간들은 강제적 권력(폭력)을 사용했다. 물론 물리적 압력 말고도 정신적인 압박을 피하려는 상대에게 이를 추가하거나 제거해 주는 것도 강제적 수단에서 비롯되기 때문에 강제적 권력에 속한다고 할 수 있다.

(2) 권력의 원천

권력이란 도대체 어디에서 오는 것인가? 권력의 원천(power sources)에 대한 정의는 무수히 많다. 그중에서 프렌치와 레이븐(J.R. French & B. Raven)의 이론을 빌려 설명하면 그림 8-2와 같다.

그림 8-2 권력의 원천

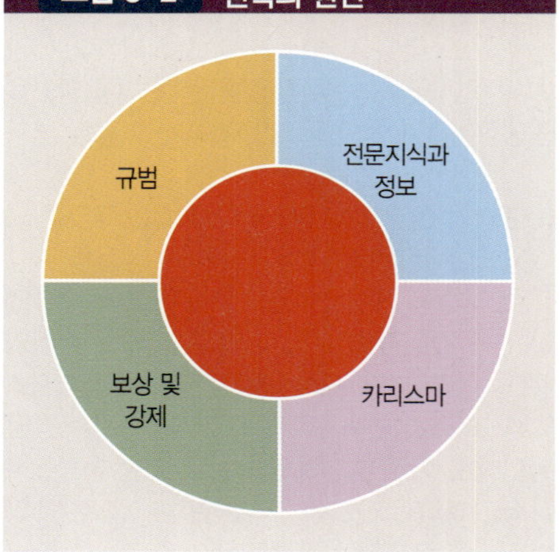

① 규범

규범은 법, 권리, 사회계약 혹은 이를 위반하려는 행동이나 사고를 방지하려는 의도로부터 생성되는 권력의 원천이다. 즉 법이나 관습에 의해 원래부터 어떤 사람에게 권력이 주어져 있는 경우 개인은 이 사회에 살기 위해서는 그를 따라야 한다.

② 전문지식과 정보

전문지식은 지식이나 전문능력을 갖지 못한 자가 이를 필요로 할 경우, 직위에 관계없이, 고유 전문영역이 있는 자가 이를 필요로 하는 자에게 행사할 수 있는 권력의 원천이다. 정보는 그 정보를 필요로 하는 자에게 행사할 수 있는 권력의 원천으로서 정보에 대한 상대방의 욕구가 집요하고 강할수록 정보력은 증대되며, 상대방이 정보를 얻자마자 본인의 정보력은 소멸되는 특성을 갖고 있다.

③ 카리스마

카리스마는 이를 갖는 자에게 매료, 매혹되어 자기자신도 그와 동화하려고 할 때 그에게 의존적으로 되며 권력을 이전하게 되므로 발생하는 권력의 원천이다. 즉 어떤 사람이 권력을 가지지 않았더라도 그가 신의 은총을 받은 사람처럼 보이든지 능력이 많은 것처럼 보이면 그때부터 그는 그렇게 바라보는 사람들에 대하여 권력을 갖게 된다.

④ 보상 및 강제

물질적이거나, 비물질적이거나, 금전적이거나, 비금전적인 어떤 형태이든지 이를 요구하는 자에 대하여 행사할 수 있는 것이 보상력 혹은 강제력이라는 권력의 원천이다.

/인/간/이/야/기/8－2/

권력이동

할아버지가 손자에게 "썰매 타봤나?"고 물었을 때, 할아버지는 한겨울에 논에서 썰매를 타본 적이 있느냐고 묻는 것이지만 질문을 받는 손자는 놀이동산의 눈썰매를 떠올린다. 나이 차이만큼이나 서로의 패러다임도 많이 다르다. 군대라고 비켜나 있을까. 아버지가 다녔던 군대와 신세대가 경험하는 군대가 다르다. 그래서 신세대 사병을 위한 또 다른 경영이 군대에 필요해졌다. 태양이 지구를 회전한다는 데 대해 동일한 생각, 가치관, 이론을 가지고 있던 사람들이 지구와 태양이 모두 회전한다는 진리를 알았을 때 얼마나 충격을 받았을까? 앨빈 토플러(A. Toffler)는 땅 부자가 공장굴뚝을 가진 공장 부자에게 힘을 빼앗겼으며, 그 공장 부자는 정확하고 똑똑한 정보 소유자에게 권력을 내놓게 될 것이라고 예견하였다.

인간사회에서 힘은 어느 쪽으로 쏠리는가? 사회가 요구하는 것을 많이 소유하는 자에게 쏠릴 것은 당연하다. 사회는 무엇을 요구하는가? 공기는 요구되는 것이지만 너무 흔해서 사람들의 관심을 얻을 수 없다. 같은 의미에서 평범한 옷과 자동차, 기존에도 있던 제품과 서비스로는 권력을 얻을 수 없다. 기존에 없었던 창의적인 제품, 혹은 기존의 아이디어와 다른 새로운 아이디어나 지식을 가진 자를 요구한다. 따라서 현대사회에서 권력을 가지려면 남과 달라야 하고 세상에 없는 제품을 창조해야 한다. 그런 사람들이 권력을 더 갖게 되고 타인과의 관계에서 유리한 위치에 설 수 있다. 권력이동(power Shift)은 앞으로도 계속 진행될 것이다.

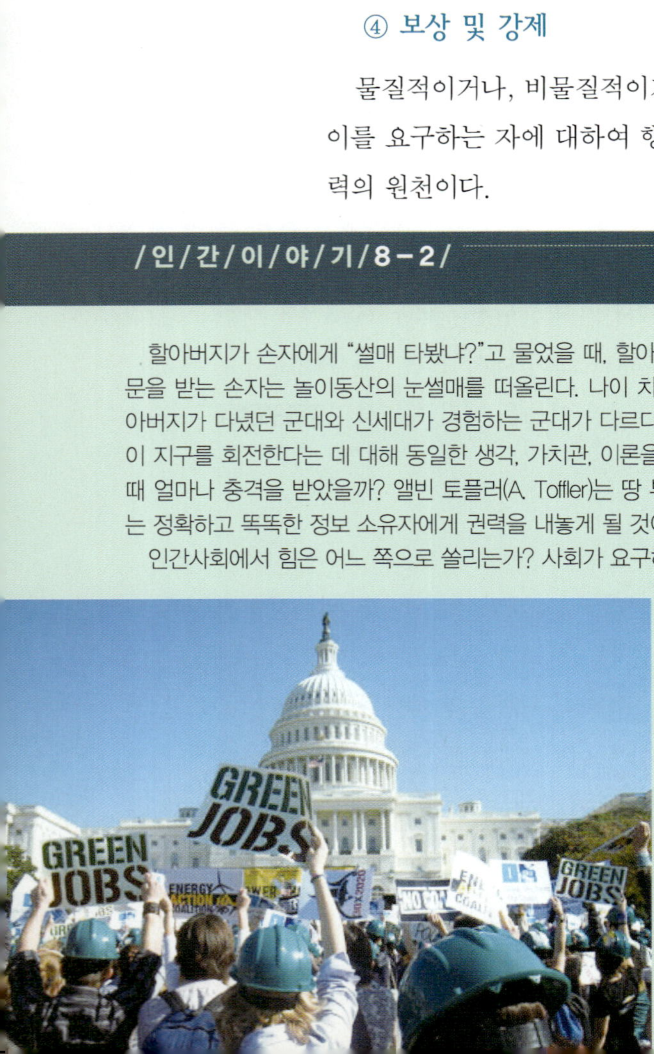

(3) 권력의 속성

권력은 A가 의존상태에 있는 B에게 영향을 미치는 능력이라고 했다. 이러한 권력의 속성은 상호작용 내지 관계 속에서 파악되어야 한다. 권력은 다음과 같이 다섯 가지 속성을 갖는다.

① 의존성

사회적 관계 속에서 어느 일방이 다른 일방에 대하여 가치 있는 것을 지배하거나, 조직 속에서 자신의 역할을 수행하기 위하여 다른 사람에게 의존하게 될 때 권력이 생긴다.

② 합법성

여기서 합법성이라 함은 구성원 모두가 타당하다고 여기고 그대로 따르기로 무언의 의견일치가 있다는 의미이다. 권력은 부, 지위, 전문적 능력 등의 자원에 의해 확고해진다.

③ 행동지향성

권력은 상대방의 행동에 대하여 영향력을 행사해야 비로소 효과가 있다. 물론 행사하지 않고 소유하고만 있어도 상대가 순종하기도 한다. 그것은 겉으로 드러나지 않았을 뿐이지 저절로 행사된 권력이다. 즉 모든 권력은 나에게 유리

/인/간/이/야/기/8-3/

권한이양

한때 "칭찬은 고래도 춤추게 한다."는 책제목이 금언처럼 사람들의 입에 자주 오르내렸다. 그 책과 비슷한 시기에 "코끼리를 춤추게 하라"는 기업 이야기도 나왔다. 이 이야기에는 어떻게 하면 코끼리를 냉장고에 넣을 수 있는가에 대한 답처럼 기존의 관념을 깨라는 충고도 있으며, 코끼리 같은 직원들을 춤추게 하려면 권한을 넘겨주라는 교훈도 있다.

눈치 챘겠지만, 날렵하지 않은 거대 몸짓을 가진 코끼리는 오늘날 직장생활을 하는 직장인들을 표현하는 동물이다. 어제도 별 볼일 없고, 오늘도 그만그만하다. 어찌어찌 출근해서 어영부영 움직이다보면 점심시간이요, 규정된 시간을 오버해서 잡담하거나 상사의 눈치를 피해 일하듯 집중해서 인터넷 고스톱을 하다보면 퇴근시간이 멀지 않다. 이렇게 꼼짝 안 하는 코끼리는, 권태로운 업무와 삶에 지친 직장인들과 침체된 분위기 때문에 고민하고 있는 회사들에게 파이크 플레이스 어시장처럼 신바람 나게 할 대안을 찾아 제시한 "펄떡이는 물고기처럼"에도 등장한다.

그렇다면 코끼리의 행태는 누구의 책임인가? 바로 코끼리 조련사의 몫이다. Sea World에 있는 '샤무'라는 범고래를 높이 솟구치도록 하는 것도 조련사의 의지가 아니겠는가. 경영은 불가능을 가능하게 만드는 것이다. 코끼리 엉덩이의 비개를 줄여 디스코를 추게 만드는 것이 코끼리 조련사의 몫인 것처럼 조직타성에 젖어 꼼짝 안 하려는 직원들을 조련하는 것은 경영자의 몫이다. 코끼리를 춤추게 만드는 것이 불가능할까, 아니면 직원들을 효과적으로 경영하는 것이 불가능할까?

하도록 상대의 행동을 조절하려는 속성을 지닌다.

④ 가변성

권력은 동태적이기에 가변적 특성을 갖는다. 권력의 크기는 상황변화에 따라 늘어나기도 하고 줄어들기도 한다. 화장실 갈 때와 올 때가 다르다는 말이 있다. 권력관계도 마찬가지이다. A와 B의 권력관계에서 권력의 배분이 7:3이었다가도 상황이 바뀌면 6:4로, 심지어는 2:8로 역전되기도 한다. 무더운 여름날 얼음장수는 팥빙수장수에게 많은 권력을 행사하여 얼음값을 비싸게 받지만 겨울이 되면 관계가 역전된다. 이처럼 동일한 사람끼리의 인간관계에서도 각자의 권력의 크기는 상황에 따라 변하기도 한다.

⑤ 상대성

가변성과 마찬가지 차원에서 한 사람의 권력의 크기는 상대가 누구인지에 따라 매우 다르다. 같은 여름날이라고 하더라도 얼음장수는 팥빙수장수에게는 큰 권력을 갖지만 엿장수에게는 권력이 별로 크지 않다. 엿장수는 얼음이 그다지 필요하지 않기 때문이다. 이 논리를 다수가 모인 집단이나 조직에 대입하면 더욱 복잡해진다. 조직 내의 권력관계는 단선적 구조가 아닌 다양한 모습을 보인다. 예를 들면 A가 B를 복종시킬 수 있으며 B가 C를 복종시킬 수 있다고 하더라도 A는 C에게 복종해야 하는 경우도 많다. 조직 내의 계층구조가 복잡하면 복잡할수록 더욱 다양한 모습을 보이는 것이다. 그러므로 권력과 관련된 인간관계는 매우 복잡해서 예측도 어렵고 해결도 어렵다.

2. 의존관계와 권력획득전략

(1) 권력의 크기는 무엇이 결정하는가

① 불확실성

어떤 사람의 행동이 정확하게 예측할 수 없거나 불확실하면 나는 그를 무시할 수 없다. 왜냐하면 그가 언제 어디서 강도로 돌변하여 나를 공격해올지 혹은 갑자기 천사가 되어 내게 큰 은혜를 베풀지 모르기 때문이다. 이러한 불확

/인/간/이/야/기/8-4/

수수께끼 공화국

세계에서 가장 가난한 나라 중의 하나인 북한은 세계에서 가장 부자나라인 미국과 수십 년째 머리를 맞대고 당당하게 협상을 벌이며 줄다리기하고 있는데 과연 그 힘은 어디에서 나오는가? 국제사회가 북한을 무시하지 못하는 이유는 핵 존재의 불확실성에 있다. 북한에 핵이 있는지 없는지의 해답을 풀기 위해 세계의 열강은 십여 년간 매달리다가 핵이 있다는 사실만 겨우 알아냈다. 핵이 얼마나 있는지 낱낱이 밝혀지는 날 가난한 북한은 힘을 잃는다. 1998년 어느 날 함남 대포동에서는 김정일 시대의 개막을 알리는 '축포' 한 발이 하늘로 치솟았다. 이 축포가 북한이 첫 시험발사한 대포동1호 미사일인 것으로 알려지자 세계는 깜짝 놀랐다. 그러나 며칠 후 북한은 "우리가 발사한 것은 탄도미사일이 아니라 인공위성"이라고 발표했다. 그러면 북한은 왜 발사 5일이 지나서야 인공위성 발사 사실을 밝혔을까? 한 · 미 · 일의 정보능력을 시험하고, 김정일 체제 출범에 맞추려 했던 것이다. 김정은 정부는 한발 더 앞선다. 은하3호 위성을 발사할 때 미국 정보망은 당분간 북한은 은하3호를 발사하지 못할 것이라고 발표했고, 한국 정보망은 미국 정보를 받아서 로켓을 발사대에서 수리를 위해 해체했다고 발표했다. 그 순간 북한 미사일은 우리나라 서해 상공을 날고 있었다. 물론 한 · 미 · 일 · 중은 이것이 무기인지 위성인지 모르는 불확실 상황에 있었다. 한미연합훈련이 한창이던 2013년 초 북한은 남한과 미국 본토를 노렸지만 대륙간탄도미사일이 존재하는지는 아무도 몰랐다. 사실 노렸는지는 아무도 모른다. 정말로 노렸다면 공격하겠노라고 친절하게 몇 주 동안이나 알려주지 않았을 것이다. 불확실성은 가난한 북한이 쓸 수 있는 최대의 무기이다.

실성을 강조하면서 그가 복종을 요구한다면 대부분 사람들은 그의 말대로 따를 것이다. 왜냐하면 천사의 행동을 하게 하려고 말이다. 그러나 천사가 되는 것이 확실하다면 그에게 순종을 안 하더라도 은혜를 베풀 것이 당연하므로 신경을 쓸 필요가 없다. 마찬가지로 강도가 되는 것이 확실하다면 역시 신경 쓸 필요가 없이 복종 안 하고 멀리 떠나서 그 사람과 인연을 끊으면 된다. 문제는 불확실할 때이다. 인간관계에서는 많은 불확실성이 존재한다. 격심한 환경변화와 정보의 신속한 흐름 때문에 나의 행동을 결정하는 것도 어려운데, 하물며 남의 행동을 예측하는 것은 더 어렵다. 이러한 불확실성을 효과적으로 관리하는 사람은 큰 권력을 장악하게 된다. 그래서 사람들은 자신의 행동과 지식과 자원을 있는 그대로 안 밝히고 불확실하게 유지하면서 부득이하든지 꼭 필요한 때에만 밝히려 한다.

② 희소성과 대체 가능성

내가 원하는 것을 상대방이 내게 해줄 수 있다면 나는 그에게 어느 정도 순종할 것이다. 나에게는 꼭 필요한데 오직 그 사람만이 내게 해줄 수 있다면 나는 그의 말이라면 무조건 순종할 것이다. 하지만 그 사람 말고도 나의 필요를 채워

줄 수 있는 사람이 얼마든지 있다면 그의 나에 대한 권력은 극히 약해진다. 얼음장수가 시장에 많이 있다면 한 얼음장수가 팥빙수장수에게 많은 권력을 행사할 수 없다. 조직 내의 활동이 다른 것에 의해 대체 가능하다면 권력의 장악은 힘들어진다.

③ 집약성

조직 내의 주요 직위에 대한 연결관계가 상당히 중요하다. 만약 어느 자리가 다른 사람의 직위나 하부단위와 많이 연결 지어져 있다면 그 자리는 매우 집약성이 높은 자리이다. 이런 자리는 영향력을 행사할 능력이 강하다고 볼 수 있다. 기업체의 기획실이나 비서실이 여기 속하는 경우가 많다. 또는 동아리 모임이나 취미서클에서 멤버들의 상황을 가장 많이 알고 있는 총무나 회장은 모임 날짜를 정할 때나 다른 계획을 꾸밀 때에 가장 큰 영향력을 미친다. 왜냐하면 네트워크의 중심부에 있는 사람은 전체적으로 상황파악이 가능하고 거의 모든 정보를 알고 있기 때문이다.

(2) 권력획득전략

모든 권력이 꼭 행사되는 것은 아니다. 그저 보유된 그대로 평생 사용되지 않는 경우도 허다하다. 그러나 사용하지 못한 권력은 있으나 마나 하다. 효율적인 권력사용이 그만큼 중요하다는 말이다. 캘만(H. Kelman)은 권력을 행사할 때에 상대방의 반응은 다음 세 가지 중 하나라고 한다.

- 복종(compliance) : 권력수용자가 권력행사자의 의도대로 억지로라도 따른다.
- 동일시(indenification) : 권력수용자가 권력행사자를 존경하기에 그의 영향받기를 원한다.
- 내면화(internalization) : 권력수용자가 권력행사자와 생각, 가치관을 일치시켜 똑같이 하려고 한다.

상대방이 내면화할 때에 더 많은 권력을 획득했다고 할 수 있으며, 권력을 더 많이 획득하기 위해 사람들은 여러 가지 행동을 한다.

① 과정적 차원

권력획득전략에 대하여 스질라기와 왈라스(A.D. Szilagyi & M.J. Wallace)는 협약, 흡수, 연합과정으로 설명한다.

협약

두 개 이상의 이질적 집단이 앞으로의 상호작용이나 경영활동을 통제하고, 불확실성을 감소시키기 위해 협상을 통해 협약하는 경우를 말한다. 결혼 초기에 부부는 상대방과 힘겨루기를 하는데 이때와 아주 유사한 단계이다. 노사 간에 이루어지는 초기 협상단계도 양자 모두 협약전략을 통해 협상한다. 약속을 해놓으면 불확실성이 감소하므로 상대의 행동을 어느 정도 예측할 수 있기 때문이다.

흡수

개인이나 집단이 한쪽으로 포섭되는 경우를 말한다. 남편이나 부인 중 한쪽이 포기를 선언하는 경우와 같다. 서로간의 불일치를 줄이기 위해 한쪽이 의도적으로 자기권리를 포기하는 것이다. 흡수한 남편은 아내의 일거수일투족이 자신에게 속해 있으므로 완전한 지배상태이고 부인은 남편과 한 몸이므로 권력투쟁을 벌일 필요도 없고 편하다. 남편이 보호해줄 것이기 때문이다.

연합

공통목적을 달성하기 위하여 각각의 개인이나 집단이 자원을 결합하는 경우이다. 개인이나 집단이 결합하게 되면 처음의 몇 배가 되는 승수효과를 경험하게 되어 있다. 정치권에는 소위 합종연횡(合從連衡)이라는 것이 있는데 일종의 정치적 연합이다. 서로 느슨한 관계를 갖고 있다가 필요 시에는 협조하고 양보하고 협상해나간다.

② 권력게임적 차원

듀브린(A.J. DuBrin)은 권력을 더 많이 획득하려는 현대의 관리자들을 위하여 포괄적인 차원에서의 전략을 다음 열 가지로 설명하고 있다.

- 권력자와의 제휴 : 권력자와 동맹관계를 맺어놓는 것을 말한다. 국회의원 보좌관, 사장 비서 등이 권력을 획득할 때 쓰는 방법이다.

■ 포용 혹은 거절 : 내가 포용하면 상대가 고마워서 순종할 것이고, 상대가 필요한 것을 거절하면 그것을 얻기 위해 더욱 순종적으로 나올 것이다.

■ 분할지배 : 이견을 보이는 두 집단을 갈라놓고 양쪽을 중재하면서 실리를 챙기는 전략이다.

■ 정보통제 : 관리자들은 권력을 행사하기 위해 정보를 통제하여 불확실성을 제고시킨다.

■ 신속처리 : 권력이나 정보를 다른 사람이 알기 전에 특정인에게 알려주는 것으로 그 특정인을 지배할 수 있는 것이다.

■ 의무감의 형성 : 부하에게 호의를 베풀면 부하가 호의에 보답하기 위해 내 말에 순종한다.

■ 태만 : 특정한 일을 천천히 수행하면서 정보를 더 파악하고 상대에게 부담을 주면서 줄다리기한다.

■ 점진적 전진 : 적당한 시기에 일보씩만 앞으로 진행하면서 권력을 얻는 전략이다.

■ 위기 이용 : 상대가 위기에 처해 행동과 선택의 폭이 적을 때 내게 유리한 조건을 제시하고 수락하도록 한다.

■ 원거리 : 부하의 참여를 쉽게 허용하지 않고 특정한 의사결정권을 독점함으로써 권력을 획득하는 전략이다.

/인/간/이/야/기/8-5/

느슨한 관계

1974년 미국 존스홉킨스대학의 마크 그라노베터라는 박사의 연구이다. 「일자리를 구하는 경로에 대한 연구」라는 연구보고서에서 그는 사람들이 취업을 할 때 평소 알던 사람에게서 정보를 얻거나(56%), 직접 발로 뛰어다니거나(20%), 구인광고나 잡 헌터를 이용하는(18.8%) 패턴을 보인다고 한다. 흥미로운 것은 가장 많이 이용되는 경로에서 '평소에 알고 지내는 사이'라는 것이 일반적으로 생각할 법한 '밀접한 관계'에 있는 사람들은 31%에 불과하고 나머지 69%는 '느슨한 관계'에 있는 사람들이라는 점이다.

이 연구보고서는 '약한 연결관계의 강점(The strength of weak tie)'이라는 이론으로 발전하게 되었고 "약한 관계가 강한 관계보다 정보, 자원의 흐름에 훨씬 효과적이다."라는 사실을 증명하는 데 증거로 많이 인용되고 있다. 내 경험에 비추어 보더라도 지나치게 가까운 사이보다 조금 거리가 있는 사이가 오히려 더 편하고 도움이 되는 경우가 많았던 것 같다.

평소에 조직의 외부에서 가볍게 사적으로 알고 지내던 사이가 한솥밥을 먹는 사이로 바뀌면 어떤 현상이 발생할까? 결과적으로 성공과 실패를 확률적으로 계산한다면 어느 정도나 될까? 열렬히 연애하던 남녀가 결혼을 하면 관계가 더 깊어질까? 한 지붕 아래에서는 서로의 단점을 더 많이 발견하게 되고 그만큼 더 싫어질 수 있다. 그리고 상대에게 더 많은 것을 요구하기도 한다. 자신의 단점도 애써 숨기지 않으려고도 할 것이다. 또한 많은 일로 얽히게 되므로 자신의 입지를 확보하기 위해 사사건건 부딪치며 갈등을 하고 결국 정치적인 행동까지 할 것이다. 친하게 지내려면 어느 정도 거리를 두는 것이 좋을지 모른다.

③ 조직정치 차원

마일즈(R.H. Miles)는 권력을 얻기 위한 조직정치 차원에서의 전략으로서 다음과 같은 것을 제기하였다.

- 자문지도
- 기동성 유지
- 자신감의 표현
- 정보 및 인물에 대한 접근통제
- 경쟁자극
- 잠재적 반대세력 무마
- 헌신적 노력 유지
- 홍정
- 사소한 논쟁 회피

3. 권력위임

조직 내의 여러 가지 의사결정 중 중요한 것 하나가 조직구조상 권력을 어떻게 배분할 것인가이다. 권력은 빼앗겨야 얻는다는 말이 있다. 이렇듯 권력위임이란 조직의 특정활동을 수행하기 위해 공식적 권한(합법적 권력)과 책임을 다른 구성원에게 할당하는 것으로, 모든 사항에 대해 완전히 감독할 수 없기 때문에 조직이 효율적으로 운영되기 위해서는 하위자에게 경영자의 권력을 나누어주는 것이다. 이하에서는 권력위임의 장점, 권력위임의 방해요인, 효과적인 권력위임의 방법을 살펴보기로 한다.

(1) 권력위임의 장점

권력위임의 장점은 다음과 같다.

- 경영자가 많은 과업을 혼자서 다해낼 수 없다. 따라서 하위자에게 권력을 위임한다면 하위자도 여러 가지 일을 해낼 수 있게 된다. 경영자는 일상

적인 과업뿐만 아니라 독창성이 요구되는 과업에 대해서도 권력을 위임함으로써 시너지효과(synergy effect)를 통해 조직유효성을 달성해낼 수 있다.

- 권력위임은 위임된 과업에 따라서 하위자의 훈련에 도움이 되며 하위자로 하여금 독창성을 발휘하기 위한 자신감과 의지를 갖게 한다.
- 하위자는 조직의 활동이 이루어지는 현장에서 일어나는 결정적 사실을 가장 정확히 파악할 수 있기 때문에 권력위임이 이루어지면 바람직한 의사결정에 도움이 된다.
- 권력위임은 신속한 의사결정을 가능케 한다. 즉, 권력위임이 이루어지지 않으면 경영자에게 일일이 보고하고 경영자와의 협의를 거쳐 의사결정을 해야 하나, 권력위임이 이루어지면 현장에서 직접 필요한 의사결정을 할 수 있어 시간을 절약할 수 있다.

(2) 권력위임의 방해요인

권력위임을 방해하는 요인은 다음과 같다.

- 경영자가 자기 혼자서도 과업을 수행할 수 있다고 생각하거나 하위자의 능력을 무시하는 경우이다.
- 특정과업을 어떤 경영자 또는 하위자에게 책임을 지게 할 것인가에 관하여 혼란이 있거나 일관성이 없는 경우이다.
- 경영자가 권력위임을 하면 자신의 권력이 감소된다고 생각하는 경우이다. 자율경영을 한다고 해놓고서 간섭을 계속한다면 빈 통장을 주면서 돈을 마음껏 쓰라고 하는 것이나 마찬가지이다.

(3) 효과적인 권력위임방법

효과적으로 권력을 위임하기 위해서는 다음과 같은 조건이 요구된다.

- 경영자는 하위자가 위양된 과업을 수행할 수 있도록 하위자에게 자율권을 부여해야 한다. 이것은 하위자로 하여금 경영자가 선택하고자 했던 것과 다른 과업수행방법과 해결책을 선택하도록 하는 것을 의미한다. 경우에 따라서는 위양된 과업을 수행하는 하위자에게 실수를 허용하고 나아가 실

/인/간/이/야/기/8-6/

급하면 통한다

원래 약한 사람인가, 자기관리에 약한 사람인가, 환경에 강한 영향을 받는 사람인가? 경영자는 이런 부하의 특성을 충분히 파악한 다음에 부하를 변하게 만들어야 한다. 어떤 사고방식에 메스를 가하여 행동을 변하게 하는 것도 중요하지만 개조를 도모하기 전에 한 가지 알아두어야 할 것이 있다. 인간은 궁지에 몰리게 되면 무한한 힘이 솟는다는 것이다. 가끔 목격할 수 있는 것인데 화재현장과 같이 어려운 상황에서 인간은 평소에는 도저히 상상도 할 수 없는 힘을 발휘하여 사람들을 놀라게 하는 경우가 있다. 동서고금을 통해 많이 쓰이는 말 중에 "궁하면 통한다."는 말이 있다. 일이 막혀서 어떻게 해야 할지 잘 모를 때 도리어 길이 열린다는 것이다. "생쥐가 막판에 몰리면 고양이를 문다."는 말과 비슷한 말이다. 고양이에게 쫓겨서 더 이상 도망갈 길이 막혔을 때 반대로 생쥐가 반격을 가해 고양이를 물어버리는 것과 마찬가지로, 약한 사람도 궁지에 몰리게 되면 목숨을 건 용기를 발휘하여 강한 사람에게 맞서는 뜻밖의 힘을 발휘한다.

수로부터 배울 수 있다는 의식을 고취시켜야 한다.

- 경영자와 하위자 간에 개방된 의사소통이 이루어져야 한다. 하위자의 능력을 아는 경영자는 어떤 과업을 누구에게 위양할 것인가를 더욱 현실적으로 결정할 수 있다. 또한 자신의 능력을 발휘하도록 고무되어 있고 경영자가 적극적으로 지원할 것을 아는 하위자는 책임을 수용할 수 있는 가능성이 높다.
- 경영자는 조직목표, 과업의 필요요건, 하위자의 능력과 같은 조직상의 여러 요인들을 분석할 수 있는 능력이 있어야 한다.

4. 정치적 행동의 본질

조직은 조직목표뿐 아니라 개인목표를 추구하는 정글이다. 이 속에서는 개인이나 집단이 권력을 의도적으로 추구하게 되어 있다. 이런 권력암투현상을 조직정치(organizational politics)라 한다. 사원들이 회사생활에서 일상적으로 당면하는 문제는 단연 정치적 행동이다. 비록 그런 표현을 쓰지 않더라도 사람들이 회사나 남들을 위해 일하지 않고 자신을 위해서 이기적으로 행동한다면 그만큼 조직정치가 만연되어 있는 것이다. 즉 조직에서 어떤 사람이 공식적으로 부여된 행동을 제외하고 자신의 이득에 영향을 미치는 행동을 했다면 그것은 무조건 정치적 행동(political behavior)이라고 할 수 있다. 조직정치행동은 다음과 같은 특징을 가진다.

- 직무수행을 위해 반드시 필요하지 않은 행동
- 당사자의 이익을 위해 권력을 행사하는 행동
- 자신의 이해관계가 얽힌 의사결정에 영향을 미치는 행동

사원들은 이런 행동을 할 때 원래 자기가 가진 권력의 양보다 그 이상으로 행사하려고 한다. 그러나 그 양은 무한대가 아니라 주어진 한도(game rule)가 있다. 그러므로 조직정치행동은 일정한 테두리 안에서 행해진다.

조직은 경제적 이윤을 얻기 위해서 존재하지만 개인적 측면에서 보면 자신의 개인적 이득을 위한 정치의 장이라고도 할 수 있다. 따라서 개인의 목표추구는 집단 내에서 자기가 갖고 있는 권력의 양과 관련되어 있다. 권력을 쥐지 못한 사람은 자기의지를 펼쳐 보일 수 없다. 권력획득에 실패하거나 정치적 고립자는 성공하기 어렵다는 뜻이다. 그러다보니 자기이익을 보상받고 자기세력을 확산시켜 자신을 확고히 나타내려고 유사한 개인이나 집단에 의해 고의적인 영향력 행사가 이루어진다.

(1) 조직 내 정치적 행동이 빈번해지는 이유

조직 내에서는 개인이나 집단이 자기의 권력을 증대시키거나 상대의 권력을 감소시킬 목적으로 수행되는 정치적 행동이 빈번하게 일어난다. 이러한 상황을 루싼스(F. Luthans)는 조직합리성보다 조직정치성의 정도에 의해 설명한다.

① 자원

조직에서 개인은 조직의 목표달성을 위해서 혹은 자신의 욕구 때문에 많은 자원을 필요로 한다. 시간과 금전, 사무비품과 공간, 정보와 인력뿐만 아니라 승진과 보상도 그런 자원에 포함된다. 그런데 이러한 자원은 어느 조직에서나 충분치 않으므로 서로 획득하려 한다. 조직에 따라 그 희소한 정도에는 차이가 있다. 그런데 자원들이 희소하거나 또는 그 자원의 확보가 불확실할수록 정치행동은 더 극렬해진다.

② 의사결정

애매하거나 동의하기 어렵고, 장기적이며, 불확실한 의사결정이 일상적인 의

사결정보다 더 많으면 조직정치행동이 야기된다. 왜냐하면 후자의 의사결정은 자주 반복되는 것이라서 많은 정보가 없어도 과거처럼 결정하면 되지만, 전자의 의사결정 사안은 정보도 부족하고 정확한 룰도 없고 어떤 대안을 선택하는 것이 조직에 유리한지 불확실하기 때문이다. 이때 의사결정자들은 서로 자기에게 유리한 쪽으로 결정을 내리려고 하기 때문에 권력게임이 많아지고 조직정치가 만연해진다.

③ 목표

쉬운 과업이나 쉬운 목표는 누가 보아도 해결책이 간단하고 확실해서 자기에게 유리한 쪽으로 억지를 쓸 수 없지만, 애매하고 복잡한 목표는 어떻게 하는 것이 좋을지 아무도 모르기 때문에 이 틈을 타서 조직정치가 행해진다.

④ 기술

반복기술이 아니라 아무도 모르는 기술이든지 조직에 도입된 기술이 복잡한 것일수록 정치행동은 증가한다.

⑤ 변화

변화가 없다면 조직은 이미 굳어진 관습대로 움직이겠지만, 조직개편이나 조직발전계획 등이 시행되면 조직의 모든 곳에서 변화가 일어나고 이에 따른 권력관계 역시 변화할 것이다. 이 틈을 타서 서로가 유리한 고지를 차지하려고 정치적 행동을 한다.

(2) 인간관계에서 나타나는 다양한 정치적 행동

뉴질랜드에서는 럭비선수들이 경기에 앞서 상대방 선수들을 향해 흰 이빨을 드러내 보임으로써 자기 편이 더 강하다는 신호를 보낸다고 한다. 사람들의 행동은 그 이면에 다른 뜻이 숨겨져 있는 경우가 허다하다. 그러면서 사람들은 집단 내에서 수많은 정치적 행동을 하고 있다. 그 대표적인 행동유형을 몇 가지만 살펴보자.

① 거짓행동

우선 자기가 가진 권력보다 과장해 보이려고 거짓행동을 한다. 임진왜란 때에

"우리 중 누가 가장 강하지?"
"내가 밑에서 받치고 있으니까 내가 가장 힘이 센 거야!"

이순신 장군이 노적봉을 쌓은 것이나, 육지에서 싸우던 의병들이 성에 포위된 채 삼복더위에 말 등에 쌀을 부으면서 왜군에게 성안에 마실 물이 충분히 있는 것처럼 과시한 행동이 이런 행동유형에 속한다고 하겠다.

② 연고

상급자나 권력자와 인연을 맺어놓으면 비상시에 도움을 구할 수 있고 하다못해 같은 편이기에 배신은 피할 수 있게 된다. 그러므로 가능하면 많은 사람과 연고를 맺기도 하고 이를 상대에게 알리기도 한다.

③ 소속집단의 힘 이용

개인의 힘은 약하니까 자기가 속한 집단의 힘을 빌려 다른 사람과 협상하려는 것이다.

④ 상대방의 약화

나의 권력을 키우는 것도 좋지만 상대방의 권력을 약화시키는 것도 아주 효과적이다.

/인/간/이/야/기/8-7/

혈연 끊기도 권력획득의 수단인가

북한에서 권력 1인자가 2인자인 고모부를 제거한 사건은 그 후 많은 이야기를 양산했지만 이러한 일은 동서고금을 막론하고 끊이지 않았다. 특히 왕권을 둘러싼 비운의 죽음은 너무나 많다. 왕권을 둘러싸고 아버지와 아들, 어머니와 아들, 그리고 피를 나눈 형제들끼리 날카롭게 대립하다가 끝내 어느 한쪽이 비명에 간다. 아그리피나는 로마제국 5대 황제인 네로의 어머니이다(사진). 양귀비를 뺨칠 정도로 미모가 빼어났던 그는 황제인 숙부를 유혹해 황후가 된다. 그리고 정적(政敵)을 제거하는 등 정치를 마음대로 요리하다가 남편인 황제가 늙자 그도 독살하고 16세인 아들을 제위에 올려 권력을 더 오랫동안 향유하려고 한다. 아들이 즉위하자 그녀가 섭정(攝政)하려 하니 아들과 틈이 벌어진다. 아들 네로가 어머니의 세력을 치자 어머니는 아들을 폐위하려고 한다. 종국에는 아들이 자객을 보내 어머니를 살해하는 비극이 일어난다. 네로만이 아니다. 당태종인 세민은 형제와 조카들을 죽이고 왕위에 오른다. 측천무후는 자식과 손자들을 죽였고, 조선의 태종은 형제를 죽였고, 영조는 자신의 아들을 뒤주에 넣어 죽였다. 권력욕은 피보다 진하다.

⑤ 대체성 증대

상대에 대한 의존성이 적을수록 나의 힘은 커지는 것이다. 따라서 상대를 대체할 만한 존재를 증대시킴으로써 상대에 대한 의존성을 줄여나가는 것이다.

(3) 조직 내의 정치적 행동의 순기능

조직을 관리, 운영하는 것은 정부의 행정가나 정치가의 활동과 유사한 속성이 있다. 조직경영 역시 상하관계, 내부관리행동, 고객에 대한 의사결정, 시장공략 등에서 보면 확실히 정치적이다.

① 개인의 단점 극복

개인 혼자서는 아무래도 단점투성이이며 자신을 혼자서 방어해내기 힘들다. 하지만 어디에 속해 있으면 그 집단의 덕을 보게 될 것이다. 그러다보니 개인의 결핍부분이 조직 내의 정치적 활동으로 많이 가려지게 된다.

② 변화에의 적응

조직환경은 빈번하게 변화한다. 이러한 변화에 대처하기 위해서는 권력을 가진 자 근처를 맴돌거나 줄을 잘서야 한다고 생각하기도 한다. 그러다보면 작은 문제에도 효과적으로 대처할 수 있으며, 또한 나중에 당면하게 되는 큰 변화에도 대처하는 데 도움을 받을 수 있다.

③ 접촉기회의 증가

규모가 큰 조직에서 개인별로 모든 개인들을 만나기란 어렵다. 조직 내에 정치활동을 통해 자기의지를 모든 사람에게 알리기 위해서는 정치적 행동이 필요하다.

(4) 조직운영과 조직 내 정치적 행동

최고경영자든 부서장이든 간에 이들은 단위별 책임자로서의 역할을 수행한다. 그러나 이들의 행동은 궁극적으로 자신의 정치적 활동을 확신시키는 것을 목표로 한다. 그만큼 구성원들의 공동체적 집단행동은 개별 혹은 집단계약의 존중 그리고 기술적, 경제적, 관리적 의사결정 등 어떤 형태의 의사결정행동과 접목되어 이루어지는 것이다. 따라서 이들 간의 관계를 단순히 권력관계로만 파악할 것이 아니라 정치적 협상을 위한 분석과 의사결정 그리고 대안제시를 통해 모티베이션을 유발하는 정치학점 관점에서의 파악이 필요하다. 다시 말해 상하 간의 권력관계는 물론 게임의 운용, 공헌을 유도하기 위한 보상, 교육훈련을 통한 능력개발 등과 관련한 행동 자체가 정치적이라는 것을 명확히 설명해준다. 경영의 정치적 측면이 고려될수록 조직의 효율성도 증대될 수 있는 것이다.

경영활동의 정치적 측면이 강조되면서 조직정치학이 새로운 학문으로까지 등장하고 있는데, 특히 기업에서 보면 노사관계활동에서 이 점이 부각되고 있다. 노조의 정치적 성향이 강하게 나타날수록 사용자 측의 정치적 수완도 고도화되어야 한다는 것이다. 기업가뿐만 아니라 대부분의 관리자들은 노조를 상대하기 싫어하고 상호 불편한 관계로 인식하고 있다. 그러다보니 노조에 대한 관리자의 첫인상은 흔히 노조집단이 '정치적=비합리적'이라는 식의 오해로 점철되어 있다. 따라서 노조와 효과적인 관계를 유지하기 위해서 관리자는 노조와의 정치적 측면을 관리할 수 있는 방법을 빨리 찾아야 할 것이다. 예를 들어 권력이양 문제, 경영을 위한 협상활동, 자율과 통제의 문제 등이 그것이다. 조직시스템이 기술변화, 전문화, 시장환경변화 등으로 그 복잡성이 증대되면 될수록 대화와 협상을 통한 고도의 조직정치적 경영이 필수적으로 요구된다고 하겠다.

/인/간/이/야/기/8-8/

루이 14세의 권력획득 전략

'내가 곧 국가다.'라고까지 말한 루이 14세의 조직정치행동은 유난하다. 그는 태양왕으로 알려진 강한군주이지만 사실은 약골중의 약골이었다. 다섯 살에 즉위한 뒤 도박과 여자 꽁무니만 쫓아다녔던 철부지 왕이었다. 그는 평생 편두통, 치통, 통풍, 신장결석, 당뇨를 달고 다녔으며 엄청난 대식가에 사탕을 물고 살았다. 덕분에 마흔일곱 살 때 위턱에 있는 치아 한 개만 남기고 모두 뽑아야 했다. 아홉 살에 앓은 천연두로 얼굴은 곰보자국으로 얽었으며, 스무 살 때는 성홍열을 앓아 머리카락이 다 빠져서 가발을 썼다. 한마디로 콤플렉스가 많았던 그였다. 그런 그가 유럽에서 가장 많은 2,000만 인구와 65만 상비군을 갖춘 국가를 만들어 유럽의 패권을 장악한 전략은 무엇이었을까? 우선 인쇄업을 철저하게 통제해서 왕을 비방하는 출판물을 금지한 뒤 작가들에게 연금을 지급하여 왕의 업적을 찬양하도록 지원했다. 덕분에 희극작가 몰리에르는 아폴로와 뮤즈 신보다 더 위대한 왕을 주제로 한 연극을 베르사유 궁의 정원 연못가에서 연출했다. '프랑스 고전주의의 어머니'로 불리는 작가 라신(Jean Baptiste Raciné)도 왕에게 불경한 글은 쓰지 않았다. 콜베르가 설립한 학술원에서는 왕의 업적을 선전하는 메달과 조각품들을 양산했다. 왕은 이 같이 유명 문인과 예술인과 지식인을 휘어잡아 자신의 선전도구로 활용했던 것이다. 또한 파리의 교외 베르사유 마을에 연못과 1만 명 넘는 인원을 수용하는 가장 아름다운 궁전을 지어놓고 지방의 힘 있는 귀족들을 매일 저녁 불러 뱃놀이와 연극공연을 하면서 봉건귀족들 간의 사치경쟁을 시켰다. 그들의 관심사를 지방영토의 관리에서 궁전생활의 화려함으로 돌려놓는 데 성공한 것이다. 귀족들은 돈이 거의 탕진되고 나니 그들의 독립적 지위가 약화되고 이제는 모든 것을 왕에게 의존할 수밖에 없었다. 그 결과 루이 14세는 재위 72년 친정 54년 동안 태양왕이 될 수 있었다. 세상에서 가장 크고 가장 아름다운, 그러나 화장실도 없는 베르사유 궁의 밑바닥에는 무서운 권력에의 의지가 깔려 있었던 것이다.

토론합시다 8-1

권력자

인간은 다양한 성품의 사람들과 더불어 살아가야 하며, 그중에는 존경할 만한 권력자도 있다. 왜 그를 존경하는지 기술한 후 서로 토론하고 집단별로 가장 위대한 권력자를 선정해 발표하자.

토론합시다 8-2

황야의 무법자

클린트 이스트우드나 존 웨인이 나오는 마카로니 웨스턴 영화에서는 여러 유형의 인물들이 등장하여 서로 힘겨루기를 하는데 이들이 행사하는 권력의 유형도 가지각색이다. 권총을 든 카우보이(강제적 권력)가 있는가 하면 그 배후에는 은행가(보상적 권력)가 돈으로 사주하고 있다. 그리고 이에 맞서서 보안관(합법적 권력)과 그를 돕는 마을사람들의 대표인 목사나 신부(설득적 권력)가 등장한다. 그런가 하면 총도 지위도 없지만 보물을 숨겨놓은 곳을 알고 있다든지 금의 광맥을 알고 있는 노인(전문적 권력)을 카우보이는 죽이지 못한다. 그래서 일찍이 벤자민 프랭클린은 아는 것이 힘이라고 일깨워주었던 것이다.

★ ★ ★

1. 오늘날 우리 주변의 권력자들이 가지고 있는 권력의 유형은 어디에 속하는지 알아보자.
2. 그중에서 어떤 권력자가 가장 큰 힘을 가지는지 파악하고, 왜 그런지를 토론해보자.

토론합시다 8 - 3

웃음과 정치적 행동

인류 최초의 정치적 원시인은 누구였을까? 인간만이 아는 사람을 보면 웃는 표정을 짓는데, 한 생물학자의 주장을 읽고 있으면 웃는 표정 역시 정치적 행동으로 해석된다. 한 원시인이 다른 원시인을 보고 흰 이를 드러내 보이면서 내 이빨이 네 이빨보다 강하니까 덤비지 말라고 신호를 보낸 것이 최초에 미소의 기원이 되었고, 나중에도 원시인들은 서로 만나면 이빨을 보이는 것이 습관이 되어 오늘날 우리도 아는 사람을 만나면 흰 이를 보이며 미소를 짓게 되었다는 것이 찰스 다윈의 주장이다. 힘의 과시가 바로 정치적 행동이며, 이는 700만 년(?) 동안 개인들 사이에서 그리고 집단들 사이에서 여러 형태로 계속되어온 것이다.

★ ★ ★

1. 모든 웃음은 정치적인가?
2. 미소나 웃음으로 권력을 얻는가, 잃는가?
3. 웃음 이외에 인간의 본능 중에서 권력획득과 관계있는 것이 무엇인지 생각해보자.

제 9 장

감성적 인간관계와 스트레스 관리

9장의 구성

학습목표

1. 감정적 인간관계
2. 스트레스 관리

핵심키워드

감정, 기분, 긍정적 감정, 부정적 감정, 스트레스, 해로운 스트레스, 유익한 스트레스, 스트레스 관리, 사회적 지원, 통제위치

09 감성적 인간관계와 스트레스 관리

들어가면서

감정은 다른 사람을 사랑하거나 미워할 때도, 백화점에서 물건을 살 때도, 회사에서 의사결정을 할 때도 작용한다. 감정은 우리의 모든 인간관계와 공적인 생활까지 지배한다. 특히 대물관계에서보다 대인관계에서 더욱 두드러진다. 물건은 싫어도 그냥 사용할 수 있지만 사람이 싫으면 좀처럼 참기 어렵다. 조직 안에서의 인간행동이 거의 대인관계행동임을 감안한다면 감정이 조직생활에 얼마나 많은 영향을 미칠 것인가에 대해 상상하고도 남는다.

한편 일상생활이나 조직생활 속에서 인간관계로 인하여 수많은 스트레스를 겪는다. 적당한 스트레스는 개인의 심리적 성장, 창의적 활동, 새로운 기술습득 등을 가능하도록 긴장상태를 유지시키지만, 과도한 스트레스는 피곤함, 무기력함, 좌절감, 소외감 등을 야기해 우리의 신체적, 정신적 건강에 악영향을 줌으로써 개인생활뿐 아니라 사회생활에서도 많은 지장을 초래한다. 이처럼 스트레스는 원만한 인간관계 유지를 위해서도 중요하게 다루어야 할 문제이다.

1. 감정이란 무엇인가

왜 감정의 연구는 성격이나 태도에 대한 연구보다 뒤늦게 출발했을까? 감정과 기분은 같은 말인가? 감정에는 어떤 종류가 있으며 무엇이 우리의 감정을 좋게도 나쁘게도 만드는가? 이러한 내용에 대해 기본적인 상식들을 배워보자.

(1) 인간관계에서의 감정

① 인간은 이지적인가, 감정적인가

인간은 매우 이지적이고 계산적이다. 또한 합리적이며 이성적이다. 그래서 우리는 기왕이면 월급이 많은 회사에 지원하려고 애쓰는가 하면 상급자가 나보다 영향력이 크다는 것을 알면 그에게 잘 보이려고 노력한다. 능력 있는 동료사원이 언젠가는 내게 도움이 될 가능성이 크기 때문에 그에게는 평소 잘해준다. 그러나 조직 안에서 우리가 하는 행동이나 인간관계행동이 항상 계산적이고 이성적인 것만은 아니다. 화가 나면 손익을 따지지 않고 상사에게 대들기도 하고 기분이 좋으면 보상과 관계없이 잘해주기도 한다. 또한 인간은 누구에게나 양심이란 것이 있는데 감정은 우리의 양심과도 통한다. 붐비는 전철에서 서 있는 노약자 앞에 그냥 앉아 있는 젊은이를 보면 화가 나는 이유는 우리가 잠깐 도덕적이 되기 때문이다. 이와 같이 감정은 우리의 일상생활 전부를 지배하고 있음에도 불구하고 공기나 물처럼 당연한 것으로 여겨지고 등한시되었다.

② 감정에 대한 관심의 증가

과거에는 감정연구가 직장에 대한 태도, 스트레스 등에 한정되어 있었는데, 예를 들면 직무만족을 직무환경 개선에 의한 즐거운 감정상태라고 한다든지 감정적 태도를 동기부여의 중요한 요인으로 본다든지 하는 데 불과했다. 그러나 현대에 와서 감정적 사고가 인간관계나 의사결정에 미치는 영향이 크다는 견해가 대두되고 감정의 전이, 무의식적인 혹은 감정적 리더십의 영향, 감성노동, 소비자의 구매결정과 기업이미지에 미치는 감정의 영향 등 많은 연구가 이루어지면서 감성마케팅, 행동경제학, 감성정치 등의 분야로까지 그 중요성이 확장되고 있다.

③ 감정연구가 어려웠던 이유

감정이 우리의 일상생활은 물론 조직생활이나 경제생활에 지대한 영향을 미침을 알면서도 인간관계론은 물론 경제학이나 법학 등 사회과학에서 그동안 별로 다루어오지 않았던 이유가 무엇일까? 아마 다음과 같은 서너 가지 이유에서였을 것이다.

우선 경제학이나 경영학에서 그간 인간의 합리적이고 이성적인 측면만 강조하는 관점을 유지해왔다는 데 그 이유가 있다. 이들 학문은 시장에서 물건을 살 때나 생산을 위해 노동을 할 때 인간은 최소의 비용으로 최대의 효과를 얻으려는 합리적 인간이라고 전제한다. 특히 경영학에서의 과학적 관리법이나 경제학에서의 최적화의 원리는 '효율과 능률'만이 인간에게 좋은 것이고 감정을 내세우면 비논리적이거나 비학문적이라고 평가절하한다.

그러나 인간은 돈과 관련되는 결정이라도 감정을 개입시킨다. 한 최후통첩게임(ultimatum game) 실험에서 긍정적 감정을 가진 참가자는 상대의 제안을 더 쉽게 수락하는 편이었고 부정적 감정을 가진 참가자는 상대에게 더 많이 제안을 하는 편이었다. 나아가 부정적 감정상태의 참가자는 더 많은 돈을 걸고 내기를 제안했다. 이것은 무엇을 의미하는가? 돈과 관련된 결정임에도 불구하고 사람들은 합리성이나 경제성이 아닌 당시의 기분에 따라 움직인다는 사실이다.

감정이 등한시된 두 번째 이유로는 감정에 대한 부정적인 시각을 들 수 있겠다. 우리는 지금도 흔히 감정을 추스르라고 곧잘 얘기한다. 감정을 억제하고 이성을 찾으라고 말이다. 감정이 앞서면 효율적으로 일을 할 수 없으며 대인관계도 제대로 할 수 없다고 여겨서이다. 즉 감정을 무조건 나쁜 것으로만 취급해왔던 것이다.

다시 말해서 감정을 활용해서 인간관계행동을 더욱 향상시킬 수 있다는 점은 간과했던 것이다. 물론 감정 때문에 인간관계가 더 악화되는 경우도 있지만 그 반대의 경우도 많다. 설령 더 악화된다고 하더라도 감정을 배제하고는 우리가 인간관계론을 완전히 이해할 수 없는 것이 아닌가.

그동안 감정을 잘 다루지 않은 세 번째의 이유는, 사실 가장 큰 이유이기도 한데, 인간의 감정은 참으로 복잡 미묘해서 쉽게 관찰하거나 접근하기 어려웠기 때문이다. 따라서 학자들의 연구도 별로 없었지만 있다고 하더라도 서로 상충된 연구결과만 있다든지 완전히 입증되지 않은 개인적 주장들만 많았다. 그러나 최근으로 오면서 심리학, 사회학, 인류학 연구자들과 조직행동 및 인간관계론 연구자들의 학제간(學際間 : interdisiplinary)의 수렴을 통해 조직에서의 감정연구에 대한 틀을 잡아가고 있다.

/인/간/이/야/기/9-1/

내가 손해를 보더라도

어린 형제에게 초콜릿 10개를 잘 나누어 먹으라면서 엄마가 외출하셨다. 형이 제안했다. "아우야! 내가 형이니까 6개를 먹고 너는 작으니까 4개만 먹을래? 내 제안을 거절하면 너도 나도 안 먹고 쓰레기통에 버릴 거야." 이것이 최후통첩게임(ultimatum game)이다. 이때 아우는 수락한다. 하지만 형이 "나는 9개, 너는 1개로 나누어 먹을래? 네가 거절하면 모두 쓰레기통에 버릴 거야."라고 제안했다면 아우는 모두 안 먹고 버리는 쪽을 택할 것이다. 왜냐하면 9:1의 분배는 너무 불공정하기 때문이다. 경제학적으로 본다면 버리는 것보다는 한 개라도 먹는 것이 좋을 것 같지만 인간은 불공정하다고 생각되면 자기가 손해를 보는 한이 있더라도 상대를 응징하려 한다. 경제적 계산보다 정의감이라는 감정이 앞서기 때문이다. 최후통첩게임은 여러 나라에서 실험되었지만 모두 비슷한 결론을 얻었다. 즉 5:5 정도로 공정할 때에는 수락하지만 7:3 등으로 불공정하다고 판단되면 꼴 보기 싫은 상대에게 7을 주느니 아깝더라도 내가 3을 포기함으로써 상대도 7을 못 갖게 한다. 주도권을 쥔 쪽에서 제안하는 분배비율이 어느 정도 공정하면 수락하지만 그렇지 않으면 너도 나도 손해지만 모두 엎어버리겠다는 심리가 작용한다. 공정성에 어긋났다는 생각이 드는 순간 분노가 솟구친다. 이 분노는 다음의 의사결정을 좌우한다. 즉 이후의 의사결정은 합리적이거나 경제성 기준을 벗어나서 감정에 휘둘린다. 노사 간에도, 판매자와 구매자 간에도, 국가 간에도 최후통첩게임은 안 하는 것이 좋다. 부득이하지 않다면 사회적 윤리와 상식과 공정성을 벗어나서 상대의 분노를 촉발하지 말아야 한다. 그러기 위해 예비신랑은 "내가 전셋집은 얻을 거니까 자기네 집에서 살림살이는 채워줘!"라고 해야지 "싫으면 말구."라고 최후통첩을 했다가는 예비신부로부터 "아깝기는 한데 당신과 결혼은 않겠다."라는 마지막 문자 메시지가 올 것이다.

(2) 감정과 기분은 같은 것인가

학자들은 우리들 마음의 느낌을 감정(emotion)과 기분(mood)이라는 두 가지 유형으로 구분하여 설명하고 있다. 하지만 이 두 가지는 모두 머리의 이성이 아니라 마음의 느낌이라는 점에서 이성과는 반대되는 하나의 범주에 속하는데, 이를 일컬어 정서라고 할 수 있다. 즉 정서(affect)란 사람이 경험하는 모든 종류의 느낌을 포괄하는 심리적인 개념으로서 감정과 기분을 포함하는 용어이다.

① 감정 : 구체적이다

감정이란 어떤 대상(사람, 사물, 사건)에 대해 반작용으로 생겨나는 느낌(feelings)이다. 신나고 행복하고 겁나고 기쁘고 흥분되고 상처받고 떨리는 느낌은 모두 우리의 감정이다. 동료 사원에게 이용당하면 화가 난다든지 친한 동료가 감원대상이 되면 우울해지는 것도 감정이다. 다음은 감정의 네 가지 속성이다.

- 감정의 대상 : 감정은 항상 원인이 있으며, 그 원인은 감정을 변화시킨 요인인데 예를 들면 상사, 거래처, 승진, 사건 · 사고 등이다.
- 6가지 유형 : 감정은 분노, 공포, 기쁨, 사랑, 슬픔, 놀람의 6가지 유형으로 나눌 수 있다.
- 공통적 표현 : 사람들이 감정을 표현하는 방식은 전 세계 공통이다.
- 문화적 차이: 감정을 어느 정도까지 발산하고 또 남들이 어디까지 수용하느냐는 문화에 따라 다르다.

그림 9-1 감정의 6가지 범주

② 기분 : 추상적이다

감정은 특정대상이나 특정사안에 대해 느끼는 것이지만 기분(mood)이란 특정한 대상 없이 그저 막연히 가지게 되는 느낌이다. 그러므로 감정은 구체적 원인이 있으나 기분은 구체적 원인 찾기가 어렵다. "상급자가 날 무시해서 화가 난다."는 감정이지만 "오늘은 어쩐지 맥이 없다."면 기분상태를 말하는 것이다. 그러므로 기분은 한 개인의 일상행동의 저변에 흐르고 있는 기본적 느낌이다. 이처럼 기분은 감정보다 더 미묘하고 막연해서 확실하게 파악하기가 어렵다.

게다가 기분은 하루에도 수없이 변한다. 상사로부터 칭찬을 들으면 상사에 대한 감정도 좋아지지만 저변에 흐르는 기분도 좋아진다. 그러다가도 다른 데서 전화로 욕설을 들었다면 분노의 감정과 함께 기분이 나빠진다. 기분을 좌우하는 근본적 요인도 개인이 대하는 사람(상사의 칭찬), 사물(너무 바쁜 일), 사건(동료와의 말다툼) 등 너무 다양하다. 즉 이들 때문에 표면으로 드러나는 것이 감정이라면, 마음 깊숙한 곳에 응어리가 된 채로 좀 긴 시간 동안 맺혀 있는 것이 기분이다. 하지만 분명한 것은 감정과 기분 모두 흔들리는 갈대와 같이 자주 변한다는 사실이다. 단지 감정은 대상이 달라지면 먼저 변하고 기분은 그 뒤를 이어 서서히 변한다고 보면 된다.

문제는 기분상태가 조직행동과 인간관계 그리고 직무성과에 영향을 미치기 때문에 중요한 관리변수가 된다는 점이다. 기분 나쁜 상태에 있을 때보다 기분 좋은 상태에 있을 때 직무만족도가 높았다는 조사보고가 있으며, 구체적으로 기분이 좋을 때라야 다른 사람의 직무성과에 더 높은 점수를 준다고 대답하였다. 즉 자기의 기분과 직무환경은 무관한 것임에도 불구하고 기분이 나쁘면 직무환경이 나쁘다고 판단하고는 하는 것이다. 그러므로 결재를 받는다든지 업무보고를 할 때에는 상급자의 기분상태를 먼저 살펴보아야 할 것이다. 뿐만 아니라 직무에 만족하든지 자기기분이 좋아야 남들을 돕기도 하고 협조도 한다. 조직은 무슨 일을 혼자 하기보다 서로 협조해야 되기 때문에 일단은 기분 좋은 사람들로 채워져 있어야 조직성과도 올릴 수 있다.

그림 9-2 감정의 유형들

(3) 감정의 종류

① 감정의 다양성

감정이 인간행동에 영향을 미치기 때문에 감정에

대해 배우려는 것이다. 당연히 어떤 감정을 가지고 있는지에 따라 행동은 달라진다. 감정은 '종류'도 다양하거니와 '크기'에 따라서도 매우 세분화된다. 즉 기쁨과 슬픔은 종류가 다르지만, 똑같은 기쁨이라도 자기가 원하는 식당을 찾았을 때의 기쁨과 납치됐던 아들이 돌아왔을 때의 기쁨은 그 크기가 다르다. 행동은 개인이 느끼는 감정이 어떤 종류인가에 의하여 영향을 받는데, 또한 그 감정의 크기가 어느 정도인가에 따라 영향을 받는다. 우선 감정의 종류는 몇 가지나 될까?

수없이 많은 감정들이 있기 때문에 감정을 분류하는 방법도 많다. 대표적으로 감정은 앞에서 본 대로 분노, 공포, 기쁨, 사랑, 슬픔, 놀람의 여섯 범주로 나뉘며 다른 잡다한 감정들은 모두 이 여섯 범주에 포함된다고 할 수 있다.

② 긍정적 감정과 부정적 감정

하지만 여섯 가지 범주로 분류된 감정도 크게 보면 행복, 기쁨, 안락 등의 긍정적 감정과 슬픔, 증오, 고통 등의 부정적 감정으로 구별된다. 놀람이란 감정은 긍정적인가, 부정적인가? 가족의 사고소식을 듣고 놀라는 감정은 부정적이지만 복권에 당첨된 소식을 듣고 놀란다면 긍정적 감정이다. 그리고 이처럼 '놀람' 자체가 긍정이냐 부정적이냐 하는 것보다, 분명한 것은 감정은 긍정적으로 나타나든지 부정적으로 나타날 뿐 중립은 없다는 점이다. 만약 중립이라면 그것은 감정이 없는 상태나 마찬가지이다.

감정이 긍정적이냐 부정적이냐는 당사자의 목표와 일치하느냐의 여부로 판단한다. 즉 지향하는 목표가 달성됐거나 달성 가능할 것 같으면 긍정적 감정이 생긴다. 예를 들면 대학에 합격했을 때 나타나는 감정은 긍정적 감정인데 이는 대학에 다니고 싶은 목표와 일치하기 때문이고, 불합격했을 때 나타나는 부정적 감정은 불합격이란 것이 대학에 다니려는 목표를 방해하기 때문에 발생하는 것이다. 즉 개인의 목적을 기준으로 한 것이지 사회적으로 바람직하냐의 여부는 중요하지 않다. 예를 들면 직장에서의 성희롱행동으로 인하여 가해자는 긍정적 감정이 될 수도 있겠지만 피해자가 느끼는 것은 부정적 감정이다.

③ 부정적 감정의 위력

긍정적 감정과 부정적 감정 중에서 어느 것이 인간관계에 더 많은 영향을 미칠까? 중요한 사실은 인간의 행동에 미치는 영향력은 긍정적 감정보다 부정적

/인/간/이/야/기/9-2/

부정적 감정의 위력

일어날 것 같지 않는 두 상황을 가정해보자. 홍길동 학생이 아침에 등교하다가 교문 옆 화단에서 하얀 토끼 한 마리가 빨간 꽃들 사이에서 자기를 쳐다보는 광경을 목격했다면 그는 매우 긍정적인 감정을 느꼈을 것이다. 하지만 강의실에 들어오기도 전에 그 광경을 잊어버릴 수 있다. 수업시간에 늦을 것 같으면 더욱 빨리 잊는다. 반면에, 교문 옆에서 빨간 독사 한 마리가 파란 잔디에 앉아 고개를 세우고 자신을 쳐다보고 있는 광경을 목격했다면 매우 섬뜩한 부정적인 감정을 느낄 것이다. 수업시간에 출석을 부를 때에도 아마도 시험시간이라고 해도 독사가 똬리를 틀고 앉은 모습이 자꾸 떠오른다. 몇 달이고 교문 앞을 지날 때마다 그 광경이 기억될 것이다. 왜 그럴까? 수백만 년 동안 인간은 생존 메커니즘에 익숙해져왔다. 독사의 기억을 잊고 그다음 날 아침에도 변함없이 그 길로 교문을 통과하다가는 졸업 전에 한번은 독사에 물려 죽을지도 모르기 때문이다. 하지만 토끼에 대한 기억은 잊어도 생존에 문제가 없다. 점심 먹으며 싸운 친구는 다음에도 싸울 확률이 다른 친구보다 높다. 싸웠던 기억을 매번 잊고 그다음 날에도 또 그다음 날에도 그 친구와 점심을 먹다가는 매일 싸울 것이고 언젠가는 위장병에 걸려 죽을 것이다. 그러니 그런 친구는 잘 기억해두어야 싸움하는 것을 피할 수 있기 때문에 생존 메커니즘은 부정적 감정을 오래 기억해두도록 되어 있는 것이다. 따라서 나쁜 기억을 잊으려고 해도 더 오래 남는다고 불평해서는 안 된다. 우리의 삶을 더 안전하게 유지하기 위한 고마운 메커니즘이기 때문이다.

감정이 더 크다는 것이다. 납치됐던 아들이 돌아왔다고 해서 일을 두 배로 잘할 수는 없지만 아들이 납치됐다면 모든 일을 포기한다. 또는 동료와 즐겁게 점심을 먹었다고 해서 오후에 생산성이 크게 오를 리는 없지만 점심에 동료와 싸웠다면 오후 일을 그르치고 만다. 뿐만 아니라 부정적 감정은 긍정적 감정보다 더 오래 기억되기 때문에 동료와의 싸움은 며칠 동안 머릿속에서 자꾸만 떠오른다. 즉 부정적 감정은 긍정적 감정보다 더 장기간 우리의 기억 속에 머무르면서 행동에 영향을 미친다.

(4) 감정, 더 깊이 이해하기

전술한 바와 같이 감정은 심오하고 복잡하기 때문에 학문적으로도 섣불리 이해하고 단순히 취급하기 어려운 주제이다. 따라서 일상의 감정생활에서 우리가 흔히 알고 있는 것보다 조금 깊이 들어가서 이해하면 감정을 더 폭넓게 파악할 수 있을 것이다. 감정의 크기는 무엇으로 결정되나? 감정을 사용하면 비합리적인 사람이 되는가? 조직생활에서의 감정은 대인관계에 의해서만 좌지우지되는가? 이러한 것들에 대해 더 공부해보자.

① 감정의 크기 : 강도와 빈도

감정의 크기란 강도와 빈도를 의미한다. 감정은 항상 그 원인이 되는 구체적 대상이 있다고 했지만 동일한 대상을 놓고도 사람마다 느끼는 감정의 강도가 다를 수 있다. 아들의 납치 소식(감정의 대상)을 듣고 아버지는 당황하지만 침착하게 행동하는데 어머니는 실신을 한다. 이는 느끼는 감정의 크기가 다르기 때문이다. 감정의 강도는 사람의 성격이나 개인적 능력, 또는 성별이나 조직의 상황에 따라 다를 수 있다. 누구는 화를 잘 참고 기쁨을 드러내지 않는 조용한 성격을 가졌고, 누구는 감정의 기복이 심하여 옆 사람을 당황하게도 한다.

그런데 인간관계론 관점에서 감정의 강도는 매우 중요하다. 조직마다 직무마다 감정의 강도에 대한 제한된 수준이 다를 것이기 때문이다. 납치 소식에 실신하는 어머니 같은 사람이 비행기 조종사나 재판관의 직무를 맡는 것은 바람직하지 않다. 그런 직무에는 침착하고 조용한 아버지 성격이 제격이다. 그러나 축구경기 해설이나 정치선동적 웅변에는 침착한 사람은 적격이 아니다. 직무에 따라 감정을 강하게 표현해야 할 때가 있고 약하게 표현해야 할 때가 있다는 뜻이다.

한편 감정의 강도는 비슷하더라도 그 빈도가 잦다면 감정은 크다고 할 수 있다. 어떤 동료가 나를 일 년에 한 번쯤 비난한다면 그 사람에 대한 증오감정이 그리 크지는 않겠지만 하루에 열두 번씩 비난을 해댄다면 그를 증오하는 나의 감정은 매우 클 것이다. 감정노동(emotional labor)도 마찬가지이다. 백화점 판매원의 경우 손님과의 관계에서 참아야만 되는 부자연스러움(부조화 : dissonance)을 가끔 느낄 때와 수시로 느낄 때, 판매직에 대한 부정적 감정의 크기는 다를 것이다. 즉 부정적 감정의 빈도가 잦은 직무일수록 일이 싫다고 떠나는 사원이 많다. 물론 긍정적 감정이라면 그 강도와 빈도가 클수록 직무만족도는 높아진다. 이처럼 사원들이 느끼는 감정의 '종류(긍정과 부정)'도 조직행동이나 인간관계에 영향을 미치지만 감정의 '크기(강도와 빈도)'도 못지않게 중요한 영향을 미친다.

② 감정과 이성의 상관성

감정은 비합리적인 때가 많다. 하지만 감정은 사람을 비이성적이고 비합리적이도록 만드는 것이 전부인가? 우리가 흔히 "감정에 치우치지 마라!"든지 "감정을 다스릴 줄 아는 자가 현명한 사람이다." 등의 말을 하는 까닭은 상대방에게 이성을 내세우기보다 감정을 내보이거나 성냄과 눈물을 보이는 것은 철없거나 약함을 알리는 것이므로 바람직하지 않다고 여겨서이다.

그러나 감정이 합리적인 이성활동에 중요한 역할을 한다는 사실이 점차 입증되고 있다. 긍정적 감정이든 부정적 감정이든 감정은 이성과 네트워크처럼 서로 얽혀 있다는 것이다. 따라서 우리가 합리적이기 위해서는 감정을 제대로 파악할 수 있는 능력을 가져야 한다. 감정은 우리가 타인행동이나 세상의 환경을 어떻게 이해하느냐에 중요한 정보를 제공해주기 때문이다. 예를 들어보자. 우리가 오래 사귄 친구를 만나지 않기로 결정을 했다면 그것은 합리적으로 여러 요소를 고려해서 내린 결정일 것이다. 그러나 사실상 그 바탕에는 '밉다' '싫다' '짜증 난다'라는 감정이 얽혀 있었기 때문에, 그 결정은 부정적 감정들의 정보를 바탕으로 내린 이성적인 의사결정이기도 하다. 만약 그러한 감정들의 정보가 없었다면 그 친구를 지금도 계속 만나고 있을지도 모를 일이며, 오히려 계속 만나는 행동이 비합리적일 것이다. 즉 감정은 합리적 판단을 할 때 중요한 참고자료나 정보로 사용된다. 하여튼 감정과 이성은 서로 불가분의 관계에 있으며, 우리가 이 세상을 이성적으로 잘살기 위해서도 감정은 반드시 필요한 것임에 틀림없다. 즉 감정에 치우치지 말아야 한다는 주장이 언제나 옳지는 않다.

(5) 감정과 기분의 원천

"오늘 어쩐지 영 기분이 꿀꿀해!" 그러나 분명히 직접적 혹은 간접적인 원인이 있기 마련이다. 우리의 감정과 기분은 어디서부터 오는 것일까? 물론 지금의 내 감정이나 요즘의 내 기분에 영향을 미칠 만한 요인은 한두 가지가 아니지만 사람들의 감정을 다르게 만드는 일반적 요인은 분명히 존재한다. 이에 대해 살펴보기로 하자.

- 성별 : 같이 앉아 개그 프로그램을 보면서도 남편은 미소만 짓고 부인은 배꼽을 쥐고 깔깔댄다. 여성은 남성보다 더 잘 울고 더 잘 놀라며 사소한 선물에도 더 감격한다.
- 성격 : 우리 주변만 보아도 누구는 쌀쌀맞고 냉정하지만 누구는 따뜻하고 온화하다. 감정정도에서 남녀의 차이가 있다. 남성은 감성이 무디고 냉철한 편이지만, 여성은 감성이 섬세한 편이기 때문이다.
- 날씨 : 사람들의 행복지수를 알아보기 위해 조사자가 전화로 "당신은 인

생이 얼마나 행복하다고 생각하십니까?"라고 문의했는데 화창한 봄 날씨에 대답한 응답자의 행복지수는 비오고 흐린 날 대답한 응답자의 것보다 훨씬 높았다는 연구결과가 있다. 인간의 감정과 기분은 날씨와 매우 상관이 있음을 우리도 자주 경험한다. 물론 이에 관해서 날씨의 영향은 다른 요인에 비해 미미하다는 주장도 있다.

■ 수면 : 전날 밤에 술을 많이 마시고 늦게 귀가했다가 회사에 일찍 출근한 김 대리의 기분이 상쾌할 리 없다. 수면의 질이 나쁘면 부정적 감정을 갖게 하고 직무만족도를 낮추며 스트레스를 높여서 결국에는 자발적인 친절행동인 조직시민행동까지 감소시킨다. 그뿐만 아니라 남녀 모두의 경우 수면장애는 직무소진을 초래하므로 유쾌함이나 명랑함과 부(負)의 상관성을 보인다는 연구결과도 있으며 스트레스, 피로감, 실망감, 안정감 부족 등의 주요한 원인으로 꼽힌다.

■ 나이 : 젊은 사람은 노인보다 더 쾌활하고 긍정적 감정이 많을 것 같지만 사실은 반대라고 한다. 나이가 들수록 부정적 감정이 줄어들며 긍정적 감정의 지속기간이 길고 나쁜 기분은 신속하게 사라진다. 아마 수많은 고락을 겪으면서 무뎌졌기 때문에 부정적 사건에도 체념을 쉽게 하고 적응을 잘하기 때문일 수 있다.

■ 운동 : 적당한 운동은 사람의 기분을 밝게 해주는데 실의에 빠졌을 때 운동을 하고 나면 부정적 감정이 감소된다. 우리는 지금도 정신질환자에게

/인/간/이/야/기/9-3/

법은 공정하게 집행되는가

이스라엘의 법원에 죄인들의 가석방 신청만 전문으로 받아서 검토하고 가석방 여부를 판결해주는 전담판사가 8명 있었다. 이들이 매일 처리하는 심사 건수는 무려 600여 건에 달하여 한 건당 처리시간은 평균 6분에 불과했다. 한 사람이 신청한 서류 뭉치를 6분 안에 검토해서 가석방 유무를 결정해야 하니 무척 피곤한 일이었다. 이들의 평균 가석방률은 35%. 그러나 이상한 일은 식사 직전에 내린 가석방 결정은 거의 0%에 가깝고, 식사 직후에 내린 가석방 결정은 65%에 다다랐다. 즉 배를 채우고 휴식을 취한 후 기분 좋은 상태에서는 눈앞의 사안에 대해서 후하게 판결함으로써 가석방을 받아주는 결정을 많이 내렸던 것이다. 그러다가 점점 피곤해지고 배가 고파지는 기분 나쁜 시점에 가까워질수록 부결판결을 많이 하여 식사 직전에 가결판결을 내린 경우는 거의 없었다. 판사들이 자신의 감정이 아니라 법에 의해 냉철하고 공정하게 판결을 했다면 시간대와 무관하게 평균 가석방률이 35%선을 유지했을 텐데 이들도 사람인지라 '법과 양심'이 아닌 '법과 밥'에 의해 판결을 했던 것이다.

요가 같은 여러 가지 운동요법 등이 적용되는 사례를 많이 본다.

- 대인활동 : 사람들과 만나서 수다 떨고 음식을 나누며 등산과 운동을 다니는 생활은 긍정적 감정을 부추긴다고 입증되었지만 너무 많은 사람과 상대하다보면 자칫 그들 때문에 상처를 받는 경우도 많다.
- 날짜와 시간 : 아침형 인간은 아침에 활력이 넘치지만 저녁형 인간은 해가 진 다음에야 아이디어가 떠오르며 일할 맛이 난다. 월요일은 우울하지만 주말에는 모두들 발걸음이 가볍다.
- 기타 : 인간의 감정과 기분을 좌우하는 것은 이상의 요인들뿐만 아니라 크게는 경기불황, 작게는 앞에 있는 사람의 옷차림과 향수 냄새가 될 수 있을 것이다.

2. 감정과 조직생활

말할 필요도 없이 감정은 조직생활에 여러 모로 영향을 미치는데 직무수행과 대인관계는 물론 리더십, 의사결정, 동기부여 등 인간관계론의 모든 주제들이 감정과 연결되지 않은 것이 없다.

(1) 감정노동

① 전시적 감정과 실제적 감정

긴 비행을 마치면 스튜어디스가 비행기에서 내리는 손님을 향해 일일이 미소를 띠고 인사를 한다. 물론 그들도 손님들만큼이나 지치고 피곤하다. 그러나 웃어야 한다. 이는 형식적인 행동(surface acting)이기 쉽다. 마음에서 우러나오는 행동이라면 실질적 행동(deep acting)이다. 직무수행 시 사원들은 자신의 감정을 있는 그대로 드러낼 수 없다. 나를 싫어하는 상사인 줄 알더라도 그의 눈앞에서는 좋은 감정을 드러내야 한다. 따라서 겉치레의 행동은 당사자에게 정서고갈을 초래하지만 솔직하게 행동하면 정서고갈은 그렇게 크지 않다.

그러므로 조직생활을 하는 사원들의 감정은 크게 둘로 나눌 수 있다. 하나는 느끼는 그대로의 실제적 감정(felt emotion)이고, 다른 하나는 겉으로 드러내는 전시적 감정(displayed emotion)이다. 전시적 감정은 본능적 감정이 아니라 직무에 적합하게 체계적으로 분석되고 이성적으로 학습된 감정이다. 그러므로 전시적 감정은 조직이 강제로 원하는 감정이라고도 할 수 있다.

② 감정부조화와 감정노동

문제는 실제적 감정과 전시적 감정이 서로 충돌할 때가 많다는 데 있다. 개인의 마음속에서 이들이 충돌하면 스트레스와 감정부조화(emotional dissonance)가 발생한다. 그럼에도 불구하고 실제적 감정을 속이고 전시적 감정으로 상대를 대해야 하는 직무가 많은데 이것이 소위 감정노동(emotional labor)이다. 사원들은 자신들의 육체적 · 정신적 능력을 동원해서 직무를 수행하지만 조직은 사원들의 '감정적 노동'까지 요구한다. 고객이나 상사와의 인간관계에서 조직 혹은 상급자가 원하는 감정을 어쩔 수 없이 표현해야 할 때가 바로 감정노동을 하는 때이다.

굴뚝산업시대의 사원들은 분업화된 환경에서 기계나 제품을 상대했지만 오늘날의 서비스산업이나 창조산업은 거의 인간관계로 이루어진다. 백화점의 점원도, 은행원도, 여행가이드도, 오늘날에는 구청이나 세무서의 민원창구 공무원도 실제적 감정을 억누르고 항상 웃는 낯으로 고객을 대해야 한다. 주로 서비스 직종에 근무하면서 고객을 직접 대하는 직무가 감정노동의 표본이다.

③ 감정노동의 결과와 대책

그러나 그들만 감정노동을 하는 것은 아니다. 일반 회사원들도 상급자의 명령을 비위에 안 맞아도 기꺼이 받아들여야 하며 동료를 싫어도 웃음으로 대해야 일이 부드럽게 성립된다. 화가 나도 억제하고 혼을 낼 일도 참아야 한다. 즉 조직의 구성원이라면 누구나 감정노동을 하고 있는 셈이다. 요즘에는 경쟁으로 인하여 고객중시문화가 더욱 고조되고 고객들의 욕구수준이 높아지면서 감정노동자들이 겪는 스트레스는 점차 직업병으로까지 심화되고 있다. 억제된 분노와 좌절감은 결국 정서적 소모와 심리적 탈진으로 이어진다. 결국 그것은 직무성과와 직무만족의 감소를 초래하여 조직에 해가 된다.

그러므로 조직은 사원들로 하여금 이러한 감정부조화에 덜 직면하도록 훈련시키고 지원해야 한다. 항공사 같은 고난이도 감정노동 현장이라도 조직지원만 있으면 정서고갈로 인한 영향은 매우 완화된다. 예를 들면 사원들이 심한 감정

/인/간/이/야/기/9-4/

고객을 웃겨라

인류는 Homo Erectus(서서 걷는 인간)에서 Homo Sapiens(사색하는 인간), Homo Faber(도구를 만드는 인간)를 거쳐 마침내 Homo Ludens(놀이하는 인간)로 발전해왔다고들 한다. 우리나라 국민들을 비유한다면 1960~1970년대에는 경제 발전과 기아 극복을 위해 무조건 일만 하다가(Homo Faber 시대), 1970년대 말에서 1990년대 초까지 독재와 민주, 성장과 분배에 대해 생각하던 때가 있었다(Homo Sapiens 시대). 그러다가 컴퓨터 오락이 대중화되고 오락성과 재미를 추구하는 신세대가 출현하면서 2002년 월드컵을 정점으로 재미 추구 시대가 되었다(Homo Ludens). 지난 2002년 월드컵 때에는 재미를 만끽하려고 연인원 700만 명의 인파가 거리로 몰려나왔으며 그들에게는 태극기도 대한민국도 재미의 도구가 되었다. 심지어는 대통령 선거도 재미있는 게임의 장이 되었다. 이제 직장은 돈벌이의 장이 아닌 재미 추구의 터전이 되어야 하고 직무나 인사관리는 엔터테인먼트 관리가 되어야 한다. 1971년 설립된 저가항공사 사우스웨스트항공은 미국에서 가장 일해보고 싶은 회사로 선정되었다. 그 회사의 켈러허(H. Kelleher : 사진) 회장은 엘비스나 로큰롤 스타의 차림을 하고 오토바이로 출근한다. 그는 CEO가 아니라 CHO(Chief Happiness Officer)라고 자칭한다. 그는 대기하는 고객들에게 "양말에 가장 큰 구멍이 난 고객은 손들어보세요."라는 유머를 던지기도 한다. 비행기 이륙 전에는 기내방송 대신 유머가 흘러나온다. 손님이 객석 천장의 짐칸을 열면 그 속에서 스튜어디스가 튀어나온다. 객석을 좌우 두 편으로 가르고 맨 앞좌석부터 뒷좌석까지 수건 돌리기 게임 혹은 두루마리 화장지를 빨리 펴기 게임도 한다. 승객은 지루할 틈이 없다. 탈근엄화, 유머의 생활화, 그림 · 음악 · 영상의 이벤트화로 사우스웨스트항공은 직원도 고객도 모두 즐거워한다. 이 회사는 초기에는 미국 재계의 비웃음거리가 되었지만 창업 이래 단 한 번도 적자를 낸 일이 없다.

부조화를 느낄 때 이를 하소연할 수 있는 창구와 제도를 미리 마련하고 그들에게 이를 이용하도록 권고하는 관리가 필요하다. 뿐만 아니라 고객은 사원이 표출하는 전시적 감정을 실제적 감정으로 착각하기 때문에 감정을 상황에 맞게 잘 포장하여 전시하는 훈련도 필요하다. 그리고 어떤 연구결과를 보면 사람들은 타인의 감정에 물든다고 한다. 따라서 판매원이 손님에게 진정한 웃음을 보이면 손님도 거만하거나 부정적으로 나오기 어렵다. 그래서 요즘은 직원에게나 고객에게나 재미를 선사하는 펀 경영(fun management)이 주목을 받고 있다.

(2) 대인관계에서의 감정

우리가 어떤 사람을 기분이 좋은 상황에서와 격한 상황에서 처음 만날 때 상대방에 대한 태도가 각각 다르다. 직장생활은 거의가 대인관계이다. 회사일을 집에서는 티를 내지 말라든지 집에서의 기분을 회사에서 나타내지 말라고 하는데 말로는 쉽지만 실제로 하기는 힘들다. 오히려 집에서 기분이 좋으면 회사에서도 기분이 좋고 거꾸로도 마찬가지이다. 그러므로 가정생활과 일상의 기분

/인/간/이/야/기/9-5/

식물의 감정

투명한 두 개의 유리병에 똑같이 쌀 한 줌씩 넣고 완전히 밀봉한다. 그리고 병 하나에는 매일 칭찬 한마디씩을 해주고, 다른 병에는 욕을 한마디씩 해준다. 이렇게 보름 정도 지나면 욕을 해준 병의 쌀은 색깔이 시커멓게 변하며 곰팡이가 슨다는 실험이 TV에 소개된 적이 있다. 부끄러움을 잘 타는 딸기, 옥수수의 감정, 고독을 즐기는 백합, 고양이만 지나가면 흥미를 나타내는 난초의 성격. 왜 이런 이야기는 없을까? 한 미국인이 식물에 거짓말탐지기를 설치하고 여러 가지 실험을 했다. 그랬더니 식물에서도 사람의 감정과 같은 반응들이 나타났다고 한다. 더구나 자기를 괴롭힌 사람 앞에서는 더 강렬한 반응을 나타냈다. 곡식을 재배할 때 음악 등을 들려주면 성장속도가 더 빠른 경우들이 가끔 보고되는데 그것은 감정 문제가 아니라, 음악이란 결국 공기의 진동이고 이 공기의 진동이 연속적으로 식물에 전달되어 그 식물이 물과 양분을 줄기를 통해 위로 올리는 과정을 도와주기 때문인 것으로 분석되었다. 미국 워싱턴대학의 데이비드 로데스와 고든 오리언스에 의하면, 서양흰버들이라는 식물은 애벌레가 잎을 갉아 먹으면 화학혼합물을 배출한다. 그러면 옆에 있던 이웃의 버들잎은 이를 감지하고 애벌레가 싫어하는 페놀성 화학성분을 급속도로 뿜어낸다. 즉 공격당한 식물이 경고하는 냄새를 풍기면 동료들이 이를 알아차리고 방어자세를 취한다는 것이다. 식물도 냄새를 인지하는 것이다. 근육이 없는 미모사는 건드리면 잎을 닫는다. 개나리는 봄이 온 것을 인간보다 더 잘 알아차리고 꽃을 피운다. 그들도 모든 것을 안다. 어떨 때는 인간보다 환경을 더 잘 파악하고 대처한다. 인간이나 식물이나 세포 사이에 신호를 전달하는 기본원리는 같다. 인간은 뇌로 기억하지만 식물도 경험한 것을 인간과 동일한 세포학적 과정을 통해서 후대로 전달할 수 있다. 다만 인간과는 다른 방식으로 인식하고 느낄 뿐이다. 따라서 꽃이 예쁘다는 나의 감정만 달래겠다고 들꽃이라도 함부로 꺾어서는 안 된다. 함부로 꽃을 꺾었다가는 다음 해 언제라도 그 꽃의 후손에게서 퍼진 꽃가루가 당신이 잠자는 방으로 날아 들어와서 당신에게 알레르기 독성으로 복수를 할지도 모를 일이다.

은 직장에서의 대인관계에 매우 큰 영향을 미친다. 더구나 오늘날의 직무는 상호교환과 커뮤니케이션에 의해 그 질이 좌우된다. 의사결정도 혼자서 하는 경우는 드물다. 인간관계가 악화되면 곧바로 직무의 질이 떨어진다. 그런데 인간관계는 감정에 더 많이 의존하며 대인갈등은 거의가 감정처리의 잘못에서 비롯되기 때문에 감정조절만 잘된다면 대개의 문제는 합리적인 대화로 해결이 가능하다. 사원들의 불만과 스트레스 역시 조직과의 문제라기보다 상사나 부하와의 문제에서 비롯된다. 또한 동료들 사이에서 사회적 따돌림(집단 따돌림 : social rejection)은 당하는 사람을 매우 부정적 감정으로 이끈다. 따돌림의 원인을 찾아보면 자신이 무능해서 그럴 수도 있고 불친절하거나 거만해서 그럴 수도 있다. 이때 그 원인을 무능이라고 인식하면 화가 나지만 자신의 냉정함 때문이라고 인식하면 슬퍼진다.

한편 대인관계가 원인이 돼서 부정적 감정이 생길 수도 있지만 개인의 부정적 감정이 대인관계에 악영향을 미칠 때가 더 많다. 종로에서 뺨 맞고 한강에서 눈 흘기는 격이다. 그러므로 개인의 부정적 감정이 회사 내의 갈등으로 확대되지 않도록 해야 한다. 능력을 인정받아 승진을 한 사람은 승진 못한 사람의 감정을 본의 아니게 자극하게 되고 그로부터 질투의 대상이 된다. 하지만 공정한 승진 심사과정을 거친다면 질투는 줄어들 것이 분명하다. 기업의 관리자는 이익과 비용관리도 중요하지만 사원들의 감정관리에 심혈을 기울여야 한다.

① 직장에서의 감정생활

보통사람들의 일상생활도 마찬가지이지만 적어도 경영의 세계에서는 사장이든 사원이든 모든 당사자들이 조직목표를 효율적으로 달성하기 위해 논리적이고 이성적으로 행동하려 하는 것 같지만 감정과 기분이 너무나 자주 개입된다. 오히려 사람들의 행동을 보면 합리와 이성보다는 감정에 치우치는 경우가 더 많다. 중요한 의사결정도 효율과 경제성보다는 질투심과 분노 또는 기분과 열정에 사로잡힌 채 진행되는 경우가 많다. 그런데 감정적 인간관계는 순기능만큼이나 역기능을 낳는다. 더구나 조직 안에서 구성원들끼리 감정이 개입된 인간관계를 가지거나 업무처리를 감정적으로 한다면 많은 부작용이 생긴다. 고객이 하는 행동이 마음에 안 들어 불친절하게 대한다든지 동료와의 경쟁심에서 정보교류를 안 한다든지 기분이 상한 상태에서 기계를 돌리다가 사고를 일으키는 일이 많다. 한 그룹의 총수가 다른 그룹 총수와의 경쟁적 질투심에서 무리하게 사업을 확장했다가 낭패를 보는 경우도 그렇다. 그 밖에도 예는 무수하다.

② 경쟁과 스트레스

능력이 우수한 사원도 사장의 조카와 경쟁관계에 있을 때 질투심으로 인하여 일을 더 잘할 수도 있고 더 못할 수도 있다. 직장생활에서 낙오자가 될지 모른다는 공포심, 상급자가 지시한 일을 제때에 못 끝낼까 봐 생기는 두려움, 팀의 멤버들로부터 따돌림 받을까 봐 생기는 걱정, 이 모든 것들이 최근에 와서야 인간관계론 학자들의 관심을 끌기 시작한 것으로 보인다.

과거에는 이러한 감정의 변수들이 스트레스나 갈등 혹은 조직정치 등을 연구하면서 부차적인 관련주제로 등한시되었지만 이제 본격적으로 질투, 야심, 분노, 즐거움 등의 연구열풍이 일기 시작했다. 예를 들면 병원 근무자의 직무만족도 조사에서 조사 직전에 과자를 나누어준 팀이 과자를 안 준 팀보다 만족도가 높았다. 이것은 개인의 기분상태가 직무만족에 영향을 미친다는 의미이다. 개인의 분노를 그냥 두면 직장에서의 만행으로 이어진다는 연구결과도 있다. 그리고 감정이나 기분의 상태가 조직의 직무성과에 많은 영향을 준다는 연구결과도 많다. 하여튼 앞으로 인간관계론 연구에서 감정들의 원인변수들과 결과변수들이 계속 밝혀질 것이다.

③ 상사의 감정과 리더십

CEO가 사원들에게 "총매진!"이라든지 "허리띠를 조르자!" 등의 구호를 외치면서 사원들의 동참을 호소하는 것은 감정에 의한 관리이다. GE(General Electric)의 잭 웰치 전 회장이 "저는 경쟁사들한테 지면 안 된다는 압박감으로 인해 항상 위협을 느끼고 있습니다."라고 고백한 것을 봐도, 정치당원들의 회합이나 영업사원들의 조회 때 구호를 복창하는 것을 봐도 감정에 의한 관리는 비일비재하다. 자기 아들이 원하는 대학에 합격했다는 소식을 들은 사장님은 결재를 수월하게 해준다. 매우 화창한 봄날이면 김과장은 부하직원들을 유난히 친절하게 대한다. 이 모두가 리더십 스타일이 감정에 의해 변할 수 있다는 사실을 뜻한다.

한편 리더가 하는 일은 타인을 설득하고 부하들을 조직목표에 몰입시키는 것이 핵심인데 부하들에게 메시지를 전할 때 적합한 감정이 추가되면 전달이 매우 효과적이다. 그래서 정치적 · 종교적 리더가 연설할 때에는 목소리 톤을 높여서 감정을 싣는다. 회사의 리더 역시 흥분과 열정을 동반하는 메시지의 전달이 부하들에게 자신감과 기쁨을 일으킨다는 조사결과도 있다. 즉 리더가 영감 있는 비전과 목표로써 부하들에게 낙관적인 희망을 심어준다면 그들은 동료나 고객과 더욱 긍정적이고 협조적인 인간관계로써 조직의 성과를 높일 것이다. 반대로 리더가 감정에 자주 치우치는 모습을 보이면 부하들의 신뢰를 잃을 수도 있기 때문에 자제하며 숨기는 것도 때로는 필요하다. 예로서 리더가 조직의 큰 사건에 침착성을 보이면 부하들의 감탄(긍정적 감정)을 자아낼 수 있다.

/인/간/이/야/기/9-6/

고객의 가슴을 울려라

지방의 한 Whole Foods Market에서 여느 때처럼 고객들이 살 것을 카트에 가득 싣고 계산대를 빠져나가거나 일부는 기다리고 있었다. 갑자기 전산망이 멈추고 모든 계산대가 올스톱되었다. 점원들은 당황했고 몇 분 지나자 고객들이 웅성거리기 시작했다. 그리고 얼마 안 되어 매장의 스피커로 매장 책임자의 목소리가 흘러나왔다. "갑작스런 전산사고로 고객님들의 귀중한 시간을 빼앗아서 죄송합니다. 단시간에 회복이 어렵다고 합니다." 고객들은 더 웅성거리며 불평하기 시작했다. 계속해서 방송이 흘러나왔다. "지금 고객님의 카트에 실려 있는 물품은 그냥 가지고 가시기 바랍니다. 혹시나 그냥 가지고 가는 것이 부담되신다면 적당한 금액을 내일 아무 자선단체에나 기부해주시기 바랍니다." 이 소식은 그날 저녁 매스컴을 타고 전국으로 퍼져나갔다. Whole Foods Market은 그날 약 3,000만 원 정도의 손실로써 수십억 원 이상의 광고효과를 얻었다.

④ 회의와 토론 시의 감정개입

다음에 공부하겠지만, 의사결정 유형에는 합리적인 방법이 있으나 인간으로서 최적의 합리성은 부족하고 대개는 감정과 직관에 의해 의사결정을 하곤 한다. 그런가 하면 화가 나 있을 때 어떤 의사결정을 하면 판단력이 흐려져서 부정확한 결정을 하기 쉽다. 대체로 부정적인 감정은 우리로 하여금 제한된 시야를 갖게 하고 정보를 주의 깊게 살피지 못하게 하지만, 긍정적인 감정은 오히려 문제해결 능력을 향상시키며 정보의 활용을 원활하게 한다. 경쟁사가 어느 날 신사업에 투자한 것을 알고 이에 뒤질세라 회사 중역들이 모여 신중한 검토 없이 사업확장을 의결하였다면 감정적인 결정이라고 할 수 있는데 실제로 이런 일들을 흔히 볼 수 있다.

⑤ 사기충천과 감정상태

동기는 신바람이다. 그런데 동기부여이론을 보면 사람들은 자신이 원하는 욕구를 채워주는 업무에 그만큼의 동기가 부여된다. 따라서 동기부여를 위해서는 욕구를 채워주는 것이 일차적 해결책이다. 긍정적 감정을 가진 보험사원이 동료들과 협조를 더 잘하며 서로 사기를 북돋우면서 판매고를 올린다든지 긍정적 감정이 풍미한 집단이 펴즐 맞추기를 더 잘하는 등 이와 관련한 연구결과가 매우 많다.

어떤 일이 재미(감정)있든지 혹은 시기심과 경쟁심(감정)에서 해야 되는 것이라면 보상과 승진이 없어도 저절로 혼신을 다한다. 새벽에 공사현장에 순찰 나온 고 정주영 회장을 보고 감명을 받은 근로자들이 열심히 일해서 공사기간을 단축한 것은 단순히 칭찬과 보상을 바라는 이성적인 판단에서 나온 것이기보다는 감정적 이끌림에서 나온 것으로 보아야 옳다. 이처럼 감정은 동기부여의 중요한 영향요인이다.

(3) 감성지능과 조직성과

감정과 관련해서 감성지능이라는 것이 있다. 그동안 우리는 인간의 능력을 이성적 능력으로만 관찰하고 측정해왔다. 그러면서 기억력, 추리력, 언어력, 계산력 등을 측정한 IQ(Intelligence Quotient) 수준이 어떤지에 대해 관심도 많았고 이 수준을 사회적 성공의 지표로 삼기도 했다. 하지만 인간관계에 감정의 세계가 이성 못지않게 넓게 자리 잡고 있다면, 이성적 능력을 측정한 IQ만으로 인간의 행동결과나 성공 가능성을 예측한다는 것 자체가 잘못이다. 이에 오래전부터 사람들은 IQ보다 EQ(Emotional Quotient)에 관심을 두기 시작했다.

① 감성지능이란

업무성과는 지적 능력이나 육체적 능력에 달려 있다고 지금까지 믿어왔지만, 심리학자 다니엘 골먼(D. Goleman)은 IQ보다 EQ가 경력에 훨씬 더 중요하다고 한다. 감성적 능력 또는 감성지능(emotional intelligence)이란 얼마나 똑똑한가 혹은 얼마나 유능한가를 나타내기보다는 자신과 다른 사람들을 얼마나 잘 알고 잘 다루는가의 능력이다. 즉 다른 사람의 정서(feeling)와 감성(emotion)을 잘 알아채고 이해하고 조정할 수 있는 능력을 말한다. 그리고 나와 남의 감정을 인지하고 이해하고 조절하는 능력은 지식이나 지능지수보다 감성지능이 높아야 한다. 이는 다음 다섯 개의 요소로 구성된다.

- 자기인식능력 : 자신의 감정상태를 잘 아는 능력
- 자기관리능력 : 자신의 감정을 조장, 억제, 조절하는 능력
- 자기동기부여능력 : 평상시, 어려움 속에서도 긍정적 감정을 유지하는 능력
- 타인인식능력 : 타인의 감정에 관한 단서와 정보를 잘 파악하는 능력
- 타인조절능력 : 파악된 타인의 감정을 조장, 억제, 조절할 수 있는 능력

② 감성지능이 높으면 조직성과도 높은가

어떤 사람이 남의 감정을 잘 읽지 못한다면 남들로부터 좋은 인상을 받지도 못할 것이며 자기가 왜 욕을 먹는지도 이해하지 못한다. 그와 반대의 사람은 윗사람이 왜 화가 났는지 파악해서 그 원인을 개선하여 다음부터는 꾸중을 듣지 않을 것이다. 이와 관련해서 감성지능이 높은 사람은 자신의 성공과 조직의 성과향상에 긍정적 영향을 미친다는 주장이 많다. 감성적 능력 역시 사람마다 다르기 때문에 감성지능이 높은 사원들이 낮은 사람들보다 판매고를 더 높이고 고객서비스를 더 잘한다. 나와 남의 감정상태를 이해하고 접근하면 조직생활이 훨씬 더 효과적일 것이다. 즉 감성지능이 높을수록 조직에서의 대인관계에 성공을 거둘 수 있는데 어려운 감정의 고비를 넘길 수 있기 때문이다. 이처럼 감성지능은 타인과의 갈등을 건설적으로 해결하는 데도 도움이 된다. 리더와 부

하 사이의 갈등해결에는 상사보다 부하의 감성지능이 더 많이 필요하다고 한다. 하지만 감성지능의 역할은 나이와 상관없이 모든 연령층에서 갈등의 건설적 관리에 필요한 요인이다.

감성지능이 높으면 동료사원과 함께하는 일뿐 아니라 자기 혼자 하는 일에도 성과가 높다. 한 시뮬레이션 연구에서 자기감정을 잘 파악하고 조절하는 학생들의 투자결정이 그렇지 못한 학생들의 것보다 수익률이 더 높았다. 실제 비즈니스 세계에서도 평균 이상의 감성지능을 가진 사원이 평균 이하의 사원보다 연간 120만 달러 이상의 실적을 올렸다는 보고가 있다. 그 이유는 다른 사람의 감정을 잘 파악하고 자신의 감정을 잘 통제하며 사회적 상호작용을 잘함으로써 비즈니스에 성공했기 때문이다. 한편 중국 담배공장 사원들을 대상으로 한 연구에서도 높은 감성지능 소유자의 생산성이 더 높았다. 이처럼 감성지능과 직무성과의 상관관계를 연구한 59개의 연구결과를 종합해본 결과 반 정도의 연구들이 두 개의 변수 간에 상관관계가 있음을 밝히고 있었다.

③ 감성지능에 대한 의문점들

물론 이에 대해서 또 다른 많은 학자들은 여러 가지 반론을 제시하기도 한다. 감성지능은 측정이 어렵다거나 측정방법이 아직 구체화되거나 과학적이지 않기 때문에 높거나 낮다고 말하기 모호하다는 것이다. 또는 감성지능 자체가 지능이라고 하기에는 너무 광범위하고 구성요소가 다양한데, 어떤 면에서는 성격의 안정성 요소와도 비슷하며 일반적인 지능과도 유사한 것이라고 비판한다.

그럼에도 불구하고 감성지능은 현대인에게 가장 큰 관심사 중의 하나이며 성공한 최고경영자의 85% 이상은 감성지수가 높은 사람이라는 등 광고와 서적, 학원과 강연 같은 우리 생활의 일부가 되어 있는 것은 사실이다. 하여튼 그간의 연구를 종합하면 감성지능은 모든 인지력을 감안하더라도 직무성과에 중요한 영향을 미침에 틀림없다.

(4) 감정표현에서의 제약

우리는 조직생활을 하다보면 감정을 있는 그대로 표현하지 않을 때도 많다. 어떤 때는 숨기기도 하고 어떤 때는 다른 감정으로 바꾸어 표현하기도 한다. 심지어는 같은 감정이라도 사람마다 표현방식이 다르다. 이를 잘 알아두면 상대방의 감정도 잘 인식할 수 있고 나의 감정을 표현할 때에도 상황에 알맞게 조절할 수 있기 때문에 성공적인 대인관계를 가질 수 있을 것이다.

① 감정표현에서의 남녀 차이

납치소식에 어머니가 아버지보다 먼저 실신하는 이유는 여성이 남성보다 더욱 감정적이기 때문이다. 일반적으로 여성이 남성보다 예민해서 더 감정적으로 반응하고 타인의 감정도 더욱 잘 헤아리며 감정표현에서도 더욱 편안하게 상대에게 전달하려 한다. 이것은 선천적일 수도 있지만 후천적으로 남성은 강하고 용감해야 한다는 사회풍토에서 감정을 억누르고 이성적으로 행동해야 한다고 학습되고 사회화된 결과라고도 한다. 만일 사내아이가 조그만 일에도 울고 남자사원이 애교 있게 행동하면 집에서나 회사에서나 용납되기 어렵지만, 어린 소녀가 운다면 달래주고 여사원이 애교가 없으면 남자 같다고들 한다. 그러므로 감정표현에서 남성 직장인과 여성 직장인은 서로 다른 제약을 받는 것이다. 이처럼 사회와 조직은 남성과 여성 각각에게 어떤 감정이 수용 가능하고 또 그것이 어느 정도까지 표현될 수 있는지 범위를 한정해주고 있는 것이다.

② 직무와 감정표현

웃음과 행복의 표현에 미숙한 사람은 백화점이나 찻집의 직무에 적합하다고 볼 수 없다. 맥도널드사의 사원교육훈련 지침서에는 카운터 직원은 성실성, 열정, 자신감, 유머스러움을 고객에게 보여야 한다는 내용이 있다. 일반적으로 어느 직무나 어느 조직이나 부정적 감정은 해로운 영향을 미치기 때문에 금기시된다. 부정적 감정은 함부로 표현해서는 안 되지만, 그렇다고 감정을 억누르는 것은 바람직하지 않다. 억누르기보다 표출하는 편이 긍정적 감정 유지에 도움이 된다. 그리고 부정적 감정을 억제한다고 해서 나중에 긍정적 감정으로 변화되는 것은 아니며 이를 피할수록 긍정적 감정으로 바꾸기가 더 어렵다.

그런가 하면 부정감정이냐 긍정감정이냐를 떠나서 직무에 따라 어떤 감정은 표현해도 되지만 어떤 감정은 감추어야 한다. 그뿐만이 아니다. 아무리 좋은 감정이라도 회사에서 배꼽을 움켜쥐고 깔깔대고 웃는다면 얼마나 어색한 일인가. 즉 감정의 크기도 조절해야 한다. 이처럼 조직과 직무는 개인에게 감정의 종류뿐만 아니라 감정의 크기와 표현방법까지도 있는 그대로 표현하기를 원하지 않고 이성과 합리성에 근거하여 조절하도록 강요한다.

③ 감정표현과 문화적 차이

우리나라 할인마트의 카운터 직원은 슬픈 일이 있어도 손님의 비위를 맞추기 위해 미소를 띠어야 하지만, 이스라엘에서는 카운터 직원이 미소를 지으면 자기는 경험이 없고 미숙하다는 표현이기 때문에 손님 앞에서 웃고 싶어도 웃어서는 안 된다. 더욱이 이슬람 문화권에서 여성의 미소는 성적 표현이므로 금기시된다. 그러나 프랑스 사람들은 있는 그대로 감정을 표현하는 것이 일반적인데, 손님에게 억지웃음을 지으려 하지 않다보니 고객의 입장에서 보면 불친절하게 보인다. 고객에 대한 친절로 성공한 월마트가 독일에서는 종업원의 친절과 고객의 만족은 상관없다는 것을 발견하였다. 이처럼 문화권에 따라서 감정의 표현도 다르고 남의 감정표현을 이해하는 것도 다르다. 그러므로 국제화된 조직에서는 사원들의 감정표현이 문화적으로 큰 제약이 따름을 알고 주의하여 관리하고 대처해야 할 것이다.

3. 스트레스의 이해

(1) 스트레스 관리의 중요성

스트레스가 조직구성원의 신체적 · 정신적 건강을 해칠 뿐만 아니라 조직의 능률을 저하시킨다는 사실을 인간관계론 학자들과 기업인들이 깨닫게 됨으로써 스트레스에 관한 연구가 활기를 띠게 되었다. 스트레스는 심리적인 반응, 내적인 심리상태 및 행동을 포함하는 것이기 때문에 사회학, 문화인류학, 심리학 및 의학 등의 여러 학문분야에서 과학적인 연구가 전개되어왔는데, 인간관계론에서는 일반적인 스트레스보다 직무스트레스에 관심을 갖는다.

개인이나 집단(조직)에 있어서 스트레스는 공기와 같이 어디에서든지 누구나 경험하는 생활의 한 부분이기 때문에 '스트레스로부터의 완전한 자유는 죽음'이라고까지 말한 사람도 있다. 직장인의 경우 '갈등'이 개인의 생활에서는 물론이고 조직 내에서의 생활에서도 중요한 부분이듯이 스트레스도 피할 수 없는 직장생활의 동반자가 되고 있다. 한 통계에 의하면, 직장에서의 스트레스 원인으로 상사 · 부하 · 동료와의 갈등 37.3%, 조직 내에서의 역할 24.2%, 업무의 과중

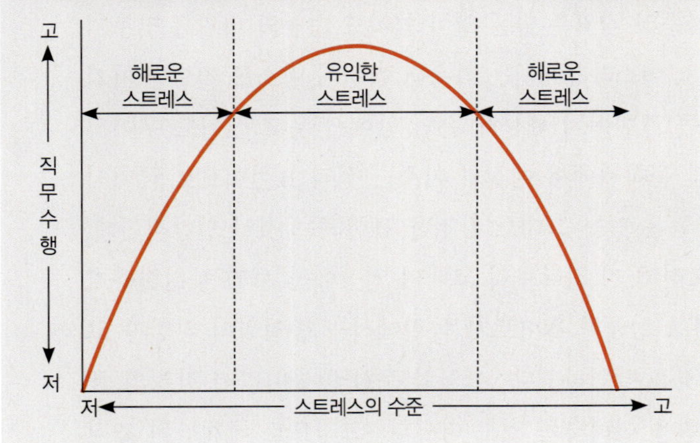

그림 9-3 스트레스와 직무수행의 관계

11.3%, 적성불일치 10%, 승진과 이동에 대한 부담 7.7%, 열악한 직무환경 4.7%를 꼽았다. "직장인은 월급과 스트레스를 함께 받는다."는 농담을 실감하게 한다. 우리나라 직장인들은 급속한 경제성장을 이룩하여 나라도 부흥시키고 개인의 생활수준도 높여야 한다는 각오로 밤낮을 가리지 않고 열심히 일해온 부작용으로 더 많은 스트레스를 경험할 수밖에 없다. 우리나라의 40대와 50대 남자들의 사망률이 세계적으로 가장 높다는 통계보고도 이를 잘 말해준다.

이처럼 직장인이 경험하는 직무 스트레스는 개인의 건강을 해치는 것은 물론 결과적으로 조직에도 비용 증대와 생산성 저하 등의 부정적인 영향을 미치며 사회적으로도 심각한 문제가 되고 있기 때문에 선진국에서는 오래전부터 중점적인 연구과제가 되고 있다. 스트레스 해소를 위해 GNP의 10% 정도를 투자하고 있는 미국의 경우 스트레스 연구기관을 설립하여 본격적으로 연구하고 있다. 즉 스트레스의 관리는 경영관리자의 중요한 역할 가운데 하나이므로 '스트레스'가 무엇이고, 어떻게 일어나며, 적정수준의 스트레스를 유지하는 방법에 관한 이해가 요구된다.

(2) 스트레스의 개념과 특성

스트레스의 개념에 대한 정의는 분명치 않다. 이의 올바른 이해를 위해 여러 학자들이 제시한 정의 중에서 직무와 관련된 것을 살펴보자.

- 육체에서 일어나는 어떤 욕망에 대한 비일상적인 반응이다.
- 개인 내에서 심리적 · 생리적인 불균형을 불러일으키고 외적인 환경, 조직 또는 사람에게 있는 요인들로부터 초래된 내적인 경험이다.
- 상황의 요구가 자신의 능력에 넘친다는 지각과 그 요구를 충족시키는 것

그림 9-4 직무상 좋은 스트레스와 나쁜 스트레스

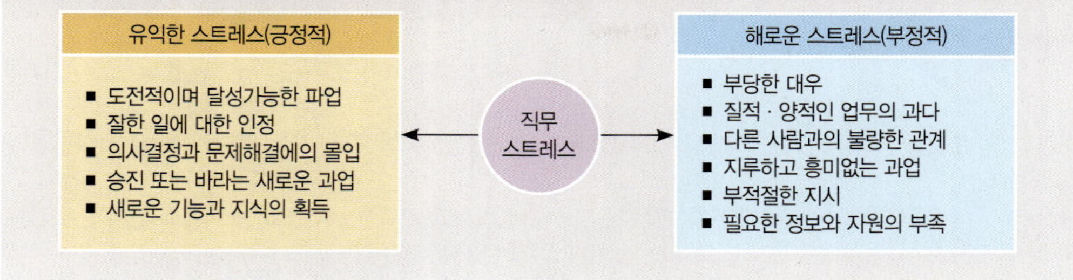

그림 9-5 스트레스의 원인 및 결과 모형

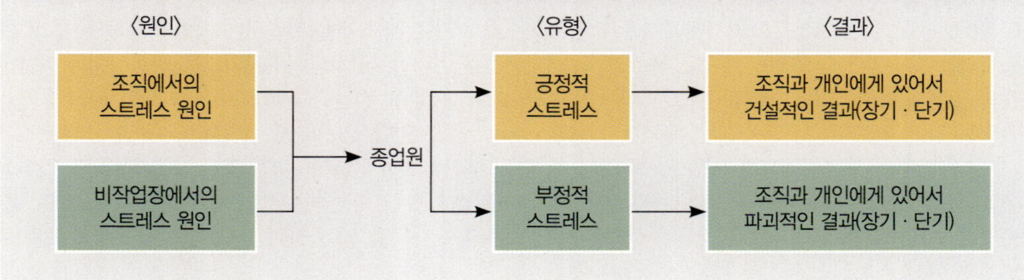

이 매우 중요하다는 지각 사이에서 초래된 불쾌한 감정상태이다.

■ 조직구성원에게 육체적 · 심리적 및 행동적 이탈을 초래하는 외적인 상황에 대한 적응적인 반응이다.

■ 육체에 가해지는 요구에 대한 육체의 반응이다.

■ 의외의 요망, 제약 또는 기회에 직면한 개인이 경험하는 긴장의 상태이다.

■ 실제로 개인차와 심리적인 과정에 의해 매개된 적응적인 반응이고 사람에게 어떤 과도한 심리적 · 육체적 요구를 하는 외적(환경) 행동, 상황 또는 사건을 초래하게 하는 결과이다.

■ 개인이 바라는 바와 관련되고, 또한 결과가 불확실한 동시에 중요하다고 지각된 바와 관련된 기회, 억제 또는 요망에 직면할 때의 마음상태이다.

스트레스의 특성 중 가장 중요한 것은 스트레스가 양면성을 갖고 있다는 점이다. 이것은 그 자체로 좋거나 나쁜 성질의 것이 아니라는 의미이다. 스트레스가 없거나 낮아서 혹은 지나치게 높거나 많아서 해로운 스트레스를 '디스트레스(distress)'라는 개념으로, 그리고 적정수준이어서 유익한 스트레스를 '유스트레스

/인/간/이/야/기/9-7/

소진

1997년 홍콩에서 조류독감으로 인한 사스(SARS)가 퍼져 8,000명 이상이 감염되고, 그중 800명 정도가 사망을 했다. TV에선 수백, 수천 마리의 닭, 오리를 땅에 묻는 장면이 연일 비춰졌다. 사스에 대한 두려움은 전 세계인들을 공포로 몰아넣었고, 그 스트레스는 정말 대단했다.

인간은 배우자가 죽으면 최고치의 스트레스를 받는다. 자동차 접촉사고나 교통 스티커도 스트레스를 받게 하지만 생명의 잉태인 임신이나 즐거운 추석, 설날 명절에도 스트레스는 생긴다. 특히 인생의 반을 직장에서 보내는 사람들이 받는 직무 스트레스(Job Stress)[1]는 만성이냐 급성이냐와 무관하게 각종 심리적, 육체적, 정신적 질환을 야기한다.

적절한 긴장이나 건강한 스트레스는 성과에 좋은 영향을 주긴 하지만, 개인 상호간에 주고받는 스트레스, 역할과 관련된 스트레스, 조직 환경에서 받는 스트레스는 비업무 스트레스와 연결되어 다양한 문제를 야기한다. 직장의 일벌레들도 일에 대한 압박감에 시달리며 일을 즐기지 못하는 불쌍한 인간들이다. 스트레스 요인을 격파시킬 해소프로그램도 가동해야 하며, 종교, 취미, 친구의 도움도 필요하지만 무엇보다도 자기자신이 모두 소진(burn out)되기 전에 자신을 회복하는 방법을 서둘러 찾아야 한다.

하지만 스트레스 요인이 있다고 해서 무조건 스트레스를 받는 것은 아니다. 두 사람이 똑같이 안 좋은 상황에 직면하더라도 한 사람은 그것이 별문제 아니라고 인식한다면 그는 옆 사람보다 스트레스를 덜 받는다. 위협적이고 자신이 통제 불가능할 때만이 스트레스가 되는 것이다. 또한 스트레스에는 유익한 스트레스(eustress)도 있다. 인간에게는 적정한 수준의 스트레스가 필요하다는 뜻이다. 모든 경영자는 구성원들에게 스트레스를 준다. 즉 승진이나 해고의 위협이나 책임추궁, 과다한 업무, 업무성과에 대한 재촉, 경영진의 압력, 부서 간 역할갈등, 직장-가정 갈등 등이 그것이다. 또한 특정직업은 그 자체가 많은 스트레스를 일으킨다. 정보도 일종의 스트레스이다. 그러므로 경영자는 예방을 통한 스트레스 관리를 해야 하며, 이미 발생한 스트레스는 사회적 지원(social support)을 통해 스트레스 제거를 위해 노력해야 한다.

(eustress)'라는 개념으로 구분하여 부정적인 측면과 긍정적인 측면으로 구분하고 있다. 또한 스트레스의 이 같은 양면성을 학자에 따라 건설적 또는 파괴적, 그리고 기능적 또는 역기능적 그리고 긍정적 또는 부정적이라는 대조적인 개념으로 파악하기도 한다.

한편 스트레스는 적응의 결여 또는 부족에서 일어나는 불균형의 상태이므로 균형을 위한 적응적 반응이 강조된다. 다시 말하면 **그림 9-6**에서 볼 수 있듯이 자극, 반응, 자극과 반응의 상호작용이라는 세 가지로 구성되는 스트레스는 단순한 자극이나 반응이기보다는 자극과 개인의 반응 간의 상호작용의 결과이기 때문에 적응적 반응이 강조된다. 적응이 이루어지면 균형상태가 되어 스트레스를 덜 느끼게 된다. 이와 관련하여 셔머혼(J.R. Schermerhorn)은 훌륭한 관리자라면

1) 집보다 직장에서 보내는 시간이 많은 현대인들이 직장에서 겪는 스트레스인 'Job Stress'는 사람을 골병들게 만든다. 스트레스는 긴장이나 불안을 야기하고 혈압도 오르게 하며, 심지어 오줌에도 심각한 영향을 미친다. 그래서 스트레스, 무조건 풀어야 한다. 소주에 상사를 안주 삼아 푸는 것도 좋겠지만 이는 더 소진하게 할 가능성이 있으니 권하고 싶지 않다. 미루었던 취미생활도 다시 꺼내들고 친구나 친지의 지원도 받으며, 신발 끈도 다시 묶어 산행이라도 떠나야 한다.

그림 9-6 스트레스의 구성요소

개인의 특성, 작업환경 및 스트레스 정도의 건전한 적합을 찾아서 개인이 건강을 해치지 않으면서 조직의 생산성을 자극하도록 해야 한다고 하였다.

(3) 스트레스 진행의 기본모형

스트레스에 관한 일반인들의 생각과 연구자들의 생각이 다르거나 관점에 차이가 있는 주된 이유는 스트레스를 스트레스 원인 및 결과와 구분하지 못하기 때문이며, 이 때문에 스트레스를 올바로 이해하지도 못할 뿐만 아니라 이의 효과적인 관리도 할 수 없게 되었다. 따라서 스트레스의 올바른 이해와 효과적인 관리를 위해 그것이 전개되는 모형에 관하여 파커의 주장을 살펴보기로 한다.

파커(D.F. Parker) 등은 무엇이 스트레스를 일으키며, 그 결과는 무엇이고, 어떤 사람에게 스트레스를 일으키는 일련의 상황이 다른 사람에게는 별로 그렇지 않은 이유는 무엇인가 하는 의문에 **그림 9-7**와 같은 모형을 제시하고 있다. 이

/인/간/이/야/기/9-8/

스트레스와 사건들

2001년 9월 11일은 미국인, 더 나아가 전 세계인에게 비극적인 사건으로 마음에 새겨져 있다. 빌딩이 있던 그 자리의 이름을 미국인들은 '가든 제로'라고 부르고 있다. 없어진 땅, 그것은 미국민에게 자유민주주의가 공격받고, 전 세계 일등국민이라는 희망까지 잃게 하는 사건이었다. 미국인들이 아랍에 대하여 갖는 좋지 않은 감정은 태도에도, 결국에는 행동에도 영향을 준다. 아랍에 대한 부정적 태도가 생겨나며, 아랍의 몇몇 나라를 공격하는 행동이 지금도 계속되고 있다. 아랍인들이 생각하는 미국에 대한 태도나 행동도 좋은 감정일 리 없다. 그러한 감정을 어떻게 경영하느냐 하는 것이 21세기 새로운 화두이다. 이를 추적한 학자의 말에 따르면, 이 사건을 일으킨 당사자들이 굴욕감이나 자존심 회복을 위한 행동이었다니 분명 스트레스 때문이었다는 결론이다. 이 사건의 피해자라고 할 수 있는 미국인들 역시 그 이후 많은 스트레스 장애가 있었다. 스트레스는 이처럼 국가적으로 민족적으로 영향을 미치기도 하지만 조직 안에서 조직 구성원들에게 미치는 영향은 더 지대하다.

특히 경영현장에서 분노를 어떻게 조정하고 다스릴 것인가 하는 점은 경영자 모두에게 해당되는 문제이다. 사무실에서 고함을 지르든지, 서류를 집어 던지고, 책상을 치거나 전화기를 내동댕이치고, 욕을 하면서 상대방을 위협하는 위험행동 등은 반생산적 행동이다. 미국에서는 이러한 행동이 많아서 책상분노(Desk Rage)라는 말까지 생겨났다. 이러한 분노는 감정조절의 실패나 스트레스로부터 기인된 것이다. 그러므로 경영자는 구성원들의 피로를 풀어줄 휴식경영에 돌입해야 한다. 각종 운동을 통한 육체적 훈련 프로그램, 음악감상이나 명상, 요가 등의 치료, 전문적 의학치료, 개인휴가의 활용, 기분전환을 위한 프로그램의 가동, 희소한 자원의 적정한 제공, 문제에 대한 정보공유를 통한 해결책의 모색, 격려와 칭찬을 통한 자긍심 고취 등의 계획을 수립하여 적용해야 한다.

그림 9-7 스트레스모형

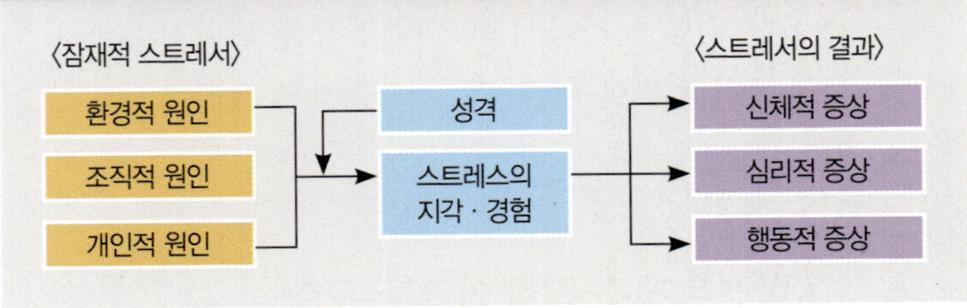

모형은 잠재적인 스트레스의 원천으로서 환경차원의 원인, 조직차원의 원인 및 개인차원의 원인 등의 세 가지를 들고 있으며, 이들이 실제로 스트레스로 작용하는지의 여부는 직무경험 및 성격과 같은 개인차에 달려 있다고 한다. 그리고 개인이 스트레스를 느낄 때 그 결과로 생리적 · 심리적 및 행동적인 증상이 나타난다.

4. 스트레스의 원인과 결과

(1) 스트레스의 원인

스트레스의 원인에 대하여 학자들에 따라 다양하게 거론하고 있는데, 코헨(A.C. Cohen)은 불확실성 또는 모호성, 끝내지 못한 과업 및 과업에 대한 강요, 역할기대, 성장과 개발 등을 제시하고, 쿠퍼(C.L. Cooper) 등은 일의 과중함과 가족의 갈등, 자율성의 결여, 실업의 위협, 대인간 갈등, 대외기관과의 갈등을 제시한다. 한편 서머혼은 작업상의 요인, 개인적인 요인, 직무와 무관한 요인 등의 세 가지 범주로 구분하여 제시하고 있다.

그림 9-8 스트레스의 잠재적인 원천

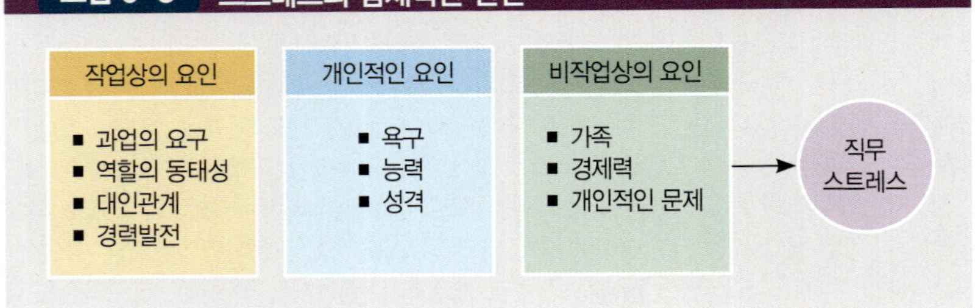

① 외적인 스트레스 원인

외적인 스트레스 원인은 조직을 외적인 환경에 의해 크게 영향을 받는, 이른바 개방시스템으로 인식하면서 더욱 중시되고 있으며, 다음과 같이 두 가지로 대별된다.

/인/간/이/야/기/9-9/

스트레스의 진정한 원인은

변화가 일어나면 그 변화에 적응하려는 개인의 적응도 변하는데, 균형적, 정상적 적응이 만들어지지 않을 때 평행을 찾지 못하는 상태가 바로 스트레스이다. 하지만 이러한 스트레스는 스트레스 원인이 있다고 반드시 생기는 것이 아니라, 즉 외부환경 탓이 아니라 개인이 어떻게 인지하느냐에 달려 있다. 회사일이 많을 때, 스트레스가 유발되는 사람의 반응은 대개 이렇다. '저것을 언제 다 끝내지?' 하지만 스트레스가 유발되지 않는 사람은 '저 정도는 별것도 아니다. 몇 시간만 투자하면 해낼 수 있어.'라고 반응한다. 제2차세계대전 당시 사망한 미국 병사의 수가 30만 명이라고 하니 많이도 죽었다. 하지만 당시에 아들이나 남편을 군에 보낸 후 근심과 스트레스로 죽은 사람은 100만 명이 훌쩍 넘는다고 한다.

서든 데스(Sudden Death)로 죽은 사람의 80%가 죽기 몇 달 전부터 우울증에 시달렸다고 한다. 심장발작 직전의 50%는 전날 과도하게 일을 한 사람이었다. 파스칼은 만일 병사나 노동자가 일이 고되다고 불평하면 아무 일도 안 하는 벌을 주라고 충고했다. 스트레스 제로보다는 스트레스가 어느 정도는 있어야 활력을 잃지 않는 모양이다. 어려운 처지에 놓일수록 희망을 잃지 않는 능력, 적개심을 통제하고 우울증과 투쟁할 수 있는 능력, 그리고 개인의 성숙, 자아존중, 자아정체감, 애정 감정 등을 가져야 한다.

그런데 사람들은 스트레스의 결과에만 관심을 많이 가진다. 본래 스트레스란 말은 결과적으로 쓰인다. 그러므로 스트레스의 원인을 이르는 말인 스트레서가 스트레스보다 더 관심을 받아야 할 존재이다. 스트레스라는 결과를 가져오는 원인인 스트레서가 무엇인지 밝혀내야 스트레스를 줄이거나 없앨 수 있기 때문이다. 직장에는 개인을 자극하는 수많은 스트레서가 있다. 그것이 환경적인 것일 수도 있고, 물리적인 것일 수도 있으며, 개인적인 것일 수도 있다. 경영자는 자신이 생각하지 못했던 것으로부터 스트레스가 서서히 생겨나고 있다는 것을 알아야 한다. 그리고 그 싹을 잘라버려야 한다.

- 경제 · 사회 · 정치적 및 기술적인 변화와 불확실성 등을 내용으로 한 환경적인 원인
- 물리적인 것(소음, 조도, 온도, 공해 등)과 개인생활에서의 삶을 내용으로 하는 직무 외적인 원인

이때 개인의 삶과 관련된 스트레스 원인에 대하여 학자들의 대부분은 워싱턴의과대학의 의사인 홈즈(T.H. Holmes) 팀이 제시한 43개 인생사건(life events)을 반영하였다(**표 9-1** 참조). 그들은 직무상 경험하게 되는 스트레스 이외에 다른 데에서, 즉 인생에서 경험하게 되는 스트레스가 있다는 관점에서 인생의 변화와 관련하여 경험한 스트레스의 양을 측정하여 '사회적 재적응 척도(social readjustment rating scale : SRRS)'를 개발했다.

홈즈 팀이 개발한 측정표를 토대로 우리나라 사람들이 경험하는 스트레스와 질병의 관계에 관한 연구를 보면, 한국인들은 미국 사람들과 달리 **표 9-2**와 같은 결과를 얻었다.

표 9-1 인생사건과 스트레스 지수

인생사건	지수	인생사건	지수
배우자의 사망	100	자녀의 가출	29
이혼	73	배우자 가족과의 불화	29
배우자와의 별거	65	특출한 개인적 성취	28
징역기간	63	배우자의 취업 · 퇴직	26
가까운 가족의 사망	63	학교의 개강 · 종강	26
자신의 상해 또는 질병	53	생활조건의 변화	25
결혼	50	개인적 습관의 변화	24
직장에서의 파면	47	상사와의 불화	23
배우자와의 불화	45	작업시간 조건의 변화	20
정년퇴직	45	주거의 변화	20
가족의 건강상태의 변화	44	새로운 전학	20
임신	40	여가활동의 변화	19
성적인 문제(어려움)	39	종교활동의 변화	19
새로운 가족의 증가	39	사회활동의 변화	18
사업상의 적응	39	1만 달러 미만의 저당 또는 부채	17
경제상태의 변화	38	수면습관의 변화	16
친구의 사망	37	가족이 모일 때 사람수의 변화	15
직장 내에서의 이동	36	식사습관의 변화	15
배우자와의 말다툼 증대	35	휴가	13
1만 달러 이상의 저당	31	크리스마스	12
담보물 또는 채권의 상실	30	경범죄	11
직장에서의 책임의 변화	29		

표 9-2 한국인의 스트레스 평가

삶의 변화	점수	삶의 변화	점수
자식 사망	74	사업의 일대 재정비	43
배우자 사망	73	직업 전환	43
부모 사망	66	정년퇴직	41
이혼	63	해외취업	39
형제자매 사망	60	유산	38
혼외정사	59	임신	37
별거 후 재결합	54	입학시험, 취직 실패	37
부부의 이혼, 재혼	53	자식의 분가	36
별거	51	새 가족 등장	36
해고, 파면	50	가족 중 1명이 질병을 얻음	35
정든 친구의 사망	50	성취	35
결혼	50	주택, 사업, 부동산 매입	35
징역	49	정치적 신념의 변화	35
결혼 약속	44	시댁, 처가, 친척과의 알력	34
중병, 중상	44	학업의 시작, 중단	34

※ 300점 이상이면 금년에 질병을 앓을 가능성이 50%, 299~250점이면 금년에 질병을 앓을 가능성이 25%, 249~200점이면 금년에 질병을 앓을 가능성이 10%, 199점 이하이면 건강

② 내적인 스트레스 원인

앞에서 살펴보았듯이 스트레스 원인은 조직의 외적인 것과 내적인 것으로 구분된다. 이반체비치(J.M. Ivancevich)는 업무와 관련된 스트레스 원인으로 직무(양적 과중, 질적 과중, 예상치 않았던 변화, 불량한 설비), 직무상의 역할(역할갈등, 역할모호성, 사람에 대한 책임, 경영자의 지원 결여, 직위의 불만), 조직구조와 분위기(의사소통의 불량, 참여의 결여, 잘못된 계층), 경력의 발전(늦은 진급, 빠른 진급, 불공평성, 준비, 경력의 부족) 등을 제시한다. 슈네이크(M.E. Schnake)는 작업장의 물리적인 것(온도, 조도, 공해), 업무배당(시간적 압박, 질적 · 양적인 업무의 과대 · 과소), 직무의 불안정 변화(기술, 조직구조, 경영자, 직무), 업적평가, 고독감의 지각 등을 내적인 스트레스 원인으로 제시한다.

조직차원의 스트레스 원인

핸디(C. Handy)는 스트레스를 일으킬 수 있는 조직차원의 상황으로 타인(부하)의 일에 대한 책임, 창의적인 활동을 해야 하는 기능, 연결고리 역할(조정활동)을 다해야 하는 어려움, 상하 간의 관계를 유지해야 하는 어려움, 경력의 불확실성 등을 제시한다.

집단차원의 스트레스 원인

'직무차원의 스트레스 원인(job stressors)'이라고도 하는 것으로서 어떤 직무는 본질적으로 다른 직무들보다도 더 많은 스트레스를 일으킨다는 조사연구가 있다. 한 통계에 따르면 스트레스에 관한 연구를 거쳐 스트레스를 가장 많이 받은 12개의 직무를 순위에 따라 노동자, 비서, 검사, 임상실험 기술자, 사무실 관리자, 감독자, 경영자, 웨이터(웨이트리스), 기계운전공, 농장소유자, 탄광공, 화가 등을 제시하고 있다.

최근 일본의 한 잡지는 직장여성의 스트레스의 특성과 해소책을 제시하는 특집을 꾸몄는데 스트레스를 정신(대인관계), 육체(노동의 강도) 및 환경(사무실 조건) 등의 세 가지로 구분하여 여성에게 스트레스를 일으키는 직무를 간호사, 스튜어디스, 프로그래머, 백화점 판매원, 은행원 등의 순으로 제시하고 있다.

개인차원의 스트레스 원인

개인차원의 스트레스 원인으로도 학자들에 따라 역할갈등, 역할모호성, 업무의 과중, 업무의 과소 등을 제시하고 있는데 이를 정리해보면 다음의 네 가지가 가장 중요한 것들임을 알 수 있다.

- 역할갈등(role conflict)
- 역할모호성(role ambiguity)
- 질적 또는 양적인 업무의 과중(job overload)
- 질적 또는 양적인 업무의 과소(job underload)

(2) 스트레스의 결과

스트레스의 결과는 파괴적 또는 건설적, 역기능적 또는 기능적, 부정적 또는 긍정적인 것으로 대칭적인 측면을 지니고 있다. 대부분의 학자들은 스트레스의 결과를 개인에 미치는 것, 조직에 미치는 것 등의 두 가지로 구분하여 제시하고 있다.

① 개인에 미치는 결과

개인에 미치는 스트레스의 결과에 대해 학자들이 제시하고 있는 것들은 명확한 구분이 불분명하고 중첩되기도 하지만 이들을 정리해보면 행동적인 것, 신체적인 것, 심리적인 것이 주를 이룸을 알 수 있다.

행동으로 나타나는 현상

스트레스가 개인에게 미치는 행동적 결과는 바로 표면화되기 때문에 다른 어떤 결과보다도 조직에 큰 타격을 준다. 대표적인 것들로는 생산성, 결근, 이직, 업적, 직무만족, 사고, 음주, 약물중독, 감정폭발, 식욕의 과다, 충동적 행동 등이 있다.

"스트레스도 많은데 다른 회사로 건너갈까?"
"저 회사는 스트레스가 더 많은 것 같던데요?"

신체적 변화

학자에 따라 '생리적(physiological)' 또는 '신체적(physical)'인 결과라는 개념으로 논의되고 있는 이 스트레스의 결과는 건강과 의학 분야의 학자들에 의해 연구되고 있다. 대표적인 결과들로는 혈압 증대, 높은 콜레스테롤, 심장병, 땀 흘림, 입술이 마름, 고혈압, 위궤양, 암, 천식, 당뇨병, 불면증, 편두통, 요통, 목과 어깨가 뻣뻣함 등이 있다. 미국인의 경우 모든 신체적 질병의 50~70%가 스트레스와 관련된다고 한다.

심리적 변화

행동과학 및 산업 및 조직심리학 분야에서는 심리적인 증상과 스트레스의 관계에 관해 집중적으로 다루어왔으며 대체적으로 '정서적(emotional)'이거나 '인지적(cognitive)'인 것을 포괄하여 심리적인 스트레스의 결과를 다양하게 거론하고 있다. 많은 학자들이 제시하고 있는 심리적 스트레스의 결과들로는 불안, 무관심, 권태, 침울, 낮은 자존감, 소외감, 화냄, 직무불만, 공격성, 피로, 죄의식, 고독, 신경과민, 흥분, 불면증, 성기능 감퇴, 긴장 등이 있다.

② 조직에 미치는 결과

스트레스가 조직에 미치는 결과도 다양한데 여러 학자들의 연구를 정리해 보면 종업원들의 결근과 이직을 통한 직무불만 표출뿐만 아니라 기업의 1차적인 목적인 업적과 생산성의 감소, 사고율의 증가, 노사관계의 악화가 초래됨을 알 수 있다. 스트레스가 조직에 미치는 결과 중에서 최대의 관심은 스트레스와 업적 간의 관계인데, 여크스(R.M. Yerkes) 등은 '역U자의 관계(invered-U relationship)'를 지니고 있다고 설명한다. 즉, 갈등과 업적의 관계에서 적정수준의 스트레스는 신체를 자극하여 반응의 능력을 증대시키는 반면, 스트레스가 많거나 적을수록 업적은 낮아진다는 것이다. 최근 다른 학자들도 이와 같은 논리를 지지해주고 있는데, 무어헤드와 그리핀(G. Moorhead and R.W. Griffin)은 스트레스가 낮으면 권태와 무감각한 상태에 이르게 되는 반면, 높으면 긴장과 불안의 상태에 이르게 되어 결국 업적이 낮아지며, 적절한 작업량에 의해 스트레스가 적정수준이 되면 업적이 높아진다고 설명하고 있다.

그림 9-9 업무량과 스트레스, 업적 관계

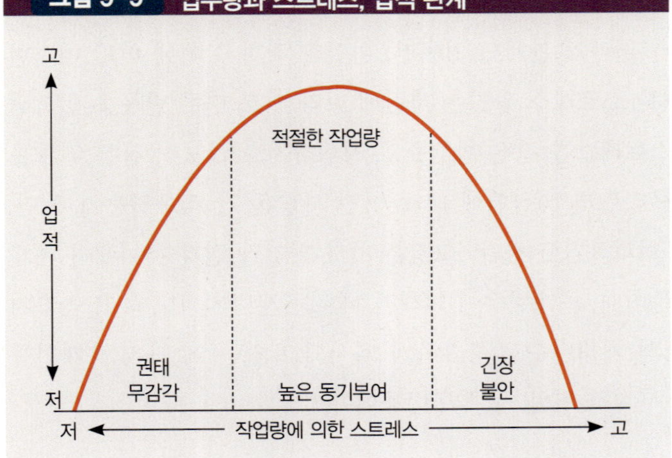

③ 스트레스의 징후

적정수준의 스트레스 유지를 통한 스트레스 관리를 위해서는 스트레스의 징후를 파악해야 한다. 스타인메츠(L.L. Steinmtez) 등은 관리자가 자신과 부하에게서 일어나는 해로운 스트레스를 알 수 있는 가시적인 징후로 다음과 같은 몇 가지를 제시하고 있다.

- 회의시간, 약속, 사건과 같은 중요한 정보를 기억하기 어려움
- 중요한 의사결정을 하는 데 있어서 지체와 망설임
- 타인을 지나치게 비판하고 실수를 용납하지 않으려는 경향
- 타인의 실패나 잘못에 대한 지나친 관심
- 긴장감, 신경성과 불만의 감정
- 식욕부진, 소화불량, 두통 등의 질병
- 직장 또는 식당 등과 같은 공공장소에서 타인의 업적을 고운 시선으로 보지 못함
- 연필을 갖고 논다거나 클립을 구부린다거나 손을 만지작거리는 등의 동작을 계속함
- 무관심하거나 도전적인 일을 하려 하지 않음
- 기타(과음 · 과식함, 지나친 흡연)

5. 스트레스의 진행에 영향을 주는 요인들

스트레스의 원인과 결과의 관계도 있지만, 원인과 결과 사이에 어떤 매개변수가 작용하기도 한다. 스트레스 원인은 사람에 따라 서로 다른 반응을 일으키고 그 어느 누구도 스트레스를 같은 방법으로 경험하지도 않으며 같은 결과를 보이지 않는다. 같은 스트레스 원인에 대해 어떤 사람은 잘 적응하는가 하면, 어떤 사람은 참거나 회피하기도 한다. 그것은 바로 원인과 결과 사이에서 매개변수가 작용하기 때문이며, 매개변수에 의해서 때로는 낮아지기도 하고 높아지기도 한다. 스트레스의 매개변수로 중요하게 제시되고 있는 세 가지는 개인특성의 차이(행동유형), 사회적 지원, 통제위치 등이다.

(1) 개인특성의 차이

스트레스 원인과 결과 간의 관계를 좌우하는 매개변수로서 '개인차(individual differences)'는 학자에 따라 성격(personality)이라고도 거론된다. 미국의 의학자인 프리드만(M. Friedman)은 행동유형과 스트레스의 관계에 대한 연구에서 환자들과의 면담과 관찰을 통해서 행동유형을 A형 행동유형과 B형 행동유형으로 구분하고, A형 행동유형이 스트레스와 직접적으로 많은 관련이 있다고 주장하였다. 그는 A형 행동유형은 불필요한 스트레스를 과다하게 노출하는 생활방식과 그 스트레스에 대하여 폭발적인 감정반응을 일으키는 극복형태 등의 증상을 나타낸다고 하면서 A유형의 사람은 B유형의 사람보다 6배나 심장병을 많이 앓고 있다는 연구결과를 제시하였다.

(2) 사회적 지원

사회적 지원(social support)은 개인들이나 집단들과의 공식적 · 비공식적인 접촉을 통해 받는 위로, 지원 또는 정보라고 정의되고 있다. 따라서 사회적 지원은 접촉하는 사람의 수, 접촉하는 빈도 또는 대인적인 접촉이 정당한가에 관한 지각으로 현실화된다. 다시 말하면 그것은 개인이 사회적 관계에서 얻는 지각된 도움의 양과 질에 의해서 결정된다.

이러한 사회적 지원이라는 매개변수가 스트레스 원인의 부정적인 영향을 완화시킨다는 것이며, 이때 타인들로부터의 지원은 다음의 네 가지 유형으로 구분된다.

- 존경의 지원(esteem support) : 어떤 문제나 불공평에도 불구하고 그가 용납되고 존경된다는 정보를 제공받는다.
- 정보의 지원(information support) : 문제를 분명히 하고 이해하며 또한 극복하도록 도움을 제공받는다.
- 사회적 교제(social companionship) : 여가와 레크리에이션 활동으로 타인들과 함께 시간을 보내는 것을 의미한다.
- 도구적 지원(instrumental support) : 재무적 지원, 물자 또는 필요로 하는 서비스 등의 제공을 의미한다.

사회적 지원이 스트레스와 어떤 관계에 있는지, 그것이 스트레스의 영향을 줄일 수 있는지에 관한 다수의 연구결과들이 반드시 일치하고 있지는 않지만 중요한 매개변수임은 틀림없다.

(3) 통제위치

어떤 사람은 자기의 주인은 자기자신이라고 생각하기 때문에 자기인생의 통제력은 자신에게서 나온다고 믿고 있는가 하면, 어떤 사람은 대체로 자신의 인생이 외적인 힘에 의해 통제된다고 믿는다. 로터(J.R. Roter)는 전자를 '내재론자(internalizer)' 그리고 후자를 '외재론자(externalizer)'라고 명명하고 이들의 행동상의 차이를 제시하면서 전자가 후자보다 돈도 많이 벌고 승진도 출세도 빠르겠지만, 극도로 내재적인 사람은 극도로 외재적인 사람보다 나을 것이 없다는 연구결과를 제시하였다.

- 내재론자가 주변의 사건들에 통제력을 미치는 방향으로 행동하는 데 반해, 외재론자는 수동적이고 방어적인 경향이 있으므로 스트레스를 줄이기 위한 어떤 행동을 하기보다는 묵묵히 따르려고 한다.
- 내재론자가 자신이 통제할 능력이 없는 스트레스 요인에도 강력하게 반응하는 데 반해, 외재론자는 자신의 통제력이 미치는 스트레스 요인에 한해서만 반응하는 경향이 있다.
- 내재론자가 외재론자보다 스트레스 상황과 애매한 상황을 더욱 효과적으로 극복하는 경향이 있다.

6. 스트레스의 관리

(1) 스트레스 관리의 대상과 방향

앞에서 살펴본 바와 같이 스트레스가 개인에게 있어서나 조직에 있어서 본질적으로 좋은 것도 아니고 나쁜 것도 아니어서 긍정적 · 순기능적 · 건설적일 수 있는 것이라고 한다면, 그리고 개인과 조직에 해로운 성향을 지닌 부정적 · 역기능적 · 파괴적 스트레스는 관리될 수 있다고 한다면 스트레스가 부정적인 결과가 아니라 긍정적인 결과에 이르도록 관리하는 것이 필연적인 과제가 된다.

스트레스가 없거나 낮으면 권태감을 느끼고 동기부여가 되지 않으며 결근이 잦아지는 등 역기능적인 것이 되는가 하면, 많거나 높으면 불면증에 걸리고 신경과민을 일으키며 실수가 많아지고 결단성이 없어지는 등 역기능적인 것이 되어 바람직하지 못하다. 그러나 스트레스가 적절한 수준일 때 동기부여와 에너지를 공급하고 지각이 예민해지고 침착성을 지니는 등 기능적인 것이 된다는 결론에 이른다.

따라서 스트레스 관리의 대상은 역기능적인 스트레스 영역(많거나 적은 영역)이 되며 그 두 영역의 스트레스가 적정수준에 이르도록 관리하여야 한다. 이때는 스트레스가 많은 영역이 우선적인 관리대상이 되어야 하지만 스트레스가 적은 영역도 관리의 대상이 된다는 것을 유념하여야 한다. 그 관리내용은 스트레스가 지나치게 많지 않도록 예방하고 그래도 스트레스가 많아지면 극복하며 적정수준으로 유지하는 것 등이 된다.

스트레스의 예방관리는 개인과 업무환경이 포함하는 직무상 스트레스의 양(量) 사이의 건전한 조합을 시도하는 스트레스 관리의 실질적인 첫 단계로서 과도한 수준의 스트레스에 이르지 않도록 스트레스를 관리하는 것이다. 직무 스트레스는 업무현장에서 부정적인 영향을 미치지 않고 덜 일어나도록 가능한 한 예방하지 않으면 안 된다. 이에 대해 퀵크(J.C. Quick) 등은 스트레스의 예방관리

/인/간/이/야/기/9-10/

고마운 눈물

조선시대에는 부모님이 돌아가시면 7일장 혹은 9일장을 지냈다. 부모의 사망으로 인한 스트레스는 당연히 눈물로 달랜다. 울지도 못하게 한다면 병이 날 것이다. 부모의 사망에 식구들이 얼마나 스트레스가 많을까마는 하루 이틀이 지나 사흘째로 접어들면 눈물이 마른다. 그런데 동네 사람이 지나가면서 상갓집에서 곡소리가 안 들리면 불효자라고 욕을 할 것이다. 그래서 당시에는 대신 울어주고 돈을 받는 여자 곡비(哭婢)가 있었다. 주로 청상과부가 대신했다. 일찍이 남편을 잃은 설움이 얼마나 스트레스였겠는가? 부끄러워서 소리 내어 울지도 못하고 아이들 보는 데서 눈물을 보일 수도 없었다. 그러다가 동네에 초상이 나면 곡비로 실컷 울어주고 속에 쌓였던 스트레스도 해소하고 돈도 번다. 눈물에는 모유생산 자극호르몬인 프롤락틴이 있다. 그래서 여자가 더 많은 눈물을 흘린다. 프롤락틴과 부신피질은 혈액 속에 스며드는데 스트레스 상황일 때 뇌하수체 전엽에서 분비되는 호르몬인 프롤락틴을 제거하면서 마음이 진정된다. 슬플 때 흐르는 눈물은 단순자극 시의 눈물보다 단백질이 24% 더 있다. 눈물은 뇌에 산소를 공급하고 공격본능과 적대감을 완화시킨다. 남자가 여자보다 장수 못하는 이유는 남자가 여자처럼 소리 내어 울지 못하기 때문이라고도 한다. 사람의 위는 스트레스가 쌓이면 위액이 적게 나오고 위 운동을 덜하지만 눈물을 흘리며 소리 내어 울면 위 운동이 활발해진다. 따라서 울고 나면 배가 고프다. 사람은 울 때 650개의 근육 중 231개가 움직인다고 한다. 그래서 스트레스 받을 때에는 짜증을 내기보다 우는 것이 상책이다.

를 위하여 스트레스 원인(stressors)을 중심으로 한 예방관리, 개인 및 조직에서 일어나는 반응을 중심으로 한 예방관리, 개인차원 및 조직차원에서 결과적으로 나타나는 징후를 중심으로 한 예방관리 등으로 나누어 설명하고 있다.

(2) 지나친 스트레스의 극복

지나친 스트레스를 예방하려는 개인적 · 조직적인 노력에도 불구하고, 현실적으로 스트레스는 직무상으로나 직무를 떠나서 완전히 제거될 수 없으므로 1차적으로 이의 극복에 관심을 기울인다. 스트레스의 극복이란 스트레스를 효과적인 방법으로 관리하기 위한 시도로, 스트레스에 의해 일어난 요망에 익숙하거나 그것을 줄이거나 감소시키기 위해 설계된 행동적 · 심리적 반응이라고 정의할 수 있다. 또한 그것은 하나의 행동으로 구성된 것이 아니라 몇 개의 스트레스 요인을 처리하도록 하는 과정이며 적극적인 노력을 포함하는 계속적인 과정을 의미한다.

크레이트너(R. Kreitner)는 개인차가 크기 때문에 모든 사람에게 유용한 스트레스의 극복기법은 없다고 말하면서 스트레스를 건설적으로 처리할 수 있는 방법으로 업무상황의 관리, 타인에 대한 자신의 개방, 업무계획 · 속도 등에 대한 자신 스스로의 조절, 운동과 긴장 · 피로의 해소 등을 제시하고 있다.

한편, 헬리겔(D. Hellriegel) 등은 스트레스의 극복을 위한 개인차원과 조직차원의 기법으로 구분하여 제시하고 있다.

① 개인차원의 기법

스트레스를 관리하기 위해 조직차원에서 시스템과 프로그램을 개발하기도 하지만 더 말할 나위 없이 스트레스 관리를 위한 1차적인 행동은 개인에게서 출발되어야 한다. 많은 학자들이 적당한 운동과 휴식을 주된 것으로 하면서 부가적으로 시간관리와 바이오피드백 등을 활용하도록 권장하고 있다.

또 다른 관점에서 신체적 기법, 인지적 기법, 행동적 기법으로 나누어 정리하기도 한다.

- 신체적 기법 : 체중조절과 음식물섭취, 건강관리, 휴양(긴장해소), 훈련 및 조정 등이다.

- 인지적 기법 : 중요하고 자신의 통제력 내에 있는 것만을 걱정하는 위험 관리와 부적절한 수다를 피하는 일 등이다.
- 행동적 기법 : 자신의 말이나 행동의 강도를 조절하고 스트레스를 야기하는 상황으로부터 약간의 공백(여유)을 갖는 일 등의 행동이 포함된다.

② 조직차원의 기법

개인적인 노력에도 불구하고 업무에서 초래되는 많은 스트레스 원인을 제거하기 어렵기 때문에 조직은 스트레스 관리에서 중요한 역할을 담당해야 한다. 즉, 스트레스가 개인적인 것(가정문제, 경제적 압박, 질병)에서 일어나기는 하지만 조직에 의해 일어나기도 하기 때문에 조직은 구성원들을 도와주어야 한다.

개인차원의 기법이 개인적인 것에 초점을 둔 것인 반면에, 조직의 단위(unit) 즉 집단을 다루고 집단 또는 전체적인 조직의 문제에 초점을 둔 스트레스 관리 기법을 여러 학자들이 다양하게 제시하고 있다. 그중에서 공통적인 것을 살펴보면 다음과 같다. 종업원의 참여(참여적 의사결정), 경영계획의 지원, 의사소통의 고무, 팀빌딩 지원, 배치 프로그램, 의사소통, 직무설계, 융통적 시간, 종업원 지원 프로그램, 경력개발 프로그램(경력경로계획과 카운셀링), 사회적 지원 시스템, 조직구조에의 관여, 조직구조와 기능의 변화, 직무특성의 변화, 종업원 적응 프로그램, 목표설정, 지원적인 조직풍토의 창조, 과업설계의 충실화, 갈등의 감소와 조직역할의 명확화, 제도적인 프로그램(작업설계, 작업계획, 문화, 감독), 자주적인 작업집단의 설정, 종업원에게 건강설비의 제공 등이다.

/인/간/이/야/기/9-11/

구글의 사원복지

직원을 만족시키는 회사, 구글! 3, 4층짜리 건물이 옹기종기 모여 있는 샌프란시스코 근교의 본사에는 7개의 구내식당 클러스터가 있다. '찰리'라는 구내식당에는 멕시코, 동서양 퓨전음식, 햄버거, 이탈리아음식 등이 고루 갖춰져 있다. 주방의 냉동고에서는 아무 때나 그곳에서 직접 만든 아이스크림을 먹을 수 있다. 주방인력만 100명이 넘는다. 건물 안의 간이음료대에는 에스프레소, 유기농 주스가 항상 제공된다. 체력단련장의 고급 러닝머신은 근무시간 중 어느 때라도 이용이 가능하다. 이렇게 먹고 마시는데 구글 본사에서만 연간 약 60억 원을 쓴다. 식사하면서 회의를 하고 집에서 기르는 강아지도 사무실로 데려올 수 있다. 물론 회사 안에서 세탁물 수거 대행, 미용사의 직접 내방, 구내 마사지실, 치과버스의 정기방문은 보통이다. 최근 리모델링한 이스라엘 텔아비브 사무실은 딱딱한 의자 대신 푹신한 소파로 사무실을 채우는 것은 물론, 업무 중에도 사옥 내 헬스클럽이나 수영장, 카페테리아, 마사지실 등을 마음대로 이용할 수 있게 하였다. 친환경 휴게실은 잔디정원이 있는가 하면 오락시설도 모두 갖춰져 있다. 또 다른 휴게실은 과수원을 떠올리게 한다. 탐스러운 열매가 주렁주렁 열린 나무 아래에 피크닉 테이블이 놓여 있고 직원들은 자연 속에서 휴식을 취한다. 구글 사원은 회사에서 받는 스트레스를 회사에서 모두 풀어버린다.

(3) 적정수준의 스트레스 유지

스트레스 관리를 위한 마지막 과정인 이 단계는 스트레스가 없거나 낮지도 않고 지나치게 높지도 않은 적정수준일 때 개인에게나 조직에게 모두 바람직하다는 관점이다. 그러므로 스트레스의 예방관리와 극복관리를 통해서 적정수준의 스트레스를 유지하는 것이 바람직하다는 의미도 된다.

그림 9-10 스트레스 예방관리 단계

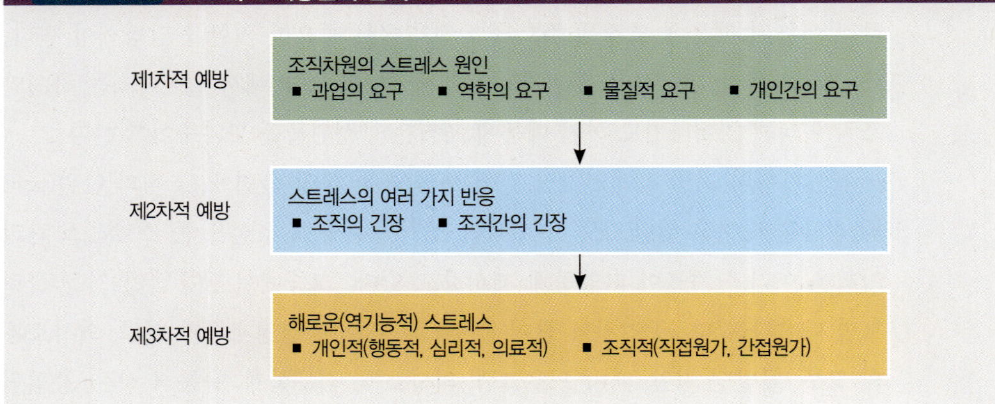

이와 관련하여 아놀드(H.J. Arnold) 등은 리더에게 필요한 스트레스 관리의 지침을 다음과 같이 제시한다.

- 리더는 종업원에게 기대하는 바의 역할을 분명히 함으로써 얼마만큼의 스트레스를 줄일 수 있다.
- 리더는 종업원이 너무 많은 스트레스를 느끼고 있으면 생산성과 의사결정능력 등이 저하된다는 사실을 알아야 한다.
- 종업원이 경험하는 어떤 스트레스는 그 자신의 퍼스낼러티 또는 사회적(개인적) 생활에서 연유되는 것이라고 하더라도 리더가 효과적인 카운슬링 등을 통해 그들을 도울 수 있다.
- 조직은 개인이 자신의 스트레스를 보다 효과적으로 처리할 수 있는 프로그램과 예방책을 제시할 수 있다.
- 리더는 작업현장에서의 스트레스를 극복하기 위해 보다 효과적인 기법을 개발할 수 있다.

토론합시다 9-1

스트레스, 이렇게 해소하자

첫째, 실현 가능한 과업완료 시간을 설정하라. 짧은 시간 내에 많은 일을 수행하려 하지 말고 현실적으로 기대하는 바의 우선순위를 설정하라. 적절한 도전적인 결과를 달성하되 과중하지 않는 것이 중요하다.

둘째, 건설적으로 '아니오'를 말하라. 건설적으로 '아니오'를 말하는 것은 완강함을 의미하는 것이 아니라, 너무 많은 일을 감당하거나 한꺼번에 많은 일을 할 것을 거절할 수 있음을 의미한다.

셋째, 적합하지 못한 행동을 피하라. 문제로부터 벗어나면 스트레스를 경감할 수 있으나 벗어나는 형식은 매우 중요하다. 예를 들면 약물이나 술을 복용하는 것은 오히려 해롭다.

넷째, 문제가 곪지 않도록 하라. 스트레스를 유발하는 상황을 미리 해결하며, 스트레스를 경감하기 위해서는 문제가 커지기 전에 메스를 대는 것이 좋다.

다섯째, 규칙적으로 운동을 하라. 건강한 사람은 신체적으로나 정신적으로 해로운 스트레스를 잘 극복할 수 있는 사람이다. 따라서 자신이 좋아하는 운동을 규칙적으로 하라.

여섯째, 적절한 체중을 유지하라. 그렇게 하면 스트레스와 관련된 많은 육체적 문제를 피할 수 있다.

일곱째, 휴식을 취하라. 스트레스는 삶의 일부분이므로 마음과 몸은 계속적으로 적응하려고 한다. 그러므로 양자가 균형을 잡도록 정기적인 휴식을 취해야 한다.

★ ★ ★

1. 위의 글을 읽고 또 다른 스트레스 해소법에 대해 자유토론 후 발표하자.
2. 본인에게 있었던 가장 큰 스트레스는 어떤 것이었는지, 어떻게 극복했는지, 혹은 어떻게 피해를 보았는지 토론하자.
3. 스트레스 극복을 위한 자기만의 노하우가 있으면 공유하자.
4. 인간관계는 왜 스트레스 요인이 되는지 토의해보자.

토론합시다 9-2

사랑의 묘약

사랑은 어디까지나 두뇌의 화학적 작용이라고 한다. 사랑의 감정을 조절하는 기관은 뇌의 시상과 시상하부 뇌하수체로 이뤄진 변연계로 알려져 있다. 사랑에 빠진 사람은 여기서 도파민, 페닐에틸아민, 엔도르핀 등의 신경조절물질과 호르몬이 분비되고 이에 따라 감정이 변한다. 도파민이 생성되면 얼굴을 보는 것만으로도 행복해지고, 이어서 페닐에틸아민이 생성되면 이성으로 제어하기 힘든 열정에 사로잡힌다. 그래서 사랑에 미쳤다는 말은 틀린 말이라고 한다. 진정한 사랑 자체가 이미 이성을 잃고 감정에 빠져버린 상태이기 때문이다. 다음엔 뇌하수체에서 옥시토신이라는 호르몬이 분비되고 엔도르핀이 나오는데, 엔도르핀은 일종의 마약과 같은 물질로 통증을 없애주고 즐거움과 기쁨을 안겨주는 작용을 한다. 사랑을 잃고 우울증과 정서불안에 빠지는 것은 엔도르핀 부족 때문이다. 만약 사춘기 이전에 뇌하수체 종양 때문에 수술을 받은 사람이라면 뇌하수체에서 옥시토신이 분비되지 않으므로 사랑에 빠지지 않을 것이다. 덕분에 사랑의 비극도 피할 수 있으리라.

★ ★ ★

1. 사랑은 스트레스의 원인인가, 해소책인가?
2. 감정상태와 스트레스의 관계에 대해 토의해보자.

토론합시다 9-3

인간관계와 스트레스

특정직업은 그 자체가 많은 스트레스를 일으킨다는 보고가 있다. 미국은 노동자, 비서, 검사, 임상실험 기술자, 사무실 관리자, 감독자, 경영자, 웨이터, 기계운전공, 농장 소유자, 탄광공, 화가 순으로 직무스트레스를 받는 데 반하여, 일본은 여성의 경우 간호사, 스튜어디스, 컴퓨터 프로그래머, 백화점 판매원, 은행원, 사무직 순으로 스트레스를 받는다고 보고된 바 있다. 동양인의 경우 인간을 대하는 직업을 가진 사람이 더 많은 스트레스를 받는다. 스튜어디스, 백화점 점원 등 직접 고객을 대하는 감정노동의 주변에 있는 직장인들의 스트레스는 더욱 크다. 최근 MIT 대학의 폴 크루그먼 교수는 아시아 위기의 원인은 부분적으로 그 대가를 치르는 측면이 있다고 했다. 아시아적 가치에는 숨겨진 어두운 측면이 있는데, 많은 성공한 조직의 그 구성원들이 그들이 아는 것(What they know)보다 그들이 아는 사람(Whom they know)에 의존했다는 것이다. 이는 얼마나 아시아의 직장인들이 능력보다 인간관계에 치중하는지를 극명하게 보여주는 것이며, 거기에서 비롯되는 스트레스 또한 서양인보다 많음을 알 수 있다. 그러고 보면 동양인의 경우 스트레스는 직무 때문이 아니라 사람 때문에 받는다고 할 수 있다. 그렇다면 사람 안 만나고 일만 하는 직업에 종사하면 오래 살까?

★ ★ ★

1. 우리는 왜 사촌이 땅을 사면 배가 아프고 모르는 사람이 사면 배가 덜 아플까?
2. 스트레스가 가장 많은 직업은 무엇일까? 왜 그런가?
3. 스트레스가 가장 적은 직업은 무엇일까? 왜 그런가?

제 10 장

집단과 리더십

10장의 구성

학습목표

1. 집단의 이해와 중요성
2. 집단의 종류
3. 집단의 영향
4. 리더십 유형
5. 상황적합의 이해
6. 헤드십과 리더십 차이

핵심키워드

집단과정, 집단, 사회적 촉진효과, 동조행동, 오하이오대학 리더십 연구, 미시건대학 리더십 연구, 구조주도, 배려, 컨틴전시, 헤드십

10 리더십과 인간관계

들어가면서

인간관계 및 조직성공의 중요한 요소 중 하나가 바로 리더십이다. 가정이나 직장이나 가장 중요한 인간관계 중의 하나는 지도자와 그 아랫사람의 관계이다. 이 관계야말로 그 조직의 흥망에 가장 큰 영향을 미치며 또한 상사와의 관계가 어떠냐에 따라서 동료나 부하와의 관계도 달라지기 때문이다. 실제로 리더십은 조직구성원의 인간관계 만족, 동기부여 및 성과에 영향을 미치고 있으며 조직목표를 효과적으로 달성하는 데 중요한 역할을 한다. 최근 수퍼 리더십, 변혁적 리더십, 카리스마 리더십 등 다양한 리더십이론들이 쏟아져 나오고 있는데, 이는 리더의 역할뿐 아니라 팔로워(follower)의 입장까지 고려해서 리더와 팔로워의 인간관계를 강조하고 있다고 보면 된다.

1. 집단의 속성과 인간관계

개인은 조직에 속해 있으면서 그 조직에 대한 생각을 별로 안 한다. 즉 자기가 어디에 속해 있는가를 생각한다든가, 어떤 집단에 귀속되어 있는가 하는 것을 의식하는 경우는 거의 없다. 그러나 한번 살펴보면 단독으로 행동하고 있는 것처럼 보이는 경우에도 그 행동이 집단의 영향을 어느 정도 받고 있든지 집단의 테두리 내에서 행해지고 있음을 깨닫게 된다. 예를 들면, 혼자 조용히 독서를 한다든가 스마트폰에 빠져 있을 때 우리는 누군가로부터 지배되고 있다고는 생각하지 않을지 모른다. 이때 어느 작가의 어떤 책을 읽고 있는가, 스마트폰 외에 즐길거리는 없는가 등등을 생각해보면 집단생활 속에서의 자기를 잃고 싶지 않은 기분이라든가, 시대적인 사회집단에 심리적으로 가입한다든가, 고독한 사회의 한쪽 끝에서 스마트폰에 빠져 있는 자신을 깨닫게 된다. 이 장에서는 우리가 왜 집단에 귀속하는 것인지, 집단 속에서 어떤 영향을 받고 있는 것인지, 그리고 리더십을 발휘하는 방식에 따라 집단이 어떻게 변화하는지에 대하여 살펴보려 한다.

/인/간/이/야/기/10-1/

감성적 리더십

기업은 항상 인재전쟁(Talent War)[1] 중이다. 예컨대 국내외 명문대학 및 MBA 출신의 엘리트 확보를 위해 CEO가 앞장서 유치활동에 나서기도 한다. 1등 리더의 탁월한 능력 없이는 1등 기업을 만들 수 없다고 생각하고 있는 것 같다. 그렇다면 진정한 1등 리더들이 가지고 있는 공통자질은 어떤 것일까? 한 저서(「Lessons from the Top」)에 보면 시장에서 1등을 하고 있는 성공리더를 조사한 결과, 15개의 자질 중에서 지적능력, 명료한 사고, 폭 넓고 해박한 사업지식 등의 지적 혹은 기술적 측면의 자질은 고작 3개였고, 나머지 12개는 모두 감성적 측면의 자질이었다.

열정, 넘치는 에너지, 의사소통 능력, 설득력, 강한 유대감, 동기부여, 성실성 및 도덕성, 자만심의 견제, 경험의 적절한 활용, 내적 평화, 긍정적 태도, 옳은 일을 올바르게 처리하려는 의지 등은 대부분이 소프트한 차원의 감성지능(Emotional Intelligence : EI)[2]이다. 엘리트 코스를 밟고, 고학력을 소지한 스마트한 사람들이 꼭 1등 리더는 아니란 말이다. 자신의 한계와 기능성을 객관적으로 판단해 자신의 감정을 잘 다스리며, 상대방의 입장에서 그 사람을 진정으로 이해하고, 타인과 좋은 관계를 유지할 수 있는 능력, 그리고 도전정신과 열정이 뒷받침되어 있는 사람이 바로 감성적 리더십을 가진 사람이며, 이들이 진정한 1등 리더였다.

조직구성원들의 성공을 가능케 하기 위해서는 다른 사람에게 영향을 행사하는 리더의 리더십이 필수적이다. 리더십은 하나의 능력이다. 효과적인 리더의 특성이란 부하를 다룰 풍부한 지능 및 감성지능을 소유하고 있어야 하며, 부하들로부터 신뢰를 얻어낼 수 있는 품격(Integrity)을 가지고 있어야 한다. 리더는 성취욕구, 동기부여, 자아효능감(self efficacy), 전문적인 비즈니스 지식을 갖춘 자라야 한다.

(1) 집단에의 가입

① 집단가입의 두 가지 동기

전술했듯이 우리가 집단에 가입하려고 하는 본질적인 목적은 정체성의 확립과 집단에 속해 있어야 인간으로서 사는 보람을 느끼게 된다는 것이기는 해도, 집단에 가입하려는 직접적인 동기는 매우 다양하다. 카트라이트(D. Kartwright)는 집단가입에의 직접적인 동기를 집단 그 자체가 욕구의 대상인 경우와 집단에의 가입을 개인의 목표추구의 수단으로 하는 경우, 이렇게 둘 중 하나라고 밝히고 있다. 전자의 경우는 집단에 귀속함으로써 여러 매력이 있는 사람들과 사귄다든가 그 집단이 대처하고 있는 과제나 목표에 매력을 느끼는 경우이고, 후자의 경우는 집단에 귀속됨으로써 그 집단 내에서의 활동을 통해서 자신이 추

1) 삼국지에는 48세의 유비가 27세의 제갈량을 얻기 위해 삼고초려를 했다는 대목이 나온다. 지옥에서 보물을 찾고 귀한 인재를 초빙하기 위해 많은 수고와 노력을 한 것이다. 지혜가 칼보다 무섭다는 것을 유비는 알았다는 말이다. 천리마를 구별해내는 전설 속의 명인은 백락이라 한다. 이러한 백락이 있으니 천리마를 찾을 수 있다는 것이다. 명마는 언제나 어디에나 있지만 그 명마를 알아보는 맥락은 언제나 어디에나 있지 않다.

2) 감성리더의 대가 다니엘 골먼(Daniel Goleman)은 성공적인 리더와 그렇지 못한 리더의 차이는 기술력이나 지능지수(IQ)가 아닌 감성지능(EI)의 차이에서 기인된다고 발표한 바 있다.

/인/간/이/야/기/10-2/

준비된 자

기원전 753년 이탈리아 중부의 작은 언덕에서 로마는 시작되었다. 로마는 기원전 2세기에 통상강국이었던 카르타고를 멸망시키고 지중해의 패자가 되었다. 이후 유럽과 아시아, 아프리카 모두를 경영할 수 있었다. 여기에는 뛰어난 리더들의 리더십이 중요한 역할을 했다. 경영은 곧 리더십이다. 고대 이집트의 왕인 파라오(Pharaoh)는 아무나 될 수 있는 것이 아니어서, 왕이 되기 위한 조건이 다음과 같이 명문화되어 있었다. "파라오의 입에는 단호한 권위가 있어야 하며, 파라오의 가슴에는 모든 것을 통찰할 수 있는 능력이 있어야 하며, 파라오의 혀에는 정의의 창고가 있어야 한다." 리더가 되기 위한 조건은 경영자의 조건과 일치한다.

제2차세계대전 때 아프리카 전투에서 연합군에게 수많은 패배를 안겨주었던 독일 전차군단의 장군 롬멜은 사막 전투에서 여우처럼 승리를 얻곤 했다. 그 승리의 뒤에는 개인적으로 탁월한 롬멜을 키워낸 200여 명의 젊은 독일군 작전참모부가 있었다. 경영은 사람을 다루는 기술이며, 일을 이뤄내는 추진력인 동시에 영향력이다. 리더 되기를 자처하지도 말고, 함부로 주어진 리더에게 손가락질하지 말자. 준비된 사람과 따르는 자의 역할을 수행하면 되는 것이다. 한편 준비된 자는 종종 경영을 위한 전략을 가지고 있다. 중국 전국시대의 일이다. 제나라 전기(田忌)가 왕과 말 달리기 경주에서 매번 큰돈을 잃었다. 말 달리기 시합은 2인 1조가 되어 양쪽에서 세 마리 말을 준비하고, 각각 한 마리씩 보내어 세 번 경주해서 이긴 쪽이 판돈을 갖는다. 이때 손빈 장군이 한 가지 전략을 전기에게 알려주었다. "왕 쪽에서는 제일 잘 나가는 말, 중간급 말, 최하의 말 순서대로 나올 것이다. 전기 장군은 첫 번째는 가장 처지는 말, 그리고 최고의 말, 가장 나중은 중간급의 말을 보내면 이길 것이다." 결국 준비된 자(리더)가 승리하게 되어 있다.

스티븐 코비는 리더십은 시험에 대비해 벼락치기 하듯이 만들어지지 않는다고 하면서 리더십을 농사에 비유해서 설명한다. 본래 농사란 시간과 정직한 땅을 근거로 고된 작업 끝에 이룰 수 있는 것이 아닌가? 쌀의 한자어인 미(米) 자는 팔(八) 자와 팔(八) 자가 수직으로 결합되어 있으니, 중국 사람들은 쌀 한 톨을 얻으려면 88가지 일이 필요함을 알았던 것 같다. 리더십도 마찬가지이다.

구하는 욕구(예 : 부와 명성)를 달성하려 하는 경우이다.

② 집단의 형성과 가입의 조건

인간은 자기의 욕구를 만족시키기 위해서 집단에 가입하려고 하는 것이지만 그것을 결정하는 것은 무엇인가? 우리가 집단에 가입하려고 하는 경우, 우선 행하는 것은 자기의 욕구를 만족시키기에 적당한 집단이 기존의 집단 속에 있는지를 알아내는 검색활동이다. 현실에서 그러한 집단이 자신의 활동범위 내에서 눈에 띄는 경우도 있고 그렇지 않은 경우도 있다. 또 그러한 집단이 있다고 해도 기존의 집단에는 크건 작건 가입의 조건이 존재하기 마련이이다.

예를 들어 신입생이 동아리에 가입하는 경우를 생각해보자. 어떤 동아리에서 활동하고 싶다고 생각한다면 최초로 행하는 것은 학내에 자기가 들어가고 싶은 동아리가 있는지 없는지, 있을 경우에는 활동상황이나 가입조건이 어떻게 되어 있는지에 대한 탐색활동이다. 동아리 중에는 동아리 행사에의 참여나 엄격한 연습이 의무화되어 있는 경우도 있겠고, 입회 시에 동아리활동에 참가하기 위한 도구나 유니폼을 스스로 부담해야 한다든가, 활동에 참가하기 위해 경제적 부담을 필요로 하는 경우도 있을 것이다. 이때 그 학생이 택할 수 있는 행동은 가입조건을 충족시키기 위해 노력하든지, 동아리 가입을 포기하든지 둘 중 하나일 것이다. 이때 결정에 영향을 미치는 것으로는 집단의 매력, 집단에 가입해서 아주 잘할 수 있을 것인가에 대한 판단 등이다.

(2) 집단의 종류

다음의 다섯 가지 기본적 성질을 기준으로 집단의 분류를 시도하고 있다.

① 경계의 성질에 의한 분류

경계의 명확함의 정도에 의해 조직집단과 군중과 같은 비조직집단으로 구분할 수 있다. 또한 내집단(우리)과 외집단(그들) 식의 구분도 가능하다.

② 활동에 의한 분류

집단이 목적으로 하는 활동에 따라 분류할 수 있다. 취미집단, 방위집단, 행정집단, 제조집단, 판매집단 등이다.

③ 상호작용의 질과 양에 의한 분류

구성원 반응의 방향에 착안해보면, 구성원이 상호반응하는 대면집단과 작업집단과 같이 공통의 자격에 대해서 유사한 방법으로 반응하는 공동행동집단으로 구분할 수 있다. 또 상호작용의 직접성과 간접성 측면에서 보면, 가족이나 친구와 같은 1차집단과 국가나 기업과 같은 2차집단으로 구분할 수 있다.

④ 심리적 관계의 중요함에 의한 분류

놀이동무와 같이 심리학적 관계에 직접 기반을 두는 비공식적 집단과 사회나 정부기관 등과 같이 제도적 관계에 의존해서 성립하는 공식적 집단으로 구분할 수 있다.

⑤ 집단규범의 구속력에 의한 분류

구성원이 명목성이라는 열매 때문에 소속된 집단으로부터 영향을 그다지 받지 않는 구성원 집단과 구성원이 집단규범에 맞춰 동조를 표시하는 준거집단으로 구분할 수 있다.

(3) 집단에서의 인간관계와 상호작용

인간은 일상생활 속에서 몇 개의 집단에 소속되어 있는 이상, 집단으로부터 다소 영향을 받고 있다는 사실을 부정할 수 없다. 그러나 현재 자기가 어떠한 영향을, 어떤 형태로 받고 있는가 하는 것에 관해서 무지한 경우가 많다. 여기에서는 자기의 주변에 타인이 존재하는 것 자체가 어떠한 영향을 미치고 있는지, 그리고 집단 속에서 다른 사람과의 상호작용이 자신의 행동을 어떻게 규정하고 있는지에 대해서 생각해보기로 한다.

① 사회적 촉진효과

우리가 혼자서 책이나 스포츠에 빠져 있을 때에는 자기 나름의 페이스를 유지하고 있기는 하지만 거기에 타인이 존재하면 자기 페이스에 얼마간의 변화를 가져오게 된다. 그것이 스포츠면 운동량의 증가가 되어 나타날 수도 있고 독서라면 기가 흐트러져 읽을 수 없게 되어버리는 경우도 있다. 또한 같은 식사를 해도 혼자서보다는 동료들과 같이 먹어야 맛있다. 이와 같이 타인이 존재하는 것에 의해 개인의 행동이 촉진된다거나 억제되는 현상을 사회적 촉진효과(social facilitation effect)라고 한다. 사회적 촉진이 일어나는 상황은 남들이 쳐다보고 있는 경우이거나 함께 행동하고 있는 경우가 있는데 전자를 관중효과, 후자를 공동행동효과라고 한다.

"끊어준 건 고맙지만 나도 뭔가 할 수 있게 해줘요!"

자욘스(R.B. Zajonc)는 타인의 존재가 개인의 각성수준이나 동기부여수준을 높이게 된다고 주장한다. 그러나 잘 학습되는 반응과 쉬운 과제의 수행은 촉진되지만, 역으로 새로운 반응의 획득이나 곤란한 과제의 수행은 억제된다는 이론을 제시하고 있다. 이에 대해서 코텔(N.S. Cottell)은 개인이 타인으로부터의 평가를 의식하는 경우에 사회적 촉진효과를 얻기 쉽고, 나쁜 결과가 예측되는 경우에는 억제효과가 작용하는 것이 명확하다고 하였다. 실제 스포츠 선수 중에는 많은 관중 앞에서 실력 이상으로 선전하는 선수가 있는가 하면, 반대로 갖고 있는 실력을 발휘하지 못하는 선수도 있다.

② 집단 속에서의 동조행동

집단에 속해 있는 개인에게 주목해보면 한 사람 한 사람이 다른 인격을 갖고 있다는 것을 알 수 있다. 그러나 집단 전체로 시야를 돌리면 집단구성원에 공통으로 나타나는 행동이나 구성원들끼리 상호간 유사성을 인정하는 것이 매우 빈번함을 알 수 있다. 이것은 같은 종류의 집단을 비교해보면 보다 명확해진다. 예를 들면 백화점에서 쇼핑을 즐기는 경우, 점원이 손님에게 대하는 응대의 방식이나 점원의 태도가 백화점에 따라 매우 다른 것을 느끼기란 그리 어렵지 않다.

집단구성원의 행동에 인정할 수 있는 공통성이나 특정집단의 분위기는 리더의 행동이나 집단구성원의 인격특성, 집단이 놓인 사회적 상황 등에 의해서도 유지되지만, 그 중요한 요인으로 들 수 있는 것이 집단 속에서 볼 수 있는 동조행동이다. 우리는 누구라도 올바른 판단을 하고 싶다고 생각하고, 그것 이상으로 잘못된 판단을 해서 타인으로부터 비난이나 조소의 대상이 되는 것을 피하고 싶은 바람을 갖고 있다. 그 때문에 자기판단의 정확성을 기하기 위해 저절로 타인의 판단을 참조하려고 한다. 이러한 형태로 타인의 의견이나 판단을 수용하는 과정을 정서적 영향에 근거한 동조행동이라고 한다. 이런 종류의 동조행동은 판단에 대한 정보가 궁핍한 경우나, 자기의 판단에 대한 자신의 정도가 낮을 경우에 발생하기 쉽다. 이를 집단규범(group norm)이라고 하는데, 이것은 집단의 많은 구성원에게 인정받고 각각의 구성원이 따르기로 기대하는 표준적인 생각방식이나 행동양식을 지칭한다. 결국 집단규범은 구성원들 사이의 상호작용을 통해 형성되는 것이다.

구성원 각 개인은 동료로부터 승인받거나 제재를 수용해 자기의 사고방식이나 행동양식을 변화시키는데 이를 집단규범에의 동조라고 한다. 신입사원을 예로 들면 "몇 시에 출근하면 좋은가?", "출근 때의 복장은 무엇이 어울리는가?", "회의에서 신입사원에게 어느 정도 발언이 허락되는가?", "일의 속도는 어느 정도가 적당한가?" 하는 것은 혼자서 쉽게 결정하기 어렵다. 그래서 많은 경우는 집단규범에 동조함으로써 이러한 문제를 처리할 수 있다.

③ 동조행동의 메커니즘

인간은 대부분 자신도 모르는 사이에 동조하고 있는 경우가 흔하다. 또한 스스로 적극적으로 집단규범을 수용하는 경우도 있고, 주위의 비난이 두려워 억지로 수용하는 경우도 적지 않다. 캘만(H.C. Kelman)은 동조를 메커니즘의 관점으로 다음과 같이 구별하고 있다.

추종에 의한 동조

내심은 동조하고 있지 않지만, 동조하지 않으면 자기가 불리한 입장에 놓인다는 것을 알아차리고 표면적으로 동조를 표시하는 경우이다(표면적 동조).

동일시에 의한 동조

집단이나 그 구성원에 매력을 느껴 그 집단의 구성원들과 일체감을 갖는 것을 바라고 동조를 표출하는 경우이다.

내면화에 의한 동조

집단의 규범에 매력을 느껴 동조하는 경우가 있다. 이때 행동의 변화를 일으키는 동조가 동일시에 의한 동조와 유사한 내면화에 의한 동조이다. 겉으로 동조하는 경우에는 일시적인 행동의 변화가 일어날지 몰라도 원래의 상태로 돌아갈(부메랑효과) 가능성은 높다고 할 수 있다.

④ 인지과정 속에서 볼 수 있는 동조현상

애시(S.E. Asch)는 동조가 인간의 인지과정 속에서 무의식중에 늘어나고 있다는 것을 증명하였다. 그는 동조행동에 관한 실험에서 **그림 10-1**과 같이 기준자극과 비교자극을 제시하고 실험 참가자들에게 기준자극과 동일한 길이의 줄을

/인/간/이/야/기/10-3/

스톡홀름 신드롬

1973년 8월 23일 스웨덴 수도 스톡홀름의 한 은행에 2명의 무장강도가 침입하여 4명의 인질(3녀1남)을 잡고 경찰과 엿새 동안 대치했던 사건이 있었다. 당시 인질들은 초기에는 범인들을 무서워했으나 시간이 경과하면서 '인연'을 맺은 인질범들을 옹호하고 경찰의 위협에 반감을 표출하였다. 인질들이 강도에게 협조하는 바람에 구출은 지연될 수밖에 없었다. 인질들은 사건종료 후에도 강도들에게 불리한 증언을 전혀 하지 않았으며 한 여자는 그중 한 명과 약혼하기에 이르렀고 한 여자는 변호비용을 마련하러 다녔다. 어떻게 가능했을까? 강도의 위협에 놓인 인질들과 경찰의 위협에 놓인 강도들의 처지가 너무 비슷하여 동정과 동조의 마음(동병상련)이 일어나면서 인질들이 범인들과 통하게 된 것이다. 오늘날에도 이러한 스톡홀름 증후군은 인질구출작전에 방해가 되기도 한다.

그림 10-1 애시의 실험

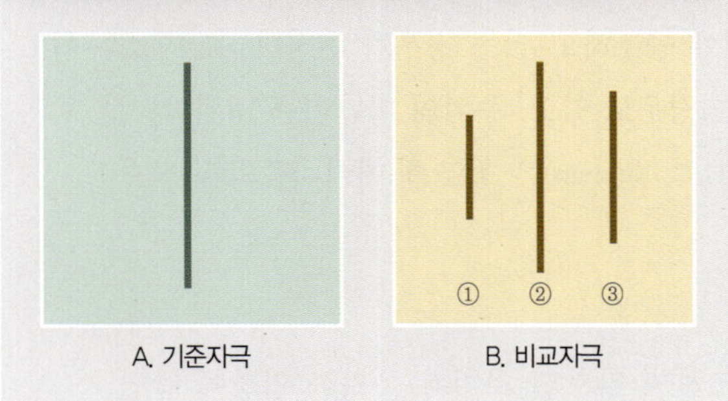

뽑게 하였다. 실험 참가자들은 8명씩 구성되었으며, 그중 7명은 정답이 아닌 번호 하나만을 뽑도록 사전에 약속되어 있었다. 비교자극 B에서 기준자극 A의 선 길이와 같은 것은 ②인데, 7명 모두 ③이라고 답하게 한 것이다. 그리고 나머지 1명은 7명의 실험 참가자들이 다 대답한 후에 대답하도록 했다. 그 결과 마지막 피험자 한 명 역시 ②를 선택하지 않고 잘못된 결정 ③에 동조하였다. 우리는 일상생활 속에서 녹색의 신호를 파란색이라고 말한다든가, 사람을 평가할 때에도 주위의 사람들이 그 사람에 대해서 어떤 평가를 하고 있는지에 따라 동조하는 경우가 많다.

2. 리더와 리더십

일반적으로 집단의 분위기나 집단의사결정에 미치는 리더의 영향은 매우 크다고 할 수 있다. 그런데 리더라고 하면 집단 내의 특별한 지위에 있는 사람을 상상하기 쉽지만 반드시 그렇지만은 않다. 집단에 따라 지명도가 있는 사람이나 연장자를 명목상 최고의 지위에 앉히고, 운영방침의 결정이나 수행에 관해서는 우수한 부하에게 위임하는 경우도 적지 않다. 그러한 집단에서 최고의 영향력을 행사하는 것은 리더 밑의 유능한 부하일 가능성이 높다고 할 수 있다. 우리는 집단이 목표에 도달하기 위해 지원하거나 집단활동에 강한 영향력을 행사하는 것을 리더십이라 하고, 집단 속에서 상대적으로 가장 많은 리더십을 가지고 있다고 인지되는 사람을 리더라고 한다.

(1) 리더십의 유형

집단에 있어서 바람직한 리더는 어떤 리더인가? 이 문제를 명확하게 하기 위해서 리더십행동을 유형화해 그것이 집단성원의 반응이나 집단의 분위기에 어떠한 영향을 미치는가에 대해서 이제까지 다수의 연구가 이루어져왔다.

전제적 리더 : "너희들 앞으로 내 말 안 들으면, 알지?! 알아서 해!"

① 초기연구

리더십에 있어서 초기의 유형적 연구로서 화이트와 리피트(R.K. White & R. Lippitt)에 의해 민주적, 전제적, 자유방임적 리더십으로 구분되었다.

한 실험에서는 이러한 세 가지 리더십 행동의 형태가 결정되어, 각각의 형태로 훈련된 지도자가 아이들 지도를 맡았다. 민주적 리더는 활동방침의 결정에 관해서 집단토의를 중시하고 기술적인 원조가 필요한 경우에는 몇 가지 방침을 제시하고 그 안에서 선택하도록 행동했다. 전제적 리더는 방침 전체를 자기가 결정하고 작업의 수준도 하나하나 명령했다. 그리고 자유방임적 리더는 방침의 결정까지 아이들에게 맡기고 아이들로부터 요구될 때만 도움을 주었다. 그 결과 민주적 리더하의 아이들에게는 우호적인 분위기가 생기고, 일의 양도 가장 많았다. 그것에 비해 전제적 리더하에서는 리더에 대한 불만이 높아져 실험에서 탈락하는 아이들도 생겨났다. 또한 자유방임적 리더하에서는 자기 멋대로 노는 아이들이 많이 보이고 일의 양도 적었다.

표 10-1 민주적 · 전제적 · 자유방임적 리더십 비교

구분	전제적 리더십이 바람직한 상황	민주적 리더십이 바람직한 상황	자유방임적 리더십이 바람직한 상황
리더/관리자	■ 전권을 갖고 제한받지 않음 ■ 긴급시 사태수습의 방법을 갖고 있음 ■ 독특한 지식을 갖고 있음 ■ 자기위치를 굳게 지키고 있음	■ 한정된 권력과 권한을 갖고 있음 ■ 이의 사용에 제한을 받음 ■ 집단으로부터 권한을 거절당할 수 있음 ■ 어느 정도의 시간적 압박을 받음 ■ 제한된 제재(강제)를 할 수 있음	■ 강제적으로 행동하도록 할 권력이 없음 ■ 시간적 압박이 없음 ■ 평생근무할 수 있음(tenure) ■ 제재(강제)할 힘이 없음 ■ 특정지식이 없음
부하(follower)	■ 리더에 의존하고 있음 ■ 동료의 의견을 거의 무시함 ■ 교육배경이 낮음 ■ 비상사태를 인정함 ■ 구성원이 남는 집단의 일원임 ■ 자신도 전제형임 ■ 독립성이 낮음	■ 통제받기를 기대함 ■ 현저한 중간계층의 가치관을 지님 ■ 의사, 과학자, 기술자, 관리자, 스태프들임 ■ 상대적으로 희귀한 기능을 지니고 있음 ■ 권한 아닌 시스템을 좋아함 ■ 높은 사회적 욕구를 지님	■ 리더보다 많은 권력을 갖고 있음 ■ 명령을 싫어함 ■ 하려고만 한다면 성공적으로 배반함 ■ 지원자들이거나 허술히 조직되었거나 공급 부족임 ■ 의사, 과학자 또는 전문적 기능의 소유자임

전제적 리더십

전제적 리더십(autocratic leadership)은 의사결정, 지휘, 커뮤니케이션, 모티베이션 그리고 부하통제 등의 일에서 모든 책임을 혼자서 진다. 따라서 개별 부하의 업무를 상세하게 설정하고 면밀히 감독하기 때문에 부하가 업무를 창조적으로 수행할 기회나 여지가 거의 없다. 전제적 리더는 통상적으로 자신만이 유능하고 자신만이 의사결정을 내릴 수 있다고 믿는다. 그는 자신의 결정에 부하가 복종하기를 기대하며, 부하들은 무능력하거나 할 수 없이 일을 한다고 생각한다. 그러므로 전제적 리더십은 현대 기업에서 바람직한 리더십 유형이 되지 못한다.

자유방임적 리더십

자유방임형 리더십(laissez-faire leadership)은 의사결정 권한을 부하에게 보다 많이 위양한다. 자유방임형 리더는 부하와 최소한의 접촉 및 감독이 자신의 관리책임이라고 믿는다. 그는 업무를 부하에게 할당하고, 그 후에는 부하들이 그 직무를 만족스럽게 수행하도록 내버려둔다. 어떤 방식으로 업무를 수행하는지 부하 스스로 결정하도록 하는 것이다. 이런 유형의 리더십은 개인이 조직목표에 몰입하는 경우, 부하가 독립적으로 자신의 업무를 수행할 자격이 있을 경우, 부하가 최소한의 감독을 선호할 경우에 효과적이다. 그러나 부하가 자유방임적 리더십을 받아들이지 못할 경우에는 매우 불만족스러워하며 혼란상태가 야기될 수도 있다.

민주적 리더십

현대적 리더는 참여적, 민주적 리더십(participative leadership)을 채택함으로써 부하들과 긍정적 관계를 수립한다. 이러한 리더는 부하의 설명, 의견, 제안 아이디어 등에 귀 기울이고 정책에 반영한다. 부하들을 부서의 일이나 회사의 일에 가능한 한 적극적으로 몰입시키고 주요 의사결정도 부하 스스로 내리게 한다. 이때 리더는 부하들이 의사결정에 참가한 경우 거기서 채택된 내용은 반드시 이루어질 것이라고 전제한다. 그래서 효과적인 리더는 부하의 생각을 진지하게 검토하며 그 제안을 수락하는 정도가 매우 높다. 그렇다고 모든 의사결정 권한을 넘겨주는 것은 아니다. 또한 민주적 리더는 우호적인 분위기를 계속적으로 조성하며 부하의 개인생활과 직무에 관심을 갖는다. 이 유형에서는 이직, 결근, 근무태만 등이 다른 유형의 리더십에서보다 적게 나타난다.

② 오하이오대학과 미시건대학의 리더십 연구

초기의 리더십 연구 이후, 두 가지 리더십 유형이 더욱 일반화되고 있었다. 성과중심의 리더십과 분위기중심의 리더십이었다. 1950년대에는 리더행동에 주안점을 두고, 리더행동을 두 가지 독립차원으로 구분하는 시도가 많았다. 그 시도가 바로 오하이오대학에서 이루어졌다.

오하이오대학 리더십 연구

오하이오대학 리더십 연구에서는 리더행동의 결정요인을 조사하고 이것이 작업집단의 업적과 만족에 미치는 효과를 알아내려고 하였다. 즉 리더의 행동이 인간중심적인지 아니면 일중심적인지에 따라 다음과 같이 두 차원으로 구분하였다. 전자가 배려(consideration)이고 후자가 구조주도(initiating structure)이다. 구조주도형은 리더가 특정과업의 할당, 절차의 구체화, 업무계획과 실천, 작업의 계획 등의 활동을 통해 부하가 수행하여야 할 일을 멋지게 종합적으로 꾸미는(구조화) 정도를 말한다. 즉 목표달성을 위해 리더가 자신과 부하들의 역할을 정하고 작업과 관련된 여러 관계 및 목표의 계획화, 조직화, 통제화 및 조정을 시도하는 행동 등을 포함한다. 이와 유사한 용어로는 직무중심형, 성과중심형, 업무관리중심형, 생산중심형 등이 있다. 배려형은 리더가 부하에 대해 신경을 많이 써주고 항상 좋은 관계를 이루어나가도록 배려해주는 것을 의미한다. 즉 상호신뢰, 부하의 의견이나 제안에 대한 존경 및 인정, 지원 및 부하의 복지에 관한 관심 등을 포함한다. 이와 유사한 용어로는 부하중심형, 인간중심형, 분위기중심형 등이 있다.

미시건대학 리더십 연구

오하이오대학의 연구와 유사한 연구로서 생산중심형과 부하중심형으로 분류한 미시건대학의 리더십 연구가 있다. 생산중심형이란 생산과정, 기술문제, 목표달성에 목적을 둔 리더행동을 말하며, 부하중심형이란 성과보다는 부하상호간의 협조, 인간적 충고, 상호간 혹은 수평적 커뮤니케이션의 관리 등에 관심을 가지는 리더행동이다. 생산중심형은 밀접한 감독, 합법적이고 강압적 권력 및 정확한 업적평가 등에 초점을 둔 유형이다. 오하이오대학 연구의 구조주도형과 유사한데 이러한 리더는 직무의 기술적, 과업적 측면을 강조하는 경향이 있으며, 주된 관심은 집단의 과업을 수행하는 데 있다. 부하중심형은 인간지향적

/인/간/이/야/기/10-4/

followership

모든 경영자가 모두 리더는 아니지만 일단 경영자를 리더로 보자. 그렇다면 왜 리더가 되는 것일까? 리더의 특성이나 리더가 가진 남다른 자질로부터 리더가 탄생되는 것은 틀림없다. 신이 부여한 신성한 은혜인 카리스마가 있으면 리더가 될 수 있다. 위대했던 사람들 역시 리더였다. 물론 리더가 탄생할 수밖에 없었던 상황이거나 리더다운 행동을 하다보니 리더가 되기도 한다. 그렇지만 세상 어느 리더도 부하가 따라주지 않으면 리더가 될 수 없다. 그래서 리더십보다 더 중요한 것이 바로 Followership이다.

리더를 리더의 눈이 아닌 부하의 눈으로 바라보자. 위대한 리더 아래에는 더 위대한 부하들이 있었던 것이다. 그들은 리더를 향해 추구하고, 감탄하고, 존경한다. 리더는 부하에 의해 만들어지는 것이다. 부하들은 리더가 신념을 심어주고, 나와 한솥밥을 먹는 동료로서 신바람을 불러일으키기를 원하고 있다.

리더는 자석처럼 조직을 끌어당기는 비전을 강조해야 한다. 경영자가 일일이 이끌지 않아도 스스로 계획하고 실행하며 통제해 나갈 줄 아는 부하, 자신의 이익에만 몰두하지 않고 회사의 이익과 목표에 헌신하려는 부하, 조직 혹은 자기가 맡은 일에 흠뻑 몰입되어 있는 부하가 Followership을 가진 부하가 된다. 이제 리더는 이러한 Followership을 바탕으로 부하들과의 신뢰를 구축하고, 부하들의 지혜와 논리성 그리고 문제해결 능력을 일깨워주는 동시에 준비된 부하들에게 비전과 미션을 제시하여 자긍심을 유도해내야 한다.

그림 10-2 리더십 격자

인 리더행동을 보이는 유형으로 책임의 위양과 부하의 복지, 욕구, 발전 및 개인적인 성장 등에 관심을 보인다. 오하이오대학의 배려형과 유사하며, 부하의 욕구에 개인적인 관심을 갖고 구성원 간의 개인차를 인정함으로써 대인관계를 강조한다.

③ 블레이크와 머튼의 리더십 연구

블레이크와 머튼(R.R. Blake & J.S. Mouton)은 생산에 관한 관심과 인간에 대한 관심이라는 리더행동 차원을 제시하면서 바둑판 모양의 관리격자(managerial grid)라는 모형을 리더십이론에 도입하여 리더십 격자(leadership grid) 이론을 주장하였다. 이들의 리더십 격자에서 보면 다음과 같이 다섯 가지 형태의 리더십으로 구분된다.

- 1.1형(무기력형) : 불간섭, 자유방임을 신조로 삼는 리더로서 인간과 생산에 대한 관심이 모두 낮은 무능력형 리더라 할 수 있다. 또한 리더십 역할을 포기한 자유방임형 리더라 할 수 있다.
- 1.9형(인기형) : 컨트리클럽형이라고도 하며, 인간관계의 만족이나 부하들과의 화합, 즐거운 분위기를 조성하는 데 최대의 관심을 가진 리더이다. 업적보다 인간관계를 중시하다보니 부하들로부터는 인기가 좋을 수밖에 없다.
- 5.5형(중간형) : 어느 한쪽으로도 치우침이 없는 리더로서 조직의 관심과 개인관심을 균형 있게 잘 관리하는 리더이다.
- 9.1형(과업형) : 인간보다 생산에 관심을 가지고 있는 리더로서 부하를 인정하거나 부하의 사기, 만족, 욕구를 고려하기 전에 과업을 능률적으로 수행하는 데 관심을 가지며, 업적과 성과, 경제성, 효율 등을 강조하는 리더이다. 흔히 인간관계에 냉소적이며 무조건 명령과 지시에 복종하기를 바라며 '나를 따르라'고 하기에 독재자라는 비판을 받기도 한다.

/인/간/이/야/기/10-5/

변형적 리더십

어떤 리더십이 좋은가에 대하여는 많은 논란이 있다. 예를 들어 지시를 잘하는 리더가 좋다, 지원을 잘해주는 리더가 좋다, 부하들과의 어울림을 잘하는 리더가 좋다, 무엇보다도 업적이나 성과지향적인 리더가 좋다, 카리스마가 있어야 한다는 식이다. 경우에 따라서는 모두 맞는 말이다. 최근 변형적 리더십이 많은 주목을 받고 있는데, 이는 전략적 비전을 만들 줄 알며, 만들어진 비전을 구성원 모두와 공유하여 끊임없이 새롭게 하고, 그 비전에 모두가 충분히 몰입하도록 만드는 리더십이다. 이런 리더십이 카리스마보다 더 힘을 발휘한다.

하버드대학의 맥클린랜드(McClelland) 교수는 성공한 사람과 평범한 사람이 어떤 차이가 나는가를 알아내기 위해 수천 명을 인터뷰했다. 그 결과 자기 직업에서 성공한 사람은 감성능력이 풍부했다. 그의 제자인 골먼(Goleman) 역시 500여 개 기업의 핵심역량을 조사해서 성과지향, 자기통제, 주도성, 팀 능력 등 감성능력에 기반한 능력이 전문능력이나 인지능력보다 두 배 가까이 중요하다는 점을 찾아내었다. 성공한 경영자에게 "어떻게 그 중요한 의사결정을 내려 성공하셨나요?"라는 질문을 하였더니 '감(感)으로', '본능적으로', '나름대로 예측해서'라고 답하는 경영자가 많더라는 것이다. 현관은 조금 우아하게, 안방은 화려하게, 거실은 넉넉하게, 부엌은 아늑하게 인테리어를 하려면 어떻게 해야 하나? 각종 설계 지식과 인테리어 지식으로 합리적으로 설계하면 만족하게 될 것인가? 이는 사람의 미묘한 감성을 연구해야만 될 일이다.

본래 경영자가 경영을 하면서 감정을 나타내는 것은, 진정한 경영자 자신을 드러내는 위험을 감수하는 멋진 일인 것이다. 이는 생각과 꿈을 대중 앞에 드러내는 정치가가 몽상가라 불릴 위험을 두려워하지 않는 것만 봐도 알 수 있다. 분노(anger)와 위험(danger)은 한 글자 차이이다. 모든 갈등과 다툼을 줄여야 한다. 화를 자주 내는 것은 위험하다. 질투나 증오의 감정은 다른 에너지로 전환하여야 하며 감정을 훌륭하게 발산하는 방법을 터득해야 할 것이다.

"부하들 모두가 춤을 좋아하는 것은 아니다. 그러니 상황에 맞게 다뤄야겠다!"

■ 9.9형(이상형) : 인간과 생산 모두에 높은 관심을 가지는 이상적인 리더라 할 수 있다. 이는 개인의 희생을 강요하지 않은 채 조직목적을 달성하는 그야말로 환상적인 리더를 말한다. 이러한 리더는 생산 및 부하의 만족을 극대화하기 위해 노력한다. 따라서 최근에는 이러한 이상형을 팀형 리더라고 하는데, 그 이유는 팀에 대한 자발적 참여, 팀 몰입 그리고 팀 갈등해결을 강조하기 때문이다.

④ 피들러의 컨틴전시 리더십이론

피들러(F.E. Fiedler)는 리더가 효과적 리더십을 발휘하기 위해서는 리더와 부하의 상호작용 관계 혹은 리더가 처한 상황별(컨틴전시 : Contingency)로 그 리더십이 달라져야 한다고 주장한다. 다시 말해 리더의 행동유형들은 상황변수의 중요성에 따라 효과를 나타내느냐 못 내느냐가 판가름 난다고 보는 것이다. 피들러는 리더십의 상황을 측정할 때는 다음과 같이 세 가지 변수로써 하여야 한다고 주장한다.

상황측정을 위한 세 가지 변수

첫째, 리더와 부하 간의 관계이고, 둘째, 과업구조, 셋째는 리더의 직위권력이다. 먼저 리더와 부하 간의 관계는 리더가 부하들로부터 받는 신임 정도이다. 따라서 이들 관계를 '리더와 부하 간의 좋은 관계', '리더와 부하 간의 나쁜 관계'로 상황을 나누었다. 그리고 과업구조는 일상적으로 이루어지는 과업인지, 아니면 비일상적인 과업인지에 따라 '구조적 과업'과 '비구조적 과업' 상황으로 구분하였다. 마지막으로 리더의 직위권력은 리더의 직위가 부하들로 하여금 명령을 수용하게끔 만드는가를 나타내는 것으로서 리더의 자리에 따라 '강한 자리', '약한 자리' 상황으로 구분하였다. 이러한 세 가지 요소들의 다양한 조합(2×2×2)에 의해 상황의 좋고 나쁨이 결정된다. 즉 결합방법에 따라 가장 좋은 상황에서부터 가장 나쁜 상황까지 여덟 가지 상황이 나올 수 있다.

LPC 척도

한편 피들러는 가장 일하고 싶지 않은 동료 한 사람(Least Preferred Coworker : LPC)에 대하여 질문함으로써 LPC가 리더에게 어떻게 보이는가를 측정할 수 있는 표 10-2와 같은 LPC 척도를 개발하였다. LPC 척도의 점수가 높은 사람, 즉 가장 일하고 싶지 않은 동료를 좋게 설명한 사람은 인간관계중심형 리더로 분류되는 반면, 나쁘게 설명한 사람은 과업중심형 리더로 분류된다.

표 10-2 LPC 척도

	점수								
쾌활한 사람	8	7	6	5	4	3	2	1	불쾌한 사람
다정한 사람	8	7	6	5	4	3	2	1	다정하지 못한 사람
배타적인 사람	8	7	6	5	4	3	2	1	포용력 있는 사람
긴장하는 사람	8	7	6	5	4	3	2	1	여유있는 사람
거리감 있는 사람	8	7	6	5	4	3	2	1	친근한 사람
냉담한 사람	8	7	6	5	4	3	2	1	따뜻한 사람
지원적인 사람	8	7	6	5	4	3	2	1	적대적인 사람
따분한 사람	8	7	6	5	4	3	2	1	재미있는 사람
호전적인 사람	8	7	6	5	4	3	2	1	조화로운 사람
우울한 사람	8	7	6	5	4	3	2	1	즐거워하는 사람
개방적인 사람	8	7	6	5	4	3	2	1	폐쇄적인 사람
험담 잘하는 사람	8	7	6	5	4	3	2	1	충직한 사람
신뢰할 수 없는 사람	8	7	6	5	4	3	2	1	신뢰할 만한 사람
사려 깊은 사람	8	7	6	5	4	3	2	1	사려 깊지 못한 사람
심술궂은 사람	8	7	6	5	4	3	2	1	신사적인 사람
마음에 맞는 사람	8	7	6	5	4	3	2	1	마음에 맞지 않는 사람
성실하지 못한 사람	8	7	6	5	4	3	2	1	성실한 사람
친절한 사람	8	7	6	5	4	3	2	1	불친절한 사람
	총점								

리더와 상황의 적합관계

피들러는 앞서와 같이 상황을 측정하고, LPC 점수로서 리더십 유형을 분류한

그림 10-3 리더와 상황의 적합관계

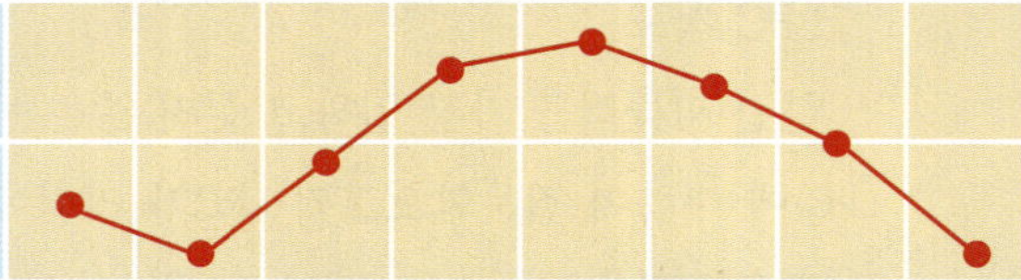

리더십 유형	인간관계중심형 리더 (LPC 점수 높다)								
	과업중심형 리더 (LPC 점수 낮다)								
조합의 수		1	2	3	4	5	6	7	8
리더십 상황		좋은 상황 ←						→ 나쁜 상황	
세 가지 상황요인	리더–부하관계	좋은관계				나쁜관계			
	과업구조	구조		비구조		구조		비구조	
	리더의 직위권력	강	약	강	약	강	약	강	약

후 각 상황에 적합한 리더십을 발견하려고 하였다. 그 결과가 바로 **그림 10-3**이다. 그리고 그림에서와 같이 LPC 점수가 낮은 1, 2, 3, 7, 8의 경우에는 과업중심형 리더십이, LPC 점수가 높은 4, 5, 6의 경우는 인간관계중심형 리더십이 효과적이라는 사실을 발견하였다.

그림 10-4 상황적 리더십모형

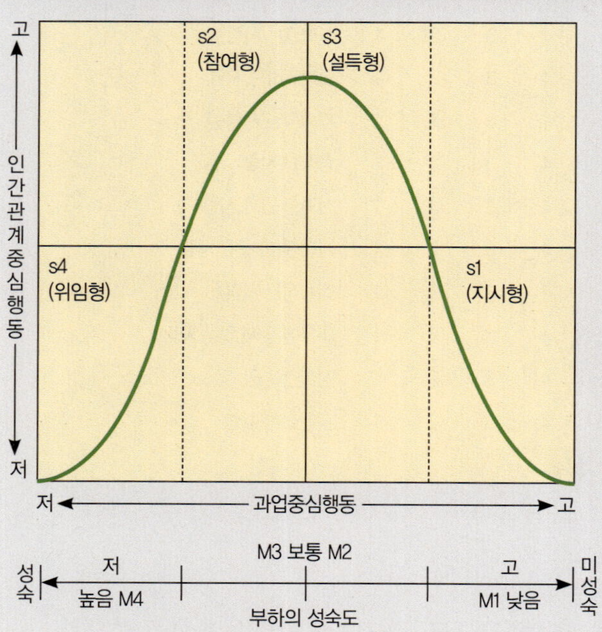

⑤ 허시와 블랜차드의 상황적 리더십이론

상황적 리더십(situational leadership)이란 오하이오대학의 리더십 연구를 토대로 하여 과업중심형과 인간관계중심형의 조합에 따른 네 가지 리더십 스타일 즉 위임형, 참여형, 설득형, 지시형이 도출되어 주어진 상황에서의 부하의 성숙도(maturity) 수준에 의하여 결정된다고 보는 것이다. 부하의 성숙도는 부하의 성취의욕, 책임지려는 의사, 그리고 교육과 경험의 정도로

/인/간/이/야/기/10-6/

여성 리더

남자의 생활력과 관련하여 일명 '셔터맨'이라는 말이 있다. 특정직업 없이 의사 · 약사 등 전문직 아내의 출퇴근 시 '셔터'라고 일컫는 방범문이나 여닫아주는 남자라는 우스갯말이다. 하지만 가사를 누가 돌보든지 전문적 교육을 받은 여성이 무능력한 남성에 앞서 그 능력을 더 발휘할 수 있다면 그건 최상이다. 언젠가 잘 아는 성공한 여성 CEO에게 "어떻게 지금의 자리까지 오를 수 있었나요?"라고 물었다. 그녀의 대답은 "매번 그만두려고 했어요. 하지만 전 돈 벌어서 옷 사는 재미로 계속 일했어요!"였다. 적성이란 사람마다 어떤 직업에 맞는 무언가가 있는 것이 아니라 직장생활을 하면서 만들어가는 것일 수도 있다는 말이다.

여성이 리더가 되면 아무래도 남성에 비해 약할 것이라는 생각은 편견이다. 남 · 녀 리더 간 리더 유효성에는 본래 차이가 없다. 남성은 공격적이고 호탕하다고들 하며, 여성은 방어적이고 포용적이라고들 한다. 그러나 남성 리더가 포용적일 때보다 여성 리더가 포용적일 때 더 효율적이고 그 리더십은 더 빛난다. 이제 여성들이 최상의 리더에 오를 시간도 얼마 남지 않았다. 여성 상사를 목전에 둔 남자 부하들, 이제 당신들의 좋은 시절도 지나가고 있으니 정신 차릴 때가 된 것 같다.

측정하였다. 즉 부하들이 얼마만큼 자질과 사기가 있으며, 책임의식, 자신감 등을 갖고 있느냐를 측정한 것이다. 예를 들어 부하가 성취의욕도 높고 경험과 자신감이 많다면 리더는 많은 것을 위임해도 되지만 그 반대라면 지시형 혹은 과업중심형으로 관리하는 것이 옳다.

(2) 현대적 리더십

① 헤드십과 리더십

앞에서 리더십 유형에 대하여 다양한 이론들을 소개하였다. 그러나 지도자를 선출하는 결정을 누가 하는가에 따라, 즉 구성원들에 의해 선출되는가 아니면 집단의 외부요소에 의해 선출되는가에 따라 외부에 의해 선출된 지도자들의 경우를 헤드십(headship)이라 하고 집단 내에서 내부적으로 선출된 지도자의 경우를 리더십이라 한다. 예를 들면 대통령이나 국회의원, 지방자치단체의 장, 각종 민간단체의 장의 경우 국민이나 조직구성원들에 의해 선출된다. 그러나 대부분의 기업을 포함한 대규모 조직들은 지도자를 외부에서 임명한다. 조직구성원들이 그들의 감독자를 선출하는 경우는 매우 드물다. 지도자의 위치에 뽑힌 사람들은 상사로서의 지위와 권한을

"여러분은 내 말에 찬성합니까?"
"저희들은 앞으로 귀하의 명령에 절대 복종하겠습니다!"

부여받는다. 따라서 이들은 자신에게 부여된 지위와 권한으로 그 조직의 활동 사항을 지시하며 부하들의 복종을 요구할 수는 있으나 그 조직을 잘 이끌어나 간다고는 할 수 없다.

헤드십은 보통 부하들의 활동을 감독하고 지배할 수 있는 권한을 보장받고, 만약 부하들이 이를 거부하면 처벌할 수 있는 힘도 가지고 있다. 그러나 헤드가 리더로서의 역할을 다하지 못하면 부하들은 헤드를 위해 열심히 일하지 않으며, 상사의 지시이기 때문에 수동적으로 직무를 수행하게 된다. 이것이 헤드십과 리더십의 가장 큰 차이이다. 따라서 진정한 지도자는 집단의 협력을 조성하며 집단의 연대감과 응집력을 증가시킴으로써, 조직구성원들이 자발적으로 지도자와 더불어 직무를 수행해나갈 수 있도록 만들어야 한다.

비록 헤드들이 리더십의 특혜를 지니고 리더의 역할을 수행하지만 그들이 얼마나 효율적으로 잘 리드해나갈 수 있는지를 결정하는 것은 리더의 능력보다는 부하들과 함께 업무를 처리해가는 능력이다. 임명된 리더들이 비록 상사의 위치에 있다 하더라도 부하들로부터 지지와 신임, 신뢰를 얻지 못하면 부하들을 진정으로 이끌고 나갈 수 없다. **표 10-3**은 헤드십과 리더십의 차이를 기술해놓은 것이다.

대부분의 조직들의 리더는 임명된 헤드들로서 그들은 선출된 리더들이 가지고 있지 않는 이중적이고도 상호대립되는 다음과 같은 문제점을 가지고 있다.

- 그들은 자신을 임명한 조직 내 상사들에 대한 책임이 있으며, 자신의 위치를 고수하기 위해서 조직의 요구와 목표를 만족시켜야 한다.

표 10-3 헤드십과 리더십의 차이

개인과 상황변수	헤드십	리더십
권한행사	임명된 헤드	선출된 리더
권한부여	상부로부터의 위임	하위로부터의 동의
권한근거	법적 또는 공식적	개인능력
권한귀속	공식화된 규정에 의함	집단목표에 기여한 공로 인정
상사와 부하의 관계	지배적	개인적인 영향
책임귀속	상사	상사와 부하
부하와의 사회적 간격	넓음	좁음
지휘형태	권위주의적	민주주의적

- 임명된 리더들은 부하들의 욕구나 소망을 가능한 한 받아들여야 한다. 예를 들면 감독자는 생산목표를 달성하기 위하여 근로자의 지지를 확보하여야 한다. 감독자는 물질적으로나 심리적으로 만족스러운 작업환경을 조성해주어야 하고 적절한 봉급산정을 해야 하며, 상사들에게 근로자들의 건의사항이나 불만사항을 전달해주는 대변인 역할도 해야 한다. 그러나 선출된 리더들은 외부에 대한 책임도 있을 수 있으나 자기를 선출한 부하에 대한 책임만을 가지고 있다.
- 지휘방법에 대한 융통성이 제한되어 있다. 임명된 리더들은 이미 세워진 지침에 따르며 혁신적인 방법은 조직의 정책에 위배되기 때문에 실행하기 곤란하다. 그러나 선출된 리더는 부하들에 대한 책임만을 가지고 있기 때문에 부하들의 욕구를 충족시킬 수 있다고 생각되는 방법이면 어떠한 것이라도 채택할 수 있다.
- 통솔능력에 대한 문제이다. 선출된 리더는 이미 그들의 능력을 인정받았다고 가정할 수 있으나, 임명된 리더는 그러한 가정을 할 수 없어서 관리자로서의 잠재가능성을 평가하기는 어렵다. 승진이나 지도자로서의 임명은 현재의 직무에 얼마나 숙달되어 있느냐에 따라 좌우된다. 그러나 어느 지역 내에서 판매활동을 매우 효과적으로 했다고 해서 판매부장이 된다는 보장은 없다.

② 혁신주도형 리더와 상호거래적 리더

군대조직과 산업조직의 부하들을 대상으로 한 연구가 시작된 이래로 정치사회학자인 제임스 번스(J.M. Burns)에 의해 처음 제시된 것이 혁신적 리더십이다. 이는 기존의 다른 모든 연구가 리더와 부하 간의 교환관계에 기초한 거래적 리더십(transactional leadership)에 치중해 있다고 비판하는 데서 출발한다. 거래적 리더는 우선 자기가 원하는 조직의 목표치가 무엇인지를 부하에게 주지시키고, 목표를 달성한 결과치의 정도에 따라 부하가 어떤 보상(또는 벌)을 받을지를 명확히 해준다. 그다음에 리더는 부하들의 원하는 바(예 : 급여인상, 승진)가 무엇인지를 파악하여, 리더 자신이 원하는 목표치와 부하가 원하는 보상을 맞바꾸는 것이다. 말하자면 "당신이 열심히 하면 당신에게 그만큼의 보상을 해주겠다."는 식으로 부하를 관리하는 리더십이 거래적 리더십이다.

표 10-4 거래적 리더와 혁신적 리더의 비교

상호거래적 리더(transactional leader)	혁신주도형 리더(transformational leader)
■ 부하의 노력과 업적에 따라 보상과 칭찬을 함 ■ 높은 성과에 보상하겠노라고 약속 내지 언질을 줌 ■ 부하의 행동이 규정이나 관례에 어긋남이 없는지 감독, 관찰, 시정해줌 ■ 책임을 피하고 중요 결정사항은 위아래로 미룸	■ 부하들에게 비전과 미션을 제시하고 신뢰를 보이며 자긍심을 유발시킴 ■ 부하들의 지혜와 논리성, 문제해결력 등을 일깨워줌 ■ 부하 한 사람 한 사람을 존중하며 개별적 관심을 쏟음 ■ 목표를 쉽게 설명해주고 높은 기대를 가지도록 동기부여시키며 영감을 불어넣어줌

거래적 리더십이 부하가 리더에게 복종하는 대가로 임금이나 신임을 얻는 교환(exchange)적 관계에 토대를 두는 것인 반면, 혁신적 리더십은 리더와 부하 모두의 동기와 목적의식을 고취시키는 것이다. 거래적 리더가 부하를 단순히 일차적 욕구수준에 머물러 있는 사람으로 파악하는 반면, 혁신적 리더는 부하를 전인(全人)으로 파악하며 부하의 상위욕구를 중시한다. 물론 이 둘은 상호보완적일 수 있다. 최근 한 연구에서 이들 리더십이 경영혁신에 미치는 영향은 기업의 규모에 따라 다름을 발견했다. 즉 중소기업일수록 거래적 리더십이, 대기업일수록 혁신적 리더십이 효과적이었다. 그 이유는 아마 소기업일수록 리더가 직원 개개인과 거래와 교환을 확실하게 할 수 있기 때문일 것이다. 하지만 일반적인 직장인의 직무만족과 리더십 유효성에는 거래적 리더십보다 혁신적 리더십이 더 긍정적인 영향을 미쳤다. 그리고 성과주의형이나 배려형의 리더행동과의 관계에서도 거래적 리더십보다 혁신적 리더십이 더 밀접한 상관관계를 보였다.

③ 혁신주도형 리더가 갖춰야 할 자질

혁신주도형 리더(transformational leader)는 부하들로 하여금 자신의 관심사를 조직발전 속에서 찾도록 영감을 불러일으키며 항상 새롭게 창조와 혁신을 할 수 있도록 비전을 제시한다. 어떤 의미에서 혁신주도형 리더는 자기가 없어도 부하 스스로 바람직한 행동(창조, 학습, 변화, 도전 등)을 할 수 있는 사람들로 변형(變型 : transform)시키는 리더이다. 그러한 리더는 부하들과의 관계에서 다음과 같은 네 가지 자질을 갖추어야 된다.

비전을 통한 단결능력

부하들에게 미래의 비전을 제시하며 주도권을 쥐고 부하들을 자극하는 능력이 있어야 한다. 그는 미래의 분명한 목표인 비전을 제시함으로써 현재와 미래를 연결해주며 부하의 사기와 가치관을 자극하여 조직에 꿈과 용기를 불어넣는다. 리 아이어코카(L. Iacocca), 넬슨 만델라(N. Mandela), 잭 웰치(J. Welch), 케네디(J. Kennedy), 마틴 루터 킹(M.L. King)이 그 대표적인 사람들이다.

비전의 전달능력

비전은 제시하는 것으로 끝나지 않는다. 부하들이 이를 이해하고 자기 것으로 만들어야 그들이 나아갈 바를 분명히 안다. 그래서 비전을 멤버들에게 완전히 전달하는 것이 리더의 역할이며 그러한 능력이 있어야 한다. 즉 혼자 비전을 외치면서 호령만 해서는 안 되고 부하를 설득시키고 동참시키는 능력을 비전 창조능력과 별도로 가지고 있어야 할 것이다.

신뢰의 확보

부하들로부터 전적으로 충성과 신뢰를 받는 능력도 필요하다. 그래야 반론에 대처하면서 강력하게 계획을 추진할 수 있으며, 리더가 일시적으로 실수를 했거나 리더십을 상실하고 있을 때도 다수 멤버들의 지지를 받아 건재할 수 있다.

자기 이미지 관리

리더 스스로 자신의 관리에 능통해야 한다. 능력과 지식의 함양은 물론 행동과 처신에 흠이 없도록 자기계발을 계속해야 할 뿐만 아니라, 긍정적인 이미지를 심는 자기연출 능력도 필요하다.

설득력과 지도력

혁신적 리더는 부하직원을 동기화할 수 있어야 한다. 그러기 위한 하나의 조건으로 직무를 보람을 갖도록 설계해야 한다. 그렇지만 아무리 직무설계를 잘해도 부하직원이 직무를 지각하면서 보람과 의미를 찾지 못하면 그만이다. 그러므로 진정한 리더라면 부하가 직무를 의미 있다고 지각하도록 만드는 설득력이나 지도력을 갖추는 것도 중요하다. 이를 위해서는 일방적 지시형의 리더가 되기보다는 항상 쌍방적 커뮤니케이션을 유지하면서 교류하는 민주적 기질을 소유해야 한다.

④ 카리스마 리더십

카리스마의 어원은 그리스어 'kharisma(신이 주신 재능, 신성한 은혜)'로서 개인이 소지하고 있는 영적인, 심적인, 초자연적인 특질을 의미한다. 리더에게 이런

/인/간/이/야/기/10-7/

성공한 리더

카리스마는 '내가 전지전능한 것처럼 보이도록 꾸미는' 일종의 속임수이다. 히틀러의 카리스마는 그가 상대방을 뚫어져라 응시할 때 그의 눈동자에서 느껴지는 신비함에서 나왔다. 히틀러의 툭 튀어나온 눈동자에 압도되어 오금을 펴지 못하는 사람이 많았다고 한다. 그 눈길은 최면효과까지 보였다. 하지만 처칠(사진)에게는 그런 카리스마가 전혀 없었다. 공개석상에서 눈물을 비춘 적이 한두 번이 아니었다. 그런데도 성공적인 리더로는 단연 처칠이 꼽힌다. 어떻게 보면 성공적인 리더십에는 카리스마가 오히려 방해요소일지도 모른다. 처칠만이 아니라 에이브러햄 링컨 · 아이젠하워 · 해리 트루먼에게서도 히틀러와 같은 카리스마는 전혀 느껴지지 않았다. "리더십에 특별히 요구되는 자질은 없으며 카리스마와는 더더욱 관계가 없다."고 하는 피터 드러커의 주장이 설득력을 얻는다. 제2차세계대전 당시 처칠은 논리를 앞세우기보다 국민의 감정에 호소하는 연설로 전쟁 승리에 대한 확신을 심어주지는 못할지라도 패배주의의 확산을 막을 줄 알았다. 1940년대 영국 국민이 꼭 필요로 한 것은 무기가 아니라 자신감과 사기였다는 사실을 간파했던 것이다.

특질이 있을 때 부하들이 이를 신봉함으로써 생기는 리더십이 카리스마 리더십이다. 카리스마 리더십 연구와 관련된 대표적 학자는 하우스(R.J. House)이다. 그는 카리스마 리더는 다른 사람과 무엇이 다른지, 행동은 어떤 특색이 있는지 등을 연구했는데 그의 이러한 리더십모형이 오늘날에 와서 새롭게 각광받기 시작했다.

카리스마 리더의 초인적(超人的) 특질이 실제로 존재하는지는 별로 중요하지 않고, 구성원들이 그렇게 믿고 있으면 그만이다. 그렇다면 그 매력은 어디서 오는 것일까? 카리스마 리더라고 해서 모두 똑같은 매력을 가지고 있거나 공통의 특징을 소지하고 같은 전략을 쓰는 것은 아니다. 아돌프 히틀러와 인도의 마하트마 간디는 특질이 전혀 다르면서도, 공통적으로 남을 복종시키는 무엇이 있었는데 그것이 카리스마 기질이다. 이렇듯이 카리스마 리더가 남다른 특질이 많은 것은 사실이다.

그러나 카리스마 리더라고 해서 덮어놓고 부하가 따르는 것은 아니며 직접 행동을 보여야 부하들의 성과지향적 행동을 유도할 수 있다. 앞의 거래적 리더십(transactional leadership)은 두 가지 기본 전제를 깔고 있는데, 하나는 리더가 부하의 동기부여를 위해 응분의 보상을 해야 한다는 것이며, 또 하나는 부하가 목표달성에 실패하는 경우 리더가 고쳐주어야 한다는 것이다. 이러한 기질이 누구에게나 다 있는 것은 아니다. 리더의 특별한 행동을 보고 부하들이 느낄 수 있어야 한다. 즉 카리스마 리더가 변화선도행동을 하며, 부하직원들이 리더의 카리스마를 인지하고 리더가 변화선도행동을 한다고 인지하면 그 팀의 성과도 높다.

그러므로 카리스마 리더십은 부하로 하여금 대가 없이 또는 리더의 구체적 간섭 없이 자발적으로 조직에 헌신토록 하는 리더십인데, 리더에게 요구되는 행동은 다음과 같다.

- 자기확신 : 카리스마 리더들은 고도의 자신감, 자기신념에 대한 높은 확신, 그리고 남들에게 영향력을 행사하려는 강한 욕구를 가지고 있을 가능성이 크다. 이러한 자신감과 확신은 부하들이 리더의 판단을 믿도록 만들 가능성이 크며, 권력욕구가 크면 그것이 멤버들을 설득하고 추종하도록 만들기 쉽다. 반면에 자신감이 없든지 권력욕구가 적으면 남들에게 영향력을 행사하려는 노력도 적게 할 것이며, 노력한다 하더라도 성공 가능성은 적다.
- 인상관리 : 카리스마 리더는 자기가 유능하고 성공적이라는 인상을 심어주기 위해 부단히 노력할 것이며, 모든 행동을 이런 인상관리에 초점을 맞추게 된다. 그러다보면 과장되거나 거짓된 행동을 삽입하는 경우도 많다.
- 이데올로기 비전 : 행동뿐만 아니라 멤버들에게 이데올로기 목표를 제시할 수도 있다. 부하들에게 장래가 어떻게 전개될 것인지에 관한 매력적인 비전을 제시해줌으로써 그 집단이 수행해야 할 목표에 대해 보다 깊은 의미를 부여하고, 열성과 흥분을 불러일으키려고 할 것이다. 대체로 카리스마 리더는 부하들의 희망과 이상에 호소하기 때문에 더욱더 이데올로기 사용을 많이 하게 된다.
- 솔선수범 : 카리스마 리더들은 스스로 행동의 모범을 부하들에게 보여줌

/인/간/이/야/기/10-8/

무솔리니의 인상관리

베니토 무솔리니(사진)는 사회주의자였던 대장장이의 아들로 출생했으나 교사인 어머니의 뒤를 이어 미술교사가 될 정도로 감수성이 예민하고 감성적인 사람이었다. 후에 여러 경력을 거쳐 이탈리아 파시즘의 대부가 되었을 때 그는 자신의 연약한 이미지를 감추기 위해 많은 노력을 했다. 셔츠는 검은색으로 입고 검은 장갑을 끼워서 작고 여린 손이 안 보이게 했으며 항상 제복과 베레모와 긴 장화를 착용함으로써 자신을 이탈리아를 보호하는 군인으로 상징화하였다. 검은 옷과 소매에는 금단추로 장식하고 항상 긴 칼을 휴대하여 장군의 이미지를 살렸다. 캐치프레이즈인 "국가를 초월하는 것은 아무것도 없고 아무도 국가에 대항하지 못한다."로 자신을 방어하며 자신이 국가의 상징인 것처럼 만들었다. 파시스트 정당에 더 많은 국민을 끌어들이기 위해서는 더 많은 노동자가 필요했기에 대규모 공공사업과 건설사업을 주요 전략으로 삼았다. 연설을 할 때는 아침에 떠오르는 해를 등지고 했기 때문에 그의 뒤에서는 언제나 후광이 비치고 있었다.

으로써 부하들의 행동뿐만 아니라 가치관, 태도, 감정 등 모든 것을 자기가 원하는 쪽으로 변화시키려고 한다.

- 감정적 호소 : 부하들의 동기를 유발시키기 위해 카리스마 리더는 감정에 호소하는 경우도 많다. "총화단결!", "적을 무찌르자!", "일하자! 더 일하자!" 등 부하들과 감정적 대화를 가지거나 연설로 호소함으로써 그들을 설득하고 추종하게 만든다. 이때 부하들은 리더의 감정을 그대로 받아들여 체화시키는 것이다.

⑤ 윤리적 리더십

최근 들어 리더십에 윤리성(ethics)을 추가해야 한다는 주장이 대두되고 있다. 기업윤리나 환경윤리 혹은 기업의 사회적 책임이 점차 중시되고 있는 추세 때문이기도 하다. 예를 들어 목표를 위해 수단을 가리지 않는 리더가 항상 목표를 초과달성한다고 해서 그것을 훌륭한 리더십이라고 할 수 있는가? 안 해도 될 전쟁을 시작해서 개선한 장군이 훌륭한 장군인가? 불량식품을 팔도록 지시하여 주주들에게 막대한 이익을 내게 한 CEO는 어떤가?

이러한 문제는 유효한 리더십 모델을 평가하기에 앞서 다루어야 할 가치관의 문제이기도 하다. 그렇다고 리더가 도덕성을 갖추어야 한다든지 기업이 사회적 책임을 다해야 하기 때문에만 윤리적 리더십이 대두된 것은 아니다. 리더가 윤리적일 때 효율적 리더십이 되기 때문에 이를 강조하는 것이다.

리더가 부하의 신뢰를 얻는 가장 좋은 방법은 항상 부하들에게 정정당당하며 털어도 먼지 하나 없는 처신을 하는 것이다. 이는 모범적 리더십(authentic leadership)이 새로운 리더십 모델이라는 주장과 일맥상통한다. 효율적으로 리더십을 발휘하기 위해서 리더는 부하들과 모든 정보를 공유하고, 언제나 접근이 가능하도록 기회를 주며, 부하들의 건의에 귀 기울여야 한다. 그러면 부하들은 항상 리더를 신뢰하고 따른다는 것이다. 아직 이 개념은 세상에 나온 지 일천하여 많은 입증결과는 없지만 동양에서는 수천 년 전부터 강조되어왔다.

그런데 부하로부터의 신뢰는 앞에서 다룬 카리스마 리더나 혁신주도형 리더의 경우에도 강조된다. 즉 가능한 비전을 제시하거나 열린경영으로써도 부하는 리더를 믿고 따른다. 그러나 다른 점은 있다. 카리스마 리더나 혁신주도형 리더도 비전을 제시해주고 부하들에게 호소하기도 하지만, 비전이 히틀러의 경우처럼 잘못된 것일 수도 있으며, 리더 개인의 자기이익이나 자기도취에서 설정된 것일 수도 있다. 다른 이들에게 도움을 주려고 카리스마적 기질이나 행동을 활용하는 윤리적 리더만이 부하들로부터 진정한 신뢰를 얻을 수 있을 것이다.

윤리적 리더라면 정직하고 남 앞에 떳떳할 것이고, 그래야만 부하들의 신뢰를 얻을 것이며 결과적으로 리더십 효과가 증가한다. 리더가 공정하고 윤리적이면 부하들의 조직시민행동이 더 증가하며, 더 많은 문제를 리더에게 갖고 와서 상의하려 한다는 조사결과도 있다. 조직윤리 혹은 기업윤리를 도외시하는 리더는 부하들로부터 호응을 얻기 어렵다. 그리고 리더가 윤리적이라야만 조직구성원도 리더에 대한 윤리적 인지를 하고 윤리적 환경과 윤리문화를 더 잘 인식한다.

⑥ 코칭 리더십

조직에서 개인보다 팀을 강조하고 팀의 필요성이 점차 높아지면서 구성원 개개인의 능력 향상보다 팀원들의 상호교류와 네트워크, 그리고 구성원의 능력개발을 이끌어내는 리더십행동이 강조되고 있다. 그 때문에 종래의 전통적 리더 역할이 아닌 새로운 리더 역할이 제안되고 있는데, 그중의 하나가 리더는 스포츠팀의 코치처럼 행동해야 한다는 소위 코칭(coaching) 리더십이다.

팀은 오늘날의 조직에서 대표적인 작업집단이 되었으며, 기업조직은 물론 행정조직, 병원, 대학조직에서도 모든 업무는 팀으로 이뤄지고 있다. 그러므로 팀장의 리더십 또한 매우 중요하게 되었는데, 팀장의 역할은 종래 일선관리를 맡던 계장이나 과장의 역할과 다르기 때문에 다른 각도에서 리더십이 파악되어야 한다. 종래의 과장이나 부장은 자기 부서에게 주어진 책임량을 해내기 위해 과(부)원들에게 업무를 할당하고 규정에 따라 규제하고 감독 · 평가했다. 그러나 팀장은 관리 · 통제보다 팀 내 · 외의 정보흐름과 소통을 촉진하고 자율을 최대한 보장하며, 팀원 각자의 강약점을 잘 지적해서 개발시키는 역할이 더 중요하다. 따라서 팀장은 스포츠팀 코치나 감독의 역할을 배울 필요가 있다. 팀장의 역할은 다음 네 가지로 요약할 수 있다.

- 팀과 관련되는 외부와의 연결자 역할이다. 상급자, 다른 팀, 고객, 협력업체 등에 대해 팀을 대표하며 팀 내 정보를 알려주기도 하지만 외부에서 정보를 수집했다가 내부 팀원에게 잘 알려야 한다.

/인/간/이/야/기/10-9/

코칭 리더십

'2002 FIFA 대한민국 · 일본 월드컵'을 통하여 조그만 공 하나가 4,700만 명의 가슴을 울리고 40억 명 인구를 놀라게 했다는 사실을 우리는 기억한다. "Be the Reds!" 길거리 응원단의 신제품이 탄생하고 대한민국 상품의 광고효과는 수십조 원에 달했다. 이러한 돌풍의 한가운데에는 Hiddink Leadership이 있었다. 그 특성은 다음과 같다.

- 가장 약점이었던 한국 대표팀의 체력을 오히려 강점으로 만든 변혁적 리더
- 오대영(5 : 0)이란 비아냥거림을 감수하면서 단기적 성과보다 체력훈련이라는 장기 프로그램에 충실한 신념의 리더
- 페널티킥을 실패한 안정환, 이을용을 교체하지 않고 그들로부터 공헌을 얻어낸 실패를 탓하지 않는 리더
- 상호경쟁을 통해서 스스로 발전하며 self leader가 되라고 주장한 무관리의 관리자
- 승리 후 선수들이 감독에게 뛰어가서 껴안을 정도로 마음을 산 인간적 감동의 리더
- 우리 편에게 실수한 주심에게 가서 물병을 건네며 긴장감을 웃음으로 바꾸어놓는 유머 있는 리더
- 상대국의 전술과 전법을 예리하게 분석하여 대응작전에 성공한 분석적 리더
- 선수들끼리의 복종과 서열을 금지시키고 상호 대화와 대등한 경쟁을 강조한 수평적 리더
- 학연, 인연, 연공, 유명, 인기보다 실력 위주로 선수를 기용한 능력주의 리더
- 우리도 하면 된다는 신념을 선수들에게 항상 북돋우어준 비전적 리더

- 팀이 문제에 부딪혔을 때 팀장은 회의와 협상을 주선하고 외부 도움도 요청하며 때로는 자신이 직접 개입하면서 문제해결을 주도한다.
- 팀원 사이에 갈등과 분쟁이 있으면 이를 해결해줄 뿐만 아니라 갈등을 최소화하기 위해 보상, 업무할당, 배치 등을 팀원과 계속 합의해나간다.
- 팀원에게 할 일을 제시하고 가르쳐주며 지원하고 약점을 잘 관찰하여 알려준다.
- 항상 팀원 각자를 관찰하면서 그들이 가진 남다른 특성을 찾아내어 이를 계승 · 발전시키도록 정신적 · 물질적 지원을 아끼지 않는다.

(3) 리더십팀

효율적 조직이 되기 위해서는 우선 경영진부터 팀으로 움직여야 하며 경영팀으로서 활성화되어야 할 것이다. 이를 위해 리더십팀(leadership team)의 정체를 파악하기로 한다.

/인/간/이/야/기/10-10/
고대 그리스의 팀리더십

기원전 1240년 스파르타의 왕비 헬레나를 트로이의 왕자 파리스가 납치하면서 트로이전쟁이 시작되었다. 트로이의 성벽은 강해서 그리스 병사들이 뚫기 힘들었다. 그렇게 10년 동안 전쟁은 지지부진하였으나, 전쟁의 막바지에 그리스 측이 묘안을 내었다. '트로이의 목마'였다. 그리스 측은 트로이의 성벽 아래에 목마를 두고 철수하는 척하였다. 트로이 측은 이 목마를 승리의 전리품이라고 생각하여 성 안에 들였으나, 그날 밤 목마 속에서 오디세우스를 선두로 그리스 특공대가 나왔고, 그들은 미리 성 밖에서 숨어서 기다리고 있던 그리스 측의 본군을 성 안으로 끌어들였다. 이제 전세는 분명해졌다. 그리스의 본군은 트로이 왕을 죽이고 도시를 불태워버렸다. 그리고 헬레네는 다시 그리스로 돌아오게 된다. 그렇다면 전쟁을 승리로 이끈 그리스의 리더는 오디세우스인가, 용맹한 전사 아킬레우스인가? 동맹국의 배 수천 척을 동원한 강력한 지휘관 아가멤논 왕인가, 현명한 고문관 네스토르인가? 이들 중 리더는 누구냐고 묻는 것은 우매한 질문이다. 왜냐하면 그리스의 승리는 이들 모두의 상호보완적 리더십의 결정체였기 때문이다. 오디세우스는 전략적 조언을 책임졌고, 아킬레우스는 군대를 전투의 열기 속으로 이끌었으며, 네스트로는 아가멤논과 아킬레우스 사이의 갈등과 긴장을 조절하며 중재했다. 이들 네 명의 활동이 모이면 막강했지만 각자 따로 행동했다면 그리스는 승리를 얻지 못했을 것이다.

① 상호보완적 리더십

이는 한 사람의 리더가 아닌 여러 명의 리더가 하나의 팀으로 뭉쳐 한 사람의 리더처럼 조직을 이끌어야 한다는 주장이다. 상호보완적 리더십(complementary leadership)이라고도 하는데, 예를 들면 효율적인 리더의 유형이 한두 가지가 아닌데 상황에 따라 유형을 달리해야 한다는 상황이론을 감안한다면, 오직 한 사람의 리더가 여러 가지 역할을 하기에는 벅차다. 상호대립되는 리더십행동을 경우에 따라서 혹은 부하에 따라서 그때그때 변화시키기도 어렵거니와 다양한 기능을 한 사람이 도맡아 멀티플레이어로서 수행한다는 것이 쉽지 않다.

그러므로 원맨쇼의 독자적인 리더십과 대응되는 개념으로서 리더십팀이 대두되었다. 이는 여러 명이 공동으로 긴밀하게 상호소통하면서 동일한 리더의 위치에서 한목소리로 리더십을 발휘하는 방식이다. 이와 유사한 형태의 리더십이 많이 존재하는데 팀리더십, 네트워크 리더십, 복합리더십, 공유리더십, 집단리더십으로 구분하여 칭하기도 한다. 그리고 이와 유사한 용어이지만 의미는 다른 집단 간 리더십(intergroup leadership)의 개념이 새롭게 등장했다. 하나의 조직 안에는 여러 개의 하위조직이 있는데 훌륭한 리더란 하위조직들 사이의 상호관계를 잘 다스려서 전체의 합동적 성과를 높이는 행동을 해야 한다.

한편 리더십팀과 유사한 개념으로 과거에도 큰 회사에서는 대내사장, 대외사장 혹은 재무담당 CFO, 운영담당 COO, 총괄담당 CEO라는 직함으로 역할을 분담하는 경우가 많았다. 그러나 리더십팀은 단순한 역할분담이 아니라 여러 사람이 모여서 한 몸의 리더가 되어야 한다. 즉 경영진에 속한 리더들끼리 완전한 리더팀을 이루어 긴밀하게 상호보완하면서 리드할 경우 이상적인 리더십을 발휘할 수 있다고 착안한 데서 나왔다. 리더십팀은 이미 많은 글로벌기업에서 부분적으로 활용하고 있는 리더십 형태이다.

② 무엇을 보완할 것인가

직무분담(task definition)

큰 조직의 리더는 매우 바쁘기 때문에 모든 업무를 직접 챙기기 어렵다. 그런데 여러 리더들이 책임을 나누어 분담한다면 리더가 여유를 찾게 되어 본래의 리더 기능에 몰입할 수 있을 것이다. 대내 · 대외 혹은 영업업무와 재무업무 등으로 업무를 쪼개어 책임을 진다면 리더가 부하들과의 커뮤니케이션과 잦은 만남 등에 힘입어 질 높은 의사결정을 할 수 있다.

전문성 보완(expertises supplement)

우선 리더에게 부여되는 기본업무를 나눌 필요가 있다. 실무를 모르면 부하를 제대로 다룰 수 없다고들 많이 지적한다. 하지만 날로 새로워지는 오늘날의 조직에서 모든 실무에 능숙한 전문실력을 소지하기 어렵다. 그러므로 각각 다른 실무의 경력을 갖춘 리더들이 서로의 전문성을 교류하면서 조직을 운영한다면 마치 전능자가 다스리는 효과를 볼 수도 있다.

역할분담(role definition)

능력뿐만 아니라 시간적으로 리더가 담당할 업무가 많으면 수준 높은 의사결정을 하기 어렵고 모든 일이 지연된다. 또한 리더십의 유형도 상황에 따라 변해야 하는데, 한 리더가 부하에게 오전에는 자상하게 접근했다가 오후에는 호랑이처럼 변하여 부하를 혼낼 수는 없다. 이 경우 역할을 분담한다면 효율적이다.

인지적 시너지(cognition strengths)

리더십 멤버들의 전문기술과 역할이 합쳐지고 상호보완되면서 시너지효과가 작동되면 새로운 아이디어가 개발되며 이에 따라 리더의 능력도 축적된다. 예를 들면 한 리더가 비전을 제안하면 다른 리더가 그 비전의 구체적인 실천방안을 제시할 수 있다.

③ 리더십팀의 필수요건

리더십팀이 제대로 효과를 발휘하려면 갖춰야 할 기본요소들이 있다.

- 신뢰 : 우선 신뢰관계의 구축이다. 서로 경쟁관계이거나 시기와 질투가 있다면 오히려 역효과가 우려된다.
- 비전공유 : 비전과 목표에 대한 공감대 형성과 리더십팀 멤버 전체의 전적인 동의가 필요하다. 서로의 의견과 목적이 다르면 상호협조도 불가능할 뿐 아니라 부하들은 혼돈에 빠지기 일쑤이다.
- 커뮤니케이션 : 커뮤니케이션은 일상화되어야 한다. 모든 사안에 대하여 전문기술과 역할이 다를수록 정보공유가 필수적인데, 이는 마치 한 사람의 머리에 좌뇌와 우뇌가 있으면서 항상 상호간에 정보의 교류가 계속되는 것과 같다. 정보공유가 없으면 시너지효과도 얻을 수 없으려니와 경영진에서 부하직원을 대하는 태도가 중구난방이 되기 쉽다. 엄마에게 졸라서 안 되더니 아빠에게 조르니까 되더라는 식의 인식을 주면 안 된다.
- 공동보상 : 리더십 효과에 따른 보상이 리더십 멤버들에게 주어질 때 그것이 경제적인 인센티브이든 정신적인 찬사이든 공동으로 균등하게 배분되어야지, 재주는 곰이 부리고 돈은 왕서방이 버는 격이 되면 안 될 일이다.
- 승계 : 리더십팀으로 운영될 때 가장 어려운 점이 승계문제이다. 하지만 리더십팀 멤버 전원을 한꺼번에 교체하지 말고, 적당한 기간을 두고 한 사람씩 대체하면서 충분한 훈련기간을 갖게 한다면 쉽게 풀릴 수 있을 것이다.

(4) 리더와 부하의 교환관계에 관한 리더십이론

부하는 한 명이 아니라 여러 명인 경우가 대부분이고 제각각 다르다는 것에 주의해야 한다. 그럼에도 불구하고 이제까지의 리더십 연구는 부하를 모두 똑

"우리 회사에는 자네밖에 없네. 난 자네만 믿겠네!"
'흐흐흐……흠.'

같은 사람으로 취급하고 오직 리더에게만 초점을 맞추어왔다. 리더십은 리더만의 문제가 아니라 리더와 부하의 관계이다. 이제 리더십의 상호적 관계에 주목해야 한다는 사실이 새롭게 대두되었다.

① 리더-부하 교환이론의 두 핵심

리더-멤버 교환이론은 리더와 개별부하들 사이의 역할수행과정과 시간흐름에 따른 교환관계가 어떻게 발전하는지를 설명한다.

수직적 상호영향관계

리더십 연구 초기에는 리더의 영향력을 리더로부터 부하에게 전달되는 하향적 방향으로만 생각하였다. 그러나 부하가 리더에게 영향력을 행사하는 상향적 방향도 가능하다. 이렇듯 리더의 행동이나 특성 등 리더 자체에만 초점을 둔 그동안의 이론에 비해서 수직적 양자연계이론(vertical dyadic linkage theory : VDL)은 리더와 부하의 상호작용에 초점을 맞추고 이들 관계에서 어떻게 리더십이 이루어지는가를 설명한다.

이러한 VDL이론이 리더-부하 교환이론(leader-member exchange theory : LMX theory)이다. 리더와 부하의 관계는 리더가 부하 각각에 대하여 개별적인 관계를 형성하기 때문에, 리더와 부하 전체의 관계가 아닌 리더와 부하 한 사람 한 사람의 일대일 관계라 말할 수 있다.

내집단과 외집단

이 이론은 리더가 부하와 가지는 상호적 영향관계에 초점을 둔다. 대부분의 조직에서 여러 명의 부하를 둔 리더는 부하들을 내집단(in-group)과 외집단(out-group)으로 구분해놓고 두 집단에 대해 각기 다른 관계를 발전시켜나간다. 즉 어떤 리더가 조직에서 자기의 개인집단을 만들고 그들에게만 특별대우를 한다면, 일단 그는 LMX이론형 리더인 셈이다. 소수의 믿을 만한 부하들은 내집단으로 구분하여 중요한 의사결정에 참여시키고 책임도 그만큼 더 많이 부여하며 중요정보도 더 많이 알려준다. 그 대신 임금인상 및 인센티브 지급, 경력개발 등 다양한 특별대우를 해준다. 물론 내집단의 부하들도 외집단보다 직무와 조

/인/간/이/야/기/10-11/

공자와 리더-부하 교환이론

어느 날 공자의 제자 중 한 사람인 자로가 공자에게 질문을 했다. "선생님! 좋은 생각이 떠오르면 곧바로 실행해야 합니까?" 그러자 공자가 답했다. "아니다. 좀 더 깊이 생각해보고 나서 여전히 좋다고 생각되면 그때에야 실행하여라." 그런데 잠시 후에 또 다른 제자인 염유가 공자에게 똑같은 질문을 했다. "선생님! 좋은 생각이 떠오르면 어떻게 해야 합니까? 곧바로 실행에 옮겨야 하나요?" 공자가 답했다. "좋은 생각이 떠오르면 당연히 곧바로 실행해야지." 그러자 옆에 있던 자화라는 제자가 이상히 여겨 공자에게 질문을 했다. "선생님! 왜 자로와 염유가 똑같은 질문을 했는데 각각 다르게 대답하십니까?" 그러자 공자는 다음과 같이 말했다. "자로는 성격이 급해서 매사에 신중히 하라고 그렇게 답한 것이고, 염유는 지나치게 신중하고 주저하기 때문에 과감하게 실천하라는 뜻으로 그렇게 답해준 걸세."

직에 더 몰입하며 리더에게 끊임없이 충성을 한다. 이에 비하여 외집단에 속하는 부하들은 내집단에 속한 부하들과 전혀 다른 리더-부하관계를 형성한다. 리더는 외집단 부하들을 믿지 않으며 주로 강압적 방법이나 권위를 앞세워 지시와 명령을 내린다. 외집단 부하들 또한 피동적이며 리더에게 적극적으로 충성할 필요를 느끼지 않는다.

② 교환관계의 초창기 이론

리더십을 상호관계 측면에서 바라본 초기 연구자들의 근본적인 취지는, 리더와 부하들이 너무 멀리 떨어진 채로 각자 움직이고 있는데, 효율성을 위해서는 리더와 부하 양자의 교환관계라는 측면에서 바라보아야 한다는 것이다. 이는 다시 말해서 리더십과 관련한 부하의 역할이 그동안 무시되었거나 강조되지 못했다는 점을 일깨워준다. 리더는 부하의 핵심역량과 능력수준, 그리고 부하가 리더를 신뢰하고 의존하는 수준에 따라서 부하들을 분리해놓고 각 집단별 수준에 맞추어 각기 다른 리더십을 행사하는 것이 좋다는 의미이다. 그러면서 시간의 흐름에 따라 교환관계의 수준을 낮추거나 높이기도 한다면 더욱 바람직한 일이라고 한다.

③ 높은 교환관계(특별한 교환관계)

리더는 내집단(in-group)의 부하들에게 지원자, 자문역, 부관, 비서, 고문, 심지어는 분신(分身) 등의 자격을 주고 그들과 질 높은 교환관계를 갖는다. 그리고 특별 교환관계를 유지하는 부하에게는 더 많은 복지후생과 임금인상과 승진의

/인/간/이/야/기/10-12/ 열린사회에서의 리더상

현대사회에 있어서 가장 심각한 문제 중에 하나는 '리더의 부재'라 할 수 있다. 권위나 지위로 이끌어가는 관리자는 많지만, 조직구성원들에게 꿈과 희망을 주고 혁신과 자기변신을 주도해나갈 지도자의 리더십이 요구된다. 열린시대, 열린사회에서 요구하는 리더상에 대해 알아보면 다음과 같다.

■ **Self Leader**

리더가 되기 위해서는 먼저 셀프 리더가 되어야 한다. 스스로 일을 찾아서 해결하지 못하면서 부하직원에게만 강요를 해서는 신뢰감을 얻을 수 없다. 즉 솔선수범하는 리더란, 나 자신에게 실행할 수 있는 리더십, 다른 사람을 효과적으로 리드하기 위해서는 자신을 먼저 리드할 줄 아는 리더십을 말한다. 과거에는 부하에게 '민주적, 인간적, 자율적'인 리더십이 많은 호응을 얻었지만, 현재는 상징, 귀감, 표본이 되는 리더십이 요구된다. 즉 열 마디, 백 마디 말보다는 보고 배울 수 있도록 리더 자신의 솔선수범이 필요하다. 조직구성원들은 상급자의 행위에 많은 영향을 받기 마련이다. 특히 상황이 불확실한 경우에는 상급자의 행위 하나하나가 그대로 바람직한 행위로 인식되는 경우가 많다.

■ **Playing Manager**

과거에 관리는 관리자만이 하는 것으로 인식되었고, 실천은 실무자만이 하는 것으로 알고 있었다. 또한 거래처를 방문하고 관리하는 것은 말단사원이, 작업현장은 신입사원이 담당하는 것이 당연한 것으로 알았다. 관리자는 과거지향적으로 주어진 일이 완성되도록 관리하는 역할을 한다면, 리더는 미래지향적으로 무엇을 해야 할 것인가를 정해주고 스스로 하도록 자극하고 인도하는 역할을 한다고 할 수 있다. 어느 조직이든 잘되기 위해서는 좋은 관리자인 동시에 좋은 리더인 사람들로 채워져야 할 것이다.

■ **Professional Man**

권위와 권력은 지식을 바탕으로 얻는 것이다. 즉 리더가 보유하고 있는 특정분야나 특정상황에 대한 전문적 지식, 기술 등을 통하여 영향력을 행사할 수 있어야 한다. 이러한 권력이나 권위는 타인이 소유할 수 없는 지식과 능력을 갖게 될 때 발휘될 수 있는 것이다. 따라서 역할수행에 필요한 역량을 갖추고 있으면서 동시에 참된 인간성을 겸비한 사람이다.

■ **멀리 볼 줄 아는 작은 사장**

상사가 시킨 일만 열심히 하면 충성된 사원이지 관리자는 되지 못한다. 단순히 시장점유율이 늘었다고 좋아하면 단순한 사원일 뿐이다. 적어도 관리자라면 경쟁사가 신제품을 출현시키기 위해 생산을 잠시 줄였다는 것을 감지할 수 있어야 한다. 따라서 그때그때 닥치는 일보다는 항상 미래를 예측하며, 지금은 가능할 것 같지 않은 일에 대해 관심을 갖고 조직원들에게 조직의 미래상과 방향을 제시하는 능력을 갖추어야 한다. 정확한 목표가 없거나 방향감각을 상실한 리더는 이정표의 역할을 할 수 없다.

■ **Shock Maker**

리더는 조직구성원들에게 자극과 쇼크를 줄 수 있어야 한다. 구성원들이 일을 할 수 있도록 명확한 비전을 제시해주고, 충고를 하고, 바른 길로 인도하여 스스로 일을 하도록 해야 한다. 또한 리더는 도전이란 중요한 것이며, 불가능한 일이란 거의 없다는 사실을 모든 구성원들이 느끼도록 해야 한다. 예를 들면 구성원들에게 "높이 뛰어!"라고 말로만 외치는 것보다, 서 있는 자리에 불을 지르는 것이 더 효과적일 수도 있는 것이다.

기회 등의 유형적인 보상 이외에도 개인적 칭찬과 인정, 미래에 대한 보장을 약속한다. 그들은 보통의 부하들보다 더 많은 헌신과 노력을 했기 때문이다.

특별 교환관계를 설정한다는 것은 친밀하고 빈번한 관계를 뜻하기도 하지만 결국은 리더 자신이 부하로부터 최선의 지원을 받기 위함이다. 리더는 그들에게 더 고난도의 과업을 맡기며, 더 많은 책임과 권한을 위임하고, 더 많은 정보를 공유함으로써 종국적으로는 다른 조직에서 못하는 높은 조직성과를 얻을 수 있다. 리더–부하 관계가 서투른 조직은 그 정도로 노력하는 헌신적 부하를 가질 수 없기 때문에 평범한 업무만 처리하고 중간 정도의 성과에 만족할 뿐이다.

리더의 특별한 대우가 확실할수록 부하는 리더에게 더 많은 추종과 헌신을 할 것이다. 즉 부하는 리더가 원하는 조직목표에 더 몰입하고 리더의 관리감독 임무까지 도와주려고 할 것이다. 물론 추종집단의 리더에 대한 충성은 리더가 조직목표와 동일시하고 조직의 가치를 강조할 때 더 높아진다. 이처럼 주고받는 반복적인 교환 사이클로서의 관계를 통해서 리더와 부하의 교환관계는 시간의 흐름에 따라 더욱 견고해지며 부하의 충성심과 리더의 지원은 더욱 강화된다.

④ 낮은 교환관계(보통의 교환관계)

리더와 특별 교환관계를 가지는 부하들이 있는 반면, 낮은 교환관계를 갖는 부하집단이 양적으로는 훨씬 많다. 낮은 교환관계는 리더와 부하의 상호 영향력이 상대적으로 낮다는 것이다. 이 관계에서는 극단적으로 서로 무관심한 채 규정상 주어진 대로 피동적으로 과업을 처리하고 규정대로 보상한다. 즉 리더가 부하에게 미치는 영향력도 약하고 부하도 리더에 대한 충성과 헌신이 약하다. 리더는 부하가 능력도 약하고 충성과 헌신도 부족한 것 같으면 외집단(out-group)으로 분류하여 최소한의 수준으로만 대한다. 그리고 외집단의 부하와는 빈번한 의사소통 또는 친밀한 관계를 형성하기 위해 노력하지 않고, 그저 평범한 리더가 평범한 부하를 대하듯이 일상적인 관계를 가지는데 이를 낮은 교환관계라고 할 수 있다. 그렇다고 부하들의 최소의 요구마저 안 들어준다면 오히려 리더에게 협조가 줄어들고 저항할 수도 있으므로 그들의 요구는 적당히 맞추어 주어야 할 것이다. 부하들의 특별한 몰입과 헌신을 요구하지 않는 대개의 집단 업무는 이들에 의해서 수행되고 보통의 업적을 내고 마무리된다. 이때에는 리더가 부하와 교환관계를 높이려고 특별한 노력을 할 필요가 없다.

토론합시다 10 - 1

청색리더

청색리더란 개인 혹은 조직 전체에 변화를 야기할 수 있는 능력을 갖고 있으며, 때로는 곤경에 처한 조직의 업무수행을 원활하게 전환할 수 있도록 도와줄 수 있는 리더를 말한다. 다음 사례를 읽고 각자가 오똘망 부장이라고 가정하고 결론을 내려보자. 당신은 청색리더가 되고 싶어 한다.

오똘망 씨는 생산기술 담당부장인데 휘하에 9명의 기술전문인력을 거느리고 있다. 그런데 어느 날 부서장이 오부장을 불러 오부장 부서의 9명을 6명으로 줄여야겠으니 해고대상자 3명을 선정, 보고하라고 지시하였다. 오부장 부서 9명의 이력을 보면 다음과 같다.

- 이대근 : 28세. 기혼. 딸 둘. 근속년수는 1년 반. 지방대 공대 졸. 성격이 원만하여 동료들과 잘 어울리며, 일도 잘한다는 평.
- 정진해 : 26세. 미혼. 상의군경가족. 일에 대한 평가는 보통으로, 근속연수가 1년 미만이어서 일에 대해서 잘 모르는 것 같음. 동료들 사이에서 별로 인기가 없음. 일류대 공대 졸.
- 조명철 : 56세. 기혼. 3자녀. 전쟁용사. 대학 중퇴. 20년 근속. 첫 15년 동안 TOP CLASS로 군림하다가 지난 5년간은 평균 정도의 업무실적을 평가받음. 오부장이 자신에게 편견을 가지고 있어 실적평가를 잘 못 받는다고 생각하고 있음.
- 독고탁 : 34세. 기혼. 자녀 없음. 동료들과 친함. 근속경력 5년, 외국 일류대학 학사 및 석사. 실적평가가 좋다가 나쁘다하여 불안정함. 아내는 소아과 의사.
- 도도해 : 여. 29세. 미혼. 아주 열심히 일만 한다는 평. 학사는 일류대학 공대에서 마쳤고, 지금은 석사과정에 다님. 항상 기술전문성을 향상시키려고 노력함. 근속연수 3년 동안 실적평가 평균 상회.
- 최갈근 : 38세. 이혼. 두 자녀. 고졸. 사회활동에 아주 적극적임. 등산, 동아리 일을 통해서 부사장과 아주 가까워짐. 동료들도 그를 좋아함. 근속연수 14년 동안 평균 정도의 실적평가를 받았으나 요즘 안 좋아짐.
- 탁치수 : 45세. 기혼. 다섯 자녀. 일류대학 공대 학사. 지나치게 열심히 일하다 심장마비에 걸린 적이 있음. 요즘은 그럭저럭 괜찮은 것 같으나 다른 사람보다 좀 느린 편임. 근속연수 14년에 실적평가 결과는 보통 이상.
- 김지나 : 48세. 독신. 16년 근속. 일류대학 공대를 집안 사정이 어려워 중퇴하였으나 여전히 아주 열심히 공부함. 실적평가는 평균에서 중상 정도이고 비교적 안정적임. 다른 사람과 어울리기 싫어하는 성향이 있어, 오부장은 이런 그의 성격 때문에 평가결과가 별로 안 좋다고 생각함.
- 여성미 : 여. 24세. 미혼. 전문대학 졸업. 근속 1년 안 됨. 열심히 일을 잘한다는 평. 동료들도 좋아하며 오부장도 좋게 생각함.

1. 당신은 해고대상자 3명을 어떤 기준에서 선택하겠는가?
2. 청색리더로서 다른 행동을 취할 수 있다면?

토론합시다 10 - 2

드골 대통령

참다운 지도자의 리더십은 그가 은퇴한 후까지 향기처럼 생명력을 지니는데, 이것은 그가 물러나야 할 때를 알고 물러났을 경우에만 가능한 법이다. 얼마나 많은 지도자들이 이 엄연한 법칙을 어겼기에 그 리더십이 조직과 국가발전의 원동력이 되지 못하고 해악을 끼치게 되었는지 모른다.

드골, 그는 진퇴가 분명했기에 역사에 오래 기억되는 지도자가 되었으며, 그의 리더십 또한 값진 것이었다. 그는 제2차세계대전 때 독일의 침공을 받아 신음하는 조국 프랑스를 위해 죽음을 각오하고 독립운동을 하였다. 죽음의 극한상황에서 조국을 탈출하였으나 개인의 생명을 유지하기 위한 것은 아니었다. "프랑스는 독일과의 전투에서 졌다. 그러나 전쟁에서 패한 것은 아니다."라고 런던의 BBC 방송에서 외쳤으며, 이 방송연설을 통해 프랑스 국민들은 용기와 힘을 얻어 독일군과 끝까지 싸울 수 있었다. 제2차세계대전 후 제헌국회에서 수상으로 옹립되었으나 자기의 정치노선과 다르다는 이유로 고향으로 내려가 12년간 은둔생활을 하면서 자신의 꿈을 안으로 키웠다. 그 후 다시 조국의 부름을 받아 대통령이 되었을 때 드골의 탁월한 리더십은 프랑스 발전의 원동력이 되었다. 그러나 1969년 국민투표에서 자신의 정책이 불신임을 받자, 그는 프랑스 역사의 한 장이 끝났다고 선언하고 고향 콜롱브(Colombe)로 돌아가고 말았다. 퇴임연설은 "저는 떠납니다."는 한마디였다.

드골의 정말 위대한 점은 별 하나로 시작해서 별 하나로 끝났다는 것이다. 그가 제2차세계대전 중 프랑스를 탈출할 때는 별 하나인 육군 준장이었으나, 독립운동의 영웅으로 귀국하여 프랑스 재건에 심혈을 기울이자 아부꾼들이 별 하나, 둘, 셋을 더 달라고 유혹을 했다. 장군 칭호를 좋아하고 장군복 입기를 좋아하는 그였지만 끝내 이 유혹을 거절하고 별 하나로 만족했던 것이다.

1. 훌륭한 리더십은 인격에서 나오는가?
2. 상황이 훌륭한 리더를 만드는가?
3. 상하관계에서의 리더와 수평관계에서의 리더는 어떻게 다른가?

토론합시다 10 - 3

알렉산더 대왕

알렉산더 대왕은 리더십에 있어서 누구도 앞설 수 없는 리더였다. 알렉산더와 동시대의 사람들, 특히 그의 동료와 추종자들은 그를 보기 드문 훌륭한 리더로 간주했다. 바위와 모래뿐인 사막에 고립되었을 때, 알렉산더는 다른 사람들처럼 갈증으로 고통스러웠다. 그러나 그는 선두에 서서 행진을 계속했다. 그가 할 수 있는 것은 계속 걷는 일뿐이었다. 병사들은 고통을 견뎌내며 알렉산더 장군을 따라서 걸었다. 그들이 고생하는 동안 물을 찾으러 다니던 정찰병들이 비참하리만큼 적은 양의 물을 발견했다. 그들은 어렵게 물을 떠서 알렉산더에게로 왔다. 알렉산더는 그들에게 감사하고 물이 든 투구를 받아 들었다. 그러고는 모든 부하들이 보는 앞에서 투구의 물을 땅에 쏟아버렸다. 그 혼자 물을 마시면 나머지 병사들의 갈증과 저항은 더 클 것이라는 사실을 간파하고 고생을 부하들과 함께하겠다는 의지를 몸소 행동으로 보인 것이다. 투구의 물을 쏟아버린 알렉산더의 행동은 모든 병사들이 각자 물을 마신 것과 똑같은 효과를 거두었다.

★ ★ ★

1. 장군과 사장의 리더십 중 공통적인 요인은 무엇일까?
2. 위의 글은 리더십에서 무슨 요인을 강조하고 있는가?
3. 근대나 현대 사회에서 알렉산더와 유사한 리더를 찾아보자.

토론합시다 10 - 4

“누가 뭐래도 명령사슬은 유지되어야 해!”

명령(Command)이란 말은 통제(Control)라는 말보다 더 강한 느낌이 든다. 말의 경직성도 그러하려니와 가진 자의 힘이 느껴지기 때문이다. 이러한 명령이나 통제는 경영의 핵심적인 측면인 리더십과도 관계있다. 경영을 리더십으로 볼 때, 경영은 명령이나 통제가 되는 것이다. 거대조직을 효율적으로 경영하려면 경영자로부터의 상명하달과 소규모의 지휘체계가 있어야 한다. 호메로스의 「일리아드」를 보면, 그리스 영웅 오디세우스(Odysseus)는 작전회의를 할 때 상급실무자들에겐 좋은 말로 명령과 지시를 내리고, 말단의 하급자들에겐 때때로 호통을 쳤다. “지배자는 한 사람이면 족하다.”라는 말은 그가 즐겨 쓰는 경영방식이었다.

경영에서는 조직 내 구성원들은 오직 한 사람의 상급자로부터 지시와 명령을 받고, 또 그에게만 보고를 해야 한다는 명령일원화(Unity of Command)의 원칙이 존재한다. 어떤 형태든 조직에서 명령과 통제는 필요악인 셈이다. 하지만 더 적당한 경영이 있다. 바로 조정(Coordination)이란 것이다. 상반된 견해들이 나오지 않는다면 더 나은 의견을 선택하기란 불가능하다. 상명하달식이 아닌 전체적 합의를 이끌어낼 수 있는 상호협력의 방식인 조정은 경영현장에서 항상 발견된다. 이제 더 이상 경영이 명령과 통제가 되어서는 안 된다. 명령과 통제는 반발과 저항을 낳고, 그 반발과 저항을 무마하기 위한 또 다른 명령과 통제가 생겨나는 비효율을 초래하기 때문이다.

★ ★ ★

1. 명령일원화가 가진 문제점은 무엇인가?
2. 명령일원화가 가진 장점은 무엇인가?
3. 명령일원화와 함께 고려되어야 할 요인은 무엇인가?

토론합시다 10 - 5

리더십 연구의 이유

페퍼(Pfeffer, 1998)는 "리더십 훈련은 수익성이 좋은 비즈니스이다."라고까지 하였다. 리더십이 조직행동 분야에서 가장 중요한 논제였으며 아마도 가장 많이 연구되었다는 사실도 그리 놀랄 일은 아니다. 이러한 사실을 검증해보기 위해 2,000년 전 플라톤의 연구결과 등으로부터 그 당시의 리더십 연구문헌까지를 조사한 바에 따르면 9,000편 이상이 되는 것으로 밝혀졌다(Bass, 1990). 우리가 리더십에 대해 배우는 것이 그만큼 중요하다는 뜻이다. 에덴동산에서 최초의 인간을 만들어놓고 신은 아담에게 온갖 짐승과 새들을 지배하라고 권한을 주었다. 짐승과 새들에게 지배를 당했다면 오늘의 인간세상은 존재하지 않았을 것이다. 그 본성이 타인에 대한 지배로 연장된다. 인간은 애초부터 이 세상의 지배자가 되려 했지 지배를 당하기 싫어했다. 어머니는 자기 아이가 동네 꼬마들을 이끄는 골목대장이 되면 좋아하지만 끌려 다니는 자가 되면 싫어한다. 남을 리드하고 이끄는 방법은 원시인 때부터 연구대상이었을 것이다. 대학과 박사만 없었을 뿐이지 누구나 밤낮을 구별 않고 타인 혹은 타 부족을 리드하는 방법을 연구하고 토론했을 것이다. 리드와 지배의 형태는 변했지만 우리가 공부할 내용도 그중의 일부이다. 골목대장의 방법이 아니라 좀 더 세련된 방법으로 타인에게 영향력을 행사하는 방법을 배우고자 하는 것뿐이다.

★ ★ ★

위 글을 읽고 우리가 리더십을 연구하고 배우는 이유가 무엇인지 구체적으로 의견을 나눠보자.

제 11 장

학습과 문화의 영향

11장의 구성

1. 학습과 인간관계

2. 문화의 이해

3. 조직의 전통적 분위기

학습목표

1. 문화의 구성요소 이해
2. 문화에 영향을 미치는 요인들
3. 조직문화의 정의와 방향
4. 조직문화의 역할과 강한 조직문화의 의미
5. 조직의 변화와 조직문화

핵심키워드

학습, 문화, 조직분위기

11 학습과 문화의 영향

들어가면서

우리는 하루에 세 끼의 식사를 하고, 그중 한 끼는 정오 무렵에 한다. 이런 일상생활을 따르지 않는 사람은 이상한 사람으로 취급된다. 왜 그런가? 바로 문화 때문이다. "로마에 가면 로마인이 하는 식대로 행동하라." 고 하는 말은 개인이 문화에 순응하면 좋은 결과를 얻게 될 것이고, 그렇지 않으면 보잘것없거나 부정적인 결과를 얻게 될 수도 있다는 것을 의미한다. 이처럼 문화는 한 사회집단 속에서 구성원들에게 학습되고 관습화되어 전해 내려오는 것인데, 이것이 그 사회구성원들의 인간관계에 영향을 미친다.

1. 학습과 인간관계

인간은 다른 사람을 대할 때에도 이성을 가졌기에 이것저것 따져보고 매우 합리적으로 대하는 것 같지만 사실 대부분의 행동이 심각하게 생각하지도 않고 그냥 습관적으로 이루어지는 때가 더 많다. 뱀에게 물린 적도 없는데 뱀을 무서워하든지, 일본인을 겪어보지도 않고 간사스럽다고 미워하든지, 슈퍼쥬니어는 무조건 모든 것을 잘할 수 있을 것이라고 믿든지, 건강은 생각지도 않고 담배를 꺼내 물고서야 참지 못한 것을 후회한다. 이렇듯 어떤 행동에 대해 어떻게 습관을 들였는지에 따라 누구는 매우 많이 하고 누구는 전혀 안 하기도 한다. 인간관계행동 역시 학습하기 나름이다. 즉 학습도 신분특성이나 능력 못지않게 개인의 행동을 좌우하는 요인이기 때문에 사람들끼리의 상호작용 행동을 이해하고 관리하기 위해서는 학습에 대한 지식이 필요하다.

(1) 학습의 개념과 속성

우리는 유치원 때부터 학습을 해왔으며 학교에서 학습이란 말을 지겹게 들어왔다. 여기서의 학습은 공부보다 훨씬 큰 의미를 가진다. 학습하는 곳이 학교라면, 인간관계론 관점에서는 이 세상이 바로 학교이다.

/인/간/이/야/기/11－1/

유치원에서 학습한 것들

내가 알아야 할 모든 것은 유치원에서 배웠다. 지혜는 대학이라는 산꼭대기에 있는 것이 아니라 유치원의 모래상자 속에 있다. 유치원에서 배운 것은 다음의 것들이다.

- 무엇이든지 나누어 가져라.
- 남을 때리지 마라.
- 남의 물건에 손대지 마라.
- 화장실을 쓴 다음에는 꼭 물을 내려라.
- 페어플레이 하라.
- 물건은 항상 제자리에 두어라.
- 남에게 상처를 줬으면 반드시 미안하다고 말하라.
- 따뜻한 우유가 몸에 좋다.
- 세상 밖으로 나갈 때는 차를 조심할 것이며 서로 손을 잡고 의지하라.
- 오후에는 꼭 낮잠을 자라.
- 금붕어와 애완용 흰 쥐, 유리컵에 심은 작은 씨앗조차 모두 다 죽는다. 우리 역시 언젠가는 죽는다…….

"만약 우리 모두가, 아니 온 세상의 사람 모두가 매일 오후 세 시쯤 유치원의 간식시간처럼 따뜻한 우유 한 잔과 과자를 먹고 나서 담요를 덮고 낮잠을 잔다면 전쟁도 테러도 없는 얼마나 좋은 세상이 되겠는가. 그리고 나이를 먹어 어른이 되더라도 세상 밖으로 나갈 때 서로 손을 꼭 잡고 의지하는 것이 좋다고 배우지 않았던가."

① 학습이란

학습(learning)은 문자 그대로 보고 배우는 것이다. 인간관계 방식들의 대부분은 태어나서 지금까지 보고 배운 것들이다. 특히 조직에서는 일하는 법, 사람 대하는 법, 새로운 기술 등을 항상 배운다. 그런데 인간관계론에서 학습을 연구하는 이유는 사원들에게 바람직한 태도와 행동을 새롭게 가르쳐 익숙하게 하기 위함이다. 그리고 사람들은 학습한 대로 행동하기 때문에 학습은 행동의 중요한 결정요인이다.

일반적으로 학습이란 '직 · 간접적으로 경험한 결과로 나타나는 영구적인 행동의 변화'라고 정의한다. 어떤 사람은 모르는 사람을 보면 무조건 피하고, 또 어떤 사람은 언제나 명랑하고 타인과 함께 있는 것을 즐기는 것 같다. 어떤 사람이 타인을 피할 때 우리는 언뜻 "그를 싫어하는가 보다."라고 생각할 수도 있고 "저 사람이 오늘 아침에 부인하고 싸워서 그런가 보다."라고 상상할 수도 있다. 그러나 그가 누구를 만나든지 매번 그런 식으로 나온다면 가치관이나 태도가 그렇기 때문이기도 하지만 그렇게 배워온 습관 때문이기도 하다. 그러므로 타인과 사이좋게 지내는 버릇, 남을 보면 항상 웃는 버릇, 남에게 겸손한 버릇 등이 든다면 그보다 더 좋을 수는 없을 것이다. 학습이란 바로 좋은 태도나 행동의 버릇들이기이며, 새로운 태도가 습관이 되었다면 이를 "학습되었다."라고 말한다.

② 학습의 속성

좀 더 정확히 말해서 학습(學習)이란 반복적인 연습이나 경험에 의해서 이루어진 비교적 영구적인 행동의 변화이다. 이 정의에서 우리는 다음과 같은 학습의 구체적 개념과 속성을 알아볼 수 있다.

행동의 변화

이때 행동의 변화란 행동잠재력의 변화까지 아우르기 때문에 성격, 판단, 태도, 동기, 의도의 변화도 그 대상에 포함한다. 이런 것들이 긍정적인 방향으로 변하는 것을 목표로 하지만 부정적인 방향으로 변하기도 한다.

영구적 변화

일시적인 행동변화는 학습이라고 볼 수 없다. 운전 중 스마트폰을 사용하던 시민들이 경찰단속이 심할 때만 규칙을 잘 지킨다면 학습이라고 볼 수 없다. 단속이 느슨해지면 다시 원점으로 돌아가기 때문이다. 그러나 강한 단속이 수년간 쉬지 않고 계속된다면 운전 중 스마트폰 사용 행동은 좀처럼 찾아볼 수 없게 되고 이를 영구적인 행동변화, 즉 학습되었다고 볼 수 있다.

일시적인 행동의 변화

연습과 훈련

학습은 당사자의 경험이나 연습에 의한 것이지 신체적 발육과정에서 나타나는 행동변화 등은 포함되지 않는다. 뒤집기도 못하던 갓난아기가 성장하면서 앉고 서고 걷고 하는데 이것은 학습으로 이루어진 행동의 변화라고 보지 않는다.

(2) 대표적 학습이론

어떤 과정을 거쳐 학습이 일어나는지를 설명한 이론은 여러 가지가 있으며, 모두 학습이 이루어지는 과정(learning process)에 초점을 맞춘다. 나쁜 습관과 나쁜 행동을 가진 사람에게 좋은 행동이나 좋은 태도를 습관화하기 위한 방법에 관한 이론이 대표적인 학습이론이다. 이에 관한 여러

/인/간/이/야/기/11-2/

넛지효과

다음은 행동경제학자 리처드 탈러(R. Thaler)와 법률가 캐스 선스타인(C. Sunstein)이 공저에 소개한 사람들의 나쁜 버릇 고치기 사례들이다. 네덜란드 암스테르담 스키폴 공항은 남자 소변기 한 가운데에 자그마한 파리를 그려 넣었다. 지저분한 변기로 고민하던 끝에 생각해낸 처방이다. 그러자 뜻밖의 결과가 나왔다. 사람들은 소변을 보며 파리 그림을 맞히려 했고 변기 밖으로 튀는 소변은 80%나 줄었다. "깨끗이 사용합시다."라는 글을 붙여놓았을 때보다 훨씬 좋은 효과를 낸 것이다. 미국 시카고의 레이크쇼어 도로는 뛰어난 경관을 자랑하지만 곡선 구간이 많아 사고가 빈발했다. 시 당국은 커브가 시작되는 지점부터 흰 선을 가로로 그리면서 커브에 가까이 갈수록 선의 간격을 점점 좁아지도록 했다. 속도가 높아진다는 착각이 들도록 하기 위해서였다. 사고건수가 확 줄어들었다. 쓰레기 무단투기 지역에 꽃단장을 해놓으면 꽃 때문에 함부로 쓰레기를 버리지 못하다가 점차 행동이 교정된다. 끽연지역에 어린 아기의 웃는 얼굴을 그려놓으면 아기의 건강을 해칠까 봐 담배를 줄인다. 공원에 '세상에서 가장 깊은' 쓰레기통을 마련해놓으면 공원의 쓰레기를 주워 거기에 넣는다. 계단 천장에 음악이 흘러나오는 장치를 하고 계단을 피아노의 건반처럼 그려놓으면 행인들은 에스컬레이터보다 계단을 더 이용한다. 또는 계단마다 칼로리 소모량을 써놓으면 엘리베이터 이용이 줄어든다. 이상의 사례들을 두 공저자는 강요하지 않고도 부드러운 시도로써 시민의 행동변화를 유도하는 이른바 '넛지(Nudge)효과'라고 이름 붙였다.

가지 주장들이 있지만 인간관계에 많은 영향을 미치는 학습이론 두 가지를 살펴보자.

① 조건화에 의한 학습

학습이 일어나도록 조건(여건)을 마련해주는 것을 조건화(conditioning)라고 하는데, 그 방법에 따라 두 가지 학습이론으로 나누어 설명되는데 고전적 조건화와 작동적 조건화가 있다.

고전적 조건화

가장 초보적이고 고전적인 방법으로서 러시아 심리학자 파블로프(I. Pavlov)가 동물을 학습시킬 때 사용하였다. 개는 고기(조건화 안 된 무조건적 자극)만 보면 침을 흘리는데(무조건반사) 고기를 줄 때마다 종소리(인위적인 조건화된 자극)를 들려주면 나중에는 종만 울려도 침을 흘리게(조건반사) 되었다. 무조건자극과 조건자극을 연결시켜 고기 없이도 침을 흘리는 행동변화를 가져온 것이다. 고전적 조건화는 짐승뿐 아니라 인간의 학습에도 자주 이용된다.

해변에 미녀와 자동차가 나란히 있는 TV 광고를 수십 번 본 사람이 나중에 자동차를 사려고 영업장에 들러서 그 차를 보게 되면 해변과 미녀가 떠

올라서 당장 사고 싶은 충동이 생긴다. 자동차회사는 고전적 조건화(classical conditioning) 방법으로 고객을 학습시킨 것이다. 이러한 학습은 우리의 일상생활에서 매일 일어난다. A회사의 세탁기가 좋으면 A회사의 냉장고를 보아도 좋게 보이는 경우가 해당된다. 그러므로 우리는 동료나 고객을 대할 때 감정의 소지를 줄여야 하며 유명 연예인이 광고하는 제품의 충동구매를 삼가야 한다.

작동적 조건화

인간이 자발적인 행동을 배우는 과정을 설명하기 위해 작동적(조작적) 조건화라는 용어를 창안하고 이러한 부류의 학습과 관련하여 주장한 사람이 스키너(B.F. Skinner)이다. 그 밖에도 파블로프와 동시대의 미국인 학자 손다이크(E.L. Thorndike)는 고양이와 토끼를 가지고 한 실험에서 "기쁜 결과(보상)를 얻는 행동은 반복되고, 나쁜 결과(벌)를 얻는 행동은 반복 안 된다."라는 효과(결과)의 법칙(law of effect)을 발견했다. 특정한 행동을 했더니(직접 작동을 했더니) 좋은 결과를 얻었다면 다음에도 그러한 행동을 보일 가능성이 높다. 인간행동은 단순한 자극(stimulus : 조건)에 의한 반응(response : 행동)이 아니라, 행동의 결과(consequence : 보상)를 이성적으로 예측한 후에 하는 것이기 때문에 그 결과를 도구로 사용하여 새로운 행동(작동)을 하게 할 수 있으며 그렇게 새로운 행동을 계속하다보면 어느덧 습관이 될 것이다.

고전적 조건화와의 차이점은 학습자의 반응(행동)의 결과가 일어나기 전에, 즉 보상이 있기 전에 이성적 판단으로 보상을 먼저 예측하고 행동(작동)을 한다는 데 있다. 단순한 반응행동이란 자극에 대하여 반사적으로 취하는 행동(예 : 뜨거운 것이 손에 닿으면 얼른 손을 뗀다)이지만, 작동적 행동이란 결과를 위해 인위적으로 하는 행동이다. 그러므로 작동적 행동을 유발시키기 위해서는 작동하면 좋은 결과가 나오도록 여건을 마련해놓아야 한다. 인위적으로 작동을 하도록 보상과 칭찬 등의 여건을 조성해줌으로써 동일행동을 반복하게 하여 습관화하는 것이 작동적 조건화(operant conditioning)에 의한 학습방법이다.

② 사회적 학습

직접경험 없이 다른 사람들이 성공하고 실패하는 것을 보고 듣는 것만으로도 학습할 수 있다. 파블로프의 개가 한 학습, 쥐가 먹이창고를 찾는 학습 이외에 우리의 이성을 사용해서 하는 학습이 있다. 사회적 학습(social learning)이란 타인들을 보고 배우는 인지적(認知的)이고 이성적인 과정을 통하여 새로운 행동이 습득되는 학습방식이다. 단순히 반응적이거나 강화나 벌에 의한 작동적인 조건 없이도 타인을 관찰하면서 생각과 깨달음을 통하여 새로운 행동을 배울 수 있다는 의미이다. 다만 보고 생각하고 깨닫는 일도 여러 번 반복되어야 학습이 완성된다.

인지학습

유민이는 열심히 한다고 하는데 유나보다 성적이 안 나온다. 유나를 관찰해 보니 그는 노트정리를 많이 하고 잘 모를 때는 교수를 찾아가고 요점정리를 따로 해두었다가 시험 전에는 그것만 보고 있었다. 유민이도 그것을 보고 그대로 했더니 성적이 올랐다. 이 학습과정에서 거친 인지적 과정(cognitive process)은 무엇인가?

첫째, 유민이는 자기 성적이 유나보다 나쁘다는 사실을 알게 된다.

둘째, 유나의 머리나 자기 머리나 다를 바 없다는 것도 알고 있다.

셋째, 유나의 방식을 따르기로 결정하고 그대로 한다.

이때 어떤 일을 잘할 수 있는 자신의 능력에 대한 자기유능감(자아효능감, 자신감 : self-efficacy)이 많으면 그것이 원동력이 되어 새로운 행동에 쉽게 도전한다. 만일 그 행동의 습득이 외부환경에 달렸다고 생각하며 자신이 없으면 그 일을 피하게 되고 점점 잊게 된다. 즉 자신감은 어떤 행동을 선택할 것인지, 어느 정도 오래할 것인지, 어느 정도 노력할 것인지에 영향을 미쳐 결국 인지학습의 성공에도 영향을 미친다.

"우리는 남의 것을 훔치는 것만 보고 배웠어!"

대리학습

대리학습 또는 모방학습은 직접 해보지 않고 다른 사람(모델)이 하는 것만 보고도 깨닫고 생각하며 모방하다 보면 자신의 행동으로 굳어지는 학습활동이다. 비디오를 보면서 학습시키는 것도 대리학습의 일종이다. 김판돌 씨는 입사 첫날 지각을 한 다른 사원이 상사로부터 꾸지람을 듣는 것을 보고 나서 늦게 오면 안 된다는 사실을 알게 되고 그다음 날부터 계속 일찍 나온다. 그러다보면 습관이 되는데 이것이 모방학습이다. 한편 타인을 모방하지 않고도 혹은 자신이 직접경험을 안 해보고도 이성적으로 할 것과 안 할 것을 스스로 판단할 수 있는데 이렇게 이성을 사용하여 배우는 것이 인지학습이다.

대리학습이나 모방학습은 다음과 같은 조건이 필요하다.

- 다른 행위자(모델)를 관찰한다.
- 모델의 행위를 정확하게 지각하고 인지한다.
- 모델의 행위가 가져오는 결과도 지각하고 인지한다.
- 모델의 행위와 그 결과를 기억한다.
- 학습자는 모델처럼 행동할 수 있는 능력과 기술을 가진다.

(3) 학습에 의한 행동형성

경영자는 사원들로 하여금 바람직한 행동을 하도록 가르치고 습관이 되도록 만드는 데 항상 노력을 기울여야 하는데, 그러기 위해 회사에서는 좀 더 계획적으로 단계적 프로그램과 전략을 짜서 바람직한 행동모델을 만들고 사원들로 하여금 이 모델에 맞는 행동을 몸에 익히도록 적극적인 학습활동을 하게 한다. 사원들의 아이디어 개발을 촉진하기 위한 학습조직을 만드는 것도 모두가 학습이론을 적용한 것이다. 조직의 관리자는 학습이론을 활용하여 사원들에게 새로운 습관을 심어줄 수도 있고 나쁜 행동을 바로잡아줄 수도 있다. 여기서 학습이론의 구체적인 적용사례로서 몇 가지 예를 들어보기로 한다. 먼저 일반적 행

/인/간/이/야/기/11-3/

노부부 이야기

옛날 어느 마을에 금실 좋기로 이름난 노부부가 살고 있었다. 자식 없이 단둘이라서 서로가 서로에게 잘해주면서 행복했다. 그러던 어느 날 할아버지가 병들어 몸져눕게 되었고, 그러자 상황이 바뀌었다. 할아버지가 할머니에게 약봉투를 가져다 달라고 야단을 치고 약 먹을 물이 왜 이리 뜨겁냐고 짜증을 내곤 했다. 하루는 이웃 친구가 놀러 왔다가 이 광경을 보고 할아버지를 몰래 나무랐다. “자네도 죽을 때가 되었으니 할멈에게 옛날보다 더 잘해야지 왜 그리 핀잔만 주는가?” 그러자 할아버지는 조용히 대답했다. “우리 할멈이 마음이 아주 여리다네. 내가 죽으면 그 여린 마음으로 나를 그리워하면서 어떻게 혼자 살겠는가. 그래서 내가 죽기 전에 홀로서기를 훈련시키려고 그런다네.”

동형성 방법인 강화에 대한 개념을 알고 바람직한 인간관계를 맺는 방법을 공부하자.

① 강화된 행동과 인지적 행동

앞에서 살펴본 스키너의 작동적 조건화 원리를 이용하여 개인의 행동을 증가 또는 소멸시킬 수 있는 학습기법들이 개발되었는데, 이에 의한 행동변화방법을 강화(reinforcement)라고 한다.

누가 길을 가다가 만 원짜리 한 장을 주웠다. 그리고 그가 다음에 길을 걸을 때 땅을 더 내려다본다면 왜 그럴까? 두 가지로 설명이 가능하다. 첫째는 만 원이라는 돈이 그에게 가치가 있으니까 혹시나 또 있을지 몰라서 땅을 보며 걷는다. 이것은 의도적으로 결정한 인지적 행동이다. 둘째는 그가 처음 땅을 내려다보았을 때 만 원을 주웠기 때문에 그 만 원에 의해서 땅 보는 행위가 저절로 강화되었다고 볼 수 있다. 즉 외부환경(만 원짜리 돈)에 의해 강화된 행동이라고 설명할 수 있다. 돈 줍는 행운이 반복되면 땅 보고 걷는 행동이 강화되고 습관이 된다.

② 강화의 유형

바람직한 행동을 습관화하기 위해서는 그런 행동이 나오도록 하기 위한 단계적이고 체계적인 강화라는 작업이 요구되는데, 그 방법으로는 다음 4가지가 있다.

긍정적(적극적) 강화(positive reinforcement)

어떤 행동을 더욱 많이, 또는 계속해서 하도록 유도하기 위해 긍정적 결과를 제공하는 방법이다. 서비스가 많으면 그 상점에 자주 간다든지 인사고과가 높으면 더 열심히 일하게 되는 경우가 해당된다. 엘리베이터 대신 계단을 이용할 때마다 쿠폰을 주었다가 상품으로 바꿔주는 형식으로도 습관을 고칠 수 있다.

부정적(소극적) 강화(negative reinforcement)

어떤 행동을 더욱 많이 또는 계속 반복하도록 유도하기 위해서 부정적 결과를 제거해주는 방법이다. 생산실적이 올라간 사원들에 대해서 벌점을 제거해 준다든지, 혹은 잘못했다고 계속 꾸중했는데 조금 나아지니까 꾸중을 멈추었다면 소극적 강화를 통하여 조금 개선된 행동이 더 개선되도록 강화시키는 방법이다.

/인/간/이/야/기/11-4/

동굴벽화의 탄생

수만 년 전 크로마뇽인들은 라스코 동굴에 1,400여 점의 동물그림을 그렸다. 어두운 동굴 속에서 요즘 같은 물감과 도구도 없이 그렇게 많이 그리자면 쉽지 않았을 텐데 그림을 그린 이유가 무엇이었을까? 그림에 제사를 지내고서 사냥을 나가면 좀 더 많이 잡았을까? 아무리 원시인이라도 몇 번 속으면 알아차렸을 테지 1,400여 마리나 그릴 동안 계속 신에게 속지는 않았을 것이다. 그렇다면 왜 그렇게 많이 그렸을까? 어쩌면 여러 가지 동물을 그려놓고 어디가 급소이며 어떻게 맞춰야 사로잡을 수 있는지 가르치며 그림을 모델로 창으로 찌르기와 돌로 치기 훈련을 계속했을 것이다. 그것은 수십 년 혹은 수천 년 계속된 학습이었다. 그 후 그것은 의식으로 발전한다. 실제로 이 동굴의 동물그림 급소 부분은 돌팔매질 흔적도 많다. 크로마뇽인들은 돌을 던지면서 체력도 기르고 어린이에게는 용기도 북돋워주었을 것이다. 머리(지식)와 가슴(용기)과 신체(체력)의 훈련을 위해 그림이 필요했던 것이다. 결국 예술은 여유가 아닌 배고픔에서 탄생했다.

벌(punishment)

어떤 행동을 줄이거나 중지하도록 하기 위해 부정적 결과를 제공하는 방법이다. 범죄자에 대한 벌이 그 대표적인 예이다. 그렇지만 벌이 때로는 역효과(즉 행동이 더욱 강화됨)를 가져올 수 있으므로 신중하게 행해져야 한다.

소거(消去 : extinction or omission)

어떤 행동을 줄이거나 중지하도록 하기 위해 제공해주던 긍정적 결과를 제거하는 방법이다. 판매실적이 줄고 있는 사원에게 주고 있던 인센티브를 삭감시키는 것이 소거이다.

③ 강화의 실천과 스케줄 관리

강화요인을 제공하거나 제거하여 어떤 행동을 강화시키기도 하고 소멸시키기도 하는데, 이때 강화요인의 많고 적음에 따라서 행동수정의 정도가 달라지는 것은 너무나 당연하다. 또는 연속적으로 하는지 단속적으로 하는지에 따라서도 결과는 달라진다. 즉 같은 양의 강화요인일지라도 언제, 어느 정도의 간격과 빈도로 제공되고 제거되는지에 따라서 효과가 달라질 것이다. 스키너는 수년에 걸쳐서 비둘기 실험으로 그 효과적 간격과 빈도를 찾아냈는데 인간에게도 같은 원리가 적용될 것이라는 것이 그의 견해이다. 연속적 강화, 고정간격법, 변동비율법 등 다양하지만 상황에 따라서 여러 방법을 혼합하는 것이 좋을 것이다. 예를 들면 어느 회사에서는 결근율을 줄이기 위해서 출근할 때마다 트럼프카드 한 장씩을 나누어준 다음 다섯 장이 모아져서 카드의 족보가 형성되면 원 페어

(one pair), 트리플(triple), 풀 하우스(full house) 등에 따라 인센티브를 제공하여 성공을 거두었다고 하는데, 이 경우 간격은 고정적이지만 비율은 변동적이다.

(4) 행동의 수정

① 단계별 수정

행동수정(organizational behavior modification : OB-MOD)은 앞에서 배운 강화의 개념을 실제 작업장의 근로자들에게 적용하여 바람직한 행동을 익히도록 하는 것이다. 작동적 조건화를 체계적으로 사용하여 새로운 행동을 학습시키고 강화하는 것을 행동수정이라고 한다. 이는 기본적으로 다섯 단계를 거친다. 예를 들면 나태해서 지각을 자주 하는 사원들을 정시에 출근하도록 변화시키려고 할 때 다음의 단계를 따른다.

- 단계1 : 적합한(새로운) 행동의 규정(정시에 직장에 출근하는 것이 바람직하다.)
- 단계2 : 빈도의 관찰과 측정(사원들이 일주일에 한두 번씩 지각한다는 사실을 인지한다.)
- 단계3 : 원인분석(사원들이 일찍 출근해야 됨을 알지만 상도 벌도 없음을 안다.)
- 단계4 : 전략사용(정시에 출근하는 사람에게 포상한다.)
- 단계5 : 빈도측정(사원들이 정시에 출근하게 된다.)

행동수정 훈련

만약 행동수정에 실패하면 3단계 혹은 4단계로 가서 원인분석을 다시 하든지 다른 전략을 모색해야 한다.

한편, 인간관계행동의 수정으로 많은 기업들이 생산성을 향상시키고 성공하고 있지만, 다른 한편으로는 OB-MOD가 개인의 위신을 저하시키며 선택의 자유를 막는 것이 되기도 하고 몰개성화를 가져온다는 비난을 받을 수 있다. 왜냐하면 최적의 행동모델 한 개로 개인적 특수성과 자유의사를 무시하고 모든 구성원을 유도해가고 있기 때문이다. 따라서 기업이나 일반직장에서 이러한 기법을 실제로 적용할 때는 조직구성원으로 하여금 자신들이 착취의 대상이 되거나 피동적으로 끌려간다는 생각을 가지게 해서는 안 되고, 오히려 경영진과 상호신뢰의 개방적 분위기 안에서 동기부여된 상태에서 이뤄져야 한다. 그렇게 되려면 수정된 행동의 결과가 더 좋은 보상을 받게 된다는 확신을 가지도록 포상제도 등 실질적인 후속조치가 필요하다. 이를 꾸준히 시행할 때 새로 수정된 행동이 더 좋다는 태도를 가지게 되고 결과적으로 행동론자들의 주장대로 행동변화가 태도변화를 유도한 셈이 되어 직접 관리감독의 부담이 줄어드는 것이다.

② 조직사회화

우리가 아무리 많은 경력과 지식을 겸비하고 어떤 회사에 입사했다 하더라도 회사에 잘 적응하려면 많은 것을 배워야 한다. 작게는 사무실의 커피는 아무 때고 마셔도 되는지 점심식사 후에만 마시는지, 크게는 고객에게 얼마나 헌신적으로 봉사해야 하는지 등, 완전한 구성원이 되기 위해 많은 것을 익혀야 하는데 이러한 과정을 조직사회화(organizational socialization)라고 한다. 즉 조직사회화란 조직생활에 필요한 요령을 익혀나가고 조직에 중요한 것들을 실제로 중요하다고 인식하게끔 학습하고 훈련하는 과정이다.

그런데 이 모든 행동은 조직 안의 다른 사람들과 상호작용하면서 다른 사람의 행동을 보고 배우는 것이다. 한 신입사원의 조직사회화 과정이 효과적이면 그는 쉽게 회사에 적응할 것이고, 그렇지 않다면 그는 오랜 기간 시행착오를 겪으면서 회사에 누를 끼칠 뿐만 아니라 자신도 불만스럽게 지내다가 결국은 회사를 떠날 수도 있을 것이다. 그러나 조직 안에서 술을 마시고 게으른 행동을 하고 남을 괴롭히고 조직절도행위를 하는 등의 무례행동은 조직성과와 관련도 많지만 타인을 전염시킨다. 특히 리더의 무례함은 부하들의 이직의도에도 영향을 미친다. 그러므로 회사에서는 소위 조직사회화전략을 잘 만들어 신입사원이나 이질적인 구성원에게 바람직한 인간관계의 지침을 마련해주는 노력이 필요하다. 하지만 반대로 톡톡 튀는 개인들의 개성을 말살시키고 회사의 표준행동만 따르게 하다보면 나중에는 모두 획일화되어 다양성의 효과를 발휘 못하는

/인/간/이/야/기/11-5/

스파르타 교육

고대 스파르타에서는 태어난 사내아이가 골격이 이상하거나 미숙아라면 무조건 아포테타이 절벽에서 떨어뜨려 죽였다. 여자는 강한 전사(戰士)를 낳아야 했기에 16세가 되어서도 2차 성징이 약하면 같은 방식으로 죽였다. 스파르타의 사내아이는 7세부터 Agoge(아고게)라는 집합소에서 본격적 훈련을 시작했다. 아이들은 잠잘 곳을 풀을 뜯어 만들어야 했고 겨울에도 이불을 주지 않았으며 오히려 풀 안에 가시를 섞어놓았다. 푹 잠들면 동사하므로 자다가 찔려서 깨어나게 하기 위해서였다. 매일 10시간의 군사훈련, 7시간의 수면, 1시간의 식사시간이 주어졌다. 훈련은 실전처럼 치렀으며 독에 대한 면역력 향상을 위해 실제로 독을 소량 섭취하게 했다. 지혜가 무용(武勇)을 망친다고 생각했기 때문에 교육은 글자 읽기와 셈 정도로 끝냈다. 남자답게 기르기 위해 어머니도 여성스런 목소리로 아이를 가르쳐선 안 되고 무뚝뚝한 말씨를 사용해야 했다. 12세가 되면 붉은 망토를 지급받는데 그것이 전사의 증표였다. 일 년에 한 번 훈련생들을 나무형틀에 묶어놓고 채찍으로 온몸을 피멍이 들어 터질 정도로 때렸다. 그러고는 뜨거운 물을 수차례 끼얹어 피부를 연하게 한 다음에 자갈밭에다 굴렸다. 그리하여 멍든 곳이 터지면 차가운 강물에 뛰어들어 몸을 식히도록 했다. 이 모두가 피부를 단단하게 하기 위함이었다. 물론 견디지 못하고 죽는 아이들도 있었다. 16세 넘은 훈련생은 하루 한 끼만 제공되었다. 나머지 두 끼는 노예 마을로 가서 훔쳐 먹도록 했는데 훔치다가 들키면 용서없이 죽였다. 한 소년이 배가 고파서 살아 있는 여우를 훔쳤는데 들키지 않으려고 품에 안고 있다가, 소년은 여우가 심장을 파먹어 죽음을 맞이하고 여우는 피투성이의 '붉은 여우'가 되었다는 이야기도 전해진다. 20세가 되면 전사가 되기 위한 통과의례를 치렀고, 이때에는 노예 마을을 습격해 노예를 죽이고 동물을 잡아와야 했는데 동물은 육식동물이어야 인정을 받았다.

로봇형 인간집단이 될 위험도 없지 않다.

③ 징계와 보상

모든 회사는 사원들의 부당한 행동에 대해 이를 바로잡기 위해 여러 가지 징계수단을 사용한다. 질책은 물론이고 문서상의 경고, 정직, 감봉, 심지어 해고까지의 징계처분을 내리지만 이들 수단은 나름대로 상당한 비용으로 되돌아온다. 특히 이러한 부정적인 강화방법은 나쁜 행동을 하면 안 된다는 것을 경고할 뿐 그로 인한 부작용 등을 감안하면 별로 얻는 것도 없다. 당사자에게는 상급자에 대한 원망만 커지고 다른 사원들에게는 두려움만 키운다. 즉 모든 사원을 바람직한 행동으로 이끄는 데는 아무런 효과가 없다. 그러므로 현명한 관리자라면 긍정적인 강화로 긍정적인 행동을 만들어가는 방안을 강구해야 한다.

반대로 수당과 인센티브 등으로 사원들의 요구를 채워주는 것도 긍정적 강화의 방법이 될 수는 있으나 반드시 그렇지도 않다. 예로서 일 년에 일주일간 유급 질병휴가를 지급하면 누구나 전부 사용하면서도 고마운 줄 모른다. 그보다는 일 년 내내 개근한 사원에게 포상을 한다면 모든 사원들이 이를 모델로 삼아 바람직한 행동으로 모두 인도될 수 있다. 보상으로 사원을 관리하려면 그들을 속이거나 해서도 안 되고, 벌을 줄 때에도 사원이 무엇을 잘못했는지 알려주어야 하며, 다른 사람들 앞에서 벌주는 것은 삼가야 하는 등 조심할 것이 많다.

④ 교육훈련 프로그램

기업을 운영하기 위한 자원은 인적자원 이외에도 재무적 자원, 물적 자원, 정보자원 등이 있다. 그런데 재무적 자원이나 기계설비 같은 물적 자원은 회사에 투입될 때의 가치가 그대로 보존되는 편이다. 즉 천만 원짜리 기계는 여전히 천만 원의 가치가 있다(물론 감가상각을 고려하지 않는다고 가정). 그러나 인적자원은 연봉 천만 원짜리를 채용했어도 어떻게 개발시키는지에 따라 수십억 원짜리로 바뀔 수 있다. 즉 인적자원은 그냥 두면 기술의 노후화로 가치하락이 될 수 있으며 동시에 교육훈련으로 그 가치를 향상시킬 수 있는 가능성도 있는 것이다.

대개의 회사들은 교육훈련 프로그램에 앞에서 배운 모든 학습이론을 사용하고 있다. 회사가 많은 비용을 들여 실시하는 교육인 만큼 교육 · 훈련을 받는 대상자들은 반드시 무엇인가를 얻어야 한다. 즉 지식습득이나 행동의 변화가 있어야 그 교육이 효과가 있다고 할 수 있다. 학습이 제대로 되려면 교육 · 훈련 설계자는 사원의 능력에 맞는 교육 프로그램을 만들어야지 너무 어렵거나 너무 쉬워도 비효율적이다. 더 나아가서는 학습의 초기 단계 때와 본 단계 때에 요구되는 능력이 다를 수도 있다. 초기에는 인지능력이 더 필요하다가도 점차 정서적 능력, 지각의 속도 등이 필요하게 된다. 또한 무엇이든지 할 수 있다는 자기유능감이나 자신감 등은 개인의 학습능력을 가늠하는 중요한 잣대가 된다.

2. 문화의 이해

개인이 학습한 결과로서 행동한다면 집단구성원 전체가 학습하여 공통의 행동양식으로 굳어진 것을 문화라고 할 수 있는데, 이러한 집단의 문화는 개인뿐만 아니라 집단의 행동도 지배한다. 개인들의 인간관계에 개인의 특성과 학습한 것이 영향을 미칠 것이지만 가장 크게 영향을 미치는 것은 집단의 공통규범이다. 그것이 국가집단이든지 동아리 집단이든지 마찬가지이다.

그림 11-1 문화와 행동 간의 관계

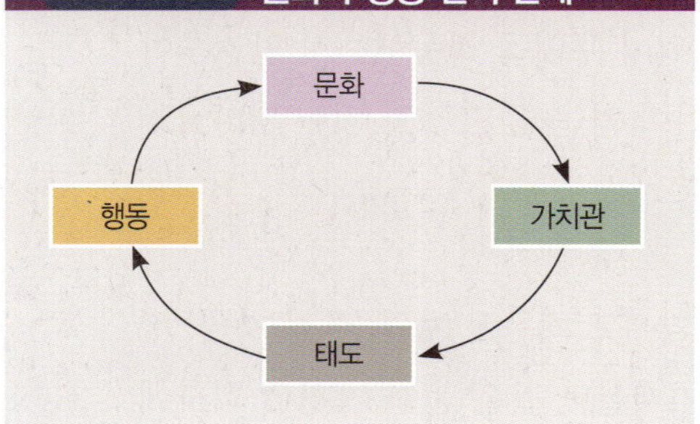

(1) 문화의 개념

문화란 사람들의 정신자세를 지배한다. 즉 사물을 바라보는 시각에서부터 행동, 의사결정, 생활방식, 사고방식에 결정적 영향을 미친다. 그러므로 인간관계 역시 그들이 속한 문화에서 자유롭지 못하다. '문화란 지식, 신념, 예술, 법, 도덕, 관습 그리고 사회구성원들 각자에 의해서 획득되는 어떤 능력과 습관을 포함하는 총체적 복합체'라고 규정할 수 있다. 또한 문화는 다음과 같이 3가지로 이해된다.

- 어떤 집단구성원 혹은 조직구성원에 의해 공유된 가치관과 행동양식
- 집단이나 조직의 한 세대가 다른 한 세대에게 넘겨주려고 하는 관습
- 행동을 형성하거나 혹은 현상에 대한 자신의 인식을 이루는 사회의 도덕, 법률, 관습과 같은 것

결국 문화는 동아리 안의 문화이든지 한 가정의 문화이든지 한 국가의 문화

/인/간/이/야/기/11-6/

강한 문화

모든 조직은 문화를 가지고 있다. 한 기업의 문화를 조직문화라고 하는데, 이는 기업이 가진 이해당사자들 그리고 구성원 서로 간의 상호작용을 통제하는 공유된 가치관, 신념, 사고방식, 규범으로서 구성원들의 행동형성에 많은 영향을 미친다. 문화 속에는 구성원들이 달성해야 할 최종목표와 구성원들의 행동의 바람직한 형태가 녹아 있다가 회사의 규칙이나 규범 그리고 운영절차에 그 모습을 드러내게 된다. 일례로 전 세계 핸드폰 시장의 선두에 있는 노키아는 1885년 핀란드 남부에서 조그마한 종이공장으로 시작하였다. 노키아가 글로벌한 회사가 되기까지의 성공요인은 여러 가지 있겠지만 무엇보다도 강한 조직문화가 있어서였다. 노키아의 조직문화에 있어서 핵심가치는 고객만족, 성취, 개인중시 그리고 지속적 학습이다.

기업의 문화는 하나의 정신이다. 강한 정신력으로 무장되어 있는 구성원들은 소총부대 부대원이 아닌 대포부대 군병들이다. 이런 정신이 구성원 각자에게 목적이 무엇인가를 확인시키면서 책임 있는 행동을 하게 한다. 문화가 구성원의 삶 속에 들어가면 개인의 자기발전은 극대화되고 힘을 얻게 되며(Empowerment), 상호 간 신뢰와 정직 그리고 개방성이 몸에 배게 된다. 따라서 아무 특징이 없거나 색깔이 없는 회사는 절대로 발전할 수 없다. 경영을 함에 있어 경영자가 문화를 가지고 있지 못하거나 약한 문화를 가지고 있으면, 더 강한 문화에 의해 공격받게 되어 있다. 은행이나 회사의 경영자의 할 일 중에서 문화를 만드는 작업, 즉 자기 기업의 색깔을 만드는 작업, 자기 기업의 시스템을 만들어내는 작업, 자기 기업의 분위기를 정비하는 일 등은 은행에서 돈을 꾸고 제품을 파는 것과 함께 병행되어야 할 일이다.

이든지 개인들의 인간관계 행동에 영향을 미친다. 개인은 자신의 삶과 주변환경에 관하여 평소 갖고 있던 가치관을 통해서 문화를 표출하며, 이러한 가치관은 태도와 연결되기도 하고 그러한 태도에 따라 행동이 영향받기도 하며 다른 사람과 관계를 가진다.

사람이 세상에 태어나 살아가는 동안 특정집단 속에서 생각하고 말하는 유·무의 총체적인 생활방식이 문화이다. 한 집단에 속한 사람들이 생각하고, 말하고, 행동하는 모든 것이 '문화'에 포함되어 있는 것이다. 이 문화란 단순히 계승되는 것이 아니라 습득되는 것으로 '상호 주고받는 과정'이라고 볼 수 있다. 제일 먼저 가족으로부터 경험하고 사회 속에서 개인 간 상호작용, 학교와 직장에서의 경험으로 확장되며, 그리고 인간관계를 통해 굳어진다. 또한 새로운 문화는 경험과 교육을 통해 학습되는 것이 보통이다.

(2) 문화의 구성요소

문화를 구성하는 요소는 매우 많겠지만 다음의 10가지 정도를 제시할 수 있다.

- 언어
- 비언어적 커뮤니케이션
- 종교와 믿음의 체계
- 가치체계
- 사고의 유형
- 자기 이미지
- 사회체계
- 시간의 개념
- 공간의 개념
- 문화유산

이 중 언어와 비언어적 커뮤니케이션 그리고 문화유산은 객관적 문화 또는 명시적 문화로서 매너나 에티켓이 이에 속한다. 나머지는 주관적 또는 암시적 문화로, 쉽게 관찰할 수 없다.

/인/간/이/야/기/11-7/
사람을 지배하는 문화

나라마다 풍습이 다르고 사람들의 사고방식에도 큰 차이가 있다. 터널을 뚫는 것을 예로 들어보자. 공사현장에서도 문화가 사람을 지배하는 것을 볼 수 있다. 공사기간을 단축하기 위해 양쪽 끝에서 동시에 굴을 파들어간다고 하자. 독일인은 처음부터 치밀하게 측량하고 계산해서 한가운데 지점에서 한 치의 오차도 없이 딱 마주친다. 중국인들은 얼렁뚱땅 계산해서 대충 파고 들어가다가 중간에서 만나지 못해도 끝까지 공사를 감행해 원래 터널을 한 개 뚫으려 했는데 결과적으로 두 개가 생겼으니 좋다고 한다. 이에 반해 한국인들은 서로 어긋나서 만나지 않으면 처음 설계에 어떻게 되었든 간에 중간을 뚝 잘라서 이어버린다. 그래 놓고는 세계에서 가장 짧은 시간에 터널을 뚫었다고 자랑한다.

문화가 국민성을 다르게 하듯, 경영현장에서도 문화가 개인에게 상당한 영향을 행사한다. 구성원들이 고객의 욕구를 감지해내고 그 욕구를 얼마나 충족시켜줄 것인가도 문화와 관계 깊다. 새로운 아이디어를 창출하는 사람을 보상하고 유지 · 개발시키는 것도 그 조직의 전통과 풍습과 문화인데 이 모두가 서로에게 영향을 주면서 학습되어 이루어진 것이다. 위험을 택하려는 정도, 조직이 구성원을 존중하는 정도, 정보교류와 의사소통이 얼마나 잘되어 있는가의 정도, 구성원 상호간 인간관계가 얼마나 친밀한가의 정도, 수단과 과정보다 목표달성과 결과에 관심을 가지는 정도, 무사안일보다 도전, 공격, 경쟁적인지의 정도, 성장 · 변화보다 현상유지를 원하는 보수성의 정도도 모두 문화와 관계있다. 기업의 문화가 중요하다고 해서 경영자가 하루아침에 기업의 문화를 바꾸거나 만들어낼 수 없다. 하지만 유명한 기업들의 좋은 문화들은 대개 창업자나 경영자들이 만들어내었다. 경영자의 성격이나 가치관, 태도, 경영스타일이 조직문화의 최대 결정요인이 되는 것이다.

(3) 문화에 영향을 미치는 변수

상대방 또는 상대 국가를 알고 문화적 차이를 극복하기 위해서는 문화에 대한 근본적인 의미와 함께 다양한 변수들에 대한 이해가 병행되어야 한다. 마찬가지로 상대방이 속한 가정이나 집단이나 회사가 어떤 문화를 갖고 있는지 파악하고 그를 대하는 것이 성공적 인간관계의 지름길이다. 문화는 다양한 인간유형을 만들어내기 때문이다. 인간유형을 만들어내는 데 영향을 미치는 집단의 문화는 다음과 같은 것들이다.

① 환경지배에 관한 개념

지배형과 복종형, 조화형의 인간 유형이 있다. 즉 인간의 필요에 따라 자연환경은 변화될 수 있다는 성향의 지배형 인간과, 인간은 자신을 둘러싼 세계에 구속되어 있고 복종할 뿐이며 운명이나 운이 중요한 역할을 한다는 성향의 복종형 인간, 인간은 자신을 둘러싼 세계와 조화를 이루며 살아야 한다는 성향의 조화형 인간이 있다. 그런데 이러한 인간형은 그가 살아온 환경에 의해 형성된 것이다.

② 시간개념

전통의 계속성에 높은 가치를 두는 과거형 인간, 단시간에 빠른 결과를 목표로 하는 현재형 인간, 단기적 이익보다 장기적 결과를 목표로 하는 미래형 인간이 있다. 동양인은 장기적이고 과거형이라면, 서양인은 동양인에 비해서 단기적이고 미래지향적이라고 할 수 있다.

③ 공간개념

개인공간을 우선시하고 물리적 공간 이용 시 개인을 중시하며 사람들 간에 거리 두기를 좋아하는 개인형 인간과, 물리적 공간 이용 시 집단을 중시하고 서로 밀착해 있기를 좋아하며 공공의 공간을 우선하는 공유형 인간이 있다.

또한 인간관계에 있어 다음 4가지 요인에 대해서 어떠한 생각을 가지느냐도 인간의 유형을 결정하는 데 중요한 영향을 미친다. 4가지 요인이란 다름 아니라 권력, 의사소통, 경쟁, 행동 측면이다.

① 권력에 대한 생각

개인과 집단 간의 권위를 중시하는 성향의 권위형 인간과, 권력의 층을 최소화하는 데 비중을 두는 성향의 평등형 인간이 있다. 전자는 지위가 높은 사람에게 무조건 복종해야 한다는 의식이 많고, 후자는 윗사람에게도 할 말은 언제든지 할 수 있다고 믿는다.

② 의사소통에 관한 생각

말보다 공통된 경험이나 정황, 인정이 우선하는 감정형 인간과, 사실과 정보의 교환에 중점을 두며 주로 언어로 정보를 교환하고 의미를 분명히 하고 직접적으로 표현하며 원칙이나 사실에 우선하는 성향의 사실형 인간이 있다.

③ 경쟁에 대한 생각

성취, 권리주장, 물질적 성공에 큰 비중을 두는 경쟁형 인간과 삶의 질, 상호의존성, 관계가 강조되는 협력형 인간이 있다.

④ 목표달성과 달성과정에 대한 생각

업무중심이나 목표달성 등의 생산적 활동에 비중을 두는 성취형 인간과 관계중심, 성취보다도 일하는 동안의 작업 자체와 일하는 과정에 비중을 두는 관계형 인간이 있다.

(4) 문화의 속성

① 학습된 것

문화는 가정, 학교, 직장 등 사회에서 직접 배우거나 간접경험을 통한 모방 또는 습관화 등으로 체득되는 것이다.

② 세대간 전수된 것

우리의 내적인 가치관이나 믿음은 물론 외적인 문화재나 기타의 상징물들이 보존되어 내려오는 것처럼 문화도 세대를 통해 계속 이어져오며 남아 있는 것이다.

③ 상징체계

십자가는 종교를 상징하고 고급 차는 성공이나 지위를 연상시키며 고개를 숙이는 것은 인사를 상징하는 것처럼 문화는 상징체계를 가진다.

④ 변동성

문화는 텔레비전이나 컴퓨터 또는 사회전반에 영향을 미치는 각종 개혁처럼

/인/간/이/야/기/11-8/

변화 담당자

변화하려는 조직 속에서 조직구성원들이 저항한다는 사실은 하나의 문제가 아닌 자연적 증상이다. 따라서 변화 담당자인 경영자는 저항의 원인을 조사해서 그 증상을 치료해주어야 한다. 그렇지 않으면 변화의 힘과 변화에 대한 저항의 힘은 서로 팽팽하게 힘겨루기를 하게 될 것이다. 왜 저항하는가를 알아야 바람직한 길로 변화를 이끌어갈 수 있다.

사람들은 변화가 기존상황보다 더 낮은 혜택이나 더 높은 직접비용을 발생시키면 일단 거부한다. 어떤 사람들은 기득권을 잃을까 봐 의도적 전략으로서 변화에 저항한다. 연장자일수록 변화를 꺼리는 이유도 여기에 있다. 잘 알지 못하는 것에 대하여 공포를 느끼기도 한다. 모르는 것에 대해 새로운 적응과 행동을 하는 것이 걱정스럽기도 하다. 또한 사람들에겐 일상과 습관이라는 것이 있어 자기만의 안정지대를 만들어놓는다. 그러한 일상이 깨지는 것은 생소한 일이고 새로운 역할도 추가해야 하고, 그렇게 하기 위해서는 시간도 투자해야 되는데 그게 싫은 것이다. 그래서 지금까지 유지되었던 시스템, 보상, 선발, 교육훈련, 통제방식 등의 변화를 무조건 거부하려 든다. 기존의 팀은 나름대로 적응된 규범도 있고 지금껏 곧잘 순응해왔는데 변화할 이유가 없다는 것이다. 변화보다 더 힘든 것은 저항의 힘을 어떻게 변하도록 할 것인가에 있는 것이다.

새로이 만들어진다. 또한 다른 외적인 환경변화에 의해 새로운 문화를 경험하게 되면 그 모습이 달라진다.

사람들은 무조건 자신이 옳고, 자신과 다른 사람들에 대해서는 그르다고 생각하는 경향이 있다. 문화를 모르면 자기중심적으로 세상을 평가하게 되어 세계의 사람들과 어깨를 나란히 하며 어울리기가 어려워진다. 타 문화를 배우고 이해하는 것은 이제 살아남기 위한 필수사항인 것이다. 어떤 문화라도 본질을 이해하면 일이 훨씬 쉬워지고 효율 또한 배가된다. 국가에만 문화가 있는 것이 아니라 기업에도 문화가 존재한다. 이러한 조직문화에 대하여 살펴보자.

3. 조직의 전통적 분위기

(1) 조직문화란

① 조직문화와 학습

전술한 바와 같이 조직 안에서의 인간관계는 개성에 따라 움직이는 것이 아니라, 그 조직 안에서 구성원들이 그동안 어떻게 관계행동을 해왔는지가 가장 큰 영향을 미친다. 물론 조직문화도 구성원들이 서로 학습하면서 만들고 전해지는 것이다. 서로의 학습이 없었다면 공통의 행동습관이 존재할 수 없듯이 조직문화는 집단학습의 결과이다. 이러한 조직문화는 조직체를 사회적 관점과 비공식 조직체 관점에서 보기 시작한 호손공장실험 이후부터 적용되어왔으며, 크로지에(M. Crozier)의 관료적 현상에 관한 연구, 에치오니(A. Etzioni)의 조직요구에 대한 구성원의 순응에 관한 연구 등에서 이미 소개되었다. 그러나 조직문화에 대한 구체적이고 체계적인 연구는 최근에 와서 시작되었다.

② 조직문화의 개념

1970년대에 들어와 가시적인 일반적 개념으로 정착되어가고 있는바, '강한 문화'나 특정한 문화적 특성이 반드시 조직성과와 정(正)의 상관관계를 이루는 것은 아니라는 연구결과가 제시되었다. 일본이나 미국 기업의 모방이 아닌 각

기업조직 자체의 문화에 적절한 경영전략 및 조직특성을 유지해야 한다는 연구 결과가 폭넓게 받아들여지고 있는 것이다. 이러한 연구들은 조직문화가 내·외적 조건 및 상황과 적합한 관계에 있을 때 조직에 긍정적인 영향을 줄 수 있으며, 또한 조직문화가 조직성과에 영향을 주기까지 서로 상호작용하는 요인들에 대한 이해가 필요함을 주장하고 있다.

인간 개개인마다 이념, 가치관, 기질, 개성이 있는 것과 같이 조직에도 나름대로의 문화, 즉 조직구성원들이 공통으로 생각하는 방법, 느끼는 방향, 행동패턴으로서의 가치체계와 목적 및 신념이 있어 조직 고유의 특성이 존재한다. 따라서 성격이 개인의 행동을 결정짓는 중요한 요인인 것처럼, 조직문화는 조직체 행동에 지대한 영향력을 행사한다. 문화는 사회학, 인류학 등을 통해 거시적이고 복합적 총체로서 연구되어왔는데 기업을 중심으로 하는 미시적 관점을 통해 조직문화의 정의를 알아보면 **표 11-1**과 같다.

표 11-1 조직문화의 정의

조직문화의 정의	공통점	차이점
상징, 언어, 관념, 신념, 의식, 전통 등 조직의 총체적 개념의 원천	신념	상징, 언어, 전통
조직체의 전통, 분위기, 가치관, 신조, 행동패턴의 기준	가치관	분위기
조직체의 환경, 가치관, 영웅, 의례와 의식, 문화전달의 네트워크	가치관	문화전달 네트워크
내외환경 적응 및 통합과정에 적용하는 기본가정, 구성원의 가치관, 사고방식, 행동지배의 근본요소로서 학습되는 것	가치관	학습
가치체계, 원칙, 행동규범 및 사업방식, 시스템, 고객, 관습, 신념 등의 총체	가치관, 신념	사업방식, 시스템
조직구성원 간에 공유하고 있는 공유사상, 공유언어, 공유행동, 공유감정 등으로 구성된 일련의 이해	사상	감정

여기서는 조직문화가 가지는 의미에 대하여 설명하고자 한다. 다시 말해 조직문화란 한 조직 내에서 만질 수 있고 관찰될 수 있는 것들 뒤에 존재하는 보이지 않는 힘으로서 사람들의 행동을 이끄는 사회적 에너지이다. 개인에 있어서 성격이 존재하듯이 조직에도 조직문화가 존재한다. 한 개인이 이를 파악하기 위해서는 구성원들 간에 공유된 응집성으로부터 나오는 사회적 에너지를 경험해야 하는데, 여기서 에너지란 '하나가 전체요, 전체가 하나' 또는 '단체정신'

등과 같은 데서 나타나듯 구성원 간의 상호영향으로부터 스며나는 것이다.

조직문화는 경영자와 종업원들을 모두 포함하는 특정기업의 모든 구성원들이 공유하는 가치관, 신념, 이념, 습관, 규범, 전통 그리고 지식과 기술을 모두 포함하는 거시적이고 종합적인 개념으로 이해할 수 있다. 즉 공유된 그 무엇만이 아니라 공유된 무엇이 구성원의 행동으로 우러나올 때 비로소 우리는 구성원에 의해 공유된 그 무엇을 '조직문화'라고 한다. 그런데 이를 기업이 내부 구성원의 문화예술활동을 지원한다거나 외부 문화관련 사업을 후원, 지원하는 것으로 잘못 해석하는 경향이 있다. 물론 기업의 사회적 책임이란 측면에서 기업이 기업 내외의 사회 · 문화적 활동을 수행하는 것도 조직문화에 포함시켜 생각할 수 있다. 하지만 우리는 기업이 사회적 책임을 다할 수 있는 방향으로 내부문화를 형성시키는 것과 단지 사회 · 문화활동에 참여하거나 지원하는 것을 엄격히 구분하여야 한다.

③ 조직문화의 방향

조직문화는 강하거나 약한 특성을 지닌다. 즉 조직문화란 구성원에 의해 공유된 것이기에 문화가 강하다는 것과 약하다는 것은 결국 공유 정도가 크거나 적다는 것을 뜻한다. 하지만 우리는 문화의 강약만 가지고 전체를 올바로 이해할 수 없다. 조직문화는 강약에 관계없이 긍정적이거나 부정적인 특성이 있고, 같은 기업 내에서도 단일의 또는 복수의 하위문화가 존재하고, 나아가 강하든 약하든, 긍정적이든, 단일문화든 복수문화든 간에 유일 최선의 문화가 없는 특성 또한 지니고 있다.

우리는 조직문화를 이해함에 있어 "강한 조직문화를 지녀야 성공할 수 있다."는 표현 아래 구성원의 사고와 행동의 응집성을 강조하는 방향으로 경영이념을 설정하고 행동규범을 강조, 또는 강요하며 조직과 인사관리방식도 같은 논리에서 재설정하곤 한다. 그러나 조직문화는 동질성뿐만 아니라 이질성이 동시에 작동하고, 이 중 어느 하나만이 강조되면 무리가 된다는 사실을 알아야 한다. 즉 기업은 다양성과 동태성으로 인하여 복수문화(multiculture) 또는 복수의 하위문화(multiple subculture)를 지니게 마련이다. 따라서 '강한 문화'의 중요성을 내세워 정체성과 동질성, 응집성만을 강조하고 문화의 다양성을 훼손해서는 안 된다.

그림 11-2 조직문화 방향

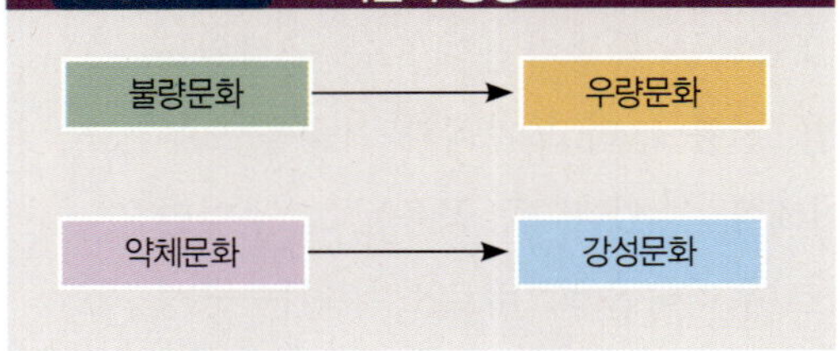

그림 11-3 조직문화의 동시적 추구

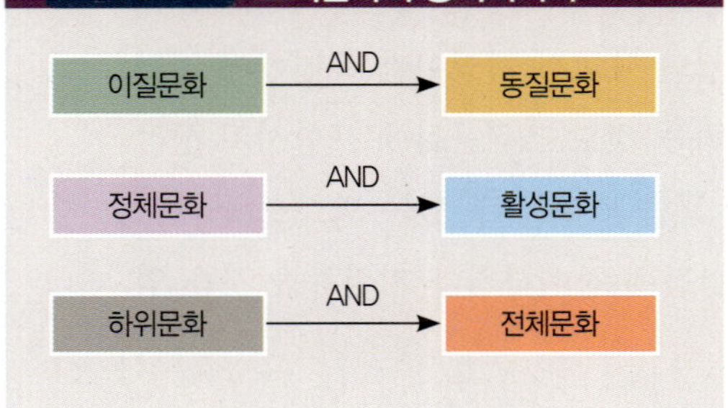

따라서 기업은 부서와 기업 전체의 성과추구 측면에서 기업 전체의 문화를 강조함과 동시에 특성이 강한 부서의 부서 단위 하위문화도 인정하고 존중해줄 필요가 있다. 이는 그룹에서 그룹문화와 개별 조직문화의 관계에서도 마찬가지로 적용된다.

④ 조직문화의 역할

기업을 한 가정에 비유해보면 사풍(社風)이라는 조직문화는 가정의 가풍(家風)과 같다. 결혼을 앞두고 배우자를 고려할 때 우리가 흔히 상대 집안의 가풍을 중요하게 여기듯이, 한 기업에서 면면히 흐르는 정신으로서의 조직문화는 그 구성원의 정신상태와 행동양식에 영향을 미치고 그 결과로 조직의 성패가 좌우되는 것이다. 인간의 육체에서 영혼이 빠져나가면 그 인간이 죽듯이 기업에 문화가 존재하지 않으면 그 기업조직은 죽은 육체와 같다. 부식되는 죽은 육체처럼 문화 없는 기업은 무너지게 될 것이다.

조직문화가 중요한 이유는 이처럼 그 특성과 강도에 따라서 기업의 구성원들이 어떻게 인간관계를 갖는가에 영향을 미치기 때문이다. 즉 조직문화는 구성원끼리의 일체감을 높이고, 정보공유의 수준을 결정하며 조직구성원으로서의 공통적 자신감을 형성시킨다. 또한 최고경영자의 교체에도 불구하고 일관된 경영스타일을 구사할 수 있게 하는 등 기업 유지에 큰 역할을 하고, 나아가 독특하고 강하여 다른 기업에서 모방하기 힘든 조직문화는 지속적인 경쟁우위의 원천으로서 기업발전의 원동력이 된다.

(2) 조직 내 인간관계에 영향을 미치는 다양한 문화들

문화유형을 분류하는 학자들 간에 일치된 공동의 개념틀(typology of cultural style)은 없으며, 다양한 조직문화 유형이 존재한다. 그런데 이러한 유형에 따라서 그 속에서 행동하는 구성원의 인간관계가 구속받거나 틀이 만들어지기도 한다.

① 사교성과 단결성

두 개의 서로 독립적인 차원을 축으로 하여 다양한 문화들을 네 개의 범주로 나누어보려는 시도가 많았다. 먼저 고피와 존스(R. Goffee & G. Jones)는 구성원들의 인간관계 양상을 결정하는 다음 두 가지 요소를 기준으로 하였다.

도표 11-4 고피와 존스 모형

		단결성	
		고	저
사교성	고	공존공생형	인간관계형
	저	성과중심형	개별독립형

- 사교성(sociability) : 구성원들 간의 친밀한 우정과 서로 자유롭게 대화하고 정보를 교류하는 정도로, 구성원들 모두 같은 또래의 같은 직급의 사람들이라면 사교성이 클 것이다.
- 단결성(solidarity) : 조직목표와 업무를 공동으로 나누고 상호협조하는 정도로, 예를 들어 경찰수사팀은 단결성(집합성)이 강할 것이다.

이 두 개의 축을 중심으로 다음 4가지 문화유형이 나온다.

- 인간관계형(networked culture) : 인간관계에 초점을 두고 서로 친하고 터놓고 지낸다. 갈등이 없고 비공식적이며 서로를 잘 안다.
- 성과중심형(mercenary culture) : 이익창출과 업적향상에만 주력하고 필요한 말만 직선적으로 나누며 경제적이며 열심히 일만 한다.
- 개별독립형(fragmented culture) : 서로 대화도 없고 알지도 못하며 꼭 필요해야 말을 건다. 오직 자기 일만 혼자하고 집단이나 조직애착은 아예 없다.
- 공존공생형(communal culture) : 단결력과 사교성 모두 강하여 인간적으로나 업무적으로나 매우 효율적이다. 의사소통도 빠르고 공사를 잘 구별하며 상호신뢰하고 조직애착도 크다.

② 모험성과 시간성

딜과 케네디(T. Deal & A.A. Kennedy)는 다음 두 가지 차원을 기준으로 하여 네 가지 유형의 문화를 구분하였다.

- 모험감수성(risk propensity) : 위험을 감수하고 변화를 쉽게 택하는 정도로, 벤처업계는 많고 관료조직은 약하다.
- 시간성(result feedback) : 어떤 업무를 수행할 때 최종결과가 나올 때까지의 시간의 정도로, 은행과 정부조직, 대기업 등은 길고 컨설팅업체, 할인점은 짧다.

그림 11-5 딜과 케네디 모형

		모험감수성	
		고	저
시간성	단기	무법 · 남성형 (tough guy/macho style) 〈레슬링〉	노력 · 유희형 (work hard/play hard) 〈탁구〉
	장기	전심전력형 (bet your company) 〈골프〉	관료 · 절차형 (process) 〈마라톤〉

이 두 가지의 축을 중심으로 네 가지 유형의 문화로 구분된다.

- 무법 · 남성형(tough guy/macho culture) : 모험감수성 높고 단기적이므로 거칠고 협동이 없는 개인주의이다. 과거에서 교훈을 얻지 못하고 현재 흐름과 유행만 따른다(예 : 전자, 건설, 화장품, 컨설팅회사).
- 노력 · 유희형(work hard/play hard culture) : 단기적이나 모험감수성은 낮은 문화이다. 따라서 서로 협조하며 팀으로 일하되 저돌적이고 회식과 스포츠를 자주 한다. 그 대신 과거로부터 교훈은 얻지 못하고 빨리 결정하여 실천하고는 그만이다(예 : 할인점, 자동차판매, 부동산사업, 컴퓨터업계).
- 전심전력형(bet your company culture) : 장기적이나 모험감수성이 강하여 창조적이며 의사결정을 신중히 한다. 기술력도 강하고 질서와 규정을 중시하되 환경변화에는 약하고 시간이 걸린다(예 : 항공, 정유, 플랜트장치산업, 자본집약산업).
- 관료 · 절차형(process culture) : 모험감수성도 약하고 장기적으로, 일의 속도가 매우 느리며 차근차근 처리한다. 방어적이고 위계적 지시와 절차에 따르며 꼼꼼하되 창의적이지 못하다(예 : 은행, 보험회사, 정부, 대학).

③ 유연 · 질서지향과 내 · 외지향성

퀸(R.E. Quinn)은 조직은 몇 가지 상호모순되는 가치를 동시에 충족시킬 수 있어야 한다고 주장한다. 다음 네 가지 문화속성 중에서 일시적으로는 어느 한쪽 면이 강조될 수 있지만 지나치게 한쪽으로만 치우치면 생존이 어려우며 균형을 유지하는 것이 성공의 관건이라고 한다. 조직문화 유형분류에서 두각을 나타내는 대표적 학자인 카메론(K.S. Cameron)과 퀸(R.E. Quinn)은 조직을 관리할 때 초점을 두어야 하는 가장 기초적인 가치는 여러 가지가 있는데 이 중 어느 것이 강조되느냐에 따라서 그 조직의 문화가 달라진다고 말한다.

첫째는 협조적이고 응집력이 강한 파벌집단(clan)형이고, 둘째는 혁신적이고 변화지향형인 애드호크래시(adhocracy)형이며, 셋째는 보수적이고 관리중심의 위계(hierarchy)형이고, 넷째는 경쟁적이고 고객지향적인 시장(market)형이다. 그간의 조직문화 관련 연구를 분석한 논문에 의하면 파벌집단형에서는 사원들의 충성심과 헌신적 태도가 가장 높았으며, 시장형에서는 혁신이 많았다. 재무성과 역시 시장형 조직에서 높았다. 이는 다시 다음과 같이 요약되기도 한다.

그림 11-6 퀸 모형

	내부통합	외부지향
유연성	인재중심형 (human resource development)	개방체계형 (open system)
질서	위계질서형 (hierarchical)	생산중심형 (production oriented)

- 인재중심문화 : 내부지향적이며 비공식적인 유연한 문화로서 가족공동체와 비슷해서 참여, 충성, 안락을 중시하고 상호배려와 팀을 기반으로 움직인다.
- 개방체계문화 : 공식이 없어 모험을 감수하고 외부지향이기 때문에 창의적이고 도전적이며 혁신과 자율이 보장되는 분위기이다.
- 위계질서문화 : 질서를 중시하고 내부통합적이며 예측 가능한 일만 하고 비용통제와 철저한 관리로 안정적인 조직을 지향한다.
- 생산중심문화 : 질서와 규정이 배어 있지만 외부지향이기 때문에 경쟁우위를 위해 시장에 침투하고 생산성 향상에 주력한다.

④ 혁신성과 자율성

좀 더 간단하게 분류한 시도로서 톰슨(G. Thompson)의 것을 들 수 있는데, 그는 기업들의 문화를 혁신과 보수, 자율과 통제를 기준하여 다음 네 가지 문화유형으로 나눈다. 대개의 조직은 네 가지 유형 중 어느 한곳에 속하겠지만 또 어떤 조직은 두 가지 이상의 유형을 동시에 가지고 있을 것이다. 또한 많은 기업들이 초창기에서 성장기를 지나 번성기에 도달하고 쇠퇴기를 맞으면서 다음의 유형들을 순서대로 겪기도 할 것이다.

그림 11-7 톰슨 모형

- 야구팀형 : 기업가적이고 혁신적이며 위험을 선호한다. 성과대로 보상하며 연봉의 크기는 자기가 하기 나름이다. 광고회사, 컨설팅회사, 증권 · 투신사, 컴퓨터 관련 소프트웨어회사 등의 문화이다.
- 클럽형 : 안정적, 보수적이며 연공서열식 보상체계를 따른다. 충성과 조직몰입이 강조되며 전통을 중시하고 승진은 좀 느리다. 군대, 공무원 조직은 말할 것도 없고 포장운수회사, 호텔업 등 단순반복기술을 가진 조직의 문화이다.
- 아카데미형 : 항상 연구하고 실력을 높이려는 분위기를 가진 조직으로서 사원들을 선발할 때부터 전문성과 능력 위주로 선발하여 전문부서에 배치한 후 부서이동 없이 그곳에서 전문가가 되기를 바란다. 자동차 · 제약 · 전자회사를 비롯한 소비재 제조업체가 이 부류에 속한다.
- 요새형 : 방어진지를 구축하고 생존을 위해서 발버둥치는 분위기를 가진 조직으로서 사원들의 미래도 보장 못하고 수시로 다운사이징을 하기 때문에 장래를 겨냥하는 인적 투자나 도전정신은 찾아보기 어려우며 현상유지에만 주력한다. 대형 소비센터, 목재 · 출판 · 섬유 · 정유회사들이 이런 분위기를 가지고 있기 쉽다.

토 론 합 시 다 11 - 1

창살 없는 감옥

카지노에는 세 가지가 없다. 창문, 시계, 거울이 없다. 왜 그럴까? 시계를 보거나 창문 너머로 밖이 보이면 얼마나 시간이 흘렀는지 짐작할 수 있기 때문이다. 그리고 거울에 비친 자기 모습을 보면 도박에 찌든 멍청한 자기자신을 깨닫게 될 수도 있다. 백화점에도 창문, 시계, 거울이 없다. 거울은 드레스룸에 숨겨놓는다. 카지노나 백화점은 고객들의 행동반경을 제약하여 되도록 그곳에 오래 머무르도록 조건화시키는 데 성공하고 있는 것이다. 오직 도박이나 매장 안으로만 몰입하고 시선이 흐트러지는 것을 막기 위함이다. 밖으로 통하는 창문을 없애면 손님들은 좀 더 오래 매장에 머무를 가능성이 크다. 거리의 풍경이며 집안의 근심거리며 심지어 자신의 지갑사정도 잊고 쇼핑에 빠질 것이기 때문이다. 고객에게 시원스러운 전망을 선보이겠다며 대형 창문을 설치했다가 매출액이 떨어진 사례가 국내외에 얼마든지 있다. 실내에는 일정한 온도와 습도가 유지되어야 한다. 이것이 요동치면 불안감이 고객들의 뇌에 전달되어 귀소본능이 생겨나 집으로 가려 하기 때문이다. 고객들은 자기도 모르게 학습되고 있는 것이다.

★ ★ ★

1. 위의 글을 읽고 토론해보자.
2. 판매광고전략이 일반소비자에게 미치는 영향에 대해 논의해보자.
3. 우리 일상생활에서 위와 같은 사례를 찾아보자.

토 론 합 시 다 11 - 2

교육의 힘?

유치원 정도의 아이들은 스펀지 사탕의 일종인 마시멜로를 매우 좋아한다. 유치원 선생님이 네 살짜리 꼬마들에게 이것을 나눠주면서 실험을 했다. 지금 먹으려면 1개만 줄 것이고 15분 동안 참고 기다린 후에 먹겠다고 하면 2개를 줄 것이라고 말했다. 절반 이상의 아이들이 15분 기다렸다가 2개를 먹겠다고 했다. 선생님은 두 부류의 어린이들을 잘 기록해놓았다가 15년 후에 그들을 찾아내어 기다렸던 사람들과 못 기다렸던 사람들을 비교해보았다. 전자는 장성해서도 인내력, 자제력, 지적능력이 더 높았다. 음주절제, 마약절제도 더 잘했다. 모든 아이들은 유치원 후 15년간 서로 다른 교육과 경험이 있었지만 이상의 성격들은 이미 어려서부터 가지고 있던 그대로였던 것이다. 그렇다면 훈련으로 인내력은 향상될 수 없는 것인가? 군대에 가도, 산전수전을 겪어도 인내력과 자제력 같은 성품은 변하지 않는가? 모든 훈련과 변화노력은 헛수고인가? 반드시 그렇지는 않다. 15분 참았다가 마시멜로를 한 개 더 받은 어린이들은 인내와 절제가 보상을 가져온다는 것을 알았기 때문에 그 후에도 절제행동을 계속할 것이고 어느 시점에 가서는 그런 행동이 몸에 배어 습관이 될 것이다. 습관들이기를 더 효과적으로 성공하려면 그다음 날에도 또 그다음 날에도 15분씩 참는 행동을 계속하게 하면 어린이들은 마시멜로(자극)를 보고 기다리는 행동(인내행동)을 하고 보상(한 개 더 받기)을 받는 과정이 반복되는 것이며 습관화된다. 끽연행동과 금연행동, 화를 내는 행동과 참는 행동, 찻집에 자주 가는 행동과 커피 안 마시는 행동, 열심히 노력하는 행동과 쉽게 포기하는 행동, 인생을 비관적으로 생각하는 행동과 긍정적으로 생각하는 행동 등 인간의 모든 행동도 비슷한 과정을 거쳐 형성되기도 하고 서서히 없어지기도 한다. 그렇다면 유치원에서 참았던 어린이는 갓난애 시절부터 부모에 의해 훈련되었기 때문일까? 반드시 그랬다고 볼 수도 없다. 유전인자의 존재문제가 다시 거론될 수밖에 없다.

★ ★ ★

1. 학습의 긍정적 · 부정적인 영향력에 대해 토론해보자.
2. 교육의 무용론에 대한 찬반토론을 벌여보자.

제 12 장

인간관계 실전

12장의 구성

1. 매력 창조
2. 외모가 인간관계에 미치는 영향
3. 인간관계 성공기법
4. 바람직한 정신자세

학습목표

1. 매력 창조 12가지 이해
2. 성공적인 인간관계를 위한 8가지 이해

핵심키워드

매력 창조, 언어 사용방법, 올바른 소개방법, 전화응대, 경청예절, 회의 에티켓, 인간관계 정신자세

12 인간관계 실전

들어가면서

인간관계는 우선 상대방으로부터 호감을 얻어야 잘 풀리게 된다. 어떤 이유에서든지 매력을 잃으면 다른 측면에서 공을 들여도 보상이 그만큼 따르지 않는다. 물론 매력과 호감은 외모에 의해서만 생겨나는 것은 아니다. 장기적인 인간관계에서는 외모와 형식적인 측면이 오히려 오해를 일으킬 수 있고 부작용을 낳기도 한다. 상대의 마음을 얻는 것은 외모와 함께 우리의 마음과 태도에 달렸다. 무엇보다도 나의 이미지는 다른 사람들과 접촉하면서 끊임없이 창출된다. 다른 사람에게 비치는 이미지를 가꾸기 위해서 예절을 바탕으로 한 자신의 차별화는 필수조건이며 기본조건이다.

1. 매력 창조

인간관계 개선을 위한 매력 창조에는 여러 가지가 있겠으나 이 절에서는 그림 12-1과 같이 12가지를 설명한다.

그림 12-1 매력 창조의 12가지

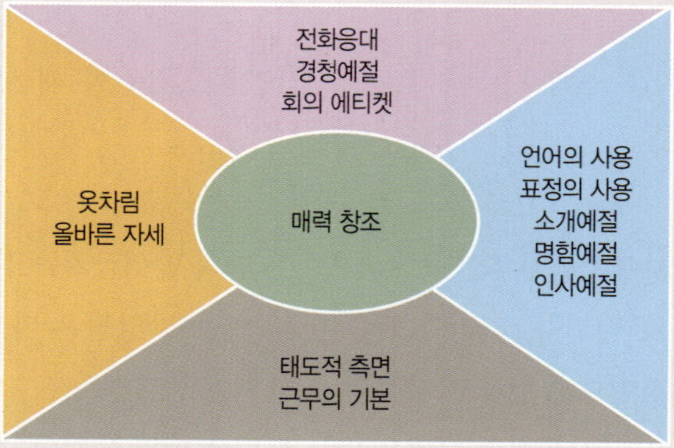

(1) 옷차림

나폴레옹은 "사람은 옷을 입은 대로 행동한다."라고 하였다. 즉, 옷차림이 그 사람의 행동을 결정짓고, 행동은 의식을 좌우하며, 그 의식은 운명을 결정짓는다. 결국 옷차림이 그 사람의 장래와 연결된다는 것이다. 옷은 때와 장소, 상황에 맞추어 입어야 어딘가 모르게 품위가 나고 멋스러움을 자아낼 수 있다. 그러므로 색상, 무늬, 스타일 등이 적절히 조화를 이루도록 센스 있게 입어야 한다.

(2) 올바른 자세

상대방에게 좋은 인상을 주기 위해서는 일거수일투족에 신경 써야 한다. 특히 인간관계는 같이 앉아서 시간을 들여 이야기를 나누면서 형성되기 때문에, 처음 만나는 사람과 대화를 나눌 때는 앉은 자세가 중요하다.

- 앉기 전에 자기 몸이 들어갈 공간을 확보하고, 앉으면서 의자를 약간 당겨 책상이나 탁자와 바른 거리를 유지한다. 의자에서 일어설 때는 앉을 때의 역순으로 하면 된다.
- 뒤로 잔뜩 젖혀 앉는 것은 피해야 한다.
- 앉은 자세에서는 몸가짐을 조심해야 하며, 두 손으로 턱을 고이고 앉지 않는다.

면접을 보거나 소개받을 때 혹은 남 앞에서 발표를 할 때 서 있는 자세는 다음과 같이 한다.

- 어깨는 자연스럽게 수평을 이루고, 두 발의 발뒤꿈치는 붙인 채 발끝은 45도 정도로 벌린다. 허리와 가슴은 곧게 펴고, 양팔은 자연스럽게 내리며, 얼굴은 정면으로 향하고 시선은 눈 높이로 둔다.
- 얼굴은 온화한 표정으로 입은 다물고 턱은 내밀지 않아야 한다.

걷는 자세는 다음과 같이 하는 것이 좋다.

"항상 나를 관찰하는 사람이 있다는 사실을 기억하자!"

- 흐느적흐느적 걷지 않으며 가슴을 펴고 시선은 가고자 하는 전방을 주시한다.
- 사방을 두리번거리거나 고개를 푹 숙이고 걷는 것은 좋지 않다.
- 신발 뒤축을 꺾어 신거나 신발을 끌며 걷지 않는다.
- 남의 앞을 지날 때에는 한쪽으로 비켜서 다소곳이 한다. 이때 "미안합니다." 또는 "실례합니다." 하고 목례를 한다.
- 웃어른이나 상사와 걸을 때에는 그 옆쪽이나 뒤쪽에서 약간 거리를 두고 걷는 것이 좋다.

(3) 태도적 측면

긍정적인 태도를 가진 사람은 일에 대한 몰입을 잘하며 일처리에 있어 항상 기본을 정확하게 한다. 또한 회사는 일에 재미를 붙이는 곳이라고 느끼며, 노동은 즐거운 것이라는 마음가짐을 갖고 정해진 목표를 달성하고자 노력한다. 직장에서는 가져야 할 바람직한 모습과 버려야 할 모습이 있다. 바람직한 모습은 다음과 같다.

- 시간과 약속을 지키는 모습
- 매사를 긍정적으로 생각하는 모습
- 공로를 남에게 돌리는 겸손한 모습
- 새로운 아이디어를 제시하고자 노력하는 진취적인 모습
- 건전한 비판을 적극적으로 수용하는 용기 있는 모습
- 자신의 의견을 있는 그대로 밝히는 솔직한 모습
- 적극적으로 업무를 추진하는 열정적인 모습
- 공사를 명확히 구분하며 완벽하게 일처리 하는 모습
- 맡은 바 책임을 완수하는 성실한 모습

/인/간/이/야/기/12-1/
신입사원의 바람직한 마음자세

신입사원이 가져야 할 태도로 다음의 것들을 생각해볼 수 있다.

- 사회에 진출한다는 것은 자기 인생을 좌우하는 중요한 단계인 만큼 진지하게 장래를 생각해야 한다. 서로 분업하여 남을 위하여 일하는 데서 기쁨을 발견하는 단계로 접어든 것이다.
- 학창시절에는 거의 지식만으로 평가되지만, 사회에서 지식은 수단에 불과하고 실천결과에 의해 평가된다. 이제부터는 '돈 받고 책임을 지는' 것을 배우며 학창시절과 전혀 다른 차원에 속하게 된다.
- 같은 연배들과의 생활이었던 학교에서 벗어나 선배뿐인 조직으로 들어서게 되면 신뢰하고 신뢰받는 관계를 이루어나가는 일이 무엇보다 중요하다.
- 회사에 들어간다는 것은 공부가 끝난 것이 아니라, 새로운 공부의 시작이다.
- 자기가 맡은 분야는 모든 면에서 제1인자가 되어야겠다는 마음가짐을 가지는 것이 중요하다.

그러나 얼마 안 가서 직장일에 싫증이 나기도 하고 손해 보는 느낌이 날 때도 있으므로 다음의 자세를 취하지 않도록 주의해야 한다.

- "괜찮아! 적당히 해!"라는 무사안일한 모습
- 퇴근 시 이리저리 눈치 보는 소신 없는 모습
- 뒤에서 남을 흉보는 모습
- 일을 남에게 떠넘기는 무책임한 모습

(4) 근무의 기본

조직에 뛰어든 인간은 조직의 목표를 수행하기 위하여 어느 정도 자기희생이 필요하다. 왜냐하면 조직의 목표와 개인의 목표가 일치하지 않기 때문이다. 일례로 조직은 토요일과 일요일에도 출근하기를 원하지만, 개인은 그러한 날 개인적 약속이 있을 수도 있다. 따라서 직장생활을 하는 직장인들이 지켜야 할 것들이 많겠지만 그중에서도 직장에서의 인간관계는 출근시간에서부터 시작된다고 할 수 있다.

① 출근

- 여유 있는 출근으로 하루일과를 시작한다.
- 출근이 늦어질 것으로 예상되는 경우(사고, 교통 혼잡, 개인적인 일) 반드시 상사에게 보고한다.

② 결근

- 예정된 경우에는 조속히 상사나 동료에게 알리고 전날 퇴근 시 인사를 잊지 않는다.
- 결근 다음 날의 출근 시 동료나 상사에게 수고에 대한 감사를 한다.
- 돌발적인 결근의 경우에는 반드시 일과 개시 전까지 통지한다.
- 결근 중의 소재지, 연락처 등을 미리 알려둔다.
- 무단결근은 하지 않는 것을 원칙으로 한다.

③ 휴가

- 휴가 신청은 사전에 준비하여 직원관리에 방해가 되지 않도록 한다.
- 휴가의 사유는 솔직하게 상사에게 보고한다.

④ 지각

지각할 것 같을 때에는 우선 도중에 그 사유와 함께 연락을 하고, 지각을 했을 때에는 미안한 태도로 인사를 하도록 한다. 상습적으로 하는 지각은 승진에 영향을 줄 뿐 아니라 지각하는 습관을 고치지 않는 한 그 직장에서 밀려나게 될 수도 있다.

- 지각은 하지 않는 것을 원칙으로 한다.
- 부득이하게 지각을 한 경우에는 상사에게 사유를 설명하고 이해를 구한다.
- 몸이 아픈 경우 지각보다는 일단 출근하여 조퇴를 하도록 한다.
- 직장상사, 동료와의 술자리 또는 휴일 다음 날에는 특히 지각을 하지 말아야 한다.

⑤ 자리를 비울 때

외출을 할 때는 반드시 행선지를 책임자 또는 동료에게 말하도록 하며, 외출기록부가 있을 때에는 연락처를 자세히 기록하도록 한다. 나갈 때는 반드시 다녀오겠다는 인사를 하며 옷차림과 머리 등을 간단히 손질한다.

- 외출의 자세 : 외출 용건에 대해서는 미리 계획을 세우고 출발하며 방문처가 많을 때는 효율적인 방법을 정하여 나간다. 처음 방문하는 곳은 미

리 전화로 위치를 알아보거나 교통편과 도로를 확인하는 것이 좋다. 대신하여 방문을 할 때는 미리 용건을 메모하고 담당자와 충분히 이야기하여 오해가 없도록 한다. 외출이 길어질 때는 2시간에 1번 정도로 회사에 연락해서 소재 또는 진행상황을 보고한다. 교통비 신청은 실제비용을 청구하도록 하며 허위로 청구해서는 안 된다.

■ 사적인 외출일 때 : 부득이한 경우를 제외하고는 사적인 외출은 삼가도록 한다. 상사에게 외출 사유를 말하여 허가를 받는다. 외출 용건은 가급적 짧은 시간 내에 끝내도록 하여 사적인 외출시간이 길어지지 않도록 한다.

/인/간/이/야/기/12-2/

효율적인 언어 사용법

대화에서 상대방으로부터 호감을 사고 싶다면 언제나 상대방의 입장에 서서 그를 존중한다는 마음가짐이 필요하다. 또 아무리 나와 다른 의견을 가졌다 하더라도 공통점을 찾아내려고 노력하면 화합에 이르는 대화를 할 수 있다. 효율적인 언어 사용방법을 소개하면 다음과 같다.

교양 있게 이야기한다

같은 말이라도 기분 좋게 받아들일 수 있는 언어를 쓸 줄 아는 사람이 있는가 하면 본래의 뜻은 아니지만 어딘지 모르게 뒷맛이 나쁜 여운을 남기게 말을 하는 사람이 있다. 말씨에 인품이나 교양이 반영된다는 사실을 항상 유의해야 한다.

요령 있게 이야기한다

말은 사실대로 이야기하는 것이 원칙이 될 수도 있지만 상황에 따라서는 조금은 미화하여 이야기하는 것이 듣기도 좋고 예의에 어긋나지 않을 수 있다. 자기의 지식을 과장하는 듯이 외국어나 전문용어를 지나치게 구사하는 것도 상대방의 처지를 생각하지 않은 요령 없는 자기만족에 지나지 않는다.

상황에 맞게 이야기한다

말하는 사람은 적극적인 태도를 취하되 듣는 사람에게 이롭지 못한 내용은 피한다. 또한 상대방의 반응을 살펴서 흥미가 없어 보이는 이야기는 오래 하면 바람직스럽지 못하다. 항상 상황에 부응할 수 있는 화제의 선택을 신중히 해야 한다.

성실하게 관심을 표명한다

인간은 자기에게 관심을 가져주는 사람에게 호감을 갖는다. 호감을 얻으려면 관심을 끌기 위해 노력하기보다 내가 먼저 순수한 관심을 갖는 것이 옳고 빠른 길이다. 이쪽에서 먼저 관심을 보이면 아무리 바쁜 사람이라도 주의를 기울이게 되고 협력도 해주기 마련이다.

듣는 태도의 성실성을 갖는다

인간은 누구나 자기의 말에 귀를 기울여주고, 자아를 만족시켜줄 사람을 찾고 있다. 진심으로 흥미를 갖고 상대방의 이야기에 귀를 기울여야 한다. 상대방은 즐거울 것이고, 자신의 중요함을 느끼게 될 것이다. 흥미 있게 듣는 태도는 누구에게나 줄 수 있는 최고의 찬사와 같다.

칭찬을 해준다

나로 인하여 상대가 기뻐하면 나에게 큰 즐거움이 되고, 상대도 자존이 형성되어 될 수 있는 한 나와 친밀함을 유지하려 할 것이다.

상대를 설득하려면 논쟁을 피한다

대화할 때는 되도록이면 논쟁을 피하는 것이 좋다. 가령 논쟁에서 이겼다고 하더라도 결국 큰 패배를 한 것이 된다. 아무리 좋은 상황이더라도 남의 마음을 바꾸는 것은 매우 어려운 일이다. 논쟁 등으로 그

돌아오면 상사에게 미안하다는 뜻의 사과 겸 인사를 한다.

⑥ 퇴근

■ 퇴근 시 유의사항 : 퇴근시간 전에 하던 일을 그만두거나 옷을 갈아입거나 해서는 안 되며, 퇴근시간이 되었어도 하던 일이 남았으면 적당한 부분까지 끝내고 퇴근한다. 퇴근 전에 다음 날 일정을 세워두고 중요한 계획을 확인하는 습관이 필요하다. 책상 위 또는 전용 서류함, 사무용품 등을 정리하고 퇴근한다. 현대사회는 정보사회로 정보보존이 생명인데 허술하게 서

상황을 악화시킬 필요는 없다. 그것은 마치 손발을 스스로 묶는 것과도 같은 것이다.

상대의 입장에서 생각한다

상대의 생각과 행동에는 그만한 이유가 있을 것이다. 그 이유를 찾아내야 한다. 그러면 상대의 행동, 나아가서는 상대의 성격을 파악할 수 있는 열쇠까지 얻을 수 있다.

화제를 준비한다

대화를 위해서는 주고받을 만한 화제를 풍부하게 갖고 있는 것과 화기애애한 무드를 조성하는 것이 필요하다. 이를 위해서는 평소에 사물을 보는 눈을 기른다는 것이 선결문제이다. 예리한 관찰력, 많은 사물을 접하고 예리하게 생각하는 습관, 문제의식 등이 풍부한 화제를 지니게 되는 밑거름이 된다. 태어날 때부터 말을 잘하는 사람은 없다. 또한 화제가 풍부하다고 곧바로 즐거운 대화가 되는 것도 아니다. 화제의 선택이 문제이다. 대화가 즐겁게 되려면 화제는 모두에게 공통적이면서 상대방이 흥미를 갖는 것이어야 한다.

품위 있는 말씨를 쓴다

우리말은 경어의 사용법이 어려우며 중요시되고 있다. 경어의 사용에는 대개 정해진 기준이 있으므로 그것에 따르지 않는 사용법은 듣기에 매우 거북하고 상대방을 모욕하는 결과가 되기도 한다. 그러므로 적절한 경어의 사용법을 익혀두는 것은 바람직스러우며 품위 있는 말씨를 구사하는 데 절대적으로 요구된다고 볼 수 있다.

바른 호칭을 구사한다

호칭은 상대방을 부르는 말이다. 직장 내 사람이름, 거래처의 회사명과 사람이름 등은 정확히 기억하는 것이 좋으며 되도록 빨리 외우도록 한다. 그리고 다른 사람에게 말을 걸 때에는 반드시 상대방의 이름을 부르고 용건을 말함으로써 상대방에 대한 관심과 성의를 보이는 것이 좋다. 따라서 상급자에게 대한 호칭을 할 때는 다음과 같이 한다. 상사는 성과 직위 다음에 '님'의 존칭을 붙인다. 대화하고 있는 상대가 지칭하는 상사보다 직급이 높을 때에는 'OOO이사께서'처럼 '님' 자를 사용하지 않는 것이 바른 호칭법이다.

상대를 먼저 배려한다

대화예절에서 우선 갖추어야 할 것은 고운 말과 바른 말씨이다. 그러나 대화를 훌륭히 한다는 것은 정확하고 아름다운 말씨로 물 흐르듯 이야기하는 것만을 가리키지 않는다. 앞에서 예절의 실제는 마음속에 있다고 말했듯이, 대화를 할 때는 상대방의 입장에서 생각하는 마음가짐이 선행되어야 한다.

대화 매너 체크리스트를 활용할 필요가 있다

즉, 대화 시에 주위를 두리번거리며 시선을 분산시키면 침착하지 못한 사람이라고 생각되기 쉬우므로 피해야 할 대화 태도이다. 일반적으로 대화를 할 때는 상대방의 눈을 바라보며 이야기하라고 하지만, 비즈니스 사회에서는 어울리지 않는 태도이다. 상대방에게 도전적으로 보이며 건방진 인상을 주기 때문이다. 시선은 주로 상대방의 눈과 얼굴에 두고 가끔 가슴 쪽으로 이동하는 것이 좋다.

류를 챙겨서 낭패를 당하는 경우가 종종 있다. 퇴근시간 후에는 남은 일이 없으면 퇴근하고, 이때 사람에게 방해가 되는 일이 없도록 퇴장한다.

- 퇴근인사 : 상사, 선배, 동료에게 확실하게 퇴근인사를 하고, 길이나 복도, 구내에서 이들을 만나는 경우 가볍게 눈인사를 한다. 혹시 회사 밖에서 바로 퇴근하게 될 것이 예상될 때는 미리 상사에게 그 뜻을 전하고 출타한다. 업무 때문에 귀사하지 못하게 될 경우 퇴근시간 전에 전화로 상사에게 보고하여 양해를 얻는다. 이때 업무결과는 전화로 반드시 보고하며 두 사람 이상이 출타했을 때에는 그중 상급 또는 선임자가 대표로 보고한다. 퇴근시간 한 시간 이내로 귀사가 가능할 때는 귀사하는 것이 좋다.

(5) 언어의 사용

말은 이야기하는 사람의 인품이며 사상이 묻어난다. "말 한마디에 천 냥 빚도 갚는다."라는 속담처럼 말로써 성공의 열쇠를 쥐는 사람이 있는가 하면 말로써 자신의 무덤을 파는 사람도 있다. 사회생활에서 말이 매우 중요하므로 자기의 의사와 생각을 표현할 때 자신의 말이 상대방이나 주위 사람들에게 어떠한 영향을 미칠 것인가에 대하여 항상 염두에 두고 말을 꺼내야 한다. 사회인이 되면 초면인 상대와 만나는 기회가 매우 많아진다. 상대가 자신을 어떻게 평가할지 매우 신경이 쓰이게 되는데 이때 언어구사력이 자신의 첫인상을 결정짓는다고 해도 무

/인/간/이/야/기/12-3/

올바른 표정의 사용

- 얼굴빛을 부드럽고 온화하게 갖는다. 눈을 치뜨면 억눌린 사람 같고 곁눈질을 하면 상대방이 경계한다. 입은 적당히 다물되 힘주지 않는다. 입가에 힘을 주면 아주 차가운 인상을 풍기고 입을 헤벌리면 허술하게 보인다. 턱을 자연스럽고 반듯하게 한다. 일부러 턱을 끌어들이면 의도적인 표정이 되어 꾸밈이 있어 보인다. 갑작스럽게 표정을 바꾸면 안 된다. 온건하고 담담한 표정은 진중함을 드러낸다. 얼굴색으로 가슴속을 보이고 눈빛으로 말을 한다. 다정한 표정, 진지하고 그윽한 눈빛이 다른 사람을 즐겁게 한다.
- "눈은 입보다 많은 말을 한다."라는 말이 있는데 때로는 눈은 입(말) 이상으로 여러 가지 것을 전해준다. 예를 들면 누군가와 이야기를 할 때 자주 눈을 맞추는 사람도 있고 상대에게 시선을 주지 않는 사람도 많다. 얼굴표정은 상대방에게 전염되기 때문에 명랑하게 미소 짓는 얼굴로 상대를 바라보면 상대도 웃는 얼굴로 대해주게 된다. 아무리 잘생긴 얼굴이라도 얼굴빛이 어두우면 상대방에게 호감을 줄 수 없다. 그러므로 미소란 어떤 사람과도 잘 어울릴 수 있는 강력한 무기가 될 수 있다.
- 인간의 얼굴에는 무려 80여 개의 근육이 있어서 7,000가지 이상의 표정을 만들 수 있다고 한다. 얼굴의 근육을 얼마나 잘 움직이느냐에 따라 표정은 생기가 돋아나게 된다. 근육을 풀어서 표정을 부드럽게 만들려면 평상시에 눈썹을 위아래로 움직여보고, 입을 크게 벌리거나 조그맣게 오무려보는 연습을 반복하는 것이 효과적이다. 입을 적당히 움직이는 것이 아니라 정확하게 움직이면서 발음을 하도록 한다.

리가 아니다. 그러므로 평소에 전공이나 업무관련 지식 말고도 문화, 역사, 예술, 시사 등에 관련된 지식을 풍부하게 습득해놓는 준비가 절대적으로 필요하다.

(6) 표정의 사용

외모의 핵심은 얼굴에 있다고 볼 수 있다. 얼굴은 사람의 신체 가운데 가장 표현력이 있고 눈에 띄는 부분이다. 특히 표정은 상대방에게 호감을 주느냐, 못 주느냐의 중요한 요소가 된다. 인간은 표정으로 속마음을 나타내기도 하고 상

그림 12-2 자신의 표정은 어느 것인가

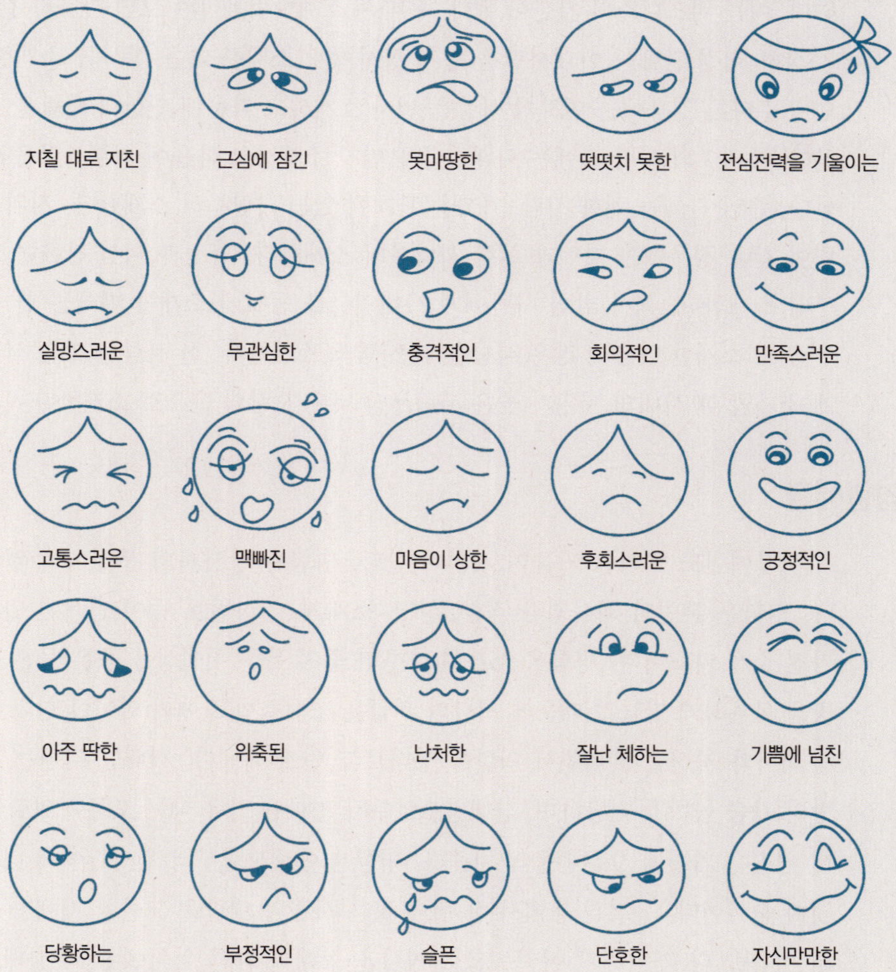

대방의 기분을 판단하기도 한다. 즉, 표정을 보면 그 사람의 마음속을 들여다볼 수 있고 그 사람의 상태를 한눈에 알 수 있다. 그러므로 표정은 그 사람의 사람됨을 나타내는 전체라고 할 수 있다. 바람직한 표정이란 평소에 마음가짐을 바르게 하고 교양을 부단히 쌓아 품위 있는 인격을 함양시킬 때 우러나온다. 여러 가지 표정을 그림으로 표현해보면 그림 12-2와 같다.

(7) 소개예절

소개는 인간관계 형성의 첫 단계이다. 서로가 처음 만나는 사이이기 때문에 예의 바르게 행해야 한다. 좋은 인상을 상대에게 전달하는 것이 무엇보다 중요하며, 이는 비즈니스의 자산이 된다. 올바른 소개방법을 알아보면 다음과 같다.

상하 직원 간에는 아랫사람을 먼저 상사에게 소개한 다음 상사를 소개한다. 연령이 다른 경우에는 연하의 사람을 먼저 소개하고 다음에 연상의 사람을 소개한다. 사내 · 외 사람 간에는 사내사람을 먼저 소개하고 다음에 외부사람을 소개한다. 손님 간에는 친한 사람, 가까운 관계에 있는 사람부터 소개한다. 지위 · 연령이 같은 경우에는 자신과 친한 사람부터 소개한다. 남성과 여성 간에는 남성부터 소개한다. 회사 밖의 사람에게 사내인사를 동시에 소개할 때에는 한 사람을 먼저 소개한 다음에 많은 사람을 한 사람씩 소개한다. 한 사람을 많은 사람에게 소개할 때 사내의 지위가 높은 사람부터 낮은 사람의 순으로 소개한다.

(8) 명함예절

명함예절도 주의를 기울여 지켜야 한다. 명함은 당사자의 분신이며 얼굴이다. 명함은 본인의 회사명과 직함, 성명, 소재지, 전화번호 등이 인쇄된 인격을 가진 소개 카드이다. 명함을 소홀히 다루면 좋지 못한 첫인상을 줌은 물론 상대방을 불쾌하게 만들기 때문에 명함의 취급은 조심스럽고 예의 있어야 한다.

회사와 자신을 밝히면서 명함을 상대보다 먼저 꺼낸다. 꺼내는 위치는 상대방의 가슴 높이가 적당하며, 상대방으로부터 명함을 받을 때는 오른손으로 받으며 왼손은 가볍게 오른손을 받쳐준다. 명함은 아랫사람부터 윗사람에게 내미는 것이 순서이다. 응접실 등에서 한 번에 많은 사람과 명함을 교환할 때에는 상대의 이름을 다 기억하기 어려우므로 명함을 상대의 좌석 위치에 맞춰서 테이블 위에 나란히 놓고 이야기하는 것이 좋다. 방문을 마치고 돌아갈 때 명함을 상대방의 응접실에 놓고 가는 것은 큰 실수이다. 이것을 상대방이 본다면 대단히 불쾌한 일이다.

(9) 인사예절

인사는 직장매너의 가장 기본이며 인간관계의 시작이라고 할 수 있다. 인사란 상대의 존재를 인정하고 서로 적의 없는 감정을 전달하는 의사표시이며 처

/인/간/이/야/기/12-4/

호감을 주는 인사법

호감을 줄 수 있는 인사방법으로는 다음과 같은 것들이 있다. 먼저, 상대가 무엇을 말하기 전에 이쪽에서 먼저 인사를 건넨다. 윗사람이 자신을 알아보지 못하거나 보지 못하였다 하더라도 자기가 먼저 정중하게 인사를 하여 예의를 갖추면 훨씬 마음의 안정을 느낄 것이다. 그리고 인사를 할 때 우물쭈물 눈치를 보거나, 작은 동작과 목소리로 하는 둥 마는 둥 해서는 안 된다. 인사를 할 때는 인사말의 내용을 상대가 확실히 알아들을 수 있도록 말해야 한다. 상대가 확실히 알아들을 수 있도록 정중하고 똑똑하게 발음하는 것을 익혀야 한다. 또한 인사할 때는 반드시 상대의 눈을 보면서 하는 것이 좋으며, 인사는 부족한 것보다 과한 것이 낫다. 무엇보다 인사는 만날 때마다 하는 것이 원칙이므로 하루에 여러 번 만나게 되더라도 만날 때마다 한다.

일반적인 인사요령에 대하여 살펴보면 다음과 같다. 항상 서서 인사하는 것은 아니며, 중요한 협의를 하고 있는 경우나 응접실로 음료를 가져오게 할 경우에는 앉아서 인사를 하게 된다. 앉은 자세에서 상체를 허리부터 굽힌다. 걸을 때 인사요령은 2~3미터 가까이 가서 인사를 한다. 상대를 향해 선 후 기본자세를 취하고 인사한다. 상급자가 지나간 후에 움직인다. 시선은 발끔치에서 전방 1미터 정도가 되도록 하는 것이 좋으며 허리는 약 45도 이상을 굽히되 머리는 숙이지 않는다. 남자는 차렷 자세로 인사하며 양손의 중지가 양 무릎 옆에 오도록 한다. 여자는 두 손을 모아 왼손 손등 위에 오른손을 포개고 손바닥이 하복부 중앙에 오도록 한다. 앉아 있거나 서 있을 때 또는 걸어갈 때, 바로 그 자세에서 상체를 굽히지 않고 눈으로 경례의 표시를 하며 가볍게 머리만 숙이면서 부드러운 표정을 짓는다.

인사하면서 악수하는 방법도 중요한데, 악수로 인사할 때는 사람과 사람이 손을 마주잡고 정을 느낄 수 있게 해야 한다. 반드시 선 자세로 오른손을 내밀어 자연스럽고 가볍게 쥐는 것이 예의에 맞다. 악수는 사회적 신분이 높은 사람이나 연장자 또는 여성이 먼저 청해야 한다. 만약 신분이 높은 사람이 연소자일 경우에는 연장자라도 먼저 손을 내밀어서는 실례가 된다.

바람직하지 않은 인사법은 다음과 같다. 인사할 때 얼굴을 들고 상대방 얼굴을 빤히 보면서 인사하는 경우가 있는데 이는 크게 잘못된 것이다. 또는 상대방의 눈을 보지 않고 아무 말도 하지 않는 인사는 상대를 기분 나쁘게 한다. 서서 인사를 할 때 허리를 너무 빨리 굽히고 곧바로 급히 일으키는 것은 올바른 인사법이 아니다. 고개만 까닥하는 인사는 해서는 안 된다. 표정이 없는 인사는 상대의 기분을 상하게 할 수 있고, 망설이다가 하게 되는 인사는 효과가 없다.

직장에서의 인사말은 어떻게 하는가? 아침인사는 먼저 본 사람이 하는 것이 좋으나 아랫사람이 손윗사람이나 상사에게 먼저 하는 것이 자연스럽다. "조 과장님 안녕하세요?" 또는 "홍 부장님 안녕하십니까?"라는 인사를 교환한다. 이와 같이 직위나 성명을 붙이면 상대는 자신을 기억하고 있음을 알고 기뻐할 것이다. 동료에게 인사할 때는 "안녕하세요."가 적당하다. 먼저 퇴근하면서 남아 있는 사람에게 "먼저 가겠습니다.", "내일 뵙겠습니다."라고 한다. 직장에 남아 있는 사람은 퇴근하는 사람에게 "안녕히 가십시오."라고 인사한다. 부하직원이나 아랫사람이 직장상사나 윗사람에게 "수고하십시오."라고 인사한다면 본의 아니게 실례를 하게 되는 것이다. "감사합니다.", "먼저 나가겠습니다.", "안녕히 계십시오." 등이 올바른 표현이라 하겠다.

음 만난 사람이나 웃어른에게 자신의 모든 것을 가장 잘 표현할 수 있는 첫 관문이다. 인사는 그 사람의 됨됨이를 남에게 그대로 보여준다. 인사를 잘하는 사람은 어디에서도 환영받으며 사랑받는다.

인사할 때는 밝고 명랑한 표정을 짓는다. 기분이 나쁘다고 본체만체하면 뜻하지 않게 나쁜 말을 듣게 된다. 인사할 때 자세는 바르고 정중해야 한다. 인사가 너무 형식적이라는 느낌이 들지 않도록 마음이 전달되는 따뜻한 인사가 되어야 한다. 인사에도 TPO가 있다. 인사는 시간(time), 장소(place), 상황(occasion)에 따라 다르며 상대에 따라 달라진다. 허리를 많이 굽힌다고 무조건 바른 인사법인 것은 아니다. 주변 사람이 불편하지 않고 인사를 받는 사람이 기분 좋은 인사가 되어야 할 것이다.

/인/간/이/야/기/12-5/

전화예절

전화를 받을 때의 예절로는 다음과 같은 것들이 있다. 먼저, 상대가 기다리지 않도록 벨이 1~2회 울리면 즉시 받는다. 전화벨 소리가 세 번 울리기 전에 받는다. 그리고 수화기를 들면 직장이름을 밝히고 인사부터 한다. "감사합니다. ㅇㅇ회사 생산 1과 홍길동입니다." 이때 왼손으로 수화기를 잡고 펜과 메모지는 오른손에 준비한다. 만약 상대가 이름을 밝히지 않아 누구인지 불명확할 경우엔 "실례합니다만 누구십니까?" 하고 묻는다. 또한 전화를 받을 때는 상대방의 용건을 정확히 들어야 한다. 마지막으로, 전화를 끊을 때는 작별인사(감사합니다)를 잊지 말아야 한다. 수화기는 상대가 끊고 나서 조용히 제자리에 얹는다. 전화는 전화한 쪽에서 먼저 끊는 것이 원칙이다.

그 밖의 전화예절을 정리하면 다음과 같다.

- 전화를 걸 때의 예절로는 상대방의 전화번호, 소속, 이름, 용건 등을 미리 준비해야 한다. 상대방이 수화기를 들면 먼저 자기의 소속과 이름을 밝힌다. 용건을 간략하게 먼저 상대방에게 알린다. 간단한 인사나 일전의 감사의 뜻을 전한다. 대화 중에 끊겼으면 건 쪽에서 다시 걸고, 끊긴 것을 사과한다. 전화를 끊을 때는 간단한 감사의 뜻 또는 인사를 잊지 않는다.
- 전화가 잘못 걸려 왔을 때에는 장난하지 않고 잘못 걸려 온 전화라는 것을 친절하게 가르쳐주도록 한다. 비밀스러운 이야기 및 부탁이나 오해를 풀어야 할 때에는 전화보다는 직접 찾아가서 용건을 설명하는 것이 효과적이다. 전화상의 대화는 목소리만으로 상대방을 인식하게 되는 경우가 대부분이므로 상대방을 확인하기 전까지는 어떤 경우라도 존대해주는 것이 실수를 예방할 수 있다.
- 전화는 많은 사람이 사용한다는 공공성이 있으므로 용건을 미리 준비하여 짧은 시간 내에 전달한다. 회사는 어디까지나 업무장소이다. 전화 사용 시 대화를 길게 하는 것은 상식을 의심받는 행위일 뿐만 아니라 회사에 손실을 준다. 긴급할 때 외에는 사적인 전화를 삼가도록 한다. 항상 통신보안에도 신경 쓴다. 바른 말을 사용하고 혼동하기 쉬운 말은 피하며 상대의 해석에 따라 아무렇게나 이해되는 말은 피해서 쓰도록 한다.
- 전화 통화를 짧게 하기 위해선 말이 간결해야 할 것이다. 전화를 걸기 전에 용건을 5W1H로 정리해서 말하는 순서와 요점을 결정한다. 불필요한 말은 반복하지 않도록 하고, 복잡하게 얽히고설킨 용건은 상대의 진의를 잘 파악해 신중히 응답한다.
- 사내전화 사용 시 자신의 소속부서를 대고 상대방을 확인한 뒤 즉시 용건으로 들어간다. 의례적인 인사는 생략하고 용건만 간단히 요령 있게 전한다. 말의 어미는 '입니다'를 사용한다. 친한 사이라 하더라도 경망스러운 말씨나 은어를 삼간다. 전화를 받았을 때 준비해야 할 것은 메모와 필기구이다. 특히 날짜, 시간, 수량, 제품번호, 모형번호, 전화번호 등의 숫자나 지명, 인명에 관한 것들은 반드시 메모를 해두어야 할 뿐만 아니라, 메모 후에는 반드시 확인을 하여야 한다.

(10) 전화응대

전화는 상대방의 얼굴을 직접 보지 않고 대화하기 때문에 자칫 소홀해지기 쉽다. 따라서 전화를 거는 방법이나 태도에 따라 실례가 될 뿐 아니라 상대방의 기분을 상하게도 하므로 일상생활에서 올바른 전화예절을 알아두는 것이 자기발전에 매우 중요하다. 직장생활에서의 전화예절이 몸에 밸 수 있도록 습관화하여 상대방과 의사소통을 원활히 하고 좋은 인상을 줄 수 있도록 하여야 한다.

(11) 경청예절

강의나 연설은 한 사람이 여러 사람을 상대로 말하고, 여러 사람이 함께 한 사람의 말을 듣는 것이기 때문에 말을 하는 사람이나 듣는 사람 모두가 예의를 잘 지켜야 진행이 원활하게 이루어진다.

① 강사의 예절

강의와 연설을 하는 예절로는 다음과 같은 사항을 지켜야 한다. 정해진 시간을 지킨다. 특히 시작하는 시간과 끝내는 시간을 정확하게 지켜야 한다. 주어진 주제를 벗어나지 않아야 한다. 정해진 주제에서 벗어나 엉뚱한 다른 이야기를 하면 듣는 사람들의 기대를 저버릴 뿐 아니라 강의의 효과도 반감되고 만다. 강의나 연설의 요지를 미리 준비한다. 정해진 시간에 주어진 주제를 효과 있게 이야기하려면 말해야 할 요지를 미리 준비해서 이야기의 흐름과 맺음을 분명히 해둔다. 듣는 사람이 누구인가를 고려한다. 듣는 사람의 연령, 성별, 직업, 지적 수준 등을 파악해서 이야기할 범주를 설정해야 한다. 목소리의 강약과 완급에 주의한다. 대중을 상대로 말할 때의 속도는 단독 대화와 달리 여유가 있고 또박또박해야 한다. 시작할 때와 끝낼 때의 인사말을 잊지 않는다.

② 청중의 예절

강의와 연설을 듣는 예절도 중요하다. 청강시간을 지킨다. 강의와 연설을 듣는 일은 미리 정해진 일이므로 반드시 시작하기 전에 장소에 들어가서 정해진 자리에 위치하고, 끝나기 전에 미리 나오는 일이 없도록 한다. 정숙하고 바른 자세로 듣는다. 잡담을 한다거나 자세를 흐트러뜨리면 주위 사람들의 집중력을 해칠 뿐 아니라 말하는 사람에게도 큰 결례가 된다. 마음으로 새겨듣는다는 자세로 듣는다. 강의나 연설은 소리로만 하지 않고 글로 쓰거나 몸짓을 하여 그 내용을 전달한다. 따라서 듣는 사람 쪽에서도 귀로만 건성으로 듣는다면 완벽한 청강이라 할 수 없다. 강사나 연사의 눈빛과 표정, 몸놀림 하나하나를 주시하며 마음을 기울여 성의 있게 듣는다. 필기도구를 준비하여 말하는 내용을 요약해가며 듣는 것도 훌륭한 듣기 자세이다. 강사나 연사가 말하는 도중에 질문하지 않는다. 말하는 도중에 질문을 하여 이야기의 흐름을 방해해서는 안 된다. 이야기가 끝나거나 질문 시간이 따로 주어졌을 때 질문을 하도록 한다.

(12) 회의 에티켓

회의할 때의 유의사항은 여러 가지가 있을 수 있다. 회의란 여러 사람이 같은 목적을 놓고 의견을 교환해 하나의 결론을 얻어내는 방법이다. 즉, 하나의 주제를 놓고 여러 사람이 의견을 말하고 때로는 상대방을 설득하고 이해를 구해야 하기 때문에 일반 대화와 달리 엄격한 질서가 요구된다. 직장에서의 회의는 업무의 방향을 설정하고, 이를 보다 원활하게 수행하며, 그 과정을 점검하는 데 의의가 있다. 따라서 자기의 가치관이나 판단과 차이가 있더라도 다른 사람의 입장을 존중하여 독불장군식으로 의견을 개진하지 않도록 하는 것이 중요하다. 발언 내용은 주제에서 벗어나지 않는 것이어야 한다. 발언의 차례가 정해져

/인/간/이/야/기/12-6/

회의 준비

회의도 많은 준비가 필요하다. 직장에서는 모두가 각자의 부서에서 바쁘게 일한다. 그러한 귀중한 시간을 내어 회의를 하는 것이기 때문에 모임을 마련하는 입장에서는 사전에 충분한 배려와 준비가 필요하다. 준비과정은 첫째, 목적을 정한다. 회의나 미팅은 모임의 목적이 뚜렷해야 하고, 의제를 정한 다음에 모임에 필요한 시간과 장소를 정한다. 둘째, 참석자를 정한다. 정례적인 회의에는 참석자가 정해져 있다. 그러나 임시회의는 목적을 정하는 단계부터 유의하지 않으면 안 된다. 회의를 개최해야 할 필요성, 의제, 참가대상자 선정 등이 이때 확고히 결정되어야 한다. 그다음에는 언제, 어떠한 형식으로 통지하는가에 대해 신경을 써야 한다. 셋째, 의사 예정표를 만들어 참석자에게 다음 사항들을 알린다 : 의사일정을 알린다(일시, 회의장소, 소요시간 등). 참석자들이 할 일을 알린다(정보발표, 의견제안 등). 참석자 명단을 첨부하여 배포한다. 넷째, 회의실을 점검한다. 회의실이 확보되면 회의가 원활하게 진행되도록 준비한다. 채광, 음향시설, 실내온도, 커튼, 테이블 배치, 이름표, 메모지, 필기용구, 마이크, OHP, 차트, 참고자료, 음료수와 그 밖에 참석자들에게 걸려올 전화처리, 진행요원 배치 등을 점검한다. 다섯째, 시나리오를 작성한다. 회의를 순조롭고 절도 있게 진행시키기 위해 사회자의 시나리오가 필요하다. 시나리오가 준비되어 있지 않으면, 뜻하지 않은 실수를 초래하여 회의의 진행을 엉뚱한 방향으로 이끌어가기 쉬우며 흐름을 통제하지 못해 분위기가 산만해지기 쉽다. 여섯째, 회의록을 작성한다. 경우에 따라서는 사전에 참석자 한 명을 작성자로 임명할 수 있다. 또한 필요한 경우에는 회의내용을 정확히 보존하는 뜻에서 녹음기를 이용할 수도 있다.

있는 경우 이를 반드시 지키도록 하며, 차례가 정해져 있지 않더라도 윗사람이나 상사의 발언이 끝나기를 기다려 자기의 의견을 말하도록 한다. 누구나 알아들을 수 있도록 정확하고 또렷한 목소리로 말한다. 혼자서 너무 오랫동안 발언하지 말고 여러 사람이 의사를 개진할 수 있도록 배려한다. 짧은 시간에 요점을 간결하고 알기 쉽게 말한다. 의제와 관계없는 사담은 피하고 남의 말을 가로막거나 중단시키는 행위는 삼가야 하며, 남에게 불쾌감을 주는 태도나 발언은 금물이다.

2. 외모가 인간관계에 미치는 영향

생후 2~3개월 된 아기들과 6~8개월 된 아기들에게 매력-비매력 얼굴 한 쌍을 보여주는 실험에서 모든 아기들은 매력적인 얼굴을 더 오래 응시했다. 이는 아름다움의 기준이 학습과 훈련 이전부터 생성되어 있다는 증거가 된다. 매력의 기준도 세계 공통적으로 일관되게 나타난다. 인종이 서로 다른 사람들에게 황인, 흑인, 백인, 히스패닉계 여성의 사진을 보여주고 매력 정도를 평가했는데 놀랍도록 일치된 결과를 보였다. 물론 외모매력에 두는 가중치는 남자가 여자보다 더 높지만 남녀 모두 외모를 중시하는 것만은 틀림없다.

외모의 중요성 정도는 근래에 와서 매우 증가했다. 예를 들면 미국 성인의 경우 배우자 선택에서 60여 년 전보다 남자는 외모 가중치가 1.50에서 2.11로, 여성은 0.94에서 1.67로 증가되었다. 국내의 남성화장품시장의 매출은 최근 4년간 6,500억 원에서 2013년 1조 원을 넘었다. 소위 그루밍(grooming)족은 남자임에도 눈썹과 손톱손질, 식스팩을 위한 지방흡입, 어깨와 복근 성형 등으로 외모를 가꾼다. 그런데 문제는 이러한 현상이 조직생활에서도 유사하게 나타난다는 것이다. 즉 인간관계에서도 외모가 자신에게 영향을 미칠 뿐만 아니라 상대방의 외모매력에 의해서도 영향을 받는다는 것이다. 심지어는 공정해야 할 재판과정에서조차 피해여성이 매력적인 경우 가해자에게 더 무거운 형량이 부과되었다. 그러므로 우리는 집에 혼자 있을 때에는 머리 빗질도 않고 외모에 신경을 쓰지 않지만 외출할 때나 다른 사람을 만날 때에는 가능한 한 외모를 최대한 잘 꾸미려 하는 것이다.

(1) 외모와 소득은 관계가 있을까

외모의 구성요소는 너무 다양하여 신장, 체중, 얼굴, 피부, 심지어는 눈동자와 치아 모양, 여성의 경우 속눈썹까지도, 외국의 경우 머리카락 색깔까지도 외모를 결정짓는다.

① 얼굴

얼굴 생김새가 채용이나 직장 내 대인관계에 영향을 미치고 나아가서 보수나 승진 등에 영향을 미친다. 잘생긴 남성은 못생긴 남성에 비해 평균임금이 14% 더 높았고 여성의 경우 9% 높았다.

② 키

미국 남성들의 평균 신장은 5피트 9인치이고 6피트 2인치 이상의 신장을 가진 남성은 전체 인구의 3.9% 정도에 불과한데 포춘지 500대 기업의 CEO들 중 30% 정도가 6피트 2인치가 넘는 장신인 것으로 나타났다. 이는 신장이 승진에 긍정적 영향을 미쳤다는 의미이다. 최근에도 큰 키의 리더는 보통 키의 리더보다 더 큰 영향력을 미친다는 사실이 입증되고 있다. 키는 소득에도 영향을 미치는데 미국 백인 남성의 경우 키가 1인치 커질 때마다 약 1.8% 정도 임금을 더 받았다.

③ 체중

비만 정도 또한 인간관계와 소득에 영향을 미친다. 비만인 사람은 평균인에 비해 여성은 12%, 남성은 9% 낮은 임금이었고, 비만의 기혼여성의 경우 보통의 기혼여성보다 25%나 적게 받았다는 통계가 있다. 평균보다 64파운드 이상 더 나가는 백인 여성들은 보통사람에 비해 임금이 9% 적다거나 비만 여성은 무려 17%나 임금을 적게 받는다는 보고도 있는 걸 보면 비만 정도가 직장에서 차별대우를 받는 원인임을 알 수 있다. 최근 들어 우리나라에서도 취업시즌에는 남녀 불문하고 성형외과가 만원이라는 현상을 보면 외모와 인간관계는 관련성이 있음을 분명히 알 수 있다.

/인/간/이/야/기/12-7/

외모가 해고에 미치는 영향?

옷차림과 몸매가 너무 섹시해 해고당한 미국 시티은행 뉴욕 지점의 은행원인 데브랄리 로렌자나(D. Lorenzana, 사진)는 시티은행을 부당해고로 고소했다. 그녀는 해고 직후 성차별 소송 소장에서 "내가 남성 직원들의 지나친 관심을 받는 것에 부담을 느낀 회사가 해고했다."고 주장했다. 이에 대한 재판이 한창일 때 그녀에게 성인잡지 플레이보이의 누드화보 요청이 들어왔고 그녀는 "나는 단지 평범한 직원으로서의 권리를 찾기 위해 노력했던 여성으로 기억되고 싶을 뿐"이라며 거절의사를 밝혔다. 하지만 이런 거절행위가 더욱 뉴스거리가 되어 결과적으로 그녀는 유명세를 타게 된다. 오랜 소송 도중에 변호인의 의사와 다르게 그녀는 복직을 포기하고 다른 증권회사로 옮김으로써 매스컴에서 조용히 사라졌지만 분명한 것은 외모 때문에 동료와 고객에게 영향을 미친 그 무엇이 해고의 빌미를 제공한 것은 틀림없다.

(2) 외모와 대인관계

외모와 조직행동의 관련성에 대하여 상당히 복잡하고 다양한 설명들이 있지만, 우선 좋은 외모는 당사자에게 높은 자아존중감을 갖게 하여 대인관계나 업무처리에서 좀 수월한 위치를 차지하게 할 수 있다. 외모로 인한 좋은 대인관계가 자아존중감을 높이고 승진이나 상급자와의 관계에서도 유리한 고지를 차지하게 할 수도 있는 것이다. 일반적으로 외모는 사회적 인간관계에서 좋은 영향을 미치는데, 예를 들면 매력적인 사람들은 그렇지 않은 사람들에 비해 타인을 설득하는 데 훨씬 효과적이라고 한다. 그런가 하면 매력적인 외모는 상대방에게 좋은 이미지를 준다. 우리가 다른 사람을 평가할 때 외모로부터 영향을 받아 그 사람의 다른 특성들을 긍정적으로 혹은 부정적으로 인식하는 외모의 후광효과가 존재한다. 대개 신체적으로 매력적인 사람들이 바람직한 성격을 가졌을 것이며 좋은 덕목들을 갖추었을 것이라고 믿기 때문이다.

그리고 어느 사회에서나 아름다움을 선함과 밀접한 관련이 있는 것처럼 학습시키고 있는데, 예컨대 동화 속의 주인공은 대부분 아름답게 그리지만 주인공을 괴롭히는 쪽은 추하게 그린다. 따라서 이에 익숙해진 사람들은 매력적인 사람이 더 좋은 성품을 가지고 있다는 고정관념을 형성하기 쉽다. 또한 매력적인 사람은 다른 사람들이 자신에게서 기대하는 바람직한 성격과 특성들에 대한 동기가 강화되어 그쪽으로 노력함으로써 실제로도 그런 성격과 특성을 갖게 된다. 구태여 성별의 차이를 본다면 외모의 영향은 남성보다 여성의 경우에 더욱 현저하다. 자신의 외모에 대한 지각이 남성보다 여성에게 있어서 더 큰 자아존중감의 원천이 되기 때문인 것 같다. 외모의 기준도 남녀가 서로 다르다. 예로써 여성에게는 날씬한 체형이 유리하지만 남성에게는 반드시 그렇지도 않다.

(3) 외모와 조직생활

신체적 매력과 지적 능력의 상관성 여부에서, 아이들의 경우에는 어느 정도 관계가 있는 것으로 드러났지만 성인의 경우에는 아무런 상관관계가 없는 것으로 조사되었다. 하지만 실험실 연구에서 고연봉 직무와 낮은 연봉 직무 모두 남녀를 불문하고 매력적인 피실험자가 더 높은 성과점수를 기록했다.

일단 외모가 직장생활에서 대인관계에 영향을 미치는 것이라면 대인관계는 그 자체만으로도 업무수행평가에 영향을 미친다. 왜냐하면 업무실적평가는 평가자와 피평가자의 상호작용 속에서 이루어지는 과정인데 이 과정에서 평가자의 주관과 감정이 개입되기 때문이다. 결국 평가자와 좋은 대인관계를 가지는 자는 실제보다 약간 과대평가를 받을 것이며 따라서 승진에 유리한 위치에 있게 된다. 동시에 직장에서의 대인관계는 동기부여에도 중요한 영향을 미칠 수 있다. 만약 직장에서 매일같이 접촉해야 하는 동료, 상사들과 관계가 좋지 않으면 그들과 접촉한다는 것 자체만으로도 스트레스를 받을 수 있으며 이는 직무만족을 저하시키고 이직, 결근, 조직몰입, 조직시민행동, 업무성과 등에 악영향을 미칠 것이다. 반대로 직장생활에서 대인관계가 좋은 사람일수록 직무만족이 높을 것이며 높은 직무몰입과 업적을 올려서 승진에 긍정적인 영향을 미칠 것은 당연하다.

결국 남녀 모두 개인의 실력이나 인품 이외에도 키나 몸매 등의 외모가 조직

/인/간/이/야/기/12-8/

성형의 경제학

텍사스대 경제학과 교수인 데니얼 하머메시 등이 3,600여 명의 외모를 상중하로 분류했다. 그 결과 잘생긴 사람이 못생긴 사람에 비해 소득이 남성의 경우 평균 14%, 여성의 경우 9% 더 높았다. 남녀 불문하고 외모에 의한 소득격차가 뚜렷이 나타나고 있는 것이다. 연구팀은 이를 '미모 프리미엄'이라고 칭했다. 또한 비만과 소득 간의 관계에 대한 연구도 있다. 경제학자 수전 애버렛은 체중을 기준으로 임금분포를 조사했다. 여기에서도 비만인 사람은 평균 체중인 사람에 비해 여성은 12%, 남성은 9% 소득이 낮다는 결과를 얻었다. 기혼자의 경우는 비만인 여성이 25%나 낮았다. 미국 기혼여성의 소득수준이 외모에 크게 좌우된다는 점을 보여준 것이다. 그러나 여기에는 '외모지상주의'를 합리화하려는 의도는 전혀 없다. 오히려 외모에 의한 차별이 이뤄지고 있음을 보여주고 이를 없애자고 촉구한다. 즉 능력만 따지자는 주장이다. 과연 조직행동과 조직 내 인간관계는 능력에 의해서만 좌우되는가? 그리고 성형수술에 투자한 원금의 회수기간은 몇 년인가?

내에서 당사자는 물론 주변인들의 인간관계에 다양한 측면에서 영향을 미칠 수 있음을 알고 관리에 임해야 할 것이다

(4) 외모와 채용면접

상급직과 하급직에 응시하는 지원평가에서 남성 지원자의 경우는 양 직급에서 모두 매력적인 지원자가 높은 점수를 받았지만 여성의 경우는 하급직인 경우에만 매력적 여성이 유리했다. 다른 실험에서도 고급직무의 선발에서는 외모가 영향을 안 미치지만 보통의 직무에서는 선발평가에 영향을 미치는 것으로 나타났다. 이상의 결과로 보면 채용면접에서 면접관들에게 응시자의 외모가 영향을 미친다고 볼 수 있다. 특히 대학을 갓 졸업하고 입사하는 연령층은 낮은 직급일 수밖에 없으므로 더욱 그렇다. 높은 직급으로 갈수록 전문적 능력과 경력의 가중치가 중요하므로 채용평가에서 매력이 미치는 영향은 줄어들 것이다. 그렇지만 고급직급에 응시하기까지의 경력과 능력을 쌓으려면 물론 외모가 영향을 미치는 낮은 직급의 시간을 보내야 하기 때문에 누구나 외모의 영향에서 자유로울 수는 없다고 볼 수 있다.

3. 인간관계 성공기법

인간관계는 우리의 생활 속에서 일어나는 모든 현상이기 때문에 한마디로 표현하기는 어려운 문제이다. 아마도 인간관계는 태어나면서 죽을 때까지 지속해야 하는 호흡과도 같은 것이다. 그러므로 인간관계란 사람이 일생을 살아가면

그림 12-3 성공적 인간관계의 8가지 제안

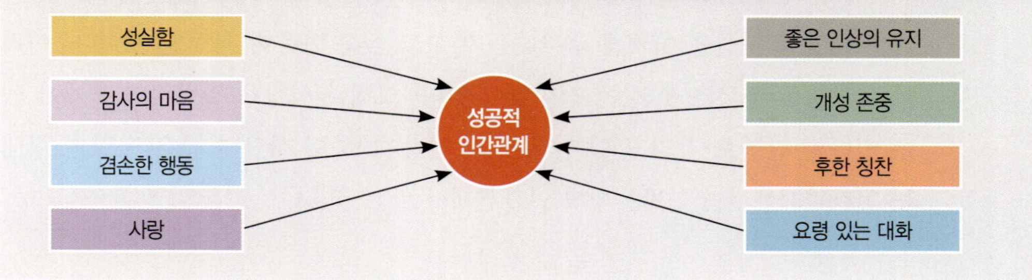

서 관련된 모든 문제들을 해결하는 과정으로 이해해야 한다.

인간관계를 개선하는 여러 가지 방안으로 다양한 것이 제기될 수 있겠지만 이 절에서는 **그림 12-3**과 같이 8가지만 소개한다.

(1) 인간관계 개선을 위한 8가지 제안

① 성실함으로 대하자

성공적인 인간관계는 성실성에서 시작한다. 작은 일에 최선을 다하는 사람은 큰일에서도 최선을 다하기 마련이다. 작은 일을 잘 수행하면 그 결과를 보고 다음에는 더 큰일을 맡길 수 있는 것이다. 성실은 언행의 일치를 말하며, 성실이 쌓이면 유능함을 얻는 것이고 반대로 성실함을 잃어갈 때 유능함의 빛을 잃어가는 것이다.

② 감사하는 마음을 갖자

진정한 마음으로 대할 때 상대는 그 고마움을 결코 잊지 않을 것이고, 잘못이 있다 하더라도 용서할 수 있는 마음이 좋은 인간관계를 유지할 수 있게 한다.

③ 겸손하게 행동하자

누구나 자신을 드러내려는 의지가 강한 현대사회에서 자신을 낮춘다는 것은 쉬운 일이 아니다. 남을 먼저 앞세우고 자신은 소리 없이 남을 도울 수 있는 자가 진정 훌륭한 자이다. 특히, 과거의 우리 풍습은 자신을 자랑하거나 가족을 자랑하면 어딘가 부족한 사람으로 여겼다. 이는 겸손을 미덕으로 생각했던 동양사상에 뿌리를 두고 있는 것이다.

④ 사랑으로 대하자

사랑은 용서의 원천이고, 작은 것도 크게 보이게 하는 마력을 가지고 있다. 다른 사람이 자신을 어떻게 생각하든지 주고 싶은 마음이 사랑인 것이다. 이러한 사랑은 악을 선으로 갚는 신비함이 있다. 그러나 사랑은 일방적인 관계가 될 수 있다는 단점도 가지고 있다. 부모의 사랑, 스승의 사랑과 같은 사랑의 형태는 인간관계에서는 일방통행의 인간관계라 할 수 있다.

⑤ 좋은 인상을 유지하자

인간은 감정을 가지고 있으며, 이 감정이 상대방에 대한 인상을 형성하는 데 중요한 역할을 한다. 좋지 못한 첫인상은 회복하기에 많은 시간이 필요하다. 첫인상에 영향을 미치는 요인으로는 육체적 특성으로서 연령, 성(性), 체격, 용모, 피부색 등이 있고, 그다음은 지적 능력으로서 사고력, 판단력, 창의력, 의사소통력 등이 있다. 그리고 마지막으로 성격 특성으로서 수용성, 신뢰성, 사회성 등을 들 수 있다.

⑥ 개성을 존중해야 한다

타인의 개성을 무시해서는 안 된다. 타인의 개성을 발견하면 칭찬하고 좋은 점을 배우려는 자세가 중요하다. 서로가 서로의 인격을 존중하는 기풍은 다른 사람을 기쁘게 함과 동시에 서로간의 벽을 없애는 것이다.

⑦ 칭찬을 아끼지 말자

인간이 가장 갈망하는 욕구는 타인으로부터 칭찬받는 것이다. 칭찬은 칭찬하는 측에서는 대수롭지 않겠지만 받는 사람 측에서는 커다란 의미를 갖는다. 칭찬은 상황에 따라 칭찬의 효과가 달라진다. 부부 간에 또는 친구 간에 습관적으

/인/간/이/야/기/12-9/

취업 10계명

하나, 자신의 눈높이를 측정하라. 눈이 높다면 높은 직장, 낮다면 낮은 직장을 택하라. 현실적으로 자신을 측정하고 부족하다면 학생시절에 채워라.

둘, 고통보다는 교통을, 현재의 직무 자체보다는 미래의 비전을 고려하여 직장을 택하라.

셋, 월급만이 능사는 아니다. 적은 월급보다 더 중요한 것은 오늘의 내 현실이다. 쥐꼬리만큼 받더라도 돈을 모으자. 남의 돈 벌기가 제일 어려운 법이다. 많은 월급을 받는 데는 다 이유가 있다.

넷, 첫 직장에서는 적어도 1년은 버텨라. 다만 성희롱을 당했다면, 당장 그만두라.

다섯, 백수로 있지 마라. 놀지 마라. 그렇다고 의미 없는 학원에 다니지 마라. 무조건 취업하라.

여섯, 근성을 가지고 입사하라. 당신의 실력을 보고 입사를 허용한 것이 아니다.

일곱, 꿈은 직장에서 이루어지는 것이 아니라, 일생의 어느 순간에 이루어지는 것이다. 꿈이 없는 사람이 되지 마라.

여덟, 대기업, 수익이 높은 회사, 명성이 뛰어난 회사도 좋지만, 윤리적인 회사, 기업의 사회적 책임을 다하는 회사, 사회에 공헌하는 알짜배기 회사가 더 좋은 법이다.

아홉, 자신의 형편을 생각하라. 가족을 봉양하고, 가정을 꾸리기 위해, 1만 시간의 수련기간은 필요하다. 참고 인내하며 내일을 계획하라.

열, 피터팬 신드롬에서 벗어나라. 당신은 아이가 아닌 성인이며, 지금부터 당신은 사회인이다.

로 칭찬을 하게 되면 그 효과는 떨어진다. 칭찬은 이해관계가 없다고 생각하는 사람한테 들을 때 더 효과가 크다.

⑧ 요령 있게 대화를 이끌자

대화는 짤막하고 요령 있게 해야 하며 대화 사이에 다른 사람들도 말할 수 있는 기회를 주어야 한다. 언어는 대화의 기본원칙을 충분히 지니고 있어야 하며, 또한 위트나 유머가 있고 활발하며 흥미로워야 한다. 설득은 상대방에 대한 신뢰 위에서 출발해야 한다. 설득은 말을 많이 한다고 이루어지는 것이 아니라, 남의 말을 잘 들어주어야 이루어진다. 인간은 사회적으로 홀로 떨어져 살기 어려운 존재이다. 그러므로 나에게 무엇을 해주기를 바라는 것보다 남을 먼저 생각하는 자세, 즉 은혜를 베풀면 되돌려 받기를 원하지 않고, 남을 구제하였으면 후회하지 않는 자세로 인간관계를 이뤄나가야 한다.

(2) 좋은 관계유지를 위한 8가지 제안

직장에서 성공적인 인간관계와 마음가짐은 중요하다. 즉, 현실 사회는 서로간의 좋은 관계를 유지하는 자가 능력을 발휘할 수 있다는 결론이 된다. 그러므로 과거와 다른 인간관계의 방향을 모색하여야 할 것이다. 능력 위주의 직장관계에서 인간성을 위주로 하는 직장관계로 변화되고 있다는 것이다.

① 먼저 베풀자

누구나 남이 자신을 위해 무엇인가 해주기를 원한다. 뿐만 아니라 자신의 것은 아깝고 다른 사람의 것은 별것 아닌 것으로 인식한다. 그러나 직장에서 훌륭한 관계를 만들 수 있는 비결은 자신이 먼저 남에게 베푸는 것이다. 직장에서는 자신이 가지고 있는 노하우(Knowhow)를 공개하기를 꺼린다. 그러나 회사를 위해서 자신이 가진 것을 모두 공유하도록 할 때 자신에게도 많은 이익이 돌아올 수 있다는 점을 알아야 한다. 마음이나 정보 및 금전적으로 베풀 때 직장에서의 인간관계는 성공적으로 이루어질 수 있을 것이다.

② 자신의 이익부터 생각하지 말자

누구와 친하게 지내면 나의 사업에 큰 도움이 될 텐데, 혹은 저 사람과 친하게 지내면 승진하는 데 도움이 될 텐데, 하는 생각은 인간관계에 있어서 다른 사람을 수단으로 이용하는 결과를 초래할 수도 있다.

③ 진실된 인간관계를 가지자

인간은 많은 친구보다 소수지만 진실한 친구가 필요한 것이다. 인기에 편승해서 자신에게 표를 많이 밀어주는 것으로 자신이 훌륭하다고 보는 정치인 스타일의 인간관계가 되어서는 안 되며, 특히 직장에서 이러한 인간관계는 금물이다. 또한 지금 만나고 있는 사람이 가장 중요한 사람이라고 생각한다면 매사에 모든 사람들과 인간관계를 진실되게 그리고 최선을 다할 수 있을 것이다.

④ 자기 일에 호감을 갖자

인기 위주의 어떤 스타일보다 자신의 업무와 과업에서 호감을 말한다. 또한 리더의 자세보다 도우려는 자세, 나를 돋보이려는 자세보다 동료를 칭찬하는 자세는 조직에서 은은하게 화목을 도모하는 길일 것이다.

⑤ 필요한 정보를 제공하자

현대사회는 정보가 범람하는 사회이다. 그러나 중요한 것은 많은 데이터 속에서 가치 있는 정보를 찾는 것이다. 대부분 자신이 알고 있는 것을 직장에서 숨기면서 정보 주기를 꺼린다. 그러나 회사나 직장 내에서 자신이 알고 있는 정보를 다른 사람과 함께 공유할 때 자신의 정보를 더욱 살찌게 만들 수 있다. 나누면 괴로움은 작아지고 값어치는 높아지며 행복은 커진다는 점을 인식해야 한다.

⑥ 최고의 친절성을 추구하자

요즘은 서비스 시대이다. 어디서나 매너가 좋고 서비스가 일품이면 그 직장의 성공은 탄탄대로이다. 누구를 만나든지 "안녕하십니까?", "편안하십시오.", "기쁜 시간 되시기 바랍니다." 등의 인사말을 건네면 그 친절한 마음은 직장을 살찌우고 결국은 자신에게 이익이 돌아오는 것이다.

⑦ 급한 관계개선은 피하자

몇 번 만났을 뿐인데 오랫동안 친한 사이인 것처럼 행동하지 말자. 많은 시간을 들인 만남이 정의 깊이를 더욱 깊게 한다. 그래서 '미운 정, 고운 정'이라고 하는 것이다. 자주 만나도록 하자, 그리고 항상 처음과 끝이 똑같은 자세를 가지자. 우리는 가끔씩 어릴 적 친구를 만나면 허물없이 대화를 하고 서로를 격의 없이 대한다. 이는 오래된 친구일수록 서로에 대한 이해의 폭이 넓어져서 그런 것이다.

⑧ 포용력을 가지자

포용력은 다분히 많은 양해와 희생정신이 따른다. 특히 상사와 부하 간의 관계가 원활함은 포용력에 비례한다는 것을 인식해야 한다. 부하직원을 이해하고 자신의 욕심을 줄이며, 회사는 사장의 개인 것이라기보다 우리의 것으로서 가꾸어나가는 자세가 필요하다.

4. 바람직한 정신자세

효율적 인간관계를 위한 바람직한 정신자세는 **그림 12-4** 와 같아야 한다. 물론 여러 가지 방향으로 생각할 수 있지만 보통 다음 4가지를 들 수 있을 것이다.

(1) 새롭게 생각한다

새로운 것을 창조하고, 어떤 어려움도 극복해나가고 시도하려는 도전의식을 가져야 한다. 그리고 항상 생각하는 습관을 잃지 않으며, 기존의 것을 생각 없이 되풀이하지 말고 새롭게 바꾸어보자는 정신으로서 구체적으로는 다음과 같

그림 12-4 인간관계를 위한 정신자세

은 것들이 있다.

① 창조정신

창조란 무에서 유를 만들어내는 것이다. 그것은 신만이 할 수 있는 일이다. 창조를 원한다면, 기존의 것을 유심히 관찰하고 배우고 거기서부터 새로운 방향을 이끌어내야 할 것이다. 그렇기 때문에 과거를 돌아보는 일은 매우 중요하다. 과거 속에 성공과 실패의 예가 가득 담겨 있기 때문이며, 어떤 의미에서는 문제해결의 실마리까지 숨겨져 있을 때도 많기 때문이다. 그렇다고 과거의 실패는 모두 덮어두고 새로운 방식으로 우선 해보자는 식의 자세는 하던 대로 계속하자는 자세보다 더 바람직하지 않다. 그러므로 직장인은 창조를 위해서 과거를 돌아보고 항상 분석해보는 습관을 길러야 한다. 창조는 반드시 체계적 이론 축적의 결과로 나오는 것만은 아니다. 때로는 바보스럽고 엉뚱한 사고과정에서 나오기도 한다. 문제는 관심과 성의와 인내이다. 차광 유리병에 꿀벌과 파리를 넣어 병 밑면을 빛이 있는 창문쪽으로 놓으니 빛이 있는 곳에 통로가 있다는 고정관념에 젖어 있는 꿀벌은 빠져나오지 못하고 죽고 말지만, 두서없이 행동하는 파리는 곧 밖으로 탈출하게 된다. 논리만이 제일이 아니라, 가끔은 파격적인 사고의 전환이 필요하며 때로는 세련되지 못한 부하의 의견이 옳을 때도 있다.

창조 역시 열성에 달렸지, 논리가 아니다. 무엇인가 새로운 것을 개발해내고 싶다는 생각이 머릿속을 떠나지 말아야 한다. 이러한 욕구가 창조의 잠재력이 되고 자기발전의 원동력이 된다. 어떤 사안을 대하든지 호기심을 갖고 계속 생각하다보면 무엇인가 얻을 것이 있고 개선점이 떠오르기 마련이다. 현재의 자기에 만족하지 않고, 보다 나은 내일을 향해 전진하는 적극적 생활태도는 자기를 성장시키면서 동시에 회사를 발전시킬 수 있다.

② 도전의식

도전이란 현재에 만족하지 않고 새로움을 적극적으로 시도하는 행위나, 닥친 어려움을 극복하고 미지의 영역으로 활동범위를 넓혀가는 행위를 말한다. 경쟁에의 도전뿐 아니라 초우량기업에의 도전, 최고의 제품과 서비스 생산에의 도전이 필요하다. 개혁에의 도전, 난관 극복에의 도전도 필요하다. 항상 유순하고 순진한 직장인이지만 지킬 것은 정당하게 지켜야 하고, 개척할 것은 개척해야 하며, 싸워 이겨야 하는 것은 싸워야 한다. 위기에 봉착하면 도전의식이 강한 사람은 극복할 수 있다는 신념으로 적극적으로 도전하고, 이것이 약한 사람은 미리 겁을 먹고 피해간다. 대부분의 사람들은 위험을 피하려 하고 시련이 없이 무사한 나날을 보내기를 원하지만, 위험과 시련이 아주 없어지면 무기력해지고 개선이 없다. 시련은 오히려 변화와 개선의 계기가 되기도 한다.

이제 지구 전체가 하나의 시장권으로 변모해가고 있으며 수입개방이다, 통상압력이다, 하면서 활동반경을 조이고 있다. 제도의 개선, 제품의 개선, 업종의 개선을 위해서 계속 변화를 시도하는 도전정신이 필요하다. 미꾸라지 양식업자가 양쪽 논에 미꾸라지 새끼를 나누어 넣고 한쪽 논에 메기 한 마리를 넣어놓았다. 그랬더니 메기를 넣었던 논의 미꾸라지가 한층 더 크게 자랐다. 미꾸라지가 메기에게 잡아먹히지 않으려고 열심히 도망 다니면서 운동량이 증가하게 되니까 더 많이 먹었던 것이다. 조직도 마찬가지이다. 외부의 위협을 대수롭지 않게 생각하고 무사안일한 생활이 계속되는 것보다는 어느 정도의 자극과 활성화가 필요하다. 그래야만 조직구성원은 도전의식이 생겨 자신을 다시 한 번 점검해 보고 개선점을 찾아가게 된다.

③ 사고활동

말을 타고 달리면 걷는 것보다 훨씬 빠르다. 그러나 늘 말만 타는 사람은 나중에는 보행을 잊어버릴 수도 있다. 용수철이 다른 물체의 압력을 끊임없이 받고 있으면 결국 그 탄력을 잃어버리는 것과 같이, 정신도 타인의 것만 계속 받고 있다보면 그 탄력을 잃어버리고 만다. 많은 정보를 얻으면 얻을수록 서로 뒤범벅이 되어 마치 난잡하게 쓰인 해독 불가능한 설형문자처럼되고 만다.

직장인은 이러한 우(憂)를 범하지 않기 위해서 가끔 말달리기를 멈추고 천천히 걸어보아야 한다. 즉, 하던 일을 멈추고 이 일이 목표달성과 어떻게 연결되는지, 하고 있는 방법이 잘되었는지, 더 나은 방법이 있는지에 대해서 생각할 줄 알아야 한다. 그저 짜여진 대로, 그저 습관대로 일해나간다면 기계와 다를 것이 무엇이겠는가? 생각에서 새로운 아이디어가 나오고, 생각에서 개선점과 해결책이 나오기 마련이다. 앞사람의 발자국을 그대로 보고 따라가면 목적지에는 도달할 수 있지만, 그 사람이 가면서 도중에 목격한 것이 무엇인지 알아낼 수는 없다. 그것을 알기 위해서는 자기의 눈을 사용해야 하듯이 사람은 사고의 과정이 필요하다. 이러한 훈련이 일단 되어 있다면 스스로 길을 찾아갈 수도 있으

/인/간/이/야/기/12-10/

도전의식

헨리 포드라는 16세 소년이 농촌을 뛰쳐나와 도회지, 지금은 몰락해가는 디트로이트에서 카센터 일과 시계수리로 주급 2달러를 받으며 고생하다가 자동차로 성공하여 사원들에게 두 배의 임금인상을 공표하던 이듬해, 1915년 11월 25일이었다. 전국에서 가장 눈이 많이 오는 오지 중의 오지 강원 통천군 아산리(我山里)에서 아산(峨山) 정주영은 6남 1녀의 장남으로 태어났다. 도회지로 몇 번의 가출을 시도한 끝에 아버지의 소 판 돈을 가지고 서울로 도망쳐 온 소년 아산은 우여곡절을 겪으며 드디어 현대건설 사장으로 성공한다. 그리고 욕심 많던 아산은 주변의 만류를 뿌리치고 그때까지 현대건설이 수주한 최대 규모인 5,457만 환짜리 대구-고창 고령교 공사를 따낸다. 하지만 공사는 처음부터 난항이었고, 전쟁 후 치솟는 자재값과 노임, 장비와 경험 부족을 이겨내지 못하고 허덕이다가 결국 수주금액의 두 배나 들여 공사를 완성시키고는 완전히 망하고 만다. 당시 호암 이병철은 대구에서 벌어들인 3억 환의 자금을 바탕으로 국내 최고의 부자가 되어 있었다. 미군 공사, 창고업, 운수업 등으로 모은 재산을 한순간의 실수로 날려버리고 바닥을 헤매고 있던 40세의 아산은 이렇게 마음먹었다. "시련이지 실패는 아니다. 내가 마음먹기에 달렸다." 담담한 마음을 갖자는 이때의 감정을 표현한 그의 친필은 지금도 현대그룹 사원들의 정신적 지주가 되고 있다.

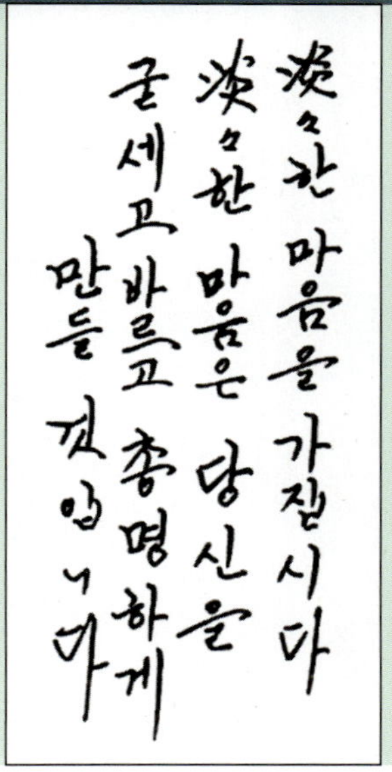

며, 그 길이 옳은 길인지 틀린 길인지 분간할 수도 있을 것이다.

새로움의 추구, 이것은 바로 인간의 생각하는 능력에서 출발한다. 흔히 직장인들은 퇴근시간이 되어 일을 툭툭 털고 일어난 뒤에는 더 이상 생각을 않으려고 한다. 그러나 일단 생각에 취미를 붙이면 일하는 틈틈이, 여가시간에도, 휴가기간에도 더 좋은 아이디어를 짜내고 거기서 보람을 느끼고 그 결과에 대한 기대와 희망과 자부심으로 지낼 수 있다. 생각하고 싶지 않은 일을 하루 종일 기계처럼 따라서 하는 사람이야말로 처량한 사람이 아니고 무엇이겠는가?

인간은 생각하는 존재이기에 우주에서 지극히 작은 존재이면서도 우주보다 위대하며, 자연의 한 단편이면서도 자연의 질서를 능히 초월할 수 있다고 하였다. 그래서 파스칼은 인간은 생각하기 위해서 만들어졌다고 했다. 위대한 과학의 발명과 예술의 창조도 인간의 생각하는 힘에서부터 유래된 것이다. 생각할 때는 물론 회사의 경영이념을 근간으로 사사로운 이기심이나 편견을 버리고 객관적 입장에서 통찰력을 발휘해야 할 것이다.

④ 혁신정신

변화는 새로운 것에 대한 과감한 시도에서 비롯된다. 기업은 사업이 아니라 시업(時業)을 하는 것이라고 한다. 어떤 결정을 하기 위해서는 많은 정보가 수집되어야 하지만 확실한 정보를 손에 넣고도 주저주저하다 뒷북을 치는 일은 전체 사기에 나쁜 영향을 준다. 기업의 의사결정은 대부분 불확실성하의 의사결정이다. 그러므로 어느 정도 감이 잡히면 용단을 내릴 줄 알아야 한다. 물론 이를 위해서는 사원들의 탁월한 통찰력과 판단력이 따라주어야 한다. 그러나 이 모두를 소유하고 있더라도 어차피 불확실한 만큼 위험과 실패를 두려워한다면, 그리고 각자가 모든 책임을 자기가 지겠다는 굳은 신념이 없이는 결단을 내리기가 어렵다. 건설적 파격성을 구사할 수 있고, 특정상황에서 아무도 생각하지 못한 예외적인 차원을 인식할 수 있는 기업이어야 한다. 변화하는 환경을 재빠르게 통찰하고 신기술 개발, 조직변경, 신시장개척 등, 이 모든 것을 새 방법으로 새롭게 창조하려는 분위기가 지배적이어야 한다.

(2) 바르게 행동한다

바르게 행동한다는 것은 도덕적으로 정도(正道)를 걸으며 일에 있어서는 합리정신을 가지고 항상 경제적 · 과학적으로 행동함을 말한다. 대인관계에서는 예의범절을 준수하고 신용을 지키며 타인에 대해서나 하늘을 우러러 부끄럼이 없는 생활을 한다는 정신이다.

① 도덕정신

반도덕적 행위나 사람들의 지탄의 대상이 되는 행위를 하면서까지 조직의 이윤을 추구해서는 안 된다. 기업이념 자체가 인간사회의 발전에 있기 때문에 인륜이나 사회를 병들게 하면서까지 목표를 달성한다는 것은 모순이다. 그러므로 도덕과 윤리의식을 버린 채 이윤추구에만 급급한 것은 바람직하지 않다. 또한 모든 이해당사자 집단들을 대하되, 그들에게 해를 입히거나 지탄을 받아서도 안 되며 정정당당하게 의연한 자세로 선의의 경쟁을 해야 될 것이다. 먼저 인간이 되지 않고는 아무 일도 제대로 할 수 없으며, 해낸다 하더라도 그것이 누구를 위한 것이며 무슨 소용이 있겠는가? 성실과 정직은 인간의 근본적 도덕정신이다. 모든 직장인은 먼저 스스로에 대해서 성실, 정직해야 하겠고 모든 사람을 대할 때 성실과 정직으로 대해야 한다.

② 신뢰의 구축

신뢰는 서로 믿고 의지함을 말하는데, 대인관계에 있어서는 성실과 정직을 바탕으로 한 미더운 관계를 말한다. 사회가 혼탁해질수록 더욱더 필요해지는 것이 성실과 정직이다. 동료나 상사가 인간적으로 나를 신뢰할 수 있고 업무적으로 나를 믿고 일을 시킬 수 있으면 나는 신뢰받는 인간이 되는 것이다. 이렇게 되면 부서 간에도 신뢰감이 구축될 수 있으며 상하 간, 노사 간, 그리고 회사와 직장인 간에 믿음의 관계가 더욱 공고히 될 수 있을 것이다. 이러한 사람들로 뭉친 회사가 대외고객들로부터 소외를 당하지 않는다.

③ 합리정신

합리란 효율과 논리를 말한다. 효율은 적은 자원을 들여서 가능한 많은 성과를 얻어야 한다는 것이고, 논리란 누가 언제 보아도 인정할 수 있는 일관성 있는 정도의 추구를 말한다. 그러므로 합리는 완전하고 능률적인 경영, 질서의식 등을 뜻한다.

효율적으로 일하기 위해서는 손을 대기 전에 철저한 계획이 필요하다. 철저한 계획은 반드시 많은 시간을 요하는 것은 아니다. 얼마나 적극적으로 노력하고, 정확한 자료를 많이 모으고 분석하는 데 정성을 기울였느냐에 달린 것이다. 대강 하다가 잘 안 되면 다시 해보겠다는 생각은 자신의 시간과 노력, 회사의 비용과 자원의 낭비를 수반하는 것이기 때문에 가능하면 피하는 것이 좋다. 적어도 자기가 맡은 일은 자기가 끝까지 책임지고 처리하려는 자세, 그리고 내가 기안한 일에 대한 최종결재권자가 바로 나라는 각오가 필요하다.

합리정신은 질서의식을 포함한다. 다양한 사람들이 모인 집단에서 저마다 의견이 다를 수 있기에 통일된 질서의 흐름이 없이 중구난방으로 조직이 운영된다면 목적달성이 어려워진다. 질서의식은 합리적 생활을 위한 기본전제가 된다. 능력과 자질보다는 인맥과 파벌에 의존하여 승진을 꾀하거나 자기를 과시하려는 행동은 결코 합리적이라고 볼 수 없다. 회사 내에서 정치적인 행동을 하려는 사람을 경시하는 풍조가 있어야지 이런 사람을 중심으로 당파를 형성하고 비정상적인 '줄'을 만들어가는 것은 절대 용납되어서는 안 될 것이다.

(3) 스스로 일한다

'스스로 일한다'라는 것은 자율정신, 책임정신, 자기계발정신을 말한다.

① 자율정신

자율정신은 곧 자주정신이다. 직장인은 누구나 할 것 없이 한 사람 한 사람이 각자 인생의 주인이다. 따라서 스스로의 노력으로 운명을 개척하고 미래를 건설하며 행복을 창조해야 할 것이다. 그리고 회사는 직장인이 지키고 발전시키지 않는다면 그 어느 누구도 지켜줄 사람이 없다. "내가 아니면 아무도 없다."라는 식의 사고방식을 흔히 독선적이라 하여 꺼리기 마련이다. 그러나 이것을 너무 양보하여 "내가 아니라도 누구나 할 수 있다."라고 생각하며 모두 나서기를 꺼린다면 더욱 위험한 일이다. 자율정신은 남의 일이 아닌 바로 나의 일이라는 생각, 내가 맡은 일을 내가 아니면 할 사람이 없으며 내가 곧 최종결재권자이며 유일한 책임자라는 의식이다. '내가 곧 회사의 작은 사장'이라는 의식이 일선사원에서 최종경영자에게 이르기까지 투철하게 박혀 있어야 한다.

② 책임정신

책임은 권리보다도 더 소중한 것이다. 책임정신이야말로 개인과 조직과 사회가 발전하는 원동력이 되기 때문이다. 권리만을 주장하고 결과에 대해 책임을 지지 않는다면 누구나 멋대로 행동하기 쉽고 잘해보겠다는 각오가 서지 않을 것이다. 맡은 업무에 대해서는 어떤 결과가 나오든지 스스로 책임을 감수하겠다는 마음자세로 매사에 임할 때에만 좋은 결실을 얻을 수 있다. 책임정신이 투철한 직장인이라면 매사를 내 일처럼 여기며 치밀하고 정확하게 처리하되 신성한 사명의식과 함께 주어진 과제를 철저하고 완벽하게 해내려고 노력할 것이다. 그리고 그 결과에 대해서는 남에게 책임을 미루려 하지도 않을 것이다. 결과에 대해서 책임을 진다는 것은 그 일로 인해 받게 되는 법적, 도덕적 제재나 부담을 스스로 감당할 각오가 되어 있다는 뜻이다. 그러기에 책임질 각오가 되어 있지 않은 사람은 어떤 일을 재량껏 추진하거나 남에게 명령할 권한도 없다는 것을 깨달아야 한다.

책임은 정신이나 각오만으로 되는 것은 아니다. 책임을 감당할 능력이 안 되어 있다면 아무리 각오가 천만 번 되어 있어도 허세에 불과하다. 어린아이가 책임은 반드시 자기가 질 테니 위험한 일이나 모험적인 일을 하겠다고 부모에게 조른다고 해서 어느 부모가 마음 놓고 그러자고 하겠는가. 책임을 진다는 것은 자기가 맡은 일에 대하여 어떤 예기치 못한 상황이 벌어졌을 때 그것을 능동적으로 처리하는 것을 의미한다. 이때 적절하게 대응하기 위해서는 자신의 업무를 완전히 파악하고 있어야 할 뿐 아니라 평소 이에 대한 훈련이 되어 있어야 한다. 그 일에 대해서 전반적인 지식과 기술을 갖추어야 하고 필요시에는 임기응변으로 대응할 수 있는 능력을 겸비해야 한다. 그런데 능력과 책임 또한 묘한 것이어서 능력과 자질이 갖추어질수록 일에 대해서는 자신감이 생기고 책임질 각오가 저절로 증가하게 된다. 스스로 결정하고 스스로 책임지기 위해서라도 직장인은 자신의 일에 대한 전반적 지식과 능력을 갈고 닦아야 할 필요가 있다.

③ 자기계발정신

직장인 개개인의 발전 없이 회사가 발전할 수 없다. 아무리 조직이 잘 정비되고 장비가 현대화되고 자금공급이 충분하더라도, 구성원 개개인의 자질이 제자리에서 맴돈다면 그 조직은 정체되거나 경쟁에서 뒷전으로 밀리기 마련이다. 2차산업시대에는 기계와 자금이 기업의 성패를 좌우했지만, 지식시대에는 개인의 자기계발력과 창조력이 그런 역할을 한다. 교육훈련을 통해 끊임없이 책을 읽고 학습하며 생각해야 하는 것이다.

기업차원에서 교육 · 훈련의 기회가 제공되어야겠지만 개인차원에서도 학습 · 훈련 태도 및 의욕이 있어야 하며 도전적이고 노력형이어야 할 것이다. 무엇인가 새로운 것을 배워서 지금보다 더 성장한 내가 되어보고 싶다는 일념을 자나 깨나 놓지 말아야 한다. 새로운 창조 역시 하루아침에 무(無)에서 탄생되는 것은 아니다. 교육과 훈련이 지속적이고 체계적으로 이뤄져야 한다. 사람이란 한 직장에서 오래 지내다보면 사고방식이 고정되고 타성에 젖게 되고 따라서 시야가 좁아지는 경우가 많다. 여기서 탈피하여 새로운 아이디어를 생산하기 위한 첩경은 바로 교육과 훈련이다.

(4) 더불어 산다

더불어 산다는 것은 서로 양보하고 협동 · 화합하는 정신이며, 먼저 봉사하고, 직장인들끼리 서로 가족처럼 아끼고 배려하는 정신을 말한다. 그리고 서로의 인격을 인정해주고 나와 다르더라도 그 '다름'을 인정해주는 정신을 말한다.

① 화합정신

화합이란 동일한 객체들을 한데 묶어놓은 상태가 아니라, 제각기 특성이 있고 개성이 다른 한 사람 한 사람이 공동목표를 효율적으로 달성하기 위해 조화롭게 유기적으로 연결되어 있는 상태를 말한다. 화합을 언뜻 잘못 해석하면 전체주의를 연상할 수 있다. 전체라는 이름 아래 각 개인의 특성과 자율성이 묵살되고 획일과 합일이 판을 치는 전체주의 사회는 발전에 한계가 있다. 그러므로 화합은 모든 사람을 똑같이 균등하게 대하는 것이 아니다. 그것은 각자의 능력과 노력 여하에 따라 대우와 보상이 달라질 수 있으며, 각자의 기호와 자질에 따라 조직에서의 역할이 서로 다를 수 있음을 의미한다.

화합은 이질성과 다양성을 전제로 한다고 보아야 할 것이다. 음식을 먹을 때 코나 눈이 입에 협력을 안 한다거나, 말을 할 때 귀가 딴전을 부린다면 우리의 전체적 생명의 기능은 파괴된다. 하는 일과 가진 것은 서로 다르지만 서로가 서로의 역할을 인정하고 높여주는 정신이 필요한 것이다. 이런 분위기에서만 개개인의 능력과 창의성이 팀워크를 통하여 조직 전체의 능력으로 발휘될 수 있고 궁극적으로 조직의 발전을 가져올 수 있을 것이다.

② 봉사정신

송아지가 세상에 태어나면 금방 이리저리 뛰어다니고 먹을 것을 찾아 먹으며 살아가기 시작한다. 그러나 갓난아기는 다른 사람의 도움 없이 얼마간 그냥 놔두면 생명을 이어갈 수 없다. 그래서 인간은 어느 동물보다도 서로의 도움이 필요한 존재이다. 직장생활을 하다보면 남의 희생 위에 자기 것만 챙기는 극단적 이기주의도 생겨나고, 남과의 인연을 끊고 자기 멋대로 자기 것만으로 살아가는 개인주의도 종종 발생한다. 그러나 조직의 생리는 구성원들 간의 봉사를 요구한다. 때로는 서로 미루는 것을 누군가가 해야 하고, 때로는 사적으로는 이익이 되지 않지만 조직 전체에게는 바람직하므로 어쩔 수 없이 해야 한다. 뿐만 아니라 조직구성원의 자질과 특기는 모두 동일하지 않기 때문에 경우에 따라서는 도와주기도 하고 도움을 받기도 해야 하는 것이 조직이다.

③ 협동정신

인류가 돌로 맹수를 때려잡는 순간부터 협동은 존재해왔다. 한 사람의 인간은 맹수보다 나약하기에 협동을 하지 않으면 맹수의 공격에 대비할 수가 없었을 것이다. 물고기를 잘 잡는 집은 사냥을 잘하는 집과 서로 물물교환하면서 조직이 탄생되고 협동작업이 이루어졌을 것이다. 나를 생각하기 전에 동료의 입장을 생각할 줄 알고 내 부서만 앞세우기보다 타 부서의 입장에 설 줄도 알아야 한다. 나의 동료가 하는 일이나 타 부서가 하는 일 모두가 회사를 위하는 일이요, 그것이 곧 나를 위하는 일이 아니겠는가. '우리'의 잘됨은 '나'의 희생과 봉사로 이뤄지지만 결국 '나'에게 보탬이 되는 것임을 잊어서는 안 된다. 개울을 건너는 맹인과 절름발이의 이야기를 우리는 너무나 잘 알고 있다. 맹인의 등에 업힌 절름발이가 길을 인도하고 맹인의 건전한 두 다리를 사용하여 두 사람 모두 무사하게 개울을 건널 수 있었다.

/인/간/이/야/기/12-11/

고대 부족들의 협동

포르투갈의 중부 산간지방에는 선사시대 흔적들이 많다. 그중에서 Evora 남서쪽의 Valverd 산간마을에 유럽 최대의 고인돌이 현재는 세인의 무관심 속에 숲에 홀로 버려져(?) 있다. 제주도 한라산에서 한창 용암을 뿜어내고 있던 시기인 약 6,000년 전에 축조된 이 고인돌은 긴 복도통로(사진 속의 저자 앞쪽)를 지나면 높이 8m 정도의 넓적한 돌기둥 일곱 개를 둥글게 포개 세워서 큰 방을 만들어 시체를 안치하고 지름이 7m나 되는 바위 뚜껑(현재는 뒤로 밀려나 있어서 사진에서 안 보임)을 덮어놓았다. 이 고인돌무덤은 춘분날 햇빛이 12m 복도를 지나 시체가 있는 방까지 다다르게 하는 과학성까지 갖추고 있다. 이것이 끝이 아니다. 이 지점에서 북서쪽으로 4km 떨어진 곳의 조그만 언덕에는 2m 정도의 긴 계란 모양의 돌기둥 100여 개가 두 개의 이중 원으로 늘어서 있는 소위 환상열석이 있다. 주변에는 그런 돌을 찾아볼 수 없으니 멀리서 운반해온 것이 틀림없다. 또한 그 지점에서 동쪽으로 차로 한 시간쯤 달리면 Monsaraz 마을이 나오고 그 아래에 지금은 댐으로 수몰된 곳에 또 다른 환상열석이 있다. 놀라운 사실은 두 개의 환상열석군의 사이에 그것도 일직선상에 Valverd의 Zambujeiro 고인돌이 존재한다는 점이다. 이러한 고고학적인 놀라움은 인간관계론 관점에서 더욱 놀랍다. 큰 바위를 수백 명이 옮겨서 세우려면 서로간의 정확한 교류와 협동이 없이는 불가능하다. 앞에서 끄는 집단과 뒤에서 미는 집단, 바퀴 역할을 한 통나무를 앞뒤로 나르는 집단, 제사집단, 지휘하는 자들 간의 긴박한 교류가 오간다. 환상열석과 고인돌은 모두 정동향으로 열려 있다. 천문학 능력도 그렇지만 측량팀과도 절대적 협동과 협조가 필요하다. 약 60km나 떨어져 있는 Valverd와 Monsaraz 땅에 살던 두 부족 혹은 두 집단 간의 교류 또한 자동차커녕 넓은 길도 바퀴도 없던 시대였지만 긴밀한 교류가 있었기에 가능한 일이었다. 신석기 시대에도 이처럼 협동이 잘되었는데 현대를 사는 우리가 오해와 불통과 전쟁 속에서 헤매는 이유는 무엇 때문일까?

토 론 합 시 다 12 - 1

조선이 망한 이유

1910년 8월 29일, 세계만방에 유니온 잭슨기를 휘날리며 해가 지지 않는 나라로 통했던 대영제국의 왕실에 소동이 벌어졌다. 멀리 동방의 작은 나라 '조선'이 망한 것이다. 불과 100년 전도 아닌 1837년, 조선은 대영제국의 빅토리아 여왕 즉위식에 축하사절단을 보내 올 정도로 당당한 국가였다. 그런데 그 조선이 국가로서의 운명을 다한 것이다. 영국 왕실이 보기에 참으로 이해할 수 없는 일이 벌어진 것이다. 사실 500년 이상 하나의 왕조를 지속한 나라는 역사에서 찾아보기 힘들다. 그런 나라가 전쟁 한 번 안 하고, 그것도 도장 몇 개 찍어주고 나라를 넘긴 것이다. 아무리 해가 지지 않는 대영제국의 황실이지만 자기들도 언제 망할지 두려울 수밖에 없었다. 영국은 왕실회의 끝에 조선으로 조사단을 파견하기로 했다. 국가가 왜 망하는지 해답을 찾기 위해서였다. 그래야 대영제국도 지속할 수 있다고 생각했기 때문이었다. 마침내 83명의 옥스퍼드 학자와 조교들이 배를 타고 조선에 도착했다. 조선에 와서 조사하면 할수록 더 놀라운 사실만 발견되었다. 이토록 문화가 발전한 나라가 왜 망했느냐는 것이다. 왕조 500년, 신문고제도, 홍문관제도, 암행어사제도에 감탄했다. 민주주의가 발전한 영국이지만 배울 점이 너무 많았던 것이다. 당시 동행한 한 조교는 조선의 홍문관제도에 관한 논문을 썼는데 지금도 옥스퍼드대학에 비치되어 있다. 조선을 떠날 때쯤에야 그들은 해답을 찾았다. 1880년대 이후 열강의 개항 요구와 개항하는 즉시 청·일·러 3국의 3파전이 치열한 가운데서도 국권을 보존한 것은 잘한 일이지만 세상의 모든 나라가 변하고 있는데 오직 조선만 변하지 않고 있었던 것이다. 대원군의 쇄국정책으로 문을 꼭 걸어 잠그고 있었다는 점이 조선이 망한 이유라는 것이 여왕에게 올린 보고서의 결론이었다.

★ ★ ★

1. 인간관계에서 대원군의 쇄국정책이 시도되면 구체적으로 어떤 결과를 가져올까?
2. 왜 현대사회에서는 개방적인 사람이 폐쇄적인 사람보다 더 유리할까?
3. 직장에서 폐쇄적 태도가 더 문제되는 이유는?

토론합시다 12 - 2

성공은 실패의 어머니

파이낸셜타임스지가 최근 20년간 세계기업들의 경영에 가장 많은 영향을 끼친 1위의 책으로 조지 워터맨과 톰 피터스의 「초우량기업의 조건」(1982, 사진)을 들었다. 그들은 이 책을 어떻게 썼는가? 아주 쉽게 썼다. 포춘지 100대 기업 리스트를 경영학자들에게 보내어 그중에서도 가장 경영을 잘하며 잘나가는 기업을 골라달라고 주문했다. 그 결과 43개 기업이 뽑혔다. 그들은 이 기업들의 임원들에게 사람은 어떻게 채용하고 훈련하는가, 고객조사는 어떻게 하는가, 전략은 무엇인가 등등에 대해 질문을 하고 답하는 대로 받아 적었다. 그리고 그대로 책이 되었다. 그들이 한 것이라고는 서문을 쓴 것뿐이다. 책의 서문에 그들은 "여러분 기업도 이대로만 경영하세요. 그러면 초우량기업이 됩니다."라고 썼다. 이 책은 서점에 나오자마자 일약 베스트셀러 대열에 오른다. 전 세계 40개국 언어로 번역되고 번역되는 족족 베스트셀러가 되었다. 물론 우리나라에서도 베스트셀러 대열에 올랐다. 그러나 베스트셀러의 생명은 길지 않다. 5년 정도 세월이 흐른 후에 그들은 책을 다시 쓰기로 했다. 그간 경영기법이 변하고 새로 나온 전략을 보완해서 다시 쓰면 또 베스트셀러가 될 것이라는 기대 때문이었다. 그들은 이전 책의 모체가 되었던 43개 기업을 다시 방문하기로 했다. 그러나 불행히도 다 방문할 수는 없었다. 왜냐하면 43개 기업 중 무려 14개 기업이 법정관리에 들어가고 몇 개는 이 땅에서 완전히 사라진 것이었다. 참 이상했다. 50년도 아니고 5년도 안 되었는데 그렇게 잘나가던 기업이 왜 그 지경이 되었을까? 실패의 이유는 간단했다. 그 기업들이 너무 성공했다는 것이 실패 이유였다. 세상은 많이 변했는데 그 기업의 총수부터 말단사원에 이르기까지 머리에 성공 노하우만 가득 차서 그대로만 반복하고 있었던 것이다. 그 후 톰 피터스는 책을 다시 썼다. 「경영혁명」이다. 그들은 여기서 모든 것을 뒤집어엎지 않으면 안 된다고 외쳤다.

★ ★ ★

1. 위의 글과 같은 사례가 우리 주변에도 있는지 찾아보자.
2. 반드시 기업뿐만 아니라 개인도 위와 같은 경우가 있을까?
3. 몇몇 초우량기업이 겪은 실패를 하지 않으려면 개인은 어떤 대책을 세워야 하는가?

토론합시다 12 - 3

인간관계 개선을 위한 개인의 지침

평소의 인간관계에서 성공하기 위한 지침 15가지만 나열하면 다음과 같다.

[1] 위기에 봉착하면 (도전의식)이 강한 사람은 극복할 수 있다는 신념으로 적극적으로 도전하고, 이것이 약한 사람은 미리 겁을 먹고 피해간다. (시련)은 오히려 변화와 개선의 계기가 되기도 한다.

[2] (질서의식)은 합리적 생활을 위한 기본전제가 된다.

[3] "내가 아니면 아무도 없다."라는 식의 사고방식을 흔히 독선적이라 하여 꺼리기 마련이다. 하지만 이것을 너무 양보하여 "내가 아니더라도 누구나 할 수 있다."라고 생각하며 모두 나서기를 꺼린다면 더욱 위험한 일이다. 내가 곧 (최종결재권자)이며 유일한 책임자라는 의식이 필요하다.

[4] (책임)은 권리보다 더 소중하다. 결과에 대해서 책임을 진다는 것은 그 일로 인해 받게 되는 법적, 도덕적 제재나 부담을 스스로 감당할 각오가 되어 있다는 뜻이다. 능력과 자질이 갖추어질수록 일에 대해서 더욱더 자신이 생기고, 책임질 각오도 저절로 증가하게 된다.

[5] 무엇인가 새로운 것을 배워서 지금보다 더 성장한 내가 되어보고 싶다는 일념을 자나 깨나 놓지 말아야 한다. 새로운 창조 역시 하루아침에 무(無)에서 탄생되는 것은 아니다. (교육과 훈련)이 지속적이고 체계적으로 이루어져야 한다.

[6] '우리'의 잘됨은 '나'의 희생과 봉사로 이뤄지지만 결국 '나'에게 보탬이 되는 것임을 잊지 말자.

[7] 좋은 친구에게서는 좋은 점을 배우고 나쁜 친구에게서는 (개선)할 점을 배울 수 있다. 망각하지 않기 위해 필기구를 가지고 다니는 사람은 필기의 여부를 떠나 그 (자세)를 높이 평가받아야 한다.

[8] 우리는 어떤 사람이 자기에게 잘해준 만큼 그 사람을 좋아하게 된다. 그러나 사실은 우리가 어떤 사람에게 (먼저) 잘해주었으면 그만큼 우리는 그 사람을 좋아하게 된다. 네가 먼저 베풀고 양보하면 나도 그를 인정하게 되고 그도 나를 인정하게 된다.

[9] 건강은 당사자 자신만의 (자산)이 아니다. 가족은 물론이요, 자신이 속한 조직과 구성원에게 미치는 영향도 크다.

[10] 자신에 대해서는 (겸손)을, 타인에 대해서는 (관용)을, 상호관계에 대해서는 상식 수준의 합리적 해결을 원칙으로 해야 할 것이다.

[11] 남에게 호감을 줄 수 있는 인간적인 매력은 우선 진실성 있고 상대방이 주는 것 이상을 나도 베풀 수 있다는 아량과 (의리)가 있을 때 저절로 우러나오는 것이다.

[12] 다른 사람과 항상 정보를 나누어 가질 수 있는 능력 자체도 (정보력)이다.

[13] 자기의 실패뿐 아니라 남의 (실패담)을 수집하는 것도 중요하다.

[14] (부정)을 보고 눈감아주는 것은 관용도 아니고 사랑도 아니다.

[15] 자기 시간에 (지각)하지 말자.

제 13 장

직장인의 바람직한 인간관계

13장의 구성

1. 자기자신에 대한 태도
2. 타인과의 관계유지
3. 회사와의 관계유지
4. 남녀차이와 인간관계

학습목표

1. 바람직한 직장인의 행동기준 이해
2. 직장인이 타인을 대하는 바람직한 태도
3. 직장인이 업무와 조직을 대하는 바람직한 태도
4. 직장성차별 방지

핵심키워드

자기계발, 인간관계 행동기준, 일에 대한 행동, 조직에 대한 행동, 남녀 간 차이

13 직장인의 바람직한 인간관계

들어가면서

가장 많은 시간을 보내는 직장에서 자신의 이미지가 어떠한가에 따라 사람들에게 인정을 받고 성공 여부도 결정된다고 볼 수 있다. 인생의 2/3를 직장에서 보낸다고 생각하면 직장에서의 이미지를 좋게 하고, 직장생활에 만족할 수 있는 사람만이 인생을 성공적으로 살아갈 수 있는 사람이라고 해도 과언은 아닐 것이다. 열심히 일을 해서 성과를 내려고 하지만 업무실적 역시 인간관계를 떼어놓고는 생각할 수 없다. 왜냐하면 나 혼자 일하는 것이 아니기 때문이다. 오늘날의 업무는 더욱 그렇다. 기계와 마주보고 혼자서 반복하여 하는 일은 모두 자동화되어 기계 홀로 담당한다. 사람이 할 수 있는 일은 반복되지 않는 새로운 일, 예를 들면 작업방식을 바꾼다든지, 신제품을 디자인한다든지, 지금까지의 판매가격을 바꾼다든지 모두 새롭게 변화시키는 일인데 이는 기계가 할 수 없다. 물론 혼자서 결정하는 일도 드물다. 결국 함께 앉아서 토의하며 결정할 일이다. 그러므로 직장에서의 인간관계가 과거보다 훨씬 더 중요해졌다.

1. 자기자신에 대한 태도

그림 13-1 직장인의 4가지 행동

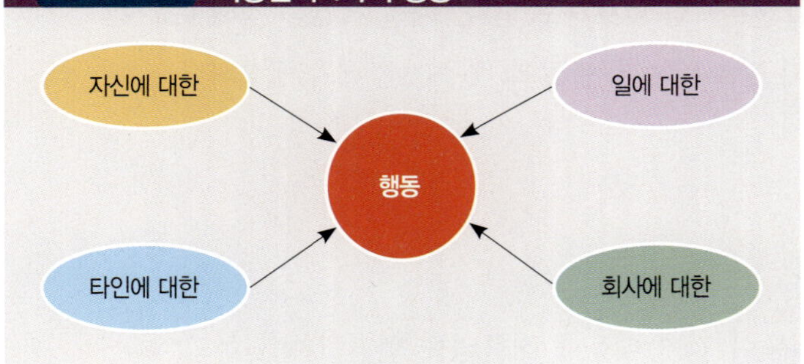

직장인들이 회사생활과 관련하여 준수해야 할 행동기준을 네 가지로 분류하면 그림 13-1과 같다. 그중에서 자기자신에 대한 행동은 자아의 발전, 올바른 사회인, 생활관리라는 세 가지 주제로 나누어 설명할 수 있다.

(1) 자아의 발전

① 폭넓은 교양인

직장인은 박식해야 한다. 제품에 대해서는 물론 회사업무와 무관한 분야에 대해서도 폭넓은 교양과 상식을 가지고 있어야 하는데, 교양과 상식이 많으면 다음과 같은 이점이 있다. 첫째 경쟁사회에서 앞서 나가야 하는 조직의 업무는 어떤 것보다도 복잡하다. 이처럼 다양한 문제를 풀어나가고 결정해야 될 때 한두 가지 전문지식만 이용하라는 법은 없다. 어떤 사람은 자기 전공지식이 아니면 아예 접하려 하지 않는다. 그러다가는 오히려 편협한 사고를 가질 수도 있다. 잡지, 신문에도 관심을 가져야 한다. 국제사회의 큰 흐름을 파악하기 위해서 세계관, 역사관도 가지고 있어야 하며, 음악, 미술에 대해서도 한마디는 할 수 있어야 한다. 둘째, 반드시 세일즈맨이 아니더라도 대부분 사원의 일상업무는 대인접촉이 이뤄지며 상대에게 호감을 줄 수 있어야 대인관계도 성공적으로 이끌 수 있다. 그런데 박식함은 하루아침에 이뤄지지 않는다. 누구에게서든, 언제 어디서든 계속 배우려고 하는 노력과 자세가 필요하다.

② 배우는 지식인

자아발전을 위해서 사람은 누구나 겸허한 자세로 배우는 일에 힘써야 한다. 좋은 친구에게서는 좋은 점을 배우고 나쁜 친구에게서는 개선할 점을 배울 수 있다는 옛말이 있듯이 모든 사람으로부터 배울 수 있으며 마음가짐만 되어 있으면 언제라도 자신을 발전시켜 나갈 수 있다. 망각하지 않기 위해 필기구를 가지고 다니는 사람은 필기의 여부를 떠나 그 자세를 높이 평가해주어야 한다. 시시각각으로 변하는 현대 산업사회에서 소지하고 있는 자격증이나 자신의 능력만 믿고 몇 년 지내다보면 발전은커녕 퇴보하고 만다. 매일 시간을 정해놓고 학습하는 것도 필요하지만 때와 장소를 가리지 않고 배우는 자세가 필요하다.

(2) 올바른 사회인

① 공인으로서의 직장인

직장은 특히 인간적인 전통이 깊기 때문에 허물없는 인간관계를 하고 있는 사람이 비교적 많다. 물론 바람직한 일이지만 이때 주의해야 할 점은 내가 현재 공인이냐 사인이냐를 정확히 판단, 구별하면서 인간관계를 유지하는 것이며, 이것은 업무상으로 대인접촉을 할 때도 마찬가지이다. 부패란 다른 것이 아니고 공과 사가 뒤엉켜진 상태를 말한다. 우리 인간은 한 사람 한 사람이 고유의 인격체를 가진 개인이지만 조직의 한 구성원으로서의 나의 행동이 타인에게 지대한 영향을 미칠 수 있기 때문에 공인의 입장에 서야 하는 것 또한 사실이다. 공인이 공과 사를 구별하지 못하고 갈팡질팡한다면 그 조직은 곧 부패하고 말 것이다.

② 타인수용과 관용정신

화합정신이 강한 사람은 타인의 이견도 겸손히 수긍한다. "나 혼자서 나의 길을 가겠다."라는 생각에 사로잡히면 남이 하는 모든 것들이 못마땅하며 그들의 주장도 귀에 들어오지 않는다. 넓은 아량과 남을 인정하는 마음, 유연한 자세와 타협정신은 자신감에서 출발하는 것이며, 자신감을 갖기 위해 평소에 실력을 향상시키고 도덕적으로나 인격적으로 흠이 없게 행동해야 할 것이다.

③ 먼저 베푸는 자

인간은 어떤 사람이 자기에게 잘해주면, 그 상대방을 좋아하게 된다. 그러나 사실은 어떤 사람에게 먼저 잘해주면 그만큼 인간관계는 좋아지게 된다. 직장인 각자는 하나의 고귀한 인격을 가진 개체들이다. 그러나 조직사회 속의 개체들은 서로 연결되어 살아가고 있다. 따라서 하나의 개체가 고귀한 인격의 본질을 찾는 것 역시 이러한 연결 속에서만 가능하다. 이기적으로, 독립적으로 자신만을 생각한다면 조직도 망하고 개인의 인격적 존재도 의미가 없어진다. 이 연결을 유지하고 조직을 살리고 개인의 실존을 찾기 위해서는 이기심을 버리고 상대방을 먼저 인정해주어야 하는데, 이때 가장 효율적인 방법이 먼저 베푸는 것이다. 먼저 베푸는 데 습관화된다면 직장에서 개인의 보람은 그만큼 커질 것이고, 직장이라는 조직은 보람의 장(場)으로 변화할 것이다.

/인/간/이/야/기/13-1/

베풀 때에도 조심해야

프랑스 퐁텐블로 근처 바르비종(Barbizon)에 가면 아직도 화가 밀레와 루소의 집이 300여 미터 간격으로 자리 잡고 있다. 밀레(J.F. Millet)가 이 마을에 들어왔을 때 그의 그림솜씨를 알아주는 사람은 그의 아내와 친구 테오도르 루소(사진)뿐이었다. 루소는 목사의 아들로서 어느 정도 살 만했고 화가로서도 밀레보다는 당시에 더 잘나갔다. 그러나 밀레는 그림이 팔리지 않아 먹을 것도 땔감도 없었다. 어느 날 루소가 밀레를 찾아와 돈 봉투를 내밀었다. 누가 밀레의 그림을 사겠다며 자기에게 부탁을 했다는 것이었다. 밀레는 그림에 사인을 하고 루소 편에 맡겼다. 그런데 사실 그림을 산 사람은 루소였다. 밀레의 자존심을 상하지 않게 하려고 거짓말을 한 것이었다. 그 후 밀레가 이름을 떨치게 되었을 때 루소는 사람들에게 잊혔다. 그러나 철학자 장 자크 루소보다 화가 앙리 루소가 더 훌륭한 인간 루소로 기억되어야 한다. 바르비종에 가면 밀레의 집을 방문한 후에 루소의 생가에 꼭 들러 베푸는 행동에 대해 생각해보자.

④ 철저한 사명감

직장은 각자 맡은 분야에서 추구하는 사명이 있어야 한다. 이것은 창업주 혼자만의 사명도 아니고 경영층의 경영이념으로 끝나서도 안 된다. 구성원 모두의 뒷받침이 없이는 그 완성이 불가능하다. 직장인 각자가 자신의 자리에서 자신의 업무에 대하여 사명의식을 가지고 일할 때에만 그 부서의 목표가 달성되고 그 조직이 뜻한 바 사명을 완수할 수 있기 때문이다. 사명이란 맡겨진 임무 또는 맡은 일을 의미한다. 그룹은 그룹대로, 각 계열사는 계열사대로 맡은일이 있을 것이며, 경영진은 경영진대로 과장은 과장대로 사원은 사원대로 맡은 일이 있을 것이다. 이러한 사명을 철저하고 완벽하게 이행하고자 하는 정신자세를 사명의식이라고 할 수 있다. 자기 직업을 하늘이 준 천직이라고 생각하며 맡은 일에 희생과 봉사를 아끼지 않고 최선을 다하는 자세, 그리고 그 결과에 대해서는 끝까지 자기가 책임을 지려는 자세, 이들은 모두 투철한 사명의식에서 나온다.

(3) 생활관리

① 사생활관리

원만한 가정은 지식사회의 구성원에게 필수불가결한 요소이다. 고독하고 스트레스가 쌓인 사람을 정신적으로 붙들어줄 수 있고, 과로로 지친 자의 휴식처가 되며, 건강관리를 해주는 곳이 가정이다. 따라서 가정은 직장인의 보람 있는 삶, 사랑이 넘치는 삶의 초석이 된다고 볼 수 있다. "회사일에 몰두하다보니 가정은 어떻게 돌아가는지 모르겠다."고 한다면 자신의 기초가 흔들리고 있는 것을 모른다는 것과 같다. 뿐만 아니라, 생활이 좀 나아지고 승진을 하다보면 일상생활이 사치스러워지고 자제력을 잃기 쉽다. 휴일과 여성근로자가 늘어나고 있는 것이 오늘날의 추세이지만 과도한 휴가와 여행은 오히려 심신을 피로케 하고 가정의 경제사정마저 어렵게 만드므로 절제 있는 사생활이 필요하다.

② 건강관리

신체적 건강의 중요성과 관리방법, 건강식품과 질병예방 등에 대해서 하루에도 몇 번씩 접할 기회가 많다. 그러나 정작 스스로 건강을 관리하고 있는 사람은 드문 것 같다. 건강은 당사자만의 자산이 아니다. 그 가족은 물론이요, 그가 속한 조직과 구성원에 미치는 영향도 큰 것이다. 몸이 아프면 직장일도 제대로 할 수 없고 주변사람과의 관계로 맺어지는 조직생활 전체가 영향을 받는다. 그러므로 직장인은 건강의 중요성에 대해 차원을 넓혀 인식하고 좀더 적극적으로 건강관리를 해야 할 것이다. 건강관리는 관심으로만 되지 않고 적극적 실천이 뒤따라야 한다. 아침에 일어나서 2~3분간의 기본체조도 있고, 육체노동이 아닌 경우에는 사무실 의자에서 하는 실내체조 등도 있다. 그러나 과로할 때 피로를 풀고, 음식을 먹고, 음주 시에 적정한 자기관리를 하는 것이 무엇보다 중요하다. 심리적 스트레스에서 오는 질병과 피로현상도 많기 때문에 정신건강과 조절도 필요하다. 하여튼 "건강을 잃으면 모두를 잃는다."는 말을 기억하면서 적극적으로 행동에 옮기는 건강관리의식을 가져야 할 것이다.

③ 시간관리

오늘날 직장인에게 있어서 가장 중요한 자산은 시간일 것이다. 동시에 시간은 현대의 직장인을 가장 괴롭히는 스트레스 요인 중의 하나이다. 시간의 압박에서 벗어나기가 어렵기 때문이다. 제 아무리 능력이 많은 사람도, 제 아무리 할 일을 빨리 처리하는 사람도 모든 일을 다 처리하는 데에는 항상 시간이 부족하기 마련이다. 이러한 딜레마에서 조금이라도 벗어나서 하루를 효율적으로 보내려면 시간이란 자산을 잘 쪼개어 쓸 수 있어야 할 것이다. 그러기 위해 해야 할 일들은 모두 리스트로 작성해놓는 습관이 필요하다. 그렇게 해놓으면 무엇이 우선 처리되어야 할 것인지, 무엇을 하위자에게 위임해야 되는 것인지 윤곽이 드러나게 된다.

/인/간/이/야/기/13-2/

새벽 시간

1944년 6월 6일 새벽 5시 30분, 독일 사령부는 연합군의 노르망디 상륙작전 첩보를 입수한다. 그러나 새벽 4시에 잠이 든 히틀러를 깨워야 할지 망설이다가 아무 대책도 못 세운 채, 6시 30분 노르망디 공습은 시작되었다. 4000척의 수송선, 800척의 군함, 11,000대의 비행기, 50만 병력의 노르망디 상륙 성공으로 1939년 9월 1일 독일이 폴란드를 침공하면서 시작된 제2차 세계대전은 종전의 서곡을 울린다. 성공하려면 새벽을 잡아야 한다. 새벽 시간의 중요성은 성경에서도 누차 강조된다. 이스라엘 민족이 이집트를 탈출한 때는 새벽이었으며 모세가 홍해를 가른 것도 새벽이었고 십계명을 받은 것도 새벽이었다. 역시 예수도 새벽에 태어났으며 새벽에 부활하였다. 하여튼 새벽은 큰일을 만든다. 미국의 스리마일 섬의 핵발전소도, 소련의 체르노빌 핵발전소도 새벽에 폭발했으며 유니온 카바이트의 인도 보팔 화학공장도 새벽에 터졌다. 왜 그럴까? 지구 자전주기에 동조된 사람은 새벽 4~6시에 반드시 잠을 자야 하는데 이때 안 자면 대형사고를 일으킨다는 것이다.

④ 자신을 돌아보는 생활

맹인의 친구가 캄캄한 밤에 맹인을 배웅하면서 손에 등불을 들려주었다. 그 맹인은 등불을 손에 들고 밤길을 얼마쯤 갔는데 마주오던 사람이 맹인과 부딪쳤다. "등불이 눈에 안 보이오?" 맹인이 소리쳤다. "등불이라니요? 당신이 손에 든 등잔에는 등불이 꺼져 있었소." 부딪친 행인이 알려주었다. 이 맹인은 자신의 등에 등불이 꺼진 것도 모르고 등을 들고 가다가 부딪힌 사람만 나무랐던 것이다. 우리가 이 맹인과 같지는 않은가? 스스로의 행동이 바르게 되었는지 우선 점검해보아야 한다. 내 등에 등불이 켜 있었다면 부딪치게 될 사람도 적을 것이다. 내 손에 등불이 바로 켜 있어야만 상대방의 잘못을 찾아내고 충고해줄 수 있을 것이다. 먼저 자신의 본분을 다한 후에야 남의 행동의 결과를 놓고 평가가 가능하며 그에 대한 잘잘못을 가려줄 수 있는 것이다. 우리는 나 자신보다는 남에 대한 관심이 크며 나의 잘못보다는 남의 잘못과 부족을 찾아내는 데 익숙해져 있다. 그러나 이것은 조직사회에서 분명 바람직하지 않은 것이다.

2. 타인과의 관계유지

타인에 대한 행동은 타인과의 일반적인 관계를 비롯하여, 조직 외부인과의 관계, 윗사람과 아랫사람으로서의 역할로 구분지어 살펴볼 수 있다.

(1) 타인과의 일반적 관계

① 원활한 의사소통

수직적 구조에서 의사소통이 이상적으로 이루어지기 위해서는 상하 간에 대화의 기회를 자주 갖는 것이 필요하며 업무시간 이외에 부서별로, 작업단위별로 정규적 모임을 갖는 것도 좋을 것이다.

부서장들이 만나서 대화하는 기회는 자주 있을수록 좋으며 부서 간 업무협조가 잘되기 위해서는 부서 간의 권한관계, 이해관계 등 주요업무에 대해서 구속력 있는 결정을 할 수 있는 공동기구의 설치도 고려할 수 있을 것이다. 상하 · 좌우의 적극적 의사소통은 모든 활동의 기본이 되어야 하며, 지식사회로 갈수록 더욱

그림 13-2 타인에 대한 행동 4가지 역할

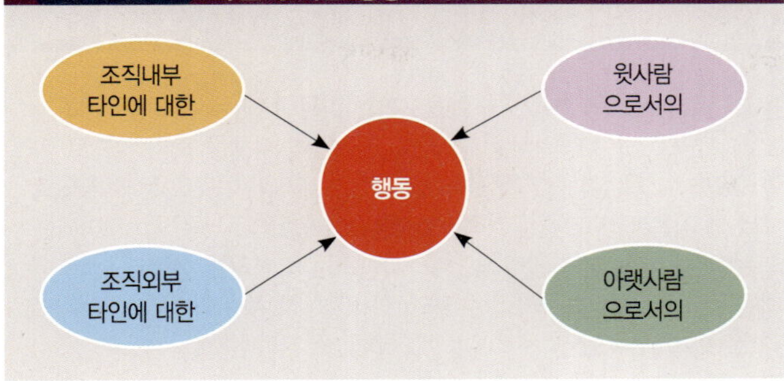

필요한 행위이다. 미래에는 정보화시대뿐 아니라 전문화시대가 도래하는데 각 단위조직이나 개인 간에 의사소통이 안 된다면 제 아무리 뛰어난 개인이라도 회사에 기여할 수 없을 것이다. 조직에서의 커뮤니케이션 흐름은 인체에 있어서의 혈액순환과 같다고 했다. 어느 한 지점에서 막혀버리면 그것이 조직 전체의 기능을 마비시키게 된다. 개인이 할 일, 부서가 할 일 중에서 가장 중요한 것이 의사소통이라는 사실을 잊지 말아야 한다.

② 기강 확립

직장을 위해 공헌을 한 경우 그냥 넘겨버리는 것은 그러한 활동을 막는 행위이다. 좋은 아이디어를 제안했다든가, 희생정신을 발휘했다든가, 좋은 업적을 낸 사원에게는 어떤 형태로든 응분의 보상이 주어져야 한다. 그리고 회사에 피해를 입힌 경우에는 불가피한 것이 아닌 이상 부주의나 고의의 부정 등에 대해서도 부정적 보상이 있어야 할 것이다. 이렇게 함으로써 사내에 신상필벌의 기강이 서고 다른 사람들에게 경종을 울릴 수 있는 것이다.

③ 비방 금지

당사자가 없는 곳에서 특정한 개인을 도마 위에 올려놓고 비난의 잔치를 벌이는 행위는 삼가야 할 풍토이다. 비난할 일이 있으면 참고 감싸주든지 오히려 당사자에게 따끔한 충고 한마디가 더 필요하지 제3자에게 전달하는 것은 사원 간에 파벌을 만들고 조직을 산산조각 나게 만들 뿐이다. 그러므로 우리 직장인은 남의 말은 하지도 말고 듣지도 않는다는 조직분위기를 만들어야 한다.

④ 상부상조

우리나라 직장인들은 애경사에 남다른 관심을 갖고 같이 웃고 같이 슬퍼하는 전통을 가지고 있다. 회사일을 집어치우고 이리저리 몰려다녀서는 안 되지만 상부상조의 정신을 발휘하는 것은 필요하다. 그러나 무엇보다 더 중요한 것은 마음으로부터 보내는 기쁨과 위로이기 때문에 표면상 나타나는 행동이 요란

/인/간/이/야/기/13-3/

진정한 타협

우리나라에서 불교와 유교는 어떻게 갈등을 해결했을까? 충남 공주군 계룡면에 향효포라는 마을이 있는데 그곳은 신라시대 효자 향덕의 고향이다. 고기를 좋아하는 어머니를 위해 사냥을 하던 향덕이는 불심(佛心)을 얻어 살생을 하지 않기로 마음먹고 자신의 허벅지 살을 베어 밥상에 올렸다. 유교의 효와 불교의 살생불가를 모두 이루었던 것이다. 이것이 우리나라 고유로 흐르는 유불화합 효(孝)사상이다. 옛날 로마에는 죄수를 감옥에 넣어서 굶겨 죽이는 형벌이 있었다. 시몬(Simon)이라는 노인이 이 형벌을 받게 되었는데 그에게는 페로(Pero)라는 막 해산한 젊은 딸이 있었다. 사랑하는 아버지를 어떻게 살릴 수 있을까를 궁리하던 페로는 한 가지 꾀를 생각해냈다. 매일 감옥에 면회를 가서 간수 몰래 아버지에게 자신의 젖을 먹이기로 한 것이다. 그 덕분에 아버지는 굶어 죽지 않고 점점 원기를 회복할 수 있었다.

하지 않도록 유의해야 한다.

⑤ 소집단활동

조직구성원들은 소집단활동을 하면서 업무와 관련한 여러 가지 상식이나 분위기를 파악할 뿐 아니라 개인 간, 부서 간의 주요정보를 교환하게 된다. 조직구성원들이 조직체와의 연결이 잘 이루어지지 않을 때 다양한 집단의 역할을 통해 개인의 조직몰입도를 높일 수 있다. 뿐만 아니라 개인은 소집단활동을 하면서 자기역량을 펴기도 하고 불만을 하소연하기도 하면서 많은 문제를 해결한다. 그러나 이런 소집단이 이익집단으로만 뭉쳐 자기방어에만 급급하거나 배타적일 때 파벌 조장의 위험이 있다. 그러므로 직장인 모두는 소집단활동의 역기능을 예방하는 데 최선을 다해야 할 것이다.

⑥ 타협과 양보

서로의 주장이 틀리고 이해관계가 서로 충돌할 때 감정이나 힘만으로 이것을 해결하려는 것은 현명하지 못한 것이다. 만인의 보편적인 상식과 관습에 비추어서 서로 설득하고 이해하는 가운데 타협과 조정의 방향을 찾아야 한다. 자신에 대해서는 겸손을, 타인에 대해서는 관용을, 상호관계에 대해서는 상식 수준에 맞는 합리적 해결을 원칙으로 해야 할 것이다.

(2) 외부인과의 관계

① 흥정과 협상력

새로운 고객을 창조하고, 외부의 정보를 얻어내고, 가격 흥정을 하고, 많이

"넌 착한 아이지? 말 잘 들으면 장난감 또 사줄게!"
"장난감 먼저 사주시면 착하게 굴게요!"

팔고, 경쟁에서 승리하기 위해서는 협상활동이 필요하다. 훌륭한 협상을 위해 자질과 교양을 항상 갖추고 있어야 하며 필요한 대화기술과 예의가 몸에 배어 있어야 한다. 남에게 호감을 줄 수 있는 인간적인 매력은 우선 진실성이 있고 상대방이 주는 것 이상으로 나도 베풀 수 있다는 아량과 의리가 있을 때 저절로 우러나오는 것이다.

협상과 흥정에서 성공하려면 그 분야에 대한 지식과 정보가 사전에 충분히 준비되어 있어야 한다. 무조건 맨손으로 만나고 보자는 식의 대외관계는 한두 번은 성공할지 몰라도 날로 치열해지는 경쟁사회에서 가질 만한 태도는 아니다. 평소에 약속을 잘 지키는 사람, 정직한 사람, 확실한 사람으로 신뢰를 얻어놓으면 거래와 흥정, 협상과 설득과정에서 쉽게 성공할 수 있다. 평소 사소한 관계에서도 의무와 책임을 다하는 태도가 필요하다.

② 고객 파악

고객은 직장이 존재하는 기반이다. 따라서 내가 있음은 고객이 있기 때문이라는 생각을 잊지 말고 고객에 대한 친절과 봉사를 일상생활의 신조로 지켜나가는 자세가 필요하다. 고객의 욕구가 무엇인지, 불평이 없는지를 항상 그들과 가까이 하며 알아내야 되고 이를 회사에 알려 즉각적으로 대응할 수 있도록 고객의 충실한 사신이 되어야 한다. 고객은 항상 변하고 있다. 어제의 고객이 오늘도 내일도 그대로 있으란 법은 없다. 고객은 경쟁사의 신제품을 찾아서, 혹은 더 좋은 품질, 더 유리한 가격의 제품이 있는 곳이라면 언제든지 어디를 향해서든지 떠나고 마는 것이다. 고객을 수시로 체크해보고 제품과 서비스의 강점과 약점을 항상 분석해보는 습관을 가져야 한다. 최고의 제품과 서비스를 제공하는 것은 고객을 대하는 첫째 계명이며 고객을 유지하는 지름길이다.

③ 신용제일주의

납품업체나 정부, 대리점, 각종 단체 등의 이해관계자집단은 협력관계에 있으므로 서로 신뢰하도록 관계를 유지해야 하며, 상대방이 자금 등의 어려움이 있을 때 이를 도와주는 자세가 필요하다. 그러나 그 기준은 회사 전체의 기준에 맞추어야지 사적인 판단을 해서는 안 될 것이다. 예를 들어 고정거래선이라고 해도 부정한 거래관계는 과감히 끊어야 하며 다른 거래선을 발굴하고 거래선 사이의 상호경쟁을 유도해내야 한다.

④ 고객에 대한 예의

외부단체를 방문할 때에는 반드시 사전에 전화를 걸어 예의를 갖춰야 하며 상대의 시간에 맞추도록 노력해야 한다. 그리고 대화나 상담기술을 익혀 간결하고 분명하게 의견표시를 할 수 있도록 준비한 다음 만나야 한다. 회사의 입장과 여건을 잘 설명해주되 너무 강압적이거나 일방적이어도 안 된다. 외부 관공서나 정부 사람을 만날 때 거만해서도 안 되지만 비굴한 태도를 가져서도 안 될 것이다. 언제나 떳떳하고 겸손하게 대하되 회사를 대표한다고 생각하고 모든 면에서 조심해야 할 것이다.

⑤ 거래처 관계

직장에는 다양한 거래처가 있다. 따라서 신의와 성실을 바탕으로 적정이익을 제공함으로써 공존관계를 유지해야 한다. 일처리를 어영부영해서 거래처에 불이익을 주어서도 안 되고 그들이 어려움을 당할 때 그 어려움을 나누어 가질 수 있어야 우리 직장이 어려울 때 그들의 도움을 얻을 수 있다. 또한 거래처가 번영해야 우리 직장이 번영할 수 있기 때문에 영세한 거래처를 번창시키기 위한 지도, 육성책이 필요하다. 거래처 선정의 경우도 엄정한 기준과 절차에 따라야 할 것이요, 유망하고 알찬 거래처가 누락되어서도 안 되고 업적이 계속 부실한 경우에는 인정에 너무 얽매이지 말고 청산하는 결단력도 때로는 필요하다. 공급처든지 대리점이든지 거래처는 많을수록 좋다. 유사시에 대체 가능성도 있어야 하며 거래처끼리의 경쟁도 유발하여야 발전이 있고 직장의 행동폭도 넓어질 것이기 때문이다. 유통경로상의 모든 조직들이 선의의 경쟁을 하게 될 때 서비스의 개선과 원가절감 등이 더욱 효율적으로 진행될 수 있다.

⑥ 관공서, 공공기관과의 관계

직장인이 직장일과 관련하여 정부의 관공서와 공공기관과 관련을 맺게 될 때

/인/간/이/야/기/13-4/

신뢰비용

대기업의 연수원에서 도서관의 책 대여문제를 가지고 회의를 했다. 지키는 사람 없이 자율적으로 책을 빌리고 반납하게끔 했더니 너무 많은 책이 없어져 안 되겠으니 사람을 고용하여 그것을 관리하자는 것이다. 그런데 연수원장이 이렇게 말했다. "무엇이든 처음에는 부작용이 생기지요. 하지만 곧 나아질 것으로 생각합니다. 생각해보세요. 직원들에게 일부러 좋은 책을 구입해서 나눠주기도 하는데 몇 권 없어졌다고 무슨 문제가 됩니까? 없어졌다 해도 직원 중 누군가가 그 책을 보고 있고 그 사람 머릿속에 남아 있겠지요. 설혹 없어진다 해도 그 비용이 사람을 고용하여 관리하는 비용보다 싸게 먹힐 겁니다. 무엇보다 중요한 것은 정신적인 비용입니다. 감시하지 않고 사람을 믿게 되면 사람들은 거기에 보답을 하지요. 자신을 믿어주는 것을 고마워하고 그에 걸맞은 행동을 합니다. 신뢰 못해서 발생하는 비용은 감독직원 인건비와 상호불신감인 데 반하여 신뢰해서 발생하는 비용은 한 달에 책 열 권이 없어진다고 치면 고작 10만 원 정도 아니겠습니까?"

- 의심은 우리를 배반하고 시도 자체를 두려워하게 만들어 우리가 얻을 수 있는 멋진 것을 잃게 만든다. 신뢰사회를 만드는 일, 이것은 먼저 사람을 믿어주는 데에서 시작하는 것이다. – 셰익스피어
- 사람들을 신뢰하라. 그러면 그들도 당신을 신뢰할 것이다. – 랄프 에머슨

원활한 협조관계를 갖는 것이 필요하다. 자기의 직급이 무엇이 되든지, 누구를 만나든지 회사의 '작은 사장'이 되어 대표로서의 품위를 손상해서는 안 된다. 우선 규정과 절차를 준수하고 회사로서 해야 할 일을 빈틈없이 완료하고 합법적으로 접근을 해야 할 것이다. 문제가 있을 경우 회사에 즉시즉시 알리고 상급자나 타 부서의 협조가 필요한 경우 지체 없이 협조해야 한다. 구비서류는 다 갖추지도 않고 비공식적으로 대강 해결하려는 자세는 버려야 한다. 외부기관의 사람을 만나야 할 때는 예의를 갖추고 겸손한 태도를 보이되, 직장인으로서의 긍지를 잊은 채 필요 이상으로 아첨하거나 굽실거리는 것은 좋지 않은 행동이다. 그들과의 약속은 지키고 타당한 요구는 들어주면서 시간이 걸리더라도 절차와 규정을 따르는 것이 원칙이고, 비공식적인 일처리나 언쟁으로 인한 감정악화 같은 일이 없도록 조심해야 한다.

⑦ 경쟁관계

직장의 경쟁업체는 직장인에게는 부담이 되는 기업이다. 그러나 냉정하게 따지고 보면 서로 도움을 주고받는 관계도 된다. 서로 자극이 되고, 고객과 외부인에 대해서 공동으로 대처할 수 있으며, 상호간 기술발전, 판매전략에 관해서 간접적이나마 정보교류가 있기에 발전속도가 빨라질 수 있는 것이다. 그러므로 경쟁은 선의의 경쟁이 되어야 하며 경쟁사의 사원은 물론, 그들의 제품까지도

/인/간/이/야/기/13-5/

경쟁과 협동

수학 분야에서 세계적으로 명성을 떨쳤고 후에 동경제대 총장을 지낸 일본의 기쿠치 박사가 젊은 시절 영국의 옥스퍼드대학에서 유학하던 때의 일이다. 당시 동양인이 외국에서 유학한다는 일은 매우 드문지라, 기쿠치는 옥스퍼드에서 유일한 동양인이었다. 입학한 지 얼마 안 되어 기쿠치는 학교 안에서 모르는 사람이 없을 정도로 유명해졌다. 시험이 있을 때마다 항상 1등 자리를 놓치지 않았던 것이다. 그 일로 영국 학생들의 자존심은 푹 꺾였다. 기쿠치 다음으로 2등을 하고 있던 브라운이라는 영국 학생의 마음은 더욱 안타까웠다. 그러던 어느 해 학기말시험을 얼마 앞둔 날이었다. 기쿠치는 독감을 앓게 되어 학교를 며칠 쉬어야만 했다. 이 사실이 학교에 퍼지자 영국 학생들은 이 기회에 브라운이 1등을 할 수 있게 되었다며 몹시 좋아했다. 몇몇 친구들은 브라운을 찾아가 그에게 용기를 심어주었다. "브라운, 잘해! 그 원숭이같이 작은 녀석을 보기 좋게 꺾어주라고!" 드디어 기말시험 날이 되었다. 기쿠치는 해쓱해진 얼굴로 학교에 나왔다. 영국 학생들의 비웃는 듯한 눈초리를 받으며 기쿠치는 시험을 치렀다. 며칠 뒤 학교 게시판에 성적이 발표되었다. 와글와글 모여 있는 학생들 틈에서 누군가 실망스런 목소리로 소리쳤다. "이런, 또 기쿠치가 1등이야!" 브라운이 1등을 할 것이라는 철석같은 믿음이 깨진 것이다. 어안이 벙벙해진 영국 학생들이 한 걸음 물러섰다. 기쿠치가 서투른 영어로 말했다. "내가 병석에 있으면서도 수석을 할 수 있었던 것은 모두 브라운 덕분입니다. 브라운은 매일매일 그날의 강의를 가지고 내 방을 찾아와 교수님과 똑같은 강의를 해주었습니다. 비록 성적으로는 내가 1등을 했지만 인격에서는 브라운이 수석을 한 것입니다." 그 이야기를 듣고 영국 학생들은 아무도 고개를 들지 못하였다.

애착을 갖고 접근하여 배울 점은 배우고 반성할 점은 반성하는 기회를 가져야 할 것이다. 경쟁사가 비겁한 방법을 사용하는 한이 있더라도 의연한 자세로 관용을 베풀면서 외유내강의 길을 똑바로 가는 자세가 필요하다.

(3) 윗사람으로서의 역할

① 부하에 대한 신뢰

상사가 부하의 신뢰를 얻으려면 먼저 부하를 믿어야 한다. 부하의 보고를 확인하려고 하는 것은 꼼꼼하게 보일지는 몰라도 부하에게 실망을 주게 된다. 부하를 진심으로 믿는 것도 중요하지만, 그러한 사실을 부하가 알도록 하는 것도 중요하다. 대개 상하 간의 거리감 때문에 상사가 믿고 있다는 사실이 완전히 전달되기까지는 오해도 있을 수 있고 시간이 걸리기 마련이다. 따라서 상사의 의도적인 노력이 필요하다. 정직성, 자기희생, 솔선수범 등은 신뢰를 전달하는 가장 효율적인 수단이다.

부하의 보고는 재치 있게 재빨리 이해해야지, 자기는 가만히 앉아 있고 밑에 있는 사람이 전부 씹어서 입에 넣어주어야 먹는다는 식으로 하면 부하가 볼 때 답답하기 그지없고, 결국에는 피상적인 보고만 하게 된다. 대개 자신의 정확성을 과시하기 위해 꼬치꼬치 캐묻는데, 이것은 첫째, 이해를 못한다는 우둔함의 표시이며, 둘째, 부하를 못 믿겠다는 표시이므로 삼가는 것이 좋다.

② 감정 표출의 억제

상급자는 부하들 보는 데서 화를 내거나 일상생활에서 경거망동을 해서는 안 된다. 부하를 앞에 놓고 성을 내면 부하는 더 이상 할 말을 잃게 되고 다시 꾸지람을 받을까 봐 두려워 새로운 아이디어도 마음속에 간직한 채 내놓지 않게 된다. 상급자의 가벼운 지적이나 경솔한 말 한마디가 부하에게는 크게 작용할 수 있다. 흘리는 말이라도 직접적으로나 간접적으로나 부하의 험담을 하는 것도 절대 금해야 한다.

상급자는 기분에 따라 한 말인데도 부하는 "난 이제 틀렸구나!" 하고 확대해석하는 경우가 많다. 부하의 의견을 듣고 "나도 그 생각을 해봤어."라고 중얼거리면, 부하는 "밤을 세워가며 만들어 보고했는데 알아준 게 없다."고 실망하기 쉽다. 마찬가지로 "수고했다, 잘했다" 등의 칭찬의 말은 부하에게는 큰 도움이 된다. 잘못하면 언성을 높이고 잘했으면 말이 없는 그런 상사가 되지 말자. 잘했으면 소리 높여 칭찬해주고 잘못했으면 말이 없는 그런 관리자가 유능한 관리자이다.

③ 예스맨 지양

기업에 연륜이 쌓이고 규모가 어느 정도 커짐에 따라 기업 내의 모든 조직은 정비되고, 그에 따라 어떤 타성이 생기면 여기에 걸맞지 않는 사람은 살아남기 힘들게 된다. 따라서 대개의 사원들은 기존의 체제에 잘 수긍하는 것만이 자신을 보호할 수 있다는 '몸조심' 풍조에 쉽게 젖게 된다. 이쯤 되면 아무도 자기의 소신을 밝히려 하지 않으며, 또 한두 번 눈치 보며 시도하다가 안 들어주면 태도는 금방 돌변하게 된다.

그러나 유능한 상사는 부하의 직언을 내심으로 좋아하고 그것이 막히지 않도록 요령껏 부추겨야 할 필요가 있다. 반대로 맹종하면서 오직 충성만 하는 부하에게 고마워하면서 일을 시키는 것은 금물이다. 그런 사람들로만 둘러싸여 있다는 것을 깨닫는 즉시 부하 구성을 다시 해야 할 것이다. 또한 자신의 의견은 내세우지 않고 상급자가 좋아할 정보만 보고하는 것도 좋지 않다. 정보를 듣기

좋도록 각색하여 보고하고 심지어 허위보고도 있을지 모른다. 독재형 관리자에게는 예스맨이 더욱 많다. 조심할 일이다.

④ 부하에 대한 배려

상급자라 해서 '다른 세계'의 사람으로 군림해서는 사원들로부터 영원히 버림받고 만다. 모든 일에 함께 어울리는 것이 중요하다. 그러나 더 중요한 것은 '같이' 지내고 있다는 '느낌'을 주는 것이다. 위에 있지 않고 옆에 있다는 감정을 갖게 하기 위해서는 서민적이고 소탈한 성품의 소유자이어야 한다. 경험도 많고, 지위도 있고, 나이도 많아지면 고민이 많아진다. 그렇게 되면 부하직원 위에 군림하는 것으로 착각하게 된다.

⑤ 과거를 회상하는 상사

사람이 상위직에 오르면 말단사원 시절의 과거를 잊기가 쉽다. 부하의 어려움을 나의 어려움으로, 부하의 즐거움을 나의 즐거움으로 여길 줄 모르면 존경받는 상사가 되지 못한다. 상사는 부하를 알아야 한다. 그들의 성격, 장단점, 그들의 고민과 희망사항 등도 알아야 되지만, 가장 중요한 것은 그들이 나를 어떻게 보고 있는가를 파악해야 한다. 남에 대한 감수성이 예민한 사람은 자신은 피

/인/간/이/야/기/13-6/

과거라는 발목

우주로 가는 로켓의 원통은 아주 작다. 맨 위의 사령선은 더욱 작아서 워싱턴 NASA박물관에 진열된 최초로 달에 간 1969년의 아폴로11호의 컬럼비아선의 원통은 우주인들이 설 수도 없을 정도이다. 물론 지구궤도를 벗어날 때 공기저항을 줄여야 연료소모가 덜할 것이므로 원통을 너무 크게 만들 수는 없을 것이다. 그러나 그 후 기술이 발전하였음에도 로켓의 원통은 여전히 비슷하다. 그 이유는 간단하다. 우주선을 만든 곳에서 발사대까지 철도로 이동하는데 더 이상 크면 열차에 싣기도 그렇고 터널 등을 통과하기가 불가능하기 때문에 원통 사이즈를 늘리지 않는다는 것이다. 요즘은 대형 특수운반트럭을 사용하기도 하지만 트럭 역시 우주선에 맡게 제작된 것이다. 그렇다면 철도의 폭은 왜 그렇게 좁게 만들었을까? 석탄을 싫은 마차를 광산에서 뱃길가지 운반하기 위해서 1825년 스톡턴-달링턴 사이에 최초로 깔린 레일이므로 마차폭에 맞출 수밖에 없었다. 그런데 마차는 왜 폭이 그 정도밖에 안 됐을까? 당시 짐마차는 말 두 마리가 끄는 것이 보통이었다. 따라서 말 두 마리가 나란히 끄는 수레의 폭은 당연히 두 마리 말의 궁둥이 사이즈에 제한될 수밖에 없다. 결국 우주로켓의 원통폭은 두 마리 말 궁둥이 사이즈의 합이 결정한 것이며 어쩔 수 없는 NASA의 법칙이 되었다. 필연적이 아니더라도 사람들은 그저 무심코 전통을 고수하기도 한다. 1550년대의 화폐인 금화는 진짜 금이었다. 그런데 나쁜 사람들이 금동전의 둘레를 칼로 깎아 금가루를 모으느라 동전크기가 줄어들고 제값을 못하는 동전이 늘어나자 당국에서는 이를 방지하고자 동전둘레를 톱니모양으로 만들었다. 그런데 오늘날에도 대부분 국가의 동전을 보면 금이 아니어도 둘레가 톱니 모양으로 되어 있다. 개인이나 조직이나 과거는 지울 수 없나 보다.

곤할지 몰라도 남에게는 부담을 덜 준다.

그 반대도 있다. 너무 과거만 회상하고 자신의 평사원 시절을 되뇌이면서 부하 직원들도 그대로 따라오기를 바라지만 쉽지 않다. 왜냐하면 현재는 과거와 상황이 다르고 상사와 부하사원의 가치관과 살아온 배경이 다르기 때문이다. "옛날에는 이랬다!"고 자랑을 늘어놓는 상사는 부하가 보기에 꼴불견일 수 있다. 과거의 회상에 속에서 헤어나지 못하는 상사에게 혁신과 창조를 바라기는 어렵다.

⑥ 솔선수범하는 자세

하급자 한 사람의 잘못된 행동은 직속상사나 동료 몇 사람만 알지만, 상급관리자의 잘못된 행동습관은 부하직원 모두에게 알려지기 마련이다. 그러나 이보다 더 중요한 사실이 있다. 부하직원 한 사람의 불성실과 나태는 다른 사람이 배우지 않지만, 상급관리자의 행동은 주변에 금방 파급된다. 좋은 행동도 마찬가지이다. 상사의 일거수일투족은 만인이 주시하고 있을 뿐 아니라, 그것을 모델로 생각하여 따르려 한다. 그런 의미에서 상사는 사원에 대해서 모델이요, 교사인 것이다. 가장 큰 호소력은 솔선수범이다. 이보다 더 효과적이고 설득력 있는 지도법은 없다.

⑦ 계속적인 지도편달

상급자는 부하의 능력을 키워주고 나쁜 태도를 고쳐주어야 할 책임이 있다. 부하의 단점을 발견한 상사가 그냥 내버려두었다가 그 단점으로 인해 부하가 잘못을 저질렀을 때에는 당사자보다 상사에게 더 큰 책임이 있다. 왜냐하면 부하는 모르고 저질렀지만 상사는 이미 그 가능성을 알고 있었기 때문이다.

상사는 부하보다 업무능력에 대한 지식과 경험도 앞서야 한다. 일상업무는 곧 교재이며 교육도구인 것이다. 자기 일에만 급급하여 부하의 일을 돌봐주지 못하는 상사는 상사의 자격이 제대로 갖춰진 것이 아니다. 평소에 수시로 부하를 지도편달해야 한다. 잘못을 지적하는 것이 오히려 욕을 먹는 행위가 되는 직장의 분위기는 하루 속히 바뀌어야 한다.

⑧ 적절한 충고와 지시

잘못은 분명히 지적하고 충고해 주어야 한다. 그러나 충고와 질책은 조심해서 해야 한다. 여러 사람 앞에서의 질책은 비난이요, 단둘이 있을 때의 질책은 충고가 되고 교육이 된다. 감정적으로 소리치는 것은 대개의 경우 설득력이 없다. 일거리가 없는 부하직원에게 일거리를 만들어주는 것은 상사의 주요역할 중의 하나이다. 부하직원이 해야 되는 일마저 상사가 빼앗아 직접 하는 것은 어리석은 일이다. 사소한 일로 부하와 경쟁하는 상사나, 부하에게 자신의 우월성을 입증하려는 상사는 훌륭한 훈련자라기보다 열등의식에 사로잡힌 우매한 상사라고 할 수 있다.

⑨ 아집에서 탈피

자수성가를 했다든가 분명히 실패할 수 있었던 일을 자기 힘으로 다시 일으켰다든가 한 경우 그런 상사들은 좀처럼 남의 말을 듣지 않으려고 한다. “내가 항상 당신보다 옳았다.”는 과거가 계속 유혹해오기 때문이다. 그러나 인간인 이상 사람에게는 한계가 있다. 남의 의견에 항상 귀 기울이고 제3자의 입장에서 자신의 생각을 재고하되 과거 성공의 유혹에서 벗어나려는 ‘의지력’이 필요하다. 또 한편으로는 ‘고집쟁이’의 낙인이 찍히면 부하들은 일체 의견을 내려하지 않고, 무저항을 통한 수긍을 하게 되고, 상급자는 이런 현상을 부하들의 신뢰로 착각하고 점점 더 자기가 최고라는 아집의 유혹에 빠져들게 된다.

(4) 아랫사람으로서의 역할

① 정확한 지시의 수용

일은 스스로 찾아서 한다 하더라도 결국 상급자와 협의 내지는 허락을 받고 시작하는 것이 원칙이기 때문에 회사업무는 대개가 상급자의 명령과 지시를 통하여 시작된다. 이때 상사의 생각을 정확히 파악하고, 만약 그가 무엇을 요구하는지 잘 모를 때에는 두 번 세 번 질문을 해서라도 알아낸 다음 일을 시작하는 것이 중요하다.

복잡한 사항이나 여러 가지 일을 한꺼번에 요청할 때는 메모를 해서 잊지 않도록 해야 하며, 대충 듣고 나중에 몰라서 그랬다는 변명을 하지 않아야 한다. 일은 어느 정도 재량을 갖고 하면 되지만 가능하면 상급자가 원하는 정도와 시간이 있기 때문에 상사가 지시한 시급한 일이 늦게 처리되지 않도록 해야 한다. 일을 수행하는 과정에서 능력과 자원의 한계 때문에 효율적인 결과를 못 얻는 것은 할 수 없지만, 상하 간에 의사소통이 안 되어서 비능률을 초래하는 것은 바람직한 일이 아니다.

② 보고요령

일을 끝냈다고 하더라도 그 일을 시켰거나 진행과정을 알고 싶어 하는 사람에게 알려주어야만 완전히 일이 끝나는 것이다. 일이 어떤 과정을 거쳐 어떻게 끝났고 어떤 애로점이 있기에 다음에는 어떻게 개선했으면 좋겠다는 의견이 첨부되면 금상첨화이다. 상급자를 만날 시기나 경우가 안 된다면, 또한 보고가 좀 늦어도 되는 것이라면 보고서 형식을 갖춘 문서로 보고하여도 된다. 일의 진행 중에 중간보고는 반드시 필요한 것은 아니지만 꽤 오랜 기간이 소요되는 업무 도중에 문제 발생 시, 수행방법이나 목표를 수정할 때에는 중간에 보고를 하는 것이 원칙이다.

일이 잘못되었다고 해서 변명을 너무 많이 첨가한다든가 반대로 자기자랑을 너무하는 것도 좋지 않다. 자신의 잘못은 솔직하게 시인하고 다음에 대비하여 상급자의 충고를 요청하는 것이 원칙이다.

③ 상사에 대한 예우

우리 사회가 지식사회로 급격히 전환되면서 사회질서가 혼동되는 과정을 겪었고 서열의식과 세대차이에 대해서 많은 사람들이 많은 말들을 하고 있다. 그러나 직장인은 지배복종이나 주종관계의 개념에서 탈피하되, 그렇다고 동양의 전통을 무시하거나 사람들의 얼굴을 찌푸리게 하는 언행을 해서는 안 될 것이다. 상사는 대개 나이로 보나 경력으로 보나 손윗사람이므로 예의를 갖추어야 하며 집안에서나 직장에서나 윗사람의 얘기는 공손히 받아들이는 것이 질서의식이다.

동료나 제3자에게 상사에 대한 비난을 늘어놓는 것도 있어서는 안 되며 무슨 불만이 있을 때는 분위기가 되었을 때 털어놓고 이해를 요구하는 것이 도리이다. 상급자도 인간인데 어찌 실수가 없고 흠이 없겠는가? 뒤로 돌아서서 간접적으로 비난하는 일은 비겁한 측면도 있다. 업무상 보고할 일이 있어도 정보를 선택, 수정하지 말고 액면 그대로 올려야 하며, 자신의 주관을 객관적 자료인 양 올려도 안 될 것이다. 판정은 상급자가 하도록 하고 자신은 사실에 근거한 정확한 자료만 전달해야 한다.

3. 회사와의 관계유지

회사에 대한 행동은 크게 네 가지, 즉 조직인, 직장인, 공동체 구성원, 조직 대표자 등의 행동으로 각각 정리할 수 있다.

(1) 조직인으로서의 행동

① 회사에 공헌

아무리 우수한 인재라도 개인적 위험을 무릅쓰기를 싫어하고 모험을 싫어하고 야망이 없고 현상유지만 하며 자리만 유지하겠다는 식이라면 그저 인재(人在)일 뿐이다. 개인적인 위험이 뒤따르더라도 회사를 위해 헌신한다든가 전략가형으로 뛰는 사람은 회사의 인재(人材)가 될 수 있다. 그러나 자리를 이용하여 득세나 사익만을 추구한다면 종국에는 기업을 도산시키는 인재(人災)가 된다. "이래도 한세상 저래도 한세상"이란 말이 있다. 어떻게 처신하느냐에 따라서 가정과 회사와 나에게 재산이 되느냐 재앙

그림 13-3 회사에 대한 행동

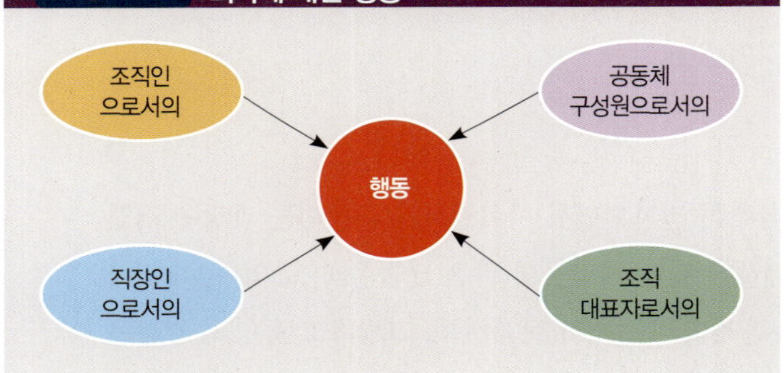

/인/간/이/야/기/13-7/

창조를 위한 파괴

건축가들은 건물을 새로 짓는 것이 낡은 건물을 리모델링하는 것보다 쉽다고 한다. 기업의 경우도 이미 보편화된 틀을 가지고 있는 기업을 전환하기보다 새로 만드는 것이 수월하다고 할 수 있다. 기존에 확립된 구조를 뒤흔드는 것 자체가 매우 어려운 일이기 때문이다. 기업 내에서 새로운 변화를 일으키는 창조적 파괴의 원천은 무엇인가? 첫째, 경영자원이 부족할 때 더욱 쉽게 발생한다. 풍요로운 자원을 가지고 있는 기업은 종래의 방식을 그대로 답습하더라도 어느 정도 성공을 거둘 수 있다. 그러나 자원이 부족한 기업은 그렇게 할 수 없기 때문에 가능한 한 모든 지혜를 동원한다. 기존의 기업보다 알려지지 않았던 중소기업이나 회사 내에서도 도외시되었던 부서에서 오히려 창조적 파괴가 먼저 일어나는 것도 그런 이유에서이다. 둘째, 성숙단계에 접어든 기업은 만족감을 가져서 창조적 파괴의 효과를 얻을 수 없다. 셋째, 고정관념을 버려야 한다. 기존에 성공한 기업이 성공하기까지 축적한 노하우는 그 자체가 보수적인 행동으로 작용하여 창조적인 파괴를 저해하는 역할을 한다. 일본의 소니가 개발한 워크맨의 경우 방이나 거실에 앉아 큰 스피커를 통해 듣던 음악을 아무런 불편 없이 걸어 다니면서 들을 수 있게 한 점은 음악을 듣는 장소에 대한 고정관념을 깬 것이었다.

이 되느냐를 생각한다면 그 말이 얼마나 위험한가를 알 수 있다. 회사에 누만 안 끼치면 그만이고 드러나지 않게 조용히 있다가 월급만 받으면서 무사한 월급쟁이 생활을 영위하려는 사람은 인재(人在) 같지만 사실 인재(人災)로 작용하고 있음을 알아야 한다. 인재(人材)가 되기 위해서는 회사가 원하는 대로 따르는 것도 중요하지만 회사를 위해서 어떤 개선이 필요한지 항상 생각하고 창조적인 파괴를 주도하는 태도를 가져야 한다.

② 전사적 사고

직장이라는 나무가 반세기 정도 자라면 이제 제법 많은 가지를 치게 된다. 단위조직 내에서도 여러 부서가 생기고 서로간에 복잡한 연결망이 형성된다. 그래도 역시 직장의 뿌리는 하나이다. '우리는 하나'라는 전사적 사고를 갖지 않으면 부서 간에도 경쟁을 해야 하며 계열사끼리도 이해관계가 엇갈릴 수 있다. 결국 한 울타리 안에서 공동목표를 추구하는 직장인끼리 상호 존중하고 협조하는 분위기를 유지해야 된다. 물론 각 계열사의 상황이 서로 다르고 부서의 특성이 서로 다를 수 있다. 이러한 사실을 상대방에게 알려주고 이해를 구해야 할 것이다. 서로간의 의사소통과 정보교환이 되지 않고서는 가족끼리도 오해가 생길 수 있다. 전사적 사고는 '정보의 공유'에서 출발한다. 지나친 경쟁, 정보의 독점, 의사소통의 차단은 곧 조직의 쇠퇴를 가져오게 됨을 명심해야 한다.

③ 고감도 조직인

중앙에서 단추 하나만 누르면 말초신경까지 순식간에 전달되는 유기체를 고감도 조직이라고 한다. 위에서 지시를 내렸는데 중간에서 사라진다든가 수주일 걸려서 실무자에 도달한다든가 하면 시간이 자산인 현대에 부적절한 조직이다. 조직의 계층이 부득이하게 많더라도 상하 커뮤니케이션 속도에 직장인 모두가 유념해야 한다. 나 혼자 한두 시간 늦추는 것은 별 문제가 안 된다 하더라도 모두가 그런 생각을 갖고 있으면 크나큰 시간 낭비와 낭패를 가져온다. 모든 구성원은 자기가 몸담고 있는 조직을 가능한 한 고감도 조직체로 운영하도록 노력하며, 자기 또한 말초신경이라 여기고 의사소통에 최선을 다해야 할 것이다.

④ 회사를 떠날 때

개인사정으로 혹은 정년이 되어서 직장을 떠나게 될 때에는 철저한 업무의 인수인계가 이루어져야 하며, 연결의 틈이 생기지 않도록 조심해야 한다. 업무의 인수인계는 세부사항까지 철저하고 완전하게 해야 하며 거래처, 외부인, 동료들과의 금전적, 비금전적 거래관계를 깨끗이 청산하여 직장에 누가 되지 않도록 해야 할 것이다. 떠나는 시기는 미리 알려 준비를 철저히 하게 하며 회사에 가장 적게 영향을 미치는 시기를 택하되 후임자와 몇 주일 동행하면서 인계를 함으로써 전임과 후임 사이에 괴리가 발생하지 않도록 해야 한다. 회사를 떠나서도 여전히 직장의 주인이다. 비밀유지와 홍보담당 역할은 쉬지 않고 해야 하되, 직장인의 긍지를 높이기 위해 좋은 점만 알리는 것이 좋다. 떠난 사람도 보낸 사람도 가끔 한자리에서 다시 모일 수 있도록 하며 그것이 여의치 않을 때에는 서신교환이라도 할 수 있도록 하여 가족적 분위기 형성에 적극 나서는 직장인이 되어야 한다.

(2) 직장인으로서의 행동

① 신입사원의 자세

새로운 자리를 맡게 되면 첫해에는 누구나 각오가 대단하여 수많은 계획을 수립하고 또한 왕성한 정력으로 실천에 옮긴다. 그러다 어느 정도의 세월이 흐르고 나면 자리도 잡혔고 구태의연한 일이기도 하여 능력을 한번 보인 후로는 초기의 투혼과 용기가 줄고 안일한 마음가짐을 갖는 것이 보통이다. 시간의 흐름에 따라 사라져가는 투혼을 되살려내야만 한다. 오늘날 경쟁사회는 쉬는 것도 허락하지 않을뿐더러 성장하더라도 속도가 전보다 느리면 퇴보라고 생각한다. 직책을 맡은 사람은 처음 직위를 부여받았을 때의 기억을 되살려 새로운 각오와 정력으로 다시 시작할 것이 요구된다. 신입사원 때에 품었던 야망과 정력을 갖고 솔선수범하여 두각을 나타냄으로써 회사에서 인정을 받아 자아성장을 하려는 자세가 되어 있어야 한다. “직장인은 조직에 들어와서 3년만 되면 노인이 된다."라는 이미지에서 벗어나는 일이 급선무이다.

② 회사자산의 이용

회사자산이라 함은 제조를 위한 원료, 도구, 비품, 기계 등을 말하는데, 이는 제품과 서비스의 생산과 관련하여 사용해야 되는 것이지만 상식과 규정이 정한 수준에서 사용해야 할 것이다. 공적인 사용이냐 사적인 사용이냐가 애매할 때가 있기는 하지만 개인의 목적에 회사 자산을 이용해서는 안 된다. 회사의 규정에 어긋나면서까지 이러한 자산을 사용하는 것은 주변사람들에게도 악영향을 미칠 뿐만 아니라 부당한 일이다. 더구나 개인의 자산이 아니라고 함부로 사용하는 일도 없어야 되겠다. 원료와 비품을 아껴 쓰고 원가절감에 성의를 표하는 행위는 곧 회사를 사랑하는 마음의 발로이다. 한 사람이 종이 한 장, 전기 한 등을 절약한다고 해서 비용절감에 이르게까지는 할 수 없지만 모든 직장인이 절약한 것을 모으면 크나큰 자산이 되며 애사심이 겉으로 드러난 것이라고 볼 수 있다.

그런데 업무를 보면서 회사의 시설, 원료, 비품을 마구 사용하는 사람이 있다. 또는 개인의 사익을 위해 회사의 자산이나 정보를 사용하거나 남에게 함부로 제공하는 사람도 있다. 이러한 행태는 누가 발견하여 제재를 가하고 금지시키기는 거의 불가능하기에 스스로 자제해야 한다. 주어진 회사업무를 완수하기 위해 무리한 투자를 한다든가 예산을 한없이 책정해서라도 자기 부서의 목표를 반드시 달성하겠다는 태도는 좋지 않다. 항상 기업에 미칠 영향을 평가하고 행동하되 부득이한 경우 회사와 상사의 양해를 얻어야 할 것이다.

③ 공과 사의 구분

공과 사의 구별은 의사결정을 할 때 회사업무의 처리과정에서 반드시 필요한 사항이다. 개인적으로 좀 불이익이 오더라도 회사를 먼저 생각하는 것이 보람을 심는 길이요, 장기적으로 그것은 자신에게 열매가 되어 돌아오게 될 것이다. 모든 일에 자기 사익만을 먼저 생각하고 사사로운 감정이나 편견을 버리지 않는다면 기업이 먼저 해를 입게 되고 종국에 가서는 자신과 가족에게 해를 입히는 꼴이 될 것이다. 사랑이 풍부한 기업이라고 해서 공적인 일을 사적으로만 얼버무리는 일이 있어서는 안 될 것이며, 모든 일에 공과 사를 엄격하게 구분하여

"우리는 팀인데 왜 항상 너만 튀는 거냐?"

처리하되 공적인 일을 우선하는 것이 몸에 배어 있어야 한다.

일례로 개인사정으로 인하여 부득이 외출해야 할 때에도 개인용무의 중요성과 회사에 끼칠 영향의 정도를 엄중하게 비교해보고 기준을 정하여 행동해야 할 것이다. 상사가 없을 때일수록 부하는 상사의 빈자리를 지킨다는 마음으로 근무해야 할 것이며, 근무시간 중에 업무 외에 사적인 일로 인하여 회사의 업무가 지장을 받게 되는 일이 없는지 항상 주의해야 한다.

(3) 공동체 구성원으로서의 행동

① 자발적인 질서의식

질서를 옳게 세워나가는 것도 합리정신의 일부이다. 질서는 대개의 사람들이 정상적이라고 생각하는 공동의 약속에서 벗어나지 않음을 뜻한다. 하나의 조직은 다양한 사람, 여러 집단으로 이루어져 있기에 제각기 갈 길로만 간다면 소기의 목적달성이 어렵다. 일정한 규정과 질서에 따라 움직일 필요가 있으며, 그 질서는 어느 정도 구속력을 가져야 한다. 독재적 힘으로 누르는 노예적 복종의 질서가 아닌 자유롭게 자발적인 민주적 질서를 확립하는 것이 직장의 목표이다.

② 약속의 이행과 시간관념

'코리안 타임'이란 말은 농경시대에나 맞는 말이다. 인간관계가 오늘날처럼 복잡하고 조직화되면 시간관념이 희박한 사람은 자신의 역할수행을 다하지 못하고 있는 사람이 된다. 회사의 출근시간, 점심시간 후의 업무재개시간 등은 말할 필요도 없고 남과의 약속에서 언제나 상대방보다 먼저 도착해 있어야 한다. 업무라는 것은 사람들에게 경계의식과 두려움을 주기도 하지만 보수적 기질이 팽배해 있고 사무적인 분위기보다 비공식적인 분위기에 젖어 있는 현대인들에게는 좀 더 정확한 일상행동이 요구된다. 시간에 늦거나 날짜를 어기고도 여기

/인/간/이/야/기/13-8/

Business 중인가, Busyness 중인가

노모를 모시던 어느 효자가 어머님 생전에 해외여행을 시켜드린다고 여행사 패키지상품으로 소위 효도관광을 보내드렸다. 여행에서 돌아오신 어머님께 아들이 물었다. "어머님 무엇을 보시고 오셨나요?" 어머니의 대답, "음, 가이드가 들고 있는 깃발을 놓치면 해외미아가 된다고 해서 깃발만 줄곧 쳐다보고 다니느라 다른 것은 무얼 봤는지 몰라." 할머니의 목표는 오직 깃발이었다. 여의도 빌딩에는 늦은 밤까지 불이 켜 있고 대낮에도 사무실에 전화를 걸면 대개의 대답은 모두 "바쁘다.", "회의 중이다."로 일관되어 있다. 우리나라의 모든 샐러리맨들은 온종일 바쁜 것은 사실이다. 그런데 정작 그들의 땀과 노고가 조직의 목표와 얼마나 직결되는지는 한번 따져봐야 한다. 이미 자리를 잡고 안착한 사람들은 자신의 신분, 보상, 일자리, 승진자리 등을 내놓지 않으려고 선례를 강조하며 규정, 절차, 관례를 중시한다. 일을 하기 위해서보다는 자기가 피해를 안 보려고 갖가지 규정과 제도를 만들어놓고 그것에 충실한다. 규정대로만 하면 결과와 무관하게 책임이 면제되기 때문이다. 이는 마치 안전보험에 가입한 것과 같다. 이들에게 새로운 혁신이 반가울 리 없다. 규정의 파괴와 제도의 혁신은 더욱 금물이다. 일단 규정과 서류가 판을 치기 시작하면 사람들은 모두 거기에 주목하여 틀리지 않으려고 심혈을 기울인다. 그러다보니 정작 일의 근본목적을 소홀히 하게 되고 나아가서 조직의 진짜 목표인 고객중시는 2선, 3선으로 물러난다. 즉 시장에서 고객에게 빨리 제공하고 경쟁자를 물리치고 물건을 많이 파는 것보다는 규정을 준수하는 것, 보고서를 잘 작성하는 것, 회의에 참석하는 것 등이 하루의 바쁜 일과가 되고 만다. 그뿐인가. 열심히 일한다고 생각하는 사람들도 많지만 그들도 역시 착각에 빠져 있다. 결국 busyness만 하고 정작 business는 못하는 것 같다.

에 대해 민감하지 않으며 그에 대한 언급이 없이 지나가면 관례가 되어 조직의 낭비가 심화된다. 회의시간, 서류의 결재, 납품날짜 등을 최선을 다해 지키겠다는 각오가 되어 있어야 한다. 지키지 못할 약속을 해놓고 못 지켜서 자신과 회사의 이미지를 실추시키지 말아야 할 것이다. 그렇다고 무조건 바쁘게만 움직인다고 회사에 도움이 되는 것은 아니다. 목표의식이 분명하고 자신이 무엇을 위해 행동하고 있는지 항상 체크하는 태도를 가져야 할 것이다.

③ 부정방지

부정을 보고 눈감아주는 것은 관용도 아니고 사랑도 아니다. 오히려 당사자를 더 깊은 악의 골짜기로 몰고 가는 것이며 그의 부정행위에 동조하는 것과 같다. 당장에 싫은 소리를 들더라도 잘못을 지적하고 바로잡아주는 것이 참된 직장인의 모습이다. 부정을 저지른 사람을 회사가 처벌하는 것을 몰인정하다고 할 수 없다. 그것은 그 당사자가 더 이상의 부정을 저지르는 것을 예방하기 위한 것이기도 하지만 다른 많은 사람들에게 일벌백계의 효력을 보이기 위한 것이기 때문이다. 조직생활에서의 부정방지는 개인의 마음에도 달려 있지만 동료들이 어떠한 태도를 갖고 있느냐의 분위기에 더 많이 좌우된다. 부정은 그것이 크든 작든 일체 발을 못 붙이게 해야 하며, 그렇게 되기 위해서는 개인적인 노력보다도 함께 힘을 모아야 한다.

④ 파벌 배제

인간은 어차피 성격과 배경이 비슷한 사람끼리 친해지기 마련이며 동향이나 같은 학교 동창끼리 자주 만나고 정을 통하기 마련인데 세상이 각박해질수록 한편으로는 바람직한 일이기도 하다. 그러나 이런 행동을 할 때에는 언제나 조직을 생각하고 남을 생각할 줄 알아야 하며, 조직 내에서는 되도록 삼가야 된다. 더욱이 같은 직장 내에서 학연, 지연을 이용하여 직장일과 연결한다던가 정치적으로 이용하고 소수집단을 형성하는 것은 금물이다. 추호라도 인사의 공평성에 누를 끼쳐도 안 되며 오해받을 것은 미리 피하는 것이 좋다.

⑤ 노사 화합

노사 간에는 대립보다는 충분한 의견교환과 상호이해가 급선무이기에 무엇보다도 민주노조가 설립되어야 하며, 노조활동에 대해 사용자가 압력을 넣어서는 안 될 것이다. 건전한 상식으로 서로를 대한다면 모든 문제를 함께 풀어갈 수 있을 것이다. 상호대립과 투쟁과 갈등만이 계속된다면 결국 직장의 저력의 낭비요, 경쟁에서 뒤지게 될 것이다. 노사가 화합을 통해 공동이익을 추구하며 상부상조하는 것을 직장의 전통으로 만들어야 하겠다.

(4) 조직 대표자로서의 행동

① 비밀 유지

세상에 비밀이 없다고들 한다. 그러나 평소에 회사의 기밀을 가볍게 여기고 사소한 비밀을 외부에 자유롭게 발설하다보면 중대한 비밀 경쟁사로 흘러갈 수 있다. 그러므로 대외비에 속하는 것이든 아니든 회사 내부에서 일어나는 일은 밖에서 함부로 말하지 않는 것이 좋다. 특별히 지켜야 할 회사의 기밀사항으로는 각종 사업계획, 기술, 급여, 인사, 거래처와의 관계 등 외부인들에게 정보로서의 가치가 될 수 있는 것들이 모두 해당된다. 우리 직장인들이 애써서 이루어 놓은 비밀을 함부로 무가치하게 외부에 넘긴다는 것은 안타까운 일이 아닐 수 없다. 자신이 개발한 정보이든 타인이 수집한 것이든 발표할 공식권한을 가진 자라 할지라도 사석에서 얘기해서는 안 된다. 먼저 자기가 하는 말이 회사에 어떤 영향을 줄 것인가 신중하게 생각해본 다음에 행동해야 할 것이다. 이 같은 태도는 회사를 그만두더라도 마찬가지이다. 경쟁이 점점 치열해지고 그 범위가 국내에서 국외로 확장될수록, 그리고 정보자산의 중요성이 증가할수록 비밀유지의 태도가 생활화되어야 할 것이다.

② 홍보담당자로서의 직장인

직장인 각자가 직장의 홍보요원 역할을 할 때 직장은 더욱 고객과 가까이 할 수 있으며 사회적 이미지가 좋게 형성될 수 있다. 좋은 것은 하루 빨리 알리고 사회에서 잘못 알고 있는 것이 있으면 적극성을 가지고 달려가서 바로잡아야 하겠다. 사회적 책임과 윤리가 더욱 간절하게 요구되고 있는 이때에 직장의 실상을 모르고 있는 대중에게 올바로 알리기 위해서 전파매체를 통한 회사 차원의 홍보도 필요하지만 직장인과 그 가족이 사적으로 연결된 사람들에게 올바른 이미지 전달을 할 때 가장 값진 홍보가 될 수 있으며 구성원의 애사심과 주인의식도 더욱 새로워질 것이다. 외부에 나가서 회사를 욕하면 그 욕이 결과적으로 당사자에게 다시 돌아온다. 직장은 남의 것이 아니고 나의 것이요 나의 가족이 의존하고 있는 공동체인데 어찌 남 앞에서 비판할 수 있는가? 더욱 감싸주고 솔선수범하여 적극적으로 홍보에 노력하는 직장인이 되어야 한다.

4. 남녀차이와 인간관계

(1) 남자와 여자는 근본적으로 다른가

인류는 약 1만 년 전까지도 무려 수백만 년 동안 먹고사는 문제를 사냥과 채집에 의존했다. 그러는 동안 남성은 초원의 사냥꾼(hunter)으로서, 여성은 들판의 채집가(gatherer)로서 성역할의 구분이 저절로 형성되었다. 그런데 인류 역사에서 사냥과 채집의 기간은 99%이고 경작기간은 1%도 안 된다. 이러한 삶은 남성과 여성의 신체구조뿐만 아니라 지적능력과 언어능력의 차이를 가져왔다. 예를 들면 남성은 산 속을 헤매면서 사냥감을 쫓아다닌 결과 공간지각력이 발달한 반면에, 여성은 동굴에서 아이들을 돌보고 주거지 근처에서 열매와 나물을 채취해온 결과로 아이와의 의사소통이 많아지고 정리정돈과 뇌의 언어기능이 우수해졌다.

/인/간/이/야/기/13-9/

남녀의 차이

남녀 학생들이 인도자를 따라 숲 속을 거닐다가 어느 지점에 다다르면 혼자가 되어 처음 출발했던 지점으로 누가 빨리 찾아오는지에 대한 실험을 했다. 500m, 1km, 2km 등 여러 지점에서 실험을 했지만 모두 남학생이 더 빨리 출발점으로 찾아왔다. 수백만 년간 남자는 숲에서 짐승을 쫓아다녔기 때문에 방향과 공간 지각력이 우수하다. 한편 남녀 학생들에게 〈그림 A〉를 10초간 보여주고 나서 〈그림 A〉는 감추고 〈그림 B〉를 보이면서 〈그림 A〉에 있던 물건의 위치가 달라진 것을 골라내라고 하면 여학생이 더 많이 찾는다. 동물은 이동이 심하지만 식물은 이동이 없다. 수백만 년간 동굴 주변에서 식물을 채집해온 여성들은 무엇이 그 자리에 없으면 금방 알아차린다. 삶터 주변의 갖가지 살림도구들의 정리정돈도 여성들의 몫이었다. 요즘 여대생들이 살림은 못하더라도 남학생보다 정리정돈은 잘하는 이유는 그런 유전자가 배어 있어서이다. 그래서 우리는 가정에서 망치나 드라이버를 찾을 때에도 아빠보다는 엄마를 부르는 것이다.

〈그림 A〉

〈그림 B〉

① 남자가 더 우월한가

이미 오래전부터 생식능력과 육체적인 힘의 수준에서 남녀는 차이를 보이며 사회적 성역할이 구별되어왔다. 따라서 역사시대 이후로도 성차별은 동서고금에 있었다. 오늘날에도 TV광고와 드라마 3,000개의 주인공을 분석한 연구에서 소년이 소녀보다 두 배, 성인 남자가 여자보다 세 배가 많았으며, 남자는 공격성, 강인함, 독립성, 전문성의 상징으로 묘사되었고 여성은 남자의 조수나 조연으로 출연했음이 발견되었다.

그런데 남녀 간 힘의 차이는 있을지언정 사회적 행동에 근본적 차이가 있다는 뚜렷한 증거는 없다. 다만 관습이나 고정관념으로 이미 습득된 가치관과 행동양식 때문에 성별차이가 존재할 뿐이다. 그것이 선천적이든 후천적이든, 아니면 사실이든 아니든 우리 각자가 남녀에 대한 성 고정관념을 지닌 채 대인관계를 갖고 있는데 이러한 편파적 고정관념이 직장에서의 인간관계에 영향을 미친다. 예를 들면 회의석상에서 다수와 반대되는 의견을 제시하는 것은 쉬운 일이 아니다. 잘못하면 쑤군거림을 넘어 왕따를 당하기도 한다. 우리나라는 아니지만 한 조사에 의하면 남성집단에서 한 남성이 반대하면 나머지 사람들의 반발을 덜 사지만 여성집단에서 여성이 반대를 하면 훨씬 더 왕따를 당한다는 사실이 밝혀졌다. 분명

표 13-1 성 고정관념

남자의 속성	여자의 속성
독립성, 적극적, 사교적, 야심, 전문성, 지적, 리더, 모험, 용감, 공격적, 지배적, 주도적	부드러움, 민감, 따뜻함, 헌신적, 수동적, 얌전, 약함, 말쑥함, 재치, 친절, 정서적 포옹

한 것은 인간관계에서 집단의 구성 성비가 어떻게 나뉘었는지, 또는 남녀 중 누가 행동을 했는지에 따라 나머지 사람들의 반응이 다르다.

② 남녀 특성의 차이인가

다음과 같은 특성들을 중심으로 인간관계행동의 남녀 간 차이를 살펴보자.

- 공격성 : 남자가 더 크다. 살인과 폭력범은 남자가 절대적으로 많다.
- 리더십 : 남자리더가 더 지배적이고, 여성리더는 더 협의적이다.
- 감수성 : 공포, 사랑, 비애에 대한 반응이 여성의 경우 더 강하다.
- 의존과 동조성 : 의존과 동조는 여성이 더 크다는 증거는 없고 그 반대도 많다.
- 친근성 : 소년이나 남성이 친구도 더 많고 집단에서 신참자를 더 쉽게 받아들인다.
- 집단행동 : 밀집도가 증가할수록 남성은 더 공격적이 되지만 여성은 더 사이가 좋아진다.
- 개방성 : 남자가 더 개방적이라는 증거는 없다.
- 갈등해결 : 남성은 하나하나 따지려 하지 않지만 여성은 그렇게 한다. 그리고 여성은 남성보다 더욱 타협적으로 문제를 해결하려 한다.

위에 나열한 인간관계 특성들로만 미루어본다면 남녀 간 차이는 몇 가지만 제외하고는 인간관계에서 뚜렷한 차이를 보일 요소가 없다. 양보와 순종의 정도에서도 남녀차이는 보이지 않는다. 이와 같이 인간관계와 관련하여 남녀 간의 성차에 관한 연구결과치고 일치된 결론을 찾기가 무척 어렵다. 예를 들면 분석력, 도전의식, 인간관계기술, 사고처리능력 등과 관련하여 남녀차이가 있다는 뚜렷한 조사결과는 없으며 생산성이나 직무만족도에 있어서도 성별차이가 있다는 증거가 별로 없다.

(2) 조직생활에서도 남녀차이가 있는가

남성이 여성보다 직무를 더 잘 수행하느냐에 관한 논쟁은 그리 중요하지 않다. 의사결정능력, 동기유발, 사교성, 학습능력 분야에서 차이가 많다는 연구는 별로 없기 때문이다. 그리고 현실적으로도 많은 회사에서 남녀를 골고루 채용하고 있는데 우리나라에서도 다양한 분야에 여성채용이 증가하고 있다. 여자가 더 순종적이라거나 남자가 성공과 일에 더 도전적이라는 의견은 있지만, 이 때문에 남녀 간 생산성의 차이가 야기된다는 연구는 과거 40년간의 통계에서 찾지 못했다. 그럼에도 불구하고 전통적으로 남성이 하던 직무를 여성이 맡는 것을 좀 이상하게 보고 특히 그런 자리에서 여성이 승진하기는 매우 어렵다.

지난 사반세기 동안 여성들의 사회참여가 꾸준히 증가하였기 때문에 남녀의 성역할 역시 재조명해볼 필요가 있다. 예를 들면 어린아이를 둔 여성이 직장을 갖게 되면 파트타임이나 재택근무를 선호할 것이며 작업일정이 꽉 짜여 있지 않는 유연한 근무시간제(flex time)를 더 원할 수도 있다. 결근율은 남녀 차이가 별로 없는 것으로 알려져 있지만, 우리나라의 경우 그동안 문화적인 이유로 결혼과 동시에 직장을 그만두는 여성들이 많아서 이직률에 많은 차이가 있었다. 서구의 경우 가사나 아이의 질병 등으로 여성이 남성보다 결근을 많이 하는 것으로 조사되고 있다. 그러나 사회가 산업화될수록 남자는 밖에서 생활비를 벌어 오고 여자는 집을 지키며 가사를 돌본다는 전통적 역할분담현상은 동서양을 막론하고 상당히 바뀌고 있다. 뿐만 아니라 정보화사회의 소프트산업에는 여성이 신체적으로 더 적격이고 순발력과 창의력에서도 앞서기 때문에 미래는 여

표 13-2 남녀 간 신체적 차이

비교문항	남	여
두뇌무게	1,400g	1,275g
심장무게	283g	277g
혈액	5.7t	3.3t
사망원인	121개	64개
살인건수(미국)/년	14,000건	2,000건
폭행건수(미국)/년	260,000건	40,000건
뇌기능	우뇌 우수 (수학, 과학, 공간지각력)	좌뇌 우수 (어휘, 문장, 기억력)

"누……, 누구시죠?"
"오늘 부임한 부장예욧!"

성의 사회가 된다고 미래학자 다니엘 벨(D. Bell)은 주장한다.

"내 책상 깨끗하게 정리해놓으라고 했잖아!"

(3) 직장의 성차별

남녀 간 능력차이의 유무와 관계없이 동서고금을 통하여 여성은 조직으로부터 혹은 남성 상급자로부터 차별대우를 받아왔는데, 이러한 차별대우 자체가 선진국을 중심으로 조직관리의 주요 이슈로 거론되어왔다. 소위 불평등 고용문제는 인종 간, 연령 간 차별보다 남녀 간 차별에서 더 심각하게 인식되고 있으며 그 결과 유리천장(glass ceiling)의 실태는 선진국에서도 흔히 볼 수 있다.

기업에서의 여성에 대한 성차별은 남성보다 여성이 더 많이 인식하고 있고, 특히 남성근로자가 많은 직장에서 더 심한 것으로 나타난다. 우리나라와 같이 남존여비사상의 역사를 가진 나라일수록 더욱 그렇다. 한국은 세계에서도 유례가 없을 정도로 여성에 대한 모든 측면의 차별대우가 심한 나라였지만 최근 수년간 매우 개선되어왔다. 그러나 정부나 공공기관은 어느 정도 개선이 되었지만 사기업에서 여성임원의 수는 구미에 비해 아직 요원하다.

육아휴가, 출산휴가 등으로 기업을 비롯한 많은 조직에서 추가적 임시직 채용이 늘고 직장남성이 가사를 공동으로 분담함으로써 직장-가정 갈등(home-work conflict) 등의 문제가 점차 증가하는 현상은 전 세계의 공통적인 추세이다. 또한 채용, 승진, 급여 등에 대한 차별적 관행을 시정하도록 법적, 행정적, 사회적 압력과 함께 직장의 성희롱문제 역시 사회문제로 부각되면서 주요 관리대상으로 떠오르게 되었다. 선진국들은 이러한 성희롱문제를 예방하고 해결하기 위해 막대한 비용을 지불하고 있다.

토 론 합 시 다 13 - 1

직장생활을 잘하기 위한 실천지침

직장생활을 위해 필요한 실천지침 15가지를 다음의 예처럼 정리해보자.

[1] 저차원의 경영이 생산성, 품질중시 경영이라면, 고차원의 경영은 (인간관계)중시 경영이다.

[2] 직장은 생계유지는 물론, 구성원의 잠재능력 발휘, 자아실현의 보람을 느끼는 제2의 (가정)이다.

[3] 보통사람만 모여 있으면 人在이다. 보통사람을 개발 훈련시켜서 人材로 만든 다음, 자질과 기량에 따른 합당한 보직을 주어 조직성과를 올리도록 하면 人財가 된다. 어느 한 사람이 직장에 들어와 회사 여건에 따라 人財도 되고 人災도 될 수 있다. 따라서 人在와 人災는 (부채)이며, 人材와 人財는 (자산)이다.

[4] 본래 창조는 (신)만이 할 수 있는 일이다. 그렇다고 과거의 실패를 덮어두고 새로운 방식대로 우선 해보자는 식의 자세 역시 창조정신이 아니다. 창조란 과거를 돌아보고 항상 분석해보는 습관 속에서 나온다. 때로는 바보스럽고 엉뚱한 사고과정에서 나오기도 한다. 문제는 (관심)과 성의와 인내이다. 창조는 열성에 달렸지, 논리가 아니기 때문이다. 무엇인가 새로운 것을 개발해내고 싶다는 생각이 머릿속을 떠나지 말아야 한다. 이러한 (욕구)가 창조의 잠재력이 되고 자기발전의 원동력이 된다.

[5] 변화는 새로운 것에 대한 과감한 (시도)에서 비롯된다. 기업은 사업이 아니라 (시업)이다. 어느 정도 감이 잡히면 용단을 내려야 한다. 건설적 파격성을 구사하고 특정상황에서 아무도 생각하지 못한 예외적인 차원을 인식할 수 있는 기업이어야 한다.

[6] 도덕과 윤리의식을 버린 채 이윤추구에만 급급해서는 안 된다. (선의)의 경쟁, 성실과 정직은 인간의 근본적 정신이다.

[7] 동료나 상사가 인간적으로 나를 신뢰할 수 있고, 업무적으로 나를 믿고 일을 시킬 수 있으면 나는 (신뢰)받는 인간이 되는 것이다.

[8] 공과 사가 뒤엉켜진 상태를 (부패)라 한다.

[9] 자기 직업을 하늘이 준 (천직)이라고 생각하며 맡은 일에 희생과 봉사를 아끼지 않고 최선을 다하는 자세, 그리고 그 결과에 대해서는 끝까지 자기가 책임을 지려는 자세 등은 모두 투철한 사명감에서 나온다는 것들이다.

[10] 회사일에 몰두하다보니 가정은 어떻게 돌아가는지 모르겠다고 한다면 자신의 (기초)가 흔들리고 있다.

[11] 상사가 부하의 신뢰를 얻으려면 먼저 부하를 (믿어야) 한다. 부하를 진심으로 믿는 것도 중요하지만, 그 사실을 부하가 알도록 하는 것도 중요하다. 잘못하면 언성을 높이고 잘했으면 말이 없는 그런 상사가 되지 말고, 잘했으면 소리 높여 칭찬해주고 잘못 했으면 말이 없는 그런 관리자가 유능한 관리자이다.

[12] 부하직원 한 사람의 불성실과 나태는 다른 사람이 배우지 않지만 상급관리자의 행동은 주변에 금방 (파급)된다. 좋은 행동도 마찬가지이다.

[13] 여러 사람 앞에서의 질책은 비난이요, 단둘이 있을 때의 질책은 충고요, (교육)이다.

[14] 일의 진행중에 (중간)보고는 반드시 필요한 것은 아니지만 꽤 오랜 기간이 소요되는 업무 도중에 문제 발생 시, 수행방법이나 목표를 수정할 때에는 중간에 보고하는 것이 원칙이다.

[15] 회사를 떠날 때 완벽한 인수인계 후 금전적, 비금전적 거래관계를 깨끗하게 (청산)하고 떠나야 한다.

토론합시다 13 - 2

바람과 함께 사라지다

마거릿 미첼이 스물여섯이던 해에 그녀는 다리를 다치는 바람에 5년 동안이나 다니던 신문사를 그만두어야 했다. 그리고 10년이나 걸려 1,037페이지 되는 소설을 완성했지만 선뜻 받아주는 출판사는 없었다. 7년의 세월을 무심하게 흘려 보내다가 그녀는 우연히 지방 신문에서 기사 하나를 발견했다. "뉴욕에서 제일 큰 맥밀란출판사 사장이 애틀랜타에 왔다가 오늘 기차로 되돌아간다."는 짤막한 기사였다. 그녀는 역으로 달려가서 막 떠나려는 그에게 원고를 떠맡겼다. "사장님, 제가 쓴 소설입니다. 꼭 한번 읽어주세요." 그러나 사장은 그 원고 뭉치를 기차 선반 위에 올려놓고는 거들떠보지도 않았다. 그가 그러는 동안 그녀는 재빨리 기차역을 빠져나가 우체국으로 달려갔다. 얼마 후 기차 차장은 사장에게 전보 한 통을 내밀었다. 전보 발신자는 마거릿 미첼이었고 내용은 다음과 같았다. "꼭 한번만 읽어주세요." 그러나 그는 여전히 관심을 두지 않았다. 얼마 후 똑같은 내용의 전보가 또 배달됐다. 드디어 사장은 굴복했다. 그는 원고를 읽을수록 점점 심취해갔다. 마침내 출판이 결정되었고 그 이듬해에 그녀는 퓰리처상을 받았으며 2년 후인 1939년에는 이 소설을 바탕으로 영화가 개봉되었다. 소설은 27개국 언어로 번역되어 1,600만 부가 판매되었다. 『바람과 함께 사라지다(Gone with the Wind)』는 자칫 땅에 묻힐 뻔했던 것이다. 그녀는 소설가이기 이전에 대형 출판사의 사장을 힘으로 이겨낸 역사(力士)였다.

★ ★ ★

1. 인간관계에서도 마거릿 미첼 같은 끈기가 필요한지 토의해보자.
2. 직장 내 인간관계에서 끈기가 필요할 때는 언제인지 의견을 나눠보자.

토 론 합 시 다 13 - 3

인상관리

사람들은 남에게 좋은 이미지를 심기 위해 수없이 많은 투자를 하며 살아간다. 화장, 성형수술, 멤버십카드, 비싼 옷, 비싼 차들로 남들에게 잘 보이면 자신에게 이득이라고 생각하기 때문이다. 이런 것들을 수단으로 실제의 자신을 더 나은 자신으로 보이게 하려는 행동을 인상관리(impression management)라고 한다. 고객을 대할 때나 상급자에게 보고할 때나 입사 인터뷰에서 인상관리가 중요한데, 서투르게 관리했다가는 오히려 실체가 드러나고 위선자로 찍히면 아니함만 못할 것이다. 다음은 인상관리 테크닉 몇 가지를 소개한다.

- 동조 : 상대방의 허락을 얻어내기 위해 그의 의견에 무조건 찬성한다.
- 사과 : 닥칠 불이익을 최소화하기 위해 미리 용서를 빈다.
- 변명 : 상황과 사정을 자세히 설명하면서 핑계를 댄다.
- 과장 : 자신의 업적이라고 자랑한다.
- 아첨 : 칭찬하고 치켜세운다.
- 혜택 : 선물제공이나 편의를 도모한다.
- 연고 : 동창, 동향 관계를 들먹이면서 연줄을 찾는다.

★ ★ ★

위에서 소개한 인상관리 테크닉 이외에 어떤 것이 있는지 생각해보자.

1. A. Bandura, *Principles of Behavior Modification,* NY: Holt, Rinehart and Winston, 1969.
2. A. Bandura, *Self-efficacy: The Exercise of Control,* NY: Freeman, 1997.
3. A. Bosco, M.N. di Masi, and A. Manuti, "Burnout Internal Factors-Self-esteem and Negative Affectivity in the Workplace: The Mediation Role of Organizational Identification in Times of Job Uncertainty," in *Burnout for Experts: Prevention in the Context of Living and Working,* Springer Science Business Media, NY, 2013, pp.145-158, DOI 10.1007/978-1-4614-4391-9_9
4. A. Tellegen, Structure of Mood and Personality and Their Relevance to Assessing Anxiety, with an Emphasis on Self-report, in A.H. Tuma and J.D. Maser(eds.), *Anxiety and the Anxiety Disorders,* pp.681-706, Hillsdale, NJ: Erlbaum, 1985.
5. A. Tversky and D. Kahneman, "Judgment under Uncertainty: Heuristics and Biases," *in Utility, Probability, and Human Decision Making, Theory and Decision Library,* 11, 1975, pp.141-162.
6. A. Tversky and K. Kahneman, "Judgment Under Uncertainty: Heuristics and Biases," *Science,* Sept. 1974, pp.1124-1131.
7. A.E. Reichers, "A Review and Reconceptualization of Organizational Commitment," *The Academy of Management Review,* 10(3), Jul. 1985, pp.465-476.
8. A.G. Tekleab, N.R. Quigley, and P.E. Tesluk, "A Longitudinal Study of Team Conflict, Conflict Management, Cohesion, and Team Effectiveness," *Group & Organization Management,* 34(2), April 2009, pp.170-205.
9. B. Engler, *Personality Theories,* Houghton Mifflin, 2006.
10. B.F. Skinner, *About Behaviorism,* NY: Knopf, 1974.
11. B.F. Skinner, *Science and Human Behavior,* NY: The McMillan Company, 1953, pp.30-35.
12. B.H. Bradley, B.E. Postlethwaite, A.C. Klotz, M.R. Hamdani, K.G. Brown, "Reaping the Benefits of Task Conflict in Teams: the Critical Role of Team Psychological Safety Climate," *Journal of Applied Psychology,* 97(1), Jan. 2012, pp.151-158.
13. B.L. Fredrickson, M.M. Tugade, C.E. Waugh, and G. Larkin, "What Good are Positive Emotions in Crises? A Prospective Study of Resilience and Emotions Following the Terrorist Attacks on the United States on September 11th, 2001," *Journal of Personality and Social Psychology,* 84, 2003, pp.365-376.
14. B.M. Bass, *Handbook of Leadership,* 3rd ed., NY: The Free Press, 1990.
15. B.M. Staw, "Attitudinal and Behavioral Cons-quences of Changing a Major Organizational Reward, A Natural Field Experiment," *Journal of Personality and Social Psychology,* 6, 1974, pp.742-751.
16. C. Cherniss, "The Business Case for Emotional Intelligence," Consortium for Research on Emotional Intelligence in Organizations, Graduate School of Applied and Professional Psychology (GSAPP) —

Rutgers University, Publication date: 1999, — www.eiconsortium.org.

17. C.A. Hutcherson and J.J. Gross, "The Moral Emotions: A Social-Functionalist Account of Anger, Disgust, and Contempt," *Journal of Personality and Social Psychology,* 100(4), 2011, pp.719-737.

18. C.D. Wrege, Solving Mayo's Mystery: The First Complete Account of the Origin of the Hawthorne Studies: The Forgotten Contributions of Human Relations Management History, *Division of the Academy of Management,* August 1976.

19. D. McGregor, *Leadership and Motivation, Cambridge,* Massachusetts: MIT Press, 1966.

20. D. Watson and L. Clark, "Negative Affectivity: The Disposition to Experience Aversive Emotional States," *Psychological Bulletin,* 96, 1984, pp.465-490.

21. D.C. McClelland, "Methods of Measuring Human Motivation," in J.W. Atkinson, ed., *The Achieving Society,* Princeton, N.J.: D. Van Nostrand, 1961, pp.41-43.

22. D.C. McClelland, "The Two Faces of Power," *Journal of International Affairs,* 24, 1970, p.41.

23. D.C. McClelland, R.A. Atkinson, R.A. Clark and E.L. Lowell, *The Achievement Motive,* NY: Appleton Century, 1953.

24. D.R. Forsyth, *Group Dynamics,* 4th Edition. Belmont, CA: Thomson Wadsworth, 2006.

25. E. Mayo, *Hawthorne and the Western Electric Company, The Social Problems of an Industrial Civilization,* Routledge, 1949.

26. E.C. Dierdorff, R.S. Rubin, and D.G. Bachrach, "Role Expectations as Antecedents of Citizenship and the Moderating Effects of Work Context," *Journal of Management,* 38(2), 2012, pp.573-598.

27. E.H. Schein, "Leadership and Organizational Culture," in F. Hesselbein, M. Goldsmith, and R. Beckhard (eds.), *The Leader of the Future,* San Francisco: Jossey-Bass, 1996, pp.61-62.

28. E.L. Bentz, "Two Tests of Maslow's Theory of Need Fulfillment," *Journal of Vocational Behavior,* 1984, pp.204-220.

29. E.M. Pearson and R.L. Podeschi, "Humanism and Individualism: Maslow and his Critics," *Adult Education Quarterly,* 50, 1999, pp.41-55.

30. E.M. Rogers, and R.A. Rogers, *Communication in Organizations,* NY: The Free Press, 1976.

31. F. Dance, "The Concept of Communication," *Journal of Communication,* 20, 1970, pp.201-210.

32. F. Kunze, S.A. Boehm, and H. Bruch, "Age Diversity, Age Discrimination Climate and Performance Consequences — A Cross Organizational Study," *Journal of Organizational Behavior,* 32(2), 2011, pp.264-290.

33. F. Pajares, and M.D. Miller, "Role of Self-efficacy and Self-concept Beliefs in Mathematical Problem Solving: A Path Analysis," *Journal of Educational Psychology,* 86, 1994, pp.193-203.

34. G. Cheney, L.T. Christensen, T.E. Zorn and

S. Ganesh, *Organizational Communication in an Age of Globalization: Issues, Reflections,* Practices, Long Grove, IL: Waveland Press, 2004.

35. G. Gigerenzer, P.M. Todd and the ABC Research Group, *Simple Heuristics That Make Us Smart,* Oxford, UK, Oxford University Press, 1999.

36. G. Hofstede, "Motivation, Leadership and Organization: Do American Theories Apply Abroad?" *Organizational Dynamics,* 1980.

37. G. Hofstede, *Culture' Consequences: International Differences in Work Related Values,* Beverly Hills, California: Sage Publications, 1980,

38. G. Hofstede, *Cultures and Organizations: Software of the Mind,* London: McGraw-Hill, 1991.

39. G. Hofstede, M.H. Bond and C. Luk, "Individual Perceptions of Organizational Cultures: A Methodological Treatise on Levels of Analysis," *Organization Studies,* 14(4), 1993, pp.483-503.

40. G.H. Park and R.P. DeShon, "A Multilevel Model of Minority Opinion Expression and Team Decision Making Effectiveness," *Journal of Applied Psychology,* 95(5), Sep. 2010, pp.824-833.

41. H. Mintzberg, *Power In and Around Organizations,* Englewood Cliffs, NJ: Prentice-Hall, 1983. p.24.

42. H. Mintzberg, *The Nature of Managerial Work,* NY: Harper and Row, 1973.

43. H. Selye, *The Stress of Life,* New York, McGraw-Hill, 1976.

44. H.D. Laswell, "The Structure and Function of Communication in Society," in Bryson, L.(ed.), *The Communication Ideas,* NY: Harper and Brothers, 1948.

45. J. Pfeffer, *Power: Why Some People Have It and Others Don',* NY: Harper Collins, 2010.

46. J. Rauschenberger, N. Schmitt and J.E. Hunter, "A Test of the Need Hierarchy Concept by a Markov Model of Change in Need Strength," *Administrative Science Quarterly,* 1980, pp.654-670.

47. J. Schaubroeck, S.S.K. Lam, and A.C. Peng, "Cognition-based and Affect-based Trust as Mediators of Leader Behavior Influences on Team Performance," *Journal of Applied Psychology,* 96(4), 2011, pp.863-871.

48. J. Schramm, "At Work in A Virtual World," *HR Magazine,* June, 2010, p.152.

49. J. Walrand, P. Varaiya, P. Varaiya and D. Clark(Ed.), "High Performance Communication Networks," *Elsevier Science and Technology Books,* 1999.

50. J.B. Otomar, *Using Conflict Theory,* Cambridge University Press, 2002.

51. J.C. Turner, "Social Categorization and Self-concept: A Social Cognitive Theory of Group Behavior," in E.J. Lawer(Ed.) *Advances in Group Processes: Theory and Research,* 2, 1985, pp.47-74. Greenwich, CT: JAI Press.

52. J.E. Bono, H.J. Folds, G. Vinson and J.P. Muros, "Workplace Emotions: The Role of Supervision and Leadership," *Journal of Applied Psychology,* 92, 2007, pp.1357-1367.

53. J.M. George, "The Role of Personality in

Organizational Life: Issues and Evidence," *Journal of Management,* 1992, pp.185-213.

54. J.P. Kotter, "What Leaders Really Do?" *Harvard Business Review,* May-June, 1990, pp.103-111.

55. J.P. Meyer and N.J. Allen, "A Three-component Conceptualization of Organizational Commitment," *Human Resource Management Review,* 1(1), 1991, pp.61-89.

56. J.R. Katzenbach, *The Wisdom of Teams: Creating the High-Performance Organization,* (Collins Business Essentials), D.K. Smith MA: Harvard University Press, 1993.

57. J.W.B. Lang, M. Kersting, U.R. Hulsheger, and J. Lang, "General Mental Ability, Narrower Cognitive Abilities, and Job Performance: The Perspective of the Nested-Factors Model of Cognitive Abilities," *Personnel Psychology,* 63, 2010, pp.595-640.

58. K. Lewin, "Frontiers in Group Dynamics," *Human Relations,* 1, 1947, p.541.

59. K. Lewin, "Frontiers in Group Dynamics: Concept, Method and A Reality in Social Science, Social Equilibria and Social Change," *Human Relations,* No.1, June 1947, pp.5-41.

60. K. Lewin, *Field Theory in Social Science,* NY: Harper and Row, 1951.

61. K.J. Klein, A.P. Knight, J.C. Ziegert, B.C. Lim, and J.L. Saltz, "When Team Members' Values Differ: The Moderating Role of Team Leadership," *Organizational Behavior and Human Decision Processes,* 114, 2012, pp.25-36.

62. K.S. Law, C.S. Wong, and L.J. Song, "The Construct and Criterion Validity of Emotional Intelligence and Its Potential Utility for Management Studies," *Journal of Applied Psychology,* 89(3), 2007, pp.483-496.

63. K.W. Thomas, "Conflict and Negotiation Processes in Organizations," in M.D. Dunnette & L.M. Hough (Eds.), *Handbook of Industrial & Organizational Psychology,* 2nd Edition, Volume 3 (pp.652-717), Palo Alto, CA: Consulting Psychologists Press, 1992.

64. L. Festinger, *A Theory of Cognitive Dissonance,* Stanford, California: Stanford University Press, 1957.

65. L. Hjelle and D. Ziegler, "Personality: Basic Assumptions," *Research and Applications,* 1992.

66. L.A. Jackson, J.E. Hunter, C.N. Hodge, "Physical Attractiveness and Intellectual Competence: A Meta-analytic Review," *Social Psychology Quarterly,* 58, 1995, pp.108-122.

67. L.H. Chusmir, "Personalized versus Socialized Power Needs among Working Women and Men," *Human Relations,* Feb. 1986, p.149.

68. M. Fishbein and I. Ajzen, Belief, Attitude, *Intention and Behavior: An Introduction to Theory and Research,* Reading, Mass: Addison Wesley Publishing Co.,1975, p.6.

69. M. Hosodal, E.F. Stone-Romero, and G. Coats, "The Effects of Physical Attractiveness on Job-Related Outcomes: A Meta-analysis of Experimental Studies," *Personnel Psychology,* 56(2), June 2003, pp.431-462.

70. M.S. Peck, *The Different Drum: Community Making and Peace,* NY: Simon and Schuster, 1987.

71. M. Schulte, C. Ostroff, S. Shmulyian and A. Kinicki, "Organizational Climate Configurations: Relationships to Collective Attitudes, Customer Satisfaction, and Financial Performance," *Journal of Applied Psychology,* 94(3), 2009, pp.618-634.

72. M. Sherif and C.I. Hovland, *Social Judgement: Assimilation and Contrast Effects in Communication and Attitudes Change,* New Haven, Connecticut: Yale University Press, 1961.

73. M. Tait, M.Y. Padgett and T.T. Baldwin, "Job and Life Satisfaction: A Reevaluation of the Strength of the Relationship and Gender Effects as a Function of the Date of the Study," *Journal of Applied Psychology,* June 1989, pp.502-07.

74. M. Warner, "Organizational Behavior Revisited," *Human Relations,* 47, 1994, pp.1151-1166.

75. M.E. Shaw, *Group Dynamics: The Psychology of Small Group Behavior,* NY: McGraw-Hill, 1986.

76. M.H. Khani and A.A. Nia, "The Relationship between Equity-Perception and Job Burnout among Tehran Urban Rail Operators (Metro)," *Life Science Journal,* 10(1), 2013, pp.874-881.

77. M.J. Driver, "Individual Decision Making and Creativity," in S. Kerr(ed.), *Organizational Behavior,* Columbus, Ohio: Grid Publishing, Inc., 1979, p.59.

78. M.J. Martinko and P. Fadil, "Operant Technologies: A Theoretical Foundation for Organizational Change and Development," *Leadership and Organization Development Journal,* 15(5), 1994, pp.16-21.

79. N.H.W. Civettini, "Similarity and Group Performance," *Social Psychology Quarterly,* American Sociological Association, 70(3), 2007, pp.262-271.

80. N.O. Ndubisi, "Role of Gender in Conflict Handling in the Context of Outsourcing Service Marketing," *Psychology and Marketing,* 30(1), Jan. 2013, pp.26-35.

81. N.O. Ndubisi, "Role of Gender in Conflict Handling in the Context of Outsourcing Service Marketing," *Psychology and Marketing,* 30(1), January 2013, pp.26-35.

82. O. Solinger, W. Van Olffen and R.A. Roe, "Beyond the Three Component Model of Organizational Commitment," *Journal of Applied Psychology,* 93(1), 2008, pp.70-83.

83. P. Facione and N. Facione, *Thinking and Reasoning in Human Decision Making,* 2007.

84. P. Pitcher and A.D. Smith, "Top Management Team Heterogeneity: Personality, Power, and Proxies," *Organization Science,* Jan.-Feb. 2001, 12(1), pp.1-18.

85. R. Kanfer, "Motivation Theory and Industrial and Organizational Psychology," in M.D. Dunnette and L.M. Hough (eds.), *Handbook of Industrial and Organizational Psychology,* 2nd ed., Palo Alto, Calif.: Consulting Psychologists Press, 1990, pp.75-169.

86. R. Lee and E.R. Wilbur, "Age, Education, Job Tenure, Salary, Job Characteristics, and Job Satisfaction: A Multivariate Analysis," *Human Relations,* August 1985, pp.781-91.

87. R. Perron, *Genese de la Personne,* Paris: Presse Universitaire de France, 1985.

88. R. Peterson and K. Behfar, "The Dynamic Relationship between Performance Feedback, Trust, and Conflict in Groups: A Longitudinal Study," *Organizational Behavior and Human Decision Processes,* 92, 2003, pp.102-112.

89. R.A. Guzzo and G.P. Shea, "Group Performance and Intergroup Relations in Organizations," in M.D. Dunnette and L.M. Hough, eds., *Handbook of Industrial and Organizational Psychology,* 2nd ed., 3, Palo Alto, CA: Consulting Psychologists Press, 1992, pp.288-290.

90. R.A. Posthuma and M.A. Campion, "Age Stereotypes in the Workplace: Common Stereotypes, Moderators, and Future Research Directions," *Journal of Management,* 35, 2009, pp.158-188.

91. R.B. Cattell, and A. Baggaley, "The Objective Measurement of Attitude Motivation: Development and Evaluation of Principles and Devices," *Journal of Personality,* 1956, p.421.

92. R.D. Hackett, "Age, Tenure, and Employee Absen-teeism," *Human Relations,* July 1990, pp.601-19.

93. R.E. Jones, *Self-Fulfilling Prophecies,* Hillsdale, New Jersey: Lawrence Erlbaum Associates, 1977.

94. R.H. Humphrey, J.M. Pollack, T. Hawver, "Leading with Emotional Labor," *Journal of Managerial Psychology,* 23 (2), 2008, pp.151-168.

95. R.J. House, W.D. Spangler and J. Woycke, "Personality and Charisma in the U.S. Presidency: A Psychological Theory of Leader Effectiveness," *Administrative Science Quarterly,* 36, 1991, pp.364-396.

96. R.M. Stogdill, *Handbook of Leadership,* NY: Free Press, 1974.

97. S. Averrett and S. Korenman, "The Economic Reality of the Beauty Myth," *The Journal of Human Resources, Madison,* 31, 1996, pp.304-330.

98. S. Halrynjo, "Men's Work-ife Conflict: Career, Care and Selfrealization: Patterns of Privileges and Dilemmas," *Work & Organization,* 16(1), January 2009, pp.98-125.

99. S. Hareli and B. Weiner, "Social Emotions and Personality Inferences: A Scaffold for a New Direction in the Study of Achievement Motivation," Educational Psychologist, 37, 2002, pp.183-193.

100. S.D. Levitt and J.A. List, "Was There Really a Hawthorne Effect at the Hawthorne Plant? An Analysis of the Original Illumination Experiments," *American Economic Journal: Applied Economics,* American Economic Association, 3(1), January 2011, pp.224-38.

101. S.E. Asch, *Effects of Group Pressure upon The Modification and Distortion of Judgment*(1951), in H. Guetzkow (ed.) Groups, Leadership and Men. Pittsburgh, PA. Carnegie Press.

102. S.E. Hobfoll, "Stress, Culture and Community," *The Psychology and Philosophy of Stress,* NY: Plenum. 1998.

103. S.J. Motowidlo, J.S. Packard and M.R. Manning, "Occupational Stress : Its Causes and Consequences for job performance," *Journal of Applied Psychology,* 71, 1986, pp.618-629.

104. S.J. Vitell, S.L. Nwachukwu and J.H. Barnes, The Effect of Culture on Ethical Decision Making: An Application of Hofstede's Typology, *Advances in Business Ethics Research,* 2, 2013, pp.119-129.

105. S.P. Robbins, *Managing Organizational Conflict,* Englewood Cliffs, New Jersey: Prentice-Hall, Inc. 1974, pp.20-25.

106. S.P. Robbins, *Managing Organizational Conflict: A Nontraditional Approach,* Englewood Cliffs, New Jersey: Prentice Hall, 1974, p.23.

107. S.P. Robbins, *Organizational Behavior,* 8th ed., 1998, p.268.

108. T. Bradberry, *The Personality Code,* NY: Putnam, 2007.

109. T.A. O'Neill and N.J. Allen, "Personality and The Prediction of Team Performance," *European Journal of Personality,* 25(1), January/February 2011, pp.31-42.

110. T.M. Amabile, "A Model of Creativity and Innovation in Organizations," in B.M. Staw and L.L. Cummings (eds.), *Research in Organizational Behavior,* 10, Greenwich, CT: JAI Press, 1988, p.126.

111. T.R. Mitchell, "Motivation: New Direction for Theory, Research, and Practice," *Academy of Management Review,* January 1982, p.81.

112. T.R.V. Davis and F. Luthans, "A Social Learning Approach to Organizational Behavior," *Academy of Management Review,* 5, 1980, pp.281-290.

113. T.W.H. Ng and D.C. Feldman, "The Relationship with Job Attitudes: A Meta-Analysis," *Personnel Psychology,* 63, 2010, pp.677-718.

114. T.Y. Hua, X. Xiea, and J. Lib, "Negative or Positive? The Effect of Emotion and Mood on Risky Driving," *Transportation Research Part F: Traffic Psychology and Behaviour,* 16, Jan. 2013, pp.29-40.

115. V.C, Hahn, C, Binnewies, S. Sonnentag and E.J. Mojza, "Learning How to Recover from Job Stress: Effects of a Recovery Training Program on Recovery, Recovery-Related Self-efficacy, and Wellbeing," *Journal Occupational Health Psychology,* 16(2), Apr. 2011, pp.202-216.

116. W. Mischel, "Personality: Lost or Found? Identifying when Individual Differences Make a Differences," *Paper Presented at the Meeting of the American Psychological Association,* Los Angeles, Aug. 1985.

117. W. Mittelman, "Maslow's Study of Self-Actualization: A Reinterpretation," *Journal of Humanistic Psychology,* 31(1), 1991, pp.114-135.

118. W.E. Wilkins, "The Concept of a Self-Fulfilling Prophecy," *Sociology of Education,* 49(2), 1976, pp.175-183.

119. W.G. Bennis, "Leadership Theory and Administrative Behavior: The Problem of Authority," *Administrative Science Quarterly,* 4(3), Dec. 1959, pp.259-301.

120. W.H. Shaw and V. Barry, *Moral Issues in Business,* 6th ed., Belmont, Calif: Wadsworth. 1995.

121. W.J. Mcgire, "The Nature of Attitudes and Attitude Change," in G. Lindzey and E. Aronson(Eds.), *The Handbook of Social Psychology,* 3, 1969, pp.136-314.

122. W.M. Hur, T.W. Moon, and J.K. Jun, "The Role of Perceived Organizational Support on Emotional Labor in The Airline Idustry," *International Journal of Contemporary Hospitality Management,* 25(1), 2013, pp.105-123.

123. W.M. Hur, T.W. Moon, J.K. Jun, "The Role of Perceived Organizational Support on Emotional Labor in the Airline Industry", *International Journal of Contemporary Hospitality Management,* 25(1), 2013, pp.105-123.

한글 주제어 / 찾아보기

찾/아/보/기

한글 인명 / 찾아보기

영문 주제어 / 찾아보기

영문 인명 / 찾아보기

저 자 약 력

임 창 희

서강대학교 경제학과를 졸업하고 서울대학교 경영학과에서 석사학위(인사 · 조직)를 취득한 후 프랑스 정부 장학생으로 도불하여 엑스 마르세이유 경영대학(Aix-Marseille Ⅲ-IAE)에서 석사학위(DEA)를 받고 국립파리9대학(Université Nationale de Paris Ⅸ-Dauphine)에서 인사 · 조직 분야의 경영학 박사학위를 취득한 후 현재 홍익대학교 경영학부 교수로 재직하고 있다. 홍익대학교 대학원장과 경영대학원장, 세무대학원장, 중앙도서관장직을 역임하였고 프랑스 그랑제꼴 HEC(Haute Etudes Commerciales)의 연구교수로 있기도 하였다. 한국인사조직학회 편집위원장, 한국윤리경영학회 부회장, 한국경영학회 국제교류위원 이외에도 주요학회 이사 등으로 봉사하였으며 국내의 유수기업과 정부조직에서 공기업 평가위원, 자문위원과 강의를 담당해 왔다. 박사학위 논문(한불 인사관리 비교연구)은 우수논문으로 파리시 교육감(Rectorat de Psris)상을 받았으며 그 후 프랑스 인사관리제도의 허와 실(프랑스 SEDEIS지), 한일 신세대 가치관 변화(프랑스 Personnel지) 등 지금까지 60여 편의 논문을 국내외의 학술지에 발표한 바 있다. 『경영학 원론』, 『조직행동』, 『조직론』, 『리더십』, 『인적자원관리』, 『비즈니스 커뮤니케이션』 등 대학교재 이외에도 『한국형 팀제』는 장기간 베스트셀러로 수년간 우리나라 정부와 기업의 혁신을 이끌었으며 이어서 『한국형 팀제를 넘어서』를 출간하였다. 『스마트 학습조직』, 『360도 다면평가』, 『실행의 리더십』을 번역한 바 있다.

E-mail: sky33@hongik.ac.kr

홍 용 기

1964년 서울에서 태어나 홍익대학교에서 경영학으로 학사, 석사, 박사 학위를 취득하였다. 인사조직을 전공하였으며, 미국 Ohio State University 직무분석전문가(DACUM)과정을 수료하였다. 샌디에이고 주립대학(SDSU) 교환교수로 있으면서 리더십, 조직개발, 기업문화 등 조직행동 분야를 연구하였다. 대한경영정보학회 회장, 한국고등직업교육 평가인증원 평가팀장, 고등직업교육 연구소 소장, 학술종합정보원장으로 활동한 바 있다. 현재 대림대학교 경영학과 교수로 있으면서 인사관리, 경영조직론, 조직행동론, 산업조직심리학 분야에서 강의와 연구를 담당하고 있다. 지금까지 『리더십: 이론과 실제』, 『비즈니스 커뮤니케이션론』, 『인적자원관리』, 『산업조직심리학』, 『조직론』 등의 대학교재를 비롯하여 『성공으로 가는 경영학(Milestones in Management)』, 『비즈니스 기 살리기(The Mentor 15 Keys to Success in Sales, Business and Life)』 등의 번역서를 출판하였고, 다수의 학술논문을 발표하였다.

E-mail 주소: yghong@daelim.ac.kr

인간관계론

저자 임창희 · 홍용기

초판 1쇄 인쇄 2014년 8월 18일 | **초판 1쇄 발행** 2014년 8월 22일

출판총담당 정경식 | **사진 카툰** 박은선 | **북디자인** 유승희 | **편집** 최승희 | **표지디자인** 홍석준

제본 한마음문화 | **인쇄** 길인프린텍 | **출력** 한진CTP

발행인 정광식 | **발행처 비앤엠 북스** 서울특별시 금천구 가산디지털1로70 (호서대벤처타워 B1-103)

등록 2004. 12. 29.(제313-2004-00298호) | **전화** 02-2627-5710~13 | **팩스** 02-2627-5720

홈페이지 www.대학교재.net | **이메일** bnmbook@daum.net

ISBN 978-89-6821-024-2 | **정가** 29,000원